DAS LAND AM MITTLEREN NECKAR
ZWISCHEN BADEN UND WÜRTTEMBERG

OBERRHEINISCHE STUDIEN

Herausgegeben von der
Arbeitsgemeinschaft für geschichtliche
Landeskunde am Oberrhein e.V.

Band 24

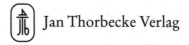
Jan Thorbecke Verlag

DAS LAND AM MITTLEREN NECKAR ZWISCHEN BADEN UND WÜRTTEMBERG

Herausgegeben von
Hansmartin Schwarzmaier und Peter Rückert

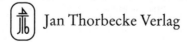

Bibliografische Information der Deutschen Bibliothek
Die Deutsche Bibliothek verzeichnet diese Publikation in der Deutschen Nationalbibliografie; detaillierte bibliografische Daten sind im Internet über http://dnb.ddb.de abrufbar.

© 2005 by Jan Thorbecke Verlag der Schwabenverlag AG, Ostfildern
www.thorbecke.de · info@thorbecke.de

Alle Rechte vorbehalten. Ohne schriftliche Genehmigung des Verlages ist es nicht gestattet, das Werk unter Verwendung mechanischer, elektronischer und anderer Systeme in irgendeiner Weise zu verarbeiten und zu verbreiten. Insbesondere vorbehalten sind die Rechte der Vervielfältigung – auch von Teilen des Werkes – auf photomechanischem oder ähnlichem Wege, der tontechnischen Wiedergabe, des Vortrags, der Funk- und Fernsehsendung, der Speicherung in Datenverarbeitungsanlagen, der Übersetzung und der literarischen oder anderweitigen Bearbeitung.

Dieses Buch ist aus alterungsbeständigem Papier nach DIN-ISO 9706 hergestellt.
Gesamtherstellung: Jan Thorbecke Verlag, Ostfildern
Printed in Germany · ISBN 3-7995-7824-2

Inhalt

Vorwort 7

Einführung 9

Sönke Lorenz
  Im Dunkel des früheren Mittelalters: Zur Geschichte Besigheims –
  Rahmenbedingungen und Strukturen 11

Thomas Zotz
  Besigheim und die Herrschaftsentwicklung der Markgrafen von Baden . . 73

Stefan Weinfurter
  Herrschaftsbildung in staufischer Zeit mit Blick auf den unteren Neckar . . 95

Hans-Martin Maurer
  Die Türme des Markgrafen Hermanns V. im Rahmen stauferzeitlicher
  Wehrbau-Architektur 111

Hansmartin Schwarzmaier
  Von der Burg zur Stadt: Zur Stadtwerdung von Besigheim 145

Heinz Krieg
  Zur Herrschaftsbildung der Markgrafen von Baden im späten Mittelalter 163

Peter Rückert
  Dynastie – Hof – Territorium. Zur Herrschaftsbildung der Grafen von
  Württemberg im späteren Mittelalter 189

Volker Himmelein
  Der Besigheimer Altar und die spätgotische Kunst am mittleren Neckar . . 213

Konrad Krimm
  Gemeinschaftsstiftungen der Markgrafen von Baden und der Grafen von
  Württemberg im Spätmittelalter 231

Thomas Fritz
    Der mittlere Neckarraum als politisches Spannungsfeld im 15. Jahrhundert   247

Franz Brendle
    Besigheim und der mittlere Neckarraum zwischen Kurpfalz, Württemberg
    und Baden im Konfessionellen Zeitalter 263

Hermann Ehmer
    Die Kirchenpatronate von Besigheim und Großingersheim.
    Zeugnisse badischer Präsenz im mittleren Neckarraum 283

Dieter Mertens
    Schlußbemerkungen 303

Abkürzungsverzeichnis 309

Register 310

Abbildungsnachweis 331

Mitarbeiterverzeichnis 332

Vorwort

Der vorliegende Band vereint die Beiträge der Tagung »Das Land am mittleren Neckar zwischen Baden und Württemberg. Zur 850-Jahrfeier der Ersterwähnung von Besigheim«, die vom 10. bis 12. Oktober 2003 in Besigheim stattfand.

Veranstaltet wurde die Tagung gemeinsam von der Arbeitsgemeinschaft für geschichtliche Landeskunde am Oberrhein, vom Württembergischen Geschichts- und Altertumsvererein und vom Geschichtsverein Besigheim.

Die Kooperation zwischen der Karlsruher Arbeitsgemeinschaft und dem Stuttgarter Geschichts- und Altertumsverein war dabei ein Novum, das als solches Beachtung finden sollte. Die Planung fiel zeitlich in das Vorfeld des 50jährigen Landesjubiläums von Baden-Württemberg 2002, doch – so gut dies auch paßte – hierin lag nicht der Grund für die Zusammenarbeit. Sie entsprang vielmehr Überlegungen der beiden Vorsitzenden, sich in schwierigen Zeiten für die Landesgeschichte stärker zusammenzuschließen und Kräfte zu bündeln.

Die 850-Jahrfeier der Stadt Besigheim bot dazu einen besonders geeigneten Anlass. Wohl kaum an einem anderen Ort laufen im Mittelalter die Linien der badischen und der württembergischen Geschichte so zusammen wie in dem reizvollen Ort auf dem Berg zwischen zwei Türmen, der zu der Tagung eine grandiose Kulisse bot.

Die Vorgespräche zu der Besigheimer Tagung führte Dr. Johannes Gut, der damalige Vorsitzende der Karlsruher Arbeitsgemeinschaft, und von Seiten der Stadt vor allem Ministerialrat Ulf Hecksteden sowie Frau Lieselotte Bächler. Dr. Gut widmete sich der Sache mit großem Engagement; nach seinem plötzlichen Tod am 27. Juli 2000 übernahmen Professor Dr. Hansmartin Schwarzmaier für die Arbeitsgemeinschaft und Dr. Peter Rückert für den Württembergischen Geschichts- und Altertumsverein die Programmgestaltung und Organisation. Dafür und daß sie die mühevolle Aufgabe der Herausgabe des Tagungsbandes übernommen haben, sei ihnen auch an dieser Stelle nochmals ganz herzlich gedankt.

Besucht wurde die Tagung von den Mitgliedern beider Vereine, dem wissenschaftlichen Fachpublikum aus dem ganzen Land und natürlich ganz besonders von den interessierten Bürgerinnen und Bürgern der Stadt Besigheim. Insgesamt haben weit über 200 Teilnehmer die dreitägige Veranstaltung besucht, an deren Ende verschiedene thematische Stadtführungen standen, die der Geschichtsverein organisiert hatte. Dem Besigheimer Geschichtsverein, dessen Vorstand und Mitglieder sich auch während des Vortragsprogramms und natürlich bei der Vorbereitung der Tagung sehr engagiert haben, sei ebenfalls an dieser Stelle noch einmal ein herzlicher Dank ausgesprochen.

Bestätigt haben die drei Tage in Besigheim auf jeden Fall, wie fruchtbar die Zusammenarbeit der historischen Vereine in Baden und Württemberg über die ehemalige Landesgrenze hinweg sein kann. So hat die Tagung auch dazu ermutigt, wieder einmal eine gemeinsame Tagung durchzuführen: Im Mai 2006 findet im Ludwigsburger Schloß die Tagung »Souveränität für Baden und Württemberg 1806 – Ausgangspunkt der Modernisierung?« statt, die von der Arbeitsgemeinschaft für geschichtliche Landeskunde am Oberrhein und dem Württembergischen Geschichts- und Altertumsverein zusammen mit der Kommission für Geschichtliche Landeskunde in Baden-Württemberg veranstaltet wird.

Karlsruhe und Stuttgart, im Juni 2005

Prof. Dr. Konrad Krimm
Vorsitzender der Arbeitsgemeinschaft
für geschichtliche Landeskunde am Oberrhein

Dr. Robert Kretzschmar
Vorsitzender des Württembergischen
Geschichts- und Altertumsvereins

Einführung

Am 12. Juli 2003 erinnerte die Stadt Besigheim in einem Festakt an die 850jährige Wiederkehr der Erstnennung Besigheims. In einer an diesem Tag ausgestellten Urkunde des staufischen Königs Friedrich I. (Barbarossa) übertrug dieser den bis dahin im Besitz der Abtei Erstein, unweit von Straßburg, befindlichen Königshof Besigheim an den Markgrafen Hermann von Baden. Diese Urkunde, die heute im Hauptstaatsarchiv Stuttgart verwahrt wird, wurde während des Festaktes in Besigheim im Original gezeigt, gleichsam als die »Magna Charta« eines Ortes, der, auch wenn sein wesentlich höheres Alter nachzuweisen ist, mit ihr in eine geschichtliche Entwicklung eintrat, die sich bis zum heutigen Tag weiterverfolgen läßt. Sie ist aufs engste mit der Geschichte der Markgrafschaft Baden verbunden, ehe der Ort Besigheim, inzwischen zur Stadt geworden, an das Herzogtum Württemberg überging, endgültig im Jahr 1595. Dies wiederum kennzeichnet den Weg der beiden Fürstentümer bis hin zu jenen Staaten Baden und Württemberg, aus denen das heutige Bundesland Baden-Württemberg in jüngster Zeit zusammengewachsen ist. Ihre mittelalterliche Entwicklung stand im Zeichen eines ständigen Nebeneinanders ihrer Herrschaftsgebiete, in nachbarschaftlicher Konkurrenz, in Auseinandersetzungen und Bündnissen, im Austausch von Besitzungen. Einer der Begegnungsräume, in dem sich dieser geschichtliche Prozess abspielte, war die Landschaft am mittleren Neckar, und Besigheim stellt einen jener strategisch wichtigen Punkte dar, an denen sich der Konzentrationsprozess der beiden Herrschaften im Mittelalter ausrichtete.

Dies wurde denn auch zum Thema der wissenschaftlichen Tagung, die vom 10.–12. Oktober 2003 in der Alten Kelter in Besigheim abgehalten wurde. Die Stadt Besigheim lud dazu ein, und auf ihre Bitte hin übernahm die Arbeitsgemeinschaft für geschichtliche Landeskunde am Oberrhein, also eine in der alten badischen Residenz Karlsruhe ansässige wissenschaftliche Vereinigung, die Organisation und Durchführung. Sie tat dies gemeinsam mit dem Württembergischen Geschichts- und Altertumsverein und dem Geschichtsverein Besigheim, aus deren Reihen dann auch die meisten Teilnehmer an dieser Veranstaltung kamen. Doch auch die Referenten kamen aus dem ganzen Land, aus den Archiven und Museen beider Landesteile und aus den Universitäten Heidelberg, Freiburg und Tübingen. Der Verlauf der Tagung und ihrer überaus lebendigen Diskussion ist im veröffentlichten Protokoll der Karlsruher Arbeitsgemeinschaft (Protokoll Nr. 425) festgehalten. In diesem Band findet sich die abschließende Zusammenfassung von Professor Dieter Mertens (Freiburg), die damals die Schlussdiskussion eröffnete. Damit soll zum Ausdruck gebracht werden, daß weder die Tagung noch der jetzt vorliegende Band einen endgültigen Abschluß darstellen, daß sie vielmehr eine Diskussion einleiten sollen, von der weitere neue Erkenntnisse zu erwarten sind.

Zu den Vorträgen, die nun im Druck vorliegen, tritt der einleitende umfangreiche Beitrag von Professor Sönke Lorenz (Tübingen) hinzu, den er damals, krankheitsbedingt, in Besigheim nicht hatte halten können. Der nun abgeschlossene Band enthält somit 13 Vorträge über die Periode vom frühen Mittelalter bis in die Reformationszeit. Sie alle sind an Besigheim orientiert. Doch der Rahmen wurde weiter gezogen, und dies nicht nur im räumlichen Sinne. Aus der synchronen Darstellung zweier mittelalterlicher Herrschaften entstand das Nebeneinander von Baden und Württemberg in der Anfangsstufe ihrer Staatlichkeit. Daraus sollte man, um es unmißverständlich zu sagen, keine Frühgeschichte des heutigen Baden-Württemberg ableiten, sondern allenfalls einen Baustein dazu. Doch das, was in diesem Band sichtbar werden kann, führt sogar noch weiter: Es zeigt die Bedingungen und letztlich auch die Zufälligkeiten und Unwägbarkeiten, unter denen ein heutiges Land mit seinen Grenzziehungen und Binnenstrukturen erwachsen ist. Dies darf man als eine neue Perspektive geschichtlicher Darstellung betrachten, und in diesem Sinne sollte die schon angesprochene Diskussion auch ihren Fortgang nehmen.

Allen Autoren, die ihre Beiträge durchweg stark erweitert und mit einem wissenschaftlichen Apparat versehen haben, sei dafür herzlich gedankt. Der Dank gilt den Vorsitzenden der für die Tagung verantwortlichen wissenschaftlichen Vereinigungen, Frau Lieselotte Bächler für den Geschichtsverein Besigheim, Herrn Dr. Robert Kretzschmar für den Württembergischen Geschichts- und Altertumsverein sowie Herrn Prof. Dr. Konrad Krimm für die Arbeitsgemeinschaft für geschichtiche Landeskunde am Oberrhein, jeweils auch für ihre Mitarbeiter bei der Organisation der Tagung und ihrer Publikation, so bei der Herstellung der Fotos für diesen Band. Eigens zu nennen ist Frau Gerlinde Schach in Karlsruhe für die Endbearbeitung des Layout, die Vereinheitlichung der Manuskripte, sowie der Verlag J. Thorbecke für die Drucklegung des Bandes. Besonderer Dank gilt der Stadt Besigheim und ihrem Bürgermeister, Herrn Steffen Bühler für ihre sachliche und finanzielle Förderung der Arbeiten. Als Sponsoren der Tagung und damit auch des Tagungsbandes sind zu nennen die Kreissparkasse Ludwigsburg, Herr Landrat Dr. Rainer Haas, sowie die Wüstenrotstiftung und ihr Vorsitzender Herr Dr. Wolfgang Bollacher. Ihnen sei besonderer Dank gesagt. Zum Abschluß: Daß die Stadt Besigheim mit Ihrem unverfälschten mittelalterlichen Stadtbild den Hintergrund für unsere Tagung bildete, war für die Teilnehmer ein eindrucksvolles und an den Sinn geschichtlichen Arbeitens heranführendes Erlebnis.

Im Dunkel des früheren Mittelalters:
Zur Geschichte Besigheims – Rahmenbedingungen und Strukturen

VON SÖNKE LORENZ

Für Dietmar Flach

I. Naturraum und Siedlungsgeschichte

Erstmals 1153 in schriftlicher Überlieferung, einer Urkunde Friedrich Barbarossas[1], erwähnt, ist der Ort gleichwohl wesentlich älter, wie nicht nur der Siedlungsname und archäologische Funde verraten. Besonders aus der Lage Besigheims im Neckarbecken[2], einer uralten, von der Natur begünstigten Kulturlandschaft, ergeben sich wichtige Hinweise für die Frühgeschichte des Ortes. Das Neckarbecken ist Teil der vom Hauptmuschelkalk als Untergrund bestimmten Gäulandschaften, die sich vor allem dank ihrer dem Ackerbau förderlichen Böden schon früh zu Siedlungsland entwickelten[3]. Es gehört zu den Korngäuen, die sich durch eine Bedeckung des Muschelkalks mit den Mergeln und Tonen des Lettenkeupers und das häufige Auftreten von Lößdecken mit ihren besonders wertvollen Böden auszeichnen. Beim Neckarbecken kommen als weitere günstige Faktoren das milde Klima und die niedrige Lage mit Höhenwerten von vorwiegend weniger als 300 m hinzu, die den Anbau auch anspruchsvoller Kulturgewächse gestatten[4]. Es wird im Süden von Glemswald, Stuttgarter Bucht und Schurwald begrenzt, im Osten vom Welzheimer Wald und den Schwäbisch-Fränkischen Waldbergen. Im Westen geht es – zum Teil über das Keuperhügelland von Strom- und Heuchelberg – in den Kraichgau über, im Norden stößt es an die Hohenloher Ebene.

---

1 MGH D F I 65; vgl. H. Schwarzmaier, Besigheim zwischen König und Markgraf. Zur Urkunde vom 12. Juli 1153, in: Besigheimer Geschichtsblätter 23 (2003), S. 3–24; Th. Zotz, Besigheim und die Herrschaftsentwicklung der Markgrafen von Baden, in diesem Bd., S. 73–94.
2 HABW II,4, Karte der naturräumlichen Gliederung von Baden-Württemberg, 1972.
3 Vgl. K. H. Schröder, Naturräumliche Grundlagen der Landesgeschichte, in: HbBW Bd. 1: Allgemeine Geschichte, Teil 1: Von der Urzeit bis zum Ende der Staufer, hg. von M. Schaab (†) u. H. Schwarzmaier, Stuttgart 2001, S. 1–27, hier S. 11f.
4 Ebd., S. 21f.; vgl. Das Land Baden-Württemberg. Amtliche Beschreibung nach Kreisen und Gemeinden, hg. von der Landesarchivdirektion Baden-Württemberg, Bd. 1–8, Stuttgart 1977–1983 [zitiert: LBW], hier 1, S. 33f., 53 u. 68f.

Schon die ur- und frühgeschichtlichen Kulturen haben das Neckarbecken bevorzugt besiedelt, wie die Verbreitungskarten archäologischer Funde aus der Zeit der Urnenfelderkultur (13. bis 8. Jahrhundert v. Chr.), der Hallstattkultur (Ende 8. bis Mitte 5. Jahrhundert v. Chr.) und dem von den Kelten bestimmten Zeitraum (Mitte 5. bis Ende 2. Jahrhundert v. Chr.)[5] belegen. Dies sollte auch unter den Römern und in der von den Alemannen und Franken dominierten Zeit so bleiben. In römischer Zeit gewann das Neckarbecken noch einen weiteren Vorzug, der auch und besonders für die mittelalterliche Geschichte Besigheims in Rechnung zu stellen ist: die denkbar günstige Verkehrslage. Sie war bedingt durch die alten Römerstraßen[6] und wurde ergänzt durch die Flußschiffahrt auf dem Neckar[7]. Bekanntlich bildeten die gut angelegten und in Stein ausgeführten Römerstraßen noch bis in das Hochmittelalter hinein das Rückgrat der Verkehrserschließung West- und Mitteleuropas. Auf den Römerstraßen zogen die Heere des Mittelalters, bewegten sich die Handelsströme und ritten alle möglichen Herrschaftsträger vom ambulant regierenden König über Herzöge und Grafen bis hin zu den Angehörigen der anfangs noch unfreien Dienstmannschaften diverser Institutionen. Wer also seine Herrschaft nicht nur sichern, sondern auch erfolgreich ausüben wollte, mußte versuchen, Teile des antiken Straßennetzes zu kontrollieren. Auch der sich vor allem im Hochmittelalter immer stärker entwickelnde Handel unterlag auf diese Weise und auf diesem Weg herrschaftlicher Einflußnahme. Dies alles gilt es für die unbekannte Frühgeschichte Besigheims im Bewußtsein zu halten.

Die Römer hatten bekanntlich seit 15 v. Chr. mit der Eroberung Rätiens begonnen und dabei erstmals Teile des heutigen Bundeslandes Baden-Württemberg besetzt[8]. Das Legi-

---

5 Vgl. LBW (wie Anm. 4) 1, S. 116–124; vgl. E. SANGMEISTER, Urgeschichte, in: HbBW Bd. 1/1 (wie Anm. 3), S. 29–129, hier S. 86–120.
6 Grundlegend für den hier betrachteten Raum: A. SEILER, Studien zu den Anfängen der Pfarrei- und Landdekanatsorganisation in den rechtsrheinischen Archidiakonaten des Bistum Speyer (Veröffentlichungen der Kommission für geschichtliche Landeskunde in Baden-Württemberg, Reihe B, Bd. 10), Stuttgart 1959, S. 11f.
7 Vgl. M. ECKOLDT, Schiffahrt auf kleinen Flüssen. 1. Der Neckar und seine Nebenflüsse zur Römerzeit, in: Deutsches Schiffahrtsarchiv 6 (1983), S. 11–24; K.-U. JÄSCHKE, 1250 Jahre Heilbronn? Grenzgebiet – Durchgangslandschaft – Eigenbereich. Zur Beurteilung von Grenzregionen und Interferenzräumen in Europa, besonders während des Mittelalters, in: Region und Reich, Zur Einbeziehung des Neckar-Raumes in das Karolinger-Reich und zu ihren Parallelen und Folgen, Redaktion Ch. SCHRENK u. H. WECKBACH (Quellen und Forschungen zur Geschichte der Stadt Heilbronn, Bd. 1), Heilbronn 1992, S. 9–147, hier S. 48; O. HÖCKMANN, Schiffahrt zwischen Alpen und Nordsee, in: Die Römer zwischen Alpen und Nordmeer. Zivilisatorisches Erbe einer europäischen Militärmacht, Katalog-Handbuch zur Landesausstellung des Freistaates Bayern, Rosenheim 2000, hg. von L. WAMSER, Mainz 2000, S. 264–267; M. LUIK, Köngen-Grinario II. Grabungen des Landesdenkmalamtes Baden-Württemberg, Historisch-archäologische Auswertung (Forschungen und Berichte zur Vor- und Frühgeschichte in Baden-Württemberg, Bd. 82), Stuttgart 2004, S. 127.
8 Ph. FILTZINGER, Römerzeit, in: HbBW Bd. 1/1 (wie Anm. 3), S. 131–190, hier S. 134; vgl. DERS., Die militärische Besitznahme durch die Römer, HABW, Beiwort zur Karte III,3, 1979; DERS., Die römische Besetzung Baden-Württembergs, in: Die Römer in Baden-Württemberg, hg. von Ph. FILTZINGER, D. PLANCK, B. CÄMMERER, mit Beiträgen von S. ALFÖLDY-THOMAS u. a., 3., völlig neu bearbeitete und erweiterte Aufl. Stuttgart u. Aalen 1986, S. 23–116, hier S. 30ff.; allgemein: H. BENDER, Römische Straßen und Straßenstationen (Limesmuseum Aalen, Kleine Schriften zur Kenntnis der römischen Besetzungsgeschichte Südwestdeutschlands, Nr. 13), Stuttgart 1975; DERS., Römischer

onslager Augsburg/*Augusta Vindelicum* entstand, und bald begannen die am Rhein stationierten Legionen mit der Eroberung Germaniens. Seit der Mitte des ersten Jahrhunderts wurde die Grenze des Imperiums etappenweise in Südwestdeutschland vorgeschoben: Über die Befestigungen an der Donau und auf der Albhochfläche sowie die rechtsrheinischen Vorposten bei Wiesbaden wurde mit den Kastellen Heidelberg-Neuenheim und Ladenburg/*Lopodunum* bereits auch das untere Neckargebiet erreicht. Unter Kaiser Vespasian (69–79) kam es zum Bau einer Verbindungsstraße von Straßburg/*Argentorate* durch das Kinzigtal über Rottweil/*Arae Flaviae* nach Tuttlingen zur Donau. Kaiser Domitian (81–96) ließ die Rheingrenze weiter nach Osten vorschieben. Es entstanden der Odenwald-Neckar-Limes, der vom Main bis zum Neckar bei Bad Friedrichshall verlief, und der Neckarlimes mit den links des Flusses angelegten Kastellen Wimpfen, Heilbronn-Böckingen, Walheim, Benningen, Cannstatt, Köngen/*Grinario* und Rottenburg/*Sumelocenna*[9]. Die Kastelle des als offene Grenze zu bezeichnenden Neckarlimes wurden durch Straßen verbunden, die bald links, bald rechts des Flusses verliefen. Dies wird auch für die Römerstraße zwischen Walheim und Benningen angenommen, die sehr wahrscheinlich ein Stück weit rechts des Neckars führte, um den Bogen zwischen Kleiningersheim und Benningen abzuschneiden[10]. Vom Kastell Walheim gab es – und das ist für den hier betrachteten Raum um Besigheim von besonderer Bedeutung – zwei Verbindungen nach Kastell Cannstatt: eine Straße über Benningen und eine zweite über Besigheim, dort die Enz querend an Großingersheim und Geisingen vorbei[11]. Bei Benningen zweigte zudem eine weitere Straße ab, die über Rielingshausen und Sulzbach zum Kastell Murrhardt verlief[12]. Unter Trajan (98–117) wurde vermutlich um 100 die Römerstraße von Mainz über Ladenburg nach Basel angelegt, die sogenannte Bergstraße[13], die bei Bruchsal von einer Straße gekreuzt wurde, die von Speyer kommend dem Saalbach entlang über Bretten, Vaihingen/Enz, Schwieberdingen und Zuffenhausen nach Cannstatt führte[14]. Mit der weiteren Vorverlegung des Limes nach Osten, der in Welzheim einen markanten Punkt erhielt, wurden auch die Truppen versetzt, doch blieben die ehemaligen Kastellorte am Neckar

Reiseverkehr. Cursus publicus und Privatreisen (Limesmuseum Aalen, Kleine Schriften zur Kenntnis der römischen Besetzungsgeschichte Südwestdeutschlands, Nr. 20), Stuttgart 1978.
9 Vgl. FILTZINGER, Römerzeit (wie Anm. 8), S. 150–157; DERS., Die militärische Besitznahme (wie Anm. 8), S. 2f.; DERS., römische Besetzung (wie Anm. 8), S. 73f.
10 Die Straßen und Wehranlagen des römischen Württemberg, von F. HERTLEIN (†) und P. GOESSLER, unter Mitwirkung von O. PARET (Die Römer in Württemberg, hg. vom Württ. Landesamt für Denkmalpflege, Teil II), Stuttgart 1930, S. 92ff.
11 Ebd., S. 84–87, 87ff.
12 Vgl. SEILER, Bistum Speyer (wie Anm. 6), S. 12; FILTZINGER, Römerzeit (wie Anm. 8), S. 154.
13 M. SCHAAB, Straßen und Geleitswesen zwischen Rhein, Neckar und Schwarzwald im Mittelalter und der früheren Neuzeit, in: Jahrbücher für Statistik und Landeskunde von Baden-Württemberg 4 (1959), S. 54–75, hier S. 60f. u. 74.
14 P. GÖSSLER, Altertümer, in: Beschreibung des Oberamts Leonberg, hg. vom Württ. Statistischen Landesamt, 2. Bearbeitung, 1. Bd., Stuttgart 1930, S. 119–239, hier S. 175f. u. 179; F. HERTLEIN, Alte Wege, in: ebd., S. 240–251, hier S. 251; K. WELLER, Die Reichsstraßen des Mittelalters im heutigen Württemberg, in: Württembergische Vierteljahrshefte für Landesgeschichte NF 33 (1927), S. 1–43, hier S. 13 u. 35f., Nr. 28; eingezeichnet in die Archäologische Fundkarte, Beilage zur Oberamtsbeschreibung; HERTLEIN, Die Straßen und Wehranlagen (wie Anm. 10), S. 85f; Die Römer in Baden-Württemberg (wie Anm. 8), S. 146f.; SCHAAB, Straßen und Geleitswesen (wie Anm. 13), S. 66.

schon durch ihre günstige Verkehrslage weiterhin von Bedeutung. Zudem bauten die Römer das Straßennetz weiter aus und schufen mit der Rhein-Donau-Straße eine Verbindung, die von Mainz über Groß-Gerau, Gernsheim, Ladenburg, Heidelberg, Stettfeld, Cannstatt, Ursprung – oder Heidenheim und Günzburg – nach Augsburg führte[15]. Auch von Straßburg wurde über Pforzheim eine Verbindung nach Cannstatt geschaffen, die zwischen Friolzheim und Heimsheim nach Rutesheim und an Eltingen vorbei verlief[16]. Von Cannstatt konnte man nicht nur weiter nach Augsburg gelangen, sondern es führte zudem noch eine Römerstraße durch das Remstal über Lorch nach Aalen. Bei Wiesloch zweigte von der Rhein-Donau-Straße eine Verbindung ab, die über Sinsheim nach Wimpfen an den Neckar führte[17]. Damit war das Gebiet um den Neckar zwischen Wimpfen und Cannstatt verkehrsmäßig bestens erschlossen und avancierte rasch zum bevorzugten Siedlungsraum der römischen Zivilisation im rechtsrheinischen Teil der Provinz *Germania superior* (Obergermanien), soweit ihn das heutige Baden-Württemberg erfaßt, wie ein Blick auf die Karte im Historischen Atlas von Baden-Württemberg eindringlich zu erkennen gibt[18].

Dieser Raum diente anfangs auch den germanischen Neuankömmlingen aus dem Norden als ein herausgehobenes Siedlungsgebiet, wie eine Kartierung der Funde aus der »frühen Alemannenzeit« (3. bis frühes 5. Jahrhundert) zeigt[19]. Sie strömten seit dem ausgehenden 3. Jahrhundert in die ehemals römischen Gebiete rechts des Rheins und wurden erst hier in einem längeren Prozeß der Ethnogenese zu Alemannen. Ihr Siedlungsgebiet weist besonders im Raum Heilbronn und Stuttgart/Cannstatt Massierungen auf. Gegen Ende des 5. Jahrhunderts gerieten die Alemannen in ihrem unter anderem auch nach Norden gerichteten Expansionsdrang mit den Franken in militärische Auseinandersetzungen.

---

15 Vgl. HERTLEIN, Die Straßen und Wehranlagen (wie Anm. 10), S. 65–71.
16 GÖSSLER, Altertümer Leonberg (wie Anm. 14), S. 125f., 174–178, und öfters; HERTLEIN, Alte Wege (wie Anm. 14), S. 245–251; DERS., Die Straßen und Wehranlagen (wie Anm. 10), S. 45–53; V. ERNST, Straßen und Verkehr, in: Beschreibung des Oberamts Leonberg (wie Anm. 14), S. 376–383, passim; eingezeichnet in die Archaeologische Fundkarte, Beilage zur Oberamtsbeschreibung Leonberg (wie Anm. 14); Die Straßen und Wehranlagen des römischen Württemberg (wie Anm. 14), S. 45–53; HABW Karte III, 3 (wie Anm. 8); Die Römer in Baden-Württemberg (wie Anm. 8), S. 146 u. 147, Abb. 50: Straßenverbindungen in Obergermanien und Rätien; vgl. SCHAAB, Straßen und Geleitswesen (wie Anm. 13), S. 69 u. 75.
17 HERTLEIN, Die Straßen und Wehranlagen (wie Anm. 10), S. 59; SCHAAB, Straßen und Geleitswesen (wie Anm. 13), S. 64f.
18 Vgl. D. PLANCK, Zivile römische Besiedlung, HABW, Beiwort zur Karte III,4, 1980; JÄSCHKE, Heilbronn (wie Anm. 7), S. 47.
19 R. CHRISTLEIN, Die frühe Alemannenzeit. 3. bis frühes 5. Jahrhundert n. Chr., HABW Beiwort zur Karte III,6, 1974; DERS., Die Alamannen. Archäologie eines lebendigen Volkes, Stuttgart und Aalen 1978, S. 32; M. KNAUT, Frühe Alamannen in Baden-Württemberg, in: Archäologie in Württemberg. Ergebnisse und Perspektiven archäologischer Forschung von der Altsteinzeit bis zur Neuzeit, hg. von D. PLANCK, Stuttgart 1988, S. 311–331, hier S. 313, Abb. 1, u. S. 315, Abb. 2 (Nr. 255: Besigheim); H. SCHACH-DÖRGES, »Zusammengespülte und vermengte Menschen«. Suebische Kriegerbünde werden sesshaft, in: Die Alamannen, hg. vom Archäologischen Landesmuseum Baden-Württemberg (Begleitband zur Ausstellung »Die Alamannen«), Stuttgart 1997, S. 79–102, hier S. 96f., Abb. 81–83; G. FINGERLIN, Siedlungen und Siedlungstypen. Südwestdeutschland in frühalamannischer Zeit, in: ebd., S. 125–134, hier S. 125, Abb. 122; U. KOCH, Besiegt, beraubt, vertrieben. Die Folgen der Niederlagen von 496/497 und 506, in: ebd., S. 191–201, hier S. 191, Abb. 198.

Die Franken behielten bekanntlich die Oberhand und unterwarfen die Alemannen bis 536/7 ihrer Herrschaft[20]. Nun erst konnten sich die von den Franken gezogenen alemannischen Grenzen allmählich zu Stammes-, Kultur- und Sprachgrenzen entwickeln. Erst als die Alemannen ihre Selbständigkeit eingebüßt hatten, fanden sie innerhalb der merowingischen Reichsorganisation ihre Einheit[21].

II. Merowinger- und frühe Karolingerzeit

An dieser Stelle ist ein Grundproblem der südwestdeutschen Geschichtsschreibung anzusprechen, auf das zwar in jüngster Zeit vermehrt hingewiesen wurde, das aber gleichwohl virulent bleibt: Gemeint ist die Vorstellung von einer zu Beginn des 6. Jahrhunderts »mit größter Schärfe« durch die Franken auf Kosten der Alemannen gezogenen »Stammesgrenze«[22]. Doch in den historischen Quellen zum 6. Jahrhundert gibt es keinen Hinweis auf eine Vertreibung oder Umsiedlung von Alemannen[23]. Die Vorstellung beruht mehr oder weniger auf Rückprojektionen von administrativen Verhältnissen, wie sie sich seit dem 8. Jahrhundert jedoch auch nicht immer ganz deutlich zu erkennen geben[24]. Zwar lassen

---

20 Vgl. D. GEUENICH, Geschichte der Alemannen (Urban-Taschenbücher 575), Stuttgart 1997, S. 78–89; K. F. STROHEKER, Die Alamannen und das spätrömische Reich, in: Zur Geschichte der Alemannen, hg. von W. MÜLLER (Wege der Forschung 100), Darmstadt 1975, S. 20–48, hier S. 46f.; M. MENKE, Alemannisch-italische Beziehungen vom späten fünften bis zum siebenten Jahrhundert aufgrund archäologischer Quellen, in: Die transalpinen Verbindungen der Bayern, Alemannen und Franken bis zum 10. Jahrhundert, hg. von H. BEUMANN u. W. SCHRÖDER (Nationes, Bd. 6), Sigmaringen 1987, S. 125–345, hier S. 151–167; H. KELLER, Germanische Landnahme und Frühmittelalter, in: HbBW Bd. 1/1 (wie Anm. 3), S. 191–296, hier S. 227–235 u. 244f; zuletzt: H. CASTRITIUS u. D. GEUENICH, Zur alemannischen Reichsbildung im 5. Jahrhundert, in: Integration und Herrschaft. Ethnische Identitäten und soziale Organisation im Frühmittelalter, hg. von W. POHL u. M. DIESENBERGER (Österreichische Akademie der Wissenschaften, philosophisch-historische Klasse, Denkschriften, Bd. 301 = Forschungen zur Geschichte des Mittelalters, Bd. 3), Wien 2002, S. 107–118; Th. ZOTZ, König, Herzog und Adel. Die Merowingerzeit am Oberrhein aus historischer Sicht, in: Freiburger Universitätsblätter, H. 159 (Kelten, Römer und Germanen. Frühe Gesellschaft und Herrschaft am Oberrhein bis zum Hochmittelalter), März 2003, 42. Jg., S. 121–141.
21 D. GEUENICH, Zur Landnahme der Alemannen, in: Frühmittelalterliche Studien 16 (1982), S. 25–44, hier S. 44.
22 So beispielsweise K. WELLER, Besiedlungsgeschichte Württembergs vom 3. bis zum 13. Jahrhundert n. Chr. (Besiedlungsgeschichte Württembergs, Bd. 3), Stuttgart 1938, S. 146f.; das Problem erkannt und beim Namen genommen hat beispielsweise A. DAUBER, Die Reihengräber der Merowingerzeit, HABW, Beiwort zur Karte III,7, 1976), S. 1; den neuesten Forschungsstand bietet KELLER, Germanische Landnahme (wie Anm. 20), S. 235ff., 239f. u. 271.
23 Eine interessante These, laut der die Alemannen bzw. Schwaben »unter der merowingischen Führung Theudeberts I. (533–547/548) und Theudowalds (547–555) neue Wohnsitze, nicht nur in der ehemaligen Alemannia, sondern auch in den ehemals romanischen Teilen der Maxima Sequanorum und der Germania prima erhielten«, bietet gut begründet K. WEBER, Zwischen Austrien und Burgund – Die Formierung des Elsaß im Reich der Merowinger, in: Freiburger Universitätsblätter, H. 159 (wie Anm. 20), S. 143–164, hier S. 150–154.
24 Vgl. H. MAURER, Der Herzog von Schwaben. Grundlagen, Wirkungen und Wesen seiner Herrschaft in ottonischer, salischer und staufischer Zeit, Sigmaringen 1978, S. 35; Th. ZOTZ, Ottonen-, Salier- und frühe Stauferzeit (911–1167), in: HbBW Bd. 1/1 (wie Anm. 3), S. 381–528, hier S. 459–467

sich seit dieser Zeit gewisse Grenzpunkte bzw. -bereiche mehr oder weniger klar konturiert fassen, aber eben nicht als Grenze zwischen zwei Stämmen der Völkerwanderungszeit, sondern – z. B. im Neckarbecken – als Grenze zwischen den Bistümern Konstanz, Würzburg und Speyer sowie den administrativen Einheiten der Karolinger – heißen sie nun *ducatus* oder *provincia* –, über die der Weg zu den im frühen 10. Jahrhundert neu entstandenen sogenannten jüngeren Stammesherzogtümern Franken und Schwaben führt. Fest steht, daß die *Alemannia,* das grob von Main, Rhein, Bodensee und Lech umgrenzte Siedlungsgebiet der Alemannen, zu Beginn des 6. Jahrhunderts infolge militärischer Unternehmungen der Merowingerkönige in das Frankenreich eingegliedert wurde – und zwar so, daß das gesamte ostrheinische Gebiet stets Austrasien verbunden blieb, dem Teilreich, das sich kontinuierlich aus dem 511 gebildeten Reichsteil Theuderichs entwickelt hatte[25]. Für eine Verdrängung alemannischer Bevölkerung größeren Ausmaßes, beispielsweise durch Umsiedlung, fehlen jede Belege[26]. Hingegen dürfte es – wie archäologische Untersuchungen nahelegen[27] – an bestimmten für eine Herrschaft wichtigen Punkten, wie z. B. Straßenknoten und Flußübergängen, zur Festsetzung fränkischer Befehlshaber samt Gefolge gekommen sein. Fortan dienten aber auch alemannische Krieger in fränkischen Heeren und erhielten alemannische Große Aufgaben in der Verwaltung des Frankenreichs zugewiesen[28]. Zudem konnten die Alemannen jetzt ihr Siedlungsgebiet über den Hochrhein nach Süden bis zum Thuner See ausweiten. Wie weit die Zuständigkeit eines von den Franken eingesetzten Herzogs[29] namens Gunzo reichte, den uns die Vita des hl. Gallus als in Überlingen am Bodensee residierend zeigt, ist unbekannt. Ebensowenig kennen wir den

(»Nomen patriae: Das Land und seine Leute«); DERS., Das Herzogtum Schwaben im 10. und frühen 11. Jahrhundert, in: B. SCHOLKMANN, S. LORENZ (Hg.), Schwaben vor tausend Jahren (Veröffentlichung des Alemannischen Instituts, Nr. 69), Filderstadt 2002, S. 10–35, hier S. 11–14 (mit einer Karte); S. MOLITOR, Alemannia und Francia – Schwäbisch und Fränkisch nach den Schriftquellen des Mittelalters, Vortrag am 27. Juni 1997 in der Arbeitsgruppe 2 (»Schwäbisches nördlich der Konstanzer Diözesangrenzen, Die Aussagen der Archäologie. Schriftquellen und Sprachgeschichte«) bei der 44. Jahrestagung der Kommission für geschichtliche Landeskunde in Baden-Württemberg in Backnang; G. LUBICH, Früh- und hochmittelalterlicher Adel zwischen Tauber und Neckar. Genese und Prägung adliger Herrschaftsräume im fränkisch-schwäbischen Grenzgebiet, in: Herrschaft und Legitimation: Hochmittelalterlicher Adel in Südwestdeutschland, hg. von S. LORENZ und S. MOLITOR (Schriften zur südwestdeutschen Landeskunde, Bd. 36), Leinfelden-Echterdingen 2002, S. 13–47, hier S. 16f.
25 W. SCHLESINGER, Zur politischen Geschichte der fränkischen Ostbewegung vor Karl dem Großen, in: Althessen im Frankenreich, hg. von DEMS. (Nationes, Historische und philologische Untersuchungen zur Entstehung der europäischen Nationen im Mittelalter, Bd. 2), Sigmaringen 1975, S. 9–61, hier S. 30.
26 Vgl. die differenzierten Ausführungen von JÄSCHKE, Heilbronn (wie Anm. 7), S. 51–54; mit einer Abwanderung von Teilen der alemannischen Bevölkerung rechnet H. K. SCHULZE, Ostfranken und Alemannien in der Politik des fränkischen Reiches, in: Alemannien und Ostfranken im Frühmittelalter, hg. von F. QUARTHAL (Veröffentlichungen des Alemannischen Instituts Freiburg i. Br., Nr. 48), Bühl/Baden 1984, S. 13–38, hier S. 14 u. 25f.
27 Siehe beispielsweise JÄSCHKE, Heilbronn (wie Anm. 7), S. 52ff.; U. KOCH, Ethnische Vielfalt im Südwesten. Beobachtungen in merowingerzeitlichen Gräberfeldern an Neckar und Donau, in: Begleitband zur Ausstellung »Die Alamannen« (wie Anm. 19), S. 219–232, hier S. 219–228 (Pleidelsheim).
28 Vgl. die Gedanken bei SCHLESINGER, Fränkische Ostbewegung (wie Anm. 25), S. 34 u. 51f.
29 Vgl. H. K. SCHULZE, Die Grafschaftsverfassung der Karolingerzeit in den Gebieten östlich des Rheins (Schriften zur Verfassungsgeschichte, Bd. 19), Berlin 1973, S. 299.

Herrschaftsbereich jenes Herzogs Crodobert, der auf Befehl von König Dagobert I. († 639) mit dem Heer der Alemannen siegreich gegen die Slawen (Mainwenden?) zu Felde zog[30]. Der Niedergang der Merowingerherrschaft im 7. Jahrhundert war jedenfalls begleitet vom Aufstieg partikularer Gewalten, wie sie sich um die Wende vom 7. zum 8. Jahrhundert deutlicher zu erkennen geben, so die Herzöge im Elsaß aus der Etichonen-Sippe[31], die um Würzburg und am Main als Herzöge amtierenden Hedenen[32] und die Agilolfinger im Bereich zwischen den Alpenkämmen und der Gäulandschaft, die anscheinend nicht nur bei den Alemannen als Herzöge fungierten, sondern auch bei den Bayern[33]. Bekannt ist beispielsweise der alemannische Herzog Gottfried, einmal in dem auch noch zu seiner Zeit und später als Verkehrsknotenpunkt eminent wichtigen Römerlager Cannstatt bezeugt, der den karolingischen Hausmeiern die Gefolgschaft mit der Begründung verweigerte, er sei nicht ihnen, sondern lediglich dem Merowingerkönig zum Gehorsam verpflichtet. Wir wissen, daß es den Karolingern seit den 730er Jahren endgültig gelang, die Agilolfinger und ihren Anhang zu besiegen und sich deren Herrschaftsbereich anzueignen. Das sogenannte Blutgericht von Cannstatt (746) markiert wohl den Endpunkt der militärischen Auseinandersetzungen[34]. Auch diese Kämpfe dürften aber kaum von Umsiedlungen größerer Bevölkerungsgruppen, sondern lediglich von der teil- bzw. stellenweisen Auswechslung der die Herrschaft tragenden Kräfte begleitet gewesen sein, vor allem aber von der Übernahme der in der Verfügung der Agilolfinger befindlichen und wohl schon grundherrschaftlich organisierten Fiskalkomplexe sowie ihrer Allodien, ihrer Eigengüter. Was aber genau und im einzelnen diesen Besitz ausmachte, ist schwer zu klären und wohl nur im Einzelfall annähernd zu ermitteln.

Für die Merowingerzeit ist es jedenfalls nicht angebracht, von einem *ducatus Alemanniae* zu sprechen, sind doch die Bezeichnungen *ducatus* und *provincia* für die *Alemannia*

30 F.-J. SCHMALE u. W. STÖRMER, Die politische Entwicklung bis zur Eingliederung ins Merowingische Frankenreich, in: Handbuch der bayerischen Geschichte, Bd. 3,1: Geschichte Frankens bis zum Ausgang des 18. Jahrhunderts, begründet von M. SPINDLER, neu hg. von A. KRAUS, 3., neu bearbeitete Aufl. München 1997, S. 70–88, hier S. 81–86.
31 Th. ZOTZ, Etichonen, in: LdMA 4, S. 57; ausführlich: F. VOLLMER, Die Etichonen. Ein Beitrag zur Frage der Kontinuität früher Adelsfamilien, in: Studien und Vorarbeiten zur Geschichte des grossfränkischen und frühdeutschen Adels, hg. von G. TELLENBACH (Forschungen zur oberrheinischen Landesgeschichte, Bd. 4), Freiburg i. Br. 1957, S. 137–184; K. A. ECKHARDT, Merowingerblut II: Agilolfinger und Etichonen, in: Germanenrechte NF, Deutschrechtliches Archiv 11, Witzenhausen 1965, S. 85–173; Ch. WILSDORF, Les Étichonides aux temps carolingiens et ottoniens, in: Bulletin philologique et historique du Comité des Travaux historiques et scientifiques, Année 1964, Paris 1967, S. 1–33; WEBER, Zwischen Austrien und Burgund (wie Anm. 23), S. 158–163.
32 Vgl. SCHULZE, Ostfranken und Alemannien (wie Anm. 26), S. 22ff.; W. STÖRMER, Zu Herkunft und Wirkungskreis der merowingerzeitlichen »Mainfränkischen« Herzöge, in: Festschrift für Eduard Hlawitschka zum 65. Geburtstag, hg. von K. R. SCHNITH u. R. PAULER (Münchener historische Studien, Abteilung Mittelalterliche Geschichte, Bd. 5), Kallmünz Opf. 1993, S. 11–21; SCHMALE/STÖRMER, Eingliederung ins Merowingische Frankenreich (wie Anm. 30), S. 83–88.
33 Vgl. J. JARNUT, Genealogie und politische Bedeutung der agilolfingischen Herzöge, in: MIÖG 99 (1991), S. 1–22.
34 Statt vieler: Th. ZOTZ, Der Südwesten im 8. Jahrhundert. Zur Raumordnung und Geschichte einer Randzone des Frankenreiches, in: Der Südwesten im 8. Jahrhundert aus historischer und archäologischer Sicht, hg. von H. U. NUBER, H. STEUER u. Th. ZOTZ (Archäologie und Geschichte, Freiburger Forschungen zum ersten Jahrtausend in Südwestdeutschland, Bd. 13), Ostfildern 2004, S. 13–30, hier S. 20–26.

erst in karolingischer Zeit belegt, worauf Thomas Zotz nachdrücklich hingewiesen hat[35]. So spricht erstmals eine Urkunde von 764 vom *ducatus Alamannorum* – eine Formulierung, die 774 auch in einer Urkunde Karls des Großen begegnet und wenig später noch in einer Gültstein (Lkr. Böblingen) betreffenden Traditionsnotiz[36] im *Codex Laureshamensis*[37] aufscheint, einem im 12. Jahrhundert auf der Grundlage einer älteren Überlieferung angelegten Urbar des Königsklosters Lorsch[38]. Dieses Herzogtum aber überließen die Karolinger, die seit der Krönung Pippins 754 als Könige des Frankenreichs amtierten, keineswegs einem Herzog, wie denn überhaupt ihre Kanzleien streng darauf achteten, keiner Person den *dux*-Titel beizugeben: »Der Karolinger auf dem Thron gönnte seinen Großen nicht den Titel, den noch seine eigenen Vorfahren getragen hatten«[39]. So blieb Alemannien stets ihrer direkten Herrschaft unterworfen. Dies gilt auch für die nördlich vom *ducatus Alamannorum* gelegenen Landschaften, die zum Teil wohl einst in der Verfügung der in Würzburg residierenden Herzöge gestanden hatten[40]. Für sie verwendete man – worauf noch ausführlich einzugehen ist – den Begriff *ducatus Francorum*, wie einmal eine Lorscher Traditionsnotiz von 794 formuliert hat[41]. So kann man von der Arbeitshypothese ausgehen, daß Besitz, Struktur und Organisationsform der meisten, in aller Regel aber erst im Hochmittelalter erkennbaren größeren Fiskalkomplexe bzw. Krongüter Frankens und Alemanniens – wie Ladenburg[42], Wiesloch[43], Bruchsal[44],

35 Vgl. ebd., S. 16–19; Th. Zotz, Ethnogenese und Herzogtum in Alemannien (9.–11. Jahrhundert), in: MIÖG 108 (2000), S. 48–66, hier S. 54; A. Zettler, Karolingerzeit, in: HbBW Bd. 1/1 (wie Anm. 3), S. 297–356, hier S. 299–308; vgl. W. Kienast, Der Herzogstitel in Frankreich und Deutschland (9. bis 12. Jahrhundert), München, Wien 1968, S. 48f.
36 Die Belege bei Zotz, Der Südwesten im 8. Jahrhundert (wie Anm. 34), S. 16f.
37 Codex Laureshamensis, bearbeitet und neu hg. von K. Glöckner [zitiert: CL], Bd. 1–3, Darmstadt 1929 u. 1936.
38 Vgl. F. Trautz, Das untere Neckarland im früheren Mittelalter (Heidelberger Veröffentlichungen zur Landesgeschichte und Landeskunde 1), Heidelberg 1953, S. 3ff.; K. Elmshäuser, Lorscher Reichsurbar, in: LdMA 5, S. 2119f.; H. Schwarzmaier u. A. Zettler, Alemannien im fränkischen Reich im Lichte der urkundlichen Quellen und der Memorialüberlieferung, in: HbBW Bd. 1/1 (wie Anm. 3), S. 357–380, hier S. 365ff.; grundlegend zur Geschichte: J. Semmler, Die Geschichte der Abtei Lorsch von der Gründung bis zum Ende der Salierzeit (764–1125), in: Die Reichsabtei Lorsch, Festschrift zum Gedenken an ihre Stiftung 764, Teil 1, hg. von F. Knöpp, Darmstadt 1973, S. 75–173.
39 Kienast, Der Herzogstitel in Frankreich und Deutschland (wie Anm. 35), S. 47; vgl. I. Dienemann-Dietrich, Der fränkische Adel in Alemannien im 8. Jahrhundert, in: Grundfragen der alemannischen Geschichte. Mainauvorträge 1952 (Vorträge und Forschungen, Bd. 1), Lindau u. Konstanz 1955, S. 149–192, hier S. 152f.
40 F.-J. Schmale u. W. Störmer, Die politische Entwicklung, in: Handbuch der bayerischen Geschichte 3/1 (wie Anm. 30), S. 115–135, hier S. 116.
41 CL (wie Anm. 37) 3, S. 157, Nr. 3614.
42 H. Maurer, Ladenburg, in: Die deutschen Königspfalzen. Repertorium der Pfalzen, Königshöfe und übrigen Aufenthaltsorte der Könige im deutschen Reich des Mittelalters, Redaktion L. Fenske u. Th. Zotz, Bd. 3: Baden-Württemberg, 1.–4. Lieferung, Göttingen 1988–2003, hier 3 (1997), S. 332–354.
43 M. Schaab, Der Lobdengau, in: Knöpp (Hg.), Lorsch (wie Anm. 38), S. 539–577, hier S. 569ff.; Trautz, Das untere Neckarland (wie Anm. 38), S. 48ff.; L. Hildebrandt, Die Stadt Wiesloch im Mittelalter, in: Wiesloch. Beiträge zur Geschichte, Bd. 1, hg. vom Stadtarchiv Wiesloch, Ubstadt-Weiher 2000, S. 31–64; ders., Mittelalterarchäologie in Wiesloch, Teil 1, in: Wiesloch. Beiträge zur Geschichte, Bd. 2, hg. vom Stadtarchiv Wiesloch, Ubstadt-Weiher 2001, S. 49–67; ders., Mittelalterliche Urkunden über Wiesloch und Walldorf, Ubstadt-Weiher 2001.
44 H. Maurer, Bruchsal, in: Die deutschen Königspfalzen 3 (wie Anm. 42) 1 (1988), S. 63–77.

Pforzheim[45], Mosbach[46], Wimpfen[47], Heilbronn[48], Waiblingen[49], Sülchen[50], Rottweil[51], Ulm[52] und Bodman[53] – mehr oder weniger auf Maßnahmen der Karolinger zurückgehen. Ob dies auch für die noch um die Mitte des 11. Jahrhunderts zum Königsgut zählende Siedlung Besigheim gilt, kann man leider nur vermuten[54].

Ob und wie weit die angeführten Fiskalkomplexe und Königshöfe wenigstens im Kern noch aus Direktiven der Merowinger bzw. der in ihrem Auftrag nach Herrschaft strebenden Magnaten erwachsen sind, ist eine Frage, auf die die Forschung nur schwer oder kaum zu antworten vermag. Das seinerzeit von der Geschichtswissenschaft entworfene Bild einer von Chlodwig dem Frankenreich einverleibten *Alemannia,* in der die Merowinger durch Konfiskation alle mehr oder weniger wichtigen Positionen im Lande in ihre Hand gebracht und diesen Fiskalbesitz mit der Zeit grundherrschaftlich organisiert hätten, wird mittlerweile als problematisch erachtet. So sieht man in dem vom König eingesetzten Herzog als einem fränkischen Amtsträger das Bindeglied zur Zentralgewalt[55]. Während man einerseits annimmt, Inneralemannien sei lediglich von den festen Basen aus kontrolliert worden, die die Franken südlich des Hochrheins und vielleicht auch im Elsaß noch aus dem spätrömischen Erbe übernehmen konnten[56], legen die in den letzten Jahrzehnten extrem vermehrten archäologischen Befunde andererseits den Schluß nahe, daß die fränkische Durchdringung Alemanniens mit Hilfe relativ kleiner Personengruppen erfolgte, die vom König Landzuweisungen erhielten und mit ihrem gesamten Hausverband an den vorbestimmten Ort zogen, um – vom König mit Machtbefugnissen ausgestattet – dort in

---

45   H. Maurer, Pforzheim, in: Die deutschen Königspfalzen 3 (wie Anm. 42) 4 (2003), S. 476–492.
46   H. Maurer, Mosbach, in: Die deutschen Königspfalzen 3 (wie Anm. 42) 4 (2003), S. 430–440.
47   H. Seibert, Wimpfen, in: LdMA 9, S. 223f.
48   H. Maurer, Heilbronn, in: Die deutschen Königspfalzen 3 (wie Anm. 42) 2 (1993), S. 148–164.
49   S. Lorenz, Waiblingen – Ort der Könige und Kaiser (Gemeinde im Wandel, Bd. 13.), Waiblingen 2000, S. 38–77.
50   Vgl. S. Lorenz, Staufer, Tübinger und andere Herrschaftsträger im Schönbuch, in: Von Schwaben bis Jerusalem. Facetten staufischer Geschichte, hg. von S. Lorenz u. U. Schmidt (Veröffentlichungen des Alemannischen Instituts Freiburg i. Br., Nr. 61), Sigmaringen 1995, S. 285–320, hier S. 295f.; M. Borgolte, Das Königtum am oberen Neckar (8.–11. Jahrhundert), in: Zwischen Schwarzwald und Schwäbischer Alb. Das Land am oberen Neckar, hg. von F. Quarthal (Veröffentlichung des Alemannischen Instituts Freiburg i. Br. 52), Sigmaringen 1984, S. 67–110, hier S. 88 u. 110.
51   H. Maurer, Der Königshof Rottweil bis zum Ende der staufischen Zeit, in: Deutsche Königspfalzen. Beiträge zu ihrer historischen und archäologischen Erforschung, Bd. 3 (Veröffentlichungen des Max-Planck-Instituts für Geschichte 11/3), Göttingen 1979, S. 211–220; ders., Der Herzog von Schwaben (wie Anm. 24), S. 104–111.
52   Maurer, Der Herzog von Schwaben (wie Anm. 24), S. 91–104.
53   H. Maurer, Bodman, in: Die deutschen Königspfalzen 3 (wie Anm. 42) 1 (1988), S. 18–45; A. Borst, Die Pfalz Bodman, in: Bodman, Dorf, Kaiserpfalz, Adel, hg. von H. Berner, Sigmaringen 1977, S. 169–230; Th. Zotz, Ludwig der Fromme. Alemannien und die Genese eines neuen Regnum, in: Wirkungen europäischer Rechtskultur. Festschrift für Karl Kroeschell zum 70. Geburtstag, hg. von G. Köbler u. H. Nehlsen, München 1997, S. 1481–1499, hier S. 1496ff.
54   Vgl. Schwarzmaier, Besigheim (wie Anm. 1), S. 15; allgemein: W. Schlesinger, Pfalzen und Königshöfe in Württembergisch Franken und angrenzenden Gebieten, in: Württembergisch Franken 53 (1969), S. 3–22.
55   Schulze, Ostfranken und Alemannien (wie Anm. 26), S. 26ff.
56   H. Keller, Fränkische Herrschaft und alemannisches Herzogtum im 6. und 7. Jahrhundert, in: ZGO 124 (1976), S. 1–30, hier, S. 11; ders. Germanische Landnahme (wie Anm. 20), S. 245–248.

seinem Sinne zu wirken[57]. Einige Orte am Bodensee gehörten zum Fiskus der Merowinger, doch darf man sich ihn für die Zeit des 6. und 7. Jahrhunderts »aber wohl kaum nur als aus klar ausgewiesenen Königsgutkomplexen bestehend vorstellen wie in späterer Zeit. Vielmehr verfügten die Könige generell über alles ungenutzte Land, wie dies von ihren Nachfolgern auch später noch beansprucht wurde; darüber hinaus standen dem König wohl Ruinen der ehemaligen öffentlichen Gebäude aus römischer Zeit zu«[58]. Der »Jäger des Königs«, der um die Wende vom 7. zum 8. Jahrhundert den hl. Landolin erschlug, weil er sich unerlaubterweise in der Ortenau im »Wald des Königs« niedergelassen hatte, kennzeichnet den Anspruch der Könige auf ungenutztes Land[59]. Und als Columban während seines Aufenthaltes in Bregenz mit bekehrungsunwilligen Alemannen in Konflikt geriet, wandten sich diese an den Herzog der Gegend, Gunzo, und beschuldigten Columban und seine Gefährten, die Jagd (*venatio publica*) zu stören, woraufhin der Herzog die Mönche vertrieb (612)[60]. Da die alemannischen Herzöge als Amtsträger des Königs fungierten, dürfte ihnen und ihrem Gefolge der Zugriff auf den merowingischen Fiskus überlassen worden sein[61]. Infolge des Niedergangs der merowingischen Herrschaft seit der Mitte des 7. Jahrhunderts entstanden östlich des Rheins in einem Prozeß, der sich einer Beobachtung weitgehend entzieht, neuartige Herrschaftsstrukturen, in denen neben dem Herzog auch andere Große sich eine – in der Regel allerdings erst in karolingischer Zeit faßbare – Position in Form von Adelsherrschaften verschaffen konnten[62], wie beispielsweise die Sippe von Alaholf um Marchtal[63], die Beata-Landolt-Sippe im Thurgau[64] oder jener Adelskreis,

57 KELLER, Germanische Landnahme (wie Anm. 20), S. 239.
58 Ebd., S. 265f.
59 So hat H. KASPERS, Comitatus nemoris. Die Waldgrafschaft zwischen Maas und Rhein. Untersuchungen zur Rechtsgeschichte der Forstgebiete des Aachen-Dürener Landes einschließlich der Bürge und Ville (Beiträge zur Geschichte des Dürener Landes, Bd. 7 = Zeitschrift des Aachener Geschichtsvereins, Beiheft 2., 1957), S. 19f., die heute vorherrschende Auffassung von *forestis* formuliert, die in dem Ausdruck eine ganz bestimmte Rechtsvorstellung sieht, die aus einem von der Rechtsgeschichte als *ius eremi* des fränkischen Königs deklarierten Anspruch herrühren und in der königlichen Verfügungsgewalt über herrenloses und unbebautes Land ihre konkrete Gestalt gewonnen haben soll: Mit *forestis* können sowohl der Wald wie bebautes und unbebautes Land, ferner auch Gewässer und zugleich die Nutzungsrechte an allen dreien bezeichnet werden, vgl. H. WOLFRAM, Die Geburt Mitteleuropas. Geschichte Österreichs vor seiner Entstehung 378–907, Wien, Berlin 1987, S. 429f.
60 Vita Galli auctore Walahfrido, ed. B. KRUSCH, I 6, MGH SS. rer. Mer. IV, S. 289.
61 M. SCHAAB und K. F. WERNER, mit einem Beitrag von O. P. CLAVADETSCHER, Das merowingische Herzogtum Alemannien (Ducatus Alemanniae), HABW, Beiwort zur Karte V,1, 1988, S. 11f. (SCHAAB); SCHULZE, Ostfranken und Alemannien (wie Anm. 26), S. 37.
62 KELLER, Germanische Landnahme (wie Anm. 20), S. 282f.
63 Vgl. M. BORGOLTE, Die Grafen Alemanniens in merowingischer und karolingischer Zeit. Eine Prosopographie (Archäologie und Geschichte, Freiburger Forschungen zum ersten Jahrtausend in Südwestdeutschland, Bd. 2), Sigmaringen 1986, S. 163; DERS., Die Alaholfingerurkunden. Zeugnisse vom Selbstverständnis einer adligen Verwandtengemeinschaft des frühen Mittelalters, in: Subsidia Sangallensis 1: Materialien und Untersuchungen zu den Verbrüderungsbüchern und Urkunden des Stiftsarchivs St. Gallen, hg. von M. BORGOLTE, D. GEUENICH und K. SCHMID (St. Galler Kultur und Geschichte 16), St. Gallen 1986, S. 287–322, passim.
64 Vgl. BORGOLTE, Grafen (wie Anm. 63), S. 78–86; H. SCHNYDER, Die Gründung des Klosters Luzern. Adel und Kirche Südalamanniens im 8. Jahrhundert, in zwei Halbbd. (Historische Schriften der Universität Freiburg Schweiz, Bd. 5A u. 5B), Freiburg/Schweiz 1978, S. 154–168.

dem die Nonne Hildeburg entstammte, die 793 an das Königskloster Lorsch einen riesigen Besitzkomplex im Zaber- und Elsenzgau schenkte[65]. Laut einem von Ludwig dem Frommen ausgestellten Diplom von 822, das Auskunft über die Gründungsausstattung des Bistums Würzburg gibt[66], erhielt das von Bonifatius 741 oder 742 errichtete Bistum[67] vom fränkischen Hausmeier Karlmann († 754) 25 Eigenkirchen und ein Kloster geschenkt[68]. Unter den 26 namentlich genannten Kirchen begegnen auch die der Königshöfe Lauffen am Neckar (St. Martin) und Heilbronn (St. Michael)[69]. Man geht davon aus, daß die Kirchen auf altem merowingischen Königsgut und nicht auf dem Erbgut der Hausmeier lagen[70].

III. Der Ortsname

Besigheim ist ein *-ingheim* Name, also aus einem ursprünglichen *-ingen*-Namen durch Hinzufügung von *-heim* zu einem *-heim*-Ort geworden[71]. Was heißt das? Für die erste große Siedlungsperiode im Bereich der *Alemannia*, auch als Landnahmezeit bezeichnet, in aller Regel also die Zeit vom 5. bis zum 7. Jahrhundert, sind die Ortsnamen mit einer

---

65 CL (wie Anm. 37) 3, S. 144, Nr. 3522.
66 WUB 1, S. 101ff., Nr. 87; J. F. BÖHMER, Regesta Imperii I: Die Regesten des Kaiserreichs unter den Karolingern 751–918, nach J. F. BÖHMER neubearbeitet von E. MÜHLBACHER, nach Mühlbachers Tode vollendet von J. LECHNER, mit einem Geleitwort von L. SANTIFALLER, mit einem Vorwort, Konkordanztabellen und Ergänzungen von C. BRÜHL und H. H. KAMINSKY, Hildesheim 1966 [zitiert: BÖHMER-MÜHLBACHER], Nr. 768.
67 Vgl. SCHMALE/STÖRMER, Die politische Entwicklung (wie Anm. 40), S. 120ff.
68 Das Bistum Würzburg. Teil 1: Die Bischofsreihe bis 1254, bearbeitet von A. WENDEHORST (Germania Sacra, N. F. 1, Teil 1), Berlin 1962, S. 15f.; K. LINDNER, Untersuchungen zur Frühgeschichte des Bistums Würzburg und des Würzburger Raumes (Veröffentlichungen des Max-Planck-Instituts für Geschichte 35), Göttingen 1972, S. 74–83 und Karte 1; SCHMALE/STÖRMER, Die politische Entwicklung (wie Anm. 40), S. 125f.
69 Vgl. Kilian, Mönch aus Irland – aller Franken Patron 689–1989. Katalog der Sonder-Ausstellung zur 1300-Jahr-Feier des Kiliansmartyriums, Würzburg 1989, S. 226–229, Nr. 210; JÄSCHKE, Heilbronn (wie Anm. 7), S. 54f.
70 Vgl. SCHLESINGER, Württembergisch Franken (wie Anm. 54), S. 5f.; DERS., Fränkische Ostbewegung (wie Anm. 25), S. 38 u. 49f.; LINDNER, Frühgeschichte des Bistums Würzburg (wie Anm. 68), S. 83–91; M. GOCKEL, Karolingische Königshöfe am Mittelrhein (Veröffentlichungen des Max-Planck-Instituts für Geschichte 31), Göttingen 1970, S. 19, Anm. 55; R. SCHIEFFER, Über Bischofssitz und Fiskalgut im 8. Jahrhundert, in: Historisches Jahrbuch 95 (1975), S. 18–32, hier S. 21ff.; SCHULZE, Ostfranken und Alemannien (wie Anm. 26), S. 37; R. BUTZEN, Die Merowinger östlich des mittleren Rheins. Studien zur militärischen, politischen, rechtlichen, religiösen, kirchlichen, kulturellen Erfassung durch Königtum und Adel im 6. und 7. Jahrhundert (Mainfränkische Studien, Bd. 38), Würzburg 1987, S. 184ff.; SCHMALE/STÖRMER, Die politische Entwicklung (wie Anm. 40), S. 116; anders dagegen W. METZ, Adelsforst, Martinskirche des Adels und Urgautheorie. Bemerkungen zur fränkischen Verfassungsgeschichte des 7. und 8. Jahrhunderts, in: Historische Forschungen für Walter Schlesinger, hg. von H. BEUMANN, Köln, Wien 1974, S. 75–85, hier S. 75 u. 84.
71 Vgl. L. REICHARDT, Ortsnamenbuch des Stadtkreises Stuttgart und des Landkreises Ludwigsburg (Veröffentlichungen der Kommission für geschichtliche Landeskunde in Baden-Württemberg, Reihe B, Bd. 101). Stuttgart 1982, S. 20f. u. 51–53 (mit Karte), künftig ONB Stuttgart.

-ingen-Endung ebenso charakteristisch wie Siedlungsnamen, die auf -heim enden[72]. Doch gibt es auch starke Konzentrationen von -heim-Orten außerhalb der Alemannia, und zwar ganz besonders in fränkischen Siedlungsgebieten, so daß man dieses Suffix oft in vereinfachender Weise als Indiz für eine Zugehörigkeit zum fränkischen Herrschaftsbereich betrachtet hat[73]. Doch ist -heim zur Bildung von Siedlungsnamen innerhalb Deutschlands von Schleswig-Holstein bis Bayern verwendet worden, so daß die -heim-Namen nicht allein den Franken zuzuschreiben sind. Andererseits waren die -ingen-Orte keinesfalls lediglich eine Sache der Alemannen, man denke nur an Göttingen (Niedersachsen), Vlissingen und Groningen (Niederlande) sowie Hattingen an der Ruhr. Orte mit der Endung -ingen besitzen einen personalen, gentilizischen Charakter und sind fast immer mit einem Personennamen verbunden: Die Siedlung wurde nach ihren Bewohnern benannt, die Bewohner nach ihrem Sippenoberhaupt oder dem Ortsgründer – für eine Entscheidung zwischen diesen beiden Möglichkeiten fehlt jedoch die Grundlage[74]. So hatte der ursprüngliche Name von Besigheim – *Basingen* – entweder die Bedeutung »bei den Blutsverwandten des Baso« oder »bei den Leuten, die in der von Baso gegründeten Siedlung wohnen«[75]. Das Appellativ -heim hingegen besitzt einen dinglichen Charakter und weist in seiner ältesten Form auf das »Heim« einer Person hin, beispielsweise im Fall von Ingersheim des *Inguheri*[76].

Wenn folglich die Suffixe -ingen und -heim nicht als Kriterien für eine ethnische Zuweisung dienen können, so erlauben die beiden betrachteten Ortsnamentypen anscheinend doch eine andere Deutung, die auf ihren unterschiedlichen Benennungsprinzipien gründet. Demnach bezeichnen die Ortsnamen auf -ingen ursprünglich die Bewohner einer Siedlung, während die auf -heim den Ort der Siedlung mit seinen Häusern und Höfen benennen[77]: »Während die -ingen-Ortsnamen also Insassen-Bezeichnungen sind, weisen die -heim-Ortsnamen den Charakter von Siedlungs-Namen auf. In der Namengebung für die frühesten Siedlungsplätze nach der Landnahme ließe sich damit der allmähliche Übergang von der semipermanenten Lebensweise der Wanderungszeit zum Beziehen kontinuierlich genutzter Wohnplätze erkennen«[78]. So erscheint es problematisch, die Umbenennung von *Basingen* in Besigheim als Werk der Franken zu deuten[79]. Da Besigheim gleich mehreren echten -heim-Orten wie Walheim, Mundelsheim und Ingersheim benachbart liegt, könnte es – so die Sprachwissenschaft – zu einer »Moderni-

---

72 Vgl. D. GEUENICH, Der Landesausbau und seine Träger (8.–11. Jahrhundert) in: Archäologie und Geschichte des ersten Jahrtausends in Südwestdeutschland (Archäologie und Geschichte, Freiburger Forschungen zum ersten Jahrtausend in Südwestdeutschland, Bd. 1), Sigmaringen 1990, S. 207–218, hier S. 209f.
73 Zum Stand der Forschung vgl. D. GEUENICH, Der historische Zeugniswert der Ortsnamen (-typen), mit einem Diskussionsvotum von W. HAUBRICHS, in: Der Südwesten im 8. Jahrhundert (wie Anm. 34), S. 63–76, hier S. 67–72.
74 REICHARDT, ONB Stuttgart, S. 9; E. SCHUBERT, Entwicklungsstufen der Grundherrschaft im Lichte der Namenforschung, in: Die Grundherrschaft im späten Mittelalter 1, hg. von H. PATZE (Vorträge und Forschungen, Bd. 27/1), Sigmaringen 1983, S. 75–95, hier S. 77.
75 Vgl. REICHARDT, ONB Stuttgart, S. 10.
76 Vgl. ebd., S. 84.
77 SCHUBERT, Entwicklungsstufen (wie Anm. 74), S. 76f.
78 GEUENICH, Zeugniswert (wie Anm. 73), S. 69.
79 So REICHARDT, ONB Stuttgart, S. 52.

sierung bzw. Vervollständigung des alten *-ingen*-Namens zu einem eigentlichen Siedlungsnamen auf *-heim* durch die Bewohner der Nachbarsiedlungen« gekommen sein[80]. Anders gesagt: »Daß vielfach aus *-ingen*-Namen *-heim* bzw. *-ingheim*-Orte werden, während der umgekehrte Vorgang nicht zu belegen ist«, zeigt den zukunftsträchtigen Charakter des *-heim*-Suffixes an, kennt es doch gegenüber den fast ausschließlich auf personale Verbände sich beziehenden (»echten«) *-ingen*-Namen eine weit größere Vielfältigkeit der Bestimmungsworte, etwa nach Lage (Jagstheim, Hartheim), kirchlichem Besitz (Abtsheim, Bischofsheim), Heiligen (Mertesheim), Himmelsrichtung (Nordheim, Westheim) und nach Stämmen benannten Insassen (Sachsenheim, Türkheim) – Namensformen also, die zeitlich den ältesten, sich auf eine Person beziehenden Namensschichten folgen[81].

IV. Enz-, Murr- und Neckargau

Betrachtet man die Lagebezeichnungen in den Schenkungsurkunden des 8. und 9. Jahrhunderts, vornehmlich den Lorschern, dann kommen für Besigheim auf den ersten Blick sowohl der Enz- als auch der Murrgau in Frage. Der im Osten an den fränkischen Kochergau[82] und im Süden an den alemannischen *pagus* Remstal[83] stoßende Murrgau[84], benannt nach der von rechts in den Neckar mündenden Murr, umfaßte die Orte Aspach[85], *Austrenhusen*[86], Beihingen[87], Bottwar[88], Erbstetten[89], Gronau[90], Marbach[91], Ottmars-

---

80 Ebd.
81 SCHUBERT, Entwicklungsstufen (wie Anm. 74), S. 77.
82 Vgl. G. WAGNER, Comitate in Franken, in: Mainfränkisches Jahrbuch 6 (1954), S. 1–71, hier S. 15, 40, 45, 48 u. 68; Gerhard LUBICH, Zur Bedeutung der Grafen von Comburg und Rothenburg, in: Württembergisch Franken 81 (1997), S. 29–50, hier S. 31f. u. 47f.; R. KIESS, Die Rolle der Forsten im Aufbau des württembergischen Territoriums bis ins 16. Jahrhundert (Veröffentlichungen der Kommission für geschichtliche Landeskunde in Baden-Württemberg, Reihe B, Bd. 2), Stuttgart 1958, S. 33f.; F. GEHRIG, Die Grenzen von Wildbann, Waldmark, Grafschaft und Diözese vom Uffgau bis zum Taubergau sowie am Mittel- und Oberrhein, in: Freiburger Diözesan-Archiv 84 (1964), S. 5–115, hier S. 11 u. 91ff.; G. FRITZ, Kloster Murrhardt im Früh- und Hochmittelalter. Eine Abtei und der Adel an Murr und Kocher (Forschungen aus Württembergisch Franken, Bd. 18), Sigmaringen 1982, S. 71–79.
83 Einziger Beleg: 1080, MGH D H IV 325 (= WUB 1, Nr. 235); LORENZ, Waiblingen (wie Anm. 49), S. 99.
84 HABW Karte IV,3; G. WAGNER, Comitate zwischen Rhein, Main und Neckar, in: ZGO 103 (1955), S. 1–34, hier S. 30; SEILER, Bistum Speyer (wie Anm. 6), S. 24f.; vgl. Ch. F. STÄLIN, Wirtembergische Geschichte, Bd. 1–4, Stuttgart 1841–1873, hier 1, S. 321f.
85 CL (wie Anm. 37) 3, S. 143, Nr. 3510; Württembergisches aus dem Codex Laureshamensis, den Traditiones Fuldenses und aus Weissenburger Quellen, bearbeitet von G. BOSSERT, in: Württembergische Geschichtsquellen, Bd. 2, hg. von D. SCHÄFER, Stuttgart 1895, S. 1–354, hier S. 194f.
86 CL (wie Anm. 37) 3, S. 142, Nr. 3507; BOSSERT, Württembergisches (wie Anm. 85), S. 194 mit Anm. 4: »Wahrscheinlich Zwingelhausen Oberamt Marbach«.
87 CL (wie Anm. 37) 3, S. 142, Nr. 3504; BOSSERT, Württembergisches (wie Anm. 85), S. 192f.
88 WUB 1, S. 173f., Nr. 147.
89 CL (wie Anm. 37) 3, S. 142f., Nr. 3507 u. 3510; BOSSERT, Württembergisches (wie Anm. 85), S. 194f.
90 CL (wie Anm. 37) 3, S. 142, Nr. 3506; BOSSERT, Württembergisches (wie Anm. 85), S. 193.
91 MGH D H II 190: Im Jahr 1009 umfaßte der *comitatus* eines Grafen Adalbert den *pagus Murrensis* mit der *villa* Marbach.

heim[92], Pleidelsheim[93], Rielingshausen[94] und Steinheim[95] – bis auf Beihingen liegen alle Orte rechts des Neckars. Hinzu kommen noch – falls man den betreffenden Eintrag im *Codex Laureshamensis* richtig interpretiert – Benningen[96], Eglosheim[97], Geisingen[98], Hofen[99] und Ingersheim[100]. Diese Orte liegen alle links vom Neckar, während das in die eben zitierte Lorscher Aufzählung eingeschobene Pleidelsheim – an anderer Stelle ausdrücklich dem Murrgau zugeordnet[101] – sich am rechten Ufer befindet. Trifft die Deutung der Textstelle den richtigen Sachverhalt, dann wird man Besigheim im Murrgau lokalisieren dürfen, auch wenn es sich links vom Neckar in der Mündungsschleife der Enz befindet. Nun ordnet die Lorscher Überlieferung an anderer Stelle aber nicht nur Rielingshausen[102], sondern auch Hessigheim[103] dem Enzgau zu – zwei Siedlungen also, die rechts vom Neckar liegen. Während man bei Rielingshausen noch an einen Fehler des Kopisten denken kann, der statt des Murrgaus fälschlich den Enzgau eingetragen habe, wäre eine solche Annahme im Fall von Hessigheim am Neckar konsequenterweise von dem Schluß begleitet, daß die links vom Neckar gelegene Siedlung Besigheim dem Enzgau und nicht dem Murrgau zuzuordnen sei.

Da bekanntlich etlichen Gauen – vielleicht nicht von Anfang an, aber doch mit der Zeit – die Tendenz zukam, über den Siedlungsbereich an dem namengebenden Flußlauf auszugreifen, sind, um folglich zu einer einigermaßen begründeten Entscheidung zu kommen, wenigstens auch die Lorscher Belege für den östlichen Enzgau zu betrachteten[104]. Dieser »fränkische Gau« umfaßte das mittlere und untere Gebiet um die Enz und reichte im Norden bis zum Kraichgau[105] und Stromberg – mit Bretten, Helmsheim und Ubstadt

---

92 CL (wie Anm. 37) 3, S. 38, Nr. 2462, S. 142, Nr. 3505, S. 143f., Nr. 3508 u. 3509; BOSSERT, Württembergisches (wie Anm. 85), S. 107, 193 u. 194; REICHARDT, ONB Stuttgart, S. 114.
93 CL (wie Anm. 37) 3, S. 142, Nr. 3504, u. Nr. 3507; BOSSERT, Württembergisches (wie Anm. 85), S. 192f. u. 194.
94 CL (wie Anm. 37) 3, S. 143, Nr. 3511; BOSSERT, Württembergisches (wie Anm. 85), S. 195.
95 CL (wie Anm. 37) 3, S. 143, Nr. 3511 u. 3512; BOSSERT, Württembergisches (wie Anm. 85), S. 195.
96 CL (wie Anm. 37) 3, S. 142, Nr. 3504; BOSSERT, Württembergisches (wie Anm. 85), S. 192f. mit Anm. 4; REICHARDT, ONB Stuttgart, S. 17.
97 CL (wie Anm. 37) 3, S. 142, Nr. 3504; BOSSERT, Württembergisches (wie Anm. 85), S. 192f. mit Anm. 3; REICHARDT, ONB Stuttgart, S. 38.
98 CL (wie Anm. 37) 3, S. 142, Nr. 3504; BOSSERT, Württembergisches (wie Anm. 85), S. 192f. mit Anm. 1; REICHARDT, ONB Stuttgart, S. 50.
99 CL (wie Anm. 37) 3, S. 142, Nr. 3504; BOSSERT, Württembergisches (wie Anm. 85), S. 192f. mit Anm. 6; REICHARDT, ONB Stuttgart, S. 75.
100 CL (wie Anm. 37) 3, S. 142, Nr. 3504; BOSSERT, Württembergisches (wie Anm. 85), S. 192f. mit Anm. 2; REICHARDT, ONB Stuttgart, S. 83.
101 Siehe Anm. 93.
102 CL (wie Anm. 37) 3, S. 29, Nr. 2390; BOSSERT, Württembergisches (wie Anm. 85), S. 92; REICHARDT, ONB Stuttgart, S. 125f.
103 CL (wie Anm. 37) 3, S. 30, Nr. 2396; BOSSERT, Württembergisches (wie Anm. 85), S. 93; REICHARDT, ONB Stuttgart, S. 69.
104 Vgl. STÄLIN (wie Anm. 84) 1, S. 313ff.; WAGNER, Comitate zwischen Rhein, Main und Neckar (wie Anm. 84), S. 29; SEILER, Bistum Speyer (wie Anm. 6), S. 19ff.; M. SCHAAB, Adlige Herrschaft als Grundlage der Territorialbildung im Bereich von Uf-, Pfinz- und Enzgau, in: ZGO 143 (1995), S. 1–49, hier S. 34–42.
105 Vgl. M. SCHAAB, Der Kraichgau und der Pfinzgau, in: KNÖPP (Hg.), Lorsch (wie Anm. 38), S. 589–604.

werden vom *Codex Laureshamensis* auch Orte im Enzgau lokalisiert, die der Kopist an anderer Stelle dem Kraichgau zuwies[106]. Im Süden des Enzgaues lagen entlang der Diözesangrenze von Speyer und Konstanz der 1075 bei der Lagebezeichnung von Hirsau – *in provincia scilicet que dicitur theutonica Francia*[107] – nur einmal bezeugte Würmgau[108] und der wenigstens in späterer Zeit nachweislich auch schwäbisches Gebiet umfassende Glemsgau[109]. Außer Hessigheim schreibt die Lorscher Überlieferung dem Enzgau in seinem östlichen Teil folgende Siedlungen zu: Bietigheim[110], Hochdorf an der Enz, Horrheim, Leinfelder Hof, (Ober- bzw. Unter-) Riexingen und Sersheim. Diese Orte liegen, abgesehen von den am weitesten östlichen Siedlungen Bietigheim und Hessigheim, in einem nach Osten ausgerichteten Halbkreis um Riexingen. Falls also die von Gustav Bossert und anderen geäußerte Unterstellung, bei der Zuweisung von Rielingshausen und Hessigheim zum Enzgau handle es sich um Fehler des Kopisten, das Richtige trifft, wird man angesichts der Lagebezeichnung von Beihingen sowie der allerdings nicht ganz unproblematischen Nennung der ebenfalls links des Neckars gelegenen Siedlungen Hofen, Ingersheim, Benningen, Geisingen und Eglosheim zu der Ansicht gelangen, daß Besigheim trotz seiner Lage im Zwickel von Enz und Neckar mit größerer Wahrscheinlichkeit ebenfalls dem Murrgau zuzuordnen ist. Einen Hintergrund dafür könnten Hinweise bilden, die zeigen, daß ein räumlich beschriebener Gau mit der Zeit – ob infolge herrschaftlicher Maßnahmen oder durch sonstige Einwirkungen, sei hier dahingestellt – sein namengebendes Gebiet auf Nachbarräume ausdehnen konnte. So ist es auch denkbar, im Enzgau die ursprüngliche Lagebezeichnung von Besigheim zu sehen, an deren Stelle erst mit der Zeit auf Grund bestimmter Entwicklungen der Murrgau trat. Die Frage läßt sich im übrigen auch nicht aus der Kirchenorganisation zweifelsfrei klären, wie sie sich in der Einteilung der in den Quellen seit dem ausgehenden 12. Jahrhundert erstmals faßbaren Landdekanate widerspiegelt. Diese Einteilung kann zwar auf älteren herrschaftlichen Strukturen basieren, doch ist deren Zeitstellung ebenfalls nicht leicht zu ermitteln. Besigheim, von Alois Seiler dem Murrgau zugeordnet[111], lag im Landdekanat Marbach, das

---

106 Vgl. auch GEHRIG, Grenzen (wie Anm. 82), S. 79ff.
107 MGH D H IV 280; vgl. H. JAKOBS, Das Hirsauer Formular und seine Papsturkunde, in: Hirsau: St. Peter und Paul 1091–1991. Teil 2: Geschichte, Lebens- und Verfassungsformen eines Reformklosters, bearbeitet von K. SCHREINER (Forschungen und Berichte der Archäologie des Mittelalters in Baden-Württemberg, Bd. 10/2), Stuttgart 1991, S. 85–100, mit einer Übersetzung in Deutsche: S. 98–100; DERS., Eine Urkunde und ein Jahrhundert, Zur Bedeutung des Hirsauer Formulars, in: ZGO 140 (1992), S. 39–59; die Echtheit der Urkunde ist in der Forschung nicht unumstritten.
108 Vgl. STÄLIN (wie Anm. 84) 1, S. 324f.; V. ERNST, Der Staat, das Amt, in: Beschreibung des Oberamts Leonberg (wie Anm. 14), S. 260–279, hier S. 268f.; unpräzise hingegen LBW (wie Anm. 4) 3, S. 66; S. LORENZ, Böblingen im südwestdeutschen Herrschaftsgefüge des Mittelalters, in: Böblingen, Vom Mammutzahn zum Mikrochip, hg. von S. LORENZ und G. SCHOLZ (Gemeinde im Wandel, Bd. 14), Filderstadt 2003, S. 48–83, 439–444, hier S. 53ff.
109 SEILER, Bistum Speyer (wie Anm. 6), S. 180; ERNST, Der Staat, das Amt (wie Anm. 108), S. 264–268; W. IRTENKAUF, Das Problem zweier Diözesangrenzen: Speyrer Kirche Ditzingen, in: Blätter für württembergische Kirchengeschichte 63 (1963), S. 138–151, hier S. 138–143; LORENZ, Böblingen (wie Anm. 108), S. 53f.
110 CL (wie Anm. 37) 3, S. 29, Nr. 2392; BOSSERT, Württembergisches (wie Anm. 85), S. 92; REICHARDT, ONB Stuttgart, S. 21.
111 SEILER, Bistum Speyer (wie Anm. 6), S. 46 – während er den Ort S. 24 noch differenzierend im »Neckargebiet« lokalisiert.

links des Neckars mit Beihingen, Benningen, Ingersheim und dessen Filiale Geisingen Orte umfaßte[112], die der *Codex Laureshamensis* zweifels- bzw. möglicherweise im Murrgau lokalisiert, während Hofen ins Landdekanat Bönnigheim gehörte[113], von Seiler dem Zabergau zugewiesen[114], und Eglosheim, eine Filiale von Asperg, zum dem Enzgau zugerechneten Landdekanat Vaihingen zählte[115].

Im Zusammenhang mit der Gliederung des Neckarbeckens in diverse Gaue ist noch eine weitere Besonderheit der frühmittelalterlichen Lagebezeichnungen anzusprechen, die von der Erscheinung dokumentiert wird, daß es neben den verschiedenen Gaunamen, die sich zumeist auf Nebenflüsse des Neckars beziehen, noch den des Neckargaus selbst gibt – und zwar mit einer weit- und zudem übergreifenden Erstreckung. Allein die Belege im Lorscher Codex lassen eine Massierung dieses Raumnamens im Bereich um Mosbach und Gundelsheim erkennen, wie die Erwähnung von Bachenau, Binau, Böttingen, Duttenberg, Eisesheim, Griesheim, Gundelsheim, Guttenbach, Haßmersheim, Lohrbach, Neckarelz, Neckarzimmern, Obrigheim, Offenau, Sulzbach und Tiefenbach aufzeigt[116]. Etwas in Randlage erscheinen – falls es sich nicht überhaupt um ein Versehen des Kopisten handelt – Bargen und Wollenberg sowie Schluchtern. In diesem umfangreichen Raum sind aber auch – und zwar hauptsächlich rechts des Neckars und besonders um den Elzbach – die Lagebezeichnungen Wingarteiba[117] (Binau, Gundelsheim, Lohrbach, Neckarelz), Waldsassen[118] und Schefflenzgau[119] belegt. Vom Neckargau tangiert wurden zudem Elsenzgau[120] (Bargen und Wollenberg), Gartachgau[121] (Eisesheim und Schluchtern), Sulmanachgau und Jagstgau. Eine zweite Massierung besaß der Neckargau in der Lorscher Überlieferung im Gebiet zwischen Neckar und Schwäbischer Alb um Weilheim und Kirchheim unter Teck, also im *ducatus Alamannorum* bzw. im Herzogtum Schwa-

---

112 Vgl. HOFFMANN, Kirchenheilige (wie Anm. 246), S. 48f.; SEILER, Bistum Speyer (wie Anm. 6), S. 129ff.
113 Vgl. HOFFMANN, Kirchenheilige (wie Anm. 246), S. 54f.; SEILER, Bistum Speyer (wie Anm. 6), S. 127.
114 SEILER, Bistum Speyer (wie Anm. 6), S. 47 und öfters.
115 SEILER, Bistum Speyer (wie Anm. 6), S. 138f. u. 144f.; HOFFMANN, Kirchenheilige (wie Anm. 246), S. 63.
116 Belege: Register CL (wie Anm. 37) 3; vgl. WAGNER, Comitate in Franken (wie Anm. 82), S. 31f. u. 38f.
117 Vgl. M. SCHAAB, Die Wingarteiba, in: KNÖPP (Hg.), Lorsch (wie Anm. 38), S. 617–626; WAGNER, Comitate in Franken (wie Anm. 82), S. 15, 31, 41, 48, 60, 63 u. 68; F. GEHRIG, Grenzen (wie Anm. 82), S. 56–65; SCHULZE, Grafschaftsverfassung (wie Anm. 29), S. 226f.; H. SCHWARZMAIER, Geschichte der Stadt Eberbach am Neckar bis zur Einführung der Reformation 1556, Sigmaringen 1986, S. 17–20 u. 22.
118 SCHAAB, Die Wingarteiba (wie Anm. 117), S. 618–621; WAGNER, Comitate in Franken (wie Anm. 82), S. 15f., 19f., 25–28, 31, 41f., 48f., 60, 63 u. 69; GEHRIG, Grenzen (wie Anm. 82), S. 58; SCHULZE, Grafschaftsverfassung (wie Anm. 29), S. 226f.; SCHWARZMAIER, Eberbach (wie Anm. 117), S. 22, 24 u. 36.
119 SCHAAB, Die Wingarteiba (wie Anm. 117), S. 621ff.
120 Vgl. M. SCHAAB, Elsenzgau, in: KNÖPP (Hg.), Lorsch (wie Anm. 38), S. 605–616; GEHRIG, Grenzen (wie Anm. 82), S. 42–49.
121 Vgl. A. SEILER, Nördliches Württemberg, in: KNÖPP (Hg.), Lorsch (wie Anm. 38), S. 627–634; GEHRIG, Grenzen (wie Anm. 82), S. 42–52.

ben¹²². So hat sich die Forschung angewöhnt, von zwei Neckargauen zu sprechen, einem im fränkischen Gebiet, den ein Diplom Arnulfs von Kärnten 889 unter 17 Gauen der *Francia orientalis* auflistet¹²³, und einem in Alemannien – wie ein Diplom Ludwigs des Deutschen von 866 im Fall von Esslingen einmal ausdrücklich betont¹²⁴ –, dem Hans Jänichen auch noch die vom *Codex Laureshamensis* benannten Ausreißer Zazenhausen¹²⁵ und Neckargröningen¹²⁶ (Remseck) zurechnet, die nur wenig südlich der sogenannten Stammesgrenze liegen¹²⁷. Nun gibt der Lorscher Kopist im Fall von Ottmarsheim als Lagebezeichnung einmal den Neckargau an¹²⁸, während er es sonst dem Murrgau zuschlägt¹²⁹. Daß es sich in diesem Fall nicht um ein Versehen handelt, macht eine Urkunde deutlich, die 822 Ludwig der Fromme ausstellen ließ¹³⁰: Als Lagebezeichnung für Heilbronn und Lauffen wird auch hier der Neckargau genannt¹³¹. Beim Überblick über die vorhandenen Belege entsteht der Eindruck, daß die beiden gleichnamigen Gaue doch recht nah zusammenrücken, vielleicht sogar zusammenstoßen. Sollte das ein reiner Zufall sein, oder verbergen sich dahinter irgendwelche sonst nicht weiter erkennbare Herrschaftsstrukturen?

Ob es sich bei den Gaubezeichnungen von Anfang an um herrschaftlich eingerichtete Bezirke oder lediglich um reine Landschaftsbezeichnungen handelt, die auf in aller Regel von Flüssen durchzogene Siedlungskammern im umgebenden Wald abheben, ist umstritten. In der Karolingerzeit, soviel wird jedenfalls deutlich, dienten die Gaue allem Anschein nach als kleinste »staatliche« Verwaltungseinheiten. So konnte schon ein einzelner Gau das Substrat eines von einem Grafen (*comes*) verwalteten Bezirks (*comitatus*) bilden. Indes ist ebenso zu beobachten, daß ein gräflicher Amtsbezirk oft auch mehrere Gaue umfaßte.

---

122 Vgl. H. JÄNICHEN, Der Neckargau und die Pleonungen, in: ZWLG 17 (1958), S. 219–240, hier S. 220–223 mit Karte.
123 MGH DArnolf 69; vgl. M. LUGGE, »Gallia« und »Francia« im Mittelalter. Untersuchungen über den Zusammenhang zwischen geographisch-historischer Terminologie und politischem Denken vom 6.–15. Jahrhundert (Bonner Historische Forschungen, Bd. 15), Bonn 1960, S. 156f.
124 WUB 1, S. 166, Nr. 141: [...] *sitas in Alamannia: Hetsilinga in pago Nechragavve* [...].
125 CL (wie Anm. 37) 3, S. 33, Nr. 2418; BOSSERT, Württembergisches (wie Anm. 85), S. 98; REICHARDT, ONB Stuttgart, S. 175.
126 CL (wie Anm. 37) 3, S. 38, Nr. 2461; BOSSERT, Württembergisches (wie Anm. 85), S. 107; REICHARDT, ONB Stuttgart, S. 59.
127 JÄNICHEN, Der Neckargau (wie Anm. 122), S. 221f.
128 CL (wie Anm. 37) 3, S. 29, Nr. 2468; BOSSERT, Württembergisches (wie Anm. 85), S. 108; REICHARDT, Ortsnamenbuch Stuttgart/Ludwigsburg (wie Anm. 71), S. 114.
129 Siehe Anm. 92.
130 Siehe Anm. 66.
131 Die Nähe dieser beiden Königshöfe zu Kirchheim am Neckar, hat gelegentlich dazu geführt, auf diesen Ort ein Diplom Kaiser Ottos I. – MGH D O I 209 – zu beziehen, so SCHWARZMAIER, Die Reginswindis-Tradition (wie Anm. 183), S. 178f., und G. LUBICH, Auf dem Weg zur »Güldenen Freiheit«. Herrschaft und Raum in der Francia orientalis von der Karolinger- zur Stauferzeit (Historische Studien 449), Husum 1996, S. 73 mit Anm. 92; doch handelt es sich dabei um Kirchheim unter Teck im »schwäbischen Neckargau«, wie der Zusatz *in ducatu Alamanniae* erschließen hilft; siehe ferner MGH D H IV 60; JÄNICHEN, Der Neckargau (wie Anm. 122), S. 221.

V. Rheinfranken – Mainfranken

Aus der Zugehörigkeit zum Murr- bzw. Enzgau und zur Diözese Speyer ergibt sich für Besigheim zudem die Lage in jenem *ducatus Francorum,* von dem – wie erwähnt – die Lorscher Überlieferung 791 im Zusammenhang mit Ditzingen spricht[132] und für den der *Codex Hirsaugiensis*[133] etwa um 1100 als Ortsangabe von Hirschlanden den Terminus *Osterfrancken* verwendet[134], während das zur gleichen Zeit abgefaßte Reichenbacher Schenkungsbuch Hirschlanden und das abgegangene Hausen am Gerlinger See mit *in terra Francorum* lokalisiert[135]. Was hat es mit diesem Herzogtum auf sich? Wie Alemannien und das Elsaß war es zur Zeit der Karolinger ein Herzogtum ohne Herzog, befand es sich doch stets unter der Kontrolle und in den Händen der königlichen Familie[136]. Es entstand durch den Ausgriff der Merowinger und Karolinger in die Gebiete östlich des Mittelrheins, um schließlich zum *ducatus* zu werden. Nach der Auflösung des fränkischen Großreiches galt dieser Dukat als fränkisches Kernstück des Ostreiches. Es trug den gleichen Namen wie dieses, nämlich *Francia orientalis*[137] oder einfach *Francia*[138] und behielt den fränkischen Namen auch, als das Reich ihn aufgab, um fortan als Deutsches Reich zu firmieren[139]. Dieses auch herrschaftlich sehr inhomogene Gebilde, von Lubich zum besseren Verständnis mit »Ostfranzien« umschrieben, durchlief keine Entwicklung wie etwa Sachsen, Schwaben oder Bayern, wo es im frühen 10. Jahrhundert zur Ausbildung von Herzogtümern unter einheimischen Dynastien kam, für die die Forschung heute nur noch

---

132 Siehe Anm. 37; vgl. IRTENKAUF, Ditzingen (wie Anm. 109).
133 Codex Hirsaugiensis, hg. von E. SCHNEIDER, in: Württembergische Vierteljahrshefte 10 (1887), Anhang S. 1–78 [abgekürzt zitiert CH]; vgl. H. JAKOBS, Die Hirsauer. Ihre Ausbreitung und Rechtsstellung im Zeitalter des Investiturstreites (Kölner Historische Abhandlungen, Bd. 4), Köln, Graz 1961, S. xii–xviii; J. KASTNER, Historiae fundationum monasteriorum. Frühformen monastischer Institutionsgeschichtsschreibung im Mittelalter (Münchener Beiträge zur Mediävistik und Renaissance-Forschung 18), München 1974, S. 20ff.; K. SCHREINER, Erneuerung durch Erinnerung. Reformstreben, Geschichtsbewußtsein und Geschichtsschreibung im benediktinischen Mönchtum Südwestdeutschlands an der Wende vom 15. zum 16. Jahrhundert, in: K. ANDERMANN (Hg.), Historiographie am Oberrhein im späten Mittelalter und in der frühen Neuzeit (Oberrheinische Studien 7), 1988, S. 35–87, hier S. 69–76; K. SCHREINER, Hirsau und die Hirsauer Reform. Spiritualität, Lebensform und Sozialprofil einer benediktinischen Erneuerungsbewegung im 11. und 12. Jahrhundert, in: St. Peter und Paul 2 (wie Anm. 107), S. 59–84, hier S. 81.
134 CH (wie Anm. 133), S. 29, fol. 30b.
135 Das Reichenbacher Schenkungsbuch, bearbeitet von S. MOLITOR (Veröffentlichungen der Kommission für geschichtliche Landeskunde in Baden-Württemberg, Reihe A, Bd. 40), Stuttgart 1997, S. 111ff., Nr. P4, u. 194f., Nr. St41.
136 Für Bayern und Sachsen vgl. J. SEMMLER, Francia Saxoniaque oder Die ostfränkische Reichsteilung von 865/76 und die Folgen, in: DA 46 (1990), S. 337–374, hier S. 337ff.
137 Die Bedeutungsvielfalt beschreibt ausführlich C. BRÜHL, Deutschland – Frankreich. Die Geburt zweier Völker, Köln, Wien 1990, S. 102–111; vgl. LUGGE, »Gallia« und »Francia« (wie Anm. 123), S. 156f.; SEMMLER, Francia Saxoniaque (wie Anm. 136), S. 339f.; LUBICH, »Güldene Freiheit« (wie Anm. 131), S. 9–17; DERS., Faktoren der politischen Raumgliederung im früh- und hochmittelalterlichen Franken, in: Franken im Mittelalter, Francia orientalis, Franconia. Land zu Franken. Raum und Geschichte, hg. von J. MERZ u. R. SCHUH, Darmstadt 2004, S. 59–81, hier S. 59–66; A. WENDEHORST, Franken. Landschaft, in: LdMA 4, S. 728–735, hier S. 728.
138 Zur Problematik des Begriffs: BRÜHL, Deutschland – Frankreich (wie Anm. 137), S. 94f. u. 113–122.
139 LUGGE, »Gallia« und »Francia« (wie Anm. 123), S. 152.

mit großen Vorbehalten den Begriff »jüngeres Stammesherzogtum« verwendet[140]. Zwar konnte sich auch in Ostfranzien ein Herzog etablieren, Konrad, von 911 bis 918 dann König des ostfränkischen Reiches, aber bereits mit dem Ende seines Bruders und Nachfolgers Eberhard[141] 939 begann sich dieses Herzogtum wieder in seine beiden unterschiedlich strukturierten und herrschaftlich erfaßten Teile Rheinfranken und Mainfranken (in der Literatur zumeist als »Mainfranken« bezeichnet) – für letzteres wurde schließlich der Name »Franken« gebräuchlich – zu zergliedern[142]. Doch erscheint die Terminologie der Quellen wenig geeignet, den historischen Prozeß präzise und einleuchtend nachzuzeichnen, der schließlich im Osten eine *Franconia,* das heutige Franken, entstehen ließ, während im Westen die Territorialisierung dem alten Herrschaftsnamen nur noch hier und dort seine geographische Komponente beließ. Als Arnulf von Kärnten 889 Rechte und Ausstattung des Bistums Würzburg beschrieb, ließ er 17 *pagi orientalium Franchorum* namentlich anführen, deren Ausdehnung mehr oder weniger Mainfranken entsprach[143]. Am westlichen Rand lagen die Gaue Waldsassen, Wingarteiba, Jagstgau, Kochergau und Neckargau. Der Murrgau wird nicht erwähnt, er lag in der Diözese Speyer und war dem Bistum Würzburg zu diesem Zeitpunkt bereits verlorengegangen[144], und zwar – wie Alois Seiler glaubt sagen zu können – »durch die grundherrschaftlichen Beziehungen zum Adel des fränkischen Kerngebietes am Rhein«[145]. Auf alle Fälle wird 889 erstmals eine den östlichen Teil der *Francia orientalis* abtrennende Linie einigermaßen erkennbar und verständlich, scheint sie doch auf welche Weise auch immer mit der Diözesaneinteilung zusammenzuhängen. Während der rechtsrheinische Anteil der Diözesen Mainz, Worms und Speyer nach Westen hin zu den alten Bischofssitzen und Herrschaftszentren ausgerichtet blieb und zudem durch die Herrschaftsteilungen der Karolinger einen erhöhten Stellenwert für den ostfränkischen König gewann, unterlag ein großer Teil des rechtsseitigen Neckarbeckens der Aufsicht des Bischofs von Würzburg.

Der historische Prozeß, der zur Aufspaltung der *Francia orientalis* (Ostfranzien) in Rhein- und Mainfranken (*Franconia,* Franken) führte, erst in jüngster Zeit vor allem von Gerhard Lubich und Dieter J. Weiß aus östlicher Perspektive behandelt, kann hier lediglich nur ganz kurz und allgemein sowie in vereinfachter Form mit einem Bild umschrieben werden: hier Rheinfranken[146], beiderseits des Rheins zentral im Reich gelegen, mit

140 Vgl. Brühl, Deutschland – Frankreich (wie Anm. 137), S. 303f.
141 In den Herrscherdiplomen wird er niemals als *dux* bezeichnet, Kienast, Der Herzogstitel in Frankreich und Deutschland (wie Anm. 35), S. 314, Anm. 1, u. S. 316. Zur Person: Anm. 283 u. 299.
142 Vgl. D. J. Weiss, Die Entstehung Frankens im Mittelalter. Von der Besiedlung zum Reichskreis, in: Franken. Vorstellung und Wirklichkeit in der Geschichte, hg. von W. K. Blessing u. D. J. Weiss, Neustadt a. d. Aisch 2003, S. 51–67, besonders S. 51–62; ferner J. Merz, Das Herzogtum Franken. Wunschvorstellungen und Konkretionen, in: Merz/Schuh (Hg.), Franken im Mittelalter (wie Anm. 137), S. 43–58, hier S. 45f.; W. Störmer, Die innere Entwicklung: Staat, Gesellschaft, Kirche, Wirtschaft, in: Handbuch der bayerischen Geschichte 3/1 (wie Anm. 30), S. 209–330, hier S. 210f.; zum Problem allgemein B. Schneidmüller, Völker – Stämme – Herzogtümer? Von der Vielfalt der Ethnogenesen im ostfränkischen Reich, in: MIÖG 108 (2000), S. 31–47, zu Franken besonders S. 42f.
143 Wie Anm. 123.
144 Vgl. Seiler, Bistum Speyer (wie Anm. 6), S. 45–49.
145 Ebd., S. 48.
146 Eine Beschreibung der geographischen und historischen Faktoren bietet in zeitgebundener Wortwahl Th. Mayer, Die Stellung Rheinfrankens in der deutschen Geschichte, in: Korrespondenz-

den alten Zentren Mainz, Worms und Speyer und den sich früh entwickelnden Formen kommunalen Lebens sowie den vom Rhein bestimmten, politisch maßgeblichen Faktoren Wirtschaft und Verkehr, dort das durch Spessart und Odenwald abgetrennte Mainfranken mit dem Kraftzentrum Würzburg, anfangs noch peripher gelegen, sich in eine dünnbesiedelte bergige Waldlandschaft hinein entwickelnd, deren Pfade zu Thüringern, Slawen, Bayern und Alemannen führten. Doch ist die Geschichte von Rhein- und Mainfranken kaum allein aufgrund der andersartigen räumlichen Bedingungen unterschiedlich verlaufen. Erst jüngst wurde auf kartographischem Wege versucht, diesen nur schwer zu vermittelnden historischen Prozeß bildlich einzufangen[147]: Das Neckarbecken bildete mehr oder weniger die Schnittmenge von Rhein- und Mainfranken. Damit lag es von den jeweiligen herrschaftlichen und kirchlichen Kraftzentren weit entfernt, sozusagen als »Fernzone« im jeweiligen Grenzraum[148]. Während in Rheinfranken neben dem König schon früh der Adel zum bestimmenden Faktor wurde, lagen die Verhältnisse in Mainfranken anscheinend anders, so daß Karl Bosl sogar von einer »Königsprovinz« gesprochen hat[149]. Betrachtet man die herrschaftliche Erfassung des Neckarbeckens, wie sie seit dem ausgehenden 8. Jahrhundert allmählich aufzuscheinen beginnt, dann zeigt sich bald, daß das Neckarbecken als Teil von Rheinfranken anzusprechen ist. Wenn es auch am Rande lag und teilweise zum Sprengel von Würzburg gehörte, so waren doch die Personen, die es im Auftrag oder mit Duldung des Königs administrativ betreuten, mehr oder weniger in das Kraftfeld des Mittelrheins eingebunden.

VI. Erste Spuren gräflicher Tätigkeit (8. Jahrhundert)

Versucht man, sich eine Vorstellung von der herrschaftlichen Erfassung des Neckarbeckens und der angrenzenden Landschaften zu machen, stößt man rasch an Grenzen, die aus der Ungunst der Quellenlage resultieren. Zwar vermitteln die Überlieferungen der Klöster Weißenburg, Lorsch und Fulda durchaus einen vertieften Eindruck von den Schenkern und ihren Schenkungen und lassen zudem den Kreis der Schenker und seine verwandtschaftlichen Beziehungen relativ gut erschließen, wie methodisch gelungen besonders Michael Gockel und Reinhard Wenskus aufgezeigt haben[150], aber die Grafen als königliche Amtsträger sowie die ihnen zugewiesenen Comitate treten nur äußerst selten ins Licht der Quellen. Nähere Einzelheiten läßt erstmals eine Schenkung eines Grafen mit

---

blatt des Gesamtvereins der deutschen Geschichts- und Altertumsvereine 82 (1934), S. 7–20, hier S. 8ff.
147   J. Schumann, D. J. Weiss, Vier Karten: Francia orientalis – Franconia – Franken, Nr. 51, in: Edel und Frei. Franken im Mittelalter, Katalog, hg. von W. Jahn, J. Schumann u. E. Brockhoff, Augsburg 2004, S. 174ff.
148   Vgl. Jäschke, Heilbronn (wie Anm. 7), S. 13f., 60f., 69 u. 125f.
149   K. Bosl, Franken um 800. Strukturanalyse einer fränkischen Königsprovinz (Schriftenreihe zur bayerischen Landesgeschichte, Bd. 58), München 1958; differenzierend und vorsichtig Lubich, Früh- und hochmittelalterlicher Adel zwischen Tauber und Neckar (wie Anm. 24), S. 18–22.
150   Gockel, Karolingische Königshöfe am Mittelrhein (wie Anm. 70); R. Wenskus, Sächsischer Stammesadel und fränkischer Reichsadel (Abhandlungen der Akademie der Wissenschaften in Göttingen, philologisch-historische Klasse 3. Folge, Nr. 93), Göttingen 1976.

dem fränkischen Namen Kunibert[151] erkennen, der 779 in Gegenwart Karls des Großen dem Kloster Fulda seinen nicht näher beschriebenen Besitz in folgenden Orten überließ[152]: Hochdorf (entweder am Neckar, Remseck, oder bei Eberdingen, Vaihingen/Enz[153]), Gröningen (Neckargröningen, Remseck, oder Markgröningen[154]), Ingersheim, Vaihingen/Enz[155], Stangenbach (Wüstenrot[156]), Wülfingen/Wölflingen (abgegangen bei Forchtenberg[157]), Adelsheim (Neckar-Odenwald-Kreis[158]), Wächlingen (abgegangen bei Ohrnberg, Hohenlohekreis[159]), Benningen am Neckar[160], (Alt-)Lautern (Wüstenrot[161]) sowie Saulheim bei Alzey. Graf Kunibert hat mit einer zweiten, heute verlorenen Urkunde[162] nicht nur neuerlich Besitz in Hochdorf, Gröningen, Vaihingen/Enz, Stangenbach, Wölflingen, Adelsheim, (Alt-)Lautern und Saulheim an Fulda übertragen, sondern in

151   Vgl. BORGOLTE, Grafen (wie Anm. 63), S. 174; WENSKUS, Sächsischer Stammesadel und fränkischer Reichsadel (wie Anm. 150), S. 355.
152   WUB 2, S. 437f., Nachtrag A – doch sind heute folgende Ausgaben maßgeblich: Urkundenbuch des Klosters Fulda, 1. Bd. (Die Zeit der Äbte Sturmi und Baugulf), bearbeitet von E. E. STENGEL (Veröffentlichungen der historischen Kommission für Hessen und Waldeck X,1), Marburg 1958, S. 157–161, Nr. 86, hier S. 159: [...] *totam substantiam meam id est in istis locis inferius nominatis: Hohdorf, Gruoninga, Ingiheresheim, Feinga, Stangbah, Ulfinga, Adalotesheim, Uuachalinga, Bunninga, Luutra et in villa Sauuilheim in pago Uuormazfelde,* [...]; Der Codex Eberhardi des Klosters Fulda, hg. von H. MEYER ZU ERMGASSEN, Bd. 1 u. 2 (Veröffentlichungen der Historischen Kommission für Hessen 58,1 u. 2), Marburg 1995 u. 1996, hier 2, S. 92f.: [...] *totam substantiam meam, que in his locis sita est, que hic nominantur: Hohdorf, Gruninga, Ingeheresheim, Fehinge, Stangebach, Wlfingen, Adeloltesheim, Wachalingen, Bunningen, Liutera et in villa Saulenheim in pago scilicet Wormezfelde* [...]. Vgl. ferner BOSSERT, Württembergisches (wie Anm. 85), S. 235f., Nr. 1, und S. 238, Nr. 12; MEYER VON ERMGASSEN, Codex Eberhardi 1, S. 214, Nr. [29]; UB Fulda 1, S. 86ff., Nr. 52.
153   Vgl. LBW (wie Anm. 4) 3, S. 445 u. S. 467; BOSSERT, Württembergisches (wie Anm. 85), S. 235, Anm. 9 u. 10.
154   LBW (wie Anm. 4) 3, S. 446 u. S. 437; BOSSERT, Württembergisches (wie Anm. 85), S. 235, Anm. 9 u. 10.
155   BOSSERT, Württembergisches (wie Anm. 85), S. 236, Anm. 1: »Wahrscheinlich die Stadt Vaihingen a. d. Enz, nicht das abg. Vöhingen bei Schwieberdingen«; vgl. LBW (wie Anm. 4) 3, S. 465 u. S. 453; siehe Anm. 429.
156   BOSSERT, Württembergisches (wie Anm. 85), S. 236, Anm. 2; LBW (wie Anm. 4) 4, S. 153; W. ANGERBAUER, Erste urkundliche Nennung von Stangenbach und Lautern im Jahre 779, in: Wüstenroter Heimatbuch, hg. von der Gemeindeverwaltung Wüstenrot 1979, S. 139–141.
157   BOSSERT, Württembergisches (wie Anm. 85), S. 236, Anm. 3; LBW (wie Anm. 4) 4, S. 225; M. SCHULZE-DÖRRLAMM, Das Dorf Wülfingen im württembergischen Franken während des 11. und 12. Jahrhundert, in: H. W. BÖHME (Hg.), Siedlungen und Landesausbau zur Salierzeit. Teil 2: In den südlichen Landschaften des Reiches (Römisch-germanisches Zentralmuseum, Monographien, Bd. 28), Sigmaringen 1991, S. 39–56, hier S. 39f.
158   BOSSERT, Württembergisches (wie Anm. 85), S. 236, Anm. 4; LBW (wie Anm. 4) 5, S. 253f.
159   BOSSERT, Württembergisches (wie Anm. 85), S. 236, Anm. 5; LBW (wie Anm. 4) 4, S. 236.
160   So LBW (wie Anm. 4) 3, S. 433f.; anders BOSSERT, Württembergisches (wie Anm. 85), S. 236, Anm. 6.
161   WUB 2, S. 437f., Nachtrag A; Beschreibung des Oberamts Weinsberg, hg. vom Kgl. statistisch-topographischen Bureau, Stuttgart 1861, S. 104 und 317; BOSSERT, Württembergisches (wie Anm. 85), S. 236, Anm. 7; LBW (wie Anm. 4) 4, S. 152; ANGERBAUER, Stangenbach und Lautern (wie Anm. 156).
162   UB Fulda 1 (wie Anm. 152), S. 319f., Nr. 221*; BOSSERT, Württembergisches (wie Anm. 85), S. 246, Nr. 44.

seine Schenkung auch Güter in Kirchheim am Neckar[163], (Groß- und Klein-)Bottwar[164] sowie Hessigheim[165] einbezogen. Mit einer dritten Urkunde überließ der Graf der Reichsabtei noch weiteren Besitz, u. a. in Wertheim und Tauberbischofsheim[166]. Über diesen Adligen können wir kaum Aussagen treffen, vielleicht ist er identisch oder nah verwandt mit jenem zeit- und namensgleichen Franken, der in der Lorscher Überlieferung als am Mittelrhein agierender Schenker und Zeuge Spuren hinterlassen hat und in enger Beziehung zu den Gerolden stand[167]. Mit Blick auf den von Graf Kunibert an Fulda tradierten Besitz kann man seinen Comitat im und um das Neckarbecken vermuten[168]. Karl Schmid hat in seiner bahnbrechenden Arbeit über »Kloster Hirsau und seine Stifter« auf der Grundlage von Gedenkbucheinträgen von Klöstern wie der Reichenau, S. Giulia in Brescia, St. Gallen und Pfäfers zeigen können, daß die für die Hirsauer Stiftersippe der Karolingerzeit bezeichnende Namenskombination Erlafrid/Noting lautete und mit ihr häufig auch der Name Cundpret bzw. Chunibret auftauchte[169]: »Darf man im Namen Cundpret einen Kunibert erblicken, dann könnte in Erwägung gezogen werden, ob die Hirsauer Stifter nicht auch der Familie des Grafen Kunibert verwandtschaftlich verbunden gewesen sind.« Kuniberts Besitzungen, soweit sie an das Kloster Fulda gelangten, lagen zum Teil im Bereich des mittleren Neckars in geradezu auffallender Nachbarschaft mit solchen der späteren Grafen von Calw und Vaihingen, der eindeutigen Nachkommen der Hirsauer Stiftersippe[170]. Eine mächtige Position – deren herrschaftliche Komponente jedoch nicht näher zu bestimmen ist – besaß ferner jener schon kurz erwähnte Adelskreis, dem die Nonne Hildeburg entstammte, die 793 an das Königskloster Lorsch einen riesigen Besitzkomplex im Zaber- und Elsenzgau schenkte[171], darunter die Michaelskirche *in Runingenburc in monte* – auf dem Michaelsberg bei Cleebronn – mit allem weiteren dortigen Besitz Hildeburgs und zwei Weingärten, ferner die Siedlung Bönnigheim mit allem Zubehör und einem Weingarten sowie ihren Besitz in Erligheim und einer Hufe in Meimsheim[172]. Hildeburg war an zwei Orten – Böckingen und Frankenbach – Besitz-

163 LBW (wie Anm. 4) 3, S. 401; anders Bossert, Württembergisches (wie Anm. 85), S. 246, Nr. 44, Anm. 5: »Statt *Chirecheim* ist *Ingiheresheim* zu lesen«.
164 Bossert, Württembergisches (wie Anm. 85), S. 246, Anm. 6; LBW (wie Anm. 4) 4, S. 153
165 Bossert, Württembergisches (wie Anm. 85), S. 246, Anm. 7; LBW (wie Anm. 4) 3, S. 384.
166 UB Fulda 1 (wie Anm. 152), S. 320, Nr. 222*.
167 Gockel, Karolingische Königshöfe am Mittelrhein (wie Anm. 70), S. 281ff. und öfters; siehe auch Anm. 176.
168 Vgl. W. Störmer, Bemerkungen zu Graf und Grafschaft im früh- und hochmittelalterlichen Franken, in: Beiträge zu Kirche, Staat und Geistesleben. Festschrift Günter Christ zum 65. Geburtstag, hg. von J. Schröder unter Mitwirkung von R. Salzmann (Beiträge zur Geschichte der Reichskirche in der Neuzeit 14), Stuttgart 1994, S. 81–93, hier S. 88f.
169 Vgl. K. Schmid, Kloster Hirsau und seine Stifter (Forschungen zur oberrheinischen Landesgeschichte, Bd. 9), Freiburg i. Br. 1959, S. 72f., 80–86 u. 132, 134–136; ders., Sankt Aurelius in Hirsau 830 (?)–1049/75. Bemerkungen zur Traditionskritik und zur Gründerproblematik, in: St. Peter und Paul 2 (wie Anm. 107), S. 11–43 (mit einem Appendix von V. Huth und einem Nachtag zum Beitrag von Molitor), hier S. 16, ergänzend: G. Althoff, Die »Hirsauer Stiftersippe« in der Gedenküberlieferung. Ergebnisse neuerer Forschungen, in: ebd., S. 55–58, besonders S. 58.
170 Schmid, Hirsau und seine Stifter (wie Anm. 169), S. 85.
171 CL (wie Anm. 37) 3, S. 144, Nr. 3522; vgl. Seiler, Bistum Speyer (wie Anm. 6), S. 124ff.
172 LBW (wie Anm. 4) 4, S. 69; 700 Jahre Cleebronn. Geschichte einer Gemeinde, bearbeitet von W. Angerbauer, Brackenheim 1979, S. 120–130.

nachbarin von Graf Morlach (795) sowie von Graf Widegowo (799/823), dem Sohn und Nachfolger des im Lobdengau amtierenden Grafen Warin (765/799)[173]; »sie dürfte wohl diesen Kreisen zugehören«[174]. Der Name von Graf Morlachs Schwester Hiltisnot, die 788 Lorsch einen umfangreichen Besitzkomplex im Brettach-, Kocher- und Gartachgau überließ[175], begegnet ebenfalls bei der Frau des Lorscher Tradenten Burgolf, dessen Sippe in verwandtschaftlichen Beziehungen zu den Gerolden, Schwiegervater und Schwager Karls des Großen, den Liudolfingern und dem alemannischen Herzogshaus stand[176].

VII. Fiskalbesitz im Neckarbecken (9. Jahrhundert)

Außer Graf Kunibert lassen sich für die zweite Hälfte des 8. Jahrhunderts keine weiteren Personen namhaft machen, die als Inhaber eines Comitats in Frage kommen, der möglicherweise auch Teile des Neckarbeckens umfaßte. Im Gegenteil, für die folgende Zeit bis um 900 erfährt man so gut wie nichts über eine administrative Verwaltung in diesem Teil des Frankenreichs. Zwar liegen etliche Nachrichten über Schenkungen und Besitzveränderungen zwischen König, diversen geistlichen Institutionen und mehr oder weniger reichen Grundbesitzern vor[177], die durchaus ein Bild von Sozial- und Wirtschaftsstruktur sowie (grund-)herrschaftlicher Ausrichtung des hier betrachteten Raumes in der Spätphase des Karolingerreichs erkennen lassen, aber von Grafen und Comitaten fehlt in den überkommenen Nachrichten jede Spur. Zu erkennen gibt sich allerdings im quellenmäßig besser bezeugten Kampf der Söhne Ludwigs des Frommen († 840) mit ihrem Vater und untereinander um die Vorherrschaft bzw. Herrschaftsteilhabe am Frankenreich die Bedeutung von Rhein- und Mainfranken. Ist es lediglich Zufall, daß jetzt Nachrichten vorliegen, in denen das Neckarbecken und besonders Heilbronn aufscheinen und gelegentlich sogar im Mittelpunkt stehen? Die *villa* Heilbronn, erstmals in einem Diplom

---

173   Zu Warin und Widegowo: W. METZ, Miszellen zur Geschichte der Widonen und Salier, vornehmlich in Deutschland, in: Historisches Jahrbuch 85 (1965), S. 1–27, hier S. 4f. u. 14; H. GENSICKE, Worms-, Speyer- und Nahegau, in: KNÖPP (Hg.), Lorsch (wie Anm. 38), S. 437–506, hier S. 444f.; GOCKEL, Karolingische Königshöfe am Mittelrhein (wie Anm. 70), S. 302–305; SCHULZE, Grafschaftsverfassung (wie Anm. 29), S. 193ff.; Warin ist nicht zu verwechseln mit dem gleichnamigen fränkischen Großen, der im dritten Viertel des 8. Jahrhunderts als Graf und »Verwalter« in Alemannien tätig war, BORGOLTE, Grafen (wie Anm. 63), S. 285f.
174   SEILER, Nördliches Württemberg (wie Anm. 121) S. 629; vgl. WENSKUS, Sächsischer Stammesadel und fränkischer Reichsadel (wie Anm. 150), S. 190f. u. 412.
175   CL (wie Anm. 37) 1, S. 291f., Nr. 13; vgl. SEILER, Nördliches Württemberg (wie Anm. 174), S. 628.
176   WENSKUS, Sächsischer Stammesadel und fränkischer Reichsadel (wie Anm. 150), S. 410ff.; vgl. GOCKEL, Karolingische Königshöfe am Mittelrhein (wie Anm. 70), S. 307–310; BORGOLTE, Grafen (wie Anm. 63), S. 119f. u. 122f.; DIENEMANN-DIETRICH, Der fränkische Adel in Alemannien (wie Anm. 39), S. 182–190.
177   Hier sei jener Graf Adalbert erwähnt, der um 870 von Lorsch gegen Besitz bei Gemmingen im Elsenzgau solchen in Gültstein im Nagoldgau erwarb, CH (wie Anm. 133), S. 146f., Nr. 3535, u. S. 146f., Nr. 2575B, und möglicherweise zur Hirsauer Stiftersippe und damit zu den Vorfahren der Grafen von Calw gehört; vgl. SCHMID, Hirsau und seine Stifter (wie Anm. 169), S. 102; zu recht vorsichtig: BORGOLTE, Grafen (wie Anm. 63), S. 26.

Ludwigs des Frommen von 822 als Königshof hervortretend[178], sollte nach dem Willen des Kaisers 832 einigen Grafen – unter ihnen Gebhard vom Lahngau[179] – als Versammlungsort dienen, denen Ludwig dort durch einen bevollmächtigten Boten (*missus*) Weisungen zukommen lassen wollte[180]. 841 hielt sich Ludwig der Deutsche († 876) in Heilbronn auf, um wichtige Verhandlungen zur Sicherung seiner Herrschaft zu führen[181], und urkundete in *palatio regio*, im mit entsprechenden Bauten und Räumlichkeiten von Pfalzcharakter ausgestatteten Königshof, wie Thomas Zotz in einer grundlegenden Begriffsbetrachtung dargelegt hat[182]. Hansmartin Schwarzmaier konnte das Bild von der Bedeutung des Neckarbeckens für Ludwig den Frommen und seinen gleichnamigen Sohn durch eine stupende Analyse der spätmittelalterlichen Legende vom Tod und den Wundern der hl. Reginswindis noch wesentlich vertiefen[183]. Danach agierte in Lauffen, jenem anderen Königshof am Neckar, den das Diplom des Kaisers von 822 erwähnt, auf Anweisung Ludwigs seit 832 zeitweilig ein Vasall namens Ernst, in dem man Graf Ernst im Nordgau erkennen darf[184]. Ernst stammte anscheinend vom Mittelrhein, ist seit 829 im Nordgau belegt, wo damals schon Ludwig der Deutsche regierte, stieg zum obersten Grafen Bayerns auf und führte 855 das bayerische Heer gegen die Böhmen. Eine Tochter Ernsts wurde die Gemahlin von Ludwigs Sohn Karlmann († 880), eine Schwester war mit Graf Gebhard vom Lahngau verheiratet[185], der als Ahnherr der Konradiner gilt. Die Verwandtschaftsbeziehungen dieser Sippe aufzuhellen, beschäftigt die Forschung im übrigen immer wieder aufs Neue[186]. Überhaupt muß die Zahl der Königshöfe und die Größe der

---

178 Siehe Anm. 66.
179 Zur Person: E. Hlawitschka, Wer waren Kuno und Richlind von Öhningen? Kritische Überlegungen zu einem neuen Identifizierungsvorschlag, in: ZGO 128 (1980), S. 1–49 – zitiert nach dem Neuabdruck in: ders., Stirps regia. Forschungen zu Königtum und Führungsschichten im früheren Mittelalter. Ausgewählte Aufsätze. Festgabe zu seinem 60. Geburtstag, hg. von G. Thoma u. W. Giese, Frankfurt a. M. 1988, S. 421–469 mit Nachträgen und Berichtigungen S. 570ff., hier S. 458f.; vgl. Schulze, Grafschaftsverfassung (wie Anm. 29), S. 203f. Zum Lahngau: W. Niemeyer, Der Pagus des frühen Mittelalters in Hessen (Schriften des Hessischen Landesamtes für geschichtliche Landeskunde, 30), Marburg 1968, S. 164–169.
180 Böhmer-Mühlbacher (wie Anm. 66) 908a; MGH Epp. Karol. 5, Nr. 20–22, S. 120; vgl. Th. Zotz, Basilica in villa Helibrunna ... una cum appendiciis suis. Zur regionalen Verteilung und zu den Funktionen von Königshöfen im Frankenreich am Beispiel von Heilbronn, in: Region und Reich, Zur Einbeziehung des Neckar-Raumes in das Karolinger-Reich und zu ihren Parallelen und Folgen (Quellen und Forschungen zur Geschichte der Stadt Heilbronn, Bd. 1), Heilbronn 1992, S. 193–215, hier S. 193, 205 u. 211.
181 Schlesinger, Württembergisch Franken (wie Anm. 54), S. 10.
182 Zotz, Basilica in villa Helibrunna (wie Anm. 180), S. 196ff. und öfters.
183 H. Schwarzmaier, Die Reginswindis-Tradition von Lauffen. Königliche Politik und adlige Herrschaft am mittleren Neckar, in: ZGO 131 (1983), S. 163–198; ders., Eberbach (wie Anm. 117), S. 42f.
184 Schwarzmaier, Die Reginswindis-Tradition (wie Anm. 183), S. 170ff.
185 So Hartmann, Ludwig der Deutsche (wie Anm. 194), S. 87; differenziert: Hlawitschka, Kuno und Richlind von Öhningen (wie Anm. 179), S. 459: »Gebhard war also mit einer Schwester Ernsts vermählt; oder Ernst hatte eine Schwester Gebhards zur Frau.«
186 Man vgl. nur die teilweise sehr kontrovers ausgetragene Auseinandersetzung um die Genealogie der Konradiner, wie sie sich in folgenden Arbeiten widerspiegelt: A. Wolf, Wer war Kuno »von Öhningen«? Überlegungen zum Herzogtum Konrads von Schwaben († 997) und zur Königswahl vom Jahre 1002, in: DA 36 (1980), S. 25–83 [mit einem Nachwort 1999 erneut abgedruckt in: Genea-

karolingischen Fiskalkomplexe im Neckarbecken beträchtlich gewesen sein, auch wenn man nur noch ein schemenhaftes Bild gewinnen kann. Ludwig der Fromme überließ dem Kloster in Murrhardt laut dem sogenannten Gründungsprivileg, einem gefälschten Diplom[187] des Kaisers von angeblich 817, dessen Besitzangaben man jedoch als zuverlässig betrachtet, nicht nur sein dortiges *castrum* namens Hunnenburg nebst Pfarrei – womit sich Murrhardt als Königshof mit Fiskalkirche zu erkennen gibt[188] –, die Pfarreien Fichtenberg an der Rot und Sulzbach an der Murr, *parochia et curia* Erdmannhausen sowie *praedium nostrum in Lafen* (wohl Laufen am Kocher)[189], sondern auch den Königshof Oßweil am Neckar – die gesamte Schenkung bestand folglich aus Königsgut. Den Königshof Kirchheim am Neckar konnte Heinrich II. noch 1003 verschenken[190], 1009 überließ er der Speyrer Kirche wichtige Regalien in Marbach[191], und noch 1102 konnte Heinrich IV. Speyer das *praedium* Ilsfeld übergeben[192], mit Ausnahme eines in der *villa*

logisches Jahrbuch 39 (1999), S. 5–56]; DERS., Königskandidatur und Königsverwandtschaft. Hermann von Schwaben als Prüfstein für das »Prinzip der freien Wahl«, in: DA 47 (1991), S. 45–117; DERS., Zur Königswahl Heinrichs II. im Jahr 1002. Verwandtschaftliche Bedingungen des Königswahlrechts, in: ZRG Germ 112 (1995), S. 64–157 [erweitert und ergänzt in: Genealogisches Jahrbuch 42 (2002), S. 5–91]; D. C. JACKMAN, The Konradiner. A Study in Genealogical Methodology (Ius commune, Sonderheft 47), Frankfurt a. M. 1990; DERS., Das Eherecht und der frühdeutsche Adel, in: ZRG Germ 112 (1995), S. 158–201; DERS., Criticism and Critique. Sidelights on the Konradiner (Occasional Publications of the Oxford Unit for Prosopographical Research, vol. 1), Oxford 1997; J. FRIED, Prolepsis oder Tod? Methodische und andere Bemerkungen zur Konradiner-Genealogie im 10. und frühen 11. Jahrhundert, in: Papstgeschichte und Landesgeschichte. Festschrift für Hermann Jakobs zum 65. Geburtstag, hg. von J. DAHLHAUS u. A. KOHNLE (Beihefte zum Archiv für Kulturgeschichte, H. 39), Köln, Weimar, Wien 1995, S. 69–119; HLAWITSCHKA, Kuno und Richlind von Öhningen (wie Anm. 179); DERS., Der Thronwechsel des Jahres 1002 und die Konradiner. Eine Auseinandersetzung mit zwei Arbeiten von A. WOLF und D. C. JACKMAN, in: ZRG GA 110 (1993), S. 149–248; DERS., Konradiner-Genealogie. Unstatthafte Verwandtenehen und spätottonisch-frühsalische Thronbesetzungspraxis. Ein Rückblick auf 25 Jahre Forschungsdisput (MGH Studien und Texte, Bd. 32), Hannover 2003. Vgl. ferner W. METZ, Austrasische Adelsherrschaft des 8. Jahrhunderts. Mittelrheinische Grundherren in Ostfranken, Thüringen und Hessen, in: Historisches Jahrbuch 87 (1967), S. 257–291, hier S. 292–298.
187 BÖHMER-MÜHLBACHER (wie Anm. 66), Nr. 657; WUB 1, S. 87ff., Nr. 78; vgl. W. STÖRMER, Schäftlarn, Murrhardt und die Waltriche des 8. und 9. Jahrhunderts. Klostergründungen und adelige Sippenbeziehungen im bayerisch-württembergischen Raum, in: Zeitschrift für bayerische Landesgeschichte 28 (1965), S. 47–81, hier S. 54–59; FRITZ, Kloster Murrhardt (wie Anm. 82), S. 37–40 und öfters; DERS., Murrhardt, in: Württembergisches Klosterbuch. Klöster, Stifte und Ordensgemeinschaften von den Anfängen bis in die Gegenwart, hg. von W. ZIMMERMANN/N. PRIESCHING, Ostfildern 2003, S. 358ff.; LUBICH, »Güldene Freiheit« (wie Anm. 131), S. 28f.; A. WENDEHORST, Hochstift Würzburg, in: HbBW Bd. 2: Die Territorien im Alten Reich, hg. von M. SCHAAB u. H. SCHWARZMAIER, Stuttgart 1995, S. 513—525, hier S. 515.
188 STÖRMER, Schäftlarn, Murrhardt und die Waltriche (wie Anm. 187), S. 54f. u. 57f.
189 FRITZ, Kloster Murrhardt (wie Anm. 82), S. 121.
190 MGH D H II 60; vgl. SCHWARZMAIER, Die Reginswindis-Tradition (wie Anm. 183), S. 180–183.
191 Wie Anm. 91 u. 342.
192 MGH D H IV 475; LBW (wie Anm. 4) 4, S. 93f. – siehe Anm. 389; H. GRAFEN, Forschungen zur älteren Speyerer Totenbuchüberlieferung. Mit einer Textwiedergabe der Necrologanlage von 1273 (Quellen und Abhandlungen zur mittelrheinischen Kirchengeschichte, Bd. 74), Mainz 1996, S. 128.

Iendan (Gendach, abgegangen bei Ilsfeld) gelegenen Teils, den der Kaiser dem Stift Sinsheim übertragen hatte[193]. So würde es nicht weiter überraschen, wenn auch der Königshof Besigheim, den Kaiserin Agnes um die Mitte des 11. Jahrhunderts an Erstein gab, bereits zum Königsgut der Karolinger gezählt hätte. Doch dafür existiert kein Beleg. Weiter hilft vielleicht eine andere Beobachtung, die Ludwig den Deutschen ins Blickfeld geraten läßt und die um das Patrozinium St. Cyriacus der Besigheimer Kirche kreist.

Bekannt ist, um es kurz in Erinnerung zu rufen, wie sehr Ludwig der Deutsche, lange auf Bayern beschränkt, immer wieder versucht hat, die Grenzen seines *regnum* nach Westen auszudehnen und über den Rhein vorzuschieben[194]. Im Vertrag von Verdun (843) wurde ihm schließlich der östliche Teil des Frankenreichs zugesprochen, das *regnum Francorum orientalium*, das neben Sachsen, Thüringen, Bayern und Alemannien mit Rätien auch Ostfranzien umfaßte, neben Mainfranken also ebenso die links des Rheins gelegenen Bischofsstädte Mainz, Worms und Speyer mit ihrem Hinterland, bevor es Ludwig 870 überdies gelang, das Elsaß seinem Reich einzuverleiben[195]. In seinen wechselvollen Kämpfen hat der Drang an und über den Rhein eine beherrschende Stellung eingenommen, die auch erklärt, daß Ludwig neben Alemannien, von Ludwig dem Frommen ursprünglich dem nachgeborenen Sohn Karl dem Kahlen zugedacht, in besonderer Weise in Ostfranzien Einfluß und Herrschaft zu gewinnen suchte, wo zahlreiche karolingische Königshöfe und Fiskalkomplexe eine vorzügliche materielle Grundlage boten. Mit anderen Worten: Neben seiner immer wieder geforderten herrscherlichen Präsenz, seinem aktiven Auftreten, mußte er unter Adel und – wie Wilfried Hartmann mit Blick auf Ludwigs besondere Rolle in Ostfranzien betont – hoher Geistlichkeit des Raumes nach Helfern trachten, auf die er sich in seinem Ringen um die Herrschaft stützen konnte[196]. Als er 876 in der Pfalz Frankfurt starb, überführte sein Sohn Ludwig der Jüngere († 882) den Leichnam nach Lorsch und ließ ihn dort, dem Wunsche des Verstorbenen entsprechend, in einer eigens errichteten Grabkapelle östlich des Hauptchores der Abteikirche bestatten[197]. Zu den Klöstern und Stiften, die Ludwig der Deutsche mit *beneficia*, mit Schenkungen, bedacht hatte[198], gehörte nicht nur Lorsch, sondern auch Neuhausen bei Worms, um dessen Cyria-

---

193   MGH D H IV *513; ausführlich: H. Grafen, Der älteste Besitz des Klosters Sinsheim an der Elsenz (11. und frühes 12. Jahrhundert), in: Jahrbuch für westdeutsche Landesforschung 20 (1994), S. 7–35, hier S. 30–33.
194   Vgl. W. Hartmann, Ludwig der Deutsche, Darmstadt 2002, S. 26–41; Zettler, Karolingerzeit (wie Anm. 35), S. 337–343; A. Gerlich, Die Reichspolitik des Erzbischofs Otgar von Mainz, in: Rheinische Vierteljahrsblätter 19 (1954), S. 286–316, hier S. 297 u. 301–314.
195   Vgl. Th. Zotz, Das Elsass – Ein Teil des Zwischenreichs? In: Lotharingia um das Jahr 1000 (Veröffentlichungen der Kommission für Saarländische Landesgeschichte und Volksforschung), Saarbrücken 1995, S. 49–70, hier S. 59–62.
196   Vgl. Hartmann, Ludwig der Deutsche (wie Anm. 194), S. 43f. u. 84–88; K. Schmid, Geblüt, Herrschaft und Geschlechterbewußtsein. Grundfragen zum Verständnis des Adels im Mittelalter, aus dem Nachlaß hg. und eingeleitet von D. Mertens u. Th. Zotz (Vorträge und Forschungen, Bd. 44), Sigmaringen 1998, S. 87; Gerlich, Erzbischof Otgar (wie Anm. 194); Metz, Widonen und Salier (wie Anm. 173), S. 21ff.; Schulze, Grafschaftsverfassung (wie Anm. 29), S. 195 u. 221f.; G. Gresser, Das Bistum Speyer bis zum Ende des 11. Jahrhunderts (Quellen und Abhandlungen zur mittelrheinischen Kirchengeschichte, Bd. 89), Mainz 1998, S. 36f. u. 72–77.
197   Hartmann, Ludwig der Deutsche (wie Anm. 194), S. 61.
198   CL (wie Anm. 37) 1, c. 25, S. 307.

cus-Patrozinium und seine Bedeutung für die Kirchenorganisation des Neckarbeckens die folgenden Überlegungen kreisen.

VIII. Bistumsgrenzen und Seelsorgeorganisation

Neben dem Ortsnamen und den Ergebnissen der Archäologie kann für die Frühzeit einer Siedlung auch die Kirchengeschichte gewisse Aufschlüsse vermitteln, da der Seelsorgeorganisation oft ein beharrender, die Jahrhunderte überdauernder Zug eignet. Die Christianisierung der fränkischer Herrschaft unterliegenden Gebiete rechts des Rheins wie das der Alemannen erfolgte – nach allem, was an Indizien zusammengetragen werden konnte[199] – erst im 7. Jahrhundert und war wohl vorrangig das Werk des Adels, nicht aber der Kirche, also der wohl noch mehr oder weniger nur auf ihre provinzialrömische Bevölkerung ausgerichteten Bischöfe von Mainz, Worms, Speyer, Straßburg, Basel, Konstanz, Chur und Augsburg[200]. Immerhin läßt besonders die im Hochmittelalter faßbare Bistumsorganisation erkennen, daß besonders Mainz, Worms und Speyer früh in den rechtsrheinischen Raum ausgegriffen und hier schon im 7. Jahrhundert mit dem Aufbau einer Seelsorgeorganisation begonnen haben. Betrachtet man den Raum zwischen Rhein, Main und Lech zur Zeit Karls des Großen, wie ihn die Aufzeichnungen der Klöster Weißenburg, Lorsch, Fulda und St. Gallen – für die Reichenau haben sich die entsprechenden Quellen nicht oder nur in sehr später Bearbeitung erhalten – zu erkennen geben, dann kann kein Zweifel bestehen, daß sich auch hier das Christentum mittlerweile ausgebreitet und institutionell verfestigt hatte. Wie hochmittelalterliche Nachrichten zeigen, haben sich die Bistümer Mainz, Worms, Speyer und Straßburg teilweise sehr weit über den Rhein nach Osten hin ausgedehnt, der flächenmäßig größte Anteil gehörte jedoch zu Konstanz. Besonders Worms konnte seinen Sprengel im 7. Jahrhundert neckaraufwärts vorschieben,

---

199 Grundlegend sind hier immer noch die Arbeiten von H. Büttner, für meine Ausführungen besonders: Die Entstehung der Konstanzer Diözesangrenzen, in: Zeitschrift für Schweizerische Kirchengeschichte 48 (1954), S. 225–274, zitiert nach dem Wiederabdruck in: H. Büttner, Frühmittelalterliches Christentum und fränkischer Staat zwischen Hochrhein und Alpen, Darmstadt 1961, S. 55–106; Christentum und Kirche zwischen Neckar und Main im 7. und frühen 8. Jahrhundert, in: Sankt Bonifatius. Gedenkgabe zum zwölfhundertsten Todestag, Fulda 1954, S. 21–36, zitiert nach dem Wiederabdruck in: H. Büttner, Zur frühmittelalterlichen Reichsgeschichte an Rhein, Main und Neckar, hg. und eingeleitet von A. Gerlich, Darmstadt 1975, S. 102–128; Das Bistum Worms und der Neckarraum während des Früh- und Hochmittelalters, in: Archiv für mittelrheinische Kirchengeschichte 10 (1958), S. 9–38, zitiert nach dem Wiederabdruck in: ebd., S. 207–236; Ladenburg am Neckar und das Bistum Worms bis zum Ende des 12. Jahrhunderts, in: Archiv für hessische Geschichte und Altertumskunde NF 28 (1963), S. 83–98, zitiert nach dem Wiederabdruck in: ebd., S. 237–252; gestützt auf die Ergebnisse von Büttner, besonders seine Beobachtungen zu den Patrozinien: E. Ewig, Zu Wimpfen und Worms. Saint-Dié und Trier im 7. Jahrhundert, in: Jahrbuch für westdeutsche Landesgeschichte 1 (1975), S. 1–9.
200 Vgl. S. Lorenz, Die Alemannen auf dem Weg zum Christentum, in: Die Alemannen und das Christentum. Zeugnisse eines kulturellen Umbruchs, hg. von S. Lorenz und B. Scholkmann in Verbindung mit D. R. Bauer (Schriften zur südwestdeutschen Landeskunde, Bd. 48 Quart 2 = Veröffentlichungen des Alemannischen Instituts, Nr. 71), Leinfelden-Echterdingen 2003, S. 65–111, hier S. 74; prononciert vorgetragen schon von Seiler, Die Anfänge der mittelalterlichen Kirchenorganisation (wie Anm. 205), S. 10f.

doch entzog ihm die Errichtung des Bistums Würzburg weite Teile seines rechts vom Neckar gelegenen Sprengels sowie die Möglichkeit, weiter nach Osten zu expandieren[201]: »Vom Zabergau bis nach Eberbach am Neckar wurde der Fluß die Ostgrenze des Wormser Bistums«[202]. Heinrich Büttner hat zudem ausgeführt, daß Würzburg den Murrgau wieder zugunsten von Speyer aufgeben mußte; dieses Bistum hatte sich, vom einflußreicheren Worms lange behindert und nach Süden abgedrängt, über die Enz dem Neckar genähert. Das Motiv für die unzweifelhafte Verschiebung der Würzburger Diözesangrenze hat Büttner in den »grundherrlichen Beziehungen und Fäden im Gebiet von Marbach und Backnang« gesucht: denn »diese liefen im 8. und 9. Jahrhundert, soweit sie erkennbar werden, ganz offensichtlich nach dem Rhein und dem (Speyer- und) Wormsgau«[203]. Den Zeitraum der Veränderung setzt er zwischen 741/42 und 816/17 an, den Jahren der Gründung von Würzburg und von Kloster Murrhardt, weil sich im sogenannten Gründungsprivileg des Januarius-Klosters unter der Ausstattung auch zwei rechts des Neckars und (später) in der Speyrer Diözese gelegene Orte mit ihren Pfarrkirchen finden, nämlich Sulzbach und Erdmannhausen. Nun ist das wohl im 12. Jahrhundert zusammengestellte angebliche Ludovicianum überhaupt ein schlechter Zeuge, wie denn auch – das Beispiel von Heilbronn zeigt es – im Zuge von Grenzverschiebungen zwischen Diözesen durchaus Pfarreien einem anderen Diözesan zugewiesen werden konnten[204]. So fällt eine auch nur grobe Datierung für den Übergang des Murrgaus in die Speyrer Diözese nicht leicht, zumal Alois Seiler in stupender Kenntnis aller Gegebenheiten noch mit einer Büttner modifizierenden Interpretation aufwartete. Nach Seiler hatte sich Worms mehr oder weniger neckaraufwärts bis rechts ganz und links kurz vor die Konstanzer Diözesangrenze herangeschoben, um dann 741/42 an Würzburg große Teile seines Sprengels, darunter auch den Murrgau, zu verlieren und Speyer schließlich noch Teile des östlichen Zabergaus überlassen zu müssen. Im Rahmen dieser Umschichtungen hätte dann Speyer den zwischenzeitlich in Würzburger Hände geratenen Murrgau seiner Diözesangewalt unterwerfen können – dieser gesamte Komplex entsprach in späterer Zeit dem isolierten östlichen Teil des Speyrer Archidiakonats St. Guido[205]. Seiler sucht den Übergang der später in den beiden Landdekanaten Marbach und Bönnigheim zusammengefaßten Gebiete an Speyer bereits im späten 8. und frühen 9. Jahrhundert: Mit Büttner sieht er den Murrgau (Land-

---

201 Vgl. BÜTTNER, Die Entstehung der Konstanzer Diözesangrenzen (wie Anm. 199), S. 100f.; DERS., Christentum und Kirche zwischen Neckar und Main (wie Anm. 199), S. 126ff.; DERS., Worms und der Neckarraum (wie Anm. 199), S. 212f.
202 BÜTTNER, Christentum und Kirche zwischen Neckar und Main (wie Anm. 199), S. 126.
203 BÜTTNER, Die Entstehung der Konstanzer Diözesangrenzen (wie Anm. 199), S. 101.
204 Kritisch zu Büttners Zeitansatz schon GEHRIG, Grenzen (wie Anm. 82), S. 94f.
205 Vgl. SEILER, Bistum Speyer (wie Anm. 6), S. 44–52; DERS., Die Speyrer Diözesangrenzen rechts des Rheins im Rahmen der Frühgeschichte des Bistums, in: 900 Jahre Speyrer Dom. Festschrift zum Jahrestag der Domweihe 1061–1961, hg. von L. STAMER, Speyer 1961, S. 243–259, hier S. 252–257; DERS., Die Anfänge der mittelalterlichen Kirchenorganisation im mittleren Neckarraum, in: Ludwigsburger Geschichtsblätter 31 (1979), S. 7–22, hier S. 12–15 u. 18–22, mit Bezug auf Karte VIII,5 des HABW; M. SCHAAB, Kirchliche Gliederung um 1500, HABW Karte VIII,5, 1972, Beiwort S. 2, geht hingegen davon aus, daß die Würzburger Diözese »wohl auch« bzw. »vielleicht auch« auf Kosten vom Speyrer Sprengel entstand; schwer einzuordnen auch: DERS., Die Diözese Worms im Mittelalter, in: Freiburger Diözesan-Archiv 86 (1966), S. 94–219, hier S. 141.

dekanat Marbach) schon »Ende des 8./Anfang des 9. Jahrhunderts« und vor 816/17 bei Speyer, während der Zabergau (Landdekanat Bönnigheim) »wenn nicht schon um die Mitte des 8. Jahrhunderts, so doch spätestens zusammen mit dem Murrgau in den Jurisdiktionsbereich des Bischofs von Speyer einbezogen worden sein« muß[206]. Für seine These verweist er auf »frühe Einwirkungen des Bistums Worms und des eng mit ihm verbundenen Klosters Neuhausen« im Zaber- und Murrgau: »Neben Grundherrschaften und Besitzrechten beider Kirchen weisen vor allem auch die Patrozinien, wie uns scheint, eindeutig nach Worms«[207]. Unter den von ihm angeführten Patrozinien kommt dem des hl. Cyriacus (8. August) eine Schlüsselstellung zu. St. Cyriacus, von Meinrad Schaab als »charakteristisch wormsisches Patrozinium« bezeichnet[208], war aber – wie schon erwähnt – auch Patron der Kirche von Besigheim.

Die mittelalterliche Pfarrorganisation gewährt über die Ausdehnung des Pfarrsprengels und über alte Filialverhältnisse oft noch einen Einblick in die frühe herrschaftliche Erfassung eines Raumes. Bekanntlich unterlag die Aufsicht über die Seelsorge dem zuständigen Bischof. Nur mit seiner Zustimmung war es möglich, neue Pfarreien zu errichten bzw. bestehende Pfarrsprengel aufzuteilen. Die sonst fast alles bestimmenden herrschaftlichen Kräfte konnten sich zwar das Kirchenpatronat sichern, aber auf dem Feld der Untergliederungen einer Diözese blieben sie weitgehend von den Entscheidungen des Bischofs abhängig. Und falls dieser Änderungen genehmigte, dann handelte es sich zumeist um die Ausgliederung einer Filialkirche (*filia*) aus dem Verband der Mutterkirche (*matrix ecclesia*) und deren Erhebung in den Rang einer Pfarrkirche. Mit anderen Worten: Der Sprengel der neuen Pfarrkirche unterlag nicht willkürlicher Gestaltung, sondern wurde aus dem Pfarrsprengel der Mutterkirche herausgeschnitten, innerhalb dessen alter Grenzen er folglich weiterbestand. Dies galt auch für die Kirchen der Königshöfe und Fiskalkomplexe: »Im Idealfall ist der Großsprengel der Altpfarrei einer Fiskalkirche identisch mit dem Verwaltungsbezirk des Fiskus selbst«[209]. So spiegelt die Seelsorgorganisation des Spätmittelalters tatsächlich häufig noch wesentliche ältere Zustände wider, aus denen sich wertvolle Aufschlüsse über den Gang der Siedlungsgeschichte und über frühe herrschaftliche Strukturen gewinnen lassen. Die Schwächen solch einer »retrospektiven Methode« sind zwar nicht zu übersehen[210], aber die mangelhafte Quellensituation läßt diesem umständlichen und unsicheren Verfahren keine Alternative. Es fällt auf, daß der Pfarrsprengel der Besigheimer Kirche – wie im übrigen auch der jeweilige Seelsorgebezirk

---

206 SEILER, Bistum Speyer (wie Anm. 6), S. 48f. u. 129.
207 Ebd., S. 46; dazu bereits kritisch M. SCHAAB in seiner Besprechung der Arbeit von SEILER in: ZWLG 19 (1960), S. 186ff.; ebenso F. STAAB, Speyer im Frankenreich (um 500 bis 918), in: Geschichte der Stadt Speyer, Bd. 1, Redaktion: W. EGER, Stuttgart 1982, S. 163–248, hier S. 221, Anm. 61: »Gegen seinen Versuch, im Zaber- und Murrgau aufgrund von Grundherrschaften von St. Cyriakus bei Worms auf eine ursprünglich größere Ausdehnung der Wormser Diözese nach Süden zu schließen (ebd. S. 46), habe ich methodische Bedenken.«
208 SCHAAB, Diözese Worms (wie Anm. 205), S. 137.
209 D. FLACH, Königshof und Fiskus Andernach, in: Andernach, Geschichte einer rheinischen Stadt, hg. von F.-J. HEYEN, Andernach 1988, S. 43–52, hier S. 46.
210 Vgl. W. METZ, Zur Erforschung des karolingischen Reichsgutes (Erträge der Forschung, Bd. 4), Darmstadt 1971, S. 51f.

der Kirchen der Königshöfe Heilbronn[211], Lauffen[212] und Kirchheim am Neckar[213] – im Spätmittelalter nur eine relativ geringe Ausdehnung besaß und keine Tochterkirchen in benachbarten Siedlungen aufwies. In dieser Hinsicht unterschieden sich die vier genannten Königshöfe im Neckarbecken wesentlich von Cannstatt und Waiblingen. Die Fiskalkirchen dieser beiden Mittelpunkte königlicher Grundherrschaften besaßen eine wesentlich größere Ausdehnung und waren zudem Mutterkirchen für eine ganze Reihe von Filialkirchen[214]. Aus diesem Befund kann man mit der gebotenen Vorsicht den Schluß ziehen, daß die im Altsiedelland gelegenen Königshöfe im Neckarbecken ob ihrer unterstellten Kleinräumigkeit nur bedingt für die Grundherrschaft des Königs von Bedeutung waren und ihre Aufgaben- und Funktionsbreite eher gering und wenig differenziert ausfiel. Abgesehen von Sonderkulturen wie dem schon im 8. Jahrhundert gut bezeugten Weinanbau mag ihre günstige Verkehrslage noch den wichtigsten Aktivposten dargestellt haben. Ob dabei auch die für die Beherbergung des königlichen Gefolges nötigen Baulichkeiten eine Rolle gespielt haben, wie man das im Fall von Heilbronn annehmen darf, kann für Besigheim mit seiner Lage im Zwickel von Enz und Neckar aus Mangel an schriftlichen und archäologischen Hinweisen jedoch nur vermutungsweise in Betracht gezogen werden. Lediglich aus der Perspektive der spätmittelalterlichen Pfarrorganisation läßt sich auch nicht die Frage beantworten, ob die Königshöfe am Neckar in karolingischer Zeit zu einem *ministerium*[215] zusammengefaßt waren, ausgerichtet möglicherweise auf Heilbronn.

IX. Der Kult des hl. Cyriacus

Bei näherer Betrachtung zeigt sich, daß der Kult dieses angeblich um 303/304 in Rom hingerichteten und an der Via Ostia bestatteten Märtyrers[216] nicht nur weit verbreitet war, sondern auch über einen großen Zeitraum seine Ausstrahlungskraft bewahren konnte[217] –

211 HOFFMANN, Kirchenheilige (wie Anm. 246), S. 112.
212 Ebd., S. 115.
213 Ebd., S. 54.
214 Vgl. LORENZ, Waiblingen (wie Anm. 49), S. 29f. u. 61–64.
215 Vgl. ZOTZ, Basilica in villa Helibrunna (wie Anm. 180), S. 200ff.; DERS., Beobachtungen zur königlichen Grundherrschaft entlang und östlich des Rheins vornehmlich im 9. Jahrhundert, in: Strukturen der Grundherrschaft im frühen Mittelalter, hg. von W. RÖSENER (Veröffentlichungen des Max-Planck-Instituts für Geschichte 92), Göttingen 1989, S. 74–125, hier S. 87f.; C. BRÜHL, Fodrum, Gistum, Servitium regis. Studien zu den wirtschaftlichen Grundlagen des Königtums im Frankenreich und in den fränkischen Nachfolgestaaten Deutschland, Frankreich und Italien vom 6. bis zur Mitte des 14. Jahrhunderts, I: Text, II: Register und Karten (Kölner Historische Abhandlungen, Bd. 14/I u. II), Köln, Graz 1968, S. 95.
216 Vgl. Acta Sanctorum Aug. II, Dies 8, S. Cyriacus M. Romae et al. (Acta Sanctorum Datenbank), S. 327–340; Bibliotheca hagiographica latina antiquae et mediae aetatis [BHL], ed. Socii Bollandiani, A-I, Bruxellis 1898–1899, S. 310f.; BHL Supplementi editio altera auctior, Bruxellis 1911, S. 87; BHL 3. Édition par François HALKIN, Bd. 1, Bruxelles 1957, S. 142; BHL Novum supplementum ed. H. FROS, Bruxelles 1986, S. 239ff.
217 Vgl. M. ZENDER, G. BINDING, Cyriacus, in: LdMA 3, S. 405; G. ZIMMERMANN, Patrozinienwahl und Frömmigkeitswandel im Mittelalter dargestellt an Beispielen aus dem alten Bistum Würzburg. Teil I–II, in: Würzburger Diözesangeschichtsblätter 20 (1958), S. 24–126, u. 21 (1959), S. 5–124, hier II, 31.

und somit für die chronologische Einordnung bestimmter historischer Ereignisse mit keinesfalls geringen Schwierigkeiten verbunden ist. Bereits ein Martyrologium des Klosters Weißenburg, um 772 angelegt[218], nennt ihn ebenso wie ein von Hrabanus Maurus um 820 verfaßtes Altarweihegedicht für Fulda[219]. Allem Anschein nach begann sein Kult in Deutschland mit Reliquien des Heiligen, die nach Neuhausen bei Worms gelangt waren, wie man einer undatierten Schenkungsurkunde[220] – *Actum publice in villa Bollinga* (Altböllinger Hof, Neckargartach[221]) – entnehmen kann: Ein gewisser Adalbold schenkt *ad sanctum Cyriacum martyrem, vel ad basilicam sancti Dyonisii, ubi sanctus Cyriacus in corpore requiescit, et est in pago Wormatiense prope Wormatiam civitatem, super fluvium Primma, ubi venerabilis vir, Bernharius episcopus, rector praeesse videtur.* Der Urkunde ist folglich zu entnehmen, daß bereits während des Episkopats von Bernhar (799–826)[222] Cyriacus-Reliquien in der ursprünglich allein dem hl. Dionysius geweihten Kirche in Neuhausen vor den Mauern von Worms niedergelegt worden waren[223]. Wie die Bezeichnung *rector* für den Bischof nahelegt, bestand an der alten Coemeterialbasilika[224] bereits eine Gemeinschaft von Geistlichen – ob aus Klerikern oder Mönchen, bzw. aus beiden

218 Herzog-August-Bibliothek Wolfenbüttel, Codex Weissenburg 81; vgl. Die Weissenburger Handschriften, neu beschrieben von H. BUTZMANN, Frankfurt a. M. 1964, S. 242ff.; vgl. H. SCHWARZMAIER, Über die Anfänge des Klosters Wiesensteig, in: ZWLG 18 (1959), S. 217–232, hier S. 223.
219 SCHAAB, Diözese Worms (wie Anm. 205), S. 113f.; A. DOLL, Besprechung von LUTZ, Cyriakskult im Speirer Dom (wie Anm. 233), in: ZGO 102 (1954), S. 437ff., hier S. 438; MGH Poetae latini aevi Carolini, Bd. 2, ed. von Ernst DÜMMLER, Berlin 1884, Nr. 41, S. 206.
220 WUB I, S. 98, Nr. 85; SCHWARZMAIER, Wiesensteig (wie Anm. 218), S. 223f.; zur Echtheit der Urkunde, deren Fassung großenteils einem Markulf-Formular entspricht, das im frühen 9. Jahrhundert sehr verbreitet war: P. CLASSEN, Bemerkungen zur Pfalzenforschung am Mittelrhein, in: Deutsche Königspfalzen, Beiträge zu ihrer historischen und archäologischen Erforschung, 1. Bd. (Veröffentlichungen des Max-Planck-Instituts für Geschichte 11/1), Göttingen 1963, S. 75–96, hier S. 83; C. BRÜHL, Palatium und Civitas. Studien zur Profantopographie spätantiker Civitates vom 3. bis zum 13. Jahrhundert, Bd. 2: Belgica I, beide Germanien und Raetia II, Köln, Wien 1990, S. 126f.; die ältere Forschung hatte im Glauben, die Cyriacus-Reliquien seien erst 847 nach Neuhausen verbracht worden, die Urkunde schlicht als Fälschung eingestuft, so: C. J. H. VILLINGER, Beiträge zur Geschichte des St. Cyriakusstiftes zu Neuhausen in Worms (Der Wormsgau, Beiheft 15), Worms 1955, S. 13 u. 72, Nr. 5; Ph. W. FABRY, Das St. Cyriakusstift zu Neuhausen bei Worms (Der Wormsgau, Beiheft 17), Worms 1958, S. 17.
221 LBW (wie Anm. 4) 4, S. 17; STÄLIN (wie Anm. 84) 1, S. 315 u. 385; HOFFMANN, Kirchenheilige (wie Anm. 246), S. 70.
222 R. SCHIEFFER, Bernhar, in: LdMA 1, S. 1982; A. HOFMEISTER, Weissenburger Aufzeichnungen vom Ende des 8. und Anfang des 9. Jahrhunderts, in: ZGO 73 (1910), S. 401–421, hier S. 404 u. 412; STAAB, Speyer im Frankenreich (wie Anm. 207), S. 190; ergänzend: DOLL, Traditiones, S. 557 u. 559f.
223 Das Datum »847« in Karte 28 von M. ZENDER, J. FELLENBERG gen. Reinold, Reliquientranslationen zwischen 600 und 1200, in: Atlas zur Kirchengeschichte. Die christlichen Kirchen in Geschichte und Gegenwart, hg. von H. JEDIN u. a., aktualisierte Neuausgabe, bearbeitet und hg. von J. MARTIN, Freiburg i. Br. 1987, ist folglich unzutreffend, es bezieht sich auf Maßnahmen Bischof Samuels zur Ausgestaltung des Stifts.
224 Vgl. J. SEMMLER, Monachus – clericus – canonicus. Zur Ausdifferenzierung geistlicher Institutionen im Frankenreich bis ca. 900, in: Frühformen von Stiftskirchen in Europa. Funktion und Wandel religiöser Gemeinschaften vom 6. bis zum Ende des 11. Jahrhunderts. Festgabe für Dieter Mertens zum 65. Geburtstag, hg. von S. LORENZ und Th. ZOTZ (Schriften zur südwestdeutschen Landeskunde, Bd. 54), Leinfelden-Echterdingen 2005, S. 1–18, hier S. 13.

Ordines bestehend, läßt sich nicht entscheiden[225]. Wann und wie die Reliquien nach Neuhausen gelangten, ist nicht bekannt[226]. Vor dem allgemeinen Hintergrund der Geschichte der Reliquientranslationen[227] wird man mit Meinrad Schaab besonders an Bischof Bernhar denken, der während seiner Aufenthalte in Rom – 799 und 809/810 – wie auch schon sein Vorgänger Erembert (zwischen 764 und 798 urkundlich belegt, 769 in Rom auf der Lateransynode) Gelegenheit zum Reliquienerwerb hatte[228]. Da Papst Leo III. (795–816) sich um die Erhebung der Gebeine des Heiligen verdient gemacht zu haben scheint[229], möchte man eher an Bischof Bernhar denken. Jedenfalls wurde das Stift nicht erst 847 durch Bischof Samuel (838–856)[230] gegründet[231], sondern – wie Peter Classen, Meinrad Schaab und Carlrichard Brühl zurecht anmerken – wohl schon unter Bernhar oder vielleicht auch durch Erembert. Samuel kommt das Verdienst zu, die Stiftskirche 847 neu erbaut und zudem im Verein mit Ludwig dem Deutschen das Fundament ihrer Ausstattung wesentlich erweitert zu haben[232]. Während die Bischöfe Erembert, Bernhar und Folwig zeitweilig auch noch dem Kloster Weißenburg als Äbte vorstanden (764–793, 811–826, 826–830) – vielleicht erschließt sich von hier ein Zusammenhang mit der Darstellung von Cyriacus in dem erwähnten Weißenburger Martyrologium –, fungierte der in Lorsch erzogene Samuel während seines gesamten Episkopats als Abt dieses Klosters. So erklärt sich wohl noch am ehesten die beobachtete Ausstrahlung des Cyriacus-Kultes auch über das zudem von Ludwig dem Deutschen geförderte Lorsch. Die Verehrung des Heiligen erfolgte im übrigen ebenfalls von Speyer aus[233], begann noch im 9. Jahrhundert sich im alemannischen Raum zu verbreiten, wie die Beispiele Wiesensteig[234] (861), Sulz-

---

225 Für das Problem vgl. allgemein die einschlägigen Beiträge in: LORENZ/ZOTZ, Frühformen von Stiftskirchen in Europa (wie Anm. 224).
226 CLASSEN, Pfalzenforschung am Mittelrhein (wie Anm. 220), S. 83.
227 Allgemein: A. ANGENENDT, Heilige und Reliquien. Die Geschichte ihres Kultes vom frühen Christentum bis zur Gegenwart, München 1994, S. 173ff.
228 SCHAAB, Diözese Worms (wie Anm. 205), S. 191 u. 199f.
229 Acta Sanctorum Aug. II, Dies 8 (wie Anm. 216), S. 327b; vgl. allgemein HERBERS, Rom im Frankenreich (wie Anm. 232), S. 146f.
230 CL (wie Anm. 37) 1, S. 308f., Kap. 26, mit Glöckners Anmerkungen; SCHAAB, Diözese Worms (wie Anm. 205), S. 201; H. GENSICKE, Samuel. Bischof von Worms 838–856, in: KNÖPP (Hg.), Lorsch (wie Anm. 38), S. 253ff.; SEMMLER, Abtei Lorsch (wie Anm. 38), S. 86f.
231 So zuletzt, gestützt auf die ältere Literatur, A. WENDEHORST u. S. BENZ, Verzeichnis der Säkularkanonikerstifte der Reichskirche, 2., verbesserte Aufl. Neustadt a. d. Aisch 1997, S. 141f.
232 Vgl. Villinger, Cyriakusstift (wie Anm. 220), S. 72, Nr. 6–8, 10 u. 11; FABRY, Cyriakusstift (wie Anm. 220), S. 174; BÖHMER-MÜHLBACHER (wie Anm. 66), Nr. 1465; C. BRÜHL, Königspfalz und Bischofsstadt in fränkischer Zeit, in: Rheinische Vierteljahrsblätter 23 (1958), S. 161–274, hier S. 264ff.; DERS., Palatium und Civitas 2 (wie Anm. 220), S. 127; K. HERBERS, Rom im Frankenreich – Rombeziehungen durch Heilige in der Mitte des 9. Jahrhunderts, in: Mönchtum – Kirche – Herrschaft 750–1000, hg. von D. R. BAUER u. a., Sigmaringen 1998, S. 133–169, hier S. 149f.
233 Vgl. K. LUTZ, Cyriakskult im Speirer Dom, in: Aus der Enge in die Welt. Beiträge zur Geschichte der Kirche und ihres Volkstums. Georg Biundo zum 60. Geburtstag dargeboten (Veröffentlichungen des Vereins für Pfälzische Kirchengeschichte, Bd. 4), Grünstadt 1952, S. 188–235; GEHRIG, Grenzen (wie Anm. 82), S. 51.
234 Vgl. R. MAUCH, Der Stiftungsbrief der Abtei Wiesensteig vom Jahre 861. Teil I: Textedition und Übersetzungsvorschlag, in: Hohenstaufen-Helfenstein. Historisches Jahrbuch für den Kreis Göppingen 6 (1996), S. 9–94, hier S. 37–42; vgl. SCHWARZMAIER, Wiesensteig (wie Anm. 218); DERS., Wiesensteig, in: Die Benediktinerklöster in Baden-Württemberg, bearbeitet von F. QUARTHAL (Ger-

burg²³⁵ (993) und Boll²³⁶ zeigen, und gelangte rasch nach Norddeutschland, wo Markgraf Gero²³⁷ († 965), der aus Rom Cyriacus-Reliquien mitgebracht hatte, ihn zum Patron der Gotteshäuser von Gernrode und Frose bei Halle erhob²³⁸. In der zweiten Hälfte des 10. Jahrhunderts errichtete der Konradiner Graf Heribert²³⁹ († 992) in Naumburg in der Wetterau ein Stift, das Cyriacus geweiht war²⁴⁰. Wohl zwischen 1002 und 1024 gründete Sophie, Schwester Kaiser Ottos III. das Kanonissenstift St. Cyriacus in Eschwege²⁴¹. Durch Papst Leo IX. kamen Reliquien nach Altdorf im Elsaß und durch Erzbischof Anno II. von Köln in den Umkreis von Siegburg und Grafschaft. Überhaupt lassen die Belege, wie sie vor allem Gerhard Streich in seiner Untersuchung zu »Burg und Kirche« zusammengetragen hat, die Attraktivität des Cyriakus-Kultes für Magnaten und König im 10. und 11. Jahrhundert erkennen. Neben den bereits erwähnten Stiftungen seien hier nur noch aufgezählt: Geseke (Kr. Lippstadt), Kassel, Ebersberg (ö. München), Lüneburg, Wimmelburg (Kr. Eisleben), Jever, Camburg/Saale, Gröningen (Kr. Oschersleben), Braunschweig und Mousson in Lothringen sowie Magdeburg und Duderstadt (ö. Göttingen)²⁴². Von den genannten Kultzentren verbreitete sich seit dem 10. und 11. Jahrhundert die Verehrung des Heiligen insbesondere am Mittelrhein, in Mainfranken, Thüringen und

mania Benedictina, Bd. 5), St. Ottilien 1975, S. 670–673; Th. ZOTZ, Der Breisgau und das alemannische Herzogtum. Zur Verfassungs- und Besitzgeschichte im 10. und beginnenden 11. Jahrhundert (Vorträge und Forschungen, Sonderbd. 15), Sigmaringen 1974, S. 71f. und 75ff.
235 Vgl. A. ZETTLER, Sulzburg im früheren Mittelalter, in: Geschichte der Stadt Sulzburg, Bd. 1: Von den Anfängen bis zum ausgehenden Mittelalter. Der Bergbau, hg. von A. MÜLLER u. J. GROSSPIETSCH, Freiburg i. Br. 1993, S. 277–333; DERS., Sulzburg, in: LdMA 8, S. 305; ZOTZ, Breisgau (wie Anm. 234), S. 49f. u. 179–194 und öfters; Die Zähringer. Anstoß und Wirkung hg. von H. SCHADEK u. K. SCHMID, Redaktion J. GERCHOW (Veröffentlichungen zur Zähringer-Ausstellung II), Sigmaringen 1986, S. 51f., Nr. 30.
236 Wann und von wo das Cyriacus-Stift Boll, unweit von Wiesensteig gelegen und erstmals 1155 in einer Barbarossa-Urkunde aufscheinend, seinen Kult übernommen hat, ist wohl kaum noch zu erschließen; vgl. MAUCH, Wiesensteig (wie Anm. 234), S. 10.
237 H. BEUMANN, Gero I., in: LdMA 4, S. 1349.
238 Vgl. H. K. SCHULZE, Das Stift Gernrode. Unter Verwendung eines Manuskripts von R. SPECHT (Mitteldeutsche Forschungen, Bd. 38), Köln, Graz 1965, S. 3f. u. 58ff.; H. BEUMANN, Gernrode, in: LdMA 4, S. 1348; zur gefälschten Cyriacusvita: N. FICKERMANN, Eine hagiographische Fälschung ottonischer Zeit aus Gernrode, in: Corona Quernea. Festgabe Karl Strecker zum 80. Geburtstag dargebracht (Schriften des Reichsinstituts für ältere deutsche Geschichtskunde, 6) Leipzig 1941, S. 159–198.
239 HLAWITSCHKA, Kuno und Richlind von Öhningen (wie Anm. 179), S. 457, 463 u. 469.
240 Vgl. W.-A. KROPAT, Reich, Adel und Kirche in der Wetterau von der Karolinger- bis zur Stauferzeit (Schriften des Hessischen Landesamts für geschichtliche Landeskunde, 28. Stück), Marburg 1965, S. 147, 154 u 189; H. MÜLLER, Heribert. Kanzler Ottos III. und Erzbischof von Köln (Veröffentlichungen des Kölnischen Geschichtsvereins, 33), Köln 1977, S. 271f.
241 K. HEINEMEYER, Eschwege, in: Die deutschen Königspfalzen (wie Anm. 42), Bd. 1: Hessen, Lieferung 1–2, Göttingen 1983/85, S. 98–130, hier S. 115f.
242 Vgl. G. STREICH, Burg, und Kirche während des deutschen Mittelalters. Untersuchungen zur Sakraltopographie von Pfalzen, Burgen und Herrensitzen (Vorträge und Forschungen, Sonderbd. 29, Teil I u. II), Sigmaringen 1984, S. 315 u. 341 (Geseke), 324 (Kassel), 344f. (Ebersberg), 348 (Lüneburg), 358, 361 u. 486 (Braunschweig), 524 (Mousson), 324 (Magdeburg u. Duderstadt) sowie das Register, S. 720 s. v. »Cyriakus«. Über die Gründungszeit eines »möglicherweise bereits in karolingischer Zeit« bestehenden Nonnenklosters auf dem Erfurter Domhügel, das man kurz vor 1123 auf den Cyriaxberg südwestlich der Stadt verlegte, ist nichts weiter bekannt. M. GOCKEL, Erfurt, in:

im Harz über Halberstadt und Merseburg bis zur Elbe, im Sauerland und in Hessen, weiter im Elsaß und am Oberrhein. Sein Kult wurde von den Kirchenreformern des 11. Jahrhunderts gefördert und ließ Cyriacus schließlich unter die hl. Vierzehn aufsteigen, die »Nothelfer«[243].

Vor diesem Hintergrund gestalten sich Überlegungen zum Aussagewert des Cyriacus-Patroziniums im Umkreis des Neckarbeckens nicht leicht. So lassen sich nur mit Hilfe weiterer gesicherter Hinweise einigermaßen tragfähige Schlußfolgerungen ziehen. Das hat Alois Seiler später auch zu dem Hinweis genötigt, die von Neuhausen ausgehende Cyriacus-Verehrung könne erst für eine Abtretung des Zabergaus (Landdekanat Bönnigheim) durch Worms an Speyer »im 10. oder 11. Jahrhundert« in Anspruch genommen werden[244]. Daß Bönnigheim, eine Filiale der 793 an Lorsch geschenkten Kirche auf dem Michaelsberg[245], nicht von Worms/Neuhausen, sondern über Lorsch zum Cyriacus-Patrozinium gelangt ist, hat er in einer späteren Arbeit selbst festgehalten[246]. Dies kann im übrigen auch für St. Cyriacus in Gronau im Landdekanat Marbach gelten, wo Lorsch 864/876 eine *ecclesia* geschenkt erhielt[247], und für Illingen im Speyerer Landdekanat Pforzheim, wo man dem Nazarius-Kloster 774 eine *basilica* überließ[248]. Und wie gelangte das Patrozinium nach Schafhausen[249] im Speyerer Landdekanat Weil? Vermutlich kaum über Worms/Neuhausen! Auch im Fall von Beihingen, wo Amandus als Kirchenheiliger[250] den Wormser Einfluß bezeugen soll[251], möchte man eher an eine Vermittlung des Patroziniums über Lorsch denken, bekam das Kloster doch 844 eine *ecclesia* in diesem Ort geschenkt[252]. Ganz abgesehen von der frühen Schenkung Adalbolds im Bereich von Wingarteiba, Gartach- und Zabergau[253] – die St. Peter und Paul geweihte *basilica* in *Bollinga* (Altböllinger Hof, Neckargartach)[254] nebst allem grundherrschaftlichem Zubehör,

---

Die deutschen Königspfalzen (wie Anm. 42), Bd. 2: Thüringen, Lieferung 1–2, Göttingen 1984, S. 103–148, hier S. 110 u. 141.
243 Vgl. ZENDER, Cyriacus (wie Anm. 217); ZIMMERMANN, Patrozinienwahl (wie Anm. 217) II, S. 31; vgl. E. WIMMER, Nothelfer, in: LdMA 6, S. 1283ff.
244 SEILER, Die Anfänge der mittelalterlichen Kirchenorganisation (wie Anm. 205), S. 15.
245 Siehe Anm. 65.
246 SEILER, Die Speyerer Diözesangrenzen rechts des Rheins (wie Anm. 205), S. 249, Anm. 32; vgl. G. HOFFMANN, Kirchenheilige in Württemberg (Darstellungen aus der Württembergischen Geschichte 23), Stuttgart 1932, S. 54 – das Patrozinium ist erstmals 1511 belegt.
247 CL (wie Anm. 37) 3, S. 142, Nr. 3506; BOSSERT, Württembergisches (wie Anm. 85), S. 193f.; HOFFMANN, Kirchenheilige (wie Anm. 246), S. 48: das Patrozinium ist erstmals 1525 belegt. Die Schenker hießen *Godetanchus et Dragebodo*, der seltene Name Godetank taucht bei einem Bischof von Speyer auf, gegen Ende des 9. Jahrhunderts, vgl. GRESSER, Bistum Speyer (wie Anm. 196), S. 39, und – in der Form *Cotedanc* – bei einem 903 bezeugten Grafen, MGH DLudwig das Kind 20.
248 CL (wie Anm. 37) 3, S. 155, Nr. 3597; BOSSERT, Württembergisches (wie Anm. 85), S. 206; HOFFMANN, Kirchenheilige (wie Anm. 246), S. 52: das Patrozinium ist erstmals 1601 belegt.
249 HOFFMANN, Kirchenheilige (wie Anm. 246), S. 60: das Patrozinium ist erstmals 1535 belegt.
250 HOFFMANN, Kirchenheilige (wie Anm. 246), S. 48: das Patrozinium ist erstmals 1768 belegt; vgl. allgemein F. QUARTHAL, Clemens und Amandus. Zur Frühgeschichte von Burg und Stadt Urach, in: Alemannisches Jahrbuch 1976/78, S. 17–30.
251 SEILER, Bistum Speyer (wie Anm. 6), S. 46.
252 Wie Anm. 87.
253 Siehe Anm. 220; BÜTTNER, Worms und der Neckarraum (wie Anm. 199), S. 217; kartiert bei SCHWARZMAIER, Wiesensteig (wie Anm. 218), S. 225.
254 Siehe Anm. 220 und 221.

Besitz in Dallau[255], Auerbach und Schefflenz sowie in *Zimbra* (wohl eher Frauenzimmern als Dürrenzimmern)[256], *Hetenesbach* (abgegangen bei Nordheim) und Nordheim[257] – ist nun aber nicht von der Hand zu weisen, daß der hl. Cyriacus zu Neuhausen Besitz im Bereich des späteren Landdekanats Marbach übertragen erhielt. So überließen ein gewisser Ado und seine *coniux Detda* zu Zeiten Bischof Gunzos von Worms (856–875?) dem Stift in Neuhausen ihren Besitz im Murrgau, und zwar einen Herrenhof mit Zubehör in (Groß-)Bottwar mit 80 *iurnales* und 19 Knechtshufen, eine jede mit 45 *iurnales* Wiesen, sowie 14 Rodungshufen. Als Gegenleistung sollte Ado auf Lebenszeit ein *beneficium* erhalten bleiben, das ihm bereits von Bischof Samuel übertragen worden war[258]. Da Bottwar mit seiner Martinskirche später in die Hände von Kloster Murrhardt geriet[259] – laut einer von Oswald Gabelkover (1539–1616) mitgeteilten Nachricht 906 durch eine *Dedda nobilis matrona*[260], die man in Beziehung zu Ados Gemahlin Detda gestellt hat –, ist es möglicherweise nicht zur Verehrung des hl. Cyriacus als Kirchenpatron gekommen.

X. St. Cyriacus in Besigheim

Damit ist in etwa der Hintergrund bereitet, vor dem man nicht nur Alois Seilers These einer ursprünglichen Zugehörigkeit der Kirchen der späteren Speyerer Landdekanate Bönnigheim und Marbach zum Sprengel von Worms in Frage stellen kann, sondern auch versuchen muß, zum Cyriacus-Patrozinium von Besigheim plausibel Stellung zu beziehen. Noch relativ naheliegend erscheint die Vermutung, daß die Besigheimer Pfarrkirche – das Cyriacus-Patrozinium ist erstmals 1484 faßbar[261] – in der wohl erst von den Markgrafen von Baden um die Wende vom 12. zum 13. Jahrhundert errichteten Stadt

---

255 Die Kirche besitzt das Cyriacus-Patrozinium, LBW (wie Anm. 4) 5, S. 296; auf Dallau ist wohl auch die Schenkung Wunibalds von 858 zu beziehen, der Neuhausen dort einen Mansen und 105 Morgen überließ, VILLINGER, Cyriakusstift (wie Anm. 220), S. 73, Nr. 13.
256 Falls man den besitz- und herrschaftsgeschichtlichen Hintergrund eines Versuchs der Herren von Magenheim, hier um 1230 ein St. Cyriacus geweihtes Chorherrenstift zu etablieren richtig interpretiert, vgl. LBW (wie Anm. 4) 4, S. 83; SCHAAB, Diözese Worms (wie Anm. 205), S. 137 u. 178; HOFFMANN, Kirchenheilige (wie Anm. 246), S. 27; Beschreibung des Oberamts Brackenheim, hg. vom Königlichen statistisch-topographischen Bureau, Stuttgart 1873, S. 243 u. 244–249; SCHWARZMAIER, Wiesensteig (wie Anm. 218), S. 224.
257 LBW (wie Anm. 4) 4, S. 104.
258 WUB 1, S. 173f., Nr. 147; VILLINGER, Cyriakusstift (wie Anm. 220), S. 74, Nr. 15; BÜTTNER, Worms und der Neckarraum (wie Anm. 199), S. 217f.; SEILER, Bistum Speyer (wie Anm. 6), S. 133; DERS., Die Anfänge der mittelalterlichen Kirchenorganisation (wie Anm. 205), S. 21; LBW (wie Anm. 4) 3, S. 413; FRITZ, Kloster Murrhardt (wie Anm. 82), S. 23f., 33f., 50, 54 u. 67.
259 HOFFMANN, Kirchenheilige (wie Anm. 246), S. 48.
260 FRITZ, Kloster Murrhardt (wie Anm. 82), S. 122.
261 R. LOSSEN, Pfälzische Patronatspfründen vor der Reformation aus dem Geistlichen Lehenbuch des Kurfürsten Philipp von der Pfalz, in: Freiburger Diözesan-Archiv N. F. 11 (1910), S. 176–258, hier S. 196, Nr. 176; G. HOFFMANN, Kirchenheilige in Württemberg (Darstellungen aus der Württembergischen Geschichte 23), Stuttgart 1932, S. 48; F. BREINING, Alt-Besigheim in guten und bösen Tagen. Denkwürdigkeiten einer württembergischen Kleinstadt, Besigheim 1903, S. 176: »Im Jahr 1555 wurde U. L. Fr. Pfründe sowie des St. Cyriakus Gültbuch inventirt. [...] Im 18. Jahrhundert besaß man noch Rechnungen der St. Cyriakus-Pfründe aus den Jahren 1551–1555«.

auf eine ältere Vorgängerin zurückgeht, deren genaue Lage man im übrigen wie die der vorhergehenden Siedlung nicht kennt[262]. Da Teile der in der Nähe Roms bestatteten Gebeine des Märtyrers allem Anschein nach erst um die Wende vom 8. zum 9. Jahrhundert über die Alpen nach Norden gelangten, wird man in Cyriacus nicht den ursprünglichen Patron der möglicherweise bereits im 7. oder 8. Jahrhundert errichteten Kirche von Besigheim sehen dürfen. Als solcher kommt vorrangig der hl. Martin in Frage, dem man noch 1383 zusammen mit Nikolaus und Katharina den neu errichteten Chor der Besigheimer Kirche weihte[263]. Nun galt der älteren Forschung lange nicht nur die -heim-Endung eines Ortsnamens als Anzeichen fränkischer Herrschaft, sondern auch das Patrozinium des hl. Martin. Schon der Merowinger Chlodwig soll sich des Schutzes des hl. Bischofs von Tours († 397) versichert und 507 nach seinem Sieg über die Westgoten das Grab des Heiligen in Tours aufgesucht haben[264]. Wohl unter Pippin dem Mittleren († 714) kam der Mantel des Heiligen, die *cappa*, in die Obhut der Karolinger, die die Martins-Verehrung belebten und sie in die rechtsrheinischen Gebiete trugen. Doch konnte gezeigt werden, daß neben König und Hausmeier auch der übrige fränkische Adel bereits im 7. Jahrhundert das Recht der Kirchengründung mit dem Martinspatrozinium für sich in Anspruch nahm[265]. Dies kann aber auch für jene alemannischen Großen gelten, die sich durch Herkunft, Verwandtschaft, Amt oder wie auch immer dem Merowingerreich und seinen Magnaten verbunden fühlten[266].

Wann Cyriacus zum Patron der Besigheimer Kirche wurde und durch wen, ist – wie gesagt – unbekannt. Gegen die Vermutung, Neuhausen habe auch in Besigheim Besitz und solche Rechte erhalten, die einen Patronatswechsel möglich machten, ist beim Schweigen der Quellen nicht viel einzuwenden, auch wenn sich aus späterer Zeit keine

---

262 LBW (wie Anm. 4) 3, S. 380: »Das der frühesten Siedlungsschicht angehörige Dorf Besigheim nicht sicher nachweisbar. Ein Reihengräberfeld 1 km onö am Neckar könnte etwa die Lage bezeichnen«; U. Koch, Völkerwanderungszeit und Merowingerzeit, in: Heilbronn und das mittlere Neckarland zwischen Marbach und Gundelsheim, bearbeitet vom Landesdenkmalamt Baden-Württemberg (Führer zu archäologischen Denkmälern in Deutschland, Bd. 22), Stuttgart 1991, S. 64–70, hier S. 67f, bezeichnet die Lage der wüst gewordenen frühmittelalterlichen Siedlung auf der Gemarkung von Besigheim als unbekannt und konstatiert zudem die unwiederbringliche Zerstörung von Reihengräberfeldern durch Lehm- oder Kiesabbau auch für Besigheim.
263 Breining, Alt-Besigheim (wie Anm. 261), S. 11: »Wir erfahren das [Fertigstellung des Chores] aus einer im Jahr 1847 unter dem Altar gefundenen Urkunde, welche meldet, daß 1383, am 3. Tag nach Urbani [26. Mai], dieser Chor dem hl. Nikolaus, dem hl. Martin und der hl. Katharina zu Ehren geweiht und eingesegnet wurde«; in der Beschreibung des Oberamts Besigheim, hg. von dem Königlichen statistisch-topographischen Bureau, Stuttgart 1853, S. 98, Anm. *, wird die Urkunde vom 26. Mai 1383 ebenfalls erwähnt, doch die drei genannten Heiligen wohl irrtümlich als »Kirchenpatrone« bezeichnet; vgl. Seiler, Bistum Speyer (wie Anm. 6), S. 131, Anm. 384.
264 Vgl. K. S. Frank, Martin von Tours und die Anfänge seiner Verehrung, in: W. Gross/W. Urban (Hg.), Martin von Tours. Ein Heiliger Europas, Ostfildern 1997, S. 21–62, hier S. 58f.
265 Metz, Adelsforst. Martinskirche des Adels und Urgautheorie (wie Anm. 70), S. 79.
266 Vgl. H. Wolf, Martin von Tours (†398). Zum 1600-Jahr-Gedenken des Diözesanpatrons, in: Rottenburger Jahrbuch für Kirchengeschichte 18 (1999), S. 13–16, hier S. 15, zum nicht publizierten Vortrag von F. Quarthal: »Die meisten alten Martinspatrozinien entstanden im alemannischen Raum zwischen 630 und 740 als grundherrliche Kirchen und zeugten wohl von einer freiwilligen Anlehnung des alemannischen Adels an die Franken und ihren ›Reichsheiligen‹ (›Alamannischer‹ war das Michaelspatrozinium).«

Anhaltspunkte für einen Neuhausener Einfluß ergeben haben. Dies könnte zudem ebenfalls für Lorsch gelten, dessen Abt Samuel wohl nicht nur als Bischof von Worms zu den großen Förderern des Cyriacus-Kultes zählte, wie vielleicht das Beispiel Gronau bestätigt. Doch fehlen nicht nur in der Überlieferung von Neuhausen und Lorsch jegliche Hinweise auf Besitz in Besigheim, sondern auch andere geistliche Einrichtungen der Karolingerzeit wie Fulda, Murrhardt oder das vielleicht in Höpfigheim begüterte Amorbach[267] hatten hier anscheinend keine Einkünfte und Rechte. Mit Blick auf die im Barbarossa-Diplom von 1153 überlieferte Nachricht, daß der Königshof Besigheim durch Kaiserin Agnes an das Kloster Erstein geschenkt worden sei, darf man in Anbetracht aller Umstände doch einer anderen Fährte in den mittelalterlichen Nebel folgen, und zwar – wie schon angedeutet – der Spur Ludwigs des Deutschen. Wilfried Hartmann hat »Franken, besonders das Rhein-Main-Gebiet« als »die Königslandschaft« bezeichnet und auf die besondere Bedeutung der Pfalz Frankfurt für Ludwig den Deutschen und seine starke Position in Ostfranzien verwiesen[268], wo der König beispielsweise 841 in Heilbronn in *palatio regio* anzutreffen war und schließlich in Lorsch sein Begräbnis fand. Bischof Samuel von Worms, lange ein Anhänger[269] Kaiser Lothars I. († 855), erhielt bereits 844 als Abt von Lorsch eine reiche Schenkung, und zwar neben der Kirche von Beihingen mit Zubehör noch Besitz in Geisingen, Ingersheim, Eglosheim, Benningen, Pleidelsheim und Hofen[270]. Schenker war ein *Adelloldus diaconus*, den man einleuchtend mit jenem *Adalleodus/Adaleoldus diaconus* identifiziert hat[271], der von 833 bis 839/840 in der Kanzlei Ludwigs des Deutschen als Notar fungierte[272]. Falls dies zutrifft, ergäbe sich auch ein weiteres wichtiges Indiz für die Position des Königs im Neckarbecken. Ludwig hat Samuel zudem bei der Ausstattung der neu errichteten Cyriacus-Kirche in Neuhausen durch umfangreiche Schenkungen unterstützt[273], so daß man in ihm sogar den Mitstifter von St. Cyriacus hat sehen wollen[274]. Deutlich tritt seine Nähe zum Kult dieses Heiligen über-

267 MGH D O III 434 (unecht); vgl. WUB 6, S. 433, Nachtrag Nr. 6, mit Anm. 8; REICHARDT, ONB Stuttgart S. 80; eher an Höpfingen (Neckar-Odenwald-Kreis) denkt W. STÖRMER, Miltenberg. Die Ämter Amorbach und Miltenberg des Mainzer Oberstifts als Modelle geistlicher Territorialität und Herrschaftsintensivierung, Teil III von R. VOCKE (Historischer Atlas von Bayern, Teil Franken, Reihe 1, H. 25), München 1979, S. 41; so auch LBW (wie Anm. 4) 5, S. 281.
268 HARTMANN, Ludwig der Deutsche (wie Anm. 194), S. 83f.
269 Vgl. E. DÜMMLER, Geschichte des Ostfränkischen Reiches, 2. Aufl., Bd. 1–3 (Jahrbücher der Deutschen Geschichte), Leipzig 1887–1888, hier Bd. 1, S. 143 u. 172f.
270 Siehe Anm. 87; zur Annäherung an Ludwig den Deutschen vgl. auch SEMMLER, Abtei Lorsch (wie Anm. 38), S. 86f.
271 BOSSERT, Württembergisches (wie Anm. 85), S. 192, Anm. 3; vgl. GLÖCKNER, Anm. 1 zu CL (wie Anm. 37) 3, S. 142, Nr. 3504; anders, aber eher unwahrscheinlich SEILER, Bistum Speyer (wie Anm. 6), S. 130 mit Bezug auf eine Schenkung an Fulda von 880; ebenso DERS., Die Anfänge der mittelalterlichen Kirchenorganisation (wie Anm. 205), S. 20.
272 Th. SICKEL, Beiträge zur Diplomatik, 8 Teile in 1 Bd. [Nachdruck der Ausgabe Wien 1861–1882], Hildesheim, New York 1975, hier 1, S. 347–365, u. 2, S. 109f., 162–165; DÜMMLER (wie Anm. 269) 2, S. 428, 430, 432; P. KEHR, Die Kanzlei Ludwigs des Deutschen (Abhandlungen der preußischen Akademie der Wissenschaften, Jg. 1932, philosophisch-hist. Klasse, Nr. 1), Berlin 1932, S. 14ff.; J. FLECKENSTEIN, Die Hofkapelle der deutschen Könige. Teil 1: Grundlegung, Die karolingische Hofkapelle (Schriften der MGH, Bd. 16/I), Stuttgart 1959, S. 179f. u. 183.
273 Siehe Anm. 232.
274 Vgl. BRÜHL, Königspfalz und Bischofsstadt (wie Anm. 232), S. 266, Anm. 653.

dies bei der Gründung des Cyriacus-Stifts in Wiesensteig hervor[275]. Danach übergab auf sein verstärktes Drängen 861 ein gewisser Rudolf, der den König seinen *dominus* nannte, gemeinsam mit seinem Sohn Erich und in Gegenwart von Bischof Salomon I. von Konstanz dem allmächtigen Gott und dem hl. Cyriacus den Ort Wiesensteig nebst reichem Grundbesitz[276]. Hansmartin Schwarzmaier hat die beiden Stifter von Wiesensteig – »Werkzeuge in der Hand Ludwigs des Deutschen« – in einem Eintrag im *Liber memorialis* der Reichenau auffinden können[277]. Da sich unter den Schenkungsobjekten auch die Kirche von Weinheim[278] (Rhein-Neckar-Kreis) *in francia* im Lobdengau befand, darf man Rudolf eine Beziehung zum Mittelrhein unterstellen – zudem er einen Namen trägt, der unter dem Adel dieses Gebietes stark verbreitet war[279]. Klaus Herbers hat zudem auf das nach 843 im Reich Ludwigs des Deutschen zu beobachtende Bemühen um römische Reliquien hingewiesen und betont, daß bei den Empfängern die Suche nach neuer Orientierung, Legitimation und Schutz durch römische Reliquien bestimmend war. Mit den Reliquien verbanden die Empfänger vor allem Schutz für die von ihnen oftmals neu gestifteten Klöster bzw. kirchliche Institutionen. Damit einher ging eine Aufwertung von Papst und Papsttum[280]. Um es zusammenzufassen: Das Cyriacus-Patrozinium von Besigheim deutet in Anbetracht aller Hintergründe, Hinweise und Indizien auf Ludwig den Deutschen und seine Herrschaftstätigkeit im Neckarbecken. Doch so plausibel diese ansprechende Vermutung auch gemacht werden kann – es bleibt eine Vermutung.

XI. Konradiner, Walahonen und andere Große (10. Jahrhundert)

Falls sie tatsächlich zutrifft, ist damit aber noch lange nicht gesagt, daß der Königshof Besigheim die Zeiten bis zu seiner Übergabe an Erstein unbeschadet, unverändert und vor allem in stetem Besitz des Königtums überstanden hat. Bald nach Ludwigs des Deutschen Tod kam es zu neuen Konflikten unter den Karolingern, Überfällen und Plünderungen durch die Normannen und schließlich zu den verheerenden Raubzügen der Ungarn. Nach Arnulfs von Kärnten frühem Tod († 899) lag die Herrschaft schon nicht mehr bei seinem kränklichen Sohn und Nachfolger Ludwig IV., genannt »das Kind« (894–911), sondern bei einer Adelsfraktion, in der neben Erzbischof Hatto von Mainz († 913), zudem zeitweilig Abt von Reichenau, Ellwangen, Lorsch und Weißenburg, und Bischof Adalbero von Augsburg († 909), zudem zeitweilig Abt von Lorsch und Ellwangen, besonders die Konradiner das Sagen hatten. Als es dieser sich seit der zweiten Hälfte des 9. Jahrhunderts an Nieder- und Mittelrhein

---

275 J. SEMMLER, Stift und Seelsorge im südwestdeutschen Raum (6.–9. Jahrhundert), in: Die Stiftskirche in Südwestdeutschland: Aufgaben und Perspektiven der Forschung, hg. von S. LORENZ und O. AUGE in Verbindung mit D. R. BAUER (Schriften zur südwestdeutschen Landeskunde 35), Leinfelden-Echterdingen 2003, S. 85–106, hier S. 97f.
276 Siehe Anm. 234.
277 SCHWARZMAIER, Wiesensteig (wie Anm. 218), S. 230f.
278 TRAUTZ, Das untere Neckarland (wie Anm. 38), S. 46; LBW (wie Anm. 4) 5, S. 430.
279 Vgl. WENSKUS, Sächsischer Stammesadel und fränkischer Reichsadel (wie Anm. 150), S. 88 und das Register ebd., S. 590; GOCKEL, Karolingische Königshöfe am Mittelrhein (wie Anm. 70), S. 342 (Register).
280 Vgl. HERBERS, Rom im Frankenreich (wie Anm. 232), S. 139f., 147, 150 und öfters.

sowie in den Mosellanden herrschaftlich etablierenden Sippe unter Führung der vier Brüder[281] Eberhard († 902), Gebhard († 910), Konrad d. Ä. und Bischof Rudolf von Würzburg gelang, zwischen 897 und 906 die Babenberger[282] – die Brüder Adalbert, Adalhard und Heinrich – in Mainfranken auszuschalten, nahmen sie unter dem ostfränkischen Adel die Spitzenstellung ein. Nach Konrads d. Ä. Tod – er fiel in der Fehde mit den Babenbergern – übernahmen 906 seine Söhne Konrad d. J. und Eberhard († 939) an Nieder- und Mittelrhein die Führung[283]. Konrad d. J., zumeist als Graf tituliert, so in einer Urkunde Ludwigs des Kindes von 908, ausgestellt auf dem Hoftag in Waiblingen[284], gelegentlich aber auch mit dem Epiteton *dux* geschmückt[285], jener »mächtigste Laie im karolingischen Ostreich«[286], wurde im November 911 nach dem plötzlichen Tod von Ludwig dem Kind in Forchheim zum König gewählt: Konrad I.[287] († 918). Seine Herrschaft war ein einziger Kampf – Kampf gegen äußere Feinde wie die Ungarn und Kampf um Anerkennung durch jene Großen, die sich wie Konrad selbst zu »Herzögen« aufgeschwungen hatten. So mußte er stets aufs Neue mit Teilen des alemannischen Adels ringen, der im Bemühen um den Aufbau eines eigenen *regnum* nicht bereit war, sich dem König zu beugen. Nachdem 911 ein erster Prätendent auf die alemannische Herzogswürde, Markgraf Burchard von Rätien[288], seinen Gegnern erlegen war, gelang es dem wohl aus der Sippe der Alaholfinger stammenden Grafen Erchanger schließlich, sich gegen den Willen des Königs, der mit Erchangers Schwester Kunigunde, Witwe des 907 von den Ungarn erschlagenen bayerischen Markgrafen Liutpold und Mutter Herzog Arnulfs von Bayern[289], verheiratet war, 915 zum Herzog aufzuschwingen[290]. Doch 916 ließ ihn der König auf der Synode zu Hohenaltheim im Ries verurteilen[291] und nach sei-

281 DÜMMLER (wie Anm. 269) 3, S. 525, 556, 558 u. 571; HLAWITSCHKA, Kuno und Richlind von Öhningen (wie Anm. 179), S. 459f.
282 Vgl. F. GELDNER, Neue Beiträge zur Geschichte der »alten Babenberger« (Bamberger Studien zur fränkischen und deutschen Geschichte, H. 1), Bamberg 1971; M. BORGOLTE, Art. Babenberger, ältere, in: LdMA 1, S. 1321; LUBICH, »Güldene Freiheit« (wie Anm. 131), S. 42.
283 HLAWITSCHKA, Kuno und Richlind von Öhningen (wie Anm. 179), S. 460 u. 571; H.-W. GOETZ, Konrad I., in: LdMA 5, S. 1337f. – neben Eberhard und Otto zählt er noch einen Burchard unter die Brüder – gegen diese Zuschreibung äußert HLAWITSCHKA, ebd., S. 571 Bedenken; E. KARPF, 2. Eberhard, in: LdMA 3, S. 1513f.
284 MGH D Ludwig das Kind 64; LORENZ, Waiblingen (wie Anm. 49), S. 48.
285 KIENAST, Der Herzogstitel in Frankreich und Deutschland (wie Anm. 35), S. 314 mit Anm. 1 u. S. 316.
286 G. TELLENBACH, Die geistigen und politischen Grundlagen der karolingischen Thronfolge. Zugleich eine Studie über kollektive Willensbildung und kollektives Handeln im 9. Jahrhundert, in: Frühmittelalterliche Studien 13 (1979), S. 184–302, hier S. 278; BORST, Bodman (wie Anm. 53), S. 208.
287 Vgl. H.-W. GOETZ, Der letzte »Karolinger«? Die Regierung Konrads I. im Spiegel seiner Urkunden, in: Archiv für Diplomatik 26 (1980), S. 56–125, hier S. 56–59 u. 111ff.; BRÜHL, Deutschland – Frankreich (wie Anm. 137), S. 403f.; E. HLAWITSCHKA, Lotharingien und das Reich an der Schwelle der deutschen Geschichte (Schriften der MGH, Bd. 21), Stuttgart 1968, S. 190–194.
288 BORGOLTE, Grafen (wie Anm. 63), S. 85ff.
289 DÜMMLER (wie Anm. 269) 3, S. 592.
290 BORGOLTE, Grafen (wie Anm. 63), S. 110f.; vgl. S. LORENZ, Oferdingen und Altenburg am Neckar (Reutlingen) – ein befestigter Königshof und Aufenthaltsort König Konrads I., in: Aus südwestdeutscher Geschichte. Festschrift für H.-M. MAURER. Dem Archivar und Historiker zum 65. Geburtstag, hg. von W. SCHMIERER u. a., Stuttgart 1994, S. 25–43.
291 MGH LL IV Const. 1, Nr. 433, S. 618ff. (Leges II, S. 555f.); ZOTZ, Breisgau (wie Anm. 234), S. 66, Anm. 33; Th. ZOTZ, Hohenaltheim, Synode, in: LdMA 5, S. 82.

ner Ergreifung gemeinsam mit seinem Bruder Berthold²⁹² hinrichten²⁹³. Die Enthauptung soll laut Hermann dem Lahmen in der *villa Adinga* oder – wie eine Textvariante will – *Aldinga* erfolgt sein²⁹⁴. Man hat versucht, diese Siedlung mit Ötlingen unweit von Kirchheim unter Teck zu identifizieren²⁹⁵, wo um 791/92 Kloster Lorsch Grundbesitz erhalten hatte²⁹⁶, und vor kurzen unter dem Hinweis auf die »lectio difficilior« *Aldinga* für Aldingen bei Spaichingen auf der Ostbaar plädiert²⁹⁷, doch spricht m. E. mehr für Aldingen am Neckar – für diese Interpretation machte eine neuerliche Auseinandersetzung mit den Namensbelegen für den Neckarort den Weg frei²⁹⁸ –, wo der König am 21. Januar 917 seine Schwäger hinrichten ließ. Als naheliegende Verkehrsverbindungen erschließen sich die Römerstraßen vom Ries durch das Remstal nach Cannstatt und von dort zwischen Kornwestheim und Aldingen am Neckar weiter in Richtung auf das direkt anstoßende Gebiet »Franken«, dem Zentrum von Konrads Königsherrschaft.

In Schwaben konnte sich Burchard als Herzog durchsetzen, der Sohn des 911 erschlagenen gleichnamigen Markgrafen. Konrad ist bekanntlich als König gescheitert, sein Nachfolger wurde 919 Heinrich, der *dux* der Sachsen, der besser mit der Situation sich als gleichrangig verstehender Großer in den »neuen« Herzogtümern umzugehen verstand. Das Herzogtum Franken blieb den Konradinern in Person von Konrads I. Bruder Eberhard²⁹⁹ erhalten und das Herzogtum Schwaben konnte der König 926 nach dem Tod Burchards I. dem Konradiner Hermann († 949) übertragen, einem Sohn des 910 im Kampf

---

292 BORGOLTE, Grafen (wie Anm. 63), S. 81f.
293 W. LENDI, Untersuchungen zur frühalemannischen Annalistik. Die Murbacher Annalen. Mit Edition (Scrinivm Fribvrgense, Bd. 1), Freiburg/Schweiz 1971, S. 190; Annales Einsidlenses (MGH SS III), S. 141.
294 MGH SS V, S. 112; Herimanni Augiensis Chronicon, hg. und übersetzt von R. BUCHNER (Freiherr vom Stein-Gedächtnisausgabe, Bd. 11), Darmstadt 1973, S. 632: »Aldinga«; die Forschungsgeschichte zum Ort der Hinrichtung stellt ausführlich dar: R. GÖTZ, Aldingen oder Adingen – wo wurde im Jahr 917 der Schwabenherzog Erchanger hingerichtet? in: Festschrift für Hans-Martin Maurer (wie Anm. 290), S. 61–72, hier S. 58–69.
295 Vgl. GÖTZ, Aldingen oder Adingen (wie Anm. 294), S. 64–69.
296 CL (wie Anm. 37) 3, S. 32, Nr. 2414: *in Adiniger marca.*
297 GÖTZ, Aldingen oder Adingen (wie Anm. 294), S. 70
298 GÖTZ, Aldingen oder Adingen (wie Anm. 294), S. 71 ging noch – gestützt auf REICHARDT, Ortsnamenbuch Stuttgart/Ludwigsburg (wie Anm. 71), S. 9f. - von einer hochmittelalterlichen Namensform »Almendingen« aus; der zu Grunde gelegte Beleg »Almendingen« bezieht sich jedoch nicht auf Aldingen, sondern zweifelsfrei auf Ellmendingen bei Pforzheim (so bereits Topographisches Wörterbuch des Großherzogtums Baden, bearbeitet von Albert KRIEGER, 2. durchgesehene und stark vermehrte Aufl., Bd. 1, Heidelberg 1904 (Ndr. 1972), Sp. 499f., und Karl Otto MÜLLER, Bermerkungen zu den Traditiones Hirsaugiensis, in: ZWLG 10 (1951), S. 208f., hier S. 209 zu »S. 31 Ziff. 6«), wie im Zusammenhang mit den Arbeiten an einer Neuedition des Codex Hirsaugiensis ermittelt werden konnte (vgl. die Online-Edition des Codex Hirsaugiensis unter www.codhirs.de unter fol 27ᵛ); damit ist der Weg freigelegt, um auf die älteste – im *Liber decimationis* von 1275 belegte Ortsnamenform »Aldingen« zurückgreifen zu können; vgl. G. PERSON-WEBER, Der Liber decimationis des Bistums Konstanz, Edition und Kommentar (Forschungen zur oberrheinischen Landesgeschichte, Bd. 44), Freiburg/München 2001, S. 215.
299 WEISS, Die Entstehung Frankens (wie Anm. 142), S. 59: »Eberhards Macht blieb auf den westlichen Bereich Ostfrankens beschränkt, wo die Konradiner Eigentum und Grafenrechte besaßen. [...] Zweifellos hatte Eberhard eine herzogsähnliche Stellung im ostfränkischen Raum. Er konnte aber nie über die nicht seiner Familie gehörigen Grafschaften und über die Bistümer verfügen wie andere Herzöge. Franken befand sich erst auf dem Weg zu einem Herzogtum. Ein jüngeres Stam-

gegen die Ungarn gefallenen Herzogs Gebhard und Vetter Konrads[300]. Die weitgesteckte Machtposition der Konradiner entlang der Rheinschiene zur Zeit der beiden Herzöge verdeutlichen auch Positionen ihrer Verwandten im Rheingau und der Wetterau, wo Hermanns Bruder Udo († 949) als Graf amtierte, und im Niederlahngau, wo ihr Vetter Konrad Kurzpold das Grafenamt besaß[301]. Mit Udos Erhebung zum Bischof von Straßburg 950 gewann ein weiterer Konradiner[302] Einfluß – nunmehr in einem Raum, in dem die Konradiner in den letzten Jahrzehnten des 10. Jahrhunderts sogar als Herzöge agierten. Neben dem Potential ihrer eigenen Sippe waren die Konradiner auf die Zusammenarbeit mit anderen Adelskreisen angewiesen, die ihnen über Einfluß-, Herrschafts- und Besitzinteressen sowie Verwandtschaft verbunden waren, aber auch in Konkurrenz treten konnten, wie – und zwar besonders im Bereich von Rheinfranken – die Widonen-Salier und Walahonen[303].

Der *Codex Laureshamensis* hält eine von Erzbischof Hatto von Mainz 902 ausgestellte Urkunde bereit, in der es um einen Tausch zwischen der Abtei Lorsch und einem königlichen Vasallen Reginbodo geht[304]. Für den Königshof Viernheim im Lobdengau, den Kaiser Arnulf 898 Reginbodo überlassen hatte, gibt das Kloster seinen Besitz in Hirschlanden, Ditzingen und Gerlingen – alle drei im Glemsgau im *comitatus* von Graf Gozbert[305] gelegen – sowie in Ötisheim und (Ober- bzw. Unter-)Riexingen – die im Enzgau im Comitat von Graf Walaho lokalisiert werden. Walaho – im Bunde mit dem einflußreichen Grafen Megingaud († 892)[306] – gehörte zur Sippe der Walahonen, die neben der

mesherzogtum Ostfranken hat es genausowenig wie einen Stamm der Ostfranken gegeben. Man kann nur für die Zeit zwischen etwa 885 und 939 von Ansätzen ausgehen.«
300 HLAWITSCHKA, Kuno und Richlind von Öhningen (wie Anm. 179), S. 462f.; 5. Hermann I., in: LdMA 4, S. 2161– der Hinweis auf seine »Verfügung über das Elsaß« ist unzutreffend.
301 HLAWITSCHKA, Kuno und Richlind von Öhningen (wie Anm. 179), S. 461–464; ZOTZ, Breisgau (wie Anm. 234), S. 105f.
302 Vgl. HLAWITSCHKA, Kuno und Richlind von Öhningen (wie Anm. 179), S. 428–431 u. 461; DERS., Der Thronwechsel des Jahres 1002 (wie Anm. 186), S. 207–213.
303 Vgl. H. SCHREIBMÜLLER, Die Ahnen Kaiser Konrads II. und Bischofs Bruno von Würzburg, in: Würzburger Diözesangeschichtsblätter 14/15 (1952), S. 173–233, hier S. 198f. u. 203f.; METZ, Widonen und Salier (wie Anm. 173), S. 22–26; A. DOLL, Die Salier in rheinisch-pfälzischen Landen, in: Vor-Zeiten, Bd. 1, Mainz 1985, S. 71–94 – zitiert nach dem erneuten Abdruck in: Ubi maxima vis regni esse noscitur, Ausgewählte Abhandlungen zur pfälzischen Geschichte von L. A. DOLL, hg. von H. HARTHAUSEN (Quellen und Abhandlungen zur mittelrheinischen Kirchengeschichte, Bd. 96), Mainz 1999, S. 165–179, hier S. 166–171; GRESSER, Bistum Speyer (wie Anm. 196), S. 59–86.
304 CL (wie Anm. 37) 1, S. 340f., Nr. 56; WUB 4, S. 330f., Nachtrag Nr. 22; vgl. GOCKEL, Karolingische Königshöfe am Mittelrhein (wie Anm. 70), S. 172ff.
305 Ob dieser Gozbert mit dem gleichnamigen »schwäbischen« Grafen/Pfalzgrafen und Laienabt von Kloster Rheinau identisch ist, der 910 gegen die Ungarn fiel, ist nicht zu entscheiden; vgl. BORGOLTE, Grafen (wie Anm. 63), S. 139; E. HLAWITSCHKA, Untersuchungen zu den Thronwechseln der ersten Hälfte des 11. Jahrhunderts und zur Adelsgeschichte Süddeutschlands. Zugleich klärende Forschungen um »Kuno von Öhningen« (Vorträge und Forschungen, Sonderbd. 35), Sigmaringen 1987, S. 63–66; bereits 819 ließ ein Gozbert mit Hilfe eines Zeizolf zu Gunsten von Kloster Weißenburg *in villa cognominata assesberg* (Asperg, siehe auch Anm. 424) eine *carta* ausstellen; vgl. SCHAAB, Adlige Herrschaft (wie Anm. 104), S. 32.
306 Vgl. HLAWITSCHKA, Lotharingien und das Reich (wie Anm. 287), S. 110–113 und öfters; G. TELLENBACH, Der Liber Memorialis von Remiremot. Zur kritischen Erforschung und zum Quellenwert liturgischer Gedenkbücher, in: DA 25 (1969), S. 64–110, hier S. 102; SCHULZE, Grafschaftsverfassung (wie Anm. 29), S. 191.

Grafschaft im Enzgau zeitweilig auch über die Comitate im Speyergau, im Worms- und Nahegau, im Maienfeld und im Niddagau verfügten[307]. Sein Sohn Burchard, kurz nach 900 als Graf im Maienfeld und im Wormsgau bezeugt, heiratete Gisela, die Witwe des ermordeten Grafen Megingaud. Er ist vielleicht identisch mit einem der beiden Grafen Burchard, die sich im Nekrolog von Fulda zu 936 bzw. 938 eingetragen finden[308]. Walahos Bruder Stephan († 901)[309] war in der Wetterau begütert und soll eine Grafschaft in Lothringen verwaltet haben. Walaho, 897 auf einem Hoftag Kaiser Arnulfs in Worms neben den Konradinern Konrad d. Ä. und Gebhard bezeugt[310], fungierte 900 zudem als Laienabt von Hornbach, einer Stiftung der Widonen, vermutlich aufgrund einer königlichen Verleihung[311].

Nach diesem Blitzlicht in das Dunkel der Herrschaftsgeschichte an Neckar, Enz und Murr, dauert es wenigstens ein halbes Jahrhundert, bevor eine weitere Nachricht nähere Einzelheiten preisgibt. Es handelt sich um eine undatierte Urkunde[312], zwischen 962 und 978 von Bischof Anno von Worms (reg. 950–978) ausgestellt[313]. Sie gibt einen Grafschaftsbezirk (*comitatus*) eines Grafen Burchard zu erkennen, in dem Bottwar[314], Babstadt[315], Zimmern (Frauen-[316], Dürren-[317] oder Mettenzimmern[318]), Stockheim[319] und Heinsheim[320] lagen. Der Graf erhielt vom Bischof den Wormser Besitz in den genannten Gauen auf Lebenszeit überlassen. Im Gegenzug schenkte Burchard seinen Besitz in Eisesheim[321], Altböllinger Hof[322] (Neckargartach) und Aschheim (Kirchhausen)[323] der Wormser Kirche. Der Comitat des Gra-

---

307 Vgl. DÜMMLER (wie Anm. 269) 2, S. 409; 3, S. 358, 387 u. 517f.; H. BALDES, Die Salier und ihre Untergrafen in den Gauen des Mittelrheins (Diss. phil.), Marburg 1913, S. 29–33; METZ, Widonen und Salier (wie Anm. 173), S. 22f.; SCHULZE, Grafschaftsverfassung (wie Anm. 29), S. 202; JACKMAN, The Konradiner (wie Anm. 186), S. 125–129.
308 Die Klostergemeinschaft von Fulda im früheren Mittelalter, unter Mitwirkung von G. ALTHOFF [u. a.] hg. von K. SCHMID, Bd. 2.1–3, Kommentiertes Parallelregister und Untersuchungen (Münstersche Mittelalter-Schriften, Bd. 8/2.1–3), München 1978, S. 388, G 42 u. G 43.
309 Vgl. E. HLAWITSCHKA, Die Anfänge des Hauses Habsburg-Lothringen. Genealogische Untersuchungen zur Geschichte Lothringens und des Reiches im 9., 10. und 11. Jahrhundert (Veröffentlichungen der Kommission für saarländische Landesgeschichte und Volksforschung 4), Saarbrücken 1969, S. 154 u. 169, Anm. 69.
310 DÜMMLER (wie Anm. 269) 3, S. 454; MGH D Arnolf 153.
311 A. DOLL, Das Pirminkloster Hornbach. Gründung und Verfassungsentwicklung bis Anfang des 12. Jahrhunderts, in: Archiv für mittelrheinische Kirchengeschichte 5 (1953), S. 108–142 – zitiert nach dem erneuten Abdruck in: DOLL, Ausgewählte Abhandlungen (wie Anm. 303), S. 181–218, hier S. 203f.
312 WUB 1, Nr. 183, S. 212f.: [...] *in villis praedicti comitis comitatu sitis, Bodibura, Buodestat, Cinbra, Stockheim et in Heinsheim* [...]; vgl. STÄLIN (wie Anm. 84) 1, S. 533, Anm. 1, u. S. 548; FRITZ, Kloster Murrhardt (wie Anm. 82), S. 66f.
313 A. U. FRIEDMANN, Die Beziehungen der Bistümer Worms und Speyer zu den ottonischen und salischen Königen (Quellen und Abhandlungen zur mittelrheinischen Kirchengeschichte, Bd. 7), Mainz 1994, S. 54 mit Anm. 258.
314 LBW (wie Anm. 4) 3, S. 413.
315 LBW (wie Anm. 4) 4, S. 52.
316 LBW (wie Anm. 4) 4, S. 83.
317 LBW (wie Anm. 4) 4, S. 65.
318 LBW (wie Anm. 4) 3, S. 392.
319 LBW (wie Anm. 4) 4, S. 67.
320 LBW (wie Anm. 4) 4, S. 54.
321 LBW (wie Anm. 4) 4, S. 118 u. 120.
322 LBW (wie Anm. 4) 4, S. 17.
323 LBW (wie Anm. 4) 4, S. 19.

fen umfaßte folglich Orte im Murr-, Zaber- und Gartachgau³²⁴. Die Identifizierung dieses königlichen Amtsträgers fällt jedoch nicht leicht³²⁵. Gehört er noch zur Sippe der Walahonen, in denen der Name Burchard nachweisbar ist, oder handelt es sich bei ihm um einen Konradiner – auch bei ihnen soll dieser Name auftauchen³²⁶ – oder gehört er gar in ganz andere Familienzusammenhänge, z. B. in die Stiftersippe von Hirsau³²⁷?

Hält man Ausschau nach Belegen für einen Amtsträger dieses Namens in der in Frage kommenden Zeit, dann ist auf einen *Burchart comes* hinzuweisen, der um 940 an der Spitze einer Zeugenreihe erscheint, die *in publico mallo apud Lobeddenburg* [Ladenburg], *in presentia Cunradi comitis* bezüglich einer Schenkung an Worms und Lorsch zugegen waren³²⁸. Mit dieser Quelle setzt eine ganze Reihe von Belegen ein, die den Lobdengau in der Zuständigkeit von Grafen mit dem Namen Konrad belegen und die bis 965 reichen³²⁹. Mit dem zeitlich folgenden Beleg von 987 beginnen Hinweise auf einen Grafen *Megingaudus* im Lobdengau, ausdrücklich als Sohn Graf Konrads bezeichnet³³⁰. Trifft es zu, daß der 976 in der Wingarteiba als Graf amtierende Konrad mit dem Grafen im Lobdengau identisch ist³³¹, dann engt sich der zeitliche Rahmen für einen Übergang der Amtsgewalt von dem Vater auf den Sohn noch weiter ein. Der Name Megingaud/Megingoz erinnert an Graf Walaho und seinen Sohn Graf Burchard, Gemahl der Witwe von Graf Megingaud. Einmal unterstellt, daß Megingaud/Megingoz seinem Vater Konrad im Amt nachgefolgt ist, liegt aufgrund der räumlichen Nähe der Amtssprengel von Konrad, Burchard und Walaho der Schluß nahe, daß Konrad mit den Walahonen verwandt war. Vielleicht hat er eine Tochter Graf Burchards geheiratet und vielleicht hatte Graf Burchard einen gleichnamigen Sohn, der um 940 in Ladenburg zugegen war, als sein mutmaßlicher Schwager seinen Amtsgeschäften nachging, während sein Amtssprengel sich an den Lobdengau anschloß und vom Gartach- bis zum Murrgau reichte. In diesem Zusammenhang ist noch der *Indiculus loricatorum* von – nach herrschender Lehre – 981 von Interesse. In diesem Verzeichnis der Panzerreiter, die Otto II. nach Italien folgen sollten, findet sich die Angabe: *Megingaus iuvante Burchard ducat XXX*³³² – Megingaud brachte mit Hilfe Burchards 30 Panzerreiter ins Aufgebot. Diesen Beleg hat die Forschung auf Graf Megingaud im Lobdengau und Graf Burchard im Gartach-, Zaber- und Murrgau bezogen³³³. So darf man neben der räumlichen Nachbarschaft der beiden wohl auch einen verwandtschaftlichen

---

324 STÄLIN (wie Anm. 84) 1, S. 548; GEHRIG, Grenzen (wie Anm. 82), S. 46 u. 85.
325 Vgl. LUBICH, Früh- und hochmittelalterlicher Adel zwischen Tauber und Neckar (wie Anm. 24), S. 25; spekulativ FRITZ, Kloster Murrhardt (wie Anm. 82), S. 143f. (genealogische Tafeln 3 u. 4).
326 Siehe Anm. 283.
327 Vgl. SCHMID, Hirsau und seine Stifter (wie Anm. 169), S. 102f., 106f. und – ablehnend – 123.
328 CL (wie Anm. 37) 2, S. 145f., Nr. 532; vgl. TRAUTZ, Das untere Neckarland (wie Anm. 38), S. 85 u. 99f.
329 Vgl. TRAUTZ, Das untere Neckarland (wie Anm. 38), S. 77; WAGNER, Comitate zwischen Rhein, Main und Neckar (wie Anm. 84), S. 33. Es wird nicht deutlich, ob es sich dabei um eine oder mehrere Personen dieses Namens handelt; JACKMAN, The Konradiner (wie Anm. 186), S. 118, sieht bis 948 den Konradiner Konrad Kurzpold im Ladengau wirken, während er die Belege von 953 bis 965 auf dessen gleichnamigen »nephew« bezieht, »whose son Meingaud is count in 987 and 1002«.
330 TRAUTZ, Das untere Neckarland (wie Anm. 38), S. 77; MGH D O III 31.
331 JACKMAN, The Konradiner (wie Anm. 186), S. 118.
332 MGH Constitutiones I, Hannover 1893, S. 632f., Nr. 436.
333 ZOTZ, Breisgau (wie Anm. 234), S. 136, Anm. 124.

Zusammenhang annehmen. Umstritten ist jedoch, ob und auf welche Weise Graf Konrad zu den Konradiner gezählt werden kann[334]. Im besonders auf den fränkischen und sächsischen Raum ausgerichteten Nekrolog von Fulda sind zu 981 und 993 zwei Grafen namens Burchard eingetragen, zudem nennt Thietmar von Merseburg unter den 982 bei Cotrone Gefallenen auch einen Grafen dieses Namens[335]. Vielleicht verbirgt sich hinter einem dieser Amtsträger der hier betrachtete Graf vom Gartach-, Zaber- und Murrgau.

XII. Comitatus Ingersheim, Adelssippen und die Grafen von Calw

In Abschrift ist eine in Ingersheim ausgestellte und für diesen Beitrag eminent wichtige Urkunde von 972 auf uns gekommen[336], leider aber nicht vollständig, da der Kopist die Namen der Zeugen des Rechtsgeschäfts weggelassen hat. So erfährt man nicht, wer bei der Verhandlung (*actum*) in Marbach und der Urkundenausfertigung (*datum*) in Ingersheim anwesend war – also ebenfalls nicht den Namen eines gräflichen Amtsträgers, den man so lediglich als Burchard vermuten kann. Das ist auch deshalb besonders bedauerlich, weil in dieser Quelle erstmals der *comitatus* Ingersheim genannt wird[337], also zur Bestimmung des Comitats nicht mehr der Name des zuständigen Grafen oder der eines Gaues, sondern eine appositionelle bzw. präpositionelle Comitatsbezeichnung nach einem Ort Verwendung findet[338]. Dieser Ort war der »Vorort« des Comitats, wo die Ding- und sonstigen Versammlungen der vom Comitat erfaßten Bevölkerung stattfanden und – wie die Urkunde von 972 aufzeigt – Besitzübertragungen eine Beglaubigung erhielten. Wie Peter von Polenz ausführt, setzen die Belege für solche Comitatsbenennungen nach Orten vermehrt erst seit den 70er Jahren des 10. Jahrhunderts ein – Ingersheim gehört somit zu den frühesten Bele-

---

334 Vgl. JACKMAN, The Konradiner (wie Anm. 186), S. 118 u. 127f. sowie Table V u. Plan; DERS., Criticism and Critique (wie Anm. 186), S. 62–65 u. Table 2; zu recht kritisch: HLAWITSCHKA, Konradiner-Genealogie (wie Anm. 186), S. 167f.
335 Die Klostergemeinschaft von Fulda (wie Anm. 308), S. 388, G 44 u. G 45; F.-J. JAKOBI, Die geistlichen und weltlichen Magnaten in den Fuldaer Totenannalen, in: SCHMID (Hg.), Klostergemeinschaft von Fulda (wie Anm. 308) 2.2, S. 792–887, hier S. 873ff.; vgl. K. LECHNER, Beiträge zur Genealogie der älteren österreichischen Markgrafen, in: MIÖG 71 (1963), S. 246–280, hier S. 249; mit Richtigstellung hinsichtlich Burchards Einvernahme unter die Wettiner: K. A. ECKHARDT, Genealogische Funde zur allgemeinen Geschichte (Germanenrechte, N. F. [4] = Deutschrechtliches Archiv, H. 9), 2., erweiterte Aufl. Witzenhausen 1963, S. 65–68.
336 WUB 1, S. 222ff., Nr. 191; maßgeblich ist jetzt die Edition von S. MOLITOR, Der Vertrag Bischofs Baldrich von Speyer mit dem Diakon Wolvald vom 29. Januar 972, in: Ludwigsburger Geschichtsblätter 50 (1996), S. 11–19 mit einer farbigen fotografischen Wiedergabe als Beilage; vgl. P. ACHT, Die ältesten Urkunden der Speyerer Bischöfe. Formulargeschichtliche Beziehungen in Speyerer Urkunden des 10. und beginnenden 11. Jahrhunderts, in: ZGO 89 (1937), S. 355–364, hier S. 360; FRIEDMANN, Die Beziehungen der Bistümer Worms und Speyer (wie Anm. 313), S. 50; GRESSER, Bistum Speyer (wie Anm. 196), S. 94 u. 102f.; O. KILIAN, Sülchgau – Wolfsölden – Schauenburg. Das machtpolitische Streben eines mittelalterlichen Adelsgeschlechts (1000–1300), in: Mannheimer Geschichtsblätter N. F. 6 (1999), S. 115–188, hier S. 136–140.
337 MOLITOR, Der Vertrag Bischofs Baldrich (wie Anm. 336), S. 15: [...] *in comitatu in Ingerihesheim nuncupato* [...].
338 Vgl. P. VON POLENZ, Landschafts- und Bezirksnamen im frühmittelalterlichen Deutschland. Untersuchungen zur sprachlichen Raumerschließung, Marburg 1961, S. 243–251.

gen³³⁹. Die Entwicklung ist im Anschluß an westfränkische Vorbilder als »staatliche«, vom Westen nach Osten sich ausbreitende Einwirkung gekennzeichnet worden³⁴⁰. Hinter der Ablösung einer sich lediglich auf den steter Veränderung unterliegenden Grafennamen beziehenden Raumangabe, deren Konturen nur im Fall beigefügter Gaunamen deutlicher hervortreten, durch den wesentlich dauerhafteren Namen einer Siedlung kann man eine zukunftsträchtige Entwicklung erkennen, die bis heute anhält. Der im einzelnen aufgelistete Besitz des Diakons Wolvald, den er der Speyerer Kirche überließ und den die Urkunde im Comitat Ingersheim lokalisiert, betraf Immobilien in Marbach, Benningen, Beihingen, Heutingsheim, Pleidelsheim, Murr, Steinheim an der Murr, Weikershausen (abgegangen bei Erdmannhausen), Erdmannhausen, Affalterbach, Rielingshausen, Aspach und *Woluoldestete* (wohl Erbstetten)³⁴¹. Der Comitat überspannte folglich den links und rechts des Neckars lokalisierten Murrgau. Daß gleichwohl die alte Lagebezeichnung noch nicht in Vergessenheit bzw. die neue Comitatsbenennung noch nicht zur Norm geworden war, belegt ein Diplom Heinrichs II. von 1009. Danach lag die *villa* Marbach *in pago Murrensi in comitatu vero Adelberti comitis*. Der König bestätigte der Speyerer Kirche den Markt in Marbach mit allen königlichen Rechten und öffentlichen Funktionen wie der Zollerhebung und fügte noch *cum banno nostro* die Erlaubnis hinzu, in Marbach entsprechend den Geprägen von Speyer und Worms Münzen zu schlagen und im Umlauf befindliche *falsas monetas* einzuziehen³⁴².

Nach allen bisherigen Ausführungen wird man mehr als geneigt sein, den erwähnten Grafen Adalbert auch mit jenem gleichnamigen Amtsträger zu identifizieren, dessen Comitat laut einem Diplom von 1003 den Zabergau mitsamt der *villa* Kirchheim umfaßte³⁴³: König Heinrich II. überließ der Würzburger Kirche das *praedium* Kirchheim am Neckar mit allen zum Königshof gehörigen Gütern und Rechten – um in Lauffen, wie Hansmartin Schwarzmaier herausgearbeitet hat, ein noch vom Würzburger Diözesan einzurichtendes Kanonissenstift auszustatten³⁴⁴. Man hat diesen Adalbert mit einiger Berechtigung der sogenannten Hirsauer Stiftersippe zugewiesen³⁴⁵, konnte doch Schmid zeigen, daß die für die Hirsauer Stiftersippe der Karolingerzeit bezeichnende Namenskombination Erlafrid/Noting in den Gedenkbucheinträgen nach und nach verloreging. Zugleich aber erschienen neue Namen neben den alten, und in der Ottonenzeit trat dann ein anderer spezifischer Namensbestand auf. In ihm fanden sich auffällig häufig die Namen Adalbert und Anshelm, dazu oft auch die Namen Berthold und Zeizolf sowie hin und wieder Burchard, die in der weiteren Verwandtschaft Graf Adalberts von Calw – mit dem erst »das Geschlecht der Grafen von Calw« begann – heimisch waren³⁴⁶. Adalbert von Calw hat allem Anschein nach um die Mitte des 11. Jahrhunderts seinen Herrschafts-

---

339 Ebd., S. 247 u. 249 – von POLENZ geht noch statt 972 von der falschen zeitlichen Zuweisung 978 aus.
340 Vgl. ebd., S. 248ff.
341 Vgl. MOLITOR, Der Vertrag Bischofs Baldrich (wie Anm. 336), S. 15, Anm. 36–48.
342 Wie Anm. 91; FRIEDMANN, Die Beziehungen der Bistümer Worms und Speyer (wie Anm. 313), S. 18f. u. 92f.; GRESSER, Bistum Speyer (wie Anm. 196), S. 123.
343 MGH D H II 60; vgl. SCHWARZMAIER, Die Reginswindis-Tradition (wie Anm. 183), S. 180ff.
344 SCHWARZMEIER, Die Reginswindis-Tradition (wie Anm. 183), S. 180–183.
345 SCHMID, Hirsau und seine Stifter (wie Anm. 169), S. 123.
346 Vgl. SCHMID, Hirsau und seine Stifter (wie Anm. 169), S. 101–114, 129f. u. 132–138; ergänzend: ALTHOFF, »Hirsauer Stiftersippe« (wie Anm. 169), S. 55–58.

mittelpunkt von Sindelfingen nach Calw in den Nordschwarzwald verlegt und unweit der neuen, namengebenden Burg mit der Wiedererrichtung und dem Ausbau des Klosters Hirsau begonnen[347]. Eine genealogische Anbindung des bzw. der Grafen Adalbert von 1003 und 1009 in das Calwer Grafenhaus ist gleichwohl nur annäherungsweise möglich. Dies gilt ebenfalls für jene gleichnamigen Großen, die 1027 als ostfränkische Grafen begegnen[348] sowie 1013 im Oberrheingau[349] und 1041 und 1046 im Ufgau[350] amtierten[351].

347 Grundlegend: W. Kurze, Adalbert und Gottfried von Calw, in: ZWLG 24 (1965), S. 241–308; vgl. Stälin (wie Anm. 84) 1, S. 566–569; ebd. 2, S. 366–387; LBW (wie Anm. 4) 5, S. 458f.; vgl. Schmid, Hirsau und seine Stifter (wie Anm. 169), besonders S. 114–126; K. Schreiner, Hirsau, in: Germania Benedictina, Bd. 5 (wie Anm. 234), S. 281–303, hier S. 282; F. Quarthal, Calw, Grafen von, in: LdMA 2, S. 1404f.; G. Fritz, Zur Geschichte der Grafen von Löwenstein-Calw, in: Württembergisch Franken 75 (1991), S. 49–56; S. Molitor, Hirsau, in: Zimmermann/Priesching (Hg.), Württembergisches Klosterbuch(wie Anm. 187), S. 279ff.
348 MGH D Ko II 111: [...] *isti sunt orientales Franci, qui hoc viderunt et audierunt: Otto comes, Adelbertus comes, Gumbertus comes, Albuvin comes, Ebo comes,* [...]; im Grabfeld hieß der Graf 975 bis 1008 Otto, von 1015 bis 1025 Gebhard und 1049 sind sowohl ein Otto als auch ein Gozwin belegt, Jackman, The Konradiner (wie Anm. 186), S. 120f., 159–163, 251ff., 258, 263f. u. Table VI.; von einem Grafen Otto ist im Oberstenfelder Nekrolog die Rede, wie denn auch der gefälschte Stiftungsbrief von 1016 einen *Otto de Glasehusen* unter den Zeugen anführt, gemeinsam mit seinen Brüdern (?) Adalbert, Eberhard, Burchard und Rupert, siehe Anm. 375; im Radenzgau fungierte von 1007 bis 1024 ein Adalbert als Graf, Störmer, Bemerkungen zu Graf und Grafschaft (wie Anm. 168), S. 90; zu Adalbert vgl. ferner H. Bauer, Bemerkungen über die Lorscher Vögte im 11. und 12. Jahrhundert, in: Archiv für Hessische Geschichte und Altertumskunde 8/2 (1855), S. 261–280, hier S. 275; 1017 begegnet sowohl im Gollach als auch im Badenachgau ein Gumbert als Graf, MGH D H II 366 (*in Golligowe in comitatu Gumberti comitis*) u. 372; J. F. Böhmer, Regesta Imperii II: Sächsisches Haus: 919–1024, 4. Abtlg.: Die Regesten des Kaiserreichs unter Heinrich II. 1002–1024, nach J. F. Böhmer neubearbeitet von Th. Graff, Wien 1971 [zitiert: Böhmer-Graff], Nr. 1902 u. 1909; Die Regesten der Bischöfe und des Domkapitels von Bamberg, bearbeitet von E. Frhr. von Guttenberg, Würzburg 1963, S. 30f., Nr. 137; auch im mittel- und unterfränkischen Iffgau amtierte 1023 ein Graf Gumpert, MGH D H II 496; Böhmer-Graff, a. a. O., Nr. 2047; vgl. Regesten Bamberg, Nr. 198 u. 199; H. Bauer, Ueber die älteste hohenlohische Genealogie und einige Seitenzweige des Calwer Grafenstammes, sammt deren Besitzungen, in: Württembergische Jahrbücher 1847, S. 131–178, hier S. 158f.; Fritz, Kloster Murrhardt (wie Anm. 82), S. 75f.; Jackman, The Konradiner (wie Anm. 186), S. 120f., 159–163, 251ff., 258, 263f. u. Table VI; ein Graf namens Albuin amtierte 1021 und 1023 im fränkischen Rangau, MGH D H II 456, 457 u. 496; Böhmer-Graff, a. a. O., Nr. 2001, 2002 u. 2047; A. Friese, Studien zur Herrschaftsgeschichte des fränkischen Adels. Der mainländisch-thüringische Raum vom 7. bis 11. Jahrhundert (Geschichte und Gesellschaft, Bochumer historische Studien, Bd. 18), Stuttgart 1979, S. 133, Anm. 327; vgl. Regesten Bamberg (wie Anm. 194), Nr. 169, 170, 174 u. 198; zu den Ebonen, die im 11. Jahrhundert im Radenzgau als Grafen amtierten, und deren Leitname wenig später bei den Grafen von Mergentheim erscheint, zusammen mit Goswin, vgl. Friese, Fränkischer Adel, a. a. O., S. 118, Anm. 199, S. 129ff. und öfters; W. Störmer, Grundzüge des Adels im hochmittelalterlichen Franken, in: Herrschaft, Kirche, Kultur. Beiträge zur Geschichte des Mittelalters. Festschrift für Friedrich Prinz zu seinem 65. Geburtstag, hg. von G. Jenal (Monographien zur Geschichte des Mittelalters, Bd. 37), Stuttgart 1993, S. 245–264, hier S. 256.
349 MGH D H II 267: [...] *in pago superiore Riniggowo in comitatu Adelberti comitis* [...]; Bauer, Bemerkungen über die Lorscher Vögte (wie Anm. 348), S. 270ff. u. 279; Jackman, The Konradiner (wie Anm. 186), S. 116f. Zum Oberrheingau vgl. Niemeyer, Der Pagus des frühen Mittelalters in Hessen (wie Anm. 179), S. 91–94; F. Knöpp, Der Oberrheingau, in: Knöpp (Hg.), Lorsch (wie Anm. 38), S. 373–424.
350 MGH D H III 81, 172 und 174.
351 Vgl. A. Schäfer, Staufische Reichslandpolitik und hochadlige Herrschaftsbildung im Uf- und Pfinzgau und im Nordschwarzwald vom 11.–13. Jahrhundert, in: ZGO 117 (1969), S. 179–244, hier

Zu beachten bleibt gleichwohl die Urkunde Konrads II. über den Murrhardter Forst von 1027, die mit der Nennung einer Reihe von Grafen und Adligen ein weiteres Licht auf jenen Kreis wirft, der im Bereich von Neckar, Murr, Rems und Kocher über Besitz und Rechte verfügte[352]. Die Umwandlung des Waldes in einen Forst erfolgte im Einvernehmen mit etlichen namentlich genannten Adligen, die dort bisher jagen durften: Graf Heinrich, Ruotker und der andere Heinrich, Hermann, Konrad, Eberhard, Heinrich und sein Bruder Poppo, Guntbert, Sigibold, Siegfried und Ezzo. Es ist schwierig, die in der Urkunde genannten Adligen näher zu bestimmen. Unter ihnen befanden sich Heinrich und Ruotker, die eingangs als Inhaber der Grafschaft (*comitatus*) im Murr- und Kochergau namhaft gemacht werden[353]. Sie gehören allem Anschein nach zu den Vorfahren der Grafen von Comburg und Rothenburg[354].

In einer Urkunde von 1024, mit der Kaiser Heinrich II. den *Virigunda*-Wald des Klosters Ellwangen zur *forestis* machte, heißt es zur Lokalisierung des Waldes, er liege im Maulach- und Kochergau, in den Grafschaften Graf Heinrichs und des anderen Grafen Heinrich[355]. Während der Graf im Kochergau – wie schon erwähnt – zu den Vorfahren der Comburg-Rothenburger gerechnet wird, ist die verwandtschaftliche Einordnung des im Maulachgau amtierenden Heinrichs offen. Hinter den in der Murrhardter Forsturkunde angeführten Namen Siegfried und Ezzo verbergen sich möglicherweise bereits Angehörige einer als Hessonen bezeichneten Familie[356], die im schwäbischen Sülchgau – hier hießen

S. 182, 223, 230 und 231; SCHAAB, Adlige Herrschaft (wie Anm. 104), S. 12; K. SCHMID, Vom Werdegang des badischen Markgrafengeschlechts, in: ZGO 139 (1991), S. 45–77, hier S. 58; vorsichtig: STÄLIN (wie Anm. 84) 1, S. 567; H. WERLE, Die Vögte der Reichsabtei Lorsch im 11. und 12. Jahrhundert, in: Blätter für pfälzische Kirchengeschichte und religiöse Volkskunde 23 (1956), S. 52–58, hier S. 53: »Bekanntlich hatten die Calwer Grafen im 11. Jahrhundert die Grafschaft im Uffgau inne« mit Verweis auf D H III 172; mit dem Namen Adalbert glaubte die ältere Forschung ganz unbefangen einen Sippenkreis zu fassen, aus dem die Grafen von Calw hervorgegangen sein sollten, vgl. BAUER, Ueber die älteste hohenlohische Genealogie (wie Anm. 348), S. 165–178; DERS., Bemerkungen über die Lorscher Vögte (wie Anm. 348), S. 272–275; DERS., Die Grafen von Kalw und Löwenstein, in: Württembergisch Franken 8 (1868/70), S. 209–243, hier S. 215, 216 u. 228.

352 MGH D Ko II 107 (= WUB 1, Nr. 219); J. F. Böhmer, Regesta Imperii III: Salisches Haus: 1024–1125. 1. Teil: 1024–1056. 1. Abtlg.: Die Regesten des Kaiserreichs unter Konrad II. 1024–1039, nach J. F. BÖHMER neubearbeitet unter Mitwirkung von Norbert VON BISCHOF von H. APPELT, Graz 1951 [zitiert: BÖHMER-APPELT], Nr. 110; siehe Anm. 82.

353 Das Phänomen, daß ein Comitat von zwei Grafen verwaltet wurde, begegnet 1049 auch im Grabfeld, vgl. W. STÖRMER, Die Region Rhön-Saale in der Salier- und Stauferzeit. Eine territorialgeschichtliche Bestandsaufnahme, in: O. VON BOTENLAUBEN, Minnesänger-Kreuzfahrer-Klostergründer (Bad Kissinger Archiv-Schriften, Bd. 1, hg. von Peter WEIDISCH), Würzburg 1994, S. 277–295, hier S. 284f.; vgl. ferner MGH D O III 253 – anders interpretiert von JACKMAN, The Konradiner (wie Anm. 186), S. 257.

354 Vgl. LUBICH, Grafen von Comburg und Rothenburg (wie Anm. 82), S. 35f., 42 und öfters.

355 MGH D H II 505; BÖHMER-GRAFF (wie Anm. 348), Nr. 2056.

356 Grundlegend jetzt: KILIAN, Sülchgau – Wolfsölden – Schauenburg (wie Anm. 336); vgl. H.-J. WOLLASCH, Die Anfänge des Klosters St. Georgen im Schwarzwald. Zur Ausbildung der geschichtlichen Eigenart eines Klosters innerhalb der Hirsauer Reform (Forschungen zur oberrheinischen Landesgeschichte, Bd. 14), Freiburg i. Br. 1964, S. 28–31; BAUER, Die Grafen von Kalw und Löwenstein (wie Anm. 351), S. 219, Anm. **; A. KLEMM, Die Verwandtschaft der Herren von Backnang, in: ZGO 51 (1897), S. 512–528; Th. ZOTZ, Art. Backnang, Herren von, in: LdMA 1, S. 1327f.; gegenüber der älteren Forschung oft unkritisch: FRITZ, Kloster Murrhardt (wie Anm. 82), S. 129–138; ver-

die Grafen 1007 Hessinus[357] und 1057 Hesso[358] – und in der Gegend um Backnang und Wolfsölden über nicht geringen Besitz verfügte. Die Hessonen hatten Beziehungen zum Kloster Einsiedeln[359] und waren entscheidend an der Gründung des Klosters St. Georgen im Schwarzwald beteiligt (um 1086). Es ist vermutet worden, daß sie sich im frühen 11. Jahrhundert in Backnang auf ehemaligem Königsgut festgesetzt haben[360]. Bei ihnen – die sich um die Wende vom 11. zum 12. Jahrhundert nach der Burg Wolfsölden benannten – begegnen neben dem Leitnamen Hesso/Esso/Ezzo[361] noch die Namen Siegehard, Siegfried, Gottfried und Gerhard[362]. Über die Heirat der Judith »von Backnang« mit Markgraf Hermann I. soll Backnang an das Haus Baden gelangt sein[363], dem das dortige Stift geraume Zeit als Grablege diente. Gleich mehreren der 1027 genannten Namen

---

dienstvoll: DERS., Der Backnanger Nekrolog, in: ZWLG 44 (1985), S. 11–64, hier S. 54; dazu bleibt unbedingt heranzuziehen: SCHMID, Vom Werdegang des badischen Markgrafengeschlechts (wie Anm. 351), S. 56–65; ferner P. SAUER, Affalterbach 972–1972, Affalterbach 1972, S. 8–20; eine unvollständige Materialzusammenstellung bietet: W. SCHNEIDER, Beiträge zur frühen Geschichte von Rottenburg am Neckar (Arbeiten zur alamannischen Frühgeschichte, H. 20), Tübingen 1993, S. 100–108.
357   MGH D H II 161 (*in pago Sulichgouue et in comitatu Hessini comitis*); BÖHMER-GRAFF (wie Anm. 348), Nr. 1667.
358   MGH D H IV 10 (= WUB I, S. 273f., Nr. 230) (*predium Svlicha nominatum in pago Svlichgovve in comitatu Hessonis comitis situm*); J. F. BÖHMER, Regesta Imperii III: Salisches Haus: 1024–1125. 2. Teil: 1056–1125. 3. Abtlg.: Die Regesten des Kaiserreichs unter Heinrich IV. 1056 (1050)–1106, 1. Lieferung: 1056 (1050)–1065, neubearbeitet von T. STRUVE, Köln 1984, Nr. 98; vgl. LORENZ, Staufer, Tübinger und andere Herrschaftsträger im Schönbuch (wie Anm. 50), S. 295f.
359   H. KELLER, Kloster Einsiedeln im ottonischen Schwaben (Forschungen zur oberrheinischen Landesgeschichte, Bd. 13), Freiburg i. Br. 1964, S. 106.
360   FRITZ, Kloster Murrhardt (wie Anm. 82), S. 131f. Denkbar ist aber auch, daß die Hessonen ihre Position einer Vogtei über Speyrer Reichskirchengut verdankten, vgl. KILIAN, Sülchgau – Wolfsölden – Schauenburg (wie Anm. 336), S. 136ff.
361   Die grundlegende Untersuchung von KILIAN, Sülchgau – Wolfsölden – Schauenburg (wie Anm. 336) trägt zwar der Nähe der Hessonen zu den Grafen von Calw besondere Rechnung, ebd. S. 129f., doch auf eine Identifikation bzw. verwandtschaftliche Einbindung jenes *dominus Ezzo de Sulichen* im Hirsauer Formular (1075) mit jenem *Ezzo*, der unter Führung von Graf Adalbert (II.) von Calw 1065/66 zu jenen *viri illustres* gehörte, die die *libertas* von Lorsch verteidigten, wird nicht eingegangen, CL (wie Anm. 37), S. 394: *Qui [abbas] co(m)municato XII illustrium fidelium suorum consilio, quo numero etiam beneficialis summa militaris clipei, qui uulgo dicitur Hereschilt, laureshamensis ęcclesię adtinens, includitur, singulis pro quantitate beneficii centenos milites armatos ut traditur assitutus,* [...]; S. 397: *Hii sunt* [...] *uiri illustres, uiri spectabiles, et uerę fideles huius ęcclesię, qui* [...] *uiriliter eius defenderunt libertatem, uidelicet Adalbertus comes, Bubo cecus, Ezzo, Wolfgangus, Burchardus advocatus, Gerhardus, Adalbertus, Landoldus, Wolframmus, Egino*; vgl. KURZE, Adalbert und Gottfried (wie Anm. 347), S. 252ff.; SEMMLER, Abtei Lorsch (wie Anm. 38), S. 100f.; könnte jener Ezzo, Vasall des Klosters, nicht bereits über ein Lehen im Bereich der Bergstraße verfügt haben, das dann später Gerhard von Schauenburg besaß?
362   Quellenbelege bei FRITZ, Kloster Murrhardt (wie Anm. 82), S. 133, Anm. 42; Siegehard von Wolfsölden hatte drei Söhne, von denen Gottfried anscheinend ohne Erben starb, Sigfried 1126 zum Bischof von Speyer aufstieg und Gerhard, der sich nach der Schauenburg bei Dossenheim an der Bergstraße nannte, vier Söhne namens Gerhard, Bertold, Gottfried und Siegehard hinterließ, ebd., S. 134f.; DERS., Backnanger Nekrolog (wie Anm. 356), S. 64 (Stammtafel); KILIAN, Sülchgau – Wolfsölden – Schauenburg (wie Anm. 336), passim, S. 186f. (Stammtafeln).
363   SCHMID, Vom Werdegang des badischen Markgrafengeschlechts (wie Anm. 351), S. 64f.; anders dagegen KILIAN, Sülchgau – Wolfsölden – Schauenburg (wie Anm. 336), S. 132–136; ZOTZ, Besigheim (wie Anm. 1).

begegnet man zudem im sogenannten Öhringer Stiftungsbrief[364] von 1037 – eine formale Fälschung, deren Entstehung die einen in den neunziger Jahren des 11. Jahrhunderts suchen[365], während andere sie sogar in die zweite Hälfte des 12. Jahrhunderts verweisen[366]. Als Initiatoren und Gründer des weltlichen Chorherrenstifts Öhringen geben sich Adelheid, die Mutter Kaiser Konrads II., und ihr Sohn aus zweiter Ehe, Bischof Gebhard von Regensburg[367] († 1060), zu erkennen, wie denn auch ihre bereits verstorbenen Verwandten (*cognati*) Siegfried, Eberhard und Hermann – angeblich alle Grafen – Anteil an der Stiftung hatten[368]. Verwandt waren sie mit jenem namentlich nicht genannten fränkischen Grafen[369], den Adelheid nach dem frühen Tod Heinrichs »von Worms« geheiratet hatte. Graf Hermann überließ Bischof Meginhard von Würzburg (1018–1034) für Anteile am Zehnt der Öhringer Kirche im Tausch das halbe Dorf Böckingen bei Heilbronn und Einzelbesitz zu Sülzbach und Heilbronn[370]. Die Forschung versucht schon seit langem, die verwandtschaftliche Beziehung zwischen der Kaisermutter Adelheid, ihrem Sohn Bischof Gebhard und den drei genannten Mitstiftern zu präzisieren[371]. Die wegen der erst später hinzugefügten Zubenennungen für die Verwandtschaftsverhältnisse des Adels um 1037 nur eingeschränkt verwertbaren Namen der Zeugen des Öhringer Stiftungsbriefes[372] lauteten in der ursprünglichen Fassung anscheinend wie folgt: Boppo, Hugo, Adelbertus,

---

364 WUB 1, S. 263ff., Nr. 222; vgl. K. WELLER, Die Öhringer Stiftungsurkunde von 1037, in: Württembergische Vierteljahrshefte für Landesgeschichte 39 (1933), S. 1–24, hier S. 3f.; H. DECKER-HAUFF, Der Öhringer Stiftungsbrief, in: Württembergisch-Franken 41 (1957), S. 17–31 (1) und 42 (1958), S. 3–32 (2); H. WAGNER, Genealogie der Grafen von Henneberg bis zur Mitte des 13. Jahrhunderts, in: O. VON BOTENLAUBEN (wie Anm. 353), S. 401–469, hier S. 411f.; Unverrückbar für alle Zeiten, Tausendjährige Schriftzeugnisse in Baden-Württemberg, hg. vom Generallandesarchiv Karlsruhe, bearbeitet von W. RÖSSLING und H. SCHWARZMAIER, Karlsruhe 1992, S. 88f., Nr. 25 (SCHWARZMAIER); LUBICH, »Güldene Freiheit« (wie Anm. 131), S. 100–105; DERS., Grafen von Comburg und Rothenburg (wie Anm. 82), S. 36–39 und öfters.
365 Vgl. DECKER-HAUFF, Öhringer Stiftungsbrief 1 (wie Anm. 364), S. 17f.; LUBICH, »Güldene Freiheit« (wie Anm. 131), S. 100–104; DERS., Grafen von Comburg und Rothenburg (wie Anm. 82), S. 36ff.
366 Vgl. Stefan KÖTZ, »Der Öhringer Stiftungsbrief«. Eine wissenschaftliche Neubewertung, in: Tübinger Bausteine zur Landesgeschichte, Bd. 7, hg. von Sönke LORENZ und Stephan MOLITOR, Ostfildern (erscheint in Kürze).
367 A. SCHMID, Art. 3. Gebhard III., in: LdMA 4, S. 1162f.; vgl. E. BOGER, Die Stiftskirche zu Öhringen, in: Württembergisch Franken NF 2–4 (1885), S. 1–99, hier S. 23–34; H. BRESSLAU, Jahrbücher des Deutschen Reichs unter Konrad II. Bd. 1: 1024–1031, Berlin 1879, Bd. 2: 1032–1039, Berlin 1884 [Ndr. Berlin 1967], hier 1, S. 2ff. u. S. 339–342, u. 2, S. 162f.
368 Vgl. BRESSLAU, Konrad II. (wie Anm. 367) 1, S. 340ff.; WELLER, Öhringer Stiftungsurkunde (wie Anm. 364), S. 14ff.; SCHWARZMAIER, Die Reginswindis-Tradition (wie Anm. 183), S. 184; D. MERTENS, Vom Rhein zur Rems. Aspekte salisch-schwäbischer Geschichte, in: Die Salier und das Reich, Bd. 1: Salier, Adel und Reichsverfassung, hg. von S. WEINFURTER unter Mitarbeit von H. KLUGER, Sigmaringen 1991, S. 221–252, hier S. 231, Anm. 59.
369 Vgl. BRESSLAU, Konrad II. (wie Anm. 367) 1, S. 339–342; BÖHMER-APPELT (wie Anm. 352), Nr. c.
370 Vgl. WENDEHORST, Bistum Würzburg 1 (wie Anm. 68), S. 91.
371 Vgl. WELLER, Öhringer Stiftungsurkunde (wie Anm. 364), S. 15f.; DECKER-HAUFF, Öhringer Stiftungsbrief 1 u. 2 (wie Anm. 364); JACKMAN, The Konradiner (wie Anm. 186), S. 54, 224, 251–258, 264, 267f. u. Table VI.
372 Vgl. WELLER, Öhringer Stiftungsurkunde (wie Anm. 364), S. 10–13; WAGNER, Genealogie der Grafen von Henneberg (wie Anm. 364), S. 411f.; LUBICH, »Güldene Freiheit« (wie Anm. 131), S. 100–105; DERS., Grafen von Comburg und Rothenburg (wie Anm. 82), S. 36–39.

Boppo, Eberhardus, Burchardus[373]. Eine nachträgliche Zubenennung nach der Comburg hat auch der Vogt von Öhringen erfahren, ein Graf Burchard[374]. Von diesem Namensbestand finden in der Murrhardter Forsturkunde Poppo und Eberhard Erwähnung, während in der Zeugenreihe des Stiftungsbriefs von Oberstenfeld die Brüder Adalbert, Eberhard und Burchard erscheinen, denen als weitere Brüder möglicherweise noch die folgenden Zeugen Rupert und Otto *de Glasehusen* hinzuzufügen sind.

Zur Gründung dieses Kanonissenstifts liegen zwei Urkunden vor, die angeblich 1016 geschrieben worden sind[375]. Es sind Fälschungen aus der Zeit um 1150, aber sie besitzen einen wahren Kern[376]. Der Baubestand der Krypta von Oberstenfeld weist in das frühe 11. Jahrhundert[377], und die vorhandene nekrologische Überlieferung ist ernstzunehmen, so daß man mit einigem Grund an einer Stiftung um 1016 festhalten kann[378]. Als Stifter geben sich ein Graf Adalhard und sein Sohn Heinrich zu erkennen. Man hat Heinrich als jenen Grafen *Hezil* von *Oberestenvelt* identifiziert, dessen Todestag das Nekrolog von St. Alban in Mainz unter dem 27. Januar 1054 notiert[379]. Die Zeugenreihe der Urkunde von 1016 nennt zuerst die Geistlichen, an ihrer Spitze Udalrich († 1032), seit 1024 Leiter der deutschen Kanzlei unter Heinrich II. und Konrad II.[380] Die Beziehungen des Kanzlers zu Oberstenfeld waren allerdings noch enger, als es der erste Platz unter den Zeugen

---

373 WELLER, Öhringer Stiftungsurkunde (wie Anm. 364), S. 8; DECKER-HAUFF, Öhringer Stiftungsbrief 1 (wie Anm. 364), S. 23. Die Urkunde selbst nennt als Zeugen: *Boppo, comes de Heninberc. Hugo, comes de Creginecka. Adelbertus, comes de Kalewa. Boppo, comes de Loufen. Eberhardus, comes de Ingeresheim. Burchardus, comes de Kamburc.*, WUB 1, S. 263ff., Nr. 222, hier S. 264. Grundsätzlich ist LUBICH, Grafen von Comburg und Rothenburg (wie Anm. 82), S. 36–39, zuzustimmen, daß die Zubenennungen der Zeugen durch den Fälscher auf spätere Verhältnisse zurückgehen, ob jedoch der der Fälschung zugrunde liegende Rechtsakt »zwischen 1078 und 1085« anzusetzen und das Jahr 1037 gänzlich zu verwerfen ist, scheint eher problematisch. Für sehr weit hergeholt halte ich die Identifizierung Eberhards mit Eberhard von Nellenburg, JACKMAN, The Konradiner (wie Anm. 186), S. 243, Anm. 193; DERS., Eherecht (wie Anm. 186), S. 178 mit Anm. 65.
374 DECKER-HAUFF, Öhringer Stiftungsbrief 1 (wie Anm. 364), S. 22.
375 WUB 1, S. 249–251, Nr. 211 und 212.
376 Vgl. G. HESS, Beiträge zur älteren Geschichte des Frauenstifts Oberstenfeld, in: ZWLG 9 (1949/50), S. 47–77; H. EHMER, Das Stift Oberstenfeld von der Gründung bis zur Gegenwart, in: Geistliches Leben und standesgemässes Auskommen. Adlige Damenstifte in Vergangenheit und Gegenwart, hg. von K. ANDERMANN (Kraichtaler Kolloquien, Bd. 1), Tübingen 1998, S. 59–89, hier S. 62f.; DERS., Oberstenfeld, in: ZIMMERMANN/PRIESCHING (Hg.), Württembergisches Klosterbuch (wie Anm. 187), S. 370ff.
377 Vorromanische Kirchenbauten. Katalog der Denkmäler bis zum Ausgang der Ottonen, bearbeitet von F. OSWALD, L. SCHAEFER, H. R. SENNHAUSER (Veröffentlichungen des Zentralinstituts für Kunstgeschichte in München 3), München 1966, S. 243.
378 SCHWARZMAIER, Die Reginswindis-Tradition (wie Anm. 183), S. 184.
379 HESS, Oberstenfeld (wie Anm. 376), S. 64; G. MEHRING, Stift Oberstenfeld, in: WVjH 6 (1897), S. 241–308, hier S. 263: 27. Januar *Ob. grave Hainrich. [...] der lit in der crufte;* Annales Wirziburgenses (MGH Scriptores 2, S. 238–247, ed. G. H. PERTZ, Hannover 1829), S. 244, ad. a. 1054: *Hezil comes de Oberestenvelt obiit 6. Kal. Februarii.*
380 HESS, Oberstenfeld (wie Anm. 376), S. 66ff.; H. BRESSLAU, Die Kanzlei Kaiser Konrads II. Mit neu bearbeiteten Regesten und drei ungedruckten Urkunden, Berlin 1869, S. 9f.; DERS., Handbuch der Urkundenlehre, Bd. 1, 2. Aufl. Leipzig 1912, S. 470 u. 472; J. FLECKENSTEIN, Die Hofkapelle der deutschen Könige. Teil 2. Die Hofkapelle im Rahmen der ottonisch-salischen Reichskirche (Schriften der MGH, Bd. 16/II), Stuttgart 1966, S. 98, 101, 159, 171 u. 178.

vermuten läßt: Udalrich liegt in der Stiftskirche begraben, wie der von Gebhard Mehring edierte Nekrolog von Oberstenfeld festgehalten hat[381]. Neben Udalrich, dessen früher Tod eine weiterführende Karriere in der Reichskirche unterband, haben auch Adalhard und Heinrich – vermutlich seine Verwandten – in Oberstenfeld ihr Grab gefunden[382]. Unter den Zeugen erscheint ferner *Heinricus, filius comitis Hecelonis/Ecellonis* – Hecelo ist eine Koseform von Heinrich, so daß hier möglichweise der 1027 bezeugte Graf Heinrich im Murrgau aufscheint. Das Oberstenfelder Nekrolog nennt überdies noch eine als Mutter der Stifter bezeichnete Gräfin Adeltrud sowie die Grafen Otto, Eberhard und Heinrich, die in der Stiftskirche ihr Grab fanden[383]. Die angeführten Namen werden seit langem ausführlich diskutiert, bieten sie doch zumeist die überhaupt einzige Gelegenheit, etwas über die Amtsträger und Helfer von König und Herzog, die Grafen, sowie über jene einflußreichen adligen Großen zu erfahren, auf die sich die Herrschaft des Reiches stützen konnte bzw. zu stützen hatte. Das Bild von diesem Personenkreis beruht weitgehend nur auf ihrer Nennung in wenigen Urkunden, die sich zudem nicht selten – wie die beiden Stiftungsbriefe von Oberstenfeld – als Fälschungen aus späterer Zeit erweisen. Die für Oberstenfeld genannten Namen weisen mit Adalbert, Adalhard, Burchard und Heinrich in die unterschiedlichsten Richtungen, ohne daß man sich zumeist auf eine Spur festlegen, sondern fast immer nur fragen kann, ob es beispielsweise einen verwandtschaftlichen Zusammenhang gibt mit den Grafen im großen Rangau, wo 996/997 ein Adalhart, 1005 ein Eberhard und 1008 ein Adalhart und ein Ruodbert amtierte[384].

Wie schon teilweise angesprochen notiert das Hirsauer Formular (1075) als Lagebezeichnung für Hirsau die *provincia* Franken, das Bistum Speyer, den Würmgau und den *comitatus* Ingersheim. Neben diesem Beleg und dem von 972 enthält der sogenannte Öhringer Stiftungsbrief von 1037 einen Hinweis auf die besondere Rolle von Ingersheim, findet man doch unter den sechs gräflichen Zeugen nicht nur *Adelbertus comes de Kalewa*, sondern auch einen *Eberhardus comes de Ingeresheim*[385]. Es wurde versucht zu zeigen, daß sich die Zeugenreihe an Grafen orientiert, die um 1090 gelebt und amtiert haben[386]. Trifft diese Beobachtung auch für den Grafen Eberhard zu, dann hätte in der fraglichen Zeit er und nicht Adalbert (II.) von Calw der Grafschaft Ingersheim vorgestanden. Mit Stephan Molitor möchte ich gleichwohl den »Grafen von Ingersheim« als Erfindung des

---

381 MEHRING, Oberstenfeld (wie Anm. 379), S. 260–291, hier S. 281f.: 10. September, *ob. Ulrich canzler;* zudem teilt eine heute nicht mehr erhaltene Bogeninschrift sein Sterbedatum mit: 10. September 1032, Die Inschriften des Landkreises Ludwigsburg, gesammelt und bearbeitet von A. SEELIGER-ZEISS u. H. U. SCHÄFER (Deutsche Inschriften, Bd. 25), Wiesbaden 1986, Nr. 2, S. 3f. (mit Abbildung in Tafel I): † . ANNO . DOM(INI) . IN[CAR(NATIONIS)] . C(HRISTI) / M.XXXII . IIII ID(VS) SEP(TEMBRIS) . O(BIIT) / OVDAL(RICVS) AVG(VSTORVM) HE / INRIC(I) KU[ON(RADI)] / CAN[CEL] / LAR[IVS]; vgl. HESS, Oberstenfeld (wie Anm. 376), S. 68; das Todesjahr nennen auch die Totenannalen von Fulda, Annales necrologici Fuldenses (MGH Scriptores 13, S. 161–218, ed. G. WAITZ, Hannover 1881), S. 211: *Ob. Uadalrich cancell.*; Klostergemeinschaft von Fulda (wie Anm. 308), S. 152.
382 EHMER, Oberstenfeld (wie Anm. 376), S. 63.
383 EHMER, Oberstenfeld (wie Anm. 376), S. 62f.
384 STÖRMER, Bemerkungen zu Graf und Grafschaft (wie Anm. 168), S. 90.
385 WUB 1, S. 264, Nr. 222.
386 Vgl. H. WAGNER, Zur Genealogie der Grafen von Henneberg, in: Mainfränkisches Jahrbuch 32 (1980), S. 70–104, hier S. 83f.; LUBICH, Grafen von Comburg und Rothenburg (wie Anm. 82), S. 38f.

Fälschers betrachten[387]. Hingegen ist das amtliche Wirken von Adalberts (II.) gleichnamigem Enkel im Bereich von Neckarbecken und *comitatus* Ingersheim gut zu fassen. Adalbert (IV.) von Calw ist als amtierender Graf im – sonst nicht erwähnten[388] – Schozachgau (1102)[389] und in Heiningen bei Backnang (1134)[390] bezeugt. Seine Position wird in wünschenswerter Deutlichkeit vom *Codex Hirsaugiensis* anläßlich einer Schenkung beschrieben, die in das Abbatiat von Bruno von Beutelsbach (1105–1120)[391] fällt: Ein gewisser Wilhelm von Hessigheim hatte dem Kloster »über dem Altar der heiligen Apostel Petrus und Paulus im Kloster Hirsau« eine *terra salica* in Hessigheim nebst einem Weingut von sechs Wagenladungen Ertrag gestiftet[392]. »Damit diese Schenkung aber immer sicher und unerschütterlich bleiben möge, kam dieser Wilhelm nach Ingersheim an einen für weltliche Rechtsverhandlungen bestimmten Platz« und sagte sich in Gegenwart von Abt Bruno und Graf Adalbert (IV.) sowie vielen rechtschaffenen und geeigneten Zeugen von allen Besitzrechten am Schenkungsgut los. Hier wird ausführlich und deutlich die Funktion von Ingersheim im Rahmen der Organisation des von Graf Adalbert verwalteten *comita-*

---

387 S. MOLITOR, Ein »Grafentag« in Ingersheim (1105/1120), in: Ludwigsburger Geschichtsblätter 53 (1999), S. 9–13. Anzumerken bleibt, daß es »um 1090« einen gewissen *Burckardus de Ingersheim* gab, den der Codex Hirsaugiensis anläßlich einer Schenkung als ersten Zeugen nennt, CH (wie Anm. 133), S. 35 (fol. 38b), vor Graf Werner von Grüningen – zur Person: S. SCHIPPERGES, Der Bempflinger Vertrag von 1089/90. Überlieferung und historische Bedeutung, Esslingen 1990, S. 55–71 – sowie dem Speyrer Hochstiftsvogt Egbert – A. DOLL, Vögte und Vogtei im Hochstift Speyer im Hochmittelalter, in: ZGO 117 (1969), S. 245–273, hier S. 249; GRAFEN, Forschungen zur älteren Speyerer Totenbuchüberlieferung (wie Anm. 192), S. 156 – und anderen nicht unbedeutenden Adligen; und noch im zweiten Viertel des 12. Jahrhunderts lassen sich mehrfach Adlige mit den Namen Berthold und Adalbert nachweisen, die nach Ingersheim benannt werden, WUB 1, S. 382f., Nr. 302 (1134): *Bertholfus de Ingirsheim* hat die Erträge eines *praedium* in Besitz, das Markgraf Hermann von Baden dem Stift Backnang überläßt. Das *praedium* liegt *in pago Hvningen […] in comitatu Adelberti,* unter den Zeugen: *Bertholdus de Ingirsheim;* vgl. STÄLIN (wie Anm. 84) 2, S. 381; WUB 2, S. 40, Nr. 324 (1147): ebenso ein *Albertus de Ingirsheim;* ebd, S. 45, Nr. 327 (1148): unter den Zeugen *Adelbertus de Ingirsheim;* vgl. LUBICH, Grafen von Comburg und Rothenburg (wie Anm. 82), S. 38; FRITZ, Kloster Murrhardt (wie Anm. 82), S. 129 u. 144.

388 STÄLIN (wie Anm. 84) 1, S. 324.

389 MGH D IV 475 (= WUB 1, S. 331f., Nr. 262): *[…] predium quoddam Ilisvelt dictum in pago Scuzingowi in comitatu Adelberti comitis situm;* vgl. STÄLIN (wie Anm. 84) 1, S. 324 u. 542; 2, S. 368 u. 377; siehe Anm. 192. BAUER, Die Grafen von Kalw und Löwenstein (wie Anm. 351), S. 236 geht vom Datum einer Urkunde Bischof Gunthers von Speyer aus, WUB 2, S. 106ff., Nr. 357, in dem die Schenkung von 1102 festgehalten wird, und identifiziert deshalb den *comes* fälschlicherweise mit Adalbert (V.).

390 WUB 1, S. 382f., Nr. 302 (1134): *[…] in pago Hvningen […] in comitatu Adelberti;* vgl. STÄLIN (wie Anm. 84) 2, S. 381; LBW (wie Anm. 4) 3, S. 481 und 501.

391 K. SCHREINER, Sozial- und standesgeschichtliche Untersuchungen zu den Benediktinerkonventen im östlichen Schwarzwald (Veröffentlichungen der Kommission für geschichtliche Landeskunde in Baden-Württemberg, Reihe B, Bd. 31), Stuttgart 1964, S. 140, Nr. 4.

392 CH (wie Anm. 133), S. 36 (fol. 39b, 40a): *[…] Ut autem hec traditio firma et inconcussa semper permaneret, idem Wilhelmus venit ad Ingerssheim in locum secularibus placitis constitutum, ubi predictus abbas Hirsaugiensis cum comite Adalberto presens erat, et cum multis probis et idoneis huius rei testibus, ubi etiam idem Wilhelmus omni proprietate eiusdem predii se abdicavit nullo contradicente, et hoc coram omnibus confessus est et confirmavit […];* MOLITOR, Ein »Grafentag« in Ingersheim (wie Anm. 387), S. 11f. – mit Übersetzung; vgl. SCHMID, Hirsau und seine Stifter (wie Anm. 169), S. 124.

tus aufgezeigt: Ingersheim war der Ort der Dingversammlungen, und dies vermutlich bereits seit längerer Zeit. Über diese Funktion wurde Ingersheim schließlich zum Bestandteil der Comitatsbezeichnung. Die Zubenennungen der Zeugen ergeben überdies auch in diesem Fall einen gewissen Eindruck von der Ausdehnung dieses Comitats. So werden als Siedlungen genannt: Hochdorf an der Enz, Steinheim an der Murr, Rielingshausen, Erdmannhausen, Bottwar, Schwaigern, Illingen, Bietigheim, (Ober- bzw. Unter-) Riexingen, Löchgau und Murr[393] – also Siedlungen im Gartach-, Zaber-, Enz- und Murrgau. Ausweislich einer weiteren Schenkungsnotiz im *Codex Hirsaugiensis* lag auch Nußdorf »im Enzgau« im Comitat Ingersheim[394].

Die ältere Forschung war stark von der Vorstellung geprägt, daß Gau und Grafschaft in aller Regel die Zeiten vom 8. bis zum frühen 12. Jahrhundert mehr oder weniger unverändert überstanden haben. So hat beispielsweise Gehrig bei seiner Betrachtung und Beschreibung des Comitats Ingersheim auch solche Belege verwendet, in denen dieser Comitat nicht expressis verbis genannt, sondern lediglich von personenbezogenen Comitaten die Rede war[395]. Den *comitatus,* den Graf Walaho 902 innehatte und der lediglich mit den Enzgau-Orten Ötisheim und (Ober- bzw. Unter-)Riexingen abgesteckt wird, kann man jedenfalls nicht einfach mit dem erstmals 972 erwähnten Comitat Ingersheim gleichsetzen. Möglicherweise war der Enzgau um diese Zeit schon zwischen zwei Comitaten aufgeteilt und seine westliche Hälfte in den den Kraichgau umfassenden Grafschaftsbezirk eingegliedert. Der Comitat Graf Burchards, den eine zwischen 962 und 978 ausgestellte Urkunde umrißhaft aufscheinen läßt, betraf Orte im Murr-, Zaber- und Gartachgau, und könnte sehr wohl mit dem nach Ingersheim benannten Amtsbezirk identisch sein, wie er 972 mit einer ganzen Zahl von im Murrgau zu lokalisierenden Siedlungen begegnet. Vermuten darf man, daß jene beiden Comitate, die 1003 einem Grafen Adalbert mit dem Zabergau-Ort Kirchheim am Neckar sowie 1009 einem Grafen gleichen Namens mit dem Murrgau-Ort Marbach unterstanden, nicht nur identisch sind, also sowohl den Zaber- als auch den Murrgau umfassen, sondern auch dem Comitat Ingersheim entsprechen – gleichgültig ob es sich um ein und denselben Amtsträger handelt oder nicht. Nach Angabe der Quellen umfaßte der von den Grafen von Calw verwaltete Comitat Ingersheim im späten 11. und frühen 12. Jahrhundert ausdrücklich den Würm- sowie den Murrgau und den (östlichen) Enzgau. Ob auf den Dingversammlungen in Ingersheim zu dieser Zeit auch Angelegenheiten verhandelt wurden, die Besitz in Siedlungen im Zaber-, Schozach- und Gartachgau betrafen bzw. in dem einige dieser *pagi* umfassenden fränkischen Neckargau, kann man mit einigem Grund vermuten. Ob dies im gleichen Zeithorizont auch für Siedlungen des Glemsgaus gilt, könnte man immerhin diskutieren[396].

Die Nachrichten im *Codex Hirsaugiensis* über den Comitat Ingersheim sind zugleich die letzten. Sie zeugen von einem noch in amtsrechtlichen Vorstellungen verwurzelten regionalen Grafschaftsgerüst. Doch war dieses um die Wende vom 11. zum 12. Jahrhun-

---

393 Vgl. Molitor, Ein »Grafentag« in Ingersheim (wie Anm. 387), S. 12f.
394 CH (wie Anm. 133), S. 57 (fol. 69a,b): *Udalricus de Waibstat pro se et filio suo Heinrico occiso dedit sancto Petro in monasterio Hirsaugiensi predium quoddam cum omni proprietatis iure, quod est situm in villa Nussdorf in Entzgowe in comitatu Ingerssheim.*
395 Vgl. Gehrig, Grenzen (wie Anm. 82), S. 84–96.
396 Dies gilt auch für die Versuche ebd., S. 86–90.

dert – wie Kurt Reindel treffend formuliert – zu einem System dynastischer, von den Stammburgen aus agierender und immer weniger an den Gauen orientierter Erbgewalten geworden, die sich nur noch bedingt dem amtsrechtlichen Zugriff des Königs fügten[397]. Dies zeigt auch das Beispiel der Grafen von Calw, die sich in Calw und Löwenstein zwei neuartige Herrschaftsmittelpunkte schufen. Die Burg Löwenstein, deren Anlage um 1070/80 durch Adalbert (III.) vermutet wird[398] und nach der sich Adalbert (IV.) von Calw zu benennen begann (erstmals 1123 bezeugt[399]), lag im äußersten Osten des Calwer Herrschaftsbereichs. Sie kontrollierte nicht nur die hochmittelalterliche Straße vom Heilbronner Becken nach Schwäbisch Hall, sondern diente auch – vergleichbar mit der Rolle der Burg Calw im Westen – zur Siedlungserschließung der nach ihr benannten Löwensteiner Berge[400]. Noch im frühen 12. Jahrhundert schritten die Grafen von Calw auf dem Weg der Territorialisierung erfolgreich voran und waren nicht mehr weit davon entfernt, ihre diversen und vor allem im Grafenamt und in der Reichskirchenvogtei wurzelnden Rechte im Bereich der Gäulandschaften zu bündeln und zu einer flächenhaften Herrschaft zusammenzufassen. Schon Graf Adalbert (II.) besaß eine herausragende Position gegenüber der Reichsabtei Lorsch im (Ober-)Rheingau[401]. Adalbert verfügte als Äquivalent seiner Tätigkeit für Lorsch über große Lehen, doch werden sie nicht genannt und sind auch aus späteren Nachrichten kaum zu erschließen, da sich Adalberts Sohn Gottfried weitere Lorscher Lehen – insgesamt ist von *septem principalia beneficia, qu? uulgo appellantur vollehen* die Rede – aneignete[402]. Während Adalbert (IV.) im Osten um Löwenstein einen Territorialkomplex aufzubauen begann, benutzte sein Onkel Gottfried im Westen die Vogtei über Hirsau – wie das Beispiel Heilbronn zeigt, auch unter Mißachtung der Rechte des Klosters[403] –, seinen Schirm über Güter der Reichsabtei Lorsch und sein Grafenamt zum Herrschaftsausbau. Er wurde 1113 von Kaiser Heinrich V. zum lothringischen Pfalzgrafen[404] ernannt. Dies erweiterte seinen Einflußbereich und bot neue Möglichkeiten. Doch mit Gottfrieds Tod 1133, den Übergang seines Haupterbes auf seinen Schwieger-

---

397   K. REINDEL, Königtum und Kaisertum der Liudolfinger und frühen Salier in Deutschland und Italien (919–1056), in: Handbuch der europäischen Geschichte, Bd. 1, hg. von Th. SCHIEFFER, Stuttgart 1976, S. 688.
398   FRITZ, Löwenstein-Calw (wie Anm. 347), S. 50f.
399   WUB 1, S. 354f., Nr. 279 (Stumpf 3186); wichtig für die Überlieferung: H. HIRSCH, Studien über die Privilegien süddeutscher Klöster des 11. und 12. Jahrhunderts, in: MIÖG Erg. Bd. 7 (1907), S. 471–612, hier S. 536–543; vgl. STÄLIN (wie Anm. 84) 2, S. 379; auf Adalbert (IV.) bleibt auch folgender Eintrag im Codex Hirsaugiensis (wie Anm. 133), S. 38 (fol. 42b) zu beziehen: *Schwiggerus filius eius* [des Swigger von Eberdingen] *cum matre sua Glismut et sorore Liutgarde dedit duas hubas et dimidiam ad Gebrichingen* [Göbrichen, heute Neulingen, Enzkreis] *in manu domini sui Adalberti comitis de Loewenstein;* vgl. LBW (wie Anm. 4) 3, S. 467 u. 5, S. 570f.
400   Vgl. LBW (wie Anm. 4) 4, S. 26f.
401   Vgl. S. LORENZ, Herrschaftswechsel: Calwer, Welfen und Tübinger zwischen Schwarzwald und Neckar (12. Jahrhundert), in: ZGO 147 (1999), S. 29–60, hier S. 41ff.
402   CL (wie Anm. 37) 1, S. 423 (Kap. 143a); vgl. SEMMLER, Abtei Lorsch (wie Anm. 38), S. 105 u. 123f.; F. KNÖPP, Das letzte Jahrhundert der Abtei, in: KNÖPP (Hg.), LORSCH (wie Anm. 38), S. 175–226, hier S. 177; H. WERLE, Staufische Hausmachtpolitik am Rhein im 12. Jahrhundert, in: ZGO 110 (1962), S. 241–370, hier S. 366f.; ferner STÄLIN (wie Anm. 84) 2, S. 269, 374, 376 u. 381.
403   Vgl. JÄSCHKE, Heilbronn (wie Anm. 7), S. 61–67.
404   Vgl. M. SCHAAB, Pfalzgrafschaft b. Rhein, in: LdMA 6, S. 2013–2018; DERS., Geschichte der Kurpfalz. Bd. 1: Mittelalter, Stuttgart 1988, S. 18–35.

sohn Welf VI., den militärischen Erbschaftsauseinandersetzungen Welfs mit Adalbert (IV.), in die die Staufer nicht ohne Erfolg einzugreifen verstanden, begann sich die Situation grundlegend zu ändern. Jetzt traten neue Kräfte auf den Plan, die dem Territorialisierungsprozeß im Bereich von Neckar und Gäulandschaften eine andere Richtung gaben und den sich zudem in verschiedene Linien aufspaltenden Grafen von Calw nur noch eine zweitrangige Rolle überließen.

XIII. Die Herrschaft der Salier

Ist es Zufall, daß in den über rund vierhundert Jahre verstreuten Nachrichten, die bisher mehr oder weniger kurz angesprochen bzw. erwähnt wurden, Besigheim erst ganz am Ende, 1153, auftaucht? Weder in den Urbaren, Urkunden und sonstigen Aufzeichnungen der großen Klöster des Karolingerreiches wie Lorsch, Fulda und Weißenburg noch in der hochmittelalterlichen Hirsauer Überlieferung, wie sie vor allem der *Codex Hirsaugiensis* und die beiden Reichenbacher Schenkungsbücher bieten, findet sich eine Spur, die nach Besigheim führt. Da ist z. B. von Besitz und Rechten in Bönnigheim[405], Gemmrigheim[406], Walheim[407] und Hessigheim[408] die Rede, aber Besigheim bleibt die ganze Zeit ein weißer Fleck, und nur das Cyriacus-Patrozinium sowie das 1153 mitgeteilte Faktum seiner Qualität als Königshof erlauben, einige mehr oder weniger hypothetische Überlegungen vorzutragen. Sie ergaben das Bild eines Königshofes, der wohl wie Heilbronn und Lauffen früh in die Verfügung der Karolinger geraten war. Wenn um die Mitte des 11. Jahrhunderts die Kaiserin Agnes († 1077), die als Tochter Herzog Wilhelms V. von Aquitanien und Poitou Besigheim wohl kaum mit in die Ehe gebracht haben kann, den Königshof an das Kloster Erstein im Elsaß schenkte, dann muß er sich in der Hand ihres Gemahls Heinrich III. (reg. 1039–1056) befunden haben, dem sie 1043 angetraut wurde und von dem sie nach allgemeiner Ansicht Besigheim zugewiesen erhielt, vermutlich als Heiratsgut[409]. Im übrigen bleiben die Verhältnisse in Besigheim während der rund hundert Jahre anhaltenden

---

405   CH (wie Anm. 133), S. 28 (fol. 30a), 32 (fol. 34b), 38 (fol. 42b), 40 (fol. 45b), 44 (fol. 51a) u. 57 (fol. 69b).
406   Vgl. MOLITOR (Hg.), Das Reichenbacher Schenkungsbuch (wie Anm. 135), S. 110 (P2), S. 110f. (P3) u. S. 136f. (P52–55) und öfters.
407   MGH D H IV 280; vgl. LORENZ, Herrschaftswechsel, S. 37; CH (wie Anm. 133), S. 25 (fol. 25b/25a), 26 (fol. 27b), 35 (fol. 39a), 38 (fol. 43a), 40 (fol. 45a) u. 55 (fol. 66b/67a); K. O. MÜLLER, Traditiones Hirsaugienses, in: ZWLG 9 (1949/50), S. 21–46, hier S. 30 u. 43 (22); vgl. K. SCHREINER, Walheim im Mittelalter und in der Frühneuzeit, in: 900 Jahre Walheim, Aalen 1971, S. 33–73, hier S. 33–38.
408   CH (wie Anm. 133), S. 28 (fol. 30a), 32 (fol. 35a), 36 (fol. 39b/40a), 44 (fol. 51a), 45 (fol. 52a/b), 47 (fol. 55a), 52 (fol. 61b/62a) u. 52f. (fol. 63a); MÜLLER (Hg.), Traditiones Hirsaugienses (wie Anm. 407), S. 30 u. 43 (22).
409   Vgl. SCHWARZMAIER, Besigheim (wie Anm. 1), S. 11f. u. 13ff.; DERS., Von Speyer nach Rom. Wegstationen und Lebensspuren der Salier, Sigmaringen 1992, S. 78–82; M. BLACK-VELDTRUP, Kaiserin Agnes (1043–1077). Quellenkritische Studien (Münstersche Historische Forschungen, Bd. 7), Köln, Weimar, Wien 1995, S. 164, 168f., 185, 272, 278f. u. 282; P. SCHEFFER-BOICHORST, Zur Geschichte der Reichsabtei Erstein, in: ZGO NF. 4 (1889), S. 283–299, hier S. 288f.; nichtssagend und unzutreffend: R. FRIEDEL, Geschichte des Fleckens Erstein, Erstein 1927, S. 70f. u. 229.

Zugehörigkeit zu Erstein völlig verborgen. Zu fragen ist, ob Besigheim als Reichsgut in die Verfügung des Kaisers gelangt war oder – um nur die naheliegendste unter den durchaus nicht wenigen Möglichkeiten von denkbaren Besitzveränderungen anzusprechen – ob es sich um sein salisches Erbe gehandelt haben könnte. Mit Heinrichs III. Vater Konrad II., 1024 zum König gewählt und 1027 zum Kaiser gekrönt, begann bekanntlich die Reihe der salischen Herrscher. Sie stammten von Konrad dem Roten ab, jenem engen Vertrauten Kaiser Ottos I. (912–973), der – zeitweilig Herzog von Lothringen – in der Ungarnschlacht auf dem Lechfeld bei Augsburg (955) sein Leben verlor. Wie sein Vater Werner amtierte Konrad der Rote als Graf im Worms-, Nahe- und Speyergau, zu denen er noch einen weiteren Comitat im Niddagau gewann[410]. Die herausgehobene Stellung dieses Mannes, dessen Mutter von den meisten zur Familie der Konradiner gerechnet wird[411], verdeutlicht zudem seine Ehe mit Liutgart (931–953), der Tochter Ottos des Großen. Dieser Verbindung entstammte Otto »von Worms« († 1004), den sein Onkel, Kaiser Otto II. (955–983), 978 zum Herzog von Kärnten erhob[412]. Der Herzog war mit Judith verheiratet, über deren Herkunft sich die Quellen jedoch ausschweigen[413]. Ihre Kinder waren der wohl bald nach 989 verstorbene Heinrich »von Worms«[414] – der Vater Kaiser Konrads II. –, der zum Geistlichen bestimmte Bruno († 999) – 996 als erster Deutscher unter dem Namen Gregor V. zum Papst erhoben[415], Herzog Konrad von Kärnten († 1011) und der Geistliche Wilhelm († 1046/47), Kapellan von Konrads II. Frau Gisela und seit 1028/29 Bischof von Straßburg.

Herzog Otto »von Worms« hat die Stellung seines Geschlechts in Rheinfranken weiter ausbauen können und neben Worms-, Nahe- und Speyergau auch noch im Maienfeld, Elsenz- und Kraichgau als Graf amtiert[416]. Als er, der Vogt von Weißenburg, um 984/85

---

410 Vgl. BALDES, Die Salier und ihre Untergrafen (wie Anm. 307), S. 26ff. u. 34f.; E. BOSHOF, Die Salier (Urban-Taschenbücher, Bd. 387), 3., verbesserte u. ergänzte Aufl. Stuttgart 1987, S. 10ff.; A. DOLL, Die Salier in rheinisch-pfälzischen Landen, in: Vor-Zeiten, Bd. 1, Mainz 1985, S. 71–94 [erneut abgedruckt in: Ubi maxima vis regni esse noscitur: ausgewählte Abhandlungen zur pfälzischen Geschichte von L. A. DOLL, hg. von H. HARTHAUSEN (Quellen und Abhandlungen zur mittelrheinischen Kirchengeschichte, Bd. 96), Mainz 1999, S. 165–179], hier S. 81f.; A. GERLICH, Konrad der Rote, in: LdMA 5, S. 1344.
411 FRIED, Prolepsis oder Tod (wie Anm. 186), S. 119 (Stammtafel); ablehnend: GRESSER, Bistum Speyer (wie Anm. 196), S. 79–86.
412 Vgl. W. GLOCKER, Die Verwandten der Ottonen und ihre Bedeutung in der Politik. Studien zur Familienpolitik und zur Genealogie des sächsischen Kaiserhauses (Dissertationen zur mittelalterlichen Geschichte 5), Köln, Wien 1989, S. 220–225; SCHREIBMÜLLER, Die Ahnen Kaiser Konrads II. (wie Anm. 303), S. 206–213; H. DOPSCH, Otto von Worms, in: LdMA 6, S. 1577; F. STAAB, Reich und Mittelrhein um 1000, in: 1000 Jahre St. Stephan in Mainz. Festschrift, hg. von H. HINKEL (Quellen und Abhandlungen zur mittelrheinischen Kirchengeschichte, Bd. 63), Mainz 1990, S. 59–100, hier S. 66–71; GRESSER, Bistum Speyer (wie Anm. 196), S. 102–112.
413 BRESSLAU, Konrad II. (wie Anm. 367) 1, S. 2; HLAWITSCHKA, Habsburg-Lothringen (wie Anm. 309), S. 65, Anm. 66.
414 BÖHMER-APPELT (wie Anm. 352), Nr. b; BRESSLAU, Konrad II. (wie Anm. 367) 1, S. 3f.
415 T. STRUVE, Gregor V. in: LdMA 4, S. 1668.
416 BALDES, Die Salier und ihre Untergrafen (wie Anm. 307), S. 34ff.; DOLL, Salier (wie Anm. 410), S. 82; STAAB, Reich und Mittelrhein um 1000 (wie Anm. 412), S. 66f.; ob jedoch auch im Ufgau, wie BRESSLAU, Konrad II. (wie Anm. 367) 1, S. 6 annimmt, scheint eher fraglich, vgl. KELLER, Kloster Einsiedeln (wie Anm. 359), S. 76f. und 162f.; ZOTZ, Breisgau (wie Anm. 234), S. 117ff.; HLAWITSCH-

auf das Weißenburger Klostergut zugriff und sich 68 Höfe (*curtes*) aneignete[417], lagen viele dieser Höfe rechts des Rheins, und zwar im Uf- und Pfinzgau, aber auch in jener Region, die andernorts als Würm-, Glems- bzw. Enzgau aufscheint, so Renningen[418], Simmozheim[419], Bietigheim[420], Bissingen[421], (Unter-)Riexingen[422] und (Groß-)Glattbach[423]. Wenige Jahre früher hatte Herzog Otto I. von Schwaben († 982), über seinen Vater Herzog Liudolf († 957) ein Enkel Kaiser Ottos I., der Abtei Weißenburg ihren Besitz in Asperg und Hemmingen entrissen[424]. Weißenburger Besitz konnte zudem in Großsachsenheim[425], Roßwag[426], Mönsheim[427], Heimerdingen[428] und bei Möglingen[429] nachgewiesen werden. Die rechtsrheinische Position der Salier erfuhr 1002 noch einen wesentlichen

KA, Untersuchungen zu den Thronwechseln (wie Anm. 305), S. 107; JACKMAN, The Konradiner (wie Anm. 186), S. 23f., 119f., 174f. u. 266f.
417 BOSSERT, Württembergisches (wie Anm. 85), S. 286ff.; vgl. H. WERLE, Die salisch-staufische Obervogtei über die Reichsabtei Weißenburg, in: Archiv für mittelrheinische Kirchengeschichte 8 (1956), S. 333–338, hier S. 333ff.; H. GRAF, War der Salier, Graf Otto von Worms, Herzog von Kärnten, (955–1004), unter Ausnützung der Schwäche der Reichsregierung ein Raffer von Reichsland und ein Räuber von Klostergut? In: Blätter für pfälzische Kirchengeschichte und religiöse Volkskunde 27 (1960), S. 45–60; A. SCHÄFER, Das Schicksal des Weißenburgischen Besitzes im Uf- und Pfinzgau. Ein Beitrag zur Geschichte hochadliger Herrschaftsbildung im Uf- und Pfinzgau im 12. und 13. Jahrhundert, in: ZGO 111 (1963), S. 65–93, hier S. 73f.; K. SCHMID, Baden-Baden und die Anfänge der Markgrafen von Baden, in: ZGO 140 (1992), S. 1–37, hier S. 18f.; SCHAAB, Adlige Herrschaft (wie Anm. 104), passim; ausführlich und mit einer eigenen Interpretation: STAAB, Reich und Mittelrhein um 1000 (wie Anm. 412), S. 68f. mit Anm. 33; GRESSER, Bistum Speyer (wie Anm. 196), S. 107f.; Th. ZOTZ, Adelsherrschaften am Mittelrhein um 1000, in: Bischof Burchard von Worms 1000–1025, hg. von W. HARTMANN (Quellen und Abhandlungen zur mittelrheinischen Kirchengeschichte, Bd. 100), Mainz 2000, S. 349–369, hier S. 361 und öfters.
418 Vgl. BOSSERT, Württembergisches (wie Anm. 85), S. 273f., Nr. 3, S. 274, Nr. 5, S. 276f., Nr. 16f., S. 281, Nr. 29, S. 282, Nr. 32, u. S. 287, Nr. 36; F. STAAB, Episkopat und Kloster. Kirchliche Raumerschließung in den Diözesen Trier, Mainz, Worms, Speyer, Metz, Straßburg und Konstanz im 7. Jahrhundert durch die Abtei Weißenburg, in: Archiv für mittelrheinische Kirchengeschichte 42 (1990), S. 13–56, hier S. 46, Nr. 76.
419 Vgl. BOSSERT, Württembergisches (wie Anm. 85), S. 275, Nr. 9, u. S. 288, Nr. 36; STAAB, Episkopat und Kloster (wie Anm. 418), S. 46, Nr. 77.
420 Weißenburg besaß zwei Orte dieses Namens: BOSSERT, Württembergisches (wie Anm. 85), S. 275, Nr. 10, S. 288, Nr. 36, u. S. 277f., Nr. 21 – die eine Siedlung lag im Enzgau (Nr. 10 u. 36), die andere (Nr. 21) im Ufgau, vgl. SCHÄFER, Schicksal des Weißenburgischen Besitzes (wie Anm. 417), S. 74; DERS., Reichslandpolitik (wie Anm. 351), S. 186; SCHAAB, Adlige Herrschaft (wie Anm. 104), S. 14; STAAB, Episkopat und Kloster (wie Anm. 418), S. 46, Nr. 82.
421 BOSSERT, Württembergisches (wie Anm. 85), S. 275, Nr. 11, u. S. 288, Nr. 36; STAAB, Episkopat und Kloster (wie Anm. 418), S. 46, Nr. 83.
422 BOSSERT, Württembergisches (wie Anm. 85), S. 276, Nr. 15, u. S. 288, Nr. 36; STAAB, Episkopat und Kloster (wie Anm. 418), S. 47, Nr. 87.
423 BOSSERT, Württembergisches (wie Anm. 85), S. 277, Nr. 18, u. S. 288, Nr. 36; STAAB, Episkopat und Kloster (wie Anm. 418), S. 45, Nr. 72.
424 BOSSERT, Württembergisches (wie Anm. 85), S. 282, Nr. 33; zu Asperg: ebd., S. 278f., Nr. 24; zu Hemmingen: ebd., S. 278, Nr. 23; STAAB, Episkopat und Kloster (wie Anm. 418), S. 46, Nr. 79 u. 81.
425 STAAB, Episkopat und Kloster (wie Anm. 418), S. 46, Nr. 84.
426 Ebd., S. 46, Nr. 86.
427 Ebd., S. 45, Nr. 75.
428 Ebd., S. 46, Nr. 78.
429 Ebd., S. 47, Nr. 88: +Vöhingen; siehe Anm. 155.

Ausbau, als Heinrich II. ihnen im Gegenzug für den Verzicht auf ihre Rechte in Worms den Königshof Bruchsal mit dem riesigen Forst Lußhardt überließ[430]. Vermutlich rund 20 Jahre später gelang den Saliern zudem der Ausgriff in das Remstal, in einer Zeit also, als die Führung des Hauses bei Konrad II. lag. Das war nach 1011 der Fall, nach dem Tod seines Onkels, Herzog Konrads von Kärnten. Der Herzog hinterließ zwei Söhne, Konrad d. J. und Bruno. Die Zeitgenossen bezeichneten den späteren Kaiser im Gegensatz zu seinem »jüngeren« Vetter als Konrad »den Älteren«. Kaiser Heinrich II. überging den wohl noch unmündigen Konrad d. J. bei der Vergabe des Herzogsamts von Kärnten, das er Adalbero von Eppenstein übertrug. Konrad »der Ältere« übernahm jetzt die Führung des Hauses und scheint in der schwierigen Situation auch die Interessen seines Vetters nachhaltig vertreten zu haben. Die beiden Konrade besaßen anscheinend kein Amt vom König und mußten sich vorrangig auf das salische Hausgut stützen. In dieser schwierigen Situation gelang Konrad »dem Älteren« eine Heirat[431], die ihn in die Lage versetzte, seine schwache Position entscheidend zu verbessern, und die ihm möglicherweise auch den Herrschaftskomplex Waiblingen einbrachte. Er heiratete um 1016 Gisela, Tochter Herzog Hermanns II. von Schwaben († 1003) und Gerbergas († 1018/19), die König Konrad von Burgund († 993) und Mathilde zu Eltern hatte. Mathilde entstammte der Ehe des westfränkischen Königs Ludwig IV. d'Outre-Mer (920–954) mit Gerberga, einer Tochter des ostfränkischen Königs Heinrich I. († 936). Hermanns II. Frau Gerberga kam folglich nicht nur aus einem Königshaus, sondern stammte überdies von den Karolingern und den Ottonen ab. Für Konrad besaß seine Ehe überdies materielle Aspekte, waren doch Gisela und ihre Schwestern Mathilde und Beatrix die Erben des Allods Herzog Hermanns II. von Schwaben. Da Mathilde († 1031/32) in erster Ehe mit Herzog Konrad von Kärnten verheiratet gewesen war, dem Vater Konrads des Jüngeren, und Beatrix Adalbero von Eppenstein[432] († 1039) zum Mann hatte, den derzeitigen Herzog von Kärnten, standen sich 1019 in einer Schlacht bei Ulm jene drei Männer gegenüber, die sich berechtigt sahen, um das Erbe zu streiten. Die beiden Konrade agierten gemeinsam und konnten ihren Gegner Adalbero niederringen und in die Flucht schlagen[433]. So ist schon öfters die Vermutung geäußert worden, daß sich die beiden Konrade mit diesem Sieg einen Teil des herzoglichen Erbes sichern konnten[434], als dessen Bestandteil man auch den ehemaligen

---

430 BÖHMER-GRAFF (wie Anm. 348), Nr. 1509; BOSHOF, Salier (wie Anm. 410), S. 25; H. SCHWARZMAIER, Bruchsal und Brüssel. Zur geschichtlichen Entwicklung zweier mittelalterlicher Städte, in: Oberrheinische Studien, Bd. 3, hg. von A. SCHÄFER, Karlsruhe 1975, S. 209–235, hier S. 226f.; MAURER, Bruchsal (wie Anm. 44), S. 67f.; MERTENS, Vom Rhein zur Rems (wie Anm. 368), S. 229; H. GRAFEN, Die Speyerer im 11. Jahrhundert. Zur Formierung eines städtischen Selbstverständnisses in der Salierzeit, in: BÖHME (Hg.), Siedlungen und Landesausbau zur Salierzeit 2 (wie Anm. 157), S. 97–152, hier S. 110–114.
431 BÖHMER-APPELT (wie Anm. 352), Nr. e.
432 I. HEIDRICH, Art. Adalbero von Eppenstein, in: LdMA 1, S. 91.
433 BÖHMER-APPELT (wie Anm. 352), Nr. g.
434 S. HIRSCH, Jahrbücher des Deutschen Reichs unter Heinrich II., Bd. 3, hg. u. vollendet von H. BRESSLAU, Berlin 1875, S. 116; R. HOLTZMANN, Geschichte der sächsischen Kaiserzeit, München 1941, S. 459; BÖHMER-APPELT (wie Anm. 352), Nr. g; P. HILSCH, Regenbach und die Schenkung der Kaiserin Gisela, in: ZWLG 42 (1983), S. 52–81, hier S. 58f.; bedenkenswert auch MAURER, Der Herzog von Schwaben (wie Anm. 24), S. 94

Fiskalkomplex im Remstal vermuten darf, über den Konrads Nachfolger verfügten[435]. Die Struktur dieses großen Königshofes, den die Karolinger mehrfach besucht hatten, läßt sich in etwa noch aus der spätmittelalterlichen Pfarrorganisation ermitteln. Teile davon gelangten an die Herren von Beutelsbach/Württemberg, deren ältester Besitz im übrigen auch solche Titel umfaßte, die mit dem durch Herzog Otto »von Worms« okkupierten Weißenburger Besitz zusammenhängen. Dieter Mertens gelang es plausibel zu machen, daß neben der »Königslinie« eine zweite salische Linie bestand, die auf Konrad den Jüngeren zurückgeht – eben die Herren von Beutelsbach, die sich bald nur noch nach der Burg auf dem Württemberg benannten[436].

XIV. Die »Kraichgaugrafen« und die Grafen von Lauffen

Aber auch unter all den vielen allodialen Besitztiteln der beiden salischen Linien im Bereich von Enz, Neckar, Murr und Rems taucht der Name Besigheim nicht auf, wie er denn auch nicht unter dem Grundbesitz solcher Herrschaftsträger erscheint, die ihr Grafenamt möglicherweise von den Saliern zu Lehen trugen, also jenes seit Heinrich Baldes oft mit dem Etikett »salische Untergrafen« bezeichneten Personenkreises[437]. Hier sind vorrangig jene Grafen mit den Namen Wolfram und Zeizolf zu nennen, die sogenannten Kraichgaugrafen, deren Zuständigkeit zeitweise auch den Speyer- sowie den Pfinz-, Elsenz- und den Westteil des Enzgaus umfaßte[438]. Das Geschlecht[439] erlosch mit Bischof Johannes von Speyer († 1104) und Adelheid († angeblich 1122), der Witwe Graf Heinrichs (I.) von Tübingen. Da aus Adelheids Ehe keine Erben erwuchsen, gelangte allem Anschein nach der Großteil der gräflichen und vogteilichen Rechtstitel auf dem Lehns-

---

435 Vgl. LORENZ, Waiblingen (wie Anm. 49), S. 104–110.
436 Vgl. D. MERTENS, Beutelsbach und Wirtemberg im Codex Hirsaugiensis und in verwandten Quellen, in: Person und Gemeinschaft im Mittelalter. Karl Schmid zum 65. Geburtstag, hg. von G. ALTHOFF u. a., Sigmaringen 1988, S. 455–475; DERS., Zur frühen Geschichte der Herren von Württemberg. Traditionsbildung – Forschungsgeschichte – neue Ansätze, in: ZWLG 49 (1990), S. 11–95; DERS., Vom Rhein zur Rems (wie Anm. 368); DERS., Von den Anfängen im 11. Jahrhundert bis zur Mitte des 13. Jahrhunderts, in: Das Haus Württemberg, hg. von S. LORENZ, D. MERTENS, V. PRESS (†), Stuttgart 1997, S. 1–8; kritisch zu den Überlegungen von Mertens äußert sich SCHAAB, Adlige Herrschaft (wie Anm. 104), S. 43ff. u. 48.
437 Vgl. BALDES, Die Salier und ihre Untergrafen (wie Anm. 307), S. 40f.; SCHREIBMÜLLER, Die Ahnen Kaiser Konrads II. (wie Anm. 303), S. 200f.; WERLE, Staufische Hausmachtpolitik am Rhein (wie Anm. 402), S. 268ff.; SCHÄFER, Reichslandpolitik (wie Anm. 351), S. 183ff. u. 190; STAAB, Reich und Mittelrhein um 1000 (wie Anm. 412), S. 67, 76f.; SCHAAB, Adlige Herrschaft (wie Anm. 104), S. 7, 38, 45 und öfters; kritisch zur Begrifflichkeit: G. F. BÖHN, Salier, Emichonen und das Weistum des pfalzgräflichen Hofes zu Alzey, in: Geschichtliche Landeskunde, Bd. 10, Wiesbaden 1974, S. 72–96, hier S. 74–77 und öfters, zusammenfassend S. 92–96; ZOTZ, Adelsherrschaften am Mittelrhein (wie Anm. 417), S. 353f., 361f. und öfters.
438 BALDES, Die Salier und ihre Untergrafen (wie Anm. 307), S. 41ff.
439 Vgl. GRAFEN, Forschungen zur älteren Speyerer Totenbuchüberlieferung (wie Anm. 192), S. 261–272; DERS., Der älteste Besitz des Klosters Sinsheim an der Elsenz (11. und frühes 12. Jahrhundert), in: Jahrbuch für westdeutsche Landesgeschichte 20 (1994), S. 7–35, hier S. 34; LORENZ, Staufer, Tübinger und andere Herrschaftsträger im Schönbuch (wie Anm. 50), S. 307f.

weg an die Grafen von Lauffen⁴⁴⁰. Bischof Johannes errichtete 1100 in Sinsheim an Stelle eines Chorherrenstifts ein Kloster, dem er mehr oder weniger den gesamten riesigen Allodialbesitz seines Geschlechts vermachte⁴⁴¹. Darunter befanden sich Besitztitel in Niefern, Enzberg, Dürrmenz und Aurich an der Enz, jedoch kein Besitz im Bereich des östlichen Enzgaues und des Murrgaues. Problematisch ist die genealogische Einordnung jenes Grafen Bruno, dessen in der in Speyer während einer Reichsversammlung Kaiser Heinrichs IV. ausgestellten Stiftungsurkunde dreimal genannter *comitatus* im Kraich-, Elsenz- und (westlichen) Enzgau lokalisiert wird⁴⁴². Der Name kommt in dieser Zeit bei den Dynastien Calw und Lauffen vor – allerdings, soweit erkennbar, nur bei Geistlichen⁴⁴³. Die Vorfahren der Grafen von Lauffen lassen sich über die babenbergischen Leitnamen Poppo und Heinrich mehr oder weniger deutlich seit dem frühen 11. Jahrhundert nachweisen, als Grafen des 1011 durch Heinrich II. in die Verfügung des Wormser Bischofs gelangten Lobdengaus⁴⁴⁴. Aus Quellen des 11. Jahrhunderts, in denen die Namen Poppo und Heinrich begegnen, und zwar mehrmals paarweise zur Bezeichnung von Brüdern oder von Vater und Sohn, ist zudem auf Herrschaftsrechte und Besitztitel in der Wingarteiba, im Kocher- und Maulachgau, im Remstalgau sowie im Elsenz-, Kraich- und Enzgau geschlossen worden, doch stehen die Versuche, die Popponen in die genealogischen Zusammenhänge des 10. und 11. Jahrhunderts einzufügen, auf unsicheren Füßen⁴⁴⁵. Das

---

440 SCHÄFER, Reichslandpolitik (wie Anm. 351), S. 190; schon 1023 war ein *venerabilis miles Arnoldus* im Raum Bretten und Vaihingen an der Enz begütert, WUB 1, Nr. 216, S. 255f.; GRAFEN, Forschungen zur älteren Speyerer Totenbuchüberlieferung (wie Anm. 192), S. 158; als Vater Erzbischofs Bruno von Trier und seiner Brüder Poppo und Heinrich gilt ein Graf Arnold von Bretten und Lauffen, R. KAISER, 7. Bruno, in: LdMA 2, S. 787; Stälin (wie Anm. 84) 2, S. 415f.; SCHWARZMAIER, Eberbach (wie Anm. 117), S. 44 u. 46.
441 Vgl. GRAFEN, Kloster Sinsheim (wie Anm. 439), besonders S. 13–30; SEILER, Bistum Speyer (wie Anm. 6), S. 121f.; GEHRIG, Grenzen (wie Anm. 82), S. 79f.
442 WUB 1, S. 318ff., Nr. 255, S. 19–24; eine der erwähnten Siedlungen, Buhl bei Seltz (Dep. Bas-Rhin) wird im Hattengau lokalisiert, im *comitatus* eines Grafen Gottfried. Vgl. STÄLIN (wie Anm. 84) 1, S. 314, u. 2, S. 417, Anm. 1; eine frühneuzeitliche Abschrift einer anderen Fassung der Sinsheimer Gründungsurkunde – vgl. GRAFEN, Kloster Sinsheim (wie Anm. 439), S. 15ff. – bietet eine wesentlich erweiterte Zeugenreihe, in der nach einem *comes Gotfridus* und acht weiteren Grafen schließlich *comes Brun, comes Gotfridus* folgen, WUB 11, S. 572f. (Berichtigungen und Nachträge); den Grafen Brun wird man mit Graf Bruno gleichsetzen dürfen und hinter einen der beiden Grafen Gottfried den gleichnamigen Grafen von Calw und Vogt von Hirsau erkennen dürfen. H. BAUER, Die Grafen von Laufen, in: Württembergisch Franken 7 (1865–67), S. 467–488, sieht in Bruno einen mit den Calwern verwandten Grafen von Lauffen, S. 480–484; SCHWARZMAIER, Eberbach (wie Anm. 117), S. 46, hat Graf Bruno in die »Stammtafel« der Grafen von Lauffen als Bruder Graf Arnolds – siehe Anm. 440 – aufgenommen.
443 Überhaupt ist Bruno ein von der Aristokratie bevorzugter Name für ihre Angehörigen geistlichen Standes, vgl. SCHMID, Geblüt, Herrschaft und Geschlechterbewußtsein (wie Anm. 196), S. 140f.; MERTENS, Beutelsbach und Wirtemberg (wie Anm. 436), S. 466–469, DERS., Vom Rhein zur Rems (wie Anm. 368), S. 241.
444 TRAUTZ, Das untere Neckarland (wie Anm. 38), S. 81ff.; grundlegend: SCHWARZMAIER, Eberbach (wie Anm. 117), S. 35–45.
445 Vgl. HLAWITSCHKA, Untersuchungen zu den Thronwechseln (wie Anm. 416), S. 154, Anm. 188; SCHWARZMAIER, Eberbach (wie Anm. 117), S. 40–43 u. 46 (Stammtafel); MERTENS, Vom Rhein zur Rems (wie Anm. 368), S. 230f.; S. LORENZ, Lauffen, Grafen von, in: LdMA 5, Sp. 1756; STÄLIN (wie Anm. 84) 2, S. 415–421; oft zu hypothetisch: BAUER, Grafen von Laufen (wie Anm. 442);

Geschlecht nannte sich – nachweislich erstmals 1127 – nach einer Burg auf dem Felsen der Neckarinsel beim Königshof Lauffen[446]. Brüder des 1127 erwähnten Grafen Poppo waren ein Heinrich und Erzbischof Bruno von Trier (1102–1124)[447]. Zu Beginn des 12. Jahrhunderts, vermutlich zwischen 1110 und 1118, gründeten sie unter Hirsauer Einfluß das Kloster Odenheim im Kraichgau[448]. Einer Urkunde König Heinrichs V. von 1122 ist die Ausstattung zu entnehmen[449], die erkennen läßt, daß die Grafen von Lauffen nicht nur ihre namengebende Burg im Neckarbecken errichtet hatten, sondern dort auch über reichen Grundbesitz verfügten, so unweit der Burg in Hausen an der Zaber, in Weiler an der Zaber, (Neckar-)Westheim, (Neckar-)Gartach und Poppenweiler. Ein Diplom Friedrich Barbarossas von 1161 zeigt den weiteren Ausbau des Odenheimer Besitzes insbesondere im Neckarbecken, und zwar in Kirchheim am Neckar, Botenheim, (Klein-)Sachsenheim, (Dürren- oder Frauen-)Zimmern, Hochdorf am Neckar, Schwaigern, Schluchtern, Böckingen, Neckargartach, Großgartach und Lauffen[450]. Zwar lag die Burg Lauffen nicht im Zentrum des Herrschafts- und Besitzbereichs der Grafen, sondern eher an dessen Rand, gleichwohl zeigt der umfangreiche an Odenheim gelangte Besitz im Neckarbecken vielleicht doch den Versuch an, den Herrschaftsausbau in östliche und südliche Richtung voranzutreiben. Wichtig ist hier vor allem die ex negativo gewonnene Beobachtung, daß wie schon die Grafen von Calw und die sogenannten Kraichgaugrafen auch die Grafen von Lauffen über Besitztitel in der Umgebung von Besigheim verfügt haben, allerdings nicht in der Siedlung selbst.

XV. Ausblick

Die beachtliche Ausstattung von Odenheim im Neckarbecken markiert vielleicht auch die im 12. Jahrhundert erfolgte Verlagerung ihrer Aktivitäten in das untere Neckargebiet, wo die Grafen von Lauffen über die Burgen Hornberg (Neckarzimmern), Eberbach und Dilsberg verfügten[451]. Wie die Grafen von Calw haben auch die Grafen von Lauffen fortan im Bereich von Enz-, Murr- und Zabergau keine entscheidende Rolle mehr gespielt. Ganz anders die Staufer, die seit ihrer Erhebung zu Herzögen von Schwaben (1079) trotz bedrohlicher Rückschläge nach 1125 schließlich zu imperialen Würden gelangten. Sie

---

atemberaubend: DECKER-HAUFF, Öhringer Stiftungsbrief 2 (wie Anm. 364), S. 10–20 (»Herkunft und Sippe des Grafen Poppo von Lauffen«).
446 WUB 1, Nr. 291, S. 374f.; SCHWARZMAIER, Die Reginswindis-Tradition (wie Anm. 183), S. 186f.; DERS., Eberbach (wie Anm. 117), S. 42f.
447 KAISER, 7. Bruno (wie Anm. 440), S. 787f.
448 H. SCHWARZMAIER, Odenheim, in: Germania Benedictina 5 (wie Anm. 234), S. 464–471; DERS., Die Klostergründungen von Gottesaue und Odenheim und das Hirsauer Formular, in: DAHLHAUS (Hg.), Festschrift für Hermann Jakobs (wie Anm. 186), S. 195–225, hier S. 218–223; SEILER, Bistum Speyer (wie Anm. 6), S. 122f.
449 WUB 1, Nr. 257, S. 350ff.
450 MGH D F I 955 (= WUB 2, Nr. 375, S. 134ff.), vgl. SCHWARZMAIER, Odenheim (wie Anm. 448), S. 466f.
451 Vgl. SCHWARZMAIER, Eberbach (wie Anm. 117), S. 44–47; U. UFFELMANN, Der Dilsberg im Mittelalter. Entwicklungen und Zusammenhänge, Neckargemünd 1985, S. 9ff., 19ff. und öfters.

konnten sich nicht nur früh in Teilen Mainfrankens und – im Auftrag der salischen Herrscher und Verwandten – im Elsaß und am Mittelrhein festsetzen, sondern auch seit der Inthronisation Konrads III. (1138) für über einhundert Jahre die Geschicke des Reiches maßgeblich beeinflussen. Konrads Nachfolger, sein Neffe Friedrich Barbarossa, hat den staufischen Belangen in Südwestdeutschland auf verschiedene Weise Rechnung getragen. Als König und in Ausübung der schwäbischen Herzogsherrschaft gelangen ihm beachtliche territoriale Zugewinne. Neben seinem Vetter, Herzog Friedrich IV. »von Rothenburg« († 1167), besaßen die Staufer eine weitere Stütze ihres herrschaftlichen Bemühens in Barbarossas Halbbruder Konrad († 1195), den der Kaiser 1156 zum lothringischen Pfalzgrafen erhob[452]. Aber die Staufer hatten auch anderen Dynasten im Bemühen um eine aktive und effiziente Gefolgschaft für ihre weitreichenden Aufgaben und Pläne Gunst und Gefälligkeit zu erweisen[453]. So sind die Beiträge von Stefan Weinfurter und Thomas Zotz dem Aufstieg und Herrschaftsausbau der Pfalzgrafen bei Rhein sowie der Markgrafen von Baden vorbehalten, deren Agieren sowohl für die Geschichte der Landschaften am Neckar als auch für die des alten Königshofes Besigheim besonderes Gewicht zukommen sollte.

---

452 Vgl. M. SCHAAB, Geschichte der Kurpfalz, Bd. 1: Mittelalter, Stuttgart 1988, S. 36–60.
453 Vgl. SCHWARZMAIER, Besigheim (wie Anm. 1), S. 18ff.; ZOTZ, Besigheim (wie Anm. 1).

Besigheim und die Herrschaftsentwicklung der Markgrafen von Baden

VON THOMAS ZOTZ

Am 12. Juli 1153 bestätigte König Friedrich I. in einer zu Erstein im Elsaß gegebenen Urkunde, daß die Äbtissin Bertha des dortigen Frauenklosters St. Marien durch seine Hand und die des Klostervogtes Graf Hugo (VIII.) von Dagsburg die *curtis* Besigheim, einst von der Kaiserin Agnes dem Kloster übereignet, nun dem Markgrafen Hermann (III.) von Baden zu freiem Eigen und zu freier Verfügung geschenkt hat[1]. Nicht nur die heutige Forschung findet die Übertragung des Gutes einer Reichsabtei an einen Reichsfürsten »vom rechtlichen Standpunkt aus merkwürdig«, wie die Vorbemerkung zur MGH-Edition der Urkunde zu erkennen gibt, und kann sie sich, wie René Friedel 1927 in seiner Geschichte Ersteins[2], nur so erklären, daß die Abtei das Gut Besigheim eigentlich verkauft, also eine adäquate, in der Urkunde ungenannt gebliebene Gegenleistung erhalten hat, während Hansmartin Decker-Hauff wiederum vermutet hat, daß der Herrscher selbst es gewesen sei, welcher dem Kloster Erstein aus seinen Gütern im Elsaß Ausgleich verschafft habe[3].

Auch im Jahre 1153 bedurfte der ungewöhnliche Akt der Schmälerung von Reichskirchengut offenbar vielfacher Absicherung, denn es heißt in der Urkunde ausdrücklich, die ganze Kirche in Erstein, nämlich die Äbtissin Bertha mit ihren übrigen Schwestern sowie den Klerikern und Laien und der ganzen Familie, habe den Besitz aus der Hand gegeben. Die Arenga läßt betont anklingen, daß dies auf Wunsch vieler geschehen sei: Die königliche Würde kümmert sich, so ist dort zu lesen, nach dem Urteil der Alten (*secundum veterum censuram*) gut und angemessen um die *res publica*, wenn sie das, was der Sinn vieler Getreuer (*affectio multorum fidelium*) begehrt, durch ein ewiges Erinnerungszeichen, also eine Urkunde, zu festigen sorgt.

Zur Entschärfung des Falles Besigheim von 1153 mag allenfalls beigetragen haben, daß dieser Hof zum Sondergut der Äbtissin gehört hat, die darüber jene freie Verfügungs- und auch Veräußerungsfreiheit besessen hat, wie sie von nun an Markgraf Hermann haben sollte. Auch das steht – wohl nicht von ungefähr – in der Urkunde von 1153. In der Tat,

---

1 MGH D F I 65. Reg. Imp. IV, 2, Nr. 188.
2 R. FRIEDEL, Geschichte des Fleckens Erstein, Erstein 1927, S. 71. Zum Kloster überblickhaft F. J. FELTEN, Erstein, in: Lexikon des Mittelalters Bd. 3, München/Zürich 1986, Sp. 2189f.
3 H. DECKER-HAUFF, Die frühen Staufer und Besigheim (Besigheimer Geschichtsblätter 5), Besigheim 1984, ²2001, S. 21f.

einige Jahrzehnte später war Heinrich VI. mit seinem Zugriff auf Erstein letztlich nicht erfolgreich: Nachdem er im April 1191 in Italien das Kloster an die Straßburger Bischofskirche übertragen hatte, wodurch dieses den reichsunmittelbaren Status verlor, mußte er im März 1192 auf einem Fürstentag zu Hagenau auf fürstlichen Einspruch hin den Vorgang rückgängig machen, da, wie in der Urkunde angesprochen, Reichszubehör nicht ohne Ausgleich und Nutzen für das Reich entfremdet werden dürfe[4]. Anders als 1153 stieß das Handeln eines staufischen Herrschers damals offenbar auf den massiven und erfolgreichen Widerstand anderer Territorialherren gegen die Begünstigung des Straßburger Bischofs ebenso wie des dieses Mal in seinem Kern beeinträchtigten und in seinem Status verletzten Klosters.

Mit der von der Forschung, wie gezeigt, seit langem wegen ihrer Besonderheit beachteten Urkunde Friedrich Barbarossas von 1153 hat sich zuletzt Hansmartin Schwarzmaier auf den Tag genau 850 Jahre nach ihrer Ausstellung im Juli 2003 in seinem Festvortrag anläßlich der ersten schriftlichen Erwähnung von Besigheim eindringlich beschäftigt[5]. Er betont, daß die Äbtissin alles andere als aus freien Stücken, vielmehr auf Betreiben des Königs gehandelt habe. Dieser habe Interesse daran gehabt, den Markgrafen mit Blick auf dessen Dienste beim geplanten Romzug reich zu beschenken. Vielleicht hat, so ließe sich ergänzend anmerken, der König damals auch eine Zusage eingelöst, die er gut ein Jahr zuvor gegenüber Hermann gegeben hat, um sich dessen Unterstützung bei der Wahl zum König zu sichern, wie die Forschung bei mehreren anderen Gunsterweisen des neuen Herrschers wahrscheinlich gemacht hat[6]. Das kann hier letztlich auf sich beruhen. Für unseren Zusammenhang und unsere Fragestellung ist wichtiger, den Vorgang aus der Perspektive Hermanns III. zu sehen. Was bedeutete der Erwerb Besigheims für die markgräfliche Herrschaftsentwicklung? Darauf wird sich besser eine Antwort geben lassen, wenn Linien dieser Entwicklung von den Anfängen her nachgezeichnet sind. In diese Anfangszeit führt die Urkunde von 1153 selbst zurück, indem in ihr davon die Rede ist, daß die *curtis* Besigheim dereinst der besagten Kirche von der Kaiserin Agnes frommen Angedenkens, der im Jahre 1077 verstorbenen Gemahlin Heinrichs III., geschenkt worden sei[7].

Herrscherurkunden waren, wie die jüngere Forschung, etwa Peter Rück und Hagen Keller, gezeigt hat[8], im Mittelalter nicht nur Dokumente einer Rechtshandlung, sondern

---

4 Reg. Imp. IV, 3, Nr. 148, 210. Dazu FRIEDEL (wie Anm. 2), S. 74ff., und neuerdings ausführlich F. LEGL, Studien zur Geschichte der Grafen von Dagsburg-Egisheim (Veröffentlichungen der Kommission für Saarländische Landesgeschichte und Volksforschung 31), Saarbrücken 1998, S. 280ff.
5 H. SCHWARZMAIER, Besigheim zwischen König und Markgraf. Zur Urkunde vom 12. Juli 1153 (Besigheimer Geschichtsblätter 23), Besigheim 2003.
6 Vgl. O. ENGELS, Die Staufer, Stuttgart [7]1998, S. 58f. Zu den Problemen um die Königswahl von 1152 jetzt St. DICK, Die Königserhebung Friedrich Barbarossas im Spiegel der Quellen. Kritische Anmerkungen zu den »Gesta Friderici« Ottos von Freising, in: ZRG GA 121 (2004), S. 200–237.
7 Zu ihr vgl. allgemein M. BLACK-VELDTRUP, Kaiserin Agnes (1043–1077). Quellenkritische Studien (Münstersche historische Forschungen 7), Köln 1995.
8 P. RÜCK, Bildwerke vom König. Kanzlerzeichen, königliche Monogramme und das Signet der salischen Dynastie (Elementa diplomatica 4), Marburg 1996; H. KELLER, Das neue Bild des Herrschers. Zum Wandel der »Herrschaftsrepräsentation« unter Otto dem Großen, in: B. SCHNEIDMÜLLER/St. WEINFURTER (Hgg.), Ottonische Neuanfänge. Symposion zur Ausstellung »Otto der Große, Magdeburg und Europa«, Mainz 2001, S. 189–211; DERS., Zu den Siegeln der Karolinger und

sie hatten für den Empfänger auch emblematisch-repräsentativen Charakter. Das Siegel zeigt seit ottonischer Zeit den thronenden Herrscher en face, dessen Bild vergegenwärtigt dauerhaft den höfischen Akt des Gunsterweises oder der Privilegienbestätigung. Auch erscheint von Belang, was eine Urkunde über die eigentliche Rechtshandlung hinaus mitteilt: Hier ist es die Tatsache, daß Besigheim einmal der Kaiserin Agnes gehört hat. Das bedeutet für den heutigen und erst recht für den mittelalterlichen Hörer nichts anderes als, daß dieser Ort Königsgut gewesen ist, also Besitz von höchster Qualitätsstufe[9]. Das dürfte dem Erwerb Markgraf Hermanns III. zweifellos einen besonderen Glanz verliehen haben, ganz abgesehen von dem praktischen Nutzen, den er daraus zog.

Mit der Nennung von Kaiserin Agnes ist, wie angesprochen, das mittlere 11. Jahrhundert und damit zugleich die Zeit, in der sich das Geschlecht der Markgrafen zu formieren begann, berührt[10]. Dieser Formierung und den damit zusammenhängenden Fragen, in erster Linie der nach den gleichzeitigen Anfängen der Zähringer, ihrerseits Nachkommen der Bertholde wie die Markgrafen, soll zunächst die Aufmerksamkeit gelten. Dabei treten bereits Elemente der Herrschaftsentwicklung in der Zeit um 1100 in den Blick[11]. Diese ist dann unter anderem über die Station Besigheim 1153 in die mittlere Zeit Markgraf Hermanns V. (†1243) hinein zu verfolgen, genauer bis ca. 1220, als der markgräfliche Besitzstand in einem kräftigen Schub erheblich erweitert wurde[12].

In der dynastischen Erinnerung, wie wir sie in dem von Gerhard Fritz untersuchten Nekrolog des markgräflichen Hausstifts in Backnang[13] ebenso wie im Liber Vitae des zähringischen Hausklosters St. Peter[14] fassen können, wurde der Anfang des Hauses bei Markgraf Hermann gesehen, der 1073 Weib und Kind verlassen hat und in das burgundische Kloster Cluny als Mönch eingetreten ist, wo er bereits ein Jahr später verstarb[15]. Indes ist es erforderlich, zeitlich etwas weiter zurückgehen, um die Formierung der mark-

---

Ottonen. Urkunden als ›Hoheitszeichen‹ in der Kommunikation des Königs mit seinen Getreuen, in: Frühmittelalterliche Studien 32 (1998), S. 400–441.
9   Zum Königs- bzw. Reichsgut zusammenfassend E. BOSHOF, Königtum und Königsherrschaft im 10. und 11. Jahrhundert (Enzyklopädie deutscher Geschichte 27), München 1993, und D. HÄGERMANN, Reichsgut, in: Lexikon des Mittelalters Bd. 7, München 1995, S. 83–90.
10   Dazu neuerdings G. WUNDER, Die ältesten Markgrafen von Baden, in: ZGO 135 (1987), S. 103–118; K. SCHMID, Vom Werdegang des badischen Markgrafengeschlechtes, in: ZGO 139 (1991), S. 45–77; DERS., Baden-Baden und die Anfänge der Markgrafen von Baden, in: ZGO 140 (1992), S. 1–37; H. SCHWARZMAIER, Baden, in: M. SCHAAB (†)/H. SCHWARZMAIER (Hgg.), HbBW Bd. 2, Stuttgart 1995, S. 164–246, hier S. 174ff.
11   Vgl. J. FISCHER, Territorialentwicklung Badens bis 1796. Die Markgrafschaften Baden-Baden und Baden-Durlach bis zu ihrer Vereinigung 1771, in: HABW, Karten VI, 1 und VI, 1a und Beiwort, Stuttgart 1974.
12   Das Ende des Untersuchungszeitraums ist mit Blick auf den Beitrag von H. SCHWARZMAIER in diesem Band gewählt.
13   G. FRITZ, Der Backnanger Nekrolog. Studien zur Geschichte des Augustiner-Chorherrenstifts Backnang, in: ZWLG 44 (1985), S. 11–63.
14   Vgl. A. ZETTLER, Zähringermemoria und Zähringertradition in St. Peter, in: H.-O. MÜHLEISEN/ H. OTT/Th. ZOTZ (Hgg.), Das Kloster St. Peter auf dem Schwarzwald. Studien zu seiner Geschichte von der Gründung im 11. Jahrhundert bis zur frühen Neuzeit (Veröffentlichung des Alemannischen Instituts Freiburg i. Br. 68), Waldkirch 2001, S. 99–134, bes. S. 114ff.
15   J. WOLLASCH, Hermann I., Markgraf »von Baden«, in: H. SCHADEK/K. SCHMID (Hgg.), Die Zähringer. Anstoß und Wirkung, Sigmaringen 1986, S. 184f.; DERS., Markgraf Hermann und Bischof

gräflichen Familie besser verstehen zu können. Hermann war der älteste Sohn Herzog Bertholds I. von Kärnten[16], der wiederum als Sohn Bezelin von Villingens gelten kann, des Thurgau- und Breisgaugrafen Berthold, eines engen Vertrauten Kaiser Ottos III. aus der Zeit um 1000[17]. Sein um die Mitte des 12. Jahrhunderts belegter Beiname >von Villingen< weist ihn mit seinem Herrschaftsmittelpunkt Villingen aus, an dem er mit Hilfe eines berühmten Privilegs Ottos III. von 999 einen Markt initiiert hat[18].

Auch sein gleichnamiger Sohn, ab 1025 als Graf im Breisgau, in der Ortenau, im Albgau und im Thurgau belegt, gibt sich als Mann in der näheren Umgebung der ersten beiden Salier Konrad II. und Heinrich III. zu erkennen: als Beauftragter in Italien, als *secretarius* und *consiliarius* dieser beiden Herrscher[19]. Es mag diese in der Familie schon Tradition gewordene Königsnähe, gepaart mit der einfußreichen Position in mehreren Grafschaften, der Grund dafür gewesen sein, daß Berthold nach Höherem, nämlich nach der schwäbischen Herzogswürde, strebte. Diese soll ihm Kaiser Heinrich III. versprochen und Berthold dafür einen Ring als Erinnerungszeichen gegeben haben. Nach des Kaisers Tod 1056 habe allerdings seine Witwe Agnes das Herzogtum Schwaben an Rudolf von Rheinfelden vergeben; zur Beschwichtigung habe Berthold wenig später das Herzogtum Kärnten erhalten. Soweit die Darstellung des Chronisten Frutolf von Michelsberg aus dem Ende des 11. Jahrhunderts[20]!

Wenn wir nun den Blick von der Ebene der Beziehungen zum Herrscher weg auf die familiengeschichtliche Situation Bertholds richten, so ergibt sich wohl noch ein weiterer Grund für seinen beim Kaiser angemeldeten Anspruch auf das Herzogtum Schwaben, nämlich seine Ehe mit Richwara. Es ist bekannt und bedarf keiner näheren Erläuterung, wie bedeutsam und hilfreich das Connubium für mittelalterliche Adlige war; auch für Rudolf von Rheinfelden verband sich die Erlangung der schwäbischen Herzogswürde 1057 mit der Verlobung mit Mathilde, einer Tochter Heinrichs III.[21], und der Aufstieg der Staufer begann mit nachhaltiger Wirkung 1079, als König Heinrich IV. dem schwäbischen

---

Gebhard III. von Konstanz. Die Zähringer und die Reform der Kirche, in: K. S. Frank (Hg.), Die Zähringer und die Kirche des 11. und 12. Jahrhunderts, München/Zürich 1987, S. 27–53.

16 Vgl. U. Parlow, Die Zähringer. Kommentierte Quellendokumentation zu einem südwestdeutschen Herzogsgeschlecht des hohen Mittelalters (Veröffentlichungen der Kommission für geschichtliche Landeskunde in Baden-Württemberg A 50), Stuttgart 1999, Nr. 1.

17 A. Zettler, Graf Berthold, sein kaiserliches Marktprivileg für Villingen und der Aufstieg der Zähringer in Schwaben, in: C. Bumiller (Hg.), Menschen – Mächte – Märkte. Schwaben vor 1000 Jahren und das Villinger Marktrecht (Veröffentlichungen des Stadtarchivs und der Städtischen Museen Villingen-Schwenningen 20), Villingen-Schwenningen 1999, S. 117–151.

18 Th. Zotz, Die Verleihung des Markt-, Münz- und Zollrechts durch Kaiser Otto III. an Graf Berthold für seinen Ort Villingen, in: Villingen und Schwenningen. Geschichte und Kultur (Veröffentlichungen des Stadtarchivs und der Städtischen Museen Villingen-Schwenningen 15), Villingen-Schwenningen 1998, S. 10–25.

19 Parlow (wie Anm. 16), Nr. 1–12, 26. Vgl. auch E. Heyck, Geschichte der Herzoge von Zähringen, Freiburg i. Br. 1891, ND Aalen 1980, S. 19ff.

20 Frutolf von Michelsberg, Chronica, in: Frutolfs und Ekkehards Chroniken und die Anonyme Kaiserchronik, hg. von F.-J. Schmale (Ausgewählte Quellen zur Geschichte des Mittelalters 15), Darmstadt 1972, S. 74f. Vgl. dazu Parlow (wie Anm. 16), Nr. 28, und A. Zettler, Geschichte des Herzogtums Schwaben, Stuttgart 2003, S. 172ff.

21 Nachweis und Literatur in voriger Anm.

Adligen Friedrich das Herzogtum Schwaben übertrug und seine Tochter Agnes ihm zur Frau gab[22]. Die Abstammung von Richwara ist zwar nicht quellenmäßig gesichert, und so sind in der älteren und jüngeren Forschung eine Reihe von Vermutungen geäußert worden. Doch hat unter ihnen jene neuerdings verstärktes Gewicht erhalten, wonach Richwara eine Tochter Herzog Hermanns IV. von Schwaben gewesen sei[23]. So gesehen hätte die Heirat Bertholds mit der Herzogstochter gewiß seinen Anspruch auf das Herzogtum Schwaben verstärkt. Hermann IV. († 1038) hatte keinen Sohn hinterlassen, und Kaiser Konrad II. gab Schwaben daraufhin in die Hände seines Sohnes König Heinrich III., der hier bis 1045 die Rechte des Herzogs wahrnahm, bevor er in diesem Jahr und 1048 wieder Herzöge einsetzte[24].

An dieser Stelle ist kurz auf ein Problem der Familienchronologie einzugehen, das sich aus der Ansprache Richwaras als Tochter Hermanns IV. von Schwaben ergibt und auch schon die Anfänge der Markgrafen berührt: Hermann hatte sich wohl zwischen 1030 und 1036 mit Adelheid von Turin vermählt, der Tochter Markgraf Olderich-Manfreds II. von Turin († wohl 1035), mit dessen Reichslehen Hermann im Jahre 1036 durch Konrad II. belehnt wurde[25]. Eine Tochter Richwara kann also frühestens Anfang der Dreißigerjahre des 11. Jahrhunderts das Licht der Welt erblickt haben. Insofern ist die herkömmliche Ansicht, die Heirat Bertholds mit Richwara habe ca. 1040 stattgefunden, unzutreffend[26]. Sie dürfte erst in der zweiten Hälfte der vierziger Jahre stattgefunden haben, und so wird man auch den Anspruch Bertholds auf das schwäbische Herzogtum, sollte er sich auf seine »gute Partie« mit einer schwäbischen Herzogstochter gestützt haben, entsprechend später anzusetzen haben. Vor allem aber gerät bei einem Ansatz der Geburt Hermanns nicht lange vor 1050 die Angabe Bertholds von Reichenau zum Jahre 1073, Markgraf Hermann sei als *adolescens* in Cluny Mönch geworden[27], ins Lot; denn so charakterisierte man im Mittelalter einen jungen Mann von eher 20 als von 30 Jahren oder gar mehr[28]. So gese-

---

22 H. Schwarzmaier, Die Heimat der Staufer, Sigmaringen 1976, S. 25ff.; Engels (wie Anm. 6), S. 9f.
23 Parlow (wie Anm. 16), Nr. 15 mit Verweis auf die Nachricht der Genealogia marchionum Austriae vom ausgehenden 12. Jahrhundert, wonach die Herzöge von Zähringen Nachfahren der babenbergischen Schwabenherzöge waren. Zu dem Thema künftig auch H. Krieg, Adel in Schwaben: Die Staufer und die Zähringer, in: H. Seibert/J. Dendorfer (Hgg.), Grafen, Herzöge, Könige. Der Aufstieg der frühen Staufer und das Reich (1079–1152) (Mittelalter-Forschungen 18), Ostfildern 2005.
24 Vgl. Th. Zotz, Ottonen-, Salier- und Frühe Stauferzeit (911–1167), in: M. Schaab (†)/ H. Schwarzmaier (Hgg.), HbBW Bd. 1, 1, Stuttgart 2001, S. 381–528, hier S. 416ff.; Zettler (wie Anm. 20), S. 168f.
25 Vgl. H. Bresslau, Jahrbücher des Deutschen Reichs unter Konrad II., Bd. 1, Leipzig 1879, S. 376f.; Bd. 2, Leipzig 1884, S. 189f.; G. Sergi, I confini del potere. Marche e signorie fra due regni medievali, Torino 1996, S. 120ff.
26 Vgl. Parlow (wie Anm. 16), Nr. 13. Kritisch zu diesem Zeitansatz bereits S. Lorenz, Klöster und Stifte – Zur Sakrallandschaft Schwaben im 10. und 11. Jahrhundert. Ein Überblick, in: B. Scholkmann/S. Lorenz (Hgg.), Schwaben vor tausend Jahren, Filderstadt 2002, S. 62–139, hier S. 102.
27 Die Chroniken Bertholds von Reichenau und Bernolds von Konstanz 1054–1100, hg. von Ian Robinson (MGH SS rer. Germ. NS 14), Hannover 2003, S. 216. Parlow (wie Anm. 16), Nr. 47.
28 Vgl. A. Hofmeister, Puer, Iuvenis, Senex. Zum Verständnis der mittelalterlichen Altersbezeichnungen, in: A. Brackmann (Hg.), Papsttum und Kaisertum. Forschungen zur politischen Geschichte und Geisteskultur des Mittelalters. Festschrift für Paul Kehr zum 65. Geburtstag, München 1926, S. 287–316.

hen dürfte der Altersabstand zwischen Hermann und seinen Brüdern Gebhard, dem späteren Bischof von Konstanz (1084–1110), und Berthold, dem späteren Herzog von Schwaben (1092–1098) und danach Herzog von Zähringen, erheblich geringer gewesen sein als bisher angenommen[29].

Bevor wir uns der frühen Herrschaftsentwicklung der Markgrafen zuwenden, sei noch ein Wort zur Tragweite der inzwischen gut begründeten Abstammung Richwaras von Herzog Hermann IV. von Schwaben gesagt. Hermann war wie sein älterer Bruder Herzog Ernst II. von Schwaben ein Sohn von Herzog Ernst I. von Schwaben und Gisela, einer Tochter Herzog Hermanns II. von Schwaben und Gerbergas, ihrerseits Tochter König Konrads I. von Burgund[30]. Über letztgenannten galt sie *de Caroli magni stirpe,* aus dem Stamm Karls des Großen, wie Wipo von Burgund in seinen Gesta Chuonradi imperatoris an der Königin rühmend hervorhebt[31]. Gisela war dreimal verheiratet, zunächst mit dem sächsischen Adligen Brun, dem Stammvater der Brunonen mit dem frühen Herrschaftszentrum Braunschweig[32], dann mit dem Babenberger Ernst I., Herzog von Schwaben und Vater Hermanns IV.[33], und schließlich mit dem fränkischen Adligen Konrad, der als Konrad II. die salische Dynastie begründen sollte[34]. Es ist bekannt, welche Rolle die Herkunft von Karl dem Großen in der mittelalterlichen Ranggesellschaft spielte[35], und die Forschung hat dies sowohl für die Salier als Königs- und Kaiserdynastie[36] wie für die Brunonen als Adelshaus unterstrichen[37], dem letztlich ein Heinrich der Löwe entstammte, der sich im Helmarshausener Evangeliar als *nepos Caroli* feiern ließ[38]. Für die Zähringer und die Markgrafen von Baden ist diese Herkunftskonstellation bislang noch nicht wahrgenommen worden. Zwar fehlen Quellenbelege wie der eben erwähnte oder Ottos von Frei-

---

29 Vgl. PARLOW (wie Anm. 16), Nr. 1, 95.
30 Vgl. T. STRUVE, Gisela, in: Lexikon des Mittelalters Bd. 4, München/Zürich 1989, Sp. 1465.
31 Wipo, Gesta Chuonradi imperatoris cap. 4, in: Die Werke Wipos, hg. von H. BRESSLAU (MGH SS rer. Germ. in usum schol. [61]), Hannover/Leipzig 1915, S. 24f.
32 Vgl. T. BRÜSCH, Die Brunonen, ihre Grafschaften und die sächsische Geschichte. Herrschaftsbildung und Adelsbewußtsein im 11. Jahrhundert (Historische Studien 459), Husum 2000, S. 28ff. Zu Braunschweig C. EHLERS/L. FENSKE, Braunschweig, in: Die deutschen Königspfalzen Bd. 4 Niedersachsen, 1. Lfg./2. Lfg., Göttingen 1999, 2000, S. 18–164.
33 H. MAURER, Ernst I., in: LdMA Bd. 3, München/Zürich 1986, Sp. 2179.
34 Zu ihm vgl. jetzt F.-R. ERKENS, Konrad II. (um 990–1039). Herrschaft und Reich des ersten Salierkaisers, Regensburg 1998, und H. WOLFRAM, Konrad II. 990–1039. Kaiser dreier Reiche, München 2000.
35 Th. KRAUS (Hg.), Karl der Große und sein Nachleben in Geschichte, Kunst und Literatur (Zeitschrift des Aachener Geschichtsvereins 104/105), Aachen 2002/2003.
36 Vgl. etwa ERKENS (wie Anm. 34), S. 211ff.
37 P. CORBET, L'autel portatif de la comtesse Gertrude de Brunswick (vers 1040). Tradition royale de Bourgogne et conscience aristocratique dans l'Empire des Saliens, in: Cahiers de civilisation médiévale 34 (1991), S. 97–120.
38 O. G. OEXLE, Die Memoria Heinrichs des Löwen, in: D. GEUENICH/O. G. OEXLE (Hgg.), Memoria in der Gesellschaft des Mittelalters (Veröffentlichungen des Max-Planck-Instituts für Geschichte 111), Göttingen 1994, S. 128–177, hier S. 156f.; B. SCHNEIDMÜLLER, Burg – Stadt – Vaterland. Braunschweig und die Welfen im hohen Mittelalter, in: J. FRIED/O. G. OEXLE (Hgg.), Heinrich der Löwe. Herrschaft und Repräsentation (Vorträge und Forschungen 57), Ostfildern 2003, S. 27–81, hier S. 66f. (mit Hinweis darauf, daß die Vorstellung der Herkunft von Karl dem Großen im Welfenhaus auch über Judith von Flandern vermittelt sein könnte).

sing Wort über Heinrich III., mit ihm sei die kaiserliche Würde wieder an das edle und alte Geschlecht Karls gekommen[39], aber den durch die Verwandtschaft mit Gisela gesteigerten Adel von Herzog Bertholds I. Nachkommen sollte man im Auge behalten.

Vielleicht war es neben dem Anschluß an das schwäbische Herzogtum gerade diese Herkunft von Gisela, die Berthold und Richwara bewogen, ihrem Erstgeborenen den Namen Hermann zu geben, jenen Namen, der in auffälliger Weise fast ununterbrochen in der markgräflichen Familie bis ins 13. Jahrhundert vergeben wurde[40]. Hermann wurde denn auch gegenüber seinem jüngeren Bruder Berthold eine Sonderstellung zuteil, indem er den Titel eines Markgrafen führte, bezogen auf die Markgrafschaft Verona als Teil des Herzogtums Kärnten, des Amtsbereichs seines Vaters[41]. Welche Bedeutung diese fürstliche Amtsbezeichnung für die Formierung der Familie wie ihrer Herrschaft hatte, ist bekannt; Karl Schmid und Hansmartin Schwarzmaier haben hierzu wichtige Beobachtungen gemacht und vor allem gezeigt, daß die Markgrafen immer wieder auch in späterer Zeit auf Verona Bezug nahmen, mehr noch: auch dort Amtsgeschäfte vornahmen[42].

Wenn nun der älteste Sohn Herzog Bertholds von Kärnten, Hermann, als *marchio marchie Veronensis* erscheint wie in der Urkunde des Adligen Hesso von 1072, mit der dieser seine Klostergründung in Rimsingen an das Kloster Cluny übereignet[43], so scheint sich in dieser zweifellos mit König Heinrich IV. abgestimmten Titulatur der Anspruch Hermanns auf die Nachfolge seines Vaters im Herzogtum Kärnten widerzuspiegeln, gleichsam eine Anwartschaft durch ein Unterherzogtum, wenn diese Analogie zum Unterkönigtum gestattet ist. Bekanntlich kam es anders, nicht nur innerfamiliär durch den Gang Hermanns aus der Welt ins Kloster im Jahre 1073, sondern auch auf der politischen Ebene, indem Berthold I. aufgrund seiner Opposition gegen den Salier zusammen mit Herzog Rudolf von Schwaben und Herzog Welf IV. von Bayern 1077 aller Ämter und Lehen enthoben wurde[44]. Das Herzogtum Kärnten gelangte damals seitens Heinrichs IV. in die Hände der Eppensteiner, die bereits 1073 gegen Herzog Berthold I. die Macht in Kärnten usurpiert hatten[45], und ging langfristig Berthold und seiner Familie verloren[46].

---

39   Otto von Freising, Chronica VI/32, hg. von A. HOFMEISTER (MGH SS rer. Germ. in usum schol. [45]), Hannover/Leipzig 1912, S. 297.
40   Vgl. H. SCHWARZMAIER, Zähringen und Baden. Der Herrschaftsaufbau einer Familie im Hochmittelalter, in: DERS. u. a., Geschichte Badens in Bildern 1100–1918, Stuttgart/Berlin/Köln 1993, S. 11–49, Stammtafel S. 38; DERS., Baden (wie Anm. 10), S. 174ff. Zur Herkunft und Weitergabe des Namens Hermanns vgl. SCHMID, Werdegang (wie Anm. 10), S. 67ff.
41   PARLOW (wie Anm. 16), Nr. 31. Vgl. G. M. VARANINI, Verona, Mark, in: Lexikon des Mittelalters Bd. 8, München 1997, Sp. 1567f.
42   SCHMID, Baden-Baden (wie Anm. 10); H. SCHWARZMAIER, Die Markgrafen von Baden und Verona, in: R. LOOSE/S. LORENZ (Hgg.), König – Kirche – Adel. Herrschaftsstrukturen im mittleren Alpenraum und angrenzenden Gebieten (6.–13. Jahrhundert), Lana 1999, S. 229–247.
43   Recueil des chartes de l'abbaye de Cluny, hg. von A. BERNARD/A. BRUEL, Bd. 4, Paris 1888, Nr. 3448, S. 557. E. HEYCK, Urkunden, Siegel und Wappen der Herzoge von Zähringen, Freiburg i. Br. 1892 ND Aalen 1980, Nr. 1, S. 1.
44   PARLOW (wie Anm. 16), Nr. 83. Vgl. jüngst Th. ZOTZ, Der südwestdeutsche Adel und seine Opposition gegen Heinrich IV., in: D. R. BAUER/M. BECHER (Hgg.), Welf IV. – Schlüsselfigur einer Wendezeit. Regionale und europäische Perspektiven (Zeitschrift für bayerische Landesgeschichte Beiheft 24 [Reihe B]), München 2004, S. 339–359.
45   PARLOW (wie Anm. 16), Nr. 53.
46   C. FRÄSS-EHRFELD, Geschichte Kärntens Bd. 1: Das Mittelalter, Klagenfurt 1984, S. 142ff.

Auch die Grafschaft im Breisgau, in welcher Hermann 1064 urkundlich bezeugt ist[47] und die nach Hermanns Rückzug aus der Welt von Herzog Berthold I. übernommen worden war[48], hat Heinrich IV. damals dem Straßburger Bischof übertragen, doch ist Hermann II., der Sohn des Markgrafen Hermann, 1087 wieder in derselben bezeugt[49], und künftighin wurde die Breisgaugrafschaft zu einem dauerhaften herrschaftlichen Rückgrat der Markgrafen am südlichen Oberrhein[50].

Im Jahre 1078 starb Berthold I., geistig umnachtet, *in quodam oppido suo Lintperg*, auf seiner Burg Limburg oberhalb von Weilheim im Neckargau[51]. Damit tritt uns der erste herrschaftliche Höhensitz der Bertholde entgegen. Ihm kam zweifellos eine besondere Bedeutung zu, hat doch Berthold I. in Weilheim, vielleicht zusammen mit Richwara, die diesen Besitz eingebracht haben dürfte, ein Eigenkloster oder Stift gegründet, das nach den Forschungen von Sönke Lorenz später Hirsauer Priorat wurde und noch später, 1089, von ihrem Sohn Berthold II. gegen Besitz in Gültstein eingetauscht und in ein Kloster St. Peter umgewandelt wurde[52]. Burg und Hauskloster bildeten hier offensichtlich den zweipoligen weltlichen wie geistlichen Herrschaftsmittelpunkt in engster räumlicher Nähe[53].

Mit der Aktivität Bertholds II. wurde zeitlich schon vorgegriffen, doch verdient zunächst die Situation des Hauses nach dem Tod Herzog Bertholds I. Aufmerksamkeit: Dessen jüngerem gleichnamigen Sohn fiel die Rolle des Senior zu, da der ältere Sohn Markgraf Hermann 1073 die Welt verlassen und in das Kloster Cluny eingetreten, der andere Sohn Gebhard längst dem geistlichen Stand angehörte und abgeschichtet war. Des Markgrafen Hermann gleichnamiger Sohn dürfte Ende der siebziger Jahre noch unmündig gewesen und der Obhut seines Onkels Berthold II. unterstellt worden sein. Eine sol-

---

47 MGH D HIV 126; Reg. Imp. III, 2, Nr. 329.
48 PARLOW (wie Anm. 16), Nr. 47. Das ist übrigens der erste gesicherte Beleg für Hermann, da die Urkunde Eberhards von Nellenburg von 1050, deren mit *Herimannus marchio, filius Bertholdi ducis* beginnende Zeugenreihe als spätere Ausfertigung zu gelten hat. Vgl. PARLOW (wie Anm. 16), Nr. 23.
49 PARLOW (wie Anm. 16), Nr. 112.
50 Vgl. H. KRIEG/Th. ZOTZ, Der Adel im Breisgau und die Zähringer. Gruppenbildung und Handlungsspielräume, in: ZGO 150 (2002), S. 73–90; Th. ZOTZ, Breisgau, in: Historisches Lexikon der Schweiz Bd. 2, Basel 2003, S. 672f.
51 PARLOW (wie Anm. 16), Nr. 93. Zur Limburg vgl. K. SCHMID, Sasbach und Limburg. Zur Identifizierung zweier mittelalterlicher Plätze, in: ZGO 137 (1989), S. 33–63, hier S. 50ff.; A. ZETTLER, Zähringerburgen – Versuch einer landesgeschichtlichen und burgenkundlichen Beschreibung der wichtigsten Monumente in Deutschland und in der Schweiz, in: K. SCHMID (Hg.), Die Zähringer. Schweizer Vorträge und neue Forschungen, Sigmaringen 1990, S. 95–176, hier S. 98ff.; Chr. BIZER/R. GÖTZ, Die Thiepoldispurch und die Burgen der Kirchheimer Alb. Neue Methoden und Ergebnisse der Burgenforschung (Schriftenreihe des Stadtarchivs Kirchheim unter Teck 31), Kirchheim unter Teck 2004, S. 68ff.
52 S. LORENZ, Hirsauer Priorate, in: K. SCHREINER (Hg.), Hirsau. St. Peter und Paul 1091–1991, Teil II: Geschichte, Lebens- und Verfassungsformen eines Reformklosters (Forschungen und Berichte der Archäologie des Mittelalters in Baden-Württemberg 10/II), Stuttgart 1991, S. 335–393, hier S. 346–354; DERS., Zur Geschichte des »verlegten« Klosters Weilheim vor und nach 1093, in: Das Kloster St. Peter (wie Anm. 14), S. 11–32.
53 Zu dieser Thematik vgl. grundlegend K. SCHMID, Adel und Reform in Schwaben, in: J. FLECKENSTEIN (Hg.), Investiturstreit und Reichsverfassung (Vorträge und Forschung 17), Sigmaringen 1973, S. 295–319, wieder in: DERS., Gebetsgedenken und adliges Selbstverständnis im Mittelalter. Ausgewählte Beiträge, Sigmaringen 1983, S. 337–359.

che innerfamiliäre Konstellation – der kleine, damals wohl noch unmündige Sohn des verstorbenen älteren Bruders und der jüngere Bruder, der nun die Rolle des Seniors innehatte, – konnte durchaus Probleme mit sich bringen, wie das etwa aus dem Haus der späteren Salier um die Jahrtausendwende bekannt ist[54]. Wie waren nun damals Erbe und Rangpositionen unter den Angehörigen der Familie der Bertholde verteilt? Offenbar hatte Herzog Berthold I. bereits im Zusammenhang mit dem Klostereintritt seines ältesten Sohnes Hermann im Frühjahr 1073 die Nachfolge seines jüngeren Sohnes Berthold für das Herzogtum Kärnten vorgesehen. Dafür spricht, daß Berthold nach der zeitgenössischen Darstellung in der Chronik Bertholds von Reichenau zum Jahre 1078 offenbar bereits zu Lebzeiten seines Vaters den Titel eines Markgrafen geführt hat[55], worin sich wie einst bei Hermann I. die Anwartschaft auf das Herzogtum Kärnten ausgedrückt zu haben scheint. Auch die Nachricht Frutolfs von Michelsberg, daß Heinrich IV. den Kärntner Dukat auf Bitten Herzog Bertholds I. dessen gleichnamigem Sohn anvertraut habe[56], ist wohl so zu verstehen, daß der König Kärnten Berthold II. in Form einer Eventualbelehnung zugestanden hat; dies kann nur in Zeiten des Einverständnisses zwischen Heinrich IV. und Berthold I. geschehen sein, vielleicht am Palmsonntag 1073, als sich beide wieder versöhnten; von einer solchen Vorwegbelehnung berichtet Berthold von Reichenau für Berthold, den Sohn Herzog Rudolfs von Schwaben, und auch sie ist für den Versöhnungsakt von 1073 gut vorstellbar[57]. Gerade damals zog sich Hermann I. aus der Welt zurück und gab seinem Vater Anlaß, die Angelegenheiten des Hauses neu zu ordnen[58].

Ab Mitte der achtziger Jahre figuriert Berthold II. dann in Urkunden als Herzog neben Herzog Berthold von Schwaben, dem Sohn König Rudolfs von Rheinfelden, und neben Welf IV. von Bayern und bekräftigte damit seinen Anspruch auf das Herzogtum Kärnten, welches seit 1077 in Händen Liutolds von Eppenstein lag[59]. Bernold von St. Blasien hat diese Konstellation reflektiert, wenn er anläßlich der Erhebung Bertholds II. zum Herzog

---

54   Der älteste Sohn des Kärntner Herzog Ottos »von Worms«, Heinrich, starb vor dem Vater (990/991) und hinterließ einen Sohn Konrad, den späteren König und Kaiser Konrad II. Das Seniorat und damit auch die Kärntner Herzogswürde gingen aber nach dem Tod Herzog Ottos (1004) an dessen jüngeren Sohn Konrad über. Dazu St. WEINFURTER, Das Jahrhundert der Salier (1024–1125), Ostfildern 2004, S. 21.
55   Die Chroniken Bertholds von Reichenau und Bernolds von Konstanz (wie Anm. 27), S. 332.
56   Nachweis wie Anm. 20. Dazu PARLOW (wie Anm. 16), Nr. 31. Vgl. zu den hier angeschnittenen Fragen künftig auch F. LAMKE, Die frühen Markgrafen von Baden, die Hessonen und die Zähringer. Konstellationen südwestdeutscher Adelsfamilien in der Zeit des Investiturstreits, in: ZGO 154 (2006).
57   Zu Palmsonntag 1073 PARLOW (wie Anm. 16), Nr. 46. Zur Belehnung von Herzog Rudolfs Sohn Berthold vgl. Die Chroniken Bertholds von Reichenau und Bernolds von Konstanz (wie Anm. 27), S. 359 (zu 1079).
58   Laut Berthold von Reichenau hat der am 25. April 1074 (korrekt: 26. April, vgl. die in Anm. 15 zitierten Arbeiten) gestorbene Markgraf Hermann wenig mehr als ein Jahr in Cluny gelebt. Nachweis in Anm. 27. Damit gelangt man in die Nähe von Ostern 1073, das in diesem Jahr auf den 31. März fiel. Die Formulierung Bertholds, daß Hermann als *nudus nude crucis baiulus* Christus nachgefolgt sei, weist in die Passionszeit; der Beschluß Hermanns dürfte seinem Vater gewiß einige Zeit vorher bekannt gewesen sein.
59   Vgl. eine auf der Synode Bischof Gebhards III. von Konstanz ausgestellte Urkunde des Klosters St. Georgen im Schwarzwald vom 1. April 1086. Notitiae fundationis et traditionum S. Georgii in nigra silva, in: MGH SS 15/2, Hannover 1888, S. 1011. PARLOW (wie Anm. 16), Nr. 107.

von Schwaben 1092 bemerkt, Berthold habe damals noch keinen Dukat gehabt, auch wenn er sich schon seit einiger Zeit angewöhnt hatte, den Titel eines Herzogs zu führen[60].

Auch im urkundlichen Niederschlag des Gütertauschs zwischen dem Kloster Cluny und Bischof Burkhard von Basel im Jahre 1087 zeugt Berthold II. als *dux*[61]. In derselben, in Reindelshausen im nördlichen Breisgau ausgestellten Urkunde erscheint nun, zehn Jahre nachdem Heinrich IV. Berthold I. die Breisgaugrafschaft aberkannt hatte, Hermann II., der Sohn Markgraf Hermanns, als Inhaber derselben, und diese Grafschaft wird, wie schon angesprochen, ein wesentliches und dauerhaftes Element markgräflicher Herrschaft am südlichen Oberrhein bleiben. Hier konnte Hermann II. also – anders als im Falle der Markgrafenwürde und der Anwartschaft auf das Herzogtum Kärnten – in die Fußstapfen seines Vaters treten. Welche Rolle Heinrich IV. dabei gespielt hat, muß angesichts der Verwerfungen des Investiturstreits offen bleiben. Sicher kann Hermann II. aufgrund des Beleges von 1087 nicht unbedingt als Parteigänger des Saliers gelten, und ein von der älteren Forschung herangezogenes Diplom Heinrichs IV. von 1089 hat für unseren Zusammenhang auszuscheiden, da dessen Zeugenliste mit dem Namen Markgraf Hermanns zu Beginn des 12. Jahrhunderts hinzugefügt worden ist[62]. Erst 1098 ist es zu einem Ausgleich zwischen dem Kaiser und seinen Gegnern gekommen; dabei verzichtete Berthold II., seit 1092 Herzog von Schwaben für die päpstliche Partei, auf das Herzogtum zugunsten seines saliertreuen Gegenspielers Friedrich von Staufen, erhielt dafür das wichtige Reichslehen Zürich und die Anerkennung seiner um das namengebende Zentrum Zähringen gruppierten Herzogsherrschaft im Südwesten der alten Provinz Schwaben[63]. Karl Schmid hat die Vorgänge und Hintergründe dieses staufisch-zähringischen Ausgleichs eingehend untersucht, und er hat dieses Modell des politischen Ausgleichs der bis dahin verhärteten Fronten auch mit Erfolg für das Verhältnis von Hermann II. und Heinrich IV. fruchtbar gemacht[64]. In einer weitausholenden Argumentation konnte er wahrscheinlich machen, daß der durch seine antike Badekultur ausgezeichnete Ort Baden im Ufgau um 1100 von Kaiser Heinrich IV. an Hermann II. übertragen wurde, wobei ältere Rechte der Speyrer Kirche weiterhin bestehen blieben, wie die zwischen Speyer und dem markgräflichen Hauskloster Lichtental aufgeteilten Rechte an der Badener Pfarrkirche später erkennen lassen. Auch Hansmartin Schwarzmaier hat bereits 1988 nachdrücklich darauf hingewiesen, daß der Herr über die Siedlung Baden nur der König gewesen sein könne[65]. Ferner kam damals die Grafschaft im Ufgau, nach ihrem Vorort Forchheim

---

60 Die Chroniken Bertholds von Reichenau und Bernolds von Konstanz (wie Anm. 27), S. 494. Dazu PARLOW (wie Anm. 16), Nr. 129.
61 PARLOW (wie Anm. 16), Nr. 112. Hierzu künftig die Freiburger Dissertation von Florian LAMKE zum Thema »Cluniacenser am Oberrhein. Konfliktlösungen und adlige Gruppenbildung in der Zeit des Investiturstreits«.
62 MGH D H IV 403. Vgl. Chr. Fr. STÄLIN, Wirtembergische Geschichte Bd. 2, Stuttgart/Tübingen 1847, S. 318; RMB (Regesten der Markgrafen von Baden und Hachberg 1050–1515, bearb. von R. FESTER), Bd. 1, Innsbruck 1900, Nr. 8. Zur Kritik der jüngeren Forschung SCHMID, Baden-Baden (wie Anm. 10), S. 6.
63 K. SCHMID, Zürich und der staufisch-zähringische Ausgleich, in: Die Zähringer. Schweizer Vorträge und neue Forschungen (wie Anm. 51), S. 49–79.
64 SCHMID, Baden-Baden (wie Anm. 10), S. 8ff.
65 H. SCHWARZMAIER, Baden-Baden im früheren Mittelalter. Die älteste schriftliche Überlieferung aus den Klöstern Weißenburg und Selz, Baden-Baden 1988, S. 28.

benannt, in die Hände Hermanns II., fiel allerdings vor 1110 wieder an die Grafen von Malsch zurück, die sie bis 1086 besessen hatten, bevor Heinrich IV. die Grafschaft der Speyrer Bischofskirche verliehen hatte[66]. Demgegenüber blieb der Ort Baden im Besitz Hermanns II. und wurde, durch die 1122 erstmals bezeugte Burg Hohenbaden befestigt, zum namengebenden Sitz des Hauses[67].

So wie Berthold auf das Herzogtum Schwaben verzichtete, aber die herzogliche Würde als wichtiges Rangmerkmal weiterbehielt, so hat wohl damals Hermann, obwohl nicht im Besitz der Veroneser Markgrafschaft, die Anerkennung seiner Markgrafenwürde in der väterlichen Tradition erhalten. Seit 1101 wurde er von der königlichen Kanzlei so tituliert[68], und nun kann man sogar von einer ausgesprochenen Herrschernähe – anders als bei seinem Onkel Berthold II., der nie als Zeuge in einer Urkunde Heinrichs IV. erscheint – sprechen: Als Heinrich IV. damals die Limburg bei Lüttich belagerte, gehörte Hermann zu seinen Gefolgsleuten und erscheint als Intervenient in einer Urkunde für Lobbes unmittelbar nach Herzog Friedrich von Schwaben und Markgraf Burkhard von Istrien unter den *fideles curie nostre*[69].

Der Name der Limburg bei Lüttich gibt – zufälligen – Anlaß, nach der gleichnamigen Burg bei Weilheim und ihrer Rolle in der innerfamiliären Besitz- und Herrschaftsaufteilung zu fragen[70]. Wenn im Jahre 1100 in einer Schaffhausener Urkunde Hermann *marchio de Lintburch* nach seinem Onkel Berthold *dux de Zaringen* die Zeugenreihe eröffnet[71], so wirft dieser Beleg ein Schlaglicht auf die damaligen Besitzverhältnisse: Hermann II. verfügte über die Limburg, wo sein Großvater gesessen hatte, und benannte sich nach ihr. Ob auch sein Vater Hermann I. hier gesessen hat, wie Karl Schmid aufgrund von dessen Nennung als *m(onachus), comes [de] Lintburk* im Zwiefaltener Nekrolog angenommen hat[72], erscheint fraglich. Dies müßte noch zu Lebzeiten von Hermanns I. Vater Herzog Berthold I. der Fall gewesen sein. Eher handelt es sich hier um eine Rückprojektion aus späterer Zeit, wie sich dies immer wieder beobachten läßt.

Die Limburg und die Burg Baden erscheinen also als zwei bedeutsame Burgen im Horizont der frühen markgräflichen Herrschaftsentwicklung, zugleich Symbole für die beiden Schwerpunktbereiche am mittleren Neckar und am mittleren Oberrhein. Zu einem unbekannten Zeitpunkt vor der Mitte des 12. Jahrhunderts scheint die Limburg allerdings in die Hand der Zähringer, der anderen aus den Bertholden entwickelten Linie,

---

66 Vgl. A. Schäfer, Staufische Reichslandpolitik und hochadlige Herrschaftsbildung im Uf- und Pfinzgau und im Nordwestschwarzwald vom 11.–13. Jahrhundert, in: ZGO 117 (1969), S. 179–244, hier S. 182ff., 216ff.; Schmid, Baden-Baden (wie Anm. 10), S. 21f.
67 Dazu jetzt überblickhaft K. Andermann, Baden-Baden, in: Höfe und Residenzen im spätmittelalterlichen Reich. Ein dynastisch-topographisches Handbuch, Teilband 2: Residenzen, hg. von W. Paravicini, bearb. von J. Hirschbiegel/J. Wettlaufer (Residenzenforschung 15.I, 2), Ostfildern 2003, S. 28ff. Zur Burg vgl. K.-B. Knappe, Die Burg Hohenbaden, in: H. Schneider (Hg.), Burgen und Schlösser in Mittelbaden (Die Ortenau 64), S. 104–123.
68 Vgl. die Übersicht bei Stälin (wie Anm. 62).
69 MGH D H IV 468.
70 Vgl. dazu auch G. Fritz, Die Markgrafen von Baden und der mittlere Neckarraum, in: ZWLG 50 (1991), S. 51–66, hier S. 52f.
71 Parlow (wie Anm. 16), Nr. 154.
72 Schmid, Werdegang (wie Anm. 10), S. 50.

übergegangen zu sein, die hier wohl eine von ihnen abhängige Familie ansetzte[73]. Doch wenig später verschwand die Burg ganz aus der Überlieferung im Unterschied zu der nur fünf Kilometer Luftlinie entfernten Burg Teck, auch sie in zähringischem Besitz und seit dem späten 12. Jahrhundert namengebender Sitz einer Seitenlinie des Zähringerhauses[74].

Nachdem das Profil der frühen markgräflichen Herrschaft um 1100 mit den Burgen Limburg und Baden sowie mit der Grafschaft im Breisgau sichtbar geworden ist, ist es an der Zeit, sich der Frage der Besitzerweiterung im Rahmen der Heiratsallianzen zuzuwenden. Hier fällt der Blick auf Judith, die Ehefrau Hermanns I., die nach dem Tod ihres Mannes 1074 noch 17 Jahre *in viduitate et sancta conversatione* gelebt hat, wie Bernold anläßlich der Nachricht ihres Todes am 27. September 1091 rühmend hervorhebt[75]. Wurde diese Judith früher als Tochter Graf Adalberts von Calw angesprochen[76], so gilt sie seit den neuen grundlegenden Forschungen Karl Schmids zum Backnanger Nekrolog als Angehörige der Familie von Backnang mit dem Leitnamen Hesso[77], und damit rückt der leicht nördlich gelegene mittlere Neckarraum in den Blick, mit den politisch-geographischen Bezeichnungen der Zeit gesprochen, nicht mehr der Neckar-, sondern der Murrgau. Nach dieser Auffassung wäre es Hermanns I. Gemahlin gewesen, die dem markgräflichen Haus den im frühen 12. Jahrhundert in der Hand Markgraf Hermanns II. nachweisbaren Besitzkomplex Backnang zugeführt hat. In Backnang selbst hat dieser, wie aus dem Schutzprivileg Papst Paschalis' II. von 1116 zu entnehmen, die dortige Kirche St. Pankratius reich ausgestattet, damit Brüder nach der Regel des hl. Augustinus leben können[78], und im Jahre 1122 gestattete der zuständige Bischof Bruno von Speyer, daß die von Markgraf Hermann II. und seiner Gemahlin Judith mit Gütern und Zehnten reich bedachte

---

73   Vgl. den an zwei Stellen im Rotulus Sanpetrinus als Pfandgeschäftspartner des Klosters St. Peter erwähnten Berthold von Limburg. Rotulus Sanpetrinus, bearb. von F. VON WEECH, in: Freiburger Diözesan-Archiv 15 (1882), S. 169f. Hierzu und zu den zahlreichen nach Weilheim benannten Personen im Umfeld des Klosters St. Peter vgl. künftig die Freiburger Dissertation von Petra Skoda zum Thema »Herrschaft durch Gefolgschaft. Zur Bedeutung von Ministerialen, Freien und Adligen für die Herzöge von Zähringen im Einflußbereich ihres Hausklosters St. Peter«. Zu Weilheim vgl. H.-M. MAURER, Weilheim bis zur Stadtgründung. Beiträge zur älteren Geschichte, in: Heimatbuch Weilheim a. d. Teck Bd. 3, Weilheim a. d. Teck 1969, S. 14–61, hier S. 35 zu Berthold von Limburg.
74   Zur Burg vgl. BIZER/GÖTZ (wie Anm. 51), S. 72–78, zur zähringischen Seitenlinie I. GRÜNDER, Studien zur Geschichte der Herrschaft Teck (Schriften zur südwestdeutschen Landeskunde 1), Stuttgart 1963; A. WOLF, Teck, in: Lexikon des Mittelalters Bd. 8, München 1997, Sp. 517f.
75   Die Chroniken Bertholds von Reichenau und Bernolds von Konstanz (wie Anm. 27), S. 492.
76   Vgl. HEYCK, Geschichte (wie Anm. 19), S. 103; G. WUNDER, Zur Geschichte der älteren Markgrafen von Baden, in: Württembergisch Franken 62 (1978), S. 13–19, hier S. 18, wieder in: DERS., Bauer, Bürger, Edelmann. Ausgewählte Aufsätze zur Sozialgeschichte (Forschungen aus Württembergisch Franken 25), Sigmaringen 1984, S. 337–342, hier S. 341; WOLLASCH, Markgraf Hermann I. (wie Anm. 15), S. 30. Kritisch hierzu K. SCHMID, Sankt Aurelius in Hirsau 830(?)–1049/75. Bemerkungen zur Traditionskritik und zur Gründerproblematik, in: Hirsau St. Peter und Paul 1091–1091, Teil II: Geschichte, Lebens- und Verfassungsformen eines Reformklosters (Forschungen und Berichte der Archäologie des Mittelalters in Baden-Württemberg 10/2), Stuttgart 1991, S. 11–43, hier S. 39 mit Anm. 191.
77   SCHMID, Werdegang (wie Anm. 10), S. 56ff. in Auseinandersetzung mit FRITZ, Der Backnanger Nekrolog (wie Anm. 13), und G. WUNDER, Die ältesten Markgrafen von Baden (wie Anm. 10); PARLOW (wie Anm. 16), S. 544 Registerposition ›Judith v. Backnang‹.
78   WUB (Wirtembergisches Urkundenbuch Bd. 1, Stuttgart 1849 ND Aalen 1972), Nr. 271, S. 343.

Pankratiuskirche in ein Augustinerchorherrenstift umgewandelt wird⁷⁹. Während dieser für die Geschichte der Markgrafen zweifellos fundamentale Akt unstrittig ist, hat die Forschung in jüngster Zeit gewichtige Einwände gegen die Zuordnung Judiths, der Gemahlin Hermanns I., zur Familie von Backnang erhoben und stattdessen Hermanns II. gleichnamige Ehefrau als Backnangerin angesprochen⁸⁰; damit wäre der Zugewinn des markgräflichen Hauses im Murrgau erst eine Generation später anzusetzen und die Herkunft der früheren Judith wieder eine offene Frage.

Mit der Gründung des Augustinerchorherrenstifts in Backnang und seiner Unterstellung unter päpstlichen Schutz reihten sich Hermann II. und seine Gemahlin Judith in den großen Kreis reformoffener Adelsfamilien in der Zeit vor und nach 1100 ein, denen sich die Gründung von Klöstern ebenso wie von regulierten Stiften verdankte⁸¹; zu erwähnen ist nur Neresheim als Stiftung der Grafen von Dillingen 1095⁸² oder St. Märgen als Stiftung des Straßburger Dompropstes Bruno aus der Familie der Grafen von Haigerloch (vor 1121)⁸³. In einer Zeit, als Baden erstmals in einer Urkunde Heinrichs V. von 1112 zur Zubenennung Hermanns II. diente⁸⁴, bauten Hermann II. und Judith Backnang mit seinem herrschaftlichen Sitz zum geistlichen Zentrum ihrer Herrschaft aus; hier schufen sie die Grablege des markgräflichen Hauses, die ihre Funktion als, mit Georges Duby zu sprechen⁸⁵, »résidence des morts« (Residenz der Toten) bis in die vierziger Jahre des 13. Jahrhunderts hatte, als das von Markgräfin Irmgard, der Witwe Hermanns V., gegründete Zisterzienserinnenkloster Lichtenthal bei Baden die Tradition fortsetzte⁸⁶, nun in

79 WUB Nr. 276, S. 348f.
80 O. Kilian, Sülchgau – Wolfsölden – Schauenburg. Das machtpolitische Streben eines mittelalterlichen Adelsgeschlechts (1000–1300), in: Mannheimer Geschichtsblätter NF 6 (1999), S. 115–188, S. 128ff.; weiterführend künftig Lamke, Die frühen Markgrafen von Baden (wie Anm. 56).
81 Für Südwestdeutschland vgl. Schmid (wie Anm. 53) und den Überblick bei Zotz (wie Anm. 24), S. 510ff.
82 P. Weissenberger, Gründungsgeschichte der Abtei Neresheim (Benediktinisches Mönchtum 5), Neresheim 1947; Ders., Neresheim, in: Germania Benedictina Bd. 5: Baden-Württemberg, Augsburg 1975, S. 408–435. Jüngst O. Auge, *Aemulatio* und Herrschaftssicherung durch sakrale Repräsentation. Zur Symbiose von Burg und Stift bis zur Salierzeit, in: S. Lorenz/Th. Zotz (Hgg.), Frühformen von Stiftskirchen in Europa. Funktion und Wandel religiöser Gemeinschaften vom 6. bis zum Ende des 11. Jahrhunderts (Schriften zur südwestdeutschen Landeskunde 54), Leinfelden-Echterdingen 2005, S. 207–230, hier S. 229.
83 W. Müller, Studien zur Geschichte der Klöster St. Märgen und Allerheiligen, in: Freiburger Diözesan-Archiv 89 (1969), S. 5–129. Jüngst dazu auch B. Mangei, Herrschaftsbildung von Königtum, Kirche und Adel zwischen Oberrhein und Schwarzwald. Untersuchungen zur Geschichte des Zartener Beckens von der merowingischen bis zur salischen Zeit, Diss. phil. Freiburg i. Br. 2004 (Freiburger Dokumentenserver), online im Internet über URL: <http://freidok.ub.uni-freiburg.de/volltexte/1295>, URN: <nbn:de:bsz:25-opus-12950> [Stand: 2005-03-21], S. 146ff.
84 RMB Nr. 28. Vgl. Schmid, Baden-Baden (wie Anm. 10), S. 32.
85 G. Duby, Diskussionsbeitrag, in: G. Duby/J. Le Goff (Hgg.), Famille et parenté dans l'Occident médiéval (Collection de l'École Française de Rome 30), Rom 1977, S. 58. Vgl. dazu O. G. Oexle, Die Gegenwart der Toten, in: H. Braet/W. Verbeke (Hgg.), Death in the Middle Ages (Mediaevalia Lovaniensia Series I, 9), Leuven 1983, S. 19–77, hier S. 48.
86 Vgl. P. Schindele, Die Abtei Lichtenthal, in: Freiburger Diözesan-Archiv 104 (1984), S. 19–166, und 105 (1985), S. 67–248; H. Siebenmorgen (Hg.), 750 Jahre Zisterzienserinnen-Abtei Lichtenthal, Sigmaringen 1995.

Nachbarschaft zum namengebenden Herrschaftssitz, zur »résidence des vivants« (Residenz der Lebenden).

Um die Grablege in Backnang und um die Frage, wie viele Markgrafen dort beigesetzt seien, hat sich eine dichte Forschung in Gang gesetzt, verbunden mit der Interpretation der Einträge im Backnanger Nekrolog. Hier sind die Arbeiten von Gerhard Fritz[87] und Gerd Wunder[88] zu erwähnen, die für wichtige Denkanstöße gesorgt haben, auch im Hinblick auf die Zahl der Markgrafen des 12. Jahrhunderts, die, alle mit Namen Hermann, aufeinander gefolgt sind. Ist zwischen dem in Cluny Mönch gewordenen und dort beigesetzten Markgrafen Hermann, gemeinhin als Nr. 1 gezählt, und dem 1190 auf dem Kreuzzug verstorbenen Markgrafen Hermann, traditionell Nr. 4, außer den beiden dazwischen befindlichen und in Backnang beigesetzten Markgrafen noch ein weiterer, gleichfalls hier bestatteter einfügen? Alles hängt davon ab, ob sich die Angabe im Exordium fundationis monasterii Lucidae vallis, Hermann V. († 1242) sei anläßlich der Weihe des Hauptaltars der Lichtenthaler Klosterkirche von dem Ort, wo er ruhte, umgebettet und im Chor vor dem Altar beigesetzt worden[89], auf die Translation der Gebeine von Backnang nach Lichtenthal oder auf eine Veränderung der Bestattung innerhalb des Klosters Lichtenthal bezieht. Auch zu diesen Fragen hat Karl Schmid Stellung bezogen und auf die Unsicherheiten und z. T. Ungereimtheiten der neuen, um einen zusätzlichen Markgrafen erweiterte Abfolge der Dynastie hingewiesen, so daß es sich empfiehlt, bei der herkömmlichen Zählung zu bleiben[90]; dabei ist durchaus zu beachten, daß die aus neuzeitlicher Überlieferung stammenden Sterbedaten Hermanns II. und Hermanns III. 1130 bzw. 1160 neben dem gesicherten Sterbedatum Hermanns IV. auf dem Kreuzzug 1190 mit dem Prinzip des Drei-Jahrzehnte-Zeitraums zugegebenermaßen etwas künstlich-formal wirken[91].

Die Reihe der zahlreichen Nachrichten über Hermann II. und seinen, man kann wohl sagen, fundamentalen Beitrag zum Herrschaftsaufbau der Markgrafen von Baden ist noch durch zwei weitere abzurunden: Zum einen geht es um die Vogtei über das von der Kaiserin Adelheid in den neunziger Jahren des 10. Jahrhunderts gegründeten Klosters Selz im nördlichen Elsaß[92]; in der zweiten Hälfte des 11. Jahrhunderts beanspruchte die Abtei Cluny zunehmend Rechte an Selz, und auch die auf Initiative Bischof Ottos von Straßburg durch den aus Cluny stammenden Papst Urban II. betriebene Heiligsprechung der Klostergründerin, die in Selz ihre letzte Ruhe gefunden hat[93], im Jahre 1097 läßt diese Verbindung durchscheinen[94]. Wie Karl Schmid gezeigt hat[95], spielte offenbar das Kloster Selz

---

87 Fritz (wie Anm. 13).
88 Wunder, Die ältesten Markgrafen von Baden (wie Anm. 10).
89 RMB Nr. 396.
90 Schmid, Werdegang (wie Anm. 10), S. 51ff.
91 Vgl. ebd., S. 52ff.
92 Vgl. H. Seibert, Selz, in: Lexikon des Mittelalters Bd. 7, München 1995, Sp. 1738. Neuerdings F. Staab, Das Kloster Seltz – L'abbaye de Seltz, in: H. Frommer (Hg.), Adelheid. Kaiserin und Heilige 931–999 – Adélaïde. Impératrice et sainte 931 à 999, Karlsruhe 1999, S. 185–198.
93 J. Wollasch, Das Grabkloster der Kaiserin Adelheid in Selz am Rhein, in: Frühmittelalterliche Studien 2 (1968), S. 135–143.
94 P. Corbet, Les Saints Ottoniens. Sainteté dynastique, sainteté royale et sainteté féminine autour de l'an Mil (Beihefte der Francia 15), Sigmaringen 1986, S. 59ff.
95 Schmid, Werdegang (wie Anm. 10), S. 26ff.

als Schnittstelle von Kaisertreue und Clunyorientierung eine Rolle in der Annäherung der gegnerischen Parteien, zu der auch der Ausgleich Heinrichs IV. mit Markgraf Hermann II. gehörte. Insofern hat seine Vermutung viel für sich, daß die Übertragung der Selzer Vogtei auf die Markgrafen, worin 1139 Hermann III. bezeugt ist[96], auf Hermann II. und die Wende von ca. 1100 zurückgeht.

Schließlich lohnt es, einen Blick auf die Überlieferung aus St. Peter auf dem Schwarzwald, dem Hauskloster der Zähringer nahe ihrer namengebenden Burg Zähringen und ihrer Burg und Stadt Freiburg, zu richten[97]. Dem Rotulus Sanpetrinus, der Urkunden- und Besitztitelsammlung des Klosters aus dem 12. und frühen 13. Jahrhundert[98], ist zu entnehmen, daß der *vir magne nobilitatis Hermannus marchio* – er wird nebenbei bemerkt gegenüber dem andernorts im Rotulus erwähnten *vir summe nobilitatis dux Berhtoldus* deutlich abgestuft –, der Sohn des Markgrafen Hermann seligen Andenkens, sein Gut zu Ambringen südlich von Freiburg mit Kirche und allem Zubehör, doch ausgenommen die Lehen seiner Dienstleute, dem hl. Petrus zu seinem eigenen Seelenheil und dem seiner Eltern (Markgraf Hermann I. und Judith) sowie seiner jüngst verstorbenen Gattin übertragen hat[99]. Zeuge dieses bedeutsamen Aktes ist an erster Stelle *Berhtoldus dux, patruelis eiusdem comitis* – man beachte die Bezeichnung als Graf! –, also Herzog Berthold III., der Vetter desselben Grafen. Denn *patruelis* bezeichnet eher den Vetter als den Onkel (*patruus*). Da in der Urkunde Brunos von Speyer von Februar 1122[100] indes Hermanns II. Frau Judith wohl noch als lebend erwähnt wird (jedenfalls nicht explizit als verstorben), dürfte der Schenkungsakt Ambringen in die Zeit zwischen Februar und Dezember 1122, dem Zeitpunkt des Todes Herzog Bertholds III.[101], fallen.

Hermann II. hat also in der Zeit, als er und seine Frau Judith ihre eigene religiöse Stiftung in Backnang aufbauten, unmittelbar nach deren Tod seine Verbundenheit mit dem Hauskloster der anderen Linie zum Ausdruck gebracht und, indem er seine *parentes,* also auch seinen Vater Hermann I., ja vielleicht gar seinen Großvater Berthold I. einbezog, vielleicht sogar auf die ursprüngliche Einheitlichkeit des Stammes angespielt, und auch sein Sohn und Nachfolger Hermann III. hat das Kloster St. Peter gefördert, wie aus der Aufzeichnung der *Nomina fundatorum huius loci monasterii sancti Petri in Nigra Silva* in dem von Abt Peter Gremmelsbach stammenden Liber vitae hervorgeht[102]. In Ambringen verfügte der Markgraf aber weiterhin über das an seine Ministerialen ausgegebene Lehnsgut (*excepto tantum quod quidam eius servientes ab ipso prius in beneficium acceperant*)[103] und über einen Ministerialen Hermann (*quidam homo de familia Hermanni marchionis,*

---

96   MGH D Ko III 21.
97   Vgl. Th. ZOTZ, Sankt Peter im Schwarzwald, in: Lexikon des Mittelalters Bd. 7, München 1995, Sp. 1192; Das Kloster St. Peter auf dem Schwarzwald (wie Anm. 14).
98   Dazu J. KRIMM-BEUMANN, Der Rotulus Sanpetrinus und das Selbstverständnis des Klosters St. Peter im 12. Jahrhundert, in: Das Kloster St. Peter auf dem Schwarzwald (wie Anm. 14), S. 135–166.
99   Rotulus Sanpetrinus (wie Anm. 73), S. 158. Dazu PARLOW (wie Anm. 16), Nr. 210.
100   Nachweis in Anm. 79.
101   St. MOLITOR, Das Todesdatum Herzog Bertolds III. von Zähringen im Reichenbacher Seelbuch in Kopenhagen, in: K. SCHMID (Hg.), Die Zähringer. Eine Tradition und ihre Erforschung, Sigmaringen 1986, S. 37–42; PARLOW (wie Anm. 16), Nr. 230.
102   ZETTLER (wie Anm. 14), S. 114, 129.
103   Nachweis wie Anm. 99.

Hermannus nomine de Amparingen), der seinerseits von seinem dortigen Besitz an St. Peter geschenkt hat[104]. Am selben Ort und zur selben Zeit dotierte ein Karl von Ambringen als wohl ministerialischer Lehnsmann Herzog Bertholds III. in dessen Gegenwart das zähringische Hauskloster[105], und vor 1147 bezeugte ein Hugo von Ambringen in der Gruppe der *homines ducis* die Schenkung Ulrichs von Alzenach an St. Peter[106]. Die beiden Linien hatten demnach in Ambringen ihre Leute, worin sich wohl die Aufteilung des von Berthold I. her ererbten Besitzes spiegelt. Aber der Breisgau trat in dem Maße, wie die Zähringer hier im Laufe des 12. Jahrhunderts ihre Herrschaft ausbreiteten[107], für die Markgrafen in den Hintergrund, abgesehen von ihren bereits angesprochenen Grafschaftsrechten und ferner davon abgesehen, daß gegen Ende des 12. Jahrhunderts die hachbergische Linie[108] der Markgrafen sich eben hier am südlichen Oberrhein als Trägerin der Breisgaugrafschaft und mit dem herrschaftlichen und namengebenden Sitz der Hochburg bei Emmendingen[109] etablierte und – nach dem Aussterben der Zähringer 1218 – mit dem Einfluß auf die Zisterze Tennenbach, wo Markgraf Heinrich von Hachberg 1231 seine letzte Ruhe fand, ein religiöses Zentrum hatte[110].

Wenn wir nach Zeugnissen markgräflicher Herrschaftsentwicklung im weiteren Verlauf des 12. Jahrhunderts, also in der Zeit Hermanns III. und Hermanns IV., Ausschau halten, so stoßen wir – in ziemlicher Isolation – auf die Schenkung von Besigheim an Hermann III. von 1153. Der Weg dahin ist, abgesehen von der weiter fundierenden Seelgerätstiftung Hermanns III. von 1134 an die Pankratiuskirche in Backnang[111], mit zahlreichen markgräflichen Interventionen in Diplomen Lothars III.[112] und vor allem Konrads III.[113]

---

104 Rotulus Sanpetrinus (wie Anm. 73), S. 143.
105 Ebd., S. 145. Parlow (wie Anm. 16), Nr. 216.
106 Rotulus Sanpetrinus (wie Anm. 73), S. 149. Parlow (wie Anm. 16), Nr. 313.
107 Vgl. Krieg/Zotz (wie Anm. 50).
108 Zu den Hachbergern fehlt eine eigene Gesamtdarstellung. Vgl. W. Rösener, Die Rolle der Grundherrschaft im Prozeß der Territorialisierung. Die Markgrafschaft Hachberg als Beispiel, in: Zeitschrift des Breisgau-Geschichtsvereins (»Schau-ins-Land«) 98 (1979), S. 5–30; überblickhaft Th. Zotz, Frühe Herrschaftsentwicklung, in: Der Landkreis Emmendingen Bd. 1, Stuttgart 1999, S. 129–139, hier S. 132ff.; D. Mertens, Territorien, in: Ebd., S. 140–153, hier S. 140ff.; Schwarzmaier (Anm. 10), S. 177f., 184ff.; H. Krieg, Baden, Markgrafen von, in: Höfe und Residenzen im spätmittelalterlichen Reich. Ein dynastisch-topographisches Handbuch. Teilband 1: Dynastien und Höfe (Residenzenforschung 15.I, 1), Ostfildern 2003, S. 37–43.
109 Vgl. jetzt B. Bigott, Emmendingen, in: A. Zettler/Th. Zotz (Hgg.), Die Burgen im mittelalterlichen Breisgau I. Nördlicher Teil, Halbband A-K (Archäologie und Geschichte. Freiburger Forschungen zum ersten Jahrtausend in Südwestdeutschland 14), Ostfildern 2003, S. 120–133; St. Uhl, Hochburg, in: Höfe und Residenzen im spätmittelalterlichen Reich (wie Anm. 67) Teilband 2: Residenzen (Residenzenforschung 15.I, 2), Ostfildern 2003, S. 273f.
110 Vgl. B. Schwineköper, Das Zisterzienserkloster Tennenbach und die Herzöge von Zähringen. Ein Beitrag zur Gründungs- und Frühgeschichte des Klosters, in: H. Lehmann/W. Thoma (Hgg.), Forschen und Bewahren. Das Elztäler Heimatmuseum in Waldkirch. Kultur- und landesgeschichtliche Beiträge zum Elztal und zum Breisgau, Waldkirch 1983, S. 95–159; Ph. Rupf, Das Zisterzienserkloster Tennenbach im mittelalterlichen Breisgau. Besitzgeschichte und Außenbeziehungen (Forschungen zur oberrheinischen Landesgeschichte 48), Freiburg/München 2004, bes. S. 370ff.
111 RMB Nr. 55.
112 Reg. Imp. IV, 1, 1, Nr. 111f., 213f.
113 MGH DD Ko III, Register S. 679, s. v.

gesäumt, was die kontinuierliche Herrschernähe dieses Hauses dokumentiert; sie wird Signum auch für die Zeit Friedrich Barbarossas und Friedrichs II. bleiben[114], dort allerdings konterkariert durch den Konflikt Hermanns V. mit dem eigene territoriale Interessen verfolgenden König Heinrich (VII.). Doch dies ist ein Thema, das hier nicht mehr zu behandeln ist[115].

Der Überblick über die Formierung der markgräflichen Herrschaft hat erkennen lassen, daß ihr Aufbau deutlich mehrpolig erfolgte, mit dem ererbten und durch Heiratsverbindung gewachsenen Schwerpunkt am mittleren Neckar, mit dem klar markierten Akzent Backnang und mit der herrscherlichen Etablierung der Markgrafen entlang dem mittleren Oberrhein, gekennzeichnet durch die allerdings nur kurzlebigen Grafschaftsrechte im Ufgau und vor allem durch den bald nach 1100 namengebenden Sitz Baden. Diese Benennung prägte allerdings nur zögerlich das tituläre Erscheinungsbild der Markgrafen und wurde immer wieder unterbrochen durch den Rückgriff auf Verona, der im 13. Jahrhundert auch in der Siegelumschrift Markgraf Hermanns V. und Rudolfs I. (*marchio de Verona*) zum Ausdruck kommt[116].

Was die frühe Verankerung der Markgrafen am Oberrhein betrifft, so verdient noch einmal die Vogtei über das ehrwürdige und mit dem Grab der Kaiserin Adelheid ausgezeichnete Kloster Selz auf der anderen Rheinseite Beachtung. Vor allem aber bildeten die Grafschaftsrechte im Breisgau offensichtlich ein wesentliches Element der markgräflichen Herrschaft, das bis in deren Anfänge unter Hermann I. zurückreicht. In einer auf dem Ulmer Hoftag von 1152 ausgestellten Urkunde Friedrich Barbarossas für das Kloster Rüeggisberg testiert Hermann III. als *marchio de Priscowe*[117]. Wenn hier der Markgraf auf den Breisgau bezogen erscheint, so läßt sich dies mit der Titulierung Herzog Bertholds IV. von Zähringen als *dux Briscoaudie* in einer anderen Urkunde Friedrich Barbarossas von 1153 vergleichen[118]. Die Belege zeugen von der Rolle, die der Breisgau, auf unterschiedliche Weise, für die beiden von Berthold I. ausgehenden Linien gespielt hat, ebenso wie von deren Wahrnehmung in der höfischen Gesellschaft um die Mitte des 12. Jahrhunderts.

Der Ersteiner Akt von 1153 wiederum, jene durch König und zahlreiche Zeugenschaft[119] abgesicherte Schenkung der *curtis* Besigheim an Hermann III. zu dessen freier Verfügung, macht in aller Deutlichkeit klar, daß es damals, um die Mitte des 12. Jahrhunderts, der empfangenden markgräflichen Seite, die als Initiator und Interessent anzusehen ist, um den Ausbau ihres Neckarschwerpunkts ging. Dieser spiegelt sich in der für diesen Raum zahlreich bezeugten Ministerialität (Herren von Besigheim, Ingersheim, Helfen-

---

114 Vgl. Schwarzmaier (wie Anm. 10), S. 176ff.
115 Vgl. dazu den Beitrag von Hansmartin Schwarzmaier in diesem Band.
116 Vgl. F. von Weech, Siegel und Urkunden aus dem Großherzoglich Badischen Generallandesarchiv zu Karlsruhe, 1. Serie, Frankfurt a. M. 1883, S. 1; H. Schwarzmaier, Wege des schwäbischen Adels nach Italien im 12. Jahrhundert, in: H. Maurer/H. Schwarzmaier/Th. Zotz (Hgg.), Schwaben und Italien im hohen Mittelalter (Vorträge und Forschungen 52), Stuttgart 2001, S. 151–174, hier S. 162f. und den Beitrag von Heinz Krieg in diesem Band mit weiteren Spuren des Verona-Bezugs.
117 MGH D F I 19.
118 MGH D F I 62. Dazu Krieg/Zotz (wie Anm. 50).
119 Ihre Gruppierung erklärt Decker-Hauff (wie Anm. 3), S. 12ff., wenig überzeugend als die ihre Zustimmung gebende Erbengemeinschaft von Nachkommen der einstigen Schenkerin Agnes. Danach Fritz (wie Anm. 70), S. 55f.

berg, Beilstein, Reichenberg, Oppenweiler) ebenso wie im Bau von Burgen wie Backnang, Reichenberg, Besigheim oder Beilstein[120].

Darauf soll hier nicht in einzelnen eingegangen, sondern nur noch in großen Linien die weitere Entwicklung der markgräflichen Herrschaft ins frühe 13. Jahrhundert hinein nachgezeichnet werden. In dieser Hinsicht ist zunächst einmal über Hermann IV. kaum etwas zu sagen, weil wenig bekannt ist, nicht einmal der Name seiner Ehefrau. Es ist vermutet worden, daß sie eine Calwerin war, und man hat damit den Erwerb von Stuttgart, Cannstatt und Hoheneck durch die Markgrafen erklären wollen[121]. Doch sind hier wohl eher Vorsicht und Zurückhaltung geboten[122].

Klarer konturiert ist hingegen die ausgesprochene Staufernähe Hermanns IV. in den Bahnen seines Vaters, der Friedrich Barbarossa mehrfach nach Italien begleitet hat[123]. Sie ist keineswegs verwandtschaftlich zu erklären, da die Ansprache Berthas, der Gemahlin Hermanns III., als Tochter Konrads III. aus dessen angeblicher Ehe mit Gertrud von Komburg[124] nach den Ergebnissen der neueren Forschung mehr als problematisch bleibt[125], sondern als ein besonders vertrautes Verhältnis zwischen Friedrich Barbarossa und seinem getreuen (*fidelis noster*) Markgrafen Hermann III. zu verstehen. Es kommt eindrucksvoll in der Namengebung Hermanns III. für seine Söhne Friedrich und Heinrich neben dem erstgeborenen Leitnamenträger Hermann zum Ausdruck. Dieser Hermann IV. profiliert sich dem heutigen Betrachter in erster Linie durch seinen Königsdienst. Seine Aufenthalte als *marchio de Badin* oder *marchio Veronensis* am Herrscherhof finden ihren krönenden, wenngleich letalen Abschluß in der Teilnahme am Kreuzzug Kaiser Friedrichs I., auf dem er wenige Tage nach dem Herrscher Ende Juni 1190 in Antiochia gestorben ist[126].

Mehr Licht in die markgräfliche Herrschaftsentwicklung bringt dann die Zeit Hermanns V. Motor ist hier einmal mehr dessen Heirat mit Irmgard, der Tochter des rheinischen Pfalzgrafen Heinrich, eines Sohnes Heinrichs des Löwen, und der Agnes, Tochter Konrads von Staufen, des Halbbruders Friedrichs I. und Vorgängers Heinrichs im Amt

---

120 Vgl. W. RÖSENER, Ministerialität, Vasallität und niederadelige Ritterschaft im Herrschaftsbereich der Markgrafen von Baden vom 11. bis 14. Jahrhundert, in: J. FLECKENSTEIN (Hg.), Herrschaft und Stand. Untersuchungen zur Sozialgeschichte im 13. Jahrhundert (Veröffentlichungen des Max-Planck-Instituts für Geschichte 51), Göttingen ²1979, S. 40–91, hier S. 43f., dazu die Karten »Das badische Territorium um 1300« und »Ministerialen, Vasallen und Urkundenzeugen der Markgrafen von Baden 1190–1300«.
121 Vgl. H. DECKER-HAUFF, Geschichte der Stadt Stuttgart Bd. 1, Stuttgart 1966, S. 120ff.; FRITZ (wie Anm. 70), S. 56f.
122 Vgl. R. STENZEL, Die Städte der Markgrafen von Baden, in: J. TREFFEISEN/K. ANDERMANN (Hgg.), Landesherrliche Städte in Südwestdeutschland (Oberrheinische Studien 12), Sigmaringen 1994, S. 89–130, hier S. 93ff.; S. LORENZ, Stuttgart, in: Lexikon des Mittelalters Bd. 8, München 1997, Sp. 270f.; O. AUGE, Stuttgart, in: Höfe und Residenzen im spätmittelalterlichen Reich (wie Anm. 67), S. 568–571, die sich jeglicher Bemerkung über die Herkunft des markgräflichen Besitzes enthalten.
123 Vgl. SCHWARZMAIER (wie Anm. 10), S. 176f.
124 H. DECKER-HAUFF, Konrad III. und die Komburg, in: Württembergisch Franken 62 (1978), S. 3–12; DERS. (wie Anm. 3), S. 18f.
125 Vgl. G. LUBICH, Auf dem Weg zur »Güldenen Freiheit«. Herrschaft und Raum in der Francia orientalis von der Karolinger- zur Stauferzeit (Historische Studien 449), Husum 1996, S. 168ff.
126 RMB Nr. 146.

der Pfalzgrafschaft[127]. Als der einzige Sohn Pfalzgraf Heinrichs vor dem Vater 1214 starb, rückten seine beiden Töchter Irmgard und Agnes, diese mit Herzog Otto von Bayern aus dem Hause Wittelsbach verheiratet, in eine attraktive Position, allerdings angesichts der Doppelung mit dem Keim des Konflikts versehen. Denn welcher Seite sollte die begehrte Pfalzgrafschaft zufallen? Der erst seit wenigen Jahren im Reich nördlich der Alpen weilende König Friedrich II. hat die Probleme so gelöst, daß Otto von Wittelsbach die Pfalzgrafschaft übertragen bekam[128].

Für den hierzu erforderlichen Verzicht Hermanns V. hat dieser vom König 1219 reichhaltigen Ausgleich empfangen: die Stadt Ettlingen als Lehen, die Stadt Durlach als Eigen und die Städte Lauffen als ans Reich gefallenes Erbe der kinderlos ausgestorbenen Grafen von Lauffen, Sinsheim und Eppingen schließlich als Pfandschaft[129]. Durlach und Ettlingen, von den Staufern als Vögte des Klosters Weißenburg Ende des 12. Jahrhunderts zu Städten ausgebaut[130], wurden zu Residenzen der Markgrafen[131].

Das Stichwort Residenz lenkt den Blick unweigerlich auf Pforzheim[132]: Der verkehrsgeographisch wichtige, in die Römerzeit zurückreichende Ort am Enzübergang der Straße von Ettlingen nach Cannstatt erhielt vom staufischen Pfalzgrafen Konrad städtischen Charakter (*scultetus et uinversi cives sui in Phorceim,* wie in einer Urkunde Pfalzgraf Heinrichs von 1195 zu lesen[133]), und gelangte von Konrad über seine Tochter Agnes an Heinrich. Markgraf Hermann V. wiederum erhielt Pforzheim durch seine Ehe mit Irmgard von der Pfalz; die Stadt wurde ein wichtiger Stützpunkt, ein Bindeglied zwischen den Besitzungen am mittleren Neckar und am Oberrhein, den beiden Polen ihrer Herrschaft. Beide Pole wurden um 1220 gewissermaßen angereichert durch die Erwerbungen aus einer heiratsbedingten günstigen Situation Markgraf Hermanns. Zwar war er einerseits auf der Verliererseite, was die Pfalzgrafschaft betrifft, aber aus seinem Verlust konnte er reichlich Gewinn ziehen – eine Situation, die durchaus etwas an den staufisch-zähringischen Ausgleich um das schwäbische Herzogtum 120 Jahre zuvor erinnert.

Da die Zähringer gerade angesprochen wurden, sei zum Abschluß auch ihrer Geschichte und deren Folgen für die markgräfliche Herrschaftsentwicklung gedacht. Als

---

127 Hierzu SCHWARZMAIER (wie Anm. 10), S. 178ff.
128 M. SCHAAB, Geschichte der Kurpfalz Bd. 1, Stuttgart 1988, S. 69ff.
129 RMB Nr. 227. Vgl. A. SCHÄFER, Staufische Reichslandpolitik und hochadlige Herrschaftsbildung im Uf- und Pfinzgau und im Nordwestschwarzwald vom 11.–13. Jahrhundert, in: ZGO 117 (1969), S. 179–244, hier S. 208ff.; W. STÜRNER, Friedrich II. Bd. 1: Die Königsherrschaft in Sizilien und Deutschland 1194–1220, Darmstadt 1992, S. 198f.
130 Vgl. SCHÄFER, Reichslandpolitik (wie Anm. 129), S. 212, und neuerdings E. REINHARD/ P. RÜCKERT (Hgg.), Staufische Stadtgründungen am Oberrhein (Oberrheinische Studien 15), Sigmaringen 1998, S. 275 (Register) unter den Stichworten »Durlach« und »Ettlingen«.
131 H. KRIEG, Durlach, in: Höfe und Residenzen im spätmittelalterlichen Reich (wie Anm. 67), S. 154ff.; R. STENZEL, Ettlingen – von der Gründungsstadt der Staufer zur landesherrlichen Stadt der Markgrafen von Baden, in: Festschrift 800 Jahre Stadt Ettlingen, Ettlingen 1992, S. 5–40; DERS. (wie Anm. 122), S. 90ff.
132 H.-P. BECHT (Hg.), Pforzheim im Mittelalter. Studien zur Geschichte einer landesherrlichen Stadt (Pforzheimer Geschichtsblätter 6), Sigmaringen 1983; STENZEL (wie Anm. 122), S. 92ff.; H. KRIEG, Pforzheim, in: Höfe und Residenzen im spätmittelalterlichen Reich (wie Anm. 67), S. 448ff.
133 WUB Bd. 2, Stuttgart 1858 ND Aalen 1972, Nr. 494.

Herzog Berthold V. am 18. Februar 1218 gestorben war[134], gehörten auch die Markgrafen Hermann V. und Heinrich von Baden (letzterer später von Hachberg), zusammen mit den Herzögen von Teck[135], der zähringischen Seitenlinie, und mit den Grafen Ulrich von Kyburg[136] und Egino IV. von Urach[137] als Schwägern Bertholds V. über ihre Frauen Anna bzw. Agnes zum Kreis derer, die Anspruch auf das zähringische Erbe erhoben. Last but not least hat sich König Friedrich II. rechtzeitig als *consanguineus* ins Spiel gebracht[138]. Hartmut Heinemann hat diese Vorgänge akribisch durchleuchtet. Dabei wurde deutlich, daß die Markgrafen als seit längerem abgetrennte Linie durchaus vom zähringischen Erbe profitiert haben, aber lange nicht in dem Maße wie die näheren Verwandten. Erst aus einer Schiedsurkunde von 1265 ist etwas über strittige Breisgauer Güter aus zähringischem Erbe in der Hand der Markgrafen von Hachberg zu erfahren[139]. Die Breisgaugrafschaft, nun ein Amt der Hachberger, blieb weiterhin ein wichtiges Herrschaftsinstrument, allerdings gerade nicht aus dem Zähringererbe, ein Instrument, das die Hachberger gegen die um die Mitte des 13. Jahrhunderts immer stärker werdenden Grafen von Freiburg verteidigen mußten[140]. Aber das ist jenseits des Zeithorizonts dieses Beitrags und räumlich marginal im Verhältnis zu den markgräflichen Kernräumen am mittleren Neckar und am mittleren Oberrhein, die sich die Nachkommen Herzog Bertholds I. von Kärnten im 12. und frühen 13. Jahrhundert aufgebaut haben.

* * *

Vom Ausgangspunkt des in mehrfacher Bedeutung des Wortes merkwürdigen Erwerbs Besigheims durch Markgraf Hermann III. im Jahre 1153 her hat der Beitrag im Rückblick auf ein Jahrhundert und im Vorblick auf rund ein Dreivierteljahrhundert die Herrschaftsentwicklung der Markgrafen von Baden nachgezeichnet. Der Beginn um die Mitte des 11. Jahrhunderts war dabei mit der Geburt des »Stammvaters«, des in Cluny Mönch gewordenen Markgrafen Hermann I., markiert; das Ende der ersten großen Phase des Herrschaftsaufbaus ließ sich sinnvoll mit dem Zeitraum 1218/1220 angesichts des Aussterbens der Nachbarlinie der Zähringer definieren, vor allem aber wegen der Welle von Zuwendungen Friedrichs II. an Hermann V.

Dabei können die herrscherlichen Gunsterweise ganz allgemein als wesentliche, zum Teil sogar fundierende Akte in der Herrschaftsentwicklung der Markgrafen gelten. Besig-

---

134 Zu ihm D. GEUENICH, Bertold V., der »letzte Zähringer«, in: Die Zähringer. Eine Tradition und ihre Erforschung (wie Anm. 100), S. 101–116. Zu den Ereignissen um und nach dem Tod Bertholds V. PARLOW (wie Anm. 16), Nr. 644ff.; E.-M. BUTZ, Adlige Herrschaft im Spiegel von Reich und Region. Die Grafen von Freiburg im 13. Jahrhundert (Veröffentlichungen aus dem Archiv der Stadt Freiburg im Breisgau 34, 1), Freiburg i. Br. 2002, S. 31ff.
135 Nachweise in Anm. 74.
136 I. EBERL, Kiburg, Grafen von, in: Lexikon des Mittelalters Bd. 5, München/Zürich 1991, Sp. 1119f.
137 BUTZ (wie Anm. 134), Register S. 359 s. v. Urach.
138 H. HEINEMANN, Das Erbe der Zähringer, in: Die Zähringer. Schweizer Vorträge und neue Forschungen (wie Anm. 51), S. 215–265.
139 BUTZ (wie Anm. 134), S. 129ff.
140 Dazu jetzt allgemein BUTZ (wie Anm. 134).

heim 1153 ordnet sich so betrachtet auf der zeitlichen Linie zwischen Baden ca. 1100 und dem Bündel von Übertragungen durch Friedrich II. ein. Eine solche königliche Anreicherung von Herrschaftselementen ist ebenso typisch für die Formierung adliger Häuser im hohen Mittelalter wie der Zugewinn aus einträglichen Heiratsverbindungen, wie sich das in der markgräflichen Geschichte in aller Deutlichkeit an Judith von Backnang und Irmgard von der Pfalz beobachten läßt, nicht zu vergessen die für die Konstituierung des markgräflichen Hauses überhaupt grundlegende Ehe Bertholds I. mit Richwara. Diese familiengeschichtlichen Voraussetzungen näher zu beleuchten war ein weiteres Anliegen des Beitrags; dadurch ergaben sich leichte Korrekturen an der Familienchronologie, vor allem rückte für das frühere 11. Jahrhundert Gisela als mögliche Vermittlerin besonderer, nämlich karolingischer Herkunft in den Blick.

Neben der zeitlichen Dimension der markgräflichen Herrschaftsentwicklung ging es um die räumliche: Es zeigte sich die Streuung der Güter in großer Entfernung einerseits am mittleren Neckar, andererseits am mittleren Oberrhein, auch dies nicht untypisch für den hochmittelalterlichen Adel ebenso wie das Bemühen der Markgrafen, in beiden Räumen ihren Besitz zu erweitern, zu arrondieren. Hier trug Besigheim seinen gewichtigen Anteil bei. Weniger typisch erscheint die im Vergleich zu anderen führenden Häusern der Zeit vergleichsweise große Distanz zwischen dem namengebenden Herrschaftssitz Baden und dem geistlichen Zentrum des Pankratiusstifts in Backnang[141]. Offensichtlich hat das durch die Grablege in Backnang konkretisierte Traditionsbewußtsein die Markgrafen lange an der spagatartigen Konstellation festhalten lassen.

Ein weiteres Charakteristikum sei zuletzt noch einmal angesprochen: die Analogien zu der Herrschaftsentwicklung der Zähringer, der anderen Linie aus dem Stamm Herzog Bertholds I. und Richwaras. Hier Zähringen, dort Baden: Beides wurden namengebende Sitze, die zur gleichen Zeit vom Kaiser anerkannt, bzw. verliehen worden sind, wobei Zähringen für die Zähringer bereits etwas früher konstitutiv wurde, ohne daß ihr Schwerpunkt am mittleren Neckar, um die Burg Teck konzentriert, aufgegeben worden wäre. Es drängt sich angesichts dieses Befundes die Frage auf, ob die Etablierung der Zähringer am Rhein als der großen und attraktiven Nord-Süd-Achse des Reiches vielleicht das Muster für die Verankerung der Markgrafen in Baden gewesen ist und inwieweit sich die doppel-

---

141   Bei den Staufern, Welfen und Zähringern bestand mit Lorch/Hohenstaufen, Weingarten/Ravensburg und St. Peter/Zähringen ein enges Nebeneinander von Kloster mit Familiengrablege und namengebendem Sitz. Zu den Staufern vgl. SCHWARZMAIER (wie Anm. 22), zu den Welfen Th. ZOTZ, Die frühen Welfen. Familienformation und Herrschaftsaufbau, in: LOOSE/LORENZ (Hgg.), König – Kirche – Adel (wie Anm. 42), S. 189–205. Auf gräflicher Ebene läßt sich im Falle der Nellenburger mit Allerheiligen in Schaffhausen ein räumlicher Abstand beobachten, doch lange nicht so groß wie bei den Markgrafen. Vgl. H. SEIBERT, Nellenburg, Grafen von, in: Lexikon des Mittelalters Bd. 6, München/Zürich 1993, Sp. 1087f. Auch die namengebende Burg der Grafen von Achalm und das als Familiengrablege fungierende Kloster Zwiefalten waren voneinander entfernt, allerdings war hier mit der Klostergründung zugleich das Ende des Hauses Achalm verbunden. Vgl. H. BÜHLER, Studien zur Geschichte der Grafen von Achalm und ihrer Verwandten, in: ZWLG 43 (1984), S. 7–88, wieder in: DERS., Adel, Klöster- und Burgherren im alten Herzogtum Schwaben. Gesammelte Aufsätze, hg. von W. ZIEGLER, Weißenhorn 1996, S. 735–825, und neuerdings H. A. GEMEINHARDT/S. LORENZ (Hgg.), Liutold von Achalm († 1098), Graf und Klostergründer, Reutlingen 2000.

linige Hausstruktur der Nachkommen Bertholds I. in dem manche Parallelen aufweisenden frühen Herrschaftsaufbau beider Seiten spiegelt.

Herrschaftsbildung in staufischer Zeit mit Blick auf den unteren Neckar

VON STEFAN WEINFURTER

Am 12. Juli 1153 übertrug Friedrich I. Barbarossa, ein Jahr zuvor zum König gewählt, den Königshof Besigheim an den Markgrafen Hermann III. von Baden zur freien Verfügung[1]. In der elsässischen Königspfalz Erstein wurde darüber eine Urkunde ausgestellt. Im Einleitungsteil dieser Urkunde (Arenga) heißt es, die königliche Autorität habe mit dieser Schenkung dasjenige festgelegt, »was die Liebe vieler Getreuer gewünscht« habe (*quod multorum fidelium affectio desiderat*). Er, Barbarossa, erfüllte damit den Wunsch der Fürsten, so könnte dies bedeuten. Der illustre Kreis derer, die bei dem Schenkungsakt anwesend waren, zeigt, daß diese Formulierung keineswegs willkürlich gewählt war[2]. Konrad, Barbarossas Halbbruder und wenig später Pfalzgraf bei Rhein[3], befand sich unter ihnen, ebenso die Grafen Sibert von Frankenburg im Elsaß und Werner von Habsburg im Aargau sowie der Vogt Anselm von Straßburg, insbesondere aber die Grafen, die in mittlerer und engerer Entfernung zum Ort Besigheim eine Rolle spielten: die Grafen Berthold von Neuenburg und Ludwig von Württemberg[4] sowie Pfalzgraf Hugo von Tübingen[5].

---

1 MGH D F I. 65. Siehe dazu H. SCHWARZMAIER, Besigheim zwischen König und Markgraf. Zur Urkunde vom 12. Juli 1153 (Besigheimer Geschichtsblätter 23), Besigheim 2003. Zur Geschichte der Markgrafen von Baden: DERS., Baden und Württemberg. Von den Anfängen zweier Familien und ihrer Herrschaft in Nachbarschaft und Konkurrenz, in: Aus südwestdeutscher Geschichte. Festschrift für Hans-Martin Maurer. Dem Archivar und Historiker zum 65. Geburtstag, hg. von W. SCHMIERER, G. CORDES, R. KIESS und G. TADDEY, Stuttgart 1994, S. 15–24; K. SCHMID, Baden-Baden und die Anfänge der Markgrafen von Baden, in: ZGO 140 (1992), S. 1–37.
2 Zum Adel in Schwaben im 12. Jahrhundert siehe Th. ZOTZ, Ottonen-, Salier- und Frühe Stauferzeit (911–1167), in: HbBW Bd. 1, Teil 1, hg. von M. SCHAAB und H. SCHWARZMAIER, Stuttgart 2001, S. 381–528, hier S. 482–492. Neuerdings A. ZETTLER, Geschichte des Herzogtums Schwaben, Stuttgart 2003, bes. S. 192–194.
3 B. BRINKEN, Die Politik Konrads von Staufen in der Tradition der Rheinischen Pfalzgrafschaft (Rheinisches Archiv 92), Bonn 1974.
4 Überblick über den Aufstieg der Württemberger bei D. MERTENS, Der Fürst. Mittelalterliche Wirklichkeiten und Ideen, in: Der Fürst. Ideen und Wirklichkeiten in der europäischen Geschichte, hg. von W. WEBER, Köln u. a. 1998, S. 67–89.
5 P. SCHIFFER, Möhringen und die Territorialpolitik der Pfalzgrafen von Tübingen. Zur Ursache der Tübinger Fehde (1164–1166), in: Aus südwestdeutscher Geschichte (wie Anm. 1), S. 81–104.

Über diese Schenkung, mit der die Geschichte von Besigheim gleichsam urkundenmäßig beginnt, ist vieles und Grundsätzliches geschrieben worden[6]. Der Königshof Besigheim war eine *curtis*, das heißt, ein umfangreicher, königlicher Wirtschaftskomplex mit einem Herrenhof und einer Reihe von zugeordneten Hofstellen mit zahlreichen Hörigenfamilien, ein ganzes Wirtschaftssystem also, das vorher zum Pfalzstift der Königspfalz Erstein gehört hatte. Wenn ein derartiger Wirtschafts- und Personenverband den Besitzer wechselte, bedeutete dies einen erheblichen Eingriff in das Herrschaftsgefüge des jeweiligen Raumes. Dies war eine Angelegenheit, die der König keineswegs willkürlich behandeln konnte. Vielmehr benötigte er die Zustimmung der im Umkreis betroffenen, führenden mächtigen Adligen, und der ganze Vorgang mußte in einem öffentlichen Akt vollzogen werden, bei dem die Fürsten ihren Konsens zum Ausdruck brachten[7].

Daß ein König einem weltlichen Fürsten einen Königshof – denn um einen solchen handelte es sich im Grunde – schenkte, war in dieser Zeit ziemlich ungewöhnlich. Erneut muß man hier bemerken, daß Königsgüter von einem Herrscher prinzipiell nicht willkürlich verschenkt werden durften. Am einfachsten war noch die Übertragung an die Kirche, um damit das Gebet der Mönche oder Kleriker für das Seelenheil zu erkaufen. Einem Adligen hätte man einen Hof zu Lehen geben können. Außerdem war der Königshof Besigheim noch auf eine zweite Weise gebunden: Der Wirtschaftsschwerpunkt zwischen Enz und Neckar gehörte zur besonderen Ausstattung des Frauenstifts von Erstein im Elsaß[8]. Der Vogt des Stifts, Graf Hugo VIII. von Dagsburg, ein mächtiger Adliger im Elsaß, mußte als Vertreter des Frauenkonvents seine Zustimmung geben[9]. Das, so wird man vermuten dürfen, war nur möglich, weil Barbarossa den frommen Frauen von Erstein einen Ersatz beschaffte, über den wir allerdings keine Nachricht haben. So erweist sich der ganze Schenkungsvorgang als bemerkenswerte Besonderheit. Friedrich I. Barbarossa war ganz offenkundig darum bemüht, im Konsens mit den Fürsten einem Anliegen des Markgrafen von Baden in ungewöhnlichem Maße entgegenzukommen. Doch wird man ebenso daran denken müssen, daß der neue König selbst ein Interesse daran besaß, die Verbindung zwischen Schwaben und dem Rhein-Neckar-Gebiet an strategisch wichtigen Orten zuverlässig zu besetzen.

---

6 Siehe H. SCHWARZMAIER, Zähringen und Baden. Zum Herrschaftsausbau einer Familie im Hochmittelalter, in: Geschichte Badens in Bildern 1100–1918, hg. von DEMS., K. KRIMM, D. STIEVERMANN, G. KALLER und R. STRATMANN-DÖHLER, Stuttgart/Berlin/Köln 1993, S. 11–50, hier S. 26f. mit Abbildung der Urkunde; R. STENZEL, Die Städte der Markgrafen von Baden, in: Landesherrliche Städte in Südwestdeutschland, hg. von J. TREFFEISEN und K. ANDERMANN (Oberrheinische Studien 12), Sigmaringen 1994, S. 89–130.
7 Zum Prinzip des politischen Konsens' in der mittelalterlichen Königsherrschaft siehe B. SCHNEIDMÜLLER, Konsensuale Herrschaft. Ein Essay über Formen und Konzepte politischer Ordnung im Mittelalter, in: Reich, Regionen und Europa in Mittelalter und Neuzeit. Festschrift für Peter Moraw, hg. von P.-J. HEINIG, S. JAHNS, H.-J. SCHMIDT, R. Christoph SCHWINGES und S. WEFERS, Berlin 2000, S. 53–87.
8 M. BARTH, Handbuch der elsässischen Kirchen im Mittelalter, Straßburg 1960, Sp. 356–360.
9 Zu den Dagsburgern siehe F. LEGL, Studien zur Geschichte der Grafen von Dagsburg-Egisheim (Veröffentlichungen der Kommission für Saarländische Landesgeschichte und Volksforschung 31), Saarbrücken 1998, S. 92–96 und 336–341 zu Hugo VIII. von Dagsburg, S. 537–539 zur Frage der Vogtei über Erstein.

Damit möchte ich etwas weiter ausholen und auf einige Grundzüge im Zusammenwirken von König und Fürsten im 12. Jahrhundert eingehen, in die unsere Schenkung von Besigheim zu stellen ist. Ganz grundsätzlich müssen wir davon ausgehen, daß wir uns in einer Epoche bewegen, die von einem mächtig einsetzenden und voranschreitenden Prozeß der Herrschaftsbildung geprägt war. Grob gesprochen, kann man sagen, daß etwa zwischen 1050 und 1250 ein Verherrschaftlichungsprozeß ablief, bei dem es um das »Überleben« der neuen politischen Gebilde ging. Wer unter den Adligen und Herrschaftsträgern sich in dieser Epoche nicht behauptete und nicht durchsetzen konnte, ging in der Regel für immer unter oder mußte sich in einer Dienst- oder Amtsstellung einem Mächtigeren beugen. Die ungefähr 200 Jahre bis zur Mitte des 13. Jahrhunderts wirken wie ein Ausscheidungskampf in der politischen Führungselite. Strategisch und wirtschaftlich wichtige Mittelpunkte wurden ausgebaut, befestigt, geschützt und gefördert, Herrschaftsgebiete erweitert, ergänzt und geschlossen, die Verwaltung wurde systematisiert und effizient gestaltet und das System hierarchisch umgebaut.

Solche Beschreibungen sind sehr allgemein, so daß zur Verdeutlichung einige Beispiele vorgestellt werden sollen. Die Forschung der letzten Jahre hat gezeigt, daß seit ungefähr der Mitte des 11. Jahrhunderts die Zahl der Burgen im deutschen Reich sprunghaft anstieg. Eine Untersuchung z. B. der Gebiete von Hessen, Rheinland-Pfalz und Saarland hat ergeben, daß die meisten der neuen Höhenburgen noch im späteren 11. Jahrhundert entstanden sind, darunter berühmte Namen wie die Limburg, der Trifels, Schloßböckelheim an der Nahe oder Hammerstein am Mittelrhein[10]. Fast alle diese neuen Burganlagen waren Turmburgen, d. h. sie verfügten über einen mächtigen Stein- oder Holzturm, dessen nutzbare Innenfläche im Erdgeschoß zwischen 25 und 100 m^2 betragen hat. Außerdem ragten die meisten dieser Turmburgen hoch über die Landschaft auf, sei es auf einem Bergsporn, einem kegelförmigen Hügel, einer Geländekuppe oder einer künstlich aufgeschütteten Anhöhe.

Auch der König, damals Heinrich IV., begann zwischen 1065 und 1075 damit, vor allem in Sachsen neuartige Höhenburgen anzulegen[11]. Sie waren außerordentlich gut befestigt und lagen so hoch und exponiert, daß sie nur auf schwierigem Weg zu erreichen waren. Von diesen Burgen aus wurden die Abgaben eingetrieben und die Bevölkerung durch Ministeriale, also die kriegerischen Dienstmannen, kontrolliert. Berg und Burg wurden zum Symbol einer neuartigen königlichen Zentralherrschaft. König, Fürsten und Adlige waren sich in ihren neuen Formen der Herrschaftszentralisierung ganz ähnlich. Dazu kam, daß die jeweiligen Herrschaftsgebiete geradezu überzogen wurden mit den »Motten«, den kleinen, erhöht errichteten Türmen aus Holz, manchmal auch aus Stein, in denen die Ministerialen ihre Sitze einrichteten.

Wie wichtig diese Burgen für die Herrschaftsbildung wurden, zeigt sich daran, daß Adlige damit begannen, sich nach ihren Burgen zu benennen. Zuvor wurden die meisten nur mit ihrem Namen genannt. Herausragende Personen erhielten einen Zusatz durch ihr Amt oder ihre Funktion, etwa die Vögte oder die Schöffen. Vor allem die Grafen wurden

---

10 Burgen der Salierzeit, 2 Bde., hg. von H. W. BÖHME, Sigmaringen 1991; Burgen im Mittelalter. Ein Handbuch, 2 Bde., hg. von H. W. BÖHME u. a., Stuttgart 1999.
11 S. WEINFURTER, Herrschaft und Reich der Salier, 2. überarbeitete Aufl. Sigmaringen 1993, S. 116ff.

herausgestellt. Sie waren die Inhaber öffentlicher Funktionen und schon seit der Karolingerzeit die tragenden Säulen der öffentlichen Ordnung. In ihrer Grafschaft hatten sie im Auftrag des Königs für Recht und Frieden zu sorgen. Die Adligen waren ihnen dabei folgepflichtig. Das heißt, die Adligen ihrer Grafschaft mußten zu den Gerichtstagen erscheinen und an den Dingversammlungen teilnehmen. Die Gerichtsstätte war der Mittelpunkt der Grafschaft, ein Ort, an dem von alters her Recht gesprochen, also das *placitum* abgehalten wurde. Freilich, die Grafschaften wurden durchlöchert, schon frühzeitig und in zunehmendem Maße. Der Landbesitz der Klöster und Stifte wurde fast überall aufgrund der kirchlichen Immunitätsprivilegien von der öffentlichen Gerichtsgewalt der Grafen befreit. Hier wirkten die Vögte. Daher mußte zu den Rechtsgeschäften eines Klosters auch sein Vogt erscheinen, der dann ebenfalls in seiner Amtsfunktion auftrat.

Seit ungefähr 1080 änderte sich dieses Bild der Benennungen vollständig[12]. Grafen und Vögte erscheinen zwar immer noch, aber fast schlagartig setzen in allen Regionen des Reiches die Benennungen nach Burgen ein. Im Kölner Erzbistum haben wir dafür den ersten Beleg 1081 in einer Urkunde Erzbischof Sigewins[13]. In Bayern findet sich der erste Nachweis dafür aus der Zeit um 1070[14]. Dabei kann man im übrigen erkennen, daß sich in der Anfangszeit häufig gar nicht so sehr die alten, großen Grafengeschlechter nach ihrer Burg benannten, sondern die jüngeren, aber mächtig emporstrebenden Adligen[15]. Die Aufsteiger, so könnte man sagen, standen bei diesem Prozeß an der Spitze. So kann es nicht überraschen, daß eine der frühesten Sammelbezeichnungen nach einer Burg für die Grafen von Scheyern überliefert ist, nämlich aus der Zeit um 1075 in der Eichstätter Bistumsgeschichte des Anonymus von Herrieden. Dieser schreibt über die *Schirenses*, die »Scheyrer«, also die Burgherren von Scheyern, die als besonders machthungrige Friedensstörer dargestellt werden[16]. Die »Scheyrer« waren niemand andere als die späteren Wittelsbacher, die damals, in der zweiten Hälfte des 11. Jahrhunderts, zum aufsteigenden Adel gehörten.

In den Jahren zwischen 1070 und 1080 hat sich in der Wahrnehmung des Adels und in seiner Selbstdarstellung demnach etwas Grundlegendes gewandelt. In Salzburg – um noch

---

12 Dazu grundlegend K. Schmid, Geblüt, Herrschaft, Geschlechterbewußtsein. Grundfragen zum Verständnis des Adels im Mittelalter. Aus dem Nachlaß herausgegeben und eingeleitet von D. Mertens und Th. Zotz (Vorträge und Forschungen 44), Sigmaringen 1998; M. Groten, Die Stunde der Burgherren. Zum Wandel adliger Lebensformen in den nördlichen Rheinlanden in der späten Salierzeit, in: Rheinische Vierteljahrsblätter 66 (2002), S. 74–110.
13 Regesten der Erzbischöfe von Köln, Bd. 1, bearbeitet von F. W. Oediger (Publikationen der Gesellschaft für Rheinische Geschichtskunde 21), Bonn 1954–1961, Nr. 1145; Rheinisches Urkundenbuch. Ältere Urkunden bis 1100, Bd. 2, bearbeitet von E. Wisplinghoff (Publikationen der Gesellschaft für Rheinische Geschichtskunde 57), Düsseldorf 1994, Nr. 303.
14 W. Störmer, Früher Adel. Studien zur politischen Führungsschicht im fränkisch-deutschen Reich vom 8. bis 11. Jahrhundert, Teil I (Monographien zur Geschichte des Mittelalters 6/I), Stuttgart 1973, S. 51ff.
15 W. Störmer, Adel und Ministerialität im Spiegel der bayerischen Namengebung (bis zum 13. Jahrhundert). Ein Beitrag zum Selbstverständnis der Führungsschichten, in: Deutsches Archiv 33, 1977, S. 84–152, bes. S. 120.
16 S. Weinfurter, Die Geschichte der Eichstätter Bischöfe des Anonymus von Herrieden (Eichstätter Studien N. F. 24), Regensburg 1987, S. 63. Vgl. Ders., Der Aufstieg der frühen Wittelsbacher, in: Geschichte in Köln 14, 1983, S. 13–47.

andere Beispiele zu nennen – erscheinen Zeugen mit Burgbezeichnung erstmals in einer Bischofsurkunde, die man auf 1074–1088 datiert[17]. In Trier treffen wir dieses Phänomen zuerst in einer Urkunde Erzbischof Udos von 1075 an[18]. In Mainz dauert es nur unwesentlich länger. Hier finden wir den ersten Beleg aus der Zeit Erzbischof Ruthards (1089–1109) in einer Urkunde von 1090[19].

Wir kommen also zu dem Ergebnis, daß die Jahre um 1080 den Zeitpunkt markieren, von dem an die neuen Namensformen des Adels massiv in die Zeugenlisten der Urkunden einzudringen beginnen. Natürlich geschah das nicht in einem vollständigen Bruch, in manchen Fällen eher zaghaft, aber es war das Modell der Zukunft. Dieser Prozeß ist in der Forschung längst erkannt worden, und Karl Schmid, der große Freiburger Adelsforscher, hat dazu die wichtigsten Studien vorgelegt[20]. Er nannte diese Bezugnahme auf eine Burg »Sitzkonzentration«. Seine These lautete, daß sich die bis dahin noch nicht klar definierten, eher diffusen Adelssippen nun im Raum zu verorten begannen und sich schließlich in der staufischen Zeit zu vorwiegend agnatisch definierten Familien verfestigten. Mit der Beziehung zur Burg – in der Regel auf dem Berg – sei die Adelsfamilie und schließlich das Adelshaus entstanden.

Heute können wir hinzufügen, daß sich der Beginn dieses Wandels zeitlich ziemlich genau auf die Jahre um 1080 bestimmen läßt. Diese neuen Burgen, nach denen sich aufsteigende Adlige zu nennen begannen, waren, das ist sogleich zu erkennen, in der Regel keine Amtszentren. Welche Funktionen hatten sie aber dann? Haben sie als Mittelpunkte einer neuartigen militärischen Organisation zu gelten? Überraschenderweise erklärt uns die jüngere Burgenforschung, daß die neuen Höhenburgen im großen und ganzen für militärische Zwecke eher untauglich waren[21]. Bis man von solch einer Burg endlich ins Tal gelangte, sei der Feind bereits über alle Berge gewesen. Wurf- oder Schußmaschinen waren auf große Entfernungen ganz unbrauchbar. Außerdem bestand die Besatzung in der Regel nur aus einem Dutzend Männern, bei großen Burgen vielleicht aus mehreren Dutzenden – aber besonders eindrucksvoll war das auch nicht. Der Feind konnte die Burg umgehen oder belagern. Die Unzugänglichkeit der Burg verwandelte diese zugleich für die Belagerten in eine »Mausefalle«. Umschlossen von Feinden, saßen sie in einem schützenden Käfig und mußten damit rechnen, verraten, vergiftet oder ausgehungert zu werden.

Diese Überlegungen klingen fast bestürzend und scheinen dem landläufigen Bild von der Burg völlig zu widersprechen. Vielleicht sind sie in ihrer Einseitigkeit auch etwas übertrieben, aber dennoch bieten sie Anlaß, darüber nachzudenken, welche Funktionen neben der militärisch-kriegerischen Bedeutung für die Adelsburg neuen Typs in den Blick

---

17 Salzburger Urkundenbuch, Bd. 2: Urkunden von 790–1199, hg. von F. MARTIN, Salzburg 1916, Nr. 105.
18 Urkundenbuch zur Geschichte der mittelrheinischen Territorien, Bd. 1, hg. von H. BEYER, Koblenz 1860, Nr. 375.
19 Mainzer Urkundenbuch, Bd. 1, hg. von M. STIMMING, Darmstadt 1932, Nr. 374.
20 Siehe Anmerkung 12; ferner K. SCHMID, Zur Problematik von Familie, Sippe und Geschlecht, Haus und Dynastie beim mittelalterlichen Adel. Vorfragen zum Thema »Adel und Herrschaft im Mittelalter«, in: ZGO 105, 1957, S. 1–62.
21 J. ZEUNE, Burgen. Symbole der Macht. Ein neues Bild der mittelalterlichen Burg, Regensburg 1996 (2. Aufl. 1997).

zu nehmen sind. Bei dieser Frage rückt der Aspekt in den Vordergrund, daß die neue Burg besonderen Symbolcharakter für die Adelsherrschaft entwickelte. Diese Adelsburgen waren zwar nicht groß – das hätten sich die Adligen gar nicht leisten können – und sie bestanden in der Frühzeit, ähnlich wie die Motten, in der Hauptsache aus dem Turm, der zugleich Wohnturm war. Aber im Unterschied zu den Motten standen diese kleinen Adelsburgen, wie erwähnt, doch sehr viel exponierter, in der Regel auf einem Berg. Genau darauf kam es an: Sehen und gesehen werden, lautete die Devise.

Wir können noch einen Schritt weiter gehen: Auch die gesamte Adelsherrschaft wurde auf die Burg ausgerichtet – oder auf die Burgen, wenn man mehrere davon besaß. Die Burgen bildeten die Bezugspunkte der Organisation und der Ordnung in der neuen Adelsherrschaft. Diese Funktion wird seit der Mitte des 12. Jahrhunderts immer deutlicher. Ein berühmtes Beispiel dafür liefert uns die Herrschaft der Grafen von Falkenstein in Oberbayern. Von dieser Herrschaft ist uns eine Beschreibung aller Besitzungen, der Wertgegenstände, der Ausrüstung, der Lehen und Vasallen überliefert. Es handelt sich um den berühmten *Codex Falkensteinensis,* verfaßt um 1166[22]. Kennzeichnend ist, daß die Besitz-Aufzeichnungen nach den vier Burgen gegliedert wurden, die den Grafen von Falkenstein gehörten. Die Burgen bildeten die Mittelpunkte von »Prokuratien« (*procurationes*) bzw. »Propsteien« (*prepositurae*). Damit man sich diese Zuordnungen sinnlich einprägen konnte, wurden die vier Burgen im Codex auch bildlich dargestellt. Diese Bilder gehören zu den frühesten Darstellungen von real existierenden Burgen. Besonders eindrucksvoll stellt sich die Burg Falkenstein dar, 200 Meter über dem Inntal auf einem Felsenriff hochragend, was auf der Zeichnung durch steile Felsen, von Falken bewohnt, angedeutet wird.

In den Burgen und um sie herum spielte sich das adlige Leben ab. Diesen Eindruck vermittelt einem der *Codex Falkensteinensis.* Auch das Inventar der Burgen lernen wir in diesen Aufzeichnungen kennen[23]. Der Falkensteiner Graf besaß 15 *loricae*, also Rüstungen, 8 Beinschienen, 10 eiserne Stiefel, 4 Helme, 60 Lanzen (auch Spieße genannt) und 6 Trompeten. Außerdem gab es Luxus auf der Burg: 20 Federbetten werden notiert. Und etwas ganz Exquisites wurde noch vermerkt: 3 Würfelbretter für Trictrac und 3 Schachbretter, beide Spiele mit Elfenbeinfiguren. Damit konnte man sich auf der Burg die Zeit vertreiben[24].

Die Burg auf dem Berg war um die Mitte des 12. Jahrhunderts zum Lebens- und Organisationszentrum der Adelsherrschaft geworden. Zur Not konnte man sich auch verschanzen und verteidigen. Aber normalerweise hatte man den Herrschaftsbetrieb zu organisieren, und am liebsten spielte man Trictrac. Doch wenn der Kaiser rief, mußte man die Rüstungen aufpolieren und mit nach Italien ziehen. In der Burg auf dem Berg war, je nach Höhenlage, die neue Herrschaft weithin sichtbar geworden. Der Herr wohnte nicht mehr unter seinen Bauern im Hofverband; dort mußten nun die Ministerialen auf ihren Motten nach dem Rechten sehen. Von der Herrenburg aus wurden die dazu gehörenden Dörfer und Höfe beherrscht, denn die Burg besaß ein Bedrohungspotential, das die Bewohner der Umgebung in einem gewissen Grad dem Gebot des Burgherrn unterwarf.

---

22   E. NOICHL, Codex Falkensteinensis. Die Rechtsaufzeichnungen der Grafen von Falkenstein (Quellen und Erörterungen zur bayerischen Geschichte N. F. 29), München 1978.
23   Ebd., Nr. 104.
24   A. KLUGE-PINSKER, Schach und Trictrac. Zeugnisse mittelalterlicher Spielfreude in salischer Zeit, Sigmaringen 1991.

Diese Burgherrschaften mit ihrem Bannkreis strebten danach, im Umkreis der Burg aus eigener Kraft für Recht und Ordnung zu sorgen. Auch dies kann man in sorgsamer landesgeschichtlicher Detailarbeit herausarbeiten[25]. Dabei ist zu erkennen, daß diese Burgherren dazu tendierten, die Dingversammlungen der Grafen nicht mehr zu besuchen. Die Burgherren beanspruchten ihre eigene Gerichtsbarkeit und auch den Gerichtsschutz. Sie gingen sogar so weit, dem Grafen die Folge zu verweigern. Damit begannen sie, aus dem Kreis der dem Grafengericht verpflichteten Provinzialen herauszutreten und sich als Ebenbürtige neben den Grafen zu stellen. Diese Entwicklung läßt sich daran ablesen, daß auf den Gerichtsversammlungen der Grafen im späten 11. und dann vor allem im 12. Jahrhundert die Schöffen immer seltener wurden und teilweise von weither kommen mußten, damit überhaupt noch ein Urteilergremium zustande kam. Die Grafen wurden immer mehr auf die gräflichen Gerichtsstätten beschränkt. So verloren die Grafschaften weiter an Substanz. Die neuen adligen Herrschaften traten an ihre Stelle und entwickelten im 12. Jahrhundert langsam den Charakter von Neugrafschaften, die in den Quellen in Unterscheidung von den alten *comitates* gern als *cometiae* erscheinen.

Von dieser Entwicklung wurde die frühe Stauferzeit fundamental geprägt. Der öffentliche Charakter von Herrschaft ging auf der untersten Ebene mehr und mehr verloren. Vor allem muß man sehen, daß die neue Form der Adelsherrschaft dadurch, daß sie die vom König hergeleiteten Grafenrechte verkümmern ließ, zugleich einen Substanzverlust für die königliche Autorität selbst hervorbrachte. Mit der gräflichen Amtsgewalt, so könnte man sagen, wurde auch die königliche ausgehöhlt. Die Könige mußten auf diese Entwicklung reagieren, und im Prinzip gingen sie dabei den Weg, die Königsherrschaft mit denselben Instrumentarien und Mechanismen zu stärken, wie sie auch der Adel entwickelte. Schon der Vater Friedrich Barbarossas, Herzog Friedrich II. von Schwaben (1105–1147)[26], war dafür bekannt, daß er im Dienste des salischen Königs das Elsaß und den salischen Herrschaftsraum um Speyer und in der Südpfalz mit Burgen überzog[27]. Von ihm ging das Wort um, er würde am Schwanz seines Pferdes stets eine Burg hinter sich herziehen[28]. Die Staufer waren wahrscheinlich die eifrigsten und erfolgreichsten Burgenbauer des hohen Mittelalters überhaupt.

Mit Konrad III. gelangten die Staufer schließlich 1138 zur Königswürde[29]. Freilich muß man fein unterscheiden: Staufer ist nicht gleich Staufer[30]. Konrad III. hatte seine

---

25 Siehe dazu GROTEN, Die Stunde der Burgherren (wie Anm. 12).
26 H. SCHWARZMAIER, *Pater imperatoris*. Herzog Friedrich II. von Staufen, der gescheiterte König, in: Mediaevalia Augiensia. Forschungen zur Geschichte des Mittelalters, hg. von J. PETERSOHN (Vorträge und Forschungen 54), Stuttgart 2001, S. 247–284, bes. S. 261f.
27 H. WERLE, Staufische Hausmachtpolitik am Rhein im 12. Jahrhundert, in: ZGO 110 (1962), S. 241–370; Th. SEILER, Die frühstaufische Territorialpolitik im Elsaß, Hamburg 1995.
28 Otto von Freising, Gesta Frederici, hg. von F.-J. SCHMALE (Ausgewählte Quellen zur deutschen Geschichte des Mittelalters 17), 2. korrigierte Aufl. Darmstadt 1974, lib. I, cap. 12, S. 152: *Dux Fredericus in cauda equi sui semper trahit castrum*.
29 W. GOEZ, Konrad III. Der fränkische Stauferkönig, in: Jahrbuch des Historischen Vereins für Mittelfranken 89 (1977/81), S. 17–34; G. ALTHOFF, Konrad III. (1138–1152). Mit Heinrich (1147–1150), in: Die deutschen Herrscher des Mittelalters. Historische Portraits von Heinrich I. bis Maximilian I. (919–1519), hg. von B. SCHNEIDMÜLLER und S. WEINFURTER, München 2003, S. 217–231.
30 W. HECHBERGER, Staufer und Welfen 1125–1190. Zur Verwendung von Theorien in der Geschichtswissenschaft (Passauer Historische Forschungen 10), Köln u. a. 1996.

Herrschaftsschwerpunkte im fränkischen Raum um Rothenburg aufgebaut, und auch in seiner Herrschaftszeit zeigte er sich weniger als schwäbischer, sondern vielmehr als ein fränkischer König[31]. In diesem Sinne war es sein Ziel, einen starkes Königsland von Franken aus aufzubauen. Dabei stützte er sich vor allem auf die Verwandtschaft seiner Frau, auf die Sulzbacher und die Vohburger, die in Mittelfranken, Oberfranken und im bayerischen Nordgau ihre Machtzentren besaßen. Auch Hermann, den er 1142 zum rheinischen Pfalzgrafen einsetzte, stammte aus diesem ostfränkisch-nordgauischen Adelsclan[32]. Er war sein Schwager, nämlich der Mann seiner Schwester Gertrud, und konnte zudem auf Erbbesitzungen am Rhein verweisen. Mit seiner Hilfe sollte der staufisch-fränkische Machtblock in den Westen vorgeschoben werden. Das Zentrum dieser Herrschaft wurde die Burg Stahleck in Bacharach am Rhein[33].

Von dieser Burg Stahleck aus suchte Hermann seine Herrschaft am Rhein auszudehnen. Dabei geriet er sogleich in Konflikt mit den mächtigen Kirchenfürsten in diesem Raum, zuerst mit dem Erzbischof von Trier, dann mit demjenigen von Mainz. Als Hermann die Burg von Bingen in seine Gewalt zu bringen versuchte, kam es 1154 zu heftigen Kämpfen mit Erzbischof Arnold von Mainz. Nachdem Friedrich I. Barbarossa vom Romzug zurückgekehrt war, zitierte er den Pfalzgrafen Ende 1155 vor das Königsgericht in Worms[34]. Hermann wurde zur Strafe des Hundetragens verurteilt, das heißt, er mußte zusammen mit seinen Kampfgenossen in entehrender Weise mitten im Winter barfuß, einen Hund um die Schultern gelegt, eine Meile weit gehen. Nicht lange danach, 1156, starb der Pfalzgraf.

Dieses Vorgehen gegen Hermann von Stahleck kann als ein Mosaikstein im neuen Bild der Herrschaftsführung des zweiten Staufers angesehen werden. Friedrich I. Barbarossa hat – im Vergleich zu seinem Vorgänger – seine Politik den Fürsten gegenüber grundlegend gewandelt. Sie war auf Konsens, auf Friedenssicherung und auf intensive Handlungsgemeinschaft ausgerichtet[35]. Fast die gesamte Führungselite seines Onkels und Vorgängers, Konrads III., wurde durch neue, »besonders erfahrene und hochangesehene« Berater und Mitarbeiter, wie es beim Chronisten Otto von Freising heißt[36], ersetzt. Herzog Heinrich der Löwe gehörte dazu, Pfalzgraf Otto von Wittelsbach, Bischof Eberhard von Bamberg, Herzog Berthold von Zähringen und Markgraf Hermann von Baden.

---

31 J. Dendorfer, Adelige Gruppenbildung und Königsherrschaft. Die Grafen von Sulzbach und ihr Beziehungsgeflecht im 12. Jahrhundert (Studien zur bayerischen Verfassungs- und Sozialgeschichte 23), München 2004.
32 W. Goez, Hermann von Stahleck, in: Fränkische Lebensbilder 8, 1978, S. 1–21.
33 F. L. Wagner, Bacharach und die Geschichte der Viertälerorte Bacharach, Steg, Diebach und Manubach, Bacharach 1996.
34 Otto von Freising, Gesta Frederici (wie Anm. 28), lib. II, cap. 48, S. 376/378; Gernot von St. Stephan (Mainz), Vita Arnoldi archiepiscopi Moguntini, hg. von Ph. Jaffé, Monumenta Moguntina (Bibliotheca rerum Germanicarum 3), Berlin 1866, S. 615. Vgl. W. Schöntag, Untersuchungen zur Geschichte des Erzbistums Mainz unter den Erzbischöfen Arnold und Christian I. (1153–1183) (Quellen und Forschungen zur hessischen Geschichte 22), Darmstadt/Marburg 1973, S. 24.
35 J. Schlick, König, Fürsten und Reich (1056–1159). Herrschaftsverständnis im Wandel (Mittelalter-Forschungen 7), Stuttgart 2001, S. 171ff.
36 Otto von Freising, Gesta Frederici (wie Anm. 28), lib. II, cap. 4, S. 288: *vocatisque prudentioribus seu maioribus ex numero principum de statu rei publice consultans.*

Dagegen wurde der fränkische Familienclan Konrads, darunter auch Pfalzgraf Hermann von Stahleck, an den Rand gedrängt.

Zu beachten ist außerdem, daß Friedrich I. Barbarossa im Unterschied zu seinem Vorgänger eher von den schwäbischen und oberrheinischen Grundlagen des staufischen Hauses her dachte. Er war als Friedrich III. selbst Herzog von Schwaben gewesen. Noch bis 1157 übte Barbarossa diese Funktion weiter aus als Vormund und Stellvertreter für den noch minderjährigen Friedrich, den Sohn König Konrads III., der zwar seit 1152 zum Herzog von Schwaben bestimmt worden war, aber erst 1157 mit seiner Schwertleite als 12jähriger das Amt selbständig übernehmen konnte. Von der Forschung wurde zuletzt betont[37], daß Friedrich I. Barbarossa in diesen Jahren zwischen 1152 und 1157 darum bemüht war, das schwäbische Herzogtum in seinem Machtbereich zu halten und den Einfluß des jüngeren Friedrichs möglichst zurückzudrängen.

Aber auch der Machtbereich im ehemaligen »Salierland« am nördlichen Oberrhein sollte gesichert werden. Diese Rolle hat Barbarossa offenbar schon frühzeitig seinem jüngeren Halbbruder Konrad zugedacht[38]. Schon bald nach der Königserhebung 1152 übertrug er ihm erhebliche Teile des salischen Erbes am nördlichen Oberrhein. Im Raum zwischen Bacharach, Alzey, Mainz, Worms, Speyer und Wimpfen am Neckar sollte die staufische Präsenz organisiert und in eine neue Ordnung gebracht werden. Nach dem Tod Hermanns von Stahleck wurde dieser Auftrag im Amt des rheinischen Pfalzgrafen zusammengefaßt. Im Oktober 1156 erscheint Konrad erstmals in diesem Amt. Von da an begann der Aufbau des neuen pfalzgräflichen Territoriums in staufischer Regie[39]. Dabei rückte der untere Neckar mehr und mehr in den Mittelpunkt. Der Grund dafür liegt auf der Hand: Der Neckar war die natürliche Verbindung zwischen dem schwäbischen Stauferland und dem ehemaligen Salierland am nördlichen Oberrhein. Von Anfang an muß die Kontrolle über diese Verkehrsachse für Barbarossa von größter Bedeutung gewesen sein[40].

Im Kern war der Raum bis dahin von zwei Kirchen herrschaftlich durchdrungen: der Bischofskirche von Worms und dem Reichskloster Lorsch. Während Lorsch große Teile des Odenwalds nördlich des Neckars beherrschte – vor allem durch den Besitz der Heppenheimer Mark und des Heppenheimer Wildbanns –[41], besaß Worms über den Zentral-

---

37 Th. Zotz, Friedrich Barbarossa und Herzog Friedrich (IV.) von Schwaben. Staufisches Königtum und schwäbisches Herzogtum um die Mitte des 12. Jahrhunderts, in: Mediaevalia Augiensia. Forschungen zur Geschichte des Mittelalters, hg. von J. Petersohn (Vorträge und Forschungen 54), Stuttgart 2001, S. 285–306.
38 H. Werle, Pfalzgraf Konrad von Staufen, in: Pfälzer Lebensbilder 2, Speyer 1970, S. 7–31; Brinken, Die Politik (wie Anm. 3).
39 M. Schaab, Die Entstehung des pfälzischen Territoriums am unteren Neckar und die Anfänge der Stadt Heidelberg, in: ZGO 106 (1958), S. 238–276; Ders., Geschichte der Kurpfalz, Bd. 1: Mittelalter, 2. Auflage, Stuttgart 1999.
40 Th. Foerster, Die historische Verkehrslage Heidelbergs im unteren Neckartal, in: Heidelberg. Jahrbuch zur Geschichte der Stadt 9, 2004/2005 (im Druck).
41 J. Semmler, Die Geschichte der Abtei Lorsch von der Gründung bis zum Ende der Salierzeit 1125, in: Die Reichsabtei Lorsch. Festschrift zum Gedenken an ihre Stiftung 764, Bd. 1, hg. von F. Knöpp, Darmstadt 1973, S. 229–245; W. Selzer, Grundbesitz des Klosters Lorsch, in: Laurissa Jubilans. Festschrift zur 1200-Jahrfeier von Lorsch, hg. von der Gemeinde Lorsch, Mainz 1964, S. 66.

ort Ladenburg im alten Lobdengau Stützpunkte am oberen Neckar selbst[42]. Aber die beiden Kirchen konkurrierten scharf in der ersten Hälfte des 12. Jahrhunderts. Dabei machten sie sich die neuen kirchlichen und monastischen Reformströmungen der Zisterzienser und der Regularkanoniker zu Nutze. Die Region wurde regelrecht aufgeheizt von den religiösen Forderungen dieser Gruppen. Aufschlußreich für diese Vorgänge ist die »Vita des Eberhard von Kumbd«[43]. Sie führt anschaulich vor Augen, wie dieser Eifer in den 70er und 80er Jahren des 12. Jahrhunderts auch in der Dienstmannschaft des rheinischen Pfalzgrafen, also Konrads von Staufen, um sich griff. Der junge Eberhard, der Spielgefährte der Söhne des Pfalzgrafen, so erfahren wir, habe schon als Knabe keinen größeren Wunsch gehabt, als in das Zisterzienserkloster Schönau einzutreten, und habe dann später ein eigenes Frauenkloster in Kumbd (heute Klosterkumbd) – im Westen der pfalzgräflichen Burg Stahleck – gegründet.

Das Zisterzienserkloster Schönau war vom Wormser Bischof Burkhard II. 1142 in den Odenwald eingepflanzt worden, ungefähr in der Höhe von Heidelberg nördlich des Neckars[44]. Dies kann man durchaus als eine Reaktion werten auf die Gründung des Klosters Neuburg, das 1130 durch das Reichskloster Lorsch ziemlich genau südlich von Schönau direkt am Neckar errichtet worden war. Lorscher Stützpunkte existierten bereits auf dem Heiligenberg am nördlichen Neckarausgang in die Rheinebene[45]. Auf der gegenüberliegenden Seite, dort, wo in der zweiten Hälfte des 12. Jahrhunderts das *castrum* Heidelberg entstand, befand sich eine Wormser St. Peters-Kirche mit einer präurbanen Siedlung[46]. Der Zugang in das Neckartal und seine Kontrolle waren in frühstaufischer Zeit heiß umkämpft.

Mit welchen Instrumentarien dabei gearbeitet wurde, zeigt sich am Rechtsstand Schönaus. Das Kloster wurde, ganz den zisterziensischen Forderungen entsprechend, durch den Wormser Bischof von jeder weltlichen Gewalt befreit[47]. Allein in die Herrschaft und in den Schutz (*in dominium et defensionem*) des Wormser Bischofs sollte es gestellt sein. Dies war die neue Rechtsfigur der klösterlichen Freiheit, wie sie seit dem beginnenden 12. Jahrhundert auch anderswo begegnet. Die klösterliche Freiheit wurde dabei durch die bischöfliche Autorität und Schutzherrschaft abgesichert. In der darüber ausgestellten Wormser Urkunde ist sogar die Rede von der *libertas Schonaugie*, der

---

42   H. Büttner, Ladenburg am Neckar und das Bistum Worms bis zum Ende des 12. Jahrhunderts, in: Archiv für hessische Geschichte und Altertumskunde N. F. 28, 1963, S. 83–98; H. Probst, Ladenburg im Hochstift Worms vom 10. bis zum 14. Jahrhundert, in: Ladenburg. Aus 1900 Jahren Stadtgeschichte, hg. von Dems., Ubstadt-Weiher 1998, S. 291–348.
43   S. Weber, Das Leben des Eberhard von Kumbd. Heidelbergs Anfänge und weibliche Frömmigkeit am Mittelrhein. Neuedition, Übersetzung, Kommentar (Heidelberger Veröffentlichungen zur Landesgeschichte und Landeskunde 11), Heidelberg 2004, S. 36ff.
44   M. Schaab, Die Zisterzienserabtei Schönau im Odenwald (Heidelberger Veröffentlichungen zur Landesgeschichte und Landeskunde 8), Heidelberg 1967.
45   P. Marzolff, Die Benediktinischen Bergklöster auf dem Heiligenberg bei Heidelberg, in: Beiträge zur Mittelalterarchäologie in Österreich 12, 1996, S. 129–145; F. Quarthal (Hg.), Die Benediktinerklöster in Baden-Württemberg (Germania Benedictina VI), 2. Aufl. 1984, S. 269–273.
46   M. Schaab, Die Anfänge Heidelbergs. Alte Zeugnisse und Neue Befunde, in: Staufische Stadtgündungen am Oberrhein, hg. von E. Reinhard/P. Rückert (Oberrheinische Studien 15), Sigmaringen 1998, S. 185–212.
47   WUB 3, Stuttgart 1871, Nr. 7, S. 468 (Nachtrag zu Bd. 2).

»Schönauer Freiheit«. Solche kirchlichen Rechtsfiguren finden wir auch anderswo, etwa in Mainz, wo wir der *libertas Moguntina* begegnen[48]. Eine derartige Freiheit des Klosters sollte gleichzeitig eine extrem enge Bindung an die Bischofskirche hervorrufen. Diese Entwicklung war kennzeichnend für den Versuch der Bischöfe, ihre Autorität flächenmäßig auszudehnen und mit den modernen Reformklöstern und -stiften punktuell zu verankern.

Aber das Wormser Modell und das zisterziensische Ideal der Freiheit von weltlicher Gewalt gerieten in den Sog des Pfalzgrafen, nachdem Konrad von Staufen das Amt übernommen hatte. Er und seine Familie widmeten sich mit großer Freigebigkeit und Fürsorge dem Kloster Schönau und ließen ihm auf diese Weise immer mehr die Funktion eines Hausklosters zuwachsen. Das neue Frömmigkeitsideal hatte auch die Pfalzgrafenfamilie erfaßt.

Eine entscheidende Voraussetzung dafür war, daß Konrad von Staufen die Hochstiftsvogtei von Worms an sich bringen konnte[49]. Damit kommen wir neben dem Aspekt der Burg zum zweiten zentralen Element der adligen Herrschaftsbildung in staufischer Zeit. Es war die Vogtei, mit deren Hilfe es manche Adelshäuser in kürzester Zeit zu Spitzenstellungen der Macht brachten. Ein berühmtes Beispiel dafür sind die Wittelsbacher, die im 13. Jahrhundert selbst das rheinische Pfalzgrafenamt mit der dazugehörigen Herrschaft übernahmen. In der ersten Hälfte des 12. Jahrhunderts konnten sie eine Kirchen- bzw. Klostervogtei nach der anderen an sich bringen, darunter Scheyern, Kühbach, Indersdorf, Weihenstephan, Ensdorf, Geisenfeld, Neustift bei Freising, Niedermünster in Regensburg und vor allem die gesamte Bistumsvogtei von Freising[50].

Die Vogtei hatte den großen Vorteil, daß in ihr Herrschaft »abstrahiert«, gebündelt und gesichert werden konnte[51]. »Abstrahiert« bedeutet, daß in der Vogtei Herrschaft ausgeübt werden konnte, ohne daß man das Land und die Leute, die zur Vogtei gehörten, besitzen mußte. Das Eigentum an Land und Leuten wurde belanglos, die Herrschaft trennte sich vom Besitz. Der Vogt übte im 12. Jahrhundert in der Regel alle Hoheitsrechte aus, das heißt, er war Immunitätsrichter und für die Friedenssicherung wie für die Verteidigung zuständig. Dies wiederum führte dazu, daß er auch die Leitung über die kirchlichen oder klösterlichen Ministerialen ausübte oder doch für sich beanspruchen konnte. Durch die Schenkungen an die Kirchen oder Klöster weitete sich eine Vogtei gleichsam

---

48 L. FALCK, Klosterfreiheit und Klosterschutz. Die Klosterpolitik der Mainzer Erzbischöfe von Adalbert I. bis Heinrich I. (1110–1153), in: Archiv für mittelrheinische Kirchengesch. 8 (1956), S. 21–75; F. STAAB, Reform und Reformgruppen im Erzbistum Mainz. Vom ›Libellus de Willigisi consuetudinibus‹ zur ›Vita domnae Juttae inclusae‹, in: Reformidee und Reformpolitik im spätsalisch-frühstaufischen Reich, hg. von S. WEINFURTER (Quellen und Abhandlungen zur mittelrheinischen Kirchengeschichte 68), Mainz 1992, S. 119–187, hier S. 160f.
49 H. WERLE, Studien zur Wormser und Speyerer Hochstiftsvogtei im 12. Jahrhundert, in: Blätter für pfälzische Kirchengeschichte 21, 1954, S. 80–89, hier S. 80–83; H. BÜTTNER, Das Bistum Worms und der Neckarraum während des Früh- und Hochmittelalters, in: Archiv für mittelrheinische Kirchengeschichte 10, 1958, S. 9–38, hier S. 28f.
50 WEINFURTER, Der Aufstieg (wie Anm. 16).
51 M. CLAUSS, Die Untervogtei. Studien zur Stellvertretung in der Kirchenvogtei im Rahmen der deutschen Verfassungsgeschichte des 11. und 12. Jahrhunderts (Bonner Historische Forschungen 61), Siegburg 2002.

von alleine aus. Und schließlich: Da eine Vogtei ein Amt war, unterlag sie, anders als Eigenbesitz, im Prinzip nicht der Erbteilung. Auf diese Weise konnte Herrschaft in der Vogtei auch über den jeweiligen Inhaber hinaus gesichert und verstetigt werden. Daß für den Vogt nicht nur herrschaftliche Kompetenzen mit seinem Amt verbunden waren, sondern auch Einkünfte und sonstige wirtschaftliche Vorteile dazugehörten, braucht kaum erwähnt zu werden.

Die Vogtei über die Kirche von Worms also brachte Konrad von Staufen an sich, ein gewaltiger Erfolg, wie wir nun sehen. Diese Vogtei hatte zuvor in der Hand der Grafen von Saarbrücken gelegen. Möglicherweise waren im Lobdengau und im Elsenzgau, also im rechtsrheinischen Bereich, die Grafen von Lauffen am Neckar die Vögte oder Untervögte. Aber hierzu gibt es nur Spekulationen. Wie dem auch sei, Konrad von Staufen konnte die Vogtei – vermutlich über seine Mutter Agnes, die aus dem Haus der Grafen von Saarbrücken stammte – erfolgreich für sich einfordern. Daß dieser Griff gelang, könnte mit dem Zerwürfnis zusammenhängen, das 1168 zwischen Kaiser Friedrich Barbarossa und Graf Simon I. von Saarbrücken entstanden war[52].

1174 wird Pfalzgraf Konrad erstmals als Hochvogt von Worms genannt. Diese Funktion breitete er sogleich über das gesamte rechtsrheinische Wormser Gebiet aus, das sich auch den Neckar aufwärts erstreckte. Damit hatte er gleichsam eine Klammer in der Hand, mit der er sein neues Herrschaftsgebiet zusammenfassen konnte. Auf diese Weise saß er dem Wormser Hochstiftsgericht vor. Sein Gericht war auch zuständig für die bischöflichen Ministerialen von Worms. Deren Schwerpunkte befanden sich neben Worms und Umgebung in Ladenburg und Wimpfen, und auch verschiedene Burgen gehörten dazu, wie Burg Stein an der Weschnitzmündung oder Neckarbischofsheim mit Waibstadt. Mit diesen Orten wird ein ausgedehntes Stützpunktnetz markiert, das sich über weite Teile des Lobdengaus und des Odenwalds erstreckte. Unaufhaltsam zog der Pfalzgraf auf dieser Grundlage Rechte und Güter und vor allem auch Ministeriale der Wormser Kirche auf seine Seite. Im Lobdengau konnte Worms am Ende nur noch Ladenburg und Kirchheim für sich retten.

Der neue Schwerpunkt der pfalzgräflichen Herrschaft verlangte einen neuen Herrschaftsmittelpunkt. Wie zielstrebig Konrad von Staufen ans Werk ging, zeigt der Aufbau des neuen Sitzes in Heidelberg in den 80er Jahren. Es gab hier eine Siedlung mit der Peterskirche am Eingang zum Klingenteichtal. Sie gehörte der Bischofskirche von Worms. Aber die Vogteihoheit lieferte das Recht und die Möglichkeit dazu, daß sich Konrad von Staufen hier festsetzen und – neben seinem Sitz in der Burg Stahleck in Bacharach – in Heidelberg mit der »oberen Burg« einen zweiten Mittelpunkt einrichten konnte[53]. Wie der Vita

---

52   O. ENGELS, Die Stauferzeit, in: Rheinische Geschichte, Bd. 1: Altertum und Mittelalter, 3. Teil: Hohes Mittelalter, hg. von F. PETRI und G. DROEGE, Düsseldorf 1983, S. 199–275, hier S. 214f.
53   Ch. BURKHART, Die obere Burg zu Heidelberg. Das vergessene Pfalzgrafenschloß, Heidelberg 1998; A. WENDT/M. BENNER, *castrum cum burgo ipsius castri*. Archäologie und Geschichte der Stadtgründung Heidelbergs, in: Zwischen den Zeiten. Archäologische Beiträge zur Geschichte des Mittelalters in Mitteleuropa. Festschrift für Barbara Scholkmann, hg. von J. PFROMMER/R. SCHREG (Internationale Archäologie. Studia honoraria 15), Rahden 2001, S. 93–122; A. WENDT/M. BENNER, »... des lieux depuis si long temps condamnés au silence«. Archäologische Spurensuche auf der oberen Burg auf der Molkenkur, in: Heidelberg. Jahrbuch zur Geschichte der Stadt 8, 2003/2004.

des Eberhard von Kumbd zu entnehmen ist, hielt sich der Pfalzgraf in den 70er und 80er Jahren immer häufiger in Heidelberg auf und verlagerte recht eindeutig den eigentlichen Hauptsitz von Bacharach nach Heidelberg[54]. Bei Konrads Tod 1195 war der Prozeß der neuen Sitzkonzentration längst abgeschlossen. Der Zugang in das Neckartal befand sich in der Hand des Pfalzgrafen.

So können wir in den 1170er und 1180er Jahren einen starken Verdichtungsschub in der herrschaftlichen Durchdringung des pfalzgräflichen Raumes um Heidelberg und am unteren Neckar erkennen[55]. In diesen Prozeß wurde auch das Kloster Schönau einbezogen. 1184 erscheint Konrad erstmals als Vogt und Schutzherr des Klosters, als es darum ging, Güter zu sichern[56]. Der Pfalzgraf selbst und seine zweite Gemahlin, Irmgard, wählten sich das Zisterzienserkloster im Odenwald sogar als Stätte ihrer Grablege. Schenkungen, die sie in diesem Zusammenhang machten, wurden 1196 von ihrem Schwiegersohn, Pfalzgraf Heinrich dem Älteren, bestätigt[57]. Auch für die folgenden Pfalzgrafen blieb Schönau ein wichtiges geistliches und herrschaftliches Zentrum, das ständig von ihnen gefördert wurde. Das Wormser Reformzentrum im Odenwald wurde somit zum pfalzgräflichen Hauskloster.

Doch war es nicht nur die Wormser Vogtei, auf der sich die pfalzgräfliche Herrschaft etablierte, sondern es kam noch eine zweite Vogteiherrschaft dazu, nämlich diejenige über das Reichskloster Lorsch[58]. Diese Vogtei bildete neben der Wormser die zweite Säule von Konrads Territorialpolitik. Vorher hatten zwei Brüder aus dem Haus Henneberg die Vogtei von Lorsch ausgeübt, Boppo und Berthold. Sie starben 1156 bzw. 1157. Boppos Tochter, Irmgard, war die zweite Gemahlin Konrads von Staufen, und über diese Verbindung fiel auch die Vogtei über Lorsch an ihn. Erstmals ist er 1165 in diesem Amt nachweisbar[59].

Mit dieser zweiten Hauptvogtei im Raum von Lorsch, Heidelberg und Odenwald konnte Konrad darangehen, seine Herrschaft fast flächendeckend auszugestalten. Im Gebiet der Lorscher Vogtei »schuf der Pfalzgraf die Grundlagen für das spätere Kerngebiet der Kurpfalz«[60]. Mit der Vogtei über Lorsch dürfte auch diejenige über die Tochtergründungen der Abtei verbunden gewesen sein, also über die Propstei in Neuburg am Neckar und die beiden Klöster auf dem Heiligenberg gegenüber Heidelberg. Wie groß der Einfluß des Pfalzgrafen hier jedenfalls gewesen sein muß, zeigt die Tatsache, daß in der Propstei (*cella*) Neuburg, die Lorsch gehörte, 1195 auf seine Initiative hin ein selbständi-

---

54 Wie Anm. 43.
55 M. SCHAAB, Zeitstufen und Eigenart der pfälzischen Territorialentwicklung im Mittelalter, in: Mittelalter. Der Griff nach der Krone. Die Pfalzgrafschaft bei Rhein im Mittelalter, hg. von V. RÖDEL (Schätze aus unseren Schlössern 4), Regensburg 2000, S. 15–36, hier S. 17f.
56 Codex Diplomaticus Schonaugiensis, Nr. XIII, in: V. F. DE GUDENUS, Sylloge I variorum diplomaticorum (...), Frankfurt am Main 1728, S. 32.
57 M. SCHAAB, Ausgewählte Urkunden zur Territorialgeschichte der Kurpfalz 1156–1505 (Veröffentlichungen der Kommission für geschichtliche Landeskunde in Baden-Württemberg A 41), Stuttgart 1998, Nr. 7.
58 H. WERLE, Die Vögte der Reichsabtei Lorsch im 11. und 12. Jahrhundert, in: Blätter für pfälzische Kirchengeschichte und religiöse Volkskunde 23, 1956, S. 52–58, hier S. 57.
59 Codex Diplomaticus Schonaugiensis (wie Anm. 56), Nr. VIII, S. 20.
60 H. WERLE, Das Erbe des salischen Hauses. Untersuchungen zur staufischen Hausmachtpolitik im 12. Jahrhundert vornehmlich am Mittelrhein, phil. Diss. Mainz 1952 (masch.), S. 179.

ges Nonnenkloster nach der Benediktregel eingerichtet wurde[61]. Die Äbtissin dieses neuen, unabhängigen Frauenkonvents, Kunigunde, war wahrscheinlich die Tochter des Pfalzgrafen. Das neue Kloster wurde von allen Verpflichtungen gegenüber der Lorscher Kirche befreit, denn, so heißt es in der Urkunde, es sei ohnehin schon der Herrschaft des Hauptklosters Lorsch entfremdet worden. Das bedeutet nichts anderes, als daß die Herrschaft de facto schon auf den Pfalzgrafen übergegangen war.

Gegen Ende des 12. Jahrhunderts ist überdies festzustellen, daß ein Teil der Lorscher Ministerialen zum Vogt übergewechselt war[62]. Die Lorscher Ministerialen hatten ihre Schwerpunkte vor allem in Weinheim, Heppenheim, Bensheim, Wallstadt, auch in Handschuhsheim, Leutershausen und Schar. Fast alle diese Orte waren Zentren der Lorscher Grundherrschaft oder der Villikationen. Weinheim, Heppenheim und Bensheim waren überdies Lorscher Märkte, die unter der Aufsicht der Lorscher Ministerialen standen. In diesen Orten ist fast die gesamte spätere städtische Oberschicht aus der Lorscher Ministerialität hervorgegangen. Wie stark der Zugriff des Pfalzgrafen im späteren 12. Jahrhundert hier wurde, zeigt sich daran, daß er an diesen wirtschaftlichen Mittelpunkten auch das Lorscher Münzrecht an sich zog. Die zu seiner Zeit auf dem Lorscher Markt in Weinheim geschlagenen Münzen zeigen einen Adler, das Amtszeichen also des Pfalzgrafen, der sich damit als Marktherr darstellen ließ. Aller Wahrscheinlichkeit nach müssen wir dasselbe auch für den Lorscher Markt in Wiesloch annehmen, während sich in Heppenheim und Bensheim offenbar der Lorscher Abt noch behaupten konnte.

Man sieht, in welch schwierige Lage die Abteiherrschaft von Lorsch im späteren 12. Jahrhundert, vor allem seit den 80er Jahren, geraten war. Man hat im Kloster sehr wohl registriert, daß mit dem Pfalzgrafen als neuem Vogt die Zeiten härter wurden. Er sei eben das kleinere von zwei Übeln gewesen, so versuchte der Verfasser des Lorscher Codex dieser Situation etwas Positives abzugewinnen, denn damit seien die Begehrlichkeiten des Kaisers, Friedrich Barbarossas, abgewendet worden. Aber auch er konnte nicht umhin, die göttliche Strafe hervorzuheben für den Schaden, den der Pfalzgraf dem Kloster Lorsch zugefügt habe[63].

Letztlich, so muß man hinzufügen, war es der Anfang vom Ende des alten, mächtigen Reichsklosters. Seit dem beginnenden 13. Jahrhundert prallten nämlich die Herrschaftsansprüche des Heidelberger Pfalzgrafen mit denen des Mainzer Erzbischofs zusammen. In diesem Machtkonflikt wurde das Kloster Lorsch schließlich völlig zerrieben[64]. Welche Bedeutung in diesen Konflikten Burgen zukam, zeigt sich auch hier. Die Lorscher Hauptburg war die Starkenburg an der Bergstraße. Ein Dichter, Heinrich von Avranches, hat sie zum Jahreswechsel 1228/29 aus Sicht des Abtes von Lorsch besungen: »Hoch erhaben

---

61 SCHAAB, Ausgewählte Urkunden (wie Anm. 57), Nr. 6.
62 M. SCHAAB, Die Ministerialität der Kirchen, des Pfalzgrafen, des Reiches und des Adels am unteren Neckar und im Kraichgau, in: Ministerialität im Pfälzer Raum, hg. von F. L. WAGNER (Veröffentlichungen der Pfälzischen Gesellschaft zur Förderung der Wissenschaften in Speyer 64), Speyer 1975, S. 95–121.
63 Codex Laureshamensis 1: Einleitung, Regesten, Chronik, bearbeitet und neu hg. von K. GLÖCKNER, Darmstadt 1929, Nr. 155a und 155b.
64 S. WEINFURTER, Der Untergang des alten Lorsch in spätstaufischer Zeit. Das Kloster an der Bergstraße im Spannungsfeld zwischen Papsttum, Erzstift Mainz und Pfalzgrafschaft, in: Archiv für mittelrheinische Kirchengeschichte 55 (2003), S. 31–58.

steht die Zierde und unbezwingbar die Burg, auf deutsch ›der Starkenberg‹ genannt, der Sache entsprechend den Namen tragend, Verteidiger und Wächter einst unseres Friedens und auch gewohnt, feindlichen Stürmen zu trotzen. Daß solch eine stolze Burg mir zu Diensten stand, mißgönnte mir so mancher Herzog, doch auch der Erzbischof von Mainz mühte sich auf alle Art, sie in seinen Besitz zu bekommen«[65]. Am Ende, so erfahren wir aus dem Gedicht, hetzte der Mainzer Erzbischof die Lorscher Ministerialen auf, ihren eigenen Herrn zu verjagen, und kurze Zeit später konnte der Mainzer die Burg in Beschlag nehmen. Lorsch wurde seines letzten Halts beraubt und ging kurze Zeit später unter.

Im herrschaftspolitischen Ausscheidungskampf in staufischer Zeit verlor auch der Herrscher am Ende seine Möglichkeiten, die Entwicklungen zu steuern. Aber um die Mitte des 12. Jahrhunderts war das noch anders. Friedrich I. Barbarossa hat in der Anfangszeit seiner Herrschaft noch versucht, die Weichen zu stellen. In der Forschung wird in den letzten Jahren gerne darüber diskutiert, ob ein mittelalterlicher Herrscher überhaupt in der Lage war, eine politische Konzeption zu entwickeln oder ob er nicht viel eher von den konkreten Erfordernissen der Tagesgeschäfte geleitet, um nicht zu sagen: getrieben war. Bei Friedrich I. Barbarossa, so denke ich, ist deutlich zu sehen, daß er bei der Neuordnung der Herrschaftsverhältnisse am unteren Neckar und nördlichen Oberrhein eine Herrschaftsverdichtung unter staufischer Kontrolle verfolgt hat. Damit verbunden war die Sicherung der Neckarstraße zur Verbindung Rheinfrankens mit den staufischen Herrschaftsräumen in Schwaben. In diese Zusammenhänge gehört auch die Schenkung von Besigheim 1153 an Markgraf Hermann von Baden, der von Anfang an zum neuen Kreis der engen Vertrauten Barbarossas zählte. Dazu paßt es, daß bei diesem Vorgang auch Konrad von Staufen, der staufische Interessenvertreter am nördlichen Oberrhein, unter den Anwesenden war und als Zeuge der Handlung an erster Stelle der weltlichen Fürsten auftrat: *Conradus frater noster*. Daß Besigheim, der neue Stützpunkt in der Hand des Markgrafen, zur Grundlage weiterer badischer Herrschaftsbildung in dieser Region wurde, kann nicht den staufischen Absichten widersprochen haben. Aber die eigentliche Erklärung für die Schenkung liegt darin, daß sie als Baustein staufischer Planung zu verstehen ist, einer Planung, die sich an den Prozessen der Herrschaftsbildung und den damit verbundenen Umbrüchen in der Herrschaftsordnung dieser Zeit auszurichten hatte.

65 Gedruckt ebd. im Anhang, S. 56–58.

Die Türme des Markgrafen Hermann V.
im Rahmen stauferzeitlicher Wehrbau-Architektur

VON HANS-MARTIN MAURER

Vorbemerkungen

Wenn man von einem der Höhenzüge über Besigheim auf die Stadt herunterblickt, dann ragen noch heute zwei Rundtürme hoch über die Innenstadt empor. Sie begrenzen die langgestreckte Altstadt, die über den Tälern der Enz und des Neckars thront, an beiden Schmalseiten und dominieren die Silhouette. Kein Wunder, daß diese Türme als Kennzeichen in das Stadtwappen übernommen wurden, und zu Recht wurden sie in der Literatur als Wahrzeichen Besigheims bezeichnet (Tafel 1)[1].

Bevor wir uns der Erbauung und Bedeutung der Türme zuwenden, seien zwei Reminiszenzen aus der neueren Geschichte der Türme vorangestellt:

(1) Im 18. Jahrhundert und bis weit ins 19. Jahrhundert hinein nannte man diese Bauten »Römertürme« und sah in ihnen auch Werke römischer Baukunst[2]. Es war August Pauly, später führendes Mitglied beim württembergischen Altertumsverein, der sie 1838 nach einer gründlichen Untersuchung für mittelalterlich erklärte und Kaiser Friedrich Barbarossa als Erbauer vorschlug[3]. Aber damit löste er erst einmal eine langwierige Kontroverse unter den führenden württembergischen Landeskundlern aus[4]. Sie endete wohl erst 1889 mit der Herausgabe des Kunstdenkmäler-Inventars, in dem Eduard Paulus feststellte, daß die beiden Türme »in ihrer großartigen Anlage und der kunstgerechten Ausführung zu den schönsten Baudenkmälern der mittelalterlichen Kriegsbaukunst gezählt werden« müssen[5].

---

1 Zum Stadtwappen siehe Anm. 8. – »Wahrzeichen«: PAULY 1838 (wie Anm. 3), S. 85 und H. BANNASCH, Grundrisse mittelalterlicher Städte IV: Besigheim, in: Historischer Atlas von Baden-Württemberg, Erläuterungen zu IV, 9 (1977) S. 2 – Alle Abbildungsvorlagen, soweit nicht anders vermerkt, vom Vf.
2 [Philipp Ludwig Hermann RÖDER], Geographie und Statistik Wirtembergs, Laybach 1787, Sp. 446–448; DERS., Geographisches Statistisch-Topographisches Lexikon von Schwaben ... 1. Bd., Ulm 1791, ²1800, Sp. 198f.; DERS., Geographie und Statistik Wirtembergs ... Neckar-Kreis, Heilbronn 1820, S. 162–164.
3 [August Friedrich] PAULY, Über das Alter der Thürme zu Besigheim, in: Württ. Jahrbücher 1838 I (ersch. 1839), S. 66–86.
4 Die Debatte darüber soll an anderer Stelle gesondert dargestellt werden.
5 E. PAULUS, Die Kunst- und Alterthums-Denkmale im Königreich Württemberg, Neckarkreis, Inventar, Stuttgart 1889, S. 65f.

(2) Als man 1772 die untere Enzbrücke erbaute, wollte man den unteren Turm »seiner schönen Steine wegen« abbrechen. »Aber«, so schrieb der Topograph Röder 1787, »die Stärke des Gebäudes widersetzte sich einer solchen Gefühllosigkeit und gestattete nicht, ein so ehrwürdiges Andenken des Alterthums, auf das jede andere Stadt stolz seyn würde, zu zernichten«. An anderer Stelle teilte er mit, die Masse des Turms sei »so fest, daß man den Versuch, ein Loch in ihn zu brechen, mit Verlust eines Menschenlebens aufgeben mußte«[6]. Der Turm hat sich also durch seine eigene Massigkeit und Festigkeit selbst geschützt – eine Erfahrung, die man mit vergleichbaren Türmen durchaus auch an anderen Orten machte[7].

Die Türme – ihre Eigenart im regionalen Vergleich

Zum Typ

Das Stadtwappen zeigt zwei Türme mit einem Stück Stadtmauer und einem Tor dazwischen[8]. Das könnte andeuten, die Türme seien normale Teile der Stadtbefestigung, Mauer- oder Tortürme, und so werden sie gelegentlich auch beschrieben[9]. Sie stehen aber eben nicht in der Flucht der ehemaligen Stadtmauer, sondern isoliert dahinter, und auch nicht bei den ursprünglichen Stadttoren. Und ihre Bauweise entspricht nicht der von Stadttürmen, vielmehr gehören sie zur Burgenarchitektur, zum Typ der Bergfriede, wie man seit dem 19. Jahrhundert die Zentral- oder Haupttürme von Burgen bezeichnet.

Bergfriede in Städten sind selten[10], zwei Bergfriede aber – das ist wohl einmalig, und schon deshalb verleihen die beiden Türme Besigheim seit dem Mittelalter und bis heute eine besondere, eine unverwechselbare Note.

---

6   Röder (wie Anm. 2) 1787 S. 447f., 1791 S. 240f., 1820 S. 164.
7   Der Abbruch des Bergfrieds von Lomersheim bei Mühlacker um 1815 verursachte einen großen Aufwand (StA Ludw. E VI Bü 84). Auch der Bergfried von Jagstberg erwies sich 1822 als »so fest«, daß er »allen Abbruchsversuchen trotzte«, bis man ihn durch Feuer und Hitze sprengte (OAB Künzelsau 1883, S. 583). Selbst die Beseitigung der Fundamente des Bergfrieds der Burg Frauenberg in Stuttgart-Feuerbach um 1970 durch Bagger einer Baufirma bereitete so große Schwierigkeiten und erzwang eine Verzögerung, so daß Burgenfreunde aufmerksam wurden und durch öffentlichen Protest die Erhaltung der Fundamente durchsetzen konnten.
8   H. Bardua, Die Kreis- und Gemeindewappen im Regierungsbezirk Stuttgart, Stuttgart 1987, S. 45. – Zwei große Wappendarstellungen vom 16. und 17. Jahrhundert findet man auch im Rathaus in Besigheim, zweites Obergeschoß, und eine weitere von 1581 (oder wenig später), zusammen mit dem badischen Schild, an der Enzbrücke. Interessant ist, daß die beiden Wappendarstellungen des 16. Jahrhunderts in Besigheim die Erker an den beiden Außenseiten der Türme zeigen. Dasselbe gilt für das Stadtsiegel aus dem 16. Jahrhundert, das in der »Geschichte der Stadt Besigheim« (hg. von der Stadt 2003) auf S. 40 abgebildet ist. – Siehe auch die Wappenkartei im HStAS.
9   Ihren Charakter als Burgtürme heben hervor: Bannasch 1977 (wie Anm. 1) S. 2 und besonders H. Beitter, Besigheim – vom Fronhof zur Stadt, in: Backnanger Jahrbuch Bd. 8, 2000, S. 47–55, hier S. 51–54.
10 Eher eine Ausnahme waren die ehemaligen Türme in Marbach a. N. und Bietigheim. Noch heute stehen Bergfriede in Tauberbischofsheim und Tengen (im Hegau).

Außenansicht

Von außen gesehen stellen sich die Türme als schlichte zylindrische Baukörper dar, ungegliedert, ohne Fenster und Zierformen, von unten bis oben fest geschlossene Mauerwände (Tafel 2). Sie wirken von ferne vor allem durch ihre Mächtigkeit und ihre die Häuser überragende Höhe. Aus der Nähe betrachtet macht das großquadrige Mauerwerk mit seiner Regelmäßigkeit und Präzision Eindruck: Es sind durchgehend horizontale Schichten von meist 25–40 cm und bis zu 50 cm Höhe, bestehend aus Buckelquadern mit exaktem Randschlag und meist rundlich abgearbeiteten, sog. kissenförmigen Buckeln oder Bossen[11], die die Wände plastisch erscheinen lassen (Tafel 3). Die rundbogigen Eingänge, von großen flachen Quadern umrandet, befinden sich, wie üblich, in etwa 10 m Höhe (beim oberen Turm sind es heute wegen der Absenkung der Straße 11 m statt ehemals 9,75 m). Einige Lichtschlitze erhellen spärlich die Innenräume, und auch sie sind (beim unteren Turm rundbogig, beim oberen z. T. auch rechteckig) mit Randschlag sorgfältig in die Quader eingepaßt. Zur Stadtaußenseite hin hängt je ein halbrunder Erker aus geglätteten Quadern, die über einem Gesims einen kegelförmigen Abschluß aus langen, zum Teil durchgehenden Steinen haben. Darauf wird zurückzukommen sein.

Vergleicht man die beiden Türme mit anderen Burgen der spätstaufischen Zeit, so ist die Bauweise in Buckelquadern nicht auffällig, ist sie doch im Burgenbau häufig, doch in dieser Präzision und Ausführung findet sie sich nur an besonders aufwendigen Bauten – Alt-Winnenden (Bürg), Beilstein, Neipperg (teilweise), Steinsberg, um einige zu nennen[12]. Auffälliger sind die Ausmaße: Mit Wandstärken von über 4 m und 3,85 m unten, Gesamtdurchmessern von etwa 12,35 und 11,55 m und einer Höhe von über 29 und fast 26 m bis zur Wehrplatte sind sie die massigsten, festesten und höchsten Burgtürme jener Zeit in unserem Raum und erforderten entsprechend riesige Mengen an Baumaterial und Arbeitsaufwand[13]. Etwas ganz Neues aber war in dieser Landschaft die Rundform der Türme: Es gibt hier keine älteren vergleichbaren Rundtürme, und etwa gleichzeitig sind außer dem Bergfried von Reichenberg, den der gleiche Bauherr errichtet hat, nur der

---

11 Die Quader bestehen meist aus Lettenkohlesandstein (OAB Besigheim, 1853, S. 93), am oberen Turm im unteren Bereich z. T. aus hellem Kalkstein, der weniger sorgfältig bearbeitet ist (STEMPFLE, wie Anm. 13, S. 5f.).
12 In meisterhafter Ausführung findet man sie schon auf dem Turm des Trifels aus der Zeit um oder nach 1200.
13 In einer Liste Antonows stehen sie unter den baden-württembergischen Burgen ganz oben (A. ANTONOW: Planung und Bau von Burgen im süddeutschen Raum, Frankfurt 1983, S. 368). Die von Antonow angegebenen Maße sind allerdings nicht immer genau, beim Turm von Reichenberg etwa sind sie überhöht. – Zu den hier und im folgenden angegebenen Maßen vgl. den Anhang zu diesem Aufsatz mit neueren Messungen des Verfassers. – Für den oberen Turm vgl. W. STEMPFLE, Der Besigheimer Schochenturm und seine Steinmetzzeichen, in: Besigheimer Geschichtsblätter 8 (1987), S. 7. Weitere Maße sind den Plänen Stempfles, die dem ursprünglichen Schreibmaschinenmanuskript (1987) beigegeben sind, zu entnehmen (nicht veröffentlicht). – Maßangaben für beide Türme aus älterer Zeit: PAULY 1838 (wie Anm. 3), S. 67–71 (es sind zum Teil Messungen von Karl Eduard Paulus). Dabei ist allerdings nicht angegeben, auf welchem Geschoß gemessen wurde, obwohl sich die Wandstärken von unten nach oben ändern. – OAB Besigheim, 1853, S. 94f.

Turmstumpf von Ebersberg bei Backnang und der vom Typ her anders einzuordnende Turm von Alt-Winnenden (heute Bürg)[14].

Runde Quadertürme erforderten einen höheren Aufwand an Steinmetzarbeit, weil alle Quader segmentförmig bzw. für den Innenraum konkav zubereitet werden mußten. Andererseits sparten sie Baumaterial, weil die Ecken der Vierecktürme entfielen. Man nennt gelegentlich wehrtechnische Gründe für die Rundform, weil Geschosse abgleiten konnten. Wichtiger aber erschien wohl das ästhetische und damit auch repräsentative Moment einer gefälligeren Gesamtgestalt.

Eine weitere Auffälligkeit der Besigheimer Türme sind die je acht einfachen Wasserspeier, die unterhalb der Wehrplatte rundum angebracht sind. Einige mögen erneuert sein, aber Winfried Stempfle, der sie 1983/84 am oberen Turm vom Baugerüst aus beobachten konnte, hält sie mindestens zum Teil für ursprünglich (Tafel 5)[15]. Otto Piper fand nach seiner »Burgenkunde« nur sehr selten Wasserspeier an Bergfrieden und kann für die Besigheimer Anordnung kein gleichartiges Beispiel anführen. Nach Pipers Auffassung wurden die Türme in der Regel über Dächer aus Holzkonstruktionen entwässert[16]. Jedoch hat auch der Bergfried auf Hohenbeilstein, der etwa gleichzeitig wie die Besigheimer Türme entstand, auf vier von fünf Seiten je einen Wasserspeier. Auch auf Neipperg hat sich am östlichen Turm ein Speier aus der Erbauungszeit erhalten, und, um ein Beispiel aus einer anderen Landschaft zu nennen, für den Bergfried der Schonburg (im Raum Naumburg) sind ebenfalls Wasserspeier bezeugt[17]. Noch eine kleine Merkwürdigkeit: An einem Wasserspeier des oberen Turms auf der östlichen, von der Stadt abgewandten Seite befindet sich eine Art Tierkopf, vermutlich ein Neidsymbol – an dieser Stelle im Burgenbau wohl einzigartig[18].

---

14 Der Bau des runden Bergfrieds von Ebersberg könnte von Reichenberg und Besigheim her inspiriert gewesen sein. Das allein erhaltene untere Geschoß ist allerdings innen achteckig und von einem Kalottengewölbe, einer flachen Kuppel, bedeckt gewesen. Vgl. W.-G. FLECK, Burg und Schloß Ebersberg, in: Burgen und Schlösser 2003/4, S. 217–229. – Der Turm von Alt-Winnenden mit schmalem Innenraum war kein eigentlicher Bergfried, sondern ein Eckturm der Umfassungsmauer. Er besitzt über dem unteren Geschoß und besaß ehemals ganz oben je ein Kuppelgewölbe. Vgl. H.-M. MAURER, Der Turm von Bürg. Monument einer ungewöhnlichen Burg, in: Remstal. Die Heimat- und Kulturzeitschrift für den Landkreis Waiblingen, 28. Dez. 1971, S. 42–47.
15 STEMPFLE 1987 (wie Anm. 13), S. 7.
16 O. PIPER, Burgenkunde, München ³1912, S. 223.
17 Auf Neipperg befindet sich auf Höhe der ursprünglichen Wehrplatte, unterhalb der spätmittelalterlichen Erhöhung, auf der Westseite, nahe der Nordwest-Ecke, ein Wasserspeier, der also der ältesten Bauperiode im 13. Jahrhundert angehört. An der heutigen Wehrplatte, auf der Nordseite nahe dem Nordwesteck, befindet sich ein spätmittelalterlicher Speier. – Zur Schonburg: SCHMITT 2003 (wie Anm. 96), S. 53.
18 Der Neidkopf wurde erstmals von W. Stempfle 1983/84 gesehen, doch ist er in seinem gekürzten gedruckten Bericht von 1987 (wie Anm. 13) nicht erwähnt, wohl aber im ursprünglichen Schreibmaschinenmanuskript von 1987, S. 37. – Er befindet sich vermutlich an einem erneuerten Wasserspeier, aber doch wohl nach altem Vorbild. Neidköpfe gibt es auch an einigen anderen Türmen, z. B. als »Donarkopf« auf Neipperg und »Christuskopf« am Bergfried von Stocksberg (DÄHN 1990, wie Anm. 22, S. 445).

Innenraum und Gewölbe

Betritt man das Innere, erlebt man einige Überraschungen – jedenfalls im Vergleich zu den meisten anderen Bergfrieden mit ihren schlichten Innenwänden, Balkendecken und Holzstiegen oder ehemals gar nur Leitern ohne weitere Inneneinrichtung. Denn der eigentliche Sinn der Bergfriede beschränkte sich ja darauf, durch Höhe und Stärke zu imponieren und nur im Notfall eine letzte Zuflucht – wohl eher theoretisch – zu gewähren. Die Besigheimer Türme boten mehr. Schon Philipp Röder, der erste bekannte Bewunderer, schrieb im Jahre 1820: »Die Mauern sehen von innen so schön und neu aus, als ob sie nicht schon 1500 Jahre [!], sondern erst gebaut wären. Das Innere ist so schön und solide als das Äußere[19]«. Gemeint ist der wohlgeschichtete Quaderbau, der innen aus flachen Steinen besteht und von unten bis oben, wie die Steinmetzzeichen erweisen, von professionellen Steinmetzen bearbeitet ist (der inzwischen aber im unteren Turm durch Einlagerung von Salpeter oder vielleicht sogar eine Salpetersiederei teilweise stark verwittert ist). Besonders eindrucksvoll sind die Gewände der verschiedenen Tür- und Nischenöffnungen.

Bestimmend aber für den Raumeindruck sind die gewölbten Decken in Form von Kuppeln, die den Räumen, die ja nicht groß, aber ziemlich hoch sind, eine hallenartige Wirkung verleihen – und das in allen fünf Geschossen übereinander (Tafel 6)[20]. Die Kuppeln, aus stattlichen Quadern erbaut, vermitteln ein wirkungsvolles Raumgefühl und erzeugen in besonderer Weise einen repräsentativen Eindruck.

Ältere Gewölbe in Bergfrieden im nördlichen Schwaben und anschließenden Franken gibt es wohl nicht, selbst der aufwendig gestaltete Rote Turm in Wimpfen aus der Zeit um 1190 entbehrt eines Gewölbes[21]. Von etwa gleichzeitigen Burgen sind wieder nur Ebersberg und Altwinnenden (Bürg) zu nennen, von denen aber nur ganz unten und oben einfachere Gewölbe bekannt sind[22]. Kuppelgewölbe in mehreren Geschossen übereinander – das ist einmalig.

---

19 RÖDER 1820 (wie Anm. 2), S. 163f. Er schreibt von 1500 Jahren, weil er die Türme für römisch hielt. In Wirklichkeit waren sie zu seiner Zeit etwa 600 Jahre alt – auch ein ehrwürdiges Alter.
20 Der obere Turm hat im untersten Geschoß ein einfacheres Kragsteingewölbe (STEMPFLE, wie Anm. 13, S. 7), alle anderen Geschosse in beiden Türmen haben echte Kuppeln, die vor allem von den dritten Geschossen an aufwärts aus präzisen Quadern aufgeführt sind. Die Kuppeln sind etwa halbkreisförmig und nicht »elliptisch«, wie PAULY 1838 (wie Anm. 3) und die OAB Besigheim, Stuttgart 1853, S. 92–96, angeben sowie A. STING, Türme, Tore und Mauern in Besigheim, in: Hie gut Württemberg. Beilage zur Ludwigsburger Kreis-Zeitung, 3. Jg. 1951 Nr. 2.
21 F. ARENS, Die Königspfalz Wimpfen, Berlin 1967, hier S. 103–119. – Zur Datierung auf 1191 ± 10: G. BINDING und B. SCHMIDT, Die Datierung des Roten Turmes in der Pfalz Wimpfen, in: Forschungen und Berichte der Archäologie des Mittelalters in Baden-Württemberg, Bd. 8, 1983, S. 359f.
22 Siehe Anm. 14. – Erst der um oder nach 1200 erbaute Turm auf dem Trifels hat ein Kreuzrippengewölbe (Walter HOTZ, Pfalzen und Burgen der Stauferzeit, Darmstadt 1981, S. 94–102, Tafel 36). Tonnengewölbe gibt es in den mit Besigheim etwa gleichzeitigen Türmen von Miltenberg und Hundersingen. – Das Gewölbe im obersten Geschoß des östlichen Bergfrieds von Neipperg stammt aus dem Spätmittelalter. Vgl. K.-H. DÄHN, Neipperg, in: Brackenheim. Heimatbuch ..., hg. von der Stadtverwaltung 1980, S. 419–456, hier S. 440–445, besonders S. 444.

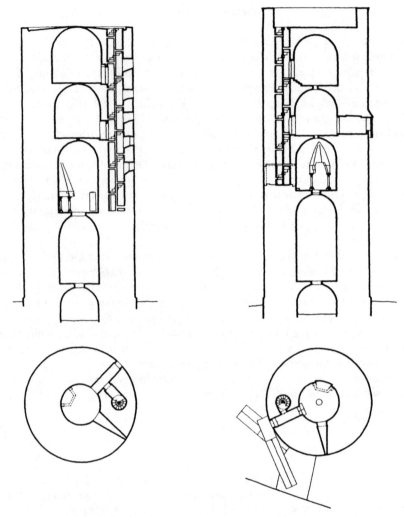

Abb. 1 Unterer und oberer Turm von Besigheim im Grund- und Aufriß. Maßstab 1:400. Cord Meckseper (Ludwigsburger Geschichtsblätter 24, 1972, S. 56).

Inneneinrichtung

Der einzige Zugang zu den Türmen führte durch die hochgelegene Pforte unmittelbar in das dritte von fünf Geschossen. In die Räume darunter gelangte man nur durch runde Öffnungen in den Gewölbescheiteln (von etwa 70 cm Durchmesser) – über eine Leiter oder einen Strick. Auch die oberen Geschosse sind durch kleinere (verschließbare) Gewölbeöffnungen miteinander verbunden, wesentlich bequemer aber geht es über eine Wendeltreppe nach oben, die in die Wandstärke eingebaut ist und wiederum aus präzisen

Quadern besteht. Sie zieht sich über die drei oberen Geschosse hinweg bis auf die Wehrplatte hinauf und ist im oberen Turm 16 m hoch, im unteren noch höher.

Wandtreppen gab es gelegentlich auch schon früher als in Besigheim, allerdings nur geradeläufige, so im Roten Turm in Wimpfen und auf der Inselburg Lauffen. Wendeltreppen dagegen sind in unserem Raum frühestens in etwa gleichzeitigen oder etwas späteren Türmen wie auf Neipperg und Liebenzell bekannt[23]. Die bauliche Ausstattung der Besigheimer Türme ist also auch in dieser Beziehung auffallend und zeichnet sich zudem wieder durch handwerkliche Solidität aus.

Der Zweck der Außenerker, die an beiden Türmen stadtauswärts hängen, ergibt sich in den vierten Geschossen. Hier führt je ein Gang quer durch die 3,65 bzw. 3,45 m dicke Turmwand zum jeweiligen Erker, und in diesem befindet sich ein Steinsitz mit einer runden Öffnung, der verrät, daß es sich um das »heimliche Örtchen« handelt (Tafel 4 und 10).

Abortanlagen finden sich auch in einigen älteren Bergfrieden, aber sie liegen innerhalb der Mauerstärke und wurden durch Fallschächte in der Mauer entleert, was natürlich zu Entlüftungsproblemen führte (so im Roten Turm in Wimpfen aus der ersten Bauzeit, auf Lichtenberg, Liebenzell und der Gamburg, in Oberschwaben beim Hatzenturm und dem von Fronhofen[24]). Wiederum gehören die Besigheimer Türme zu den frühesten Beispielen der damals offenbar modernen Erkeraborte, wie sie etwa gleichzeitig oder wenig später auch in Wimpfen (jüngerer Ausbau), am Bergfried von Hohenbeilstein, an beiden Neipperger Türmen, auf Liebenstein und später auf Krautheim zu finden sind. So eindrucksvoll die aus großen Quadersteinen bestehenden halbrunden Erker, die wie Horste an den Türmen hängen, in Besigheim wirken, sie werden an kunstvoller Ausführung von dem Erker der staufischen Ministerialenburg Neipperg im Zabergäu noch übertroffen.

Eine Sehenswürdigkeit sind schließlich die großen offenen Kamine oder Feuerstellen in den Eingangsgeschossen beider Türme (Tafel 7 und 10). Der Kaminhut sitzt auf mächtigen Konsolsteinen, die trapezförmig (im oberen Turm 134 cm weit) in den Raum hereinragen und in die vorne eine große Steinplatte (im oberen Turm ca. 165 cm lang und 76 cm hoch) eingehängt ist (die im oberen Turm leider abgegangen ist). Darüber verjüngt sich der Kaminhut, greift in die Mauerwand ein und zieht als Mauerschacht an den zwei oberen Geschossen vorbei bis zur ehemaligen Wehrplatte hinauf. Im unteren Turm benutzte man über den Konsolsteinen und der Vorderplatte Tuffsteine – wie im Roten Turm in Wimpfen, offenbar weil Tuffstein als hitzebeständiger galt[25]. Auch sei festgehalten, daß im unteren Turm um die Stelle, wo der Kaminmantel in die Mauer eintritt, ein Blend-Rundbogen in die Wand eingefügt ist. Die Konsolsteine der Kamine beider Türme scheinen von

---

23 Geradeläufige Treppen in der Mauerstärke haben auch der Hatzenturm und der Turm von Fronhofen, die vermutlich ebenfalls älter als die Besigheimer Türme sind. – Zu Neipperg siehe DÄHN (wie Anm. 22), S. 440–445. – Die Türme in Oflings und Danketsweiler (in Oberschwaben) mit ihren Wendeltreppen sind wohl jünger als die von Besigheim. – Schließlich sei daran erinnert, daß bereits der runde »Marsilius-Turm« am Westbau der Klosterkirche Lorch, in der ersten Hälfte des 12. Jahrhunderts entstanden, durch eine Wendeltreppe erschlossen ist.
24 Beim Innenabort mit Fallschacht baute man wegen der Entlüftungsprobleme zum Teil gewinkelte Zugänge ein (Roter Turm in Wimpfen – mit Ausgang des Schachtes unten, Lichtenberg – ohne Ausgang). Beim Erkerabort mit Lüftungslöchern genügte wie in Besigheim ein gerader Zugang.
25 ARENS 1967 (wie Anm. 21), S. 116. Auch auf der Burg Drachenfels im Rheinland war der Kamin mit Tuff ausgemauert (JOST 1995, wie Anm. 94, S. 142f.).

Abb. 2 Kamin des Bergfrieds der Burg Katzenstein (Kr. Heidenheim). Er stammt mit seinen Würfelkapitellen vermutlich aus dem 12. Jahrhundert und zeigt noch die »zuckerhutförmige« Gestalt. Kunstdenkmäler, Atlas, Jagstkreis, Oberamt Neresheim.

Säulen, die vor die Wand gestellt sind, getragen zu sein. In Wirklichkeit sind es reine Schmuckelemente, über die noch zu berichten sein wird.

Offene Kamine gibt es auch in einigen älteren Bergfrieden des Hochadels, zum Teil ebenfalls mit Säulen geziert – im Roten Turm in Wimpfen, in rundlicher Form (zuckerhutförmig) auf Katzenstein (südwestlich von Neresheim) und auf Rothenfels am Main (zwischen Wertheim und Lohr), alle vom mittleren oder ausgehenden 12. Jahrhundert[26]. Auch in einigen etwa gleichzeitig erbauten Türmen findet man Kamine: auf Steinsberg,

---

26 Wimpfen: ARENS 1967 (wie Anm. 21), S. 103–119; Katzenstein: OAB Neresheim 1872, S. 308f.; Rothenfels: Th. STEINMETZ, Burg Rothenfels am Main – eine frühe »klassische Burg«, in: Forschungen zu Burgen und Schlössern 4. Schloß Tirol ..., hg. von der Wartburg-Gesellschaft, München 1998, S. 205–218, hier S. 212. Die Kamine auf Katzenstein und Rothenfels liegen im Eck und haben gerundete, zuckerhutförmige Kaminhüte (im Viertelskreis). – Auf Neipperg ist der Kaminschacht noch über der Wehrplatte erhalten. Der heutige Aufsatz mit vier Steingiebeln stammt allerdings aus dem 19. Jahrhundert.

Liebenstein, Miltenberg am Main und in besonders schöner Ausführung, aber wohl etwas später, auf dem östlichen Bergfried von Neipperg, der an den Seiten bereits Wangen statt Säulen hat (Tafel 13).

Der Einbau von Kaminen, Aborten und Nischen dürfte mit der Genese des Typs Bergfried zusammenhängen, der sich nach Auffassung der heutigen Forschung aus dem älteren Wohnturm der salischen und frühstaufischen Zeit – durch die Trennung von Wohnbau einerseits und Turm andererseits – entwickelt hat[27]. Trotz dieser Trennung haben einige potente Bauherren einen Rest von Wohnausstattung auch im Bergfried beibehalten, und das, wie in Besigheim, bisweilen in bester Ausführung. In der folgenden Zeit verlor sich die überkommene Einrichtung auch in den Türmen hoher Bauherren. Wegen Kamin und Abort von »Wohnbergfrieden« oder gar »Wohntürmen« zu sprechen, wie es in der Literatur gelegentlich geschieht[28], scheint eher irreführend, denn hochadlige Familien oder ihre ritterlichen Vertreter können in diesen engen, dunklen Türmen kaum auf Dauer gewohnt haben – zumal wenn daneben, wie es üblich war, ein herrschaftlicher Wohnbau stand. Diese Ausstattung ist doch wohl nur für Zeiten besonderer Gefahr geschaffen und diente auch dem Renommee des Besitzers, mag aber in manchen Fällen kaum benützt worden sein[29].

Zusammenfassend läßt sich sagen: Das wirklich Neue der Besigheimer Türme in dieser Region sind die Rundform, die Kuppeln, die Wendeltreppe und die Dimensionen. Kamine, Abortanlagen und großquadrige Gewände gab es vorher schon in hervorgehobenen Türmen hoher Herren, aber sie fallen in Besigheim durch anspruchsvolle Formgebung ebenfalls auf.

Kapitelle und Datierung

Im oberen Turm sind die Kapitelle an den Säulen des Kamins noch gut erkennbar. Das eine (links) ist ein Kelchknospenkapitell früher Form, das andere (rechts) ein Zungenblattkapitell, das in den vier Ecken stilisierte Blätter mit einem Grat in der Mitte, dazwischen vier schmälere Blätter zeigt (Tafel 11 und 12)[30]. Die attischen Basen, eher vorgotisch wirkend und ohne Eckzier, haben eine fein gekehlte obere Plinthenkante und einen Sockel mit steiler Schräge. Kapitelle und Basen sind in die Wand eingebunden, die monolithischen Säulen freistehend. Es sind eindeutig frühgotische Formen oder, wie man früher

---

27 Th. BILLER, Die Adelsburg in Deutschland. Entstehung, Form und Bedeutung, München 1993, S. 135. – H.-M. MAURER, Bauformen der hochmittelalterlichen Adelsburg in Südwestdeutschland, in: ZGO 115 (1967), S. 61–116, hier S. 98.
28 »Wohnbergfried« siehe A. ANTONOW, Burgen des südwestdeutschen Raums im 13. und 14. Jahrhundert unter besonderer Berücksichtigung der Schildmauer, Bühl 1977, S. 28f. – ANTONOW 1983 (wie Anm. 13), S. 190. – BEITTER 2000 (wie Anm. 9), S. 53, 55.
29 Um 1838 ließ man einen Kaminfeger den Kamin eines der Besigheimer Türme genau untersuchen, doch fand dieser »keine Spur von Rauch«: [J. D. G. MEMMINGER] in: Württ. Jahrbücher 1838 I (1839), S. 90. Auch im Kamin des Bergfrieds von Rothenfels konnte STEINMETZ keinerlei Rußspuren feststellen (wie Anm. 26, S. 218 Anm. 5). Auch unterhalb der Besigheimer Aborterker gibt es keine Verfärbung durch Fäkalien – im Unterschied zu solchen Erkern an Wohnbauten auf Burgen.
30 Kurz beschrieben und abgebildet auch bei MECKSEPER (wie Anm. 82), 1972 S. 58 und 1982 S. 201 und Abb. 4–6.

sagte, Ornamente des Übergangsstils, die in Frankreich entwickelt und vor allem von den Zisterziensern angewandt wurden. Die Kapitelle des Maulbronner Paradiesmeisters zeigen zwar verschiedene, aber doch ähnliche Formen. Ulrich Knapp vertritt in seinem Werk über Maulbronn die Auffassung, dieser »Maulbronner« Stil und besonders die Knospen- und Kelchkapitelle seien vorzugsweise von Anhängern Kaiser Friedrichs II. übernommen worden, man könne hier »von einer spezifisch staufischen Architektur sprechen«, und er verwendet den Begriff »Reichsstil« dafür. Kelch- und Knospenkapitelle zieren übrigens nicht nur Klöster und Dome, sondern auch Burgen, z. B. den Palas auf Wildenberg, den Turm auf dem Trifels und den östlichen Bergfried auf Neipperg (Tafel 13)[31]. Man wird die Kapitelle des oberen Turms in die zwanziger oder dreißiger Jahre des 13. Jahrhunderts zu datieren haben.

Die Kapitelle des unteren Turms, vermutlich zweizonig gebildet, sind anderer Art, aber wegen starker Verwitterung schwer deutbar. An einem Eck sind zwei begrenzende Bänder erkennbar, die mit einem Ring gebündelt sind. Die Basen haben geschärfte Ringe und, jedenfalls an der linken Säule, Eckverzierungen[32].

Der obere Turm in Besigheim und das benachbarte große »Steinhaus« sind funktional eng aufeinander bezogen. Architekt Burghard Lohrum wies in einem Gutachten von 1997 darauf hin, daß alle drei ehemaligen Zugänge des Steinhauses – im Untergeschoß, im Erdgeschoß und vor allem das Hauptportal im ersten Obergeschoß – zum Turm hin orientiert waren[33]. Das Portal, von dem aus heute eine Brücke zur Pforte des Turmes führt, ist in spätromanischen Formen gestaltet, mit mehrfacher Profilierung durch Wülste und Kehlen. Die Rundstäbe sind leicht zugespitzt, ein Zeichen, daß auch hier die Gotik sich bereits ankündigt[34]. Auf der Nordwest- und der Südwestseite des Steinhauses sind frühgotische Spitzbogenfenster erhalten (Tafel 12 und 14).

Für den oberen Turm gibt es noch einen weiteren Datierungshinweis: Im Jahre 1997 entdeckte man ein Gerüstholz, das steckengeblieben ist – etwa auf der Höhe der Unterkante des Aborterkers, ca. 2,30 m westlich davon. Eine dendrochronologische Untersu-

---

31 Es sei hier angemerkt, daß Markgraf Hermann V. Beziehungen zum Kloster Maulbronn hatte. Im Jahre 1225 machte er Schenkungen zur Stiftung eines Jahrtags, der nach seinem Tode für ihn abzuhalten sei. Der Jahrtag wurde dann auf den 15. September festgelegt (RMB 265, 266 und 384). – U. KNAPP, Das Kloster Maulbronn. Geschichte und Baugeschichte, Stuttgart 1997, S. 78f. (mit Nennung der Burgen Trifels und Wildenberg). – U. KNAPP, Zisterziensergotik oder Reichsstil? in: Maulbronn. Zur 850jährigen Geschichte des Zisterzienserklosters, hg. vom Landesdenkmalamt Baden-Württemberg, Stuttgart 1997, S. 189–292, hier S. 272–284 (mit Nennung der Burgen Wildenberg und Neipperg S. 282f.).
32 Für die Beratung bei der Interpretation der Kapitelle danke ich Herrn Dr. Richard Strobel verbindlichst.
33 B. LOHRUM, Baugeschichtliche Untersuchung des Steinhauses, Ettenheimmünster, 20. Nov. 1997, handschriftliches Gutachten für die Stadt Besigheim, S. 14; B. LOHRUM, Zur Baugeschichte, in: Das Steinhaus in Besigheim, hg. von der Stadt Besigheim o. J. [2004], S. 18–23, hier S. 20f. Hier vertritt Lohrum allerdings die Auffassung, das Hauptportal sei erst nachträglich an die Ostseite verlegt worden, also vermutlich ursprünglich an anderer Stelle angebracht gewesen.
34 Vielleicht wurde die zum Turm gewandte nordöstliche Seite des Steinhauses zuerst aufgeführt, vielleicht auch die zur Stadtmauer im Südosten gekehrte, in der sich oben eine Rundbogenpforte zum Wehrgang befindet. Die beiden zur Stadt gewandten Seiten im Südwesten und Nordwesten des Gebäudes zeigen jedenfalls bereits deutliche frühgotische Formen an den Spitzbogenfenstern.

chung ergab das Jahr 1232 für den letzten erhaltenen Jahresring. Da mit der Abarbeitung einiger Außenringe zu rechnen ist, wird die Zeit 1235 ± 3 für das Fällen und Verwenden der Hölzer angegeben[35]. Innerhalb dieses Zeitraums war also der obere Turm im Bau, begonnen wurde er demnach Ende der zwanziger oder Anfang der dreißiger Jahre.

Der Turm auf Reichenberg

Ein weiterer Turm desselben Bauherrn, des Markgrafen Hermann V., ist bekanntlich erhalten: der Bergfried von Reichenberg, einer Burg, die sich 5½ km nördlich von Backnang erhebt (Tafel 14 und 15). Sie ist als Gesamtanlage großenteils noch erhalten: die Umfassungsmauer, die ringsum lückenlos aufragt, mit 12–14 m fast in voller Höhe, die Toranlage und ein Kapellenbau. Nur das Herrenhaus, der Wohnbau oder Palas, ist einem Neubau des 16. Jahrhunderts zum Opfer gefallen[36]. Es dürfte die einzige von Markgraf Hermann V. erbaute Burg sein, die sich als Ganzes hoch aufragend heute noch darstellt, obwohl er in seiner über 50jährigen Tätigkeit doch wohl auch an manchen anderen Orten seiner weitgestreuten Herrschaft gebaut hat. Schon die Umfassungsmauern mit ihren durchgehenden Quaderschichten und den flachen, zum Teil kissenförmigen Buckeln erinnern an die Türme in Besigheim. Der Bergfried aber, der knapp hinter der Frontmauer steht, gleicht in vielem den Besigheimer Türmen: Er ist ebenfalls rund, hat ähnliches Mauerwerk wie jene, hat in allen vier erhaltenen Geschossen (früher waren es vielleicht fünf[37]) Kuppelgewölbe sowie eine Wendeltreppe vom dritten Geschoß bis zum heutigen Dachboden. Gerade die Besonderheiten der Besigheimer Türme, die sie von anderen unterscheiden, sind auch hier vertreten. Zwar fehlen Kamin und Abortanlage, aber das gilt auch für viele andere Bergfriede jener Zeit. Ähnlich ist dagegen das

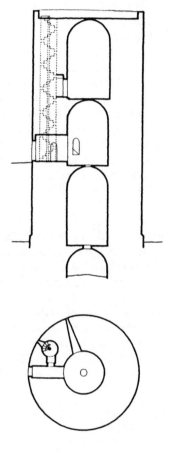

Abb. 3 Bergfried von Reichenberg im Grund- und Aufriß. Maßstab 1 : 400. Cord Meckseper, wie Abb. 1, S. 114 (1972, S. 61).

---

35 LOHRUM 1997 (wie Anm. 33), S. 13 und 15.
36 A. SCHAHL, Die Kunstdenkmäler des Rems-Murr-Kreises (Die Kunstdenkmäler in Baden-Württemberg), 1. Bd., München 1983, S. 711–719 mit Fotos, Grundrissen und einem Schnitt; Ch. L. BRÜCKER, Burg Reichenberg (Große Baudenkmäler 339), München 1982.
37 Die Abbildungen von Andreas Kieser zeigen einen wesentlich höheren Turm als heute: Alt-Württemberg in Ortsansichten und Landkarten von Andreas Kieser 1680–1687, hg. von H.-M. MAURER und S. SCHIEK, Stuttgart 1985, Bd. 2 und 3, Forstlagerbuch Reichenberger Forst 15,1;

Großquaderwerk im Innern mit den waagrechten Schichten und der präzisen Gestaltung der Mauertreppe, der Nischen und Eingänge (Tafel 16 und 17).

Über die Bauzeit und den Bauherrn dieser Burg gibt eine aufschlußreiche Urkunde von 1231 Auskunft: In ihr gesteht Markgraf Hermann V. vor Zeugen, er und sein Gefolge (*fautores* = Anhänger) hätten das Stift Backnang, es war sein Hauskloster, »öfter« (*sepius*) bedrängt; zur Wiedergutmachung der Schäden übertrage er das Kirchenpatronat in Lendsiedel (bei Gerabronn) an das Stift. Im Gegenzug aber ließ er sich »den Berg von Reichenberg, wo jetzt eine Burg steht« und einen von ihm angelegten See in Cottenweiler (bei Weissach im Tal) übereignen[38]. Die Schädigung bestand also unter anderem darin, daß er die Burg auf Grund und Boden des Stifts – offenbar ohne Zustimmung des kirchlichen Grundherrn – errichtet hatte. Nach der nur zehn Jahre zuvor erlassenen berühmten *Confoederatio cum principibus ecclesiasticis*, einem Reichsgesetz Friedrichs II., war es aber verboten, auf Grund des Vogteirechts Burgen auf Kirchenboden ohne Zustimmung der Eigentümer zu erbauen, widerrechtliche Burgen sollten eingerissen werden (§ 9)[39]. Der Markgraf hat sich – wie manche andere Adlige – erst nachträglich, nach dem vollzogenen Bau, mit dem kirchlichen Grundherrn geeinigt und Abfindung geleistet. Aus dem Wortlaut darf man wohl schließen, daß die Burg 1231 noch nicht lange, aber doch schon einige Jahre stand, also etwa von 1215 oder 1220 an erbaut wurde. Eine weitere Urkunde nennt schon für 1230 einen Ritter Wolfram von Reichenberg und seinen Bruder Berthold von Reichenberg, vermutlich aus der markgräflichen Ministerialenfamilie von Weissach, die offenbar militärische oder administrative Aufgaben mit einem Sitz auf der Burg ausübten[40].

Die Reihenfolge

Es stellt sich die Frage, ob die drei so ähnlichen Türme von Besigheim und Reichenberg alle gleichzeitig oder nacheinander und dann in welcher Reihenfolge erbaut wurden. Cord Meckseper hielt 1972 beides für möglich, schlug aber für den Fall eines Nacheinander den oberen Turm in Besigheim als ältesten, dann den unteren Turm und als letzten den von Reichenberg vor[41]. Die Argumente dafür sind inzwischen zum Teil überholt wie zum Beispiel die vermeintlichen Zangenlöcher im oberen Teil des unteren Turms, die auf eine jüngere Hebetechnik hinweisen würden. In Wirklichkeit handelt es sich – aus der Nähe besehen – um Wolfslöcher, die gerade die ältere Hebetechnik bezeugen, wie man sie auch auf Stufen der Wendeltreppen aller drei Türme findet[42]. Neuere Erkenntnisse waren damals

---

Forstkarte 164. Kieser übertreibt aber bei Höhenangaben normalerweise sonst nicht. Auch SCHAHL (wie Anm. 36) hält den Turm für ehemals höher.
38 WUB III S. 276.
39 Quellen zur deutschen Verfassungs-, Wirtschafts- und Sozialgeschichte bis 1250, ausgewählt und übersetzt von L. WEINRICH (Ausgewählte Quellen zur deutschen Geschichte des Mittelalters XXXII), Darmstadt 1977, Nr. 95, S. 376–383 (lateinisch und deutsch), hier S. 380f.
40 HStAS J 1 Bd. 48 g, S. 76. Dazu G. FRITZ, Backnang und Umgebung im 13. Jahrhundert (Schriftenreihe des Heimat- und Kunstvereins Backnang 1), Backnang 1982, S. 91f. und G. FRITZ, Der Backnanger Nekrolog, in: ZWLG 44 (1985), S. 39 Nr. 119 und S. 51 Nr. 189.
41 MECKSEPER 1972 (wie Anm. 74) S. 58f.
42 Die Wolfslöcher an den Treppen der Besigheimer Türme sind größtenteils aufgefüllt, aber trotzdem noch sichtbar; auf Reichenberg sind viele noch ganz erhalten, nur mit Staub gefüllt. Zu Wolfs-

noch nicht bekannt wie die dendrochronologische Datierung eines Gerüstholzes im oberen Turm auf die Zeit um 1235 ± 3.

So vergleichbar die Türme in ihrer wesentlichen Gestalt sind, so gibt es doch in Detailformen auch Unterschiede[43]. Zum Beispiel sind auf Reichenberg alle Tür- und Nischenöffnungen (zur Wendeltreppe und den Lichtnischen) mit schweren Quadern rundbogig eingewölbt. Im unteren Turm von Besigheim gibt es neben rundbogigen auch stichbogige Tür- und Nischeneinfassungen, im oberen Turm aber überwiegen die stichbogigen Formen deutlich, und daneben findet man bereits schlichte Rechtecköffnungen. Spitzbögen gibt es in allen drei Türmen noch nicht.

Was die zahlreichen Steinmetzzeichen der Türme betrifft, wird in der Literatur die »weitgehende Übereinstimmung«, die »Verwandtschaft« der Türme oder die Identität der Bauhandwerker betont[44]. Aber viele der Steinmetzzeichen sind in dieser Zeit weit verbreitet und daher nicht allzu aussagekräftig. Doch hat jeder der drei Türme auch Zeichenformen, die die beiden anderen nicht aufweisen. Im Vergleich stehen sich der Reichenberger und der untere Turm näher, da beide nur wenige einfache Formen zeigen, der eine sieben, der andere zehn, jeweils in verschiedenen Varianten. Deutlich davon unterscheidet sich der obere Turm, einmal durch die Vielfalt der Zeichenformen (es sind mehr als 30, die für die Außenseite dokumentiert und veröffentlicht sind), zum andern durch einige auffallende und seltene, zum Teil figürliche Gebilde: etwa eine Lilie (Tafel 17), einen Schlüssel, einen Hammer, einen Kesselhaken (oder eine Geweihstange), ein Hakenkreuz und – an einer Innenwand – ein Kreuz mit eingerollten Enden[45]. Parallelen gibt es vor allem in Maulbronn, aber auch auf einigen Burgen wie Blankenhorn und in der frühgotischen Bauperiode Lichtenbergs. Die geringere Zahl der Formen, die sich häufig wiederholen, deutet eher auf eine frühere Zeit, die Vielfalt – wie sie am oberen Turm festzustellen ist – auf eine fortgeschrittenere Periode[46].

---

löchern (Keillöchern) und Zangenlöchern: G. BINDING, Baubetrieb im Mittelalter, Darmstadt 1993, S. 422–426.
43   Darauf wies MECKSEPER schon hin (wie Anm. 41).
44   MECKSEPER (wie Anm. 82), 1972 S. 58, 1982 S. 201. – BEITTER (wie Anm. 9), S. 52.
45   Die Steinmetzzeichen am oberen Turm außen hat – auf Vorschlag von Martin Haußmann, Besigheim – Winfried STEMPFLE 1983/84, als der Turm eingerüstet war, Stein um Stein genau dokumentiert, 1987 ausführlich in einem Schreibmaschinenmanuskript festgehalten und 1987 etwas gekürzt veröffentlicht (wie Anm. 13). Als der untere Turm im Jahr 2000 eingerüstet war, konnte der Verfasser – mit Hilfe von Heinrich Beitter, Besigheim – die dortigen Steinmetzzeichen in einem Schnellverfahren an einem Nachmittag von unten bis oben aufnehmen. Innen sind sie im oberen Turm trotz leichter Verwitterung zum Teil noch zu sehen, im unteren wegen starker Verwitterung fast nur noch im obersten Geschoß.
46   Steinmetzzeichen in Maulbronn vgl. KNAPP, Zisterziensergotik 1997 (wie Anm. 31), S. 285–291: Lilie Nr. 209, Schlüssel Nr. 465–469, Hammer Nr. 227, 322, 365, 458. – Blankenhorn (Hammer, Hakenkreuz) vgl. H.-M. MAURER, Burgen und Adel des Zabergäus im hohen Mittelalter, in: Zeitschrift des Zabergäuvereins, 1967, Nr. 3, S. 53. – Lichtenberg: Hammer an den Fenstern der Kapelle und im Geschoß darüber. – Zu Steinmetzzeichen allgemein vgl. K. LAIER-BEIFUSS, Die Staufer und ihre Steinmetzen. Studien zur Verbreitung von Steinmetzzeichen im 12. und 13. Jahrhundert am Oberrhein, in: V. HERZNER und J. KRÜGER (Hgg.), Burg und Kirche zur Stauferzeit, Regensburg 2001, S. 128–143; BINDING 1993 (wie Anm. 42), S. 269–273. – Weitere Aufnahmen von Steinmetzzeichen für Burg Wildenberg vgl. W. HOTZ, Burg Wildenberg im Odenwald, Amorbach 1963, S. 85, für Burg Lahr vgl. K. LIST, Wasserburg Lahr. Beiträge zum Burgenbau der Stauferzeit, in: Burgen und

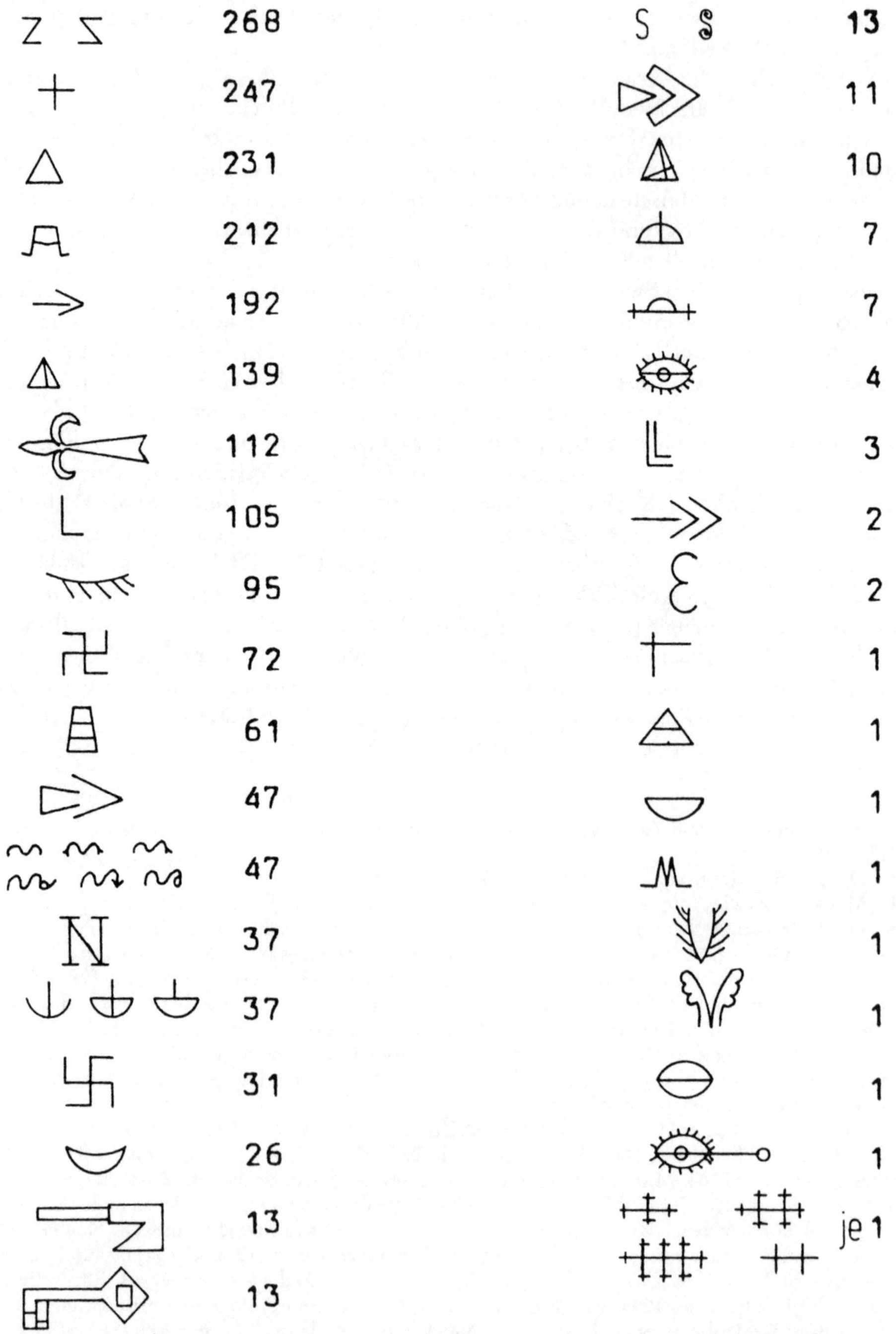

Zeichen	Anzahl	Zeichen	Anzahl
Z Σ	268	S S	13
+	247	▷▷	11
△	231	△	10
⌐	212	⌓	7
→	192	⊥⌒⊥	7
△	139	👁	4
⚜	112	L	3
L	105	→»	2
〰〰	95	Ɛ	2
卍	72	†	1
⌂	61	△	1
▷	47	⌣	1
∽∽∽	47	M	1
N	37	🌿	1
⊥⌓⌓	37		1
卐	31	⊖	1
⌣	26	👁—	1
⌐⌐	13	✝✝ ✝✝ / ✝✝✝ ✝✝	je 1
⌐	13		

Abb. 4 Steinmetzzeichen an der Außenseite des oberen Turms in Besigheim, nach der Häufigkeit des Vorkommens aufgelistet. Dokumentiert von Winfried Stempfle (vgl. Anm. 13, S. 32).

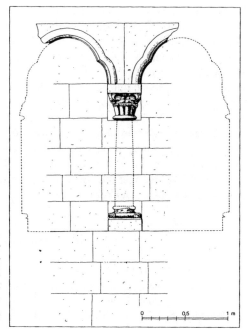

Abb. 5 Burg Reichenberg, Raum über der Kapelle, südliche Außenwand: Vorgeblendeter Doppelbogen in Dreipassform mit Kapitell und Basis einer entfernten Säule. Hartmut Schäfer, Landesdenkmalamt, in: Archäologische Ausgrabungen in Baden-Württemberg, 1983, S. 235.

Im Jahr 1983 wurde ein aufwendiger Architekturteil auf der Burg Reichenberg, der ebenfalls einen zeitlichen Hinweis bietet, bekannt: Im Raum über der Kapelle, die unmittelbar an den ehemaligen Palas anschloß, wurde ein vor die südliche Außenwand geblendeter doppelter Bogen in Kleeblattform, der je aus einem Werkstück besteht und profiliert und gestuft ist, aufgedeckt. Über der ehemaligen Mittelsäule ist ein kelchblockförmiges Pfeifenkapitell mit geschärftem Halsring erhalten, an dem sich über Diamantbändern Köpfe drachenähnlicher Fabeltiere befinden. Die ebenfalls noch vorhandene Säulenbasis zeigt zwei Eckverzierungen: auf der einen Seite ein menschliches Gesicht, auf der anderen ein Blatt oder vielleicht auch eine Muschel (Tafel 18). Der Verfasser eines Kurzberichts über den Fund, Hartmut Schäfer, nahm eine Datierung »um 1260« an. Von kunsthistorischer Seite wird jedoch, vor allem im Blick auf die pfeifenförmige Gestalt des Kapitells, eine frühere Entstehung um 1210 bis 1220 oder 1225, für wahrscheinlicher gehalten[47].

Schlösser 1970/II, S. 47, für den Wormser Dom vgl. R. KAUTSCH, Der Dom zu Worms, Berlin 1938. – Es gibt natürlich auch zahlreiche Burgen aus der Bauzeit des oberen Turms und spätere, die mit wenigen Zeichenformen, die sich häufig wiederholen, auskommen.
47 Für die kunsthistorische Deutung danke ich Herrn Dr. Richard Strobel freundlichst. H. SCHÄFER, Ein hochmittelalterlicher Baubefund auf Burg Reichenberg, in: Archäologische Ausgrabungen in Baden-Württemberg, 1983, S. 235f. – Falls die eine Eckverzierung der Basis als Muschel zu deuten ist, das Attribut der Pilger und Kreuzfahrer, wäre zu überlegen, ob das als Hinweis auf die Kreuzzugsteilnahme Markgraf Hermanns V. von 1221 oder auch auf die seines Vaters, Markgraf Hermanns IV., von 1189 zu interpretieren wäre. Vgl. dazu P. RÜCKERT, Die Markgrafen von Baden und

Nehmen wir die verschiedenen Zeithinweise zusammen – die Dendrochronologie, die Kapitelle auf Reichenberg und im oberen Turm, die Gewändeformen, die Steinmetzzeichen, die Urkunden von 1230 und 1231 für Reichenberg –, dann ergibt der Vergleich, daß die Burg Reichenberg nicht als letzte, wie vermutet wurde, sondern wohl als erste begonnen wurde, vielleicht schon um 1215 bis 1220. Die Besigheimer Türme wurden gemeinsam geplant, denn sie sind aufeinander bezogen: die Pforten sind einander zugekehrt, die Aborterker voneinander abgewandt. Zuerst gebaut aber wurde der untere, vielleicht ab den frühen 1220er Jahren, zuletzt der obere, mit dem man Ende der 1220er oder Anfang der 1230er Jahre begann, war er doch um und nach 1232 noch im Bau. Der untere, stärker und höher, war ja auch der eigentliche Herrschaftsturm, mit dem eine markgräfliche Burg verbunden war, während zum oberen das Steinhaus gehörte, die Wohnung wohl für landesherrliche Amtsträger und später für abhängige Adlige. Wir werden auf diese Reihenfolge noch einmal zurückkommen.

Markgraf Hermann V.

Als Bauherr aller drei Türme kommt nur Markgraf Hermann V. in Frage, der von 1190 an, vielleicht zunächst noch unmündig, mehr als 50 Jahre lang, bis 1243 über den größten Teil der weitgestreuten badischen Besitzungen gebot[48]. Ihm ist es gelungen, durch seine Heirat zusätzliches Ansehen und Einfluß zu gewinnen, sich neue Beziehungen und Chancen zu eröffnen und nicht zuletzt sich interessante territoriale Erwerbungen zu verschaffen. Als der welfische König Otto nach dem Tod König Philipps (1208) süddeutsche Anhänger zu gewinnen suchte, da dürfte es zur Absprache über die Ehe Hermanns mit der noch minderjährigen Nichte des Königs, Irmgard, gekommen sein[49]. Deren Vater war der rheinische Pfalzgraf Heinrich, Bruder des Königs, der Großvater war Heinrich der Löwe, die Mutter aber eine Stauferin, Nichte Friedrich Barbarossas. Markgraf Hermann war also plötzlich mit den beiden vornehmsten und höchsten deutschen Familien verschwägert. Er erscheint dann auch, zusammen mit seinem jüngeren Bruder Friedrich, gelegentlich am welfischen Königshof. Und selbst als der junge staufische König Friedrich II. im September 1212 aus Italien nach Deutschland kam und ihm der süddeutsche Adel zulief, hielt das Haus Baden zunächst noch zum Rivalen Otto oder blieb wenigstens reserviert[50]. Erst mehr als ein Jahr später, im Januar 1214, läßt sich Markgraf Hermann in der Umgebung des Staufers nachweisen, von da an aber auffallend häufig[51].

---

der hl. Jakobus. Zur mittelalterlichen Kultgeschichte am Oberrhein. Protokoll 372 der Arbeitsgemeinschaft für geschichtliche Landeskunde am Oberrhein vom 15. Mai 1998, S. 6.
48 Die Gebiete im Breisgau mit der Burg Hochburg oder Hachberg fielen an den jüngeren Bruder Heinrich. – Lit.: H. Schwarzmaier, Baden, in: Handbuch der baden-württembergischen Geschichte, 2. Bd.: Die Territorien im Alten Reich, Stuttgart 1995, S. 178–181; G. Wunder, Die älteren Markgrafen von Baden, in: ZGO 135 (1987), S. 103–118, hier S. 115–117. Berichtigt von K. Schmid, Vom Werdegang des badischen Markgrafengeschlechts, in: ZGO 139 (1991), S. 45–77.
49 E. Tritscheller, Die Markgrafen von Baden im 11., 12. und 13. Jahrhundert, Diss. masch. schiftl., Freiburg 1954, S. 14.
50 RMB 162–173.
51 RI 717.

Als Irmgards Bruder, der junge Pfalzgraf am Rhein, 1214 starb, da fiel zwar die Pfalzgrafschaft, die als Fürstentum galt, über die ältere Schwester Agnes[52] an die Wittelsbacher. Aber als vier Jahre später auch König Otto starb und das welfische Erbe in Braunschweig anfiel, da erhielt Irmgard und damit Markgraf Hermann in einem großen Tausch mit König Friedrich II. die bisherigen staufischen Städte Durlach (zu Eigen), Ettlingen (als staufisches Lehen) sowie Lauffen, Sinsheim und Eppingen (als staufisches Pfand im Wert von 2300 Mark). Die Stadt Pforzheim aber kam wohl als unmittelbares Erbe der Pfalzgrafschaft an das Markgrafenehepaar[53]. Das müssen hochwillkommene Zuteilungen gewesen sein, denn sie verbanden die badischen Besitzungen um Murr und Neckar mit denen am Oberrhein und lagen in einer offenen fruchtbaren Landschaft. An den Beispielen Ettlingen und Durlach wurde nachgewiesen, daß damit auch Landgebiete verbunden waren[54].

Über die innerterritoriale Aufbau- und Entwicklungsarbeit Markgraf Hermanns, die Gründung von Städten als Wirtschaftsplätzen und Befestigungen, darunter Backnang, Besigheim und Stuttgart, soll hier nicht die Rede sein, das wird in anderen Beiträgen dieses Buches ausgeführt[55].

Hier soll – im Blick auf unser Thema – eine andere Wirksamkeit des Markgrafen vorgestellt werden, die ihn weit über seine Herrschaftsgebiete hinaus führte. Schon seine Vorfahren – Vater, Großvater und Urgroßvater, die Markgrafen Hermann II., III. und IV. – waren häufig am Hofe und in der Umgebung der umherziehenden Könige und Kaiser[56]. Markgraf Hermann V. aber, offenbar mit erstaunlicher Vitalität und Beweglichkeit ausgestattet, übertraf sie alle. Nach Wolfgang Stürner, dem Biographen Friedrichs II., war Hermann einer der »treuesten Begleiter« des Königs aus dem hohen Adel während der Jahre bis 1220, und »offenbar wußte der Staufer seine Anwesenheit und seinen Rat zu schätzen[57]«. Tatsächlich wird der Badener in nicht weniger als etwa 120 Urkunden Friedrichs in der Zeit von 1214 bis 1237 unter den Zeugen aufgeführt, so oft wie nur ganz wenige deutsche Fürsten und Adlige und wie kein anderer aus dem deutschen Südwesten, auch nicht die Grafen von Württemberg oder der angesehene Heinrich von Neuffen[58].

---

52 Während die bisherige Literatur, vor allem die südwestdeutsche, die Gemahlin Hermanns, Irmgard, für die ältere Schwester hält, sieht der Katalog der Welfenausstellung in Irmgard, geb. 1203, die jüngere und in Agnes, geb. um 1201, die ältere Schwester. Vgl. Heinrich der Löwe und seine Zeit. Herrschaft und Repräsentation der Welfen 1125–1235. Katalog der Ausstellung Braunschweig 1995, Bd. 2 Essays, hg. von J. LUCKHARDT und F. NIEHOFF, München 1995, S. 11. In der Urkunde Friedrichs II. von 1235 wird allerdings Hermann, der Gemahl der Irmgard, zuerst und Herzog Otto, Gemahl der Agnes, an zweiter Stelle genannt, doch dürfte das an dem höheren Alter Hermanns liegen (Quellen, wie Anm. 39, S. 486f.).
53 RI 2060. Siehe dazu die in Anm. 48 genannte Literatur.
54 A. SCHÄFER, Staufische Reichslandpolitik und hochadlige Herrschaftsbildung im Uf- und Pfinzgau und im Nordschwarzwald vom 11.–13. Jahrhundert, in: ZGO 117 (1969), S. 179–244, hier S. 224–226.
55 Siehe die Beiträge von Th. ZOTZ und H. SCHWARZMAIER.
56 Vgl. TRITSCHELLER (wie Anm. 49), S. 9–11; SCHWARZMAIER, Baden 1995 (wie Anm. 48), S. 176f.; WUNDER 1987 (wie Anm. 48), S. 111.
57 W. STÜRNER, Friedrich II., Teil 1: Die Königsherrschaft in Sizilien und Deutschland 1194–1220, Darmstadt 1992, S. 198f.
58 RI, siehe Register. Unter den weltlichen Fürsten wird nur Herzog Ludwig I. von Bayern in jener Zeit noch häufiger in den Zeugenlisten erwähnt; vgl. auch TRITSCHELLER 1954 (wie Anm. 49), S. 12–24.

Selbst nachdem Friedrich II. 1220 nach Italien zurückgekehrt war und dort 15 Jahre blieb, riß die Verbindung nicht ab. Markgraf Hermann zog wenigstens vier Mal über die Alpen (1221/1222, 1226, 1232 und 1234) und hielt sich jeweils für einige Wochen oder Monate am kaiserlichen Hof auf, ob dieser nun in Süditalien oder Norditalien weilte. Von Süditalien aus beteiligte er sich 1221 am unglücklichen fünften Kreuzzug kaiserlicher Truppen nach Ägypten, wo er sich, nachdem das Heer in eine prekäre Lage geraten war, in Geiselhaft stellen mußte und erst im folgenden Frühjahr an den kaiserlichen Hof zurückkehren konnte[59].

Von 1223 an erschien Hermann V. auch am Hof des Kaisersohns, des damals noch minderjährigen deutschen Königs Heinrich (VII.), und zwar zunehmend häufig. Bis 1234 wird er fast 60 mal in dessen Umgebung (als Urkundenzeuge) genannt[60]. Zwar kam es zeitweise zu Unstimmigkeiten mit dem eigenwilligen jungen König, besonders als dieser gegen Herzog Ludwig von Bayern zu Felde zog, worauf der Markgraf ab Ende 1228 für zwei Jahre den Königshof mied[61]. Doch scheint es der Wunsch Kaiser Friedrichs II. gewesen zu sein, den Markgrafen wieder in die Nähe seines Sohnes zu bringen, und so findet man Hermann zu Beginn des Jahres 1231 wieder am Hofe und 1232 sogar im engsten Beraterkreis des Königs (als *familiaris*) und im Auftrag des königlichen Rates (*instructi de plenitudine consilii nostri*) mit diplomatischen Aufgaben betraut[62].

Aber 1233/1234 kam es doch wieder zu Spannungen zwischen dem Markgrafen und dem unsteten König, sei es aus politischen Gründen, aus Solidarität Hermanns zum Kaiser, sei es wegen territorialer Rivalitäten. Als sich König Heinrich schließlich zum Widerstand und zur Empörung gegen den kaiserlichen Vater entschloß, da trennte sich Hermann endgültig von ihm, ritt zum Kaiser nach Italien und empfahl ihm, persönlich in Deutschland zu erscheinen[63]. Die Folge waren kriegerische Überfälle der Anhänger des Königs, darunter Heinrichs von Neuffen, auf badische Besitzungen, denen das Stift Backnang zum Opfer fiel[64].

---

59 RMB 252, 253, 271. – W. Stürner, Friedrich II., Teil 2: Der Kaiser 1220–1250, Darmstadt 2000, S. 85–87; Ch. F. Stälin, Wirtembergische Geschichte, 2. Teil: Schwaben und Südfranken. Hohenstaufenzeit 1080–1268, 1847, S. 307.
60 RI, siehe Register.
61 Tritscheller 1954 (wie Anm. 49), S. 21f.
62 Ebda. S. 21–23. – Im Auftrag des Königs vermittelte Markgraf Hermann 1231 zusammen mit anderen im Streit zwischen dem gewählten Erzbischof von Mainz und dem Wittelsbacher Otto, Pfalzgraf bei Rhein (RI 4179). 1232/33 war er Vermittler im Konflikt zwischen dem Bischof von Worms und der dortigen Bürgerschaft (RI 4245–4247, 4269) und dabei wird er in zwei Urkunden König Heinrichs (VII.) als *familiaris* bezeichnet (H. Boos, Urkundenbuch der Stadt Worms, Bd. I, 1886, Nr. 158–160, S. 119–123).
63 RMB 342; Aufenthalt Hermanns in Italien beim Kaiser: RI 2060, 2064, 2065; WUB III S. 347–350.
64 RMB 346, 347. RI 4348, 4349a. – Stürner 2000 (wie Anm. 59), S. 300–303; Schwarzmaier 1995 (wie Anm. 48), S. 180; H. Schwarzmaier, Das Ende der Stauferzeit in Schwaben. Friedrich II. und Heinrich (VII.), in: Bausteine zur geschichtlichen Landeskunde von Baden-Württemberg, hg. von der Kommission für geschichtliche Landeskunde, Stuttgart 1979, S. 113–128. – Zu den kriegerischen Konflikten vgl. K. Weller, Zur Kriegsgeschichte der Empörung des Königs Heinrich gegen Kaiser Friedrich, in: Württ. Vierteljahrshefte NF 4 (1895), S. 176–184; K. Weller, Geschichte des Hauses Hohenlohe, Stuttgart 1903, S. 60–70.

Als dann der Kaiser im Sommer 1235 nach Deutschland kam und – nach der Absetzung und Verhaftung seines Sohnes – im August einen glänzenden Hoftag in Mainz veranstaltete, da fand sich auch Hermann ein, und in der Folge begleitete er den Kaiser wieder, wie aus zahlreichen Urkunden hervorgeht[65].

Überblicken wir die häufigen Ritte Hermanns zum und mit dem umherziehenden königlichen und kaiserlichen Hof, dann bedeutet das, daß er in zahlreiche Städte, Pfalzen und Bischofshöfe kam und unterwegs weitere Städte, Orte und Burgen kennenlernte. In Deutschland bewegte sich der Hof im allgemeinen in Franken, Schwaben, Hessen und im Elsaß, kam aber auch nach Thüringen, an den Mittelrhein und gelegentlich bis zum Niederrhein, auch nach Goslar und Eger. Kein Zweifel, der Markgraf hatte vielfältige Gelegenheit, sich über die Architektur des Adels seiner Zeit zu informieren. Der Königshof und die Hoftage waren zudem Begegnungsstätten und Kommunikationszentren der adligen Welt des Reiches. Es ist doch wohl anzunehmen, daß man sich auf den Ritten, beim Mahl oder des Abends auch über Bauvorstellungen von Fürstensitzen und Adelsburgen unterhalten hat.

Fragen wir noch, wie Markgraf Hermann V. in die Ständehierarchie seiner Zeit einzuordnen ist, denn die bisherigen Aussagen darüber differieren. Seine Söhne, Hermann und Rudolf, bezeichneten ihn nach seinem Tod in einer Urkunde (von 1245) als *princeps illustris*, als ein Mitglied des Reichsfürstenstandes[66]. Anders aber Julius Ficker, der Verfasser des grundlegenden Werkes über den Fürstenstand (von 1861), der erstmals die Neuformierung des sogenannten jüngeren exklusiven Fürstenstandes in der Zeit Friedrich Barbarossas herausgearbeitet hat. Ficker erwähnt einige Hinweise, die auf den Fürstenstand Hermanns deuten könnten, meint aber, daß »darin doch unzweifelhaft nur vereinzelte Nachlässigkeiten oder Willkürlichkeiten zu sehen« seien. Er weist Hermann der Gruppe der »Magnaten«, des Hochadels unterhalb der Fürsten, zu und begründet es mit den Zeugenlisten, in denen Hermann »oft unter die Grafen« eingereiht sei, und mit der Einstufung der späteren Markgrafen von Baden[67].

In den Personenlisten der Urkunden wird Hermann jedoch von Anfang an in den meisten Fällen einer mittleren Gruppe zwischen den Herzögen und den Grafen zugeordnet – zusammen mit anderen Markgrafen, Pfalzgrafen, Landgrafen und Burggrafen[68]. Daraus ist allerdings noch kein Schluß zu ziehen, da die einen Träger dieser Titel dem Fürstenstand angehörten, andere aber nicht. Immerhin ist auffällig, daß Hermann häufig an vorderer Stelle dieser mittleren Gruppe zu finden ist.

Aber es gibt doch wenigstens zwei Urkunden, die ihn ausdrücklich unter die Fürsten zählen: Die eine wurde 1226 auf einem Hoftag König Heinrichs (VII.) ausgestellt und nennt unter sieben anwesenden »Fürsten« fünf Bischöfe, den Herzog von Bayern und Markgraf Hermann[69]. Die andere, noch wichtiger, bezeugt auf dem berühmten Mainzer Hoftag von 1235 die Aufnahme des Welfen Otto in den Reichsfürstenstand als Herzog von Lüneburg. Darin nennt der Kaiser den Markgrafen von Baden und den Herzog von

---

65 STÜRNER 2000 (wie Anm. 59), S. 312–316. – RI, siehe Register.
66 D. SCHOEPFLIN, Historia Zaringo-Badensis V, 1765, Nr. CXVII S. 208f.
67 J. FICKER, Vom Reichsfürstenstande, 1. Bd., 1861, S. 194f.
68 RI, siehe Register.
69 RI 4025; WUB II S. 205.

Bayern und spricht von ihnen wörtlich als von »unseren teuren Fürsten« (*dilectis principus nostris*). In einer Urkunde, die den Status von Reichsfürsten zum Inhalt hat, kann dies doch wohl keine Nachlässigkeit oder Willkürlichkeit sein. Zudem steht in der zugehörigen Zeugenliste Markgraf Hermann *vor* dem Markgrafen von Brandenburg, der nach Ficker eindeutig dem Fürstenstand angehört[70]. Zwar gibt es eine 1237 in Wien ausgestellte kaiserliche Urkunde, die einen Markgrafen Hermann nicht unter den Fürsten, sondern unmittelbar anschließend aufführt, aber der Grund dafür müßte noch untersucht werden, etwa ob damit nicht der Sohn, Hermann VI., gemeint ist, der später (1248) die Erbin des Herzogtums Österreich heiratete[71].

Sönke Lorenz hat vor einigen Jahren Hinweise und Belege vorgestellt, die für die Zugehörigkeit des Pfalzgrafen Rudolf I. von Tübingen zum Reichsfürstenstand sprechen – ebenfalls gegen die Einordnung von Ficker[72]. Pfalzgraf Rudolf I. und Markgraf Hermann stehen nun in Zeugenreihen von Königsurkunden in der Regel nebeneinander, der ältere, der Tübinger, meist vor dem jüngeren, Hermann, nach dem Tod des Tübingers (1219) dessen Sohn Rudolf II. meist *nach* dem badischen Markgrafen. War der eine von beiden ein anerkannter Reichsfürst, so unterstreicht das die These, daß es auch der andere war.

Es ist hier hinzuzufügen, daß in jener Zeit die Abgrenzung des weltlichen Fürstenstands wohl noch nicht starr festgelegt war, daß mit Schwankungen zu rechnen ist, die nicht allein von Geburt, Herkunft und Besitz, sondern auch vom Auftreten und der Königsnähe abhängig war. Gerade für Kaiser Friedrich II. war – neben der Herrschaft über Land (*dominium terrae*) und der unmittelbaren Belehnung durch den König – ein weiteres Kriterium des Fürstenstandes die Mitverantwortung für das Reich, das Bewußtsein, ein Glied des Ganzen zu sein, also zum Beispiel der Besuch königlicher Hoftage und überhaupt der Dienst für das Reich zusammen mit dem Königtum[73]. Dieser Aufgabe aber hat sich kaum einer mehr hingegeben als Markgraf Hermann.

Es wird zu untersuchen sein, ob das Selbstbewußtsein des Markgrafen als anerkannter Reichsfürst oder auch nur sein Wille und Ziel, zu dieser höchsten Adelsschicht gezählt zu werden, seine Vorstellungen vom Bau zentraler Burgen und Residenzen mit beeinflußt hat.

---

70 RI 2104. Ediert und übersetzt: Quellen 1977 (wie Anm. 39), S. 484–491, hier S. 486f., 490f. Zum Markgrafen von Brandenburg: Ficker 1861 (wie Anm. 67), S. 191.
71 RI 2226. – Hermann VI., der Sohn Hermanns V., taucht von etwa 1230 an in Urkunden als Zeuge und 1234 als Geisel auf (RMB 203, 341, 379). – Es wäre auch zu prüfen, ob es sich etwa um eine Ausfertigung des Empfängers handelt, dem entsprechende Kenntnisse fehlten.
72 S. Lorenz, Pfalzgraf Rudolf I. von Tübingen († 1219) – ein Reichsfürst? in: Herrschaft und Legitimation. Hochmittelalterlicher Adel in Südwestdeutschland, hg. von S. Lorenz und St. Molitor, Leinfelden-Echterdingen 2002, S. 75–97.
73 Selbst wenn der Vater Hermanns V. und dieser selbst in jüngeren Jahren noch nicht zu den Reichsfürsten zählten, so kann Hermann, etwa nach den Landerwerbungen von 1219, auf Grund seines Markgrafentitels wohl auch ohne förmliche Erhebung als Reichsfürst anerkannt worden sein. Auch der Graf von Hennegau wurde 1184/1188 durch die Erhebung zum Markgrafen gleichzeitig Reichsfürst. Hermann bezeichnete seine Besitzungen 1233 als *nostra terra* (WUB III S. 321), das *dominium terrae* aber war eine der Voraussetzungen für die Fürstenwürde. Vgl. dazu K. Heinemeyer, König und Reichsfürsten in der späten Salier- und frühen Stauferzeit, in: Vom Reichsfürstenstande, hg. von W. Heinemeyer, Köln 1987, S. 1–39, hier S. 31, 35 (Graf von Hennegau) (auch in: Blätter für deutsche Landesgeschichte 122, 1986); besonders aber E. Boshof, Reichsfürstenstand und Reichsreform in der Politik Friedrichs II., in: ebda. S. 41–66, hier S. 63–65.

Vorbilder

Frankreich?

Wenn die Rundtürme des Markgrafen mit ihren Kuppelräumen in unserem Raum ohne Beispiel waren, dann stellt sich die Frage, wo Hermann V. sich anregen und inspirieren ließ, wo die Vorbilder sind.

Dazu entwickelte Cord Meckseper, der früher am baugeschichtlichen Institut in Stuttgart tätig war und dann in Hannover lehrte, eine These, die er in verschiedenen Aufsätzen begründete und die inzwischen in der Burgenliteratur immer wieder zitiert wird[74]. Er sieht die Vorbilder in Frankreich, im »Kernland der französischen Krone«, wo König Philipp Auguste (1180–1223) um oder nach 1200 erstmals runde Donjons mit kuppelgewölbten Räumen, freilich bereits mit spitzbogigen Rippengewölben, und auch mit Mauertreppen, Kaminen und Abortanlagen erbaute. Meckseper verweist auf die Orientierung der höfischen Kultur jener Zeit, besonders auch der ritterlichen Dichtung, nach Frankreich und auf das allerdings zögerliche Eindringen gotischer Bauformen aus der Ile-de-France um Paris nach Deutschland. Er geht zwar nicht so weit, einen französischen Baumeister in Reichenberg und Besigheim zu vermuten – wie es dann Alexander Antonow tat[75] –, denn die Türme zeigen ja durchaus auch heimische Bauformen, wie den Buckelquader und die Rundbogenformen. Aber er nimmt an, der Meister habe vorher zeitweise in Frankreich gearbeitet. Meckseper nennt auch einige andere Adelstürme in Deutschland, die vom französischen Donjontyp beeinflußt seien, aber er kommt zu dem Schluß, daß »Besigheim und Reichenberg den neuen Typ am ausgeprägtesten und konsequentesten« zeigen[76]. Spielte Markgraf Hermann, so möchte man weiterfragen, eine Art Vorreiterrolle für einen französischen Architekturtyp? Jedenfalls wurden mit der These Meckepers die Besigheimer Türme in die allgemeine Burgenliteratur wieder einbezogen, und zu ihrer Deutung wurde der Blick weit über den regionalen Raum hinaus gerichtet und eine großräumige Perspektive eröffnet.

Freilich, irgendwelche Reisen des Markgrafen ins französische Kerngebiet oder auch nur Beziehungen dorthin sind nicht bekannt[77]. Selbst die frühere Annahme der Literaturgeschichtsforschung, der Markgraf habe die Übertragung einer französischen Dichtung ins Deutsche veranlaßt (»Die gute Frau«), wird inzwischen in Frage gestellt[78]. Im Unter-

---

74 C. MECKSEPER, Burgen im Kreis Ludwigsburg, in: Ludwigsburger Geschichtsblätter 24 (1972), S. 37–64, hier 55–64; C. MECKSEPER, Ausstrahlungen des französischen Burgenbaus nach Mitteleuropa im 13. Jahrhundert, in: Beiträge zur Kunst des Mittelalters. FS Hans Wentzel, Berlin 1975, S. 135–144; C. MECKSEPER, Die Bergfriede von Besigheim und Reichenberg, in: Château-Gaillard IX–X (1982), S. 199–212.
75 ANTONOW 1983 (wie Anm. 13), S. 80f., abgeschwächt S. 88f.
76 MECKSEPER (wie Anm. 74), 1975 S. 138–141, 1982 S. 204 (Zitat).
77 Die Großmutter seiner Gemahlin, Mathilde, Ehefrau Heinrichs des Löwen, war allerdings die Tochter König Heinrichs II. von England und Herzogs der Normandie. Aber Mathilde starb bereits 1189, vor der Geburt Irmgards.
78 Annahme einer Initiative Markgraf Hermanns zur Umdichtung der »Guten Frau«: E. SCHRÖDER, Der Dichter der Guten Frau, in: FS Kelle. Untersuchungen und Quellen zur germanischen und romanischen Philologie (= Prager deutsche Studien 8), 1908, S. 339–352; G. AKER, Die »Gute Frau«.

schied dazu sind für Heinrich von Neuffen, den Herrn von Winnenden und Blankenhorn, aus dem Jahr 1240 französische Sprachkenntnisse bezeugt, die möglicherweise auf einen früheren Aufenthalt im französischen Sprachgebiet hindeuten[79]. Dies ist wohl auch der Grund, weshalb der junge König Heinrich (VII.) im Jahre 1234, kurz vor seinem Aufstand, den Neuffener zum französischen König entsandte, um über eine spätere Heirat der beiderseitigen Königskinder zu verhandeln, ihn also zunächst als Bündnispartner zu gewinnen[80]. Heinrich von Neuffen baute nahe bei Winnenden, auf Bürg, eine Burg, von der ein schlanker runder Flankenturm zwischen zwei rechteckig anschließenden Mauern erhalten ist[81]. Hier könnte tatsächlich französischer Einfluß wirksam geworden sein, denn Rechteckanlagen mit Flankentürmen, sogenannte Kastelle, sind ebenfalls typisch für den französischen Burgenbau jener Zeit, während diese Bauweise in Deutschland im frühen 13. Jahrhundert noch ganz selten war und hier auch keine Vorgänger hat[82]. Aber diesen Typ hat Markgraf Hermann nicht rezipiert.

Rheinland, Hessen, Mitteldeutschland

Wenn wir jedoch die Reisen des Markgrafen nachvollziehen und vor allem persönliche Beziehungen und Bekanntschaften berücksichtigen, dann treffen wir auch auf mögliche Vorbilder für ihn. Er war 1214 Teilnehmer des Kriegszugs König Friedrichs II. an den Niederrhein[83], und dabei wird er die starke Burg Landskron bei Sinzig gesehen haben, die König Philipp von 1206 an, also wenige Jahre zuvor, erbauen lassen hatte. Sie war durch einen hohen Rundturm geprägt – der allerdings 1677 zerstört und später vollkommen abgetragen wurde, jedoch aus älteren Ansichten bekannt ist[84]. Nach der rheinischen Burgenliteratur gab es in diesem Raum bereits im 12. Jahrhundert Tonnengewölbe und vereinzelt auch Kuppeln in Bergfrieden, vor allem im Einflußgebiet des Erzstiftes Köln (so auf den unfern gelegenen Burgen Rheineck und Altenwied). Im ersten Drittel und in der Mitte des 13. Jahrhunderts kamen zahlreiche Rundtürme hinzu, darunter die Bergfriede auf Godesberg, Nürburg und Pyrmont mit ihren Kuppelgewölben. Wandtreppen gab es

---

Höfische Bewährung und asketische Selbstheiligung in einer Verserzählung der späten Stauferzeit, Frankfurt 1983, bes. S. 125–132; G. AKER, Die Stadtherren von Besigheim als Förderer der Literatur in der Stauferzeit, in: Besigheimer Geschichtsblätter 9 (1989), S. 1–23. – Infragestellung der These: J. BUMKE, Mäzene im Mittelalter. Die Gönner und Auftraggeber der höfischen Literatur in Deutschland 1150–1300, München 1979, S. 253f.; in seinem großen zusammenfassenden Werk »Höfische Kultur. Literatur und Gesellschaft im hohen Mittelalter« (1. Auflage 1986, hier München [7]1994) nennt BUMKE den Markgrafen Hermann V. überhaupt nicht mehr unter den Mäzenen.
79 Aus einem Brief des Albertus Bohemus an Papst Gregor IX. von 1240: Is Henricus de Nympha de potentioribus et nobilioribus unus est, grammaticam novit et gallicum satis bene. STÄLIN 1847 (wie Anm. 59), S. 583f.
80 RI 4349a und 4371a.
81 SCHAHL 1993 (wie Anm. 36), 2. Bd., S. 1557–1559. Der Turm hat nur einen engen schachtartigen Innenraum mit einem Durchmesser von 2 m. Er ist ganz unten und war ehemals auch ganz oben kuppelartig gewölbt.
82 BILLER 1993 (wie Anm. 27), S. 165–167; MECKSEPER (wie Anm. 74), 1975 S. 141–143. Die frühesten Beispiele in Deutschland sind wohl Lahr (um 1218) und Neuleiningen (1238–1241).
83 RI 747; STÜRNER 1992 (wie Anm. 57), S. 168f.
84 Kunstdenkmäler der Rheinprovinz. Bd. 17.1. 1938. S. 394–404.

hier schon in der Mitte des 12. Jahrhunderts, Wendeltreppen auf Rheineck und in Rüdesheim um 1200[85].

Mehrfach weilte Markgraf Hermann in den Königspfalzen Frankfurt und Gelnhausen, wo Grundmauern mächtiger Rundtürme freigelegt wurden, die zwar schwer zu datieren sind, von der Forschung aber meist ins 12. oder beginnende 13. Jahrhundert verwiesen werden[86]. In diesem Raum hatte Gerlach von Büdingen, der häufig mit dem Markgrafen zusammen in Königsurkunden genannt wird, seinen Stammsitz, ebenfalls mit einem Rundturm, der in die Zeit um 1200 datiert wird[87]. Geradezu spezialisiert auf Rundtürme scheinen die mächtig gewordenen Reichsministerialen von Hagen-Münzenberg gewesen zu sein, die auf Arnsburg, auf Münzenberg und in Dreieichenhain Rundtürme erbauten, die ersten beiden nach der Forschung schon im mittleren 12. Jahrhundert, den von Dreieichenhain, der im unteren Teil erhalten ist, um 1200. Dieser ist innen achteckig (wie der Turm von Ebersberg bei Backnang) und mit einer halbkreisförmigen Kuppel gewölbt, die im Scheitel eine quadratische Öffnung hat[88].

Nur kurz sei angefügt, daß es in Mitteldeutschland eine ganze Reihe zum Teil ruinös erhaltener, zum Teil ergrabener Rundtürme mit meist großen Ausmaßen gibt, so im Harz, im Kyffhäuser, in Thüringen und Sachsen-Anhalt. Die Datierung ist oft schwierig, doch wird in der Literatur meist das 12. und beginnende 13. Jahrhundert angegeben. Besonders erwähnt sei der erhaltene Rundturm der Königspfalz Altenburg in Ostthüringen, die Markgraf Hermann 1217 mit dem Königshof besuchte. Der Turm soll spätestens gegen Ende des 12. Jahrhunderts, wenn nicht früher, erbaut worden sein[89].

85 W. BORNHEIM gen. SCHILLING, Rheinische Höhenburgen, 1. Bd. Text, Neuß 1964, S. 92f.; U. LIESSEM, Baugeschichtliche Beobachtungen an einigen stauferzeitlichen Burgen in der Region Koblenz, in: Burgen und Schlösser 1977/I, S. 29–47; H. G. URBAN: Gewölbe im Burgenbau des Mittelrheingebiets (Veröffentlichungen der Deutschen Burgenvereinigung A 4), Braubach 1997, S. 83f. und unter weiteren Burgen; Wandtreppe im Turm auf Drachenfels vor 1149, Wendeltreppe im Bergfried von Rheineck »frühestens um 1200«: JOST 1995 (wie Anm. 87), S. 143f.; In Rüdesheim wurde die »geschlossene Vierflügelanlage mit durchweg gewölbten Räumen« in der Zeit um 1200 errichtet. Der Bergfried aus derselben Zeit hatte bereits eine Wendeltreppe: Th. BILLER, Die Niederburg in Rüdesheim, in: architectura. Zeitschrift für Geschichte der Baukunst 18 (1988), S. 14–48, hier z. B. S. 43 (gewölbte Räume) und S. 16f. (Bergfried mit Wendeltreppe)
86 Frankfurt: Günther BINDING, Deutsche Königspfalzen, Darmstadt 1996, S. 119 im Grundriß eingezeichnet, im Text (S. 117–121) nicht erwähnt, vgl. die auf S. 121f. angegebene Literatur; HOTZ 1981 (wie Anm. 21), S. 48; Gelnhausen: BINDING 1996, S. 262–292; HOTZ 1981, S. 73–85; Th. BILLER, Kaiserpfalz Gelnhausen, Bad Homburg v. d. H. 2000, S. 19.
87 B. JOST, Die Reichsministerialen von Münzenberg als Bauherren in der Wetterau im 12. Jahrhundert, Köln 1995, S. 149. Die Verfasserin hält es für möglich, daß der ältere Büdinger (runde) Bergfried während des Thronstreits, in dem die Büdinger Anhänger Philipps von Schwaben waren, entstand.
88 JOST 1995 (wie Anm. 87), besonders S. 72f., 141 (Arnsburg, Rundturm datiert um 1150–1160), S. 136f., 146f. (Münzenberg, Rundturm datiert um 1155–1170); K. NAHRGANG, Dreieichenhain – Königshof, Burg, Stadt, in: Burgen und Schlösser 1970/II, S. 51–60, hier 54f. Der Rundturm hat einen Durchmesser von 13 m. Der zugehörige Palas wird zwischen 1190 und 1220 datiert. Übrigens hatte der Viereckturm dieser Burg, der ins 11. Jahrhundert datiert wird, vielleicht aber auch aus dem 12. stammt, im untersten Geschoß bereits ein Kreuzgratgewölbe: Horst W. BÖHME, Burgen der Salierzeit in Hessen, in Rheinland-Pfalz und im Saarland, in: DERS., Burgen der Salierzeit, Teil 2: In den südlichen Landschaften des Reiches, Sigmaringen 1991, S. 7–80, hier S. 26f. (Böhme spricht irrig von einem Tonnengewölbe).
89 H. BRACHMANN, Zum Burgenbau salischer Zeit zwischen Harz und Elbe. In: H. W. BÖHME (Hg.), Burgen der Salierzeit, Teil 1: In den nördlichen Landschaften des Reichs, Sigmaringen 1991,

Burg Neuenburg

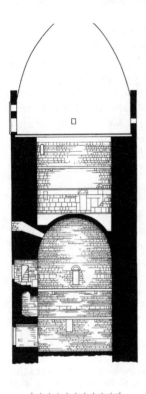

Im folgenden sei auf zwei Türme mit Kuppelgewölben hingewiesen, die bis heute erhalten sind und zu deren Bauherren und Besitzern Markgraf Hermann nähere Beziehungen hatte. Der eine steht auf der Neuenburg, nördlich von Naumburg, die zu Beginn des 13. Jahrhunderts die östliche Hauptresidenz der Landgrafen von Thüringen war – neben der heute berühmteren Wartburg in Westthüringen. Von ehemals drei Türmen steht heute noch einer, der sogenannte »Dicke Wilhelm«, »ein bedeutender Vertreter reich ausgebildeter spätromanischer Rundtürme« (R. Schmitt). Es ist ein mächtiger Bau, im Durchmesser noch größer als die Besigheimer Türme, die Wände nicht ganz so stark, dafür mit größerem Innenraum. Das Hauptgeschoß ist kuppelgewölbt und vermittelt einen Raumeindruck, der an Besigheim erinnert, die anderen Geschosse jedoch sind ohne Wölbung. Ein kegelförmiger (zuckerhutförmiger) Kaminmantel, zwei Abortkämmerchen in der Mauerstärke mit rechtwinklig gebogenem Zugang und Fallschacht sowie geradeläufige Mauertreppen deuten darauf hin, daß der Turm etwas älter als die Besigheimer Bergfriede ist[90], also wohl gegen Ende des 12. Jahrhunderts oder bald nach 1200 erbaut wurde (Tafel 19).

Abb. 6   Bergfried »Dicker Wilhelm« auf der Neuenburg bei Freyburg/Unstrut im Aufriß. Maßstab 1:400. Landesdenkmalamt Sachsen-Anhalt.

S. 97–148; D. Leistikow, Die Rothenburg am Kyffhäuser, in: Burgen und frühe Schlösser in Thüringen und seinen Nachbarländern (Forschungen zu Burgen und Schlössern 5), München 2000, S. 31–46; R. Schmitt, Frühe runde Burgtürme Mitteldeutschlands im Vergleich mit anderen Burgenlandschaften, in: Burgen und Schlösser in Sachsen-Anhalt 9, Halle/Saale 2000, S. 39–66. Hier (S. 40–45) Angaben zum Rundturm der ehemaligen Königspfalz Altenburg: Der heute noch stehende Turm hat einen Durchmesser von 12.80 m, eine Mauerstärke von 3,50 m und einen Innenraum mit einem Durchmesser von 5,80 m, also eine Innenfläche von 26,40 qm. Er wird spätestens auf Ende des 12. Jahrhunderts datiert, eine frühere Datierung im 12. Jahrhundert sei aber nicht auszuschließen.
90   Im Unterschied zu den zwei Maueraborten des »Dicken Wilhelm« erhielt ein Wohnturm auf Neuenburg schon 1226 einen Anbau mit Erkeraborten. Als Bauzeit des »Dicken Wilhelm« nimmt R. Schmitt das letzte Drittel des 12. Jahrhunderts an: K. Glatzel und R. Schmitt, Schloß Neuenburg (Große Baudenkmäler 448), München 1993, Zitate S. 28 und 30; R. Schmitt, Burgen des hohen Mittelalters an der unteren Unstrut und um Neuenburg. Zum Stand der Forschung, in: Burgen und Schlösser in Sachsen-Anhalt. Burgen um Freyburg und Naumburg, Sonderheft, Halle/Saale 1996, S. 6–48, hier S. 34–48; R. Schmitt, Zu den romanischen Mauerwerksstrukturen auf der Neuenburg, in: Burgenforschung aus Sachsen 12 (1999), S. 74–109, hier S. 96–98; R. Schmitt, Schloß Neuenburg bei Freyburg/Unstrut. Anmerkungen zur Baugeschichte der Vorburg, in: Burgen und Schlösser in Sachsen-Anhalt 12, 2003, S. 150–177, hier S. 159. Einer der drei Rundtürme ist schon deshalb ins 12. Jahrhundert zu verlegen, weil er der spätromanischen Burgkapelle bereits wieder weichen mußte.

Landgraf Hermann I. (1190–1217), der Besitzer und vielleicht auch Erbauer des Turms, traf den badischen Markgrafen schon 1208 am Hof des welfischen Königs Otto[91]. Er ist bekannt als großer Förderer höfischer Dichtung, sein Hof als Anziehungspunkt ritterlicher Sänger, an dem vor allem Heinrich von Veldeke, aber auch Walter von der Vogelweide und Wolfram von Eschenbach verkehrten, und dieser Hof war häufiger auf der Neuenburg als auf der Wartburg. Landgraf Hermann selbst hat die französische Vorlage für das »Lied von Troja« des Herbort von Fritzlar besorgt. Die Thüringer waren zudem verwandt mit dem niederrheinischen Grafenhaus von Kleve, für dessen Kunstsinn und Interesse an französisch beeinflußter Ritterdichtung es Zeugnisse gibt[92].

Noch häufiger begegnete Markgraf Hermann dem Sohn, Landgraf Ludwig IV. von Thüringen (1217–1227), mit dem zusammen er elfmal Königsurkunden bezeugte[93]. Ludwig, der Gemahl der später heilig gesprochenen Elisabeth von Thüringen, war wohl der Erbauer der heute vielbewunderten Doppelkapelle auf der Neuenburg. Sie ist übrigens deutlich vom Rhein-Maas-Gebiet aus beeinflußt, wie die Bauornamentik der Innenarchitektur, zum Beispiel die »Zackenbögen«, zeigen, und selbst die Steine ornamentierter Teile wurden aus der Eifel und den Ardennen herbeigeschafft. Tatsächlich besaßen die Landgrafen ein Stadthaus in Köln und hatten im 12. Jahrhundert auch weitere Besitzungen am Niederrhein[94]. Eine kleine Anekdote: Nach einer chronikalischen Überlieferung vom Ende des 13. Jahrhunderts soll Landgraf Ludwig, als sich seine Räte über die allzu große Freigebigkeit seiner frommen Gemahlin Elisabeth beklagten, geantwortet haben: »Laßt Elisabeth Gutes tun und Gott geben, was sie will. Nur die Wartburg und die Neuenburg bewahrt meiner Herrschaft[95]«.

Es ist durchaus vorstellbar, daß Markgraf Hermann, als er etwa 1217 am Königshof in Altenburg oder 1219 in Goslar weilte, den Landgrafen auf der Neuenburg einmal besucht hat. Übrigens sind wenig später in der Umgebung der Neuenburg eine ganze Reihe weiterer runder Bergfriede errichtet worden, darunter die auf der Schönburg und auf Saaleck (beide Kreis Naumburg)[96].

---

91 RI 243.
92 Zu den Landgrafen von Thüringen vgl. F. Schwind, Die Landgrafschaft Thüringen und der landgräfliche Hof zur Zeit der Elisabeth, in: Sankt Elisabeth. Fürstin, Dienerin, Heilige, 1981, S. 29–44. Hier nach Abdruck in: F. Schwind, Burg, Dorf, Kloster, Stadt. Beiträge zur hessischen Landesgeschichte, Marburg 1999, S. 103–128, hier bes. S. 117–127, Beziehungen der Landgrafen zu Frankreich S. 121–123; J. Bumke, Höfische Kultur. Literatur und Gesellschaft im hohen Mittelalter, München [7]1994, S. 661–663, 669; Reste baukünstlerischen Schmuckes aus der Zeit der Romanik sind heute noch auf dem Schloß Kleve zu sehen.
93 RI (über Register).
94 R. Schmitt, Zu den »Zackenbögen« der Freyburger Doppelkapelle, in: Forschungen zu Burgen und Schlössern 1, München 1994, S. 39–50 (zum landgräflichen Stadthaus in Köln: S. 42); R. Schmitt, Die Doppelkapelle der Neuenburg bei Freyburg/Unstrut – Überlegungen zu typologischen Aspekten, in: Burg- und Schloßkapellen (Veröffentlichungen der Deutschen Burgenvereinigung B 3), Red. H. Hofrichter, Braubach 1995, S. 71–78; R. Schmitt, Die Doppelkapelle der Neuenburg bei Freyburg/Unstrut. Bericht über neue baugeschichtliche Untersuchungen, in: Sachsen und Anhalt 19. FS Ernst Schubert, 1997, S. 73–164, bes. S. 100–131 und 148.
95 Nach Glatzel/Schmitt 1993 (wie Anm. 90), S. 10.
96 Schmitt 1996 (wie Anm. 90), S. 11–14 (Schönburg), S. 18f. (Saaleck).

Burg Abbach

Noch engere Beziehungen als zu den Thüringern hatte Markgraf Hermann zum wittelsbachischen Herzog Ludwig I. von Bayern, dem er bereits 1208 am Hofe König Ottos begegnete. Zwischen 1214 und 1230 traten sie 42 mal gemeinsam als Zeugen in staufischen Königsurkunden auf, auch in Italien[97]. Ludwig war *der* weltliche Reichsfürst, der am häufigsten den königlichen Hof aufsuchte und der 1226 zum Vormund des jugendlichen Königs und zum Regenten des Reiches bestellt wurde[98]. Markgraf Hermann aber stand ihm in der Zahl der Aufenthalte in der Umgebung des Königs nur wenig nach. Schon aus diesem Grund müssen sie sich oft gesehen und kommuniziert haben. Beide waren zudem verwandtschaftlich verbunden. Herzog Ludwig gewann für seinen Sohn und Nachfolger Otto die Tochter des welfischen Pfalzgrafen Heinrich zur Ehefrau, also die Schwester von Markgraf Hermanns Gemahlin. Es ist mindestens wahrscheinlich, daß sich die beiden bei Familienfeiern, etwa den Hochzeiten, gegenseitig besucht und ihre Residenzen kennengelernt haben.

Die Wittelsbacher residierten bei der Regierungsübernahme Ludwigs 1183 vorzugsweise in Kelheim an der Donau[99], etwa 20 km südwestlich von Regensburg, hatten aber als bayerische Herzöge auch in der traditionellen bayerischen Herzogsstadt Regensburg Interesssen und einen Hof – wenn sie hier auch im Bischof und in der aufstrebenden Bürgerstadt selbstbewußte Konkurrenten hatten[100]. Herzog Ludwig baute nun zwischen Kelheim und Regensburg die neue Höhenburg Abbach, um seine Stellung in diesem Raum weiter zu stärken. Wir wissen darüber Bescheid aus einer Urkunde vom Januar 1224, in der Ludwig vor zahlreichen Zeugen feierlich bestätigt, er habe auf dem Grund und Boden

---

97 RI.
98 STÜRNER 2000 (wie Anm. 59), S. 129.
99 RIEZLER spricht beim Bericht über die Ermordung Ludwigs I. im Jahre 1231 in Kelheim von der »alten Stammburg seines Hauses [in Kelheim]«. Er präzisiert aber in einer Anmerkung: »Als Kind ... dürfte Ludwig mit seiner Mutter Agnes außer in Wartenberg und München vornehmlich in Kelheim gewohnt haben« (S. RIEZLER, Geschichte Baierns, 2. Bd., Gotha 1880, S. 59); SPINDLER stellt fest: »Otto [seit 1180 Herzog von Baiern] nennt sich 1170/74 Pfalzgraf von ... Wartenberg (bei Erding), wo er seine Jugend verbrachte und wo, wie in Kelheim, auch sein Sohn Ludwig aufwuchs ...«. Und im Zusammenhang mit dem Bau von Burg und Stadt Landshut ab 1204: »Jetzt verlegte er seine Hofhaltung von den Burgen Kelheim und Wartenberg nach Landshut« (M. SPINDLER, Handbuch der bayerischen Geschichte, 2. Bd., München 1966, S. 16 Anm. 2 und S. 26 Anm. 1); in »Bosls Bayerische Biographie«, Regensburg 1983, wird für Herzog Ludwig I. »den Kelheimer« als Geburtsort Kelheim angegeben (S. 495).
100 Regensburg: SPINDLER 1966 (wie Anm. 99), S. 21–26; A. SCHMID, Regensburg. Reichsstadt-Fürstbischof-Reichsstifte-Herzogshof (Historischer Atlas von Bayern. Altbayern Heft 60), München 1995, S. 80–97, besonders 87f., Herzogshof S. 90–94. S. 80: »Die Wittelsbacher betrieben bis über die Mitte des 13. Jahrhunderts hinaus gerade im Zentralraum Regensburg eine äußerst zielstrebige Territorialpolitik, deren Grundziel die Behauptung der bisherigen *metropolis Bavariae* war«. S. 86: »Ludwig der Kelheimer legte einen regelrechten Ring von Stützpunkten rund um die Stadt [Regensburg], um seinen Ansprüchen Nachdruck zu verleihen«. S. 87: »Von der Konzeption her ist Abbach nichts anderes als Landshut oder Dingolfing: eine vor allem gegen den Bischof von Regensburg gerichtete Herrschaftsposition«. S. 90: »[Ludwig der Kelheimer] wollte die Stadtherrschaft [über Regensburg], um die alte Hauptstadt Bayerns auch zur Hauptstadt des wittelsbachischen Bayern zu machen«.

des Klosters Prüfening (bei Regensburg) in Abbach – gegen den Willen des Klosters – eine Burg erbaut und entschädige nun die Abtei mit anderen Gütern. Es war derselbe Konflikt wie beim Bau der Burg Reichenberg durch Markgraf Hermann, nämlich der Mißbrauch der Vogtei zum Burgenbau auf kirchlichem Boden, was reichsrechtlich nicht zulässig war. Die Vorgänge um Abbach lagen aber um mehrere Jahre früher als die um Reichenberg, so daß mit einem Baubeginn um 1210 bis 1215 und einer Fertigstellung um 1220 zu rechnen ist[101].

Erhalten ist heute – außer Resten der Umfassungsmauer und ausgegrabenen Fundamenten eines Wohnbaus – nur noch der mächtige Rundturm inmitten des Burghofs. Er ist aus präzise geschichteten Buckelquadern erbaut, etwa so hoch wie die Besigheimer Türme (heute 27 m), die Mauerwand mit fast 4½ m noch stärker, der Gesamtdurchmesser mit fast 14½ m um 2 m größer als der des unteren Turms in Besigheim, der Innenraum mit fast 25 qm (im ersten Obergeschoß) ebenfalls größer. Insgesamt aber ist die Außenansicht und sind die Maße mit den Besigheimer Türmen vergleichbar, und auch Wasserspeier sind schon auf älteren Abbildungen bezeugt. Der Innenraum des ersten Obergeschosses, 8,2 m hoch, ist auch hier mit einer Kuppel überwölbt, doch ist er achteckig. Das Gewölbe ist durch acht schwere gekehlte Rippen unterteilt, die auf Wandpfeilern mit schlicht verzierten Basen und Kämpferplatten ruhen und durch ein Gesims mit Wulst und Kehle miteinander verbunden sind (Tafel 20). Die Gestaltung des Raums erinnert schon eher an die Rippengewölbe französischer Donjons[102]. Im Gewölbescheitel

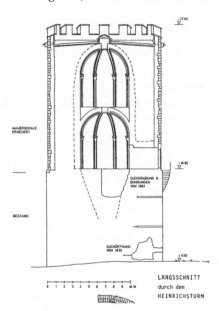

Abb. 7 Bergfried von Abbach Kr. Kelheim im Aufriß. Maßstab 1 : 400. Werner Sturm und Günther Knesch (wie Anm. 102, S. 17).

101 Nach dem Wortlaut der Urkunde vom Januar 1224 war die Burg damals schon erbaut, und es werden bereits *castellani* (Burgmannen) erwähnt. Urkundenbuch zur Geschichte des Hauses Wittelsbach, hg. von Fr. Mich. WITTMANN (Quellen und Erörterungen zur Bayerischen und Deutschen Geschichte. 5. Bd.), München 1857, 1. Abt., Nr. 9, S. 25–28. Die Urkunde gilt als »verunechtet und nicht gefälscht. Am Kern der mitgeteilten Fakten ist nicht zu zweifeln« (SCHMID 1995, wie Anm. 100, S. 87); dazu H. HIRSCH, Die Urkundenfälschungen des Klosters Prüfening, in: MIÖG 29 (1908), S. 8. 1213 wird Abbach unter Burgen Ludwigs I. noch nicht aufgeführt (WITTMANN S. 14f.)
102 Kunstdenkmäler von Niederbayern, Bd. VII: Bezirksamt Kelheim, 1922, S. 19–22. Der Turm wurde 1979–1985 nach einem Teilabbruch aufwendig und mit problematisch radikalen Eingriffen restauriert. Die Buckelquaderschale wurde oberhalb des Rücksprungs in etwa 10 m Höhe fast vollkommen abgetragen und neu ersetzt. Dabei wurde das westliche »enge Schlitzfensterchen« (Kunstdenkmäler S. 20, 22), dessen Nische sich nach innen erweiterte, durch ein breiteres Fenster mit geradem Gang nach innen ersetzt – für Bergfriede dieser Zeit untypisch. Vgl. W. STURM/G. KNESCH, Burg und Heinrichsturm in Bad Abbach/Die Sanierung des Burgturmes (Unsere Heimat, Heft 12),

befindet sich auch hier eine runde Öffnung, die von einem gekehlten Ring eingefaßt ist. Eine Mauertreppe gibt es hier nicht, so daß man tatsächlich durch die Gewölbeöffnung nach oben steigen mußte, um in das nächste Geschoß zu gelangen. Das zweite Obergeschoß ist wie das erste gestaltet, doch etwas größer und höher (8,65 m). Auffallenderweise hat der Turm – trotz seiner vornehmen Innengliederung mit Rippen, Gesims, Diensten und mit Kuppeln – weder einen offenen Kamin noch eine Abortanlage, eignete sich also nicht für einen normalen Wohnaufenthalt.

Herzog Ludwig hatte traditionelle Beziehungen zum französischen Sprachgebiet: Seine Mutter und Vormünderin, eine geborene Gräfin von Loon, stammte aus Südbrabant, aus einem Grafenhaus (nördlich von Lüttich), in dem höfische Dichtung gepflegt und gefördert wurde. Und eine Schwester von ihm war mit Landgraf Hermann I. von Thüringen, dem Förderer ritterlicher Dichtung und Bewohner der Neuenburg, verheiratet[103].

Ludwig hat noch weitere runde Bergfriede gebaut, so auf Kallmünz und Burglengenfeld nördlich von Regensburg, allerdings ohne Gewölbe, ohne Wandgliederung und ohne Buckelquader[104]. Der Abbacher Turm zeichnet sich also unter anderen wittelsbachischen Burgen jener Zeit durch eine anspruchsvolle Architektur aus. Zwar hat Herzog Ludwig seinen Hauptsitz im Lauf der Zeit nach Landshut verlegt, aber der Burg Abbach muß zur Zeit ihrer Erbauung ebenfalls eine besondere Bedeutung zugemessen worden sein, wofür auch die ausgedehnte Burgfläche von etwa 1,35 ha spricht. Offenbar sollte sie als Höhenburg und näher bei Regensburg gelegen die ältere Inselburg Kelheim ablösen. Damit stimmt überein, daß Abbach in derselben Zeit zum Mittelpunkt eines ungewöhnlich großen Amts- und Landgerichtsbezirks wurde, der den Raum südlich der Donau bis fast nach Straubing umfaßte und dem nun auch der frühere Zentralort Kelheim angegliedert wurde. Nach Abbach flossen reiche Zolleinnahmen aus dem Donauverkehr, und selbst Abgaben aus den entfernten Orten Ingolstadt und Scheyern gingen hier ein[105]. Die aufwendige Architektur des Turms entsprach offensichtlich der Zentralität, die Abbach damals zugedacht war.

Bad Abbach 1985, S. 2–33; Sanierung des Burgturms von Bad Abbach, in: Bayerische Staatszeitung, 23. Mai 1986, S. 8; Bad Abbach, Schloßberg: in: Denkmäler in Bayern, Bd. II: Niederbayern, bearb. von S. LAMPL, München 1986, S. 90f. Wie sich bei der Restaurierung ergab, sei das Geschoß unterhalb der Pforte vollkommen massiv, ein Verlies sei nicht festgestellt worden (Aussage des Vorsitzenden des Heimatvereins Bad Abbach, Herrn Johann Auer, Dünzling, dem ich für die gemeinsame Besichtigung des sonst verschlossenen Turmes freundlichst danke). Demnach wäre der Aufriß bei MECKSEPER 1982 (wie Anm. 74), Abb. 12 zu korrigieren. Die »Denkmäler in Bayern« vermuten, ein ehemaliges Verlies sei nachträglich verfüllt worden, doch gab es bei Probebohrungen dafür keine Anhaltspunkte.
103 BUMKE 1994 (wie Anm. 92), S. 661f., 664, 669; Heirat von Ludwigs Schwester: SPINDLER 1966 (wie Anm. 99), S. 18f., Anm. 3, Anhang Tafel I und SCHWIND (wie Anm. 92), S. 124. – Auch die von Herzog Ludwig erbaute Hofkirche St. Ulrich in Regensburg zeigt französische Einflüsse: SCHMID 1995 (wie Anm. 100), S. 92.
104 Auch Burgen fremder Herren in diesem Raum erhielten nun runde Bergfriede, so Wolfstein, Hohenfels und Loch im Nordwesten Regensburgs. Der Turm der Freiadligen von Wolfstein wurde mit einer flachen Kuppel im 1. Obergeschoß und mit einer geradeläufigen Mauertreppe ausgestattet.
105 K. BOSL, Abbach als Zentralort königlicher und adeliger Herrschaftspolitik an der Donau im frühen und hohen Mittelalter (Heft 10 des Heimatvereins Bad Abbach), 1984.

Zur Bedeutung und Funktion Reichenbergs und Besigheims

Als Markgraf Hermann sich entschloß, auf Reichenberg und in Besigheim runde Bergfriede zu erbauen, da mögen ihm die Rundtürme im staufisch dominierten Gebiet um Frankfurt und die Wetterau sowie die neue staufische Burg Landskron am nördlichen Mittelrhein vor Augen gestanden haben. Für die kuppelgewölbten Räume können die neuen Türme auf der thüringischen Residenzburg Neuenburg und auf der wittelsbachischen Herzogsburg Abbach Muster gewesen sein. Als Vorbilder bieten sich also an zum einen staufische Pfalzen und Burgen und zum andern bevorzugte Burgen von Reichsfürsten, die ein enges Verhältnis zum Königshof hatten.

Französischer Einfluß ließ sich nicht unmittelbar nachweisen oder wahrscheinlich machen, aber die Bauherren der Türme auf Neuenburg und Abbach, Landgraf Hermann I. (oder sein Vorgänger Ludwig III.) und Herzog Ludwig I., waren durch Beziehungen zum Niederrhein und ins französische Sprachgebiet mit geprägt. Man könnte die These Mecksepers modifizieren und die Kuppeln der Türme auf Reichenberg und in Besigheim als indirekte Übernahme einer französischen Bauform durch die Vermittlung von Reichsfürsten ansehen. Erstaunlich bleibt, mit welcher Entschiedenheit der badische Markgraf seine Türme mit Kuppeln ausstattete.

Wenn Hermann V. für Reichenberg und Besigheim Bauformen wählte, die in Schwaben und Südfranken bisher nicht üblich waren, die aber Reichsfürsten anderer Räume bereits angewandt hatten und die mit ihrer Rundform an königliche Pfalzen und Burgen erinnerten, dann war das doch wohl eine Aussage über den Rang, den er beanspruchte. Die gewaltige Massigkeit der Mauern von bis über 4 m Stärke, die Präzision des großformatigen Quaderbaus außen und innen und wirkungsvolle Raumformen wie Kuppeln und Wendeltreppen sollten die Stellung des Bauherrn zum Ausdruck bringen. Den Kuppelbau seiner Türme hat Hermann wie kein anderer seiner Zeit mit letzter Konsequenz angewandt, indem er fünf Geschosse übereinander einwölben ließ. Es ging ihm wohl nicht darum, im Sinne einer Innovation Bauformen anderer Territorien hier einzuführen und zu verbreiten, sondern eher darum, den hervorgehobenen Status des Bauherrn augenfällig zu machen.

Dennoch fand die Rundform des Bergfrieds Eingang in den südwestdeutschen Burgenbau, wenn auch ohne die Inneneinrichtung des Markgrafen. Einer der ersten, der sie aufnahm, war der Neffe, Markgraf Heinrich II. von Baden-Hachberg, der nach 1232 die Burg Sausenberg bei Kandern im Südschwarzwald erbaute; und sogar die alte Burg Zähringen erhielt später einen runden Turm. Staufische Ministeriale um den Hohenstaufen erbauten auf Staufeneck und Granegg (bei Rechberg) Rundtürme. Der vermutlich erste Nachahmer aber war ein Edelherr von Jagstberg, der wohl schon vor 1226 die Burg Ebersberg bei Backnang errichtete, und später entstand ein Rundturm auf Krautheim. Besonders konsequent hat Graf Burkhard III. von Hohenberg (ca. 1230–1253) die Rundform in seinem Herrschaftsgebiet am oberen Neckar übernommen[106]. Die Wendeltreppe

---

106 H.-M. MAURER, Burgen am oberen Neckar. Hohenberger Hofburgen, Bautypen, Burgfrieden, in: F. QUARTHAL (Hg.), Zwischen Schwarzwald und Schwäbischer Alb. Das Land am oberen Neckar, Sigmaringen 1984, S. 111–160, hier S. 127–132.

finden wir auf der Burg Helfenberg bei Auenwald wieder, dem Sitz einer markgräflichen Ministerialenfamilie, die in der Mitte des 13. Jahrhunderts das Marschallamt ausübte[107].

Was die Funktion der Burgen von Reichenberg und Besigheim betrifft, ist es nicht wahrscheinlich, daß sie ausschließlich für militärische oder administrative Zwecke, also als Sitze für Burgmannen, Vögte oder sonstige abhängige Adlige erbaut wurden. Die thüringische Neuenburg war einer der Hauptsitze der Landgrafen selbst, Abbach eine bevorzugte Burg der Wittelsbacher. Hier sei die Auffassung vertreten, daß die aufwendig erbaute und repräsentativ wirkende Burg Reichenberg ihrer Bestimmung nach mehr war als irgendein Adelssitz, nämlich ein Hauptsitz des Markgrafen selbst. Wenige Kilometer nördlich von Backnang gelegen, sollte sie als Höhenburg wohl die alte dortige Residenz ablösen. Die vornehme romanische Wandgliederung über der Kapelle, die um 1983 wiederentdeckt wurde und etwas von der Gestaltung des leider abgerissenen Palas ahnen läßt, unterstützt diese These.

Eine neue Lage ergab sich, als 1219 die großen Landerwerbungen zwischen dem Neckar und dem Oberrhein hinzukamen und damit der Schwerpunkt der badischen Besitzungen nach Westen rückte. Da faßte der Markgraf wohl den Plan, sich eine neue Residenz zu schaffen, und, reicher an Mitteln und selbstbewußter geworden, gab er ihr neue Dimensionen.

Zwei Burgen zu bauen wie in Besigheim, im Abstand von etwa 425 m, Burgen, die aufeinander bezogen waren, die von Anfang an als Einheit geplant waren, dafür gibt es in jener Zeit wohl kein Beispiel. Natürlich gab es großflächige Burgen: Wimpfen umfaßte mehr als 1½ ha, Abbach etwa 1,35 ha, die Neuenburg über 2 ha, aber der Raum zwischen den beiden Besigheimer Türmen umfaßte das Drei- bis Vierfache davon, mehr als 6 ha. Die Stadtgründung war beim Bau der Burgen mit aller Wahrscheinlichkeit noch nicht vollzogen[108], die Stadtmauer noch nicht im Bau, unterscheidet sie sich doch in ihrer einfachen Bauweise deutlich etwa vom Quaderbau der Reichenberger Umfassungsmauer. Aber geplant muß eine Siedlung, eine Stadt dazwischen gewesen sein, anders hat die Stellung der beiden Türme oder Burgen zueinander keinen Sinn.

Stadtburgen innerhalb oder eher am Rande von Städten gab es natürlich auch sonst, aber es waren in jener Zeit nicht die Hauptresidenzen des hohen Adels, sondern zusätzliche Wohnsitze, Absteigequartiere in den jungen Städten und wohl auch Beamtensitze, in der Regel aber nicht mit Bergfrieden verbunden und schon gar nicht mit zwei, sondern in Form fester Steinhäuser[109]. Die eigentlichen Residenzburgen standen in unserem Raum zu dieser Zeit bekanntlich außerhalb von Städten meist auf Höhen und Bergen, und sekundär erst schlossen sich davor oder darunter Handwerkersiedlungen an, die sich zu Märkten entwickeln und zu Städten erhoben werden konnten.

Was Markgraf Hermann mit Besigheim vorhatte, war etwas anderes. Hier war offensichtlich von Anfang an eine räumliche Einheit geplant von (1.) einer fürstlichen Residenz, nämlich der unteren Burg mit dem Turm, (2.) eines Beamtensitzes im Steinhaus mit dem oberen Turm und (3.) einer dazwischen gelegenen Bürgerstadt. Nach Besigheim nannte

---

107 RMB 455.
108 So auch BANNASCH 1977 (wie Anm. 1), S. 2.
109 MAURER 1984 (wie Anm. 106), S. 116f.

sich ja nicht nur ein Vogt (ab 1231 erwähnt), der Vorsteher eines Amtsbezirks, sondern auch ein Marschall (ab 1262), ein typischer Hofbeamter[110]. So heben sich die beiden Türme nicht nur durch ihre Architektur aus der Masse der Bergfriede jener Zeit hervor, sie sind auch Zeugen eines neuen Gesamtentwurfs, einer neuen Vorstellung eines Fürstensitzes, die Markgraf Hermann als originellen Planer ausweist.

Eine enge Verbindung von Königspfalz und Stadt gab es allerdings schon vorher. So entstanden nach neueren Studien Stadt und Pfalz Gelnhausen von 1170 an als gleichzeitige »Großbaustelle« im Auftrag Friedrich Barbarossas[111]. Und auch die Besigheim nahe gelegene Pfalz Wimpfen ist unmittelbar mit der anschließenden Bergstadt verbunden. Und doch sind in beiden Fällen die Pfalzen eigene geschlossene Baukomplexe geblieben, durch starke Umfassungsmauern von der benachbarten Stadt getrennt. Besigheim unterscheidet sich zum einen durch die Einfassung der langgestreckten Stadt mit *zwei* Burgen an den Schmalseiten, zum anderen durch eine engere Verbindung von Burg und Stadt, denn die Stadtmauer umschloß gleichzeitig beide Burgen als äußerer Schutz. Zur Stadt hin war die untere Burg durch eine vermutlich spätere und wesentlich schwächere Mauer, die obere Burg mit der Kirche durch einen Graben abgegrenzt[112]. Auch dieser Vergleich spricht also für eine eigenständige, neuartige Planung des Markgrafen.

Die Bedeutung jedoch, die Markgraf Hermann Besigheim als Herrschaftsmittelpunkt zugedacht hatte, sollte auf Dauer nicht zum Tragen kommen. Die kriegerischen Ereignisse im Zusammenhang mit der Empörung König Heinrichs (VII.) dürften zunächst eine Verzögerung weiterer Bauarbeiten (oder einen allzu raschen Aufbau von Stadtmauern) zur Folge gehabt haben. Die Verlagerung der badischen Familiengrabstätte von Backnang nach Lichtental bei Baden-Baden und der Herrschaftsschwerpunkte an den Oberrhein nach Hermanns Tod im Jahre 1243 und später nach Pforzheim ließen Besigheim in die Rolle eines Amtsmittelpunktes zurückfallen. Geblieben aber sind die beiden Türme als Zeugen hoher Pläne eines fürstlichen Bauherrn, geblieben ist das urtümliche Steinhaus, das zum Jubiläumsjahr wieder hergerichtet wurde, und geblieben ist die Bürgerstadt, die in unserer Zeit – das darf man wohl sagen – mehr denn je floriert, wie die vielfältigen Feiern zum 800jährigen Jubiläum zeigten.

---

110 Vögte 1231 (RMB 298), 1253 (RMB 419), 1259(?) (RMB 444), 1321 (RMB 757). Marschälle 1262 (Albert Marschall von Helfenberg RMB 455), 1285 (RMB 551), 1288 (RMB 574), 1293 (RMB 608), 1296 (RMB 633), 1297 (RMB 642, 643), in diesem Jahr mit der wichtigen Funktion eines Verhandlungsführers in folgenreichen herrschaftlichen Erbschaftsangelegenheiten. Zur Familie der Marschälle siehe A. F. KLEMM, Über die alten Herren von Besigheim, von Schaubeck und einige andere badische Lehensleute im Murrgau, in: Württ. Vierteljahrshefte für Landesgeschichte NF VII (1898), S. 25–33.
111 A. BECHTOLD/A. ZETTLER, Gelnhausen – eine Großbaustelle Kaiser Friedrich Barbarossas, in: Château Gaillard 18, Caen 1998; A. ZETTLER, Gelnhausen als Gründung Kaiser Friedrichs I. Barbarossa, in: Burg und Kirche der Stauferzeit. Akten der 1. Landauer Staufertagung 1997, hg. von V. HERZNER und J. KRÜGER, Regensburg 2001, S. 47–55.
112 Die innere Mauer der unteren Burg ist auf der Ansicht von Besigheim von 1577 deutlich zu sehen (Tafel 1). Über den Graben zwischen der oberen Burg mit der Kirche und der Stadt unterrichtete mich Herr Martin Haußmann.

Anhang

Annäherung an die Größenmaße der drei Türme Markgraf Hermanns V.

Die Abmessungen der Türme werden in der Literatur meist in gerundeten Zahlen und einheitlich für die ganzen Bauten angegeben. Sie ändern sich aber von Geschoß zu Geschoß, da die Wandstärke nach oben abnimmt und die Innenfläche größer wird. So umfasst im unteren Turm die Innenfläche des untersten Geschosses etwa 12,15 qm, die des mittleren dritten Geschosses fast 15 qm, des obersten aber 22 qm. Die Wandstärke hingegen geht von 4,30 m unten auf 4,00 m in der Mitte und 3,45 m oben, insgesamt um 85 cm, zurück. Dies ist übrigens auch bei vielen anderen Bergfrieden, ob sie rund, quadratisch oder rechteckig sind, der Fall.

Die drei Türme in Besigheim und Reichenberg haben ähnliche Ausmaße, aber sie sind nicht gleich. Die stärksten Wände und damit auch den größten Durchmesser hat der untere Turm in Besigheim, der im dritten Geschoß, wo sich die Pforte befindet, eine Mauerstärke von 4 m besitzt, im untersten Geschoß noch 30 cm mehr. Der Turm von Reichenberg weist im dritten Geschoß nur etwa 10 cm weniger Wandstärke auf, beim oberen Turm dagegen ist sie um 45 cm geringer. Die Innenräume sind im Reichenberger Turm fast so groß wie im unteren, im oberen aber deutlich kleiner. Der untere Turm war auch höher als der obere: Bereits 1838 und 1853 geben Pauly und Paulus nach sorgfältigen Messungen eine Höhe von 29,20 m vom Erdboden bis zur Wehrplatte an, für den oberen 25,80[113]. Mit den Zinnen waren beide Türme noch etwa 2 m höher. Durch die Absenkung des Bodens beim Straßenbau zwischen Steinhaus und oberem Turm erscheint dieser Turm heute ebenso hoch wie der untere, durch seine Lage an der höchsten Stelle der Altstadt dominiert er ohnehin die Silhouette. Der Bergfried von Reichenberg besaß ursprünglich vermutlich ein fünftes Geschoß und dürfte die Höhe des unteren Besigheimer Turmes erreicht haben. Die Höhen der einzelnen Geschosse variieren in allen drei Türmen, zwischen 4,80 und 9,00 m, nur die untersten Geschosse sind niedriger.

Als kleine Besonderheit sei noch darauf hingewiesen, dass der Gesamtdurchmesser des unteren Turmes im vierten und fünften Geschoß um etwa 20 cm geringer als in den beiden darunter liegenden Geschossen ist. Das unterste Geschoß hingegen ist um 20 cm weiter und misst im Durchmesser 12,55 m, was sich durch den Sockel erklärt. In den beiden anderen Türmen konnten über dem Sockel keine Veränderungen des Durchmessers festgestellt werden. Der untere Turm baucht sich im obersten Geschoß etwas nach Nordwesten aus, zur ehemaligen Stadtmauer hin, wie vom Kelterplatz aus deutlich zu sehen ist. Messungen auf der Plattform ergaben dennoch keinen Unterschied zur quer verlaufenden Richtung.

Um differenzierte Maße zu erhalten, wurden die begehbaren Innenräume der drei Türme jeweils an zwei Stellen vermessen und – bei kleinen Unterschieden – die Mittelwerte notiert. Die Wandstärke lässt sich nur über die Pfortengänge, Abortgänge, Lichtnischen und notfalls etwas problematisch über die Wendeltreppen feststellen. Die Höhe von Räumen konnte nur im unteren Turm in drei Geschossen gemessen werden. Für die Geschoßhöhen des oberen Turms wurden die Angaben von Winfried Stempfle (St) über-

---

113 Vgl. Anm. 13.

nommen, für Reichenberg und den unteren Turm die Aufrisse Cord Mecksepers (Me) ausgewertet[114]. Zentimetergenauigkeit darf selbstverständlich nicht erwartet werden, da durch die Steinbearbeitung, Verwitterung und Unregelmäßigkeiten beim Bau mit zahlreichen Abweichungen zu rechnen ist. Besonders die Wandstärke, die in den meisten Geschossen nur an einer Stelle gemessen werden kann, bleibt für andere Teile unsicher. Wenn in der folgenden Übersicht dennoch Zentimetermaße angegeben werden, dann deshalb, weil bei Auf- und Abrundungen die Gefahr besteht, in der falschen Richtung zu runden.

114 STEMPFLE (wie Anm. 13) S. 7; MECKSEPER vgl. Abb. 1 und 3 (S. 114, 119).

	Reichenberg	Unterer Turm	Oberer Turm
Plattform: Gesamtdurchmesser		12,18 m[115]	
5. Geschoß Höhe Wandstärke Innenraum: Durchm./Fläche Gesamtdurchm. / -fläche		5,80 m (Me) 3,43 m 5,29 m/22,0 qm 12,15 m/115,9 qm	5,45 m (St) 3,38 m 4,60 m/16,6 qm 11,36 m/101,4 qm
4. Geschoß Höhe Wandstärke Innenraum: Durchm./Fläche Gesamtdurchm. / -fläche	8,2 m (Me) 3,65 m 4,88 m/18,7 qm 12,18 m/116,5 qm	5,36 + 0,20 m[116] 3,65 m 4.85 m/18,5 qm 12,15 m/115,5 qm	4,8 m (St) 3,44/3,52 m[117] 4,37 m/15,0 qm 11,33 m/100,8 qm
3. Geschoß Höhe Wandstärke Innenraum: Durchm./Fläche Gesamtdurchm. / -fläche	6,9 m (Me) 3,89 m 4,33 m/14,7 qm 12,11 m/115,2 qm	7,4 m (Me) 4,00 m 4,35 m/14,9 qm 12,36 m/120,0 qm	5,4 m (St) 3,55 m 4,25 m/14,2 qm 11,35 m/101,2 qm
2. Geschoß Höhe Wandstärke Innenraum: Durchm./Fläche Gesamtdurchm. / -fläche	8,3 m (Me)	7,3 + 0,35 m[116] 4,05 m[118] 4,25 m/14,2 qm 12,35 m/119,8 qm	9,0 m (St) 3,85 m (St) 3,85 m/11,6 qm (St) 11,55 m/104,8 qm (St)
1. Geschoß Höhe Wandstärke Innenraum: Durchm./Fläche Gesamtdurchm./-fläche		3,43 + 0,55 m[116] 4,31 m[119] 3,93 m/12,2 qm 12,55 m/123,7 qm	2,9 m (St)

115 Gemessen vom Verfasser im Jahre 2000, als die heutige Abdeckung der Wehrplatte noch nicht angebracht und das Mauerwerk noch zu sehen war.
116 Die erste Zahl gibt die Höhe des Raumes bis zum Gewölbescheitel an, die zweite die Stärke der Decke darüber.
117 Die erste Angabe wurde am Abortgang gemessen, die zweite über die Wendeltreppe. Die zweite Angabe ist auch dem Grundriß von W. Stempfle zu entnehmen.
118 Die Lichtnische ist seit dem 19. Jahrhundert mit dem benachbarten Gasthaus verbunden. Man benutzte die Nische als Zugang zum Turm und machte aus der Schräge eine Treppe. Heute ist 4,0 m hinter der inneren Nischenöffnung eine Absperrung angebracht. Das äußere Ende der Nische ist nicht erkennbar. Hier wird angenommen, dass es sich einige Zentimeter hinter der Absperrung befindet, wodurch sich ein Gesamtdurchmesser von 12,35 m wie im dritten Geschoß ergibt.
119 Die Wandstärke von 4,31 m und der Gesamtdurchmesser von 12,55 m erklären sich durch die Lage des 1. Geschosses unterhalb des Sockels.

Tafel 1
Oben: Ansicht Besigheims von Nordwesten, 1577. Ausschnitt aus einer »Augenscheinkarte«. Links unterer Turm, rechts oberer Turm mit Steinhaus. Unten rechts die Enz, oben der ehemalige Neckararm. HStAS C 3 Bü 4931 I/27 a.
Unten: Noch heute überragen die Türme die Altstadt. Links der untere, rechts der obere Turm mit dem Steinhaus. Links Abhang zum Enztal. Aufnahme von den Weinbergen im Süden unterhalb des Wartturms.

Tafel 2
Links: Der untere Turm, über die Häuser emporsteigend, von der Höhe im Westen aus gesehen.
Rechts: Der obere Turm mit Steinhaus und Stadtmauer, vom Enztal im Süden herauf gesehen.

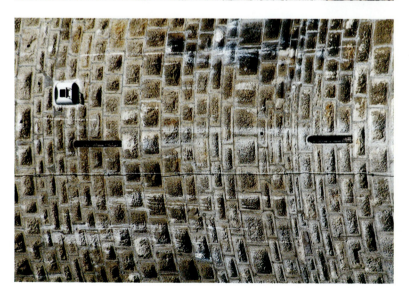

Tafel 3
Links: »Kissenförmige« Bukkelquader des unteren Turms, Schartenfenster der Innenräume mit Randschlag ringsum.
Rechts: Pforte des unteren Turms in etwa 10 m Höhe.

Tafel 4
Die halbrunden Aborterker des unteren und oberen Turms auf Neipperg sowie des östlichen Turms auf Neipperg. Man beachte die großen geflächten Quader, auf Neipperg in jeder Schicht aus einem Stück bestehend, die kegelförmigen Abschlüsse oben über Gesimsen und auf Neipperg die Ornamentik aus Wülsten und Zahnfries sowie unten die Ausflussvorrichtung. Das Lüftungsloch des oberen Turms wurde nachträglich vergrößert.

Tafel 5
Oben: Oberer Abschluß des unteren Turms mit vier von insgesamt acht Wasserspeiern unterhalb der ehemaligen Wehrplatte.
Unten: Wasserspeier des oberen Turms mit einer Art Tierkopf, wohl als Neidzeichen, auf der von der Stadt abgewandten Seite.

Tafel 6
Kuppelgewölbe im unteren (links) und im oberen Turm, jeweils im vierten Geschoß, bestehend aus großen flachen Quadern. Kleine Öffnung im Gewölbescheitel, rechts nachträglich vergrößert. Links unten Lichtnische, rundbogig mit Quadern gewölbt, rechts unten Zugang zur Wendeltreppe.

Tafel 7
Kamine im unteren (links) und im oberen Turm mit beidseitigen Säulen und Kapitellen. Im oberen Turm sind die eingehängte Vorderplatte und einige weitere Steine ausgebrochen.

Tafel 8
Zugänge zu den Wendeltreppen im unteren (links, viertes Geschoß) und im oberen Turm (fünftes Geschoß), umgeben von großen Quadern. Wendeltreppen mit Mittelsäulen (Spindeln), deren Einzelteile zusammen mit den Stufen je aus einem Stein gearbeitet sind.

Tafel 9
Nischen von Schartenfenstern im unteren (links, drittes Geschoß) und im oberen Turm (viertes Geschoß). Im oberen Turm Wölbung im Wandinnern aus einfachen Steinen, im unteren alles aus Quadern.

Tafel 10
Links: Mauergang im unteren Turm zum Aborterker, ca. 3,65 m lang, hinten Steinsitz mit (nicht sichtbarer) runder Öffnung.
Rechts: Kaminschacht im oberen Turm, vom Kaminmantel (oben sichtbar) ins Mauerinnere führend.

Tafel 11
Säulen und Kapitelle links und rechts vom Kamin im oberen Turm. Links ein Knospenkapitell, rechts ein Blattkapitell, beide in Kelchform.

Tafel 12
Links: Basis der linken Kaminsäule im oberen Turm.
Rechts: Ehemaliger Hauptzugang des Steinhauses in dessen erstes Obergeschoß, gegenüber dem oberen Turm. Gewände profiliert und gestuft mit zwei etwas zugespitzten Rundstäben und Hohlkehle.

Tafel 13
Ornamentierte Teile des östlichen Turms der Burg Neipperg. Spitzbogiges Doppelfenster mit Kelchblatt- und Knospenkapitell, rundbogig eingefasst, im dritten Obergeschoß. Kamin im ersten Obergeschoß mit mehrfach profilierten, geschwungenen Wangen, darüber links und rechts dreiteilige Schmuckform, links (und auch rechts) je ein abgerundeter Konsolstein.

Tafel 14
Oben: Burg Reichenberg auf einem Bergsporn zwischen Tierbach (vorne) und Murrtal (hinten), von Norden gesehen.
Unten: Steinhaus in Besigheim, frühgotisches Doppelfenster an der Nordwestseite des ersten Obergeschosses (innen in der Fensternische sind beiderseits steinerne Sitzbänke erhalten).

Tafel 15
Burg Reichenberg. Links: Bergfried vom Burghof aus (von Westen), heute noch etwa 25 m hoch, mit kissenförmigen Buckelquadern.
Rechts: Nordwestliche Mauer, 12–14 m hoch und 2,35 m stark, ebenfalls mit meist kissenartig gerundeten Buckelquadern, oben Fachwerkumlauf des 18. Jahrhunderts, wohl anstelle eines früheren Wehrgangs. Links ein Eckpfeiler, der vermutlich nachträglich, aber wenig später, angesetzt wurde.

Tafel 16
Bergfried auf Reichenberg. Links: Kuppel im dritten Geschoß mit herausnehmbarem runden Stein im Gewölbescheitel. Rechts: Nische zum Schartenfenster im dritten Geschoß aus Quadern.

Tafel 17
Links: Bergfried von Reichenberg. Zugang zur Wendeltreppe aus dem vierten Geschoß, Rundbogen aus mächtigen Quadern.
Rechts oben: Steinmetzzeichen am Bergfried in Reichenberg (liegendes Z und Pfeil).
Rechts unten: Steinmetzzeichen am oberen Turm: Lilie und Hakenkreuz je zweimal.

Tafel 18
Reichenberg, Raum über der Kapelle: Kapitell und Basis einer verschwundenen Säule an einem der Mauer vorgeblendeten Doppelbogen. Fotos: Landesdenkmalamt Baden-Württemberg.

Tafel 19

Neuenburg bei Freyburg/Unstrut, Bergfried »Dicker Wilhelm«.
Links: Turm von Südwesten mit dem ursprünglichen Eingang in etwa 7,20 m Höhe (die untere Pforte ist neuer).
Rechts: Zweites Obergeschoß mit Kuppelgewölbe, gerundetem Kamin und rundbogigem Zugang zur Turmpforte (geradeaus) und zur Mauertreppe nach oben (rechts). Bild rechts: Foto Landesamt für Denkmalpflege Sachsen-Anhalt (Gunar Preuß).

Tafel 20

Abbach (heute: Bad Abbach). Links: Turm von Süden, Pforte in 10,80 m Höhe. Buckelquader in der unteren Hälfte ursprünglich, in der oberen erneuert. Rechts: Erstes Obergeschoß, achteckig, mit Kuppelgewölbe und acht kräftigen Rippen, die von Wandpfeilern getragen und durch ein Gesims miteinander verbunden sind. Im Scheitel große Öffnung zum Durchgang ins zweite Obergeschoß, das in gleicher Weise ausgestattet ist.

Von der Burg zur Stadt:
Zur Stadtwerdung von Besigheim

VON HANSMARTIN SCHWARZMAIER

Am 12. Juli des vergangenen Jahres feierte die Stadt Besigheim jenen Gedenktag, der an das Datum der vor 850 Jahren, also am 12. Juli 1153 ausgestellten Barbarossa-Urkunde erinnerte. Sie wurde aus diesem Anlaß in Besigheim im Original vorgeführt[1]. Darin ist Besigheim erstmals erwähnt, auch wenn sich aus ihr schließen läßt, daß der Ort, daß der königliche Hof zumindest ein Jahrhundert früher schon bestanden hatte. Doch setzt die schriftliche Dokumentation mit diesem Datum ein. Darüber wurde zu Beginn der diesem Band zugrunde liegenden Tagung bereits ausführlich gesprochen. Das Jubiläum, das in Besigheim im Juli 2003 gefeiert wurde, orientierte sich demnach an Ereignissen des 11. und 12. Jahrhunderts, an einer Kaiserin und einem König, an Markgrafen und Grafen, die Macht- und Besitzpolitik im Sinne ihrer Zeit betrieben haben, manchmal brutal und rücksichtslos, auch wenn uns die damit verbundenen Vorgänge meist aus Urkunden geistlicher Empfänger und in der Sprache der Kirche bekannt geworden sind[2]. Der Ort Besigheim war im Rechtsakt von 1153 nur Objekt in diesem Mächtespiel, und von den Bürgern der Marktsiedlung, den Bauern der Umgebung konnte nicht die Rede sein. Von den Letzteren wissen wir nichts, und auch die Stadt existierte noch nicht, auch wenn der Platz seit langem besiedelt war, an dem sie sich dann entwickelte[3].

Davon soll nun die Rede sein, von der Kontinuität der Siedlung, die es viele Jahrhunderte vor Barbarossa schon gegeben hat, ihren Weinbergen, den sich dort vereinigenden Flüssen, den daran vorbeiführenden Straßen[4]. Aus der Burgsiedlung wurde die Stadt, von

---

1 Originalgetreue Wiedergabe der Urkunde HStA Stuttgart H 51 U 10, hg. vom Hauptstaatsarchiv Stuttgart anlässlich des 850jährigen Jubiläums von Besigheim (2003). Druck in MGH, D F I 65. Wiedergabe des Textes, mit Übersetzung, auch bei H. DECKER-HAUFF, Die frühen Staufer und Besigheim (= Besigheimer Geschichtsblätter 5, 1984, Neudruck 2001). Vgl. die folgende Anm. sowie die einleitenden Beiträge von S. WEINFURTER und T. ZOTZ in diesem Band.
2 H. SCHWARZMAIER, Besigheim zwischen König und Markgraf. Zur Urkunde vom 12. Juli 1153 (= Besigheimer Geschichtsblätter 23, 2003), der Festvortrag vom 12.5.2003 zum 850jährigen Jubiläum der Besigheimer Erstnennung.
3 Insbes. H. BANNASCH, Besigheim (Grundrisse mittelalterlicher Städte IV), in: HABW, Karte IV,9, Stuttgart 1977, Beiwort S. 1–5 mit Literaturangaben. Hierzu vgl. nun vor allem die Beiträge von S. LORENZ und H. MAURER in diesem Band.
4 L. REICHARDT, Ortsnamenbuch des Stadtkreises Stuttgart und des Landkreises Ludwigsburg, Stuttgart 1982 (= Veröff. der Kommission für geschichtl. Landeskunde in Baden-Württemberg

der man wiederum nicht weiß, seit wann sie dies im vollen Rechtssinne war. Immerhin beging man im Mai 1931 in Besigheim eine 700Jahrfeier, in der es diesmal nicht um einen König, sondern um die Anfänge der Stadt ging[5]. Man tat dies, bezeichnend für diese Jahre der Weimarer Republik, mit einem Bürgerfest, mit Festzügen der Erwachsenen und der Kinder, einem Fackelzug, und es wird berichtet, die Stadt habe damals 20 000 RM ausgegeben, ungeachtet der Aufwendungen und Opfer der Besigheimer, die sie aus diesem Anlaß erbrachten. Bürgerstolz kam darin zum Ausdruck. Grundlage des Jubiläums war eine Urkunde von 1231, mit der wir uns ausführlicher zu beschäftigen haben[6]. Sie nennt in der Zeugenreihe einen *Conradus de Basenkeim, advocatus marchionis,* also einen Konrad von Besigheim, Vogt des badischen Markgrafen, und zusätzlich einen *Conradus Schovbelin,* vielleicht einen Bürger der Stadt, falls es diese zu diesem Zeitpunkt tatsächlich schon gegeben hat. Ganz sicher ist das freilich auch zu diesem Zeitpunkt noch nicht, wie sich gleich zeigen wird. Dagegen läßt der Schultheiß Hartmut von Backnang, den die gleiche Zeugenreihe der Urkunde von 1231 nennt, vermuten, daß in Backnang die noch vom Stadtherrn abhängigen, aber doch schon auf bürgerliche Selbstverwaltung hinzielenden Gremien bereits bestanden haben[7].

Damit ist die Problematik angesprochen, um die es im folgenden geht und mit der unmittelbar an die vorausgehenden Beiträge dieses Bandes anzuknüpfen ist[8]. Es geht hier um die markgräflich badische »Stadtgründung«, wenn man diesen Begriff gebrauchen will, der in der älteren und auch noch in der neueren Stadtgeschichtsforschung zu so viel Mißverständnissen Anlaß gegeben hat. Denn längst wissen wir aus dem, was die Forschung gerade in den letzten Jahrzehnten erarbeitet hat und aus zahllosen Untersuchungen zu jeder einzelnen Stadt, wie wenig in dieser Zeit von einer »Gründung« im Sinne eines konstitutiven Rechtsaktes die Rede sein kann, einer Art von Grundsteinlegung, mit einer Gründungsurkunde verbunden, in der ein Stadtherr die bürgerlichen Rechte der von ihm ins Leben gerufenen Stadtgemeinde für alle Zeiten verbriefte und dieser damit ihre Freiheiten verlieh und ihre Pflichten definierte[9]. Heute beobachten wir, wie verschieden

---

Reihe B, Bd. 101), Stuttgart 1982, S. 20f. Vgl. insbes. Beschreibung des Oberamts Besigheim, Stuttgart 1853 (künftig OAB Besigheim).
5 Die Belege zur 700-Jahrfeier der Stadterhebung Besigheims im Mai 1931 machte mir das StadtA Besigheim (A 1508) zugänglich, ein Aktenheft, in dem über Vorbereitung und Durchführung der Feiern berichtet wird. Vor allem danke ich für die frdl. Bereitstellung der Unterlagen zu den Feierlichkeiten, zu Planung und Durchführung der Jubiläumsveranstaltungen am 12. Juli 1953, also der 800-Jahrfeier der Erstnennung (StadtA Besigheim A 2482). Hierzu SCHWARZMAIER, Besigheim (wie Anm. 2), S. 5ff.
6 Wirtembergisches Urkundenbuch, hg. von dem kgl. Staatsarchiv in Stuttgart Bd. 3, Stuttgart 1871, Neudruck Aalen 1974 (WUB 3) Nr. 783 S. 276f. = Regesten der Markgrafen von Baden (RMB) 298. Original der Urkunde Hohenlohe'sches Archiv Neuenstein.
7 Zur Stadt Backnang vgl. Württemb. Städtebuch, hg. von E. KEYSER, Stuttgart 1962, S. 37.
8 Zu verweisen ist insbes. auf den Beitrag von Hans-Martin MAURER in diesem Band, der auch in der Vortragsveranstaltung unmittelbar vorausging. Ich verzichte darauf, an jeder Stelle darauf zu verweisen, auch wenn dieselben Sachverhalte angesprochen wurden. Bei weitgehender Übereinstimmung lasse ich kleine Divergenzen in Detailfragen unerörtert.
9 Der ältere Forschungsstand findet sich zusammengefasst bei H. AMMANN/K. O. BULL, Städte des Mittelalters. In: HABW, Karte IV,4, Stuttgart 1973, Beiwort S. 2 mit umfassender Lit.; J. SYDOW, Städte im deutschen Südwesten, Stuttgart 1987; B. SCHWINEKÖPER, Die Problematik von Begriffen

sich dieser Vorgang von Stadt zu Stadt, von Ort zu Ort abspielte, ein Vorgang, der sich meist über eine längere Zeit erstreckte und viele zur Stadt führende Elemente einschloß. Und wenn wir die »Stadtgründungen« der Markgrafen von Baden in Pforzheim und Backnang, Besigheim und Stuttgart, Baden-Baden, Ettlingen und Durlach ins Auge fassen, so stellt sich uns nicht nur die Frage, auf welch verschiedene Weise sich diese Orte entwickelt haben und wann sie »Stadt« geworden sind, teilweise schon in »vorbadischer« Zeit, wie dies Günther Haselier in seinem Aufsatz von 1959 gezeigt hat, sondern vor allem jene, die Rüdiger Stenzel dazu bewog, die territoriale Entwicklung der badischen Markgrafen im Rahmen ihrer städtischen Siedlungen zu beschreiben[10]. Wir gehen im folgenden noch einen Schritt weiter und betrachten die badischen Städte – und mit ihnen Besigheim – im Rahmen der politischen Situation am unteren und mittleren Neckar in der ersten Hälfte des 13. Jahrhunderts. Dies geschieht nicht nur deshalb, weil für Besigheim die urkundlichen Quellen in diesem Zeitraum nahezu ganz fehlen, sondern weil hier in der Tat Vorgänge angesprochen sind, die sich in einen weiteren Zusammenhang stellen lassen, der auch – und gerade – im Rahmen einer Stadtgeschichte wichtiger scheint als die Frage, an welchem Tag oder in welchem Jahr eine Gemeinde Stadtrecht erhielt, falls sich diese Frage überhaupt eindeutig beantworten läßt.

Zu beginnen ist mit Besigheim und da mit der Urkunde von 1231, von der oben die Rede war. Nach der Barbarossaurkunde von 1153 ist es erst das zweite schriftliche Zeugnis, das wir für Besigheim besitzen. Mit anderen Worten, zwischen der Erstnennung von 1153 und jener von 1231, die man für die »Stadtgründung« in Anspruch genommen hat, liegt kein weiterer urkundlicher Beleg. Diese Lücke umfaßt den Zeitraum der Königsherrschaft Friedrichs I., Heinrichs VI., Philipps von Schwaben und Ottos IV. bis in jene Jahre, als sich Kaiser Friedrich II. seines immer selbständiger handelnden Sohnes Heinrich (VII.) zu erwehren hatte, ehe er aus Italien nach Deutschland zurückkehrte, um Heinrich zur Unterwerfung zu zwingen, Vorgänge, die sich am Ober- und Mittelrhein, aber auch hier am mittleren und unteren Neckar abgespielt haben. Dieser Zeitraum von 80 Jahren hat also für Besigheim kein schriftliches Zeugnis hinterlassen, obwohl sich in ihm die bauliche Entwicklung der markgräflichen Burg mit ihren Mauern und Türmen vollzog, von den schweren Kriegsereignissen ganz abgesehen, von denen wir im Zusammenhang mit Backnang noch hören werden[11]. Der gesamte Vorgang, der im folgenden zu behandeln sein wird, spielt sich also in einem nahezu quellenfreien Zeitraum ab, wenn

---

wie Stauferstädte, Zähringerstädte und ähnliche Bezeichnungen. In: Südwestdeutsche Städte im Zeitalter der Staufer, hgg. von E. Maschke /J. Sydow, Sigmaringen 1980, S. 157ff. Ders., Das hochmittelalterliche Städtewesen Mitteleuropas und die Städtegründungen der Herzöge von Zähringen, in: K Schmid (Hg.), Die Zähringer, Bd. 3: Schweizer Vorträge und neue Forschungen, Sigmaringen 1990, S. 375–380. Zuletzt B. Töpfer, Stadtentwicklung und Städtepolitik zur Stauferzeit. Historische Chance oder Hemmnis der Staatswerdung? In: Region und Reich. Zur Einbeziehung des Neckar-Raumes in das Karolinger-Reich und zu ihren Parallelen und Folgen, hg. von Chr. Schrenk (Heilbronn 1992), S. 217–236.
10 G. Haselier, Die Markgrafen von Baden und ihre Städte, in: ZGO 107 (1959) S. 263–290. R. Stenzel, Die Städte der Markgrafen von Baden, in: Oberrheinische Studien (OSt) 12 (1994), S. 89–130. R. Stenzel, Verschiedene Wurzeln staufischer Städte: Ettlingen und Durlach, ein Vergleich, in: OSt 15 (1998) S. 149–164.
11 Wie Anm. 8.

man dies in Bezug auf Besigheim so überspitzen darf. Im größeren Zusammenhang wurde in den Einleitungsartikeln dieses Bandes bereits darüber gehandelt. Hier geht es darum, die Vorgänge zu schildern, die um Besigheim herum von Wichtigkeit waren.

Unter dem Städtethema geschieht dies auf der Basis dessen, was Günther Haselier, was Alfons Schäfer und Meinrad Schaab und vor allem der vor kurzem verstorbene Rüdiger Stenzel, zuletzt in seinem grundlegenden Vortrag von 1998 über Ettlingen und Durlach, gehalten bei der Durlacher Städtetagung dieses Jahres, dargelegt haben[12]. Die genannten Autoren haben ihre Forschungen im Rahmen der Arbeitsgemeinschaft für geschichtliche Landeskunde am Oberrhein vorgelegt, sind also als Vorläufer unserer Besigheimer Tagung anzusprechen.

Nun zur Urkunde von 1231, ohne Tagesdatum; das Original, ohne Siegel, liegt im Hohenlohe-Archiv in Neuenstein[13]. Ihr Aussteller ist Markgraf Hermann V. von Baden – wir bleiben bei der üblichen Zählung –, Empfänger das Chorherrenstift St. Pankratius in Backnang[14]. Der Markgraf bekundet, die Schenkung, um die es darin geht, sei an das Stift gerichtet *que sepius per me meosque fautores lesa est,* das oft durch ihn und seine Anhänger verletzt worden sei, und sie geschehe *ad restaurationem dispendiorum a me sibi illatorum,* also zur Wiedergutmachung der von ihm dem Stift zugefügten Schäden, ohne freilich zu spezifizieren, worin diese bestanden. Immerhin bringt dies die tiefe Reue des Markgrafen dem in seinem Namen geschehenen Unrecht gegenüber zum Ausdruck, und wenn er weiter unten bemerkt, er habe seinerzeit den See in Cottenweiler *contra salutem anime mee* bauen lassen, also seinem Seelenheil zuwider, dem ja das Gebet der Chorherren zu Gute kam, so meint er damit dasselbe. Aber bei genauerem Hinsehen bemerkt man auch, daß es sich eigentlich um gar keine Schenkung oder fromme Stiftung handelt, die hier beurkundet wird, sondern um einen Tausch, denn die Vorteile, die der Markgraf aus diesem Geschäft zog, sind unverkennbar. Markgraf Hermann schenkte dem Stift den Kirchensatz in Lendsiedel, einem von Backnang 2 Wegstunden abgelegenen Ort bei Kirchberg an der Jagst, immerhin eine beträchtliche Einnahmequelle. Der Besitz ist Teil eines markgräflichen Güterkomplexes an der Jagst[15], dessen Herkunft schwer zu bestimmen ist. Die Gegengabe des Stifts bestand in dem *mons Richenberg,* dem Berg also, auf dem nun eine Burg stehe – bis zur zweiten Mauer, wie es heißt –, ferner in dem See in Cottenweiler, das eine nördlich, das andere südlich von Backnang gelegen. Reichenberg, das hier erstmals genannt wird, braucht hier nicht vorgestellt zu werden, die besterhaltene stauferzeitliche Burganlage, die wir besitzen und die auch bei neuesten Untersuchungen stets neue

---

12 STENZEL (wie Anm. 10). Ferner A. SCHÄFER, Staufische Reichslandpolitik und hochadlige Herrschaftsbildung im Uf- und Pfinzgau und im Nordwestschwarzwald vom 11.–13. Jahrhundert, in: OSt I (1969) = ZGO 117 (1969) S. 179–244. M. SCHAAB, Adlige Herrschaft als Grundlage der Territorialbildung im Uf-, Pfinz- und Enzgau, in: ZGO 143 (1995), S. 1–49.
13 Wie Anm. 6.
14 Vgl. hierzu jetzt G. FRITZ (Hg.), Württembergische Stiftskirchen. Insbes. das Stift St. Pancratius in Backnang (= Backnanger Forschungen Band 5, Backnang 2003), dort insbes. die Besitzkarte S. 141. Ferner G. FRITZ, Der Backnanger Nekrolog. Studien zur Geschichte des Augustiner-Chorherrenstifts Backnang, in: ZWLG 44 (1985), S. 11–63. Beide Arbeiten gehen auf den hier beschriebenen Vorgang nicht ein.
15 E. TRITSCHELLER, Die Markgrafen von Baden im 11., 12. und 13. Jahrhundert. Diss. Freiburg i. Br. (masch) 1954, insbes. Karte S. 59.

Überraschungen bereithält[16]. Nach dem Wortlaut unserer Urkunde war sie damals schon mit einem doppelten Mauerring umgeben und lag auf stiftischem Grund und Boden, ohne daß man von vornherein annehmen sollte, daß das Pankratiusstift der Erbauer dieser mächtigen und weithin sichtbaren Anlage war. Offenbar hatte es Streit zwischen dem Stift und dem Markgrafen gegeben, und es hat den Anschein, daß er an dieser Stelle – auf stiftischem Grund, wie gesagt – die Burg hatte errichten lassen, die seinen Besitz zwischen Neckar und Murr sicherte. Die dort gelegene Mühle, unterhalb der Burg, auch diese wohl gegen den Willen der Chorherren erbaut, sichert Hermann dem Stift zu, behält sich aber die Nutznießung vor, solange er lebt. Den See in Cottenweiler hatte der Markgraf offensichtlich anlegen lassen, um auch dort eine Mühle bauen zu lassen; darauf will er nun verzichten, doch den See darf er behalten, und vor allem die Burg Reichenberg, auf die es ihm ja offensichtlich ankam, der strategische Mittelpunkt seiner dortigen Herrschaft.

Von den sonstigen markgräflichen Gütern im Gebiet der Murr kennt man nur wenige. Wir wissen, daß Beilstein dazu gehörte, von Cottenweiler haben wir in dieser Urkunde erfahren, ferner war Heiningen südlich von Backnang alter markgräflicher Besitz, der dann zur Ausstattung des Stifts Backnang verwendet wurde. Und zu nennen sind die zu Besigheim gehörigen Orte Walheim und Löchgau sowie Ingersheim, die alte Gerichtsstätte des Murrgaues. Auch Lauffen ist zu diesem markgräflichen Güterkomplex hinzuzurechnen und im Süden Stuttgart, das man als die älteste badische Stadtgründung angesehen hat und das um oder nach 1242 in die Hand der Grafen von Württemberg überging[17]. Davon wird im folgenden noch ausführlich die Rede sein, und auf die markgräfliche Besitzlandschaft ist auch in anderem Zusammenhang einzugehen.

In den Besitz- und Rechtsstreitigkeiten zwischen dem Markgrafen und dem Stift hatte der Markgraf, wie es scheint, Gewalt gebraucht, wofür er Genugtuung leistete. Aber es scheint doch, daß er der eigentliche Gewinner des Handels war, der ihm ermöglichte, die wichtigste und sicherste Burg dieses Gebietes auszubauen und mit militärischer Mannschaft zu besetzen. Sie sicherte das Tal der Murr, durch das auch eine Straße von Backnang nach Sulzbach und Murrhardt führte, ohne daß wir im Einzelnen wissen, was alles zu diesem badischen Güterkomplex gehörte. Doch auch Beilstein war befestigt, von Besigheim und Backnang ganz zu schweigen. Dies also ist der Rechtsinhalt unserer Urkunde.

Doch nicht weniger aufschlußreich ist die Betrachtung der Zeugenreihe, die recht ausführlich ist. An nächster Stelle nach dem sie anführenden Grafen Ulrich von Helfenstein steht ein Albert von Rosswag; seine namengebende Burg liegt in einer Enzschleife bei Vaihingen[18]. Einiges deutet darauf hin, daß die weitverzweigten Rosswag Edelfreie waren, aber stets in enger Verbindung zu den Markgrafen von Baden. Einige Angehörige der

---

16 Hinzuweisen ist auf den Kunstführer von C. L. BRÜCKER, Burg Reichenberg (Große Baudenkmäler 339), München/Berlin 1982, wenn auch in manchen Punkten ungenau und durch neuere Forschungen überholt, aber doch instruktiv. Neuere Fundergebnisse von H. MAURER sind zu erwarten.
17 STENZEL, Die Städte (wie Anm. 10), S. 96 und Karte S. 100 unter Hinweis auf die Straßensituation.
18 Zum folgenden vgl. allg. W. RÖSENER, Ministerialität, Vasallität und niederadelige Ritterschaft im Herrschaftsbereich der Markgrafen von Baden. Untersuchungen zur Sozialgeschichte im 13. Jahrhundert, hg. von J. FLECKENSTEIN (Veröffentl. des Max-Planck-Instituts für Geschichte 51), Göttingen 1977, S. 40–91, mit Karten, hier S. 73ff. mit Belegen. Zum Ort vgl. Das Land Baden-Württemberg. Amtl. Beschreibung nach Kreisen und Gemeinden, hg. von der Landesarchivdirektion Baden-Württemberg (künftig LBW), Band 3, Stuttgart 1978, S. 464f.

Familie nennen sich Herren von Grötzingen, saßen also auf der Burg über Durlach und waren badische Lehensleute[19]. Heinrich von Niefern, bei Pforzheim, gehört einer speyerischen Ministerialenfamilie an, die jedoch wiederum den Markgrafen nahe stand und von ihnen Dienstlehen besaß[20]. Das gleiche gilt für Albert von Ilsfeld, unweit von Beilstein, der schon 1225 im Umkreis der Markgrafen anzutreffen ist. Ob man den an nächster Stelle stehenden Herbrand von Hohenberg auf die Burg Hohenberg bei Sulzbach a. Kocher beziehen sollte und nicht doch eher auf den Turmberg bei Durlach-Grötzingen, ihn also zu den dortigen badischen Dienstleuten zählen darf, ist unsicher[21]. Es folgt der Protonotar Swigger, auch er schon früher als Notar erwähnt, was darauf hindeutet, daß es schon damals eine ausgebildete Kanzlei des Markgrafen gab[22]. Als nächster Zeuge steht in der Urkunde *Cvnradus de Rote,* schon 1216 erwähnt[23]. Seine Burg sucht man in Oberrot an der Rot, nördlich von Murrhardt. Und auf ihn folgt *Engelhardus de Nidekke.* Die Herren von Neideck waren Reichsministerialen, ihre Burg zwischen Wimpfen und Öhringen gelegen[24].

Nun endlich kommen jene Belege, auf die es hier eigentlich ankommt. *Cvonradus Schovbelin* trägt einen Namen, der oftmals in markgräflichen Urkunden erscheint[25]. Daß seine Familie offenbar den badischen Schrägbalken, wenn auch als Schräglinksbalken, im Wappen führte, mag als zusätzliches Argument für ihre Zugehörigkeit zur badischen Dienstmannschaft gewertet werden[26]. Die Schobelin stehen in engem Zusammenhang mit Besigheim. Der Marschall Konrad von Besigheim, der in vielen badischen Urkunden genannt wird, führt 1288/89 ein Siegel, das ihn als *Cunradus Schobelin* bezeichnet[27]. Er bekleidete demnach als Marschall eines der Hofämter der Markgrafen und hatte zu diesem Zeitpunkt seinen Sitz in einer der Besigheimer Burgen. Doch schon 1253 nennt eine in Reichenberg ausgestellte Urkunde des Markgrafen Rudolf einen Vogt Rugger von Besigheim[28], den man ebenfalls den Schobelin zurechnen darf, denn Rugger von Ingersheim gen. Schobelin ist 1259 und 1262 belegt, in der letzteren Urkunde als Ritter[29]. Und schließlich ist auf *Bertoldus miles dictus Schübel et Albertus frater eius* von 1285 hinzuweisen, 1297 auf Berthold von Schaubeck (Schoubek), der mit dem Marschall Konrad zusammen in einer Markgrafenurkunde siegelt[30].

---

19 RÖSENER (wie Anm. 18), S. 74. SCHAAB, Adlige Herrschaft (wie Anm. 12), S. 23, 42. TRITSCHELLER (wie Anm. 15), S. 67.
20 RÖSENER (wie Anm. 18), S. 63 bezeichnet die Herren von Niefern als Doppelministerialen des Reichs und der Bischöfe von Speyer.
21 LBW Bd. IV, Stuttgart 1980, S. 479. Zu Hohenberg, dem heutigen Turmberg b. Durlach (Grötzingen) vgl. A. KRIEGER, Topographisches Wörterbuch des Großherzogtums Baden, Heidelberg ²1904, Bd. 1 Sp. 1010 (künftig KRIEGER).
22 TRITSCHELLER (wie Anm. 15), S. 69, die diesen Beleg ausläßt, obwohl er schon in den markgräflichen Urkunden von 1215 (RMB 179) und 1225 vorkommt, RMB 268.
23 LBW IV S. 476.
24 LBW IV S. 130.
25 Alfred KLEMM, Über die alten Herren von Besigheim, von Schaubeck und einige andere badische Lehensleute im Murrgau, in: WVjh Lg 7 (1898), S. 25–33. RÖSENER (wie Anm. 18), S. 55ff.
26 OAB Besigheim, S. 112.
27 WUB 9 S. 197. – Derselbe aufgeführt in WUB 9 S. 259 (1289 Febr. 18).
28 RMB 419.
29 Rugger von Ingersheim gen. Schobelin, RMB 444.
30 RMB 642.

Betrachtet man diese und weitere Belege im Zusammenhang, so möchte man in den Schobelin eine Familie markgräflicher Dienstleute sehen, die zur Besigheimer Burgmannschaft gehörten, dort zeitweilig als Vögte amtierten, zugleich das Marschallamt innehatten. Der Hinweis auf Ingersheim, jenen wichtigen markgräflichen Ort südlich von Besigheim hat man ebenso zu beachten wie den Bezug des Namens Schobelin zur Burg Schaubeck bei Steinheim an der Murr. Burg Schaubeck wird 1294 erwähnt, eine unregelmäßige fünfeckige Ringmaueranlage, und man geht nicht fehl, in ihr eine badische Sperrfeste zum Bottwartal zu sehen[31]. Die Schobelin, so läßt sich diese Betrachtung abschließen, vereinigten in sich im Verlaufe des 13. Jahrhunderts alle die militärischen und administrativen Aufgaben, die sich in unmittelbarer Umgebung von Besigheim stellten und die sie in verschiedenen einflußreichen Positionen wahrgenommen haben. Vielleicht sollte man in diesem Zusammenhang noch auf die Herren v. Bietigheim hinweisen, offenbar Lehenleute der Herren von Vaihingen, deren Burg, so meinte man, am Schnittpunkt von vaihingischem und badischem Besitzbereich gelegen war. Auch die Herren von Bietigheim haben den badischen Schrägbalken im Wappen geführt, waren mit den Herren von Schaubeck verwandt, sind also zumindest zeitweise dem badischen Machtbereich zuzurechnen, in welcher rechtlichen Funktion auch immer[32]. Und da nun gerade von den markgräflichen Burgen die Rede ist, ist auch noch Hoheneck b. Ludwigsburg zu erwähnen, das die Hacken von Hoheneck offenbar als markgräfliche Lehenleute befestigt hatten, später zeitweilig sogar mit Stadtrecht[33].

Nicht ganz klar ist nun freilich der übernächste Beleg in der Zeugenreihe von 1231, wo ein *Cvnradus advocatus de Basenkein*, also der markgräfliche Vogt von Besigheim aufgeführt ist. Mit Konrad Schobelin kann er nicht identisch sein, auch wenn für dessen Familie das Vogtamt belegt ist, wohl aber mag man in ihm einen nahen Verwandten gleichen Namens erblicken. Für Besigheim wurde auf die Möglichkeit hingewiesen, daß dort zwei Vögte gleichzeitig in den beiden Burgen tätig waren; dies mag hier offen bleiben, denn zwei Vogtnennungen zur gleichen Zeit besitzen wir nicht, und auch das vorliegende Dokument wird sich nicht in diesem Sinne deuten lassen[34]. Doch hat man diesen Beleg als

---

31 LBW III S. 457. Zur Burg Schaubeck auch L. REICHARDT, Ortsnamenbuch des Stadtkreises Stuttgart und des Landkreises Ludwigsburg (Stuttgart 1982), S. 135. – Im Zusammenhang mit den Schobelin und Burg Schaubeck hat Jochen BERTHEAU auf einen Zusammenhang hingewiesen, der nicht unerwähnt bleiben soll, die Kreuzfahrerburg »Krak Schaubeck« (Krak Schaubak) in Jordanien, die er mit unserem Schaubeck in Verbindung brachte. Die mächtige Burganlage im heutigen Shobeq, an der östl. des Jordan liegenden Straße von Kerak nach Petra, als Kreuzfahrerburg auch Montreal genannt, wurde um 1115 von König Balduin I. von Jerusalem als Zentralfeste des Gebietes zwischen rotem und totem Meer errichtet und von dem französischen Ritter Roman Le Puy geführt, von Saladin 1189 erobert. Im 12. Jahrhundert wird man dort jedoch schwerlich einen Schobelin-Schaubeck als namengebenden Burgherren ansetzen können, wobei auch die Ethymologie des Namens noch zu klären wäre. Nachweise bei F. R. SCHECK, Jordanien, Köln ⁵1992, S. 78 und 331ff.; ferner A. WAAS, Geschichte der Kreuzzüge, Freiburg 1956, Bd. 2 S. 89, 104.
32 Günther BENTELE, Die Bietigheimer Burg – ein Rekonstruktionsversuch, in: ZWLG 41 (1984), S. 155–174, insbes. S. 167.
33 LBW III S. 426. Vgl. auch REICHARDT (wie Anm. 30) S. 77.
34 J. BERTHEAU, Das mittelalterliche Besigheim als kaiserliches und markgräfliches Frauengut, in: Hie gut Württemberg. Beilage zur Ludwigsburger Kreiszeitung 53. Jg. 2002 Nr. 1 vom 30.3.2002, S. 3 (»Zwei Vögte in Besigheim«).

Indiz dafür gewertet, daß Besigheim damals schon Stadt gewesen sei, wahrscheinlich zu Unrecht. Der markgräfliche Vogt hat mit der Bürgergemeinde nichts zu tun, und wenn anschließend der Schultheiß (*scultetus*) Hartmut von Backnang die Reihe der näher gekennzeichneten Zeugen beschließt – es folgen 6 weitere Namen, die man vielleicht als Bürger von Backnang ansprechen darf –, so wird man eher daran denken, daß in Backnang den Stadtwerdungsprozess weiter fortgeschritten war als in Besigheim. Darauf ist gleich zurückzukommen[35]. Auch das Nebeneinander von Vogt und Schultheiß, also zweier stadtherrlicher Beamten, ist für diese Zeit typisch, und die Möglichkeit, eine Person könnte beide Ämter gleichzeitig bekleidet haben, ist nicht von der Hand zu weisen: Für Wimpfen besitzt man einen entsprechenden Beleg[36].

Die Reihe der Namen schließt mit einer besonders interessanten Person: *Albertus de Roden*. Er führt in den Bereich der Röder, der Rodarii, der Herren de Rode, die seit dem ausgehenden 12. Jahrhundert in den Zeugenreihen der Markgrafenurkunden erscheinen, ihre treuesten Vasallen und Begleiter bei allen Unternehmungen, als *dapiferi*, als Truchsessen (1245) zählten sie zu den Inhabern der badischen Hofämter[37]. Als ihren Herkunftsort sieht man die Burg Hohenrod bei Sasbachwalden, also unweit von Achern in der Ortenau, – »Brigittenschloß«, so nennt man die Burg bei den Röder von Diersburg, die sich auf die »Rodarii« zurückführen, nach einer alten Sage. Ein Stamm der Familie Röder nannte sich später nach Burg Rodeck, dem ebenfalls dort gelegenen Kappelrodeck. Dies ist weit weg vom Neckar. Die Röder stehen mit Straßburg in Verbindung, und für die Markgrafen, ihre Lehensherrn waren sie offenbar besonders wichtig im Bereich des Nordschwarzwaldes und für die Sicherung des Rheinübergangs hinüber nach Selz, wo sie schon 1197 belegt sind[38]. Aber wie alle badischen Ministerialen wurden die Röder in allen Besitzgebieten der Markgrafen eingesetzt, so 1255, wo Markgraf Rudolf einen Hof in Steinheim/Murr an Kloster Lichtenthal verkaufte, sich jedoch die Wiedereinlösung durch sich selbst oder durch den Ritter Rodarius vorbehielt[39]. 1249 nennt sich ein Albert Rodarius »von Richenberg«, also ein Röder, der offenbar als badischer Burgmann auf Reichenberg saß, ein weiterer Beleg dafür, daß die badischen Dienstleute umfassende Kompetenzen im

---

35 Zum Vogtbegriff A. DOLL, Vögte und Vogtei im Hochstift Speyer im Hochmittelalter, in: ZGO 117 (1969) S. 245–273. Hierzu auch K.-P. SCHRÖDER, Wimpfen. Verfassungsgeschichte einer Stadt, Stuttgart 1973, S. 30ff.
36 K.-P. SCHRÖDER, Wimpfen (wie Anm. 35), S. 31. Vgl. auch K. WELLER, Staufische Städtegründungen, in: WVjh LG, NF 4 (1903), S. 237.
37 J. KINDLER VON KNOBLOCH, Oberbadisches Geschlechterbuch Bd. 3 (Heidelberg 1919) S. 551ff. mit 22 Tafeln, zu Albert de Roden vgl. Tafel II S. 555. Zu Hohenrod (Brigittenschloß) KRIEGER (wie Anm. 20) I Sp. 1017. Zu den Rödern B. THEIL, Das älteste Lehnbuch der Markgrafen von Baden. Edition und Untersuchungen. Stuttgart 1974, S. 844–89; RÖSENER (wie Anm. 18), S. 54f. Jetzt auch K. ANDERMANN, Die Markgrafen von Baden und der Adel im südlichen Ufgau und in der nördlichen Ortenau, in: ZGO 151 (2003), S. 109f.
38 1197 April 12 (RMB 147), wo Rudeger von Rödern unter den badischen Dienstleuten vorkommt, vgl. H. SCHWARZMAIER, Selz im Machtbereich der Staufer und der Markgrafen von Baden im Hochmittelalter. Vortrag bei der Tagung der Pfälzischen Gesellschaft zur Förderung der Wissenschaften und der Stadt Seltz vom 15.–17.10.1999 in Landau, vorl. Protokoll der Arbeitsgemeinschaft für geschichtliche Landeskunde am Oberrhein in Karlsruhe Nr. 385. Druck voraussichtl. 2005/6.
39 RMB 426.

gesamten Herrschaftsgebiet der Markgrafen besaßen und dort nach ihren Fähigkeiten eingesetzt werden konnten[40].

Über die Röder, die wir aus intensiven Forschungen im Familienbereich der Röder von Diersburg besser kennen als alle anderen niederadeligen Familien, von denen bisher die Rede war, wäre noch viel zu sagen; hier mag der Verweis auf ihre Stammtafeln genügen[41], und damit soll auch die Betrachtung der Urkunde von 1231 abgeschlossen sein, die für den Ort Besigheim so viel gebracht hat, daß hier eine hochrangige markgräfliche Besatzung saß, die jedoch noch nichts über den Charakter der bürgerlichen Siedlung im Bereich der neu errichteten Burgen aussagt. Der erste Beleg für einen Schultheißen, in diesem Fall für einen gewesenen, einen ehemaligen Schultheißen in Besigheim findet sich in einer Urkunde vom April 1257[42]. Sie handelt von einem Streit zwischen Kloster Maulbronn und der Witwe des Besigheimer Schultheißen namens Ita (*domina Ita relicta quondam sculteti de Besenkein et Cuonradum suum generum de Gruoningen vocatum Sumberin*) um das strittige Dritteil des Zehnten in Löchgau. Unter den Zeugen finden sich zwei weitere Schultheißen namens Heinrich und Bertold, die sich nicht zuordnen lassen, doch die darauf folgenden Namen sind solche von Pforzheimer Bürgern. Jedenfalls haben wir es hier mit dem frühesten Beleg für einen Besigheimer Schultheißen zu tun, was immerhin, nach den vorausgegangenen Vogtnennungen, auf ein fortgeschrittenes Stadium des Stadtwerdungsprozesses deutet. Auch darauf ist zurückzukommen.

Dies also sind eine Reihe aussagekräftiger Einzelbelege um die Personenkreise im Umkreis der markgräflichen Orte. Zu diesen sind auch diejenigen um Durlach und Ettlingen und vor allem Pforzheim zu zählen, Orte, die zu diesem Zeitpunkt alle Stadtrecht besaßen, eine Bürgerschaft mit Schultheiß und Gericht, wenn auch natürlich unter markgräflichem Recht stehend, so daß der Markgraf bei einigen von ihnen noch lange glauben konnte, sie gehörten ihm auch mit Leib und Leben zu, seien seine Eigenleute wie die zu großem Reichtum gekommenen Pforzheimer Göldlin[43]. Wir werden über diese Eigenart der markgräflichen Stadtpolitik nachzudenken haben. 1231 jedenfalls waren wir einem voll ausgebauten Verwaltungsapparat des Markgrafen begegnet, in dessen Mittelpunkt offenbar die Hofämter mit Truchsess, Marschall, Mundschenk und Kämmerer standen, die allesamt seit der Mitte des 13. Jahrhunderts auch mit Namen verbunden sind, ohne daß sich sicher sagen läßt, ob sie an bestimmte Familien gebunden waren oder wechselten. Es wurde vermutet, sie hätten als Ritter ihre Ämter nur bei feierlichen Anlässen ausgeübt,

---

40 RMB 401.
41 Wie Anm. 36.
42 WUB 5 S. 201–203. OAB Besigheim S. 112. Ein *Heinricus scultetus dictus de Phorzheim* erscheint 1257 (WUB 5 S. 180) in einer Ettlinger Urkunde.
43 Zu Pforzheim vgl. allg. H.-P. BECHT, Pforzheim im Mittelalter. Bemerkungen und Überlegungen zum Stand der Forschung, in: Pforzheim im Mittelalter, hg. von H.-P. Becht, Sigmaringen 1983, S. 39–62, der darauf hinweist, daß Pforzheim die am weitesten im Stadtrechtsprozess fortgeschrittene Stadt der Markgrafen gewesen sei. Ferner B. KIRCHGÄSSNER, Commercium et connubium. Zur Frage der sozialen und geographischen Mobilität in den badischen Markgrafschaften des späten Mittelalters, ebd. S. 63–76 und DERS., Heinrich Göldlin, Ein Beitrag zur sozialen Mobilität der oberdeutschen Geldaristokratie an der Wende vom 14. zum 15. Jahrhundert, in: Aus Stadt-und Wirtschaftsgeschichte Südwestdeutschlands. Fs. Erich Maschke, Stuttgart 1975, S. 97ff.

sonst an Unterbeamten weitergegeben, was hier nicht näher zu untersuchen ist[44]. Auf die Kanzlei des Markgrafen wurde bereits hingewiesen, auch wenn bis dahin nur einzelne Urkunden überliefert sind, die von den Notaren des Markgrafen ausgefertigt wurden. Vielleicht waren die Schreiber in dieser frühen Phase vor allem Geistliche aus Pforzheim, vielleicht auch aus Durlach, ohne daß wir wissen, ob sie damals schon über den Tagesbedarf hinaus Verwaltungsschriftgut hergestellt haben, Güterverzeichnisse oder Zinsregister. Die erhaltenen Zeugnisse badischer Amtsbuchführung liegen ja entschieden später und lassen keinen Vergleich mit der staufischen Güterverwaltung zu, die damals schon ausgebildet war[45]. Die Frage nach dem Verwaltungsapparat der Markgrafen steht also noch auf schwachen Füßen.

Vielleicht ist nach dem bisher Gesagten der Eindruck eines Vorbeiargumentierens am gestellten Thema entstanden. Von der Stadt sollte die Rede sein, zumindest von ihren Vor- und Frühformen, und statt dessen wurde von den Befestigungen, den Burgen und ummauerten Anlagen gesprochen, die von den Markgrafen angelegt wurden, um ihren Besitz zu sichern. Und anstatt von der Bürgerschaft zu sprechen, von ihren frühkommunalen Verfassungsformen, wurde von der markgräflichen *militia* gehandelt, von den Burgmannschaften, der Ministerialität und ihren Aufgaben in Verwaltung und Rechtssicherung[46]. Dabei hätte man, wo nicht für Besigheim, so doch für Pforzheim Namen städtischer Bürger aufzählen können, die das Leben in der Stadt bestimmten. Pforzheim freilich war der Dreh- und Angelpunkt der markgräflichen Territorialpolitik[47]. Nicht nur die flößbaren Wasserwege von Nagold, Würm und Enz, die in Pforzheim zusammenflossen und über Vaihingen und Besigheim in den Neckar führten, besaßen in Pforzheim ihren Wirtschafts- und Stapelplatz. Auch die vom linksrheinischen Weissenburg, dem früheren Grundherrn in unserem Gebiet, über Ettlingen und Pforzheim nach Cannstatt führende Straße kreuzt sich in Pforzheim mit jener, die vom Bodensee über Horb durch das Nagoldtal zog und dann bei Bretten Anschluß fand an die große Diagonalverbindung von Speyer und Bruchsal nach Cannstatt[48].

---

44 TRITSCHELLER (wie Anm. 15), S. 68f. Zu den Hofämtern insbes. K. ANDERMANN, Die Hofämter der Bischöfe von Speyer, in: ZGO 140 (1992), S. 127–187; zu Baden RÖSENER (wie Anm. 18), S. 52.
45 W. METZ, Staufische Güterverzeichnisse. Untersuchungen zur Verfassungs- und Wirtschaftsgeschichte des 12. und 13. Jahrhunderts, Berlin 1964. Zu Baden vgl. B. THEIL, Lehnbuch (wie Anm. 37).
46 Hierzu G. HASELIER, Die Ministerialität im mittelbadischen Raum, in dem von F. L. WAGNER hg. Band Ministerialität im Pfälzer Raum, Speyer 1975, S. 87–94; ferner M. SCHAAB, Die Ministerialität der Kirchen, der Pfalzgrafen, des Reiches und des Adels am unteren Neckar und im Kraichgau, ebd. S. 95–121.
47 Wie Anm. 42. Anläßlich einer Pforzheimer Tagung am 12.3.2003 wurde über das in Arbeit befindliche Urkundenbuch der Stadt Pforzheim berichtet, in dem sich die entsprechenden Belege zusammengestellt finden. Vgl. S. PÄTZOLD, Zur Erforschung von Pforzheims mittelalterlicher Geschichte, in: Neues aus Pforzheims Mittelalter, hg. von S. PÄTZOLD (Materialien zur Stadtgeschichte 19), Heidelberg u. a. 2004, S. 7–12.
48 H. SCHWARZMAIER, Pforzheim in der Salier- und frühen Stauferzeit, in: Neues aus Pforzheims Mittelalter (wie Anm. 47), S. 17f. Vgl. die Karte von M. SCHAAB, Geleitstraßen um 1550, in: HABW X.1, Stuttgart 1982, Beiwort S. 9 und weitere Literaturangaben; insbes. A. SCHÄFER, Die Weg zur Frankfurter Messe durch den Kraichgau im Spannungsfeld der Verkehrspolitik der südwestdeutschen Territorien Kurpfalz, Hochstift Speyer, Baden und Württemberg. In: Fs. für E. Maschke (wie Anm. 43), S. 57–76.

Das neu sich bildende badische Territorium am nördlichen Schwarzwaldrand mit Baden-Baden, Durlach und Ettlingen, zunächst noch mit der Tendenz, den Rhein zu überschreiten und linksrheinisch in Selz, später in Beinheim einen Stützpunkt zu bilden[49], erhielt zwar erst durch die Erwerbung der ebersteinischen Güter im Murgtal und an der Alb seine erste Abrundung, doch schon in der ersten Hälfte des 13. Jahrhunderts zeichnete sich ab, daß die Herrschaftsbildung der Markgrafen hier in einem Gebiet, in dem sich angehende adelige Territorien wieder aufgelöst hatten, günstiger verlaufen würde als im Gebiet am mittleren Neckar mit seinen Zentren in Backnang und Besigheim. Der Wechsel der markgräflichen Grablege von Backnang nach Lichtenthal kennzeichnet diesen Wandel in der Mitte des 13. Jahrhunderts[50]. 1231, um noch einmal dieses Kerndatum zu betonen, war davon noch keine Rede. Wir hatten die Befestigungspolitik der Markgrafen beobachtet, die auf ein zähes Festhalten gerade an diesen Positionen am Zusammenfluß von Enz, Murr und Neckar hinweist, und im folgenden soll, wiederum auf die Gefahr hin, das Thema zu umgehen, die Situation beschrieben werden, die sich dort darbot. Dies führt in ein Jahrzehnt schwerer Auseinandersetzungen in diesem Raum, und die Ereignisse sprengen den regionalen Rahmen bei weitem. Es geht um die Bildung eines Sonderterritoriums des staufischen Königs Heinrich und um seinen Endkampf bis zu seiner Unterwerfung unter seinen Vater, Kaiser Friedrich II. Dies geschah in Wimpfen im Juli 1235[51].

Am 1. Mai 1231 – ob die Übereinstimmung der Daten ein Zufall ist? – mußte König Heinrich, der Sohn Friedrichs II. (die Bearbeiter der Regesta Imperii haben ihm den unschönen Namen eines Heinrich (VII.) verpaßt) auf Drängen der Reichsfürsten jenes Statutum in favorem principum ausstellen, das der Vater im Jahr darauf, im Mai 1232, bestätigte[52]. Zu Heinrichs Gegnern gehörte auch Markgraf Hermann V. von Baden, ein treuer Parteigänger des Kaisers, bei dem er sich lange Zeit in Italien aufhielt, den er auf seinem Kreuzzug begleitete[53]. Er war vielleicht derjenige gewesen, der am stärksten von der fürstenfeindlichen Politik des jungen Heinrich betroffen war, und er gehörte auch zu jenen, auf deren Drängen hin der König in seine Schranken gewiesen wurde. Der Kaiser hingegen, in allen diesen Jahren in Italien lebend, wo er sich seit 1220 aufhielt, ohne jemals nach Deutschland zu kommen, konnte auf die Unterstützung durch die deutschen Fürsten nicht verzichten und hat sich, obwohl fern vom Operationsfeld stehend, mit Entscheidungen in die deutschen Streitigkeiten eingegriffen, die ganz von seiner eigenen, universalen und imperialen Politik her bestimmt waren.

---

49 Zur allg. Entwicklung H. SCHWARZMAIER, Zähringen und Baden. Zum Herrschaftsaufbau einer Familie im Hochmittelalter, in: Geschichte Badens in Bildern 1100–1918, Stuttgart-Berlin-Köln 1993, S. 11–50, insbes. S. 29.
50 Ebd. mit den Abbildungen der gen. markgräflichen Orte.
51 H. SCHWARZMAIER, Das Ende der Stauferzeit in Schwaben: Friedrich II. und Heinrich (VII.). In: Bausteine zur geschichtlichen Landeskunde von Baden-Württemberg, hg. von der Kommission für geschichtl. Landeskunde in Baden-Württ., Stuttgart 1979, S. 113–127. DERS., Der Ausgang der Stauferzeit (1167–1269), in: HbBW I,1, Stuttgart 2001, S. 545ff. sowie Band 2, Stuttgart 1995, S. 178ff.
52 E. KLINGELHÖFER, Die Reichsgesetze von 1220, 1231/32 und 1235, Weimar 1955.
53 Die Belege lassen sich in RMB zusammensuchen, jedoch bereits bei Ch. F. STÄLIN, Wirtembergische Geschichte 2, Stuttgart 1847, S. 340–345.

Dies klingt nun sehr abstrakt, und dabei sollte man sich die Dinge plastisch vorstellen, freilich mit allen Unwägbarkeiten und Mißverständnissen, die den 8 Jahren der persönlichen Regierung König Heinrichs den Stempel aufdrückten. Der Vater hatte ihn, als er im September 1220 Deutschland wieder verließ, das er geordnet zu haben glaubte, dort zurückgelassen, als gewählten König, aber noch in kindlichem Alter und unter der Vormundschaft fürstlicher und ministerialischer Erzieher, an der Spitze Herzog Ludwig von Bayern[54]. Auch Markgraf Hermann gehörte zu diesem fürstlichen Umfeld nicht nur des Kaisers, sondern auch des jungen Königs, in dessen Gefolge er oftmals anzutreffen ist. Das Bild dieses wohl bedeutendsten Fürsten unter den badischen Markgrafen hat Hans-Martin Maurer um wesentliche Züge bereichert und hat seine Leistung nicht nur beim Aufbau des eigenen Territoriums, sondern auch im Dienst von König und Reich überzeugend dargestellt. Insbesondere Friedrich II., für den er so etwas wie das Bindeglied zwischen Süddeutschland und Italien darstellte, war ihm für seine Loyalität zu großem Dank verpflichtet[55]. Bei der Erbschaftsregelung von 1214, als der Welfe Heinrich, der Pfalzgraf bei Rhein, zwei Töchter hinterließ, die beide das Erbe der Kurpfalz für ihren Ehemann beanspruchen konnten, wurde der Wittelsbacher Herzog Ludwig von Bayern Pfalzgraf für seinen Sohn Otto, und Markgraf Hermann mußte dafür entschädigt werden, daß er in diese Regelung einwilligte und so dem Reich den Frieden erhielt. Wir wissen, daß ihm damals Pforzheim zugesprochen wurde, wo sich unterhalb von Burg und Michaelskirche eine Stadt entwickelt hatte[56], daß Durlach und Ettlingen als Reichslehen, Lauffen, Sinsheim und Eppingen als Pfandschaften dem Badener zugesprochen wurden, so wie es 1219 erstmals verbrieft wurde und wie es die in Gold besiegelte Bestätigung von 1234 erneut zum Ausdruck brachte[57]. Die Markgrafschaft, wenn man das Besitzgebiet des Markgrafen schon so nennen will, ist damit zur Städtelandschaft geworden, in welchem Sinne, das wird sich noch zeigen.

Auch die zweite große Erbschaftsregelung jener Jahre, diejenige der Zähringer nach dem Tode Herzog Bertholds V. 1218, sah Markgraf Hermann eher auf der Verliererseite. Diejenigen Erbteile, die damals an ihn fielen, dienten an keiner Stelle der Abrundung seines werdenden Territoriums, und die Markgrafschaft Hachberg, die sich im Breisgau bildete, brachte Hermann keinen Vorteil. So ist es Friedrich II. zwar gelungen, als ehrlicher Makler die großen Erbschaftsangelegenheiten, zu denen noch diejenige der Grafen von Lauffen hinzukam, zu schlichten und auch für sich selbst einige Brocken herauszuschneiden. Aber sein Verhältnis zu Markgraf Hermann wie zu Otto von Wittelsbach blieb pro-

---

54 Die ältere Arbeit von E. FRANZEL, König Heinrich VII. von Hohenstaufen. Studien zur Geschichte des »Staates« in Deutschland, Prag 1929, ist überholt durch jene von W. STÜRNER, Der Staufer Heinrich (VII.) (1211–1242). Lebensstationen eines gescheiterten Königs, in: ZWLG 52 (1993), S. 13–33, insbes. S. 20 und das biographische Werk des gleichen Autors: W. STÜRNER, Friedrich II., insbes. Teil 2, Darmstadt 2000. Zuletzt P. THORAU, Jahrbücher Heinrichs (VII.), 2003.
55 H. MAURER (wie Anm. 8). Zum folgenden M. SCHAAB, Kurpfalz, in: HbBW 2, Stuttgart 1995, S. 256; H. SCHWARZMAIER, im selben Band (zit. Anm. 51), S. 178ff.; M. SCHAAB, Die Entstehung des pfälzischen Territoriums am unteren Neckar und die Anfänge der Stadt Heidelberg, in: ZGO 106 (1958), S. 233–256; H. WERLE, Staufische Hausmachtpolitik am Rhein im 12. Jahrhundert, in: ZGO 110 (1962), S. 241–370.
56 Wie Anm. 47.
57 Geschichte Badens in Bildern (wie Anm. 48) S. 31–33, mit Abb. der Urkunde von 1234.

blematisch und war stets neuen Bewährungsproben ausgesetzt, die Friedrich II. aus der Ferne mit Geschick zu meistern wußte[58].

Es gehört zu den umstrittensten Fragen bei der Betrachtung staufischer Königsherrschaft, wie die Politik König Heinrichs nach 1228, als er die Schwertleite erhielt, als er sich vermählte und bald darauf in die Regierungsgeschäfte einzugreifen begann, im Vergleich mit jener seines Vaters zu beurteilen sei. War er, nur 17 Jahre jünger als der Kaiser, mit dem er keinerlei persönlichen und wohl auch wenig diplomatischen Kontakt hatte, das »ungebärdige Kind«, wie ihn Walther von der Vogelweide nennt, das aus einer Mischung von Trotz, Übermut und Unerfahrenheit in immer stärkere Opposition zum Vater trat, den Kontakt zu seinen fürstlichen Beratern abbrach und statt dessen auf eine Dienstmannschaft setzte, die unter anderem an den Städten seines Herrschaftsgebietes orientiert war? Hat er im Gegensatz zu den Fürsten »Städtepolitik« getrieben, die ganz andere Akzente setzte als es die Ordnung vorsah, die der Vater beim Verlassen des Reichs, man möchte sagen in aller Eile zusammengeschneidert hatte? Und war er vertrauter mit den deutschen Angelegenheiten als der abwesende und anderen, universalen Problemen zugewandte Kaiser? Hat das Charisma, hat die hohe Wertschätzung, die der geniale Friedrich damals und bei der Nachwelt besaß, dazu geführt, daß man den Sohn von vornherein mit Mißtrauen betrachtete und ihn auch später dem Verdammungsurteil der Geschichte preisgab?

Heinrich regierte auf der Basis des noch verbliebenen, keineswegs unbeträchtlichen Königsbesitzes mit Schwerpunkten um Hagenau, um Nürnberg, Nördlingen, Rothenburg, vor allem aber entlang der Achse des Reichs an den rheinischen Bischofstädten, insbesondere in Worms und Speyer. Dabei zeichnete sich eine neue Schwerpunktbildung ab: Am oberen Neckar von Eberbach, das Heinrich zur Stadt machte, bis nach Wimpfen, Weinsberg und Heilbronn. Vor allem Wimpfen erhielt eine Mittelpunktfunktion, die man geradezu im Sinne einer Staatsplanung ansah, einem Verbindungsglied des Reichslandes zwischen Hagenau, Rothenburg und Nürnberg[59]. Man kann dies an den großen Straßen ablesen, die allmählich zu Fernhandelsstraßen wurden: Von Speyer über Wimpfen nach Rothenburg neben derjenigen, die von Würzburg nach Nürnberg führte. Am mittleren Neckar stand Heinrichs Herrschaftsgebiet in unmittelbarer Nachbarschaft zu jenem des Markgrafen, dem mit Lauffen, Sinsheim und Eppingen zudem wichtige Positionen entlang der durch den Kraichgau führenden Straße von Speyer nach Cannstatt gehörten[60]. Diese drei Pfandschaften, mit 2300 Mark Silber angesetzt, hat Heinrich in dem gleich zu schildernden Streit wieder auszulösen versucht, waren sie doch dem Ausbau seines eigenen Territoriums im Wege[61]. In der Tat bestand hier eine Konkurrenz, die kaum zu bewältigen war, wenn einer der beiden Kontrahenten intensive Territorialpolitik trieb. Betrach-

---

58 H. SCHWARZMAIER, Staufisches Land und staufische Welt im Übergang, Sigmaringen 1978, S. 35–38, zum folgenden S. 45ff.
59 SCHRÖDER, Wimpfen (wie Anm. 36), S. 11. Ich habe dies am Beispiel der Stadt Eberbach dargelegt: H. SCHWARZMAIER, Geschichte der Stadt Eberbach am Neckar bis zur Einführung der Reformation 1556, Sigmaringen 1986, S. 55–78.
60 Zu den Straßen allg. M. Schaab, Geleitstraßen (wie Anm. 47).
61 H. SCHWARZMAIER, Eppingen im ersten Viertel seiner tausendjährigen Geschichte, in: Eppingen. Rund um den Ottilienberg Bd. 4 (1986) S. 120–135, insbes. S. 129f.

tet man unter diesen Gesichtspunkten die – von Hans-Martin Maurer herausgearbeitete – Burgenpolitik beider Teile, den Burgenbau am Neckar von Dilsberg und Eberbach bis nach Wimpfen, jenen von Reichenberg, Beilstein, Besigheim und Backnang auf markgräflicher Seite, so wird man nicht nur an einen Modetrend denken, sondern die konkrete Situation im Auge haben, die sich damals darbot. Gewiß sollte man nicht die ganze Situation der Jahre 1231 bis 1235 auf diesen eng umgrenzen Raum focussieren, aber man sollte sich doch vor Augen führen, was sich dort ereignet hat.

1228 feierte König Heinrich in Hagenau – fast ist man geneigt zu sagen der Hauptstadt des staufischen Reichs – das Weihnachtsfest, doch schon damals bahnte sich der Bruch mit seinem bisherigen Vormund Herzog Ludwig von Bayern an, gegen den er im Sommer 1229, von Nürnberg aus, einen Heerzug durchführte. Markgraf Hermann ist in diesen Jahren und bis 1234 immer wieder am Hofe Heinrichs anzutreffen, in Worms, Gelnhausen, Nürnberg, Hagenau, aber er hält sich auch im Frühjahr 1232 in Italien beim Kaiser auf, ist Zeuge der kaiserlichen Bestätigung des Statutum in favorem principum und erhält von Friedrich II. die schon erwähnte Goldbulle, die ihm Durlach und Ettlingen erneut zuspricht, ebenso wie die Pfandschaften Lauffen, Eppingen und Sinsheim. Keine Frage, daß diese Maßnahme gegen Heinrich gerichtet war. In dessen Rechtfertigungsschrift vom September 1234, in einem an den Bischof von Hildesheim gerichteten Exemplar überliefert[62], benennt Heinrich die Markgrafen von Baden neben den Herren von Hohenlohe als seine namhaftesten Gegner, wobei man gezweifelt hat, ob der junge König die Wahrheit sagte, als er behauptete, Markgraf Hermann habe ihm freiwillig und aus eigenem Antrieb seinen Sohn als Geisel gestellt. Doch wenig später schreibt er in einer Urkunde für Kloster Selz, der Markgraf stehe bei ihm in Ungnade[63] (*nostram graciam non habentis*). Zu diesem Zeitpunkt war die Empörung Heinrichs gegen den Vater schon in vollem Gange, und während Hermann V. noch in Oberitalien weilte, begannen Heinrichs Kämpfe gegen Gottfried von Hohenlohe und gegen den Markgrafen, die insbesondere von den Herren von Neuffen geführt wurden. Ihnen gehörte, unweit von Backnang, die Burg Winnenden, das wenig später, um 1250, zur planmäßig angelegten Stadt wurde. Die Neuffen gelten, wenn auch später, als die Stadtgründer von Güglingen und besaßen dort die stark befestigte Burg Blankenhorn[64].

Die Zerstörung des Stifts Backnang, wobei der Propst und viele Chorherren getötet worden seien, fiel nach einer späteren Überlieferung auf den 26. März 1235[65]; König Heinrich hat sich in diesen Tagen in Hagenau und Wimpfen aufgehalten. Einen Monat später traf dann der Kaiser aus Italien ein, von wo er auf Rat Markgraf Hermanns, wie die Marbacher Annalen schreiben[66], mit einem großen Heer herbeizog, und Friedrich weilte nun

---

62 WUB 3 Nr. 851 S. 347–350. RMB 341: *Filium ducis Bawarie, quem obsidem habuimus pro utriusque cautela, ac filium marchionis de Baden, quem sponte et ultro nobis obtulit ... supplicavit ...*
63 RMB 346.
64 K. WELLER, Zur Kriegsgeschichte der Empörung des Königs Heinrich gegen Kaiser Friedrich II., in: Württ. Vjh. LG 4 (1895), S. 176ff., hierzu bereits STÄLIN, Wirtembergische Geschichte 2 (wie Anm. 53) S. 576. H.-M. MAURER, Die hochadeligen Herren v. Neuffen und von Sperberseck, in: ZWLG 25 (1966) S. 59ff.
65 WELLER S. 178, RMB 347.
66 Annales Marbacenses, hg. und übersetzt von Franz-Josef SCHMALE (Ausgew. Quellen zur deutschen Geschichte des Mittelalters Band XVIIIa, Darmstadt 1998), S. 244.

seinerseits in Hagenau und Worms sowie »bei Wimpfen«, das wohl noch von Heinrichs Anhängern verteidigt wurde. Doch schon im Juli konnte der Kaiser in Worms seine Vermählung mit Elisabeth, der Schwester König Heinrichs III. von England feiern, mit der er dann die ganze zweite Jahreshälfte in Hagenau residierte. Weder die Unterwerfung Heinrichs und seine Gefangenschaft, noch der Endkampf seiner letzten Anhänger in Schwaben, darunter der Herren von Neuffen, brauchen hier weiter ausgeführt zu werden. Heinrichs Versuch, entgegen dem Willen des Vaters eine eigene königliche Territorialpolitik zu betreiben, die unvermeidlich gegen die Fürsten seiner Umgebung gerichtet sein mußte, war gescheitert, und Markgraf Hermann von Baden zählte in dieser Phase zu den Gewinnern des Verwüstungskrieges, wenn es in dieser Situation überhaupt Sieger und Besiegte geben konnte.

In den Quellen ist in diesem Zusammenhang von den markgräflichen Burgen und Städten nicht unmittelbar die Rede, auch nicht von der Stadt Backnang, wohl aber von dem Pankratiusstift, das anscheinend von den Gegnern Hermanns völlig zerstört wurde[67]. Dies erstaunt, wenn man weiß, daß der Krieg von 1234/35 vor allem ein Belagerungskrieg war, in dem versucht wurde, die Burgen des Gegners zu brechen und in Besitz zu nehmen. Gerade die Herren von Neuffen haben sich darin hervorgetan, haben mehrere Burgen der Herren von Hohenlohe zerstört, die sie später auf Geheiß Kaiser Friedrichs wieder aufbauen mußten, haben die Burg Achalm besetzt gehalten, wogegen es ihren Gegnern offensichtlich nicht möglich war, mit den zur Verfügung stehenden Kräften die Burg Neuffen zu belagern[68]. Sollte man daraus schließen, daß der Markgraf sein Familienstift, die Grablege seiner Vorfahren, unbeschützt ließ, während er den dazugehörigen Ort Backnang verteidigen ließ? Die schon genannte späte Quelle erweckt sogar den Anschein, Hermann selbst sei an der Zerstörung des Stifts maßgeblich beteiligt gewesen, vielleicht eine Verwechslung mit den Vorgängen vor 1231, die zur Schenkung von Lendsiedel geführt hatten.

Auffallend ist jedenfalls, daß Hermanns Witwe Irmengard diesen nach seinem Tod im Januar 1243 zwar in der Backnanger Stiftskirche in der angestammten Gruft bestatten ließ, daß sie jedoch nur zwei Jahre später die Stiftung des Zisterzienserinnenklosters Lichtenthal vornahm und weitere drei Jahre danach die Überführung von Hermanns Leichnam nach Lichtenthal, in das abgeschiedene Tal der Oos und unweit der Stammburg Baden, veranlaßte[69]. Man kann dies auf verschiedene Weise interpretieren. War es die noch nicht erloschene Besitzkonkurrenz mit dem Stift Backnang, das in den Markgrafenorten seinerseits Güter besaß und der herrschaftlichen Entwicklung der Markgrafen im Wege war? War das Pankratius-Stift noch so ruinös, daß es als repräsentative Grablege nicht mehr in Frage kam? Doch dann wäre Hermann verpflichtet gewesen, sich am Wiederaufbau zu beteiligen! Oder zeichnet sich schon damals die erneute Verschiebung des markgräflichen Machtschwerpunktes in das Gebiet des Nordschwarzwaldes ab, nachdem die Konkur-

---

67 Der Vorgang ist in dem Anm. 14 gen. Sammelband über Stift Backnang nur beiläufig erwähnt (S. 67) unter Verweis auf A. SCHAHL, Die Kunstdenkmäler des Rems-Murr-Kreises, München 1983, S. 208f.
68 WUB 3 Nr. 863 S. 361 und Nr. 864 S. 362 sowie die Anm. 64 angebenene Lit.
69 750 Jahre Zisterzienserinnen-Abtei Lichtenthal, hg. von H. SIEBENMORGEN (Ausstellungskatalog des Bad. Landesmuseums Karlsruhe), Sigmaringen 1995, S. 23–34, insbes. S. 26.

renz im Gebiet von Enz und Neckar zu groß geworden war? Dort befand sich ja nicht nur das Königsland der späten Staufer. Andere wie die Vaihinger Grafen, die Herren v. Neuffen und Hohenlohe[70], vor allem aber die aufstrebenden Grafen von Württemberg standen einer weiteren Ausbreitung in diesem dicht besiedelten und burgenreichen Wirtschaftsraum im Wege, und man wird beachten müssen, daß wenig später, vielleicht um oder bald nach 1242, die Stadt Stuttgart aus markgräflichem in württembergischen Besitz überging. Doch dies ist hier nicht mehr zu behandeln.

Für Backnang hat man vermutet, daß der Wiederaufbau der Mauern – unter der Voraussetzung, daß auch die Bürgersiedlung bei der Zerstörung des Stifts in Mitleidenschaft gezogen worden war – der letzte Schritt auf dem Wege zur Stadt gewesen sei, und für Besigheim hatte man für diesen Vorgang den selben Zeitraum im Auge, in dem ja erstmals ein Schultheiß, neben dem Vogt, belegt ist. Dabei erhebt sich noch einmal die anfangs gestellte Frage, wie denn die Städte der Markgrafen von Baden wirklich einzuschätzen seien, soweit sie nicht noch, wie wir sahen, Burgsiedlungen mit starker Befestigung und einer aus markgräflichen Dienstleuten rekrutierten schlagkräftigen militärischen Mannschaft waren, die zugleich Verwaltungsaufgaben wahrnahm. An allen diesen Dingen ist nicht zu zweifeln, und es scheint, daß sich diese Doppelfunktion von Militär- und Verwaltungsorganen in den Jahren, die hier zu betrachten waren, bewährt hat. Nichts anderes sehen wir ja auch im angrenzenden staufischen Gebiet mit allen jenen Orten, die im Reichssteuerverzeichnis von 1241 aufgeführt sind, offenbar alles *oppida* oder *civitates* mit einer Bürgerschaft, in der sich bereits finanziell leistungskräftige Kaufleute befanden, oftmals auch Juden, die im Reichssteuerverzeichnis eigens genannt sind. Der Schenk Konrad von Winterstetten, der zu den Erziehern König Heinrichs gehörte, wird mit diesem Güter- und Einkünfteverzeichnis in Verbindung gebracht[71], und so sehen wir auch hier die enge Verknüpfung von befestigten Anlagen und einem sich verdichtenden und immer leistungsfähiger werdenden Verwaltungsapparat. Daß die Bürger dieser Orte – oder doch einige von ihnen – reich wurden und mit ihnen die Stadt als Wirtschaftsfaktor, versteht sich, auch wenn dieser Vorgang noch in seiner Anfangsphase steckte. Auch die markgräflichen Orte hatten daran Anteil, Pforzheim in größerem Maße, Durlach und Ettlingen etwas bescheidener, wieder andere mit Zeitverzögerung.

Die Frage der Stadtwerdung, also der vollen rechtlichen Privilegierung der Bürgersiedlung durch den Stadtherrn, läßt sich in diesem Kontext nur mit sekundären Argumenten erschließen: Die Bezeichnung »*oppidum*« oder »*civitas*« läßt sich, wie gesagt, für Pforzheim, auch wenn es um 1220 schon Stadt gewesen sein wird, erst 1254 belegen, für Backnang 1245, für Besigheim 1280, für Baden-Baden 1288[72]. Ob die Stadtrechte dem Stadtherrn abgerungen werden mußten, ob er sie aus eigenen Stücken erteilte, um seinen Wirtschaftsplätzen größeres Gewicht, aber auch größeren Handlungsspielraum zu verleihen, dies bleibt von Fall zu Fall zu untersuchen. Die Badener, die schon um 1200 staufische »Städte« übernommen hatten, Durlach und Ettlingen, zuletzt Pforzheim, haben ihre eigenen Stadtgründungen, wie es scheint, recht spät mit allen Rechten ausgestattet, die zur

---

70 H. Stoob, Zur Städtebildung im Lande Hohenlohe, in: Zbayer. LG 36 (1973) S. 538.
71 Metz, Güterverzeichnisse (wie Anm. 45). Markgröningen wird um 1240 durch Landvogt Konrad von Winterstetten im Auftrag Friedrichs II. Stadt, gelangt 1252 als Reichslehen an Württemberg.
72 Haselier (wie Anm. 10), pass.

bürgerlichen Freiheit führen sollten. Dieser Vorgang hat sich, und dies gilt auch für Besigheim, in der Mitte des 13. Jahrhunderts vollzogen, als die Städte des aufstrebenden Adels in Anlehnung an diejenigen des Königs geradezu aus der Erde schossen. Doch bedeutete dies nicht nur eine Stärkung der Wirtschaftskraft, wie beabsichtigt, sondern zugleich auch einen Machtverlust des Stadtherrn, dessen Rechte immer stärker hinter dem Selbstschutz, der Verwaltungs- und Rechtsorganisation der Bürger zurücktraten. Hier wird eine Konkurrenzsituation sichtbar, die in Besigheim besonders offenkundig zu sein scheint, wo die gewaltige markgräfliche Befestigung den Machtwillen des Stadtherrn zum Ausdruck bringt, wo sich jedoch auch, unter den Erben Hermanns V., der Rückzug aus diesem alten Herrschaftszentrum anbahnt. Über die Folgen dieser Entwicklung für Stadt und Herrschaft wird in den nachfolgenden Beiträgen zu handeln sein.

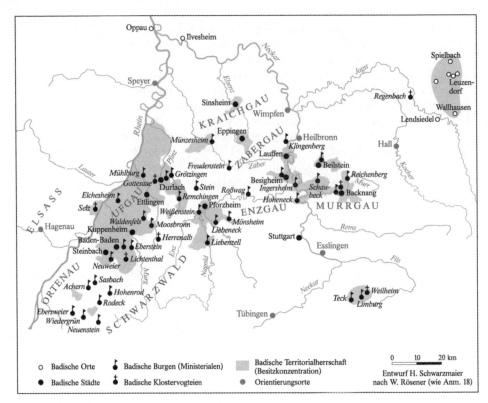

Herrschaftsgebiete der Markgrafen von Baden um 1250

Zur Herrschaftsbildung der Markgrafen von Baden im späten Mittelalter

VON HEINZ KRIEG

Da im folgenden die Herrschaftsbildung der Markgrafen von Baden vom Ende der Stauferzeit bis zum Ausgang des Mittelalters in den Blick genommen wird, ist angesichts des ausgedehnten Zeitrahmens eine bewußte Beschränkung mit bestimmten Schwerpunktsetzungen unerläßlich[1]. Neben der Entwicklung raumbezogener und territorialer Herrschaftsstrukturen soll daher insbesondere die Bedeutung personaler Elemente beleuchtet werden, die als grundlegende Kristallisationskerne spätmittelalterlicher Herrschaftsbildung gelten dürfen, so daß damit zum einen auch der Hof[2], zum anderen aber in erster Linie die Dynastie[3] sowie das Wirken einzelner, herausragender Vertreter des Hauses Baden in den Mittelpunkt des Interesses rücken.

---

1 Der vorliegende Beitrag bildet ebenso wie schon das entsprechende Referat auf der Besigheimer Tagung gewissermaßen das »badische Gegenstück« zum Beitrag von Peter Rückert über die Württemberger. Siehe in diesem Band P. RÜCKERT, Dynastie – Hof – Territorium. Zur Herrschaftsbildung der Grafen von Württemberg im späteren Mittelalter, S. 189–212 mit Anm. 1. Vgl. zum hier behandelten Zeitraum H. SCHWARZMAIER, Baden, in: HbBW, 2. Bd.: Die Territorien im Alten Reich, hg. von M. SCHAAB/H. SCHWARZMAIER in Verbindung mit D. MERTENS/V. PRESS (Veröffentlichungen der Kommission für geschichtliche Landeskunde in Baden-Württemberg), Stuttgart 1995, S. 164–246 und K. KRIMM, Von der Herrschaft zum Staat. Die Markgrafschaften von der Mitte des 13. bis zur Mitte des 17. Jahrhunderts, in: H. SCHWARZMAIER/K. KRIMM/D. STIEVERMANN/G. KALLER/R. STRATMANN-DÖHLER (Hgg.), Geschichte Badens in Bildern: 1100–1918, Stuttgart/Berlin/Köln 1993, S. 51–75. Im Rahmen einer größeren Studie zu den Markgrafen von Baden im späten Mittelalter plant der Verf., eine umfassendere und eingehendere Untersuchung zu dem hier nur überblicksartig behandelten Thema der Herrschaftsbildung vorzulegen.
2 Vgl. dazu H. KRIEG, Baden, in: W. PARAVICINI/J. HIRSCHBIEGEL/J. WETTLAUFER (Hgg.), Höfe und Residenzen im spätmittelalterlichen Reich. Ein dynastisch-topographisches Handbuch, Ostfildern 2003, Bd. 1, S. 748–752; DERS., Die Markgrafen von Baden und ihr Hof zwischen fürstlicher und niederadliger Außenwelt im 15. Jahrhundert, in: Th. ZOTZ (Hg.), Fürstenhöfe und ihre Außenwelt. Aspekte gesellschaftlicher und kultureller Identität im deutschen Spätmittelalter (Identitäten und Alteritäten 16), Würzburg 2004, S. 51–84.
3 Vgl. H. KRIEG, Baden, Markgrafen von, in: PARAVICINI/HIRSCHBIEGEL/WETTLAUFER (wie Anm. 2), S. 37–43.

1. Grundlagen der Herrschaftsbildung in der zweiten Hälfte des 13. Jahrhunderts

Obwohl der Zeitraum von der Mitte des 13. bis zur Mitte des 14. Jahrhunderts für die Herrschaftsbildung der Markgrafen von Baden von besonderem Interesse ist, steht er in der Forschung eher im Schatten der vorhergehenden staufischen Epoche und der nachfolgenden Konsolidierungs- und Aufstiegsphase, indem er vor allem und wohl allzu einseitig als Periode des Stillstands oder des Niedergangs wahrgenommen wird⁴. Zwar sind in bezug auf das politische Gewicht, die Handlungsspielräume und die fürstliche Rangstellung der Markgrafen von Baden und ihrer Herrschaft während des betreffenden Zeitraums ohne Zweifel auch einschneidende Einbußen zu konstatieren⁵; doch scheint in diesem Zusammenhang im Hinblick auf die Herrschaft Markgraf Rudolfs I. von Baden (1243–1288)⁶ und auch die mit seinem Tod einsetzende Zeit wiederholter Erbteilungen eine erneute, differen-

---

4   Insbesondere für die Zeit nach dem Tod des Markgrafen Rudolf I. wird bis 1361 ein Stillstand in der Entwicklung des badischen Territoriums konstatiert. Siehe etwa E. TRITSCHELLER, Die Markgrafen von Baden im 11., 12. und 13. Jahrhundert, Phil. Diss. (masch.) Freiburg i. Br. 1954, S. 83; W. RÖSENER, Ministerialität, Vasallität und niederadelige Ritterschaft im Herrschaftsbereich der Markgrafen von Baden vom 11. bis zum 14. Jahrhundert, in: J. FLECKENSTEIN (Hg.), Herrschaft und Stand. Untersuchungen zur Sozialgeschichte im 13. Jahrhundert (Veröffentlichungen des Max-Planck-Instituts für Geschichte 51), Göttingen ²1979, S. 40–91, bes. S. 49. Siehe auch den vergleichsweise knapp gefaßten Abschnitt zum 13. und 14. Jahrhundert in SCHWARZMAIER, Baden (wie Anm. 1), S. 182–187. Zur territorialen Entwicklung vgl. R. MERKEL, Studien zur Territorialgeschichte der badischen Markgrafschaft in der Zeit vom Interregnum bis zum Tode Markgraf Bernhards I. (1250–1431) unter besonderer Berücksichtigung der Verhältnisse der badischen Markgrafen zu den Bischöfen von Straßburg und Speyer, Phil. Diss. (masch.) Freiburg 1953, bes. S. 33f., 47, 54, wo Markgraf Rudolf I. als Territorialpolitiker – vor der unter seinen Nachfolgern einsetzenden »Machtzersplitterung« – noch durchaus positiv bewertet wird, die Herrschaft Bernhards I. aber als Ziel- und Höhepunkt der Entwicklung erscheint. Der als eigentlicher Begründer des badischen Territorialstaates geltende Bernhard I. ist nach Hermann I. der erste Markgraf von Baden, der im Lexikon des Mittelalters wieder einen eigenen Artikel erhalten hat. LdMA 1 (1980), Sp. 1984. Außer den beiden genannten Markgrafen von Baden ist hier nur noch Christoph I. in entsprechender Weise berücksichtigt worden. LdMA 2 (1983), Sp. 1937f.
5   Siehe SCHWARZMAIER, Baden (wie Anm. 1), S. 182. Danach erscheint diese Periode gekennzeichnet nicht nur »durch die völlige Verschiebung des Standortes nach ›Baden‹, [sondern] zugleich durch Aufsplitterung und Teilung, durch ein immer kleinräumigeres Denken, durch die Reduktion fürstlicher Politik in die Herrschaftsformen des spätmittelalterlichen Adels hinein.« Die ›Badische Geschichte‹ verliere sich »in unscheinbare Details um Besitzerwerb und Besitzverlust, Heirat und Fehde, Bündnis und Lehensabhängigkeit, Herrschaft und Dienst.« Das zeitweilige soziale Absinken der Markgrafen von Baden vom fürstlichen auf ein allenfalls noch hochadliges Niveau zeigt sich vor allem in der Entwicklung des Konnubiums. Vgl. dazu KRIMM, Herrschaft (wie Anm. 1), S. 65–67; H. KRIEG, Eine standesgemäße Hochzeit. Die Vermählung Markgraf Karls I. von Baden mit Katharina von Österreich, in: G. FOUQUET/H. VON SEGGERN/G. ZEILINGER (Hgg.), Höfische Feste im Spätmittelalter (Mitteilungen der Residenzenkommission, Sonderheft 6), Kiel 2003, S. 39–54, hier S. 40f.
6   Dem Markgrafen Rudolf I. widmete schon J. BADER, Markgraf Rudolf der Erste von Baden, Karlsruhe 1843 eine eigene Studie. Auf die Bedeutung Rudolfs I. für die Herrschaftsbildung der Markgrafen von Baden verweisen auch P. SCHINDELE, Die Abtei Lichtenthal. Ihr Verhältnis zum Cistercienserorden, zu Päpsten und Bischöfen und zum badischen Landesherrn im Laufe der Jahrhunderte, in: FDA 104 (1984), S. 19–166, hier S. 29, 49–57, 60–62; RÖSENER, Ministerialität (wie Anm. 4), S. 48f.; J. FISCHER, Territorialentwicklung Badens bis 1796 und DERS., Die Markgrafschaften

ziertere Betrachtungsweise angezeigt zu sein[7]. Sieht man nämlich die Teilungen unter den Nachfolgern Rudolfs und die daraus resultierende zeitweilige Aufsplitterung des markgräflich-badischen Besitzes lediglich als Problem und eigentümliches Merkmal einer erst noch zu überwindenden, gewissermaßen defizitären Herrschaftspraxis an, so gerät man damit in Gefahr, einen allzusehr von neuzeitlichen Staatsvorstellungen bestimmten und daher für das Spätmittelalter sicher unangemessenen Beurteilungsmaßstab anzulegen.

In Abhebung von der bisherigen Forschung, die in erster Linie die Bedeutung Hermanns V. von Baden (1190–1242/3[8]) für die markgräfliche Herrschaftsbildung betont hat, sollen im folgenden die Rolle Markgraf Rudolfs I. und dessen politische Neuorientierung in den Vordergrund gerückt werden. Vorab ist aber noch einmal kurz zu skizzieren, wie sich die territoriale Ausgangsposition der markgräflichen Herrschaft beim Tode Hermanns V. darstellte, der in der Forschung als »der bedeutendste unter den badischen Markgrafen dieses Namens«[9] oder überhaupt als der bedeutendste Markgraf des Mittelalters[10] gilt. Tatsächlich wurden unter Hermann V. wesentliche Zugewinne für die weitere markgräfliche Herrschaftsbildung erzielt. Als Hintergrundfolie für die Entwicklungen der nachfolgenden Periode muß es hier genügen, die wichtigsten, städtischen Erwerbungen aufzuzählen[11]. Außer den Städten Pforzheim und Durlach, die als Eigenbesitz an die Markgrafen von Baden übergingen, erhielt Hermann V. auch Ettlingen als Lehen sowie Sinsheim, Eppingen und Lauffen als Pfandschaften[12]. Markgraf Hermann V. gewann aber nicht nur diese bedeutenden, ehemals staufischen Besitzungen, sondern ihm werden darüber hinaus mehrere eigene Stadtgründungen zugeschrieben. Es handelt sich dabei um Backnang[13], Stuttgart[14], Beilstein[15] und nicht zuletzt auch

---

Baden-Baden und Baden-Durlach bis zu ihrer Vereinigung 1771, in: HABW, Beiwort zu den Karten VI,1 und VI, 1a, Stuttgart 1979, hier S. 2; TRITSCHELLER (wie Anm. 4), S. 30–42; MERKEL (wie Anm. 4).
7   Vgl. hierzu künftig die oben in Anm. 1 angekündigte umfassendere Studie des Verf.
8   Zur Unsicherheit des Sterbejahres siehe H. SCHWARZMAIER, Lichtenthal als Grabkloster der Markgrafen von Baden im 13. und 14. Jahrhundert, in: H. SIEBENMORGEN u. a. (Hgg.), 750 Jahre Zisterzienserinnen-Abtei Lichtenthal. Faszination eines Klosters. Ausstellung des Badischen Landesmuseums vom 25. Februar bis 21. Mai 1995, Karlsruhe, Schloß, Sigmaringen 1995, S. 23–34, hier S. 24.
9   G. WUNDER, Die ältesten Markgrafen von Baden, in: ZGO 135 (1987), S. 103–118, hier S. 115.
10   SCHWARZMAIER, Baden (wie Anm. 1), S. 178.
11   Eine eingehendere Behandlung der Herrschaft Hermanns V. bieten im vorliegenden Band die Beiträge von Thomas ZOTZ, Hans-Martin MAURER und Hansmartin SCHWARZMAIER.
12   RMB 1, Nr. 227, Nr. 343; R. STENZEL, Die Städte der Markgrafen von Baden, in: J. TREFFEISEN/ K. ANDERMANN (Hgg.), Landesherrliche Städte in Südwestdeutschland (Oberrheinische Studien 12), Sigmaringen 1994, S. 89–130, hier S. 90–92; FISCHER (wie Anm. 6), S. 2; A. SCHÄFER, Staufische Reichslandpolitik und hochadlige Herrschaftsbildung im Uf- und Pfinzgau und im Nordwestschwarzwald vom 11.–13. Jahrhundert, in: ZGO 117 (1969), S. 179–244 (wieder in: DERS. (Hg.), Oberrheinische Studien 1, Karlsruhe 1970, S. 179–244), hier S. 224–226.
13   G. HASELIER, Die Markgrafen von Baden und ihre Städte, in: ZGO 107 (1959), S. 263–290, hier S. 271; STENZEL (wie Anm. 12), S. 96; SCHWARZMAIER, Baden (wie Anm. 1), S. 181.
14   STENZEL (wie Anm. 12), S. 93–95; SCHWARZMAIER, Baden (wie Anm. 1), S. 181. Eine genaue Datierung der Stadtgründung ist hier wie andernorts nicht möglich, wobei ohnehin stets von einem sich über längere Zeit hin erstreckenden Stadtwerdungsprozeß auszugehen ist. Doch darf man annehmen, daß Stuttgart jedenfalls in der ersten Hälfte des 13. Jahrhunderts, noch bevor es an die Württemberger fiel, zur Stadt geworden war. Vgl. LdMA 8 (1997), Sp. 270 und jetzt O. AUGE, Stuttgart, in: PARAVICINI/HIRSCHBIEGEL/WETTLAUFER (wie Anm. 2), Bd. 2, S. 568–571, hier S. 568f.
15   Vgl. STENZEL (wie Anm. 12), S. 98.

Besigheim[16]. Diese markgräflichen Gründungen fielen jedoch schließlich allesamt an Württemberg. Bereits um 1245 beziehungsweise um 1300 verloren die Markgrafen sowohl Stuttgart als auch Backnang zusammen mit Beilstein und der Burg Reichenberg durch zwei badisch-württembergische Heiraten[17]. Die Grafen von Württemberg übernahmen demnach schon ab dem 13. Jahrhundert alte Besitzpositionen der Markgrafen von Baden im mittleren Neckargebiet, die unter Hermann V. mit der Backnanger Grablege als geistlichem Zentrum noch den markgräflichen Herrschaftsschwerpunkt markierten. Kurz nach dem Tod Hermanns V. bahnte sich jedoch eine grundlegende herrschaftliche Neuorientierung an.

Das deutlichste Zeichen dieser Neuorientierung war sicher die ab 1243 faßbar werdende Gründung des Zisterzienserinnenklosters Lichtenthal in unmittelbarer Nachbarschaft zum namengebenden Herrschaftssitz in Baden und die Einrichtung der dortigen neuen Grablege der Markgrafen von Baden[18]. Lichtenthal löste so das ältere Hauskloster in Backnang ab, womit das geistliche Zentrum des markgräflichen Hauses vom Neckar an den Oberrhein verschoben wurde. Die Stifter des Lichtenthaler Konvents waren Irmgard von der Pfalz, die Witwe Markgraf Hermanns V., und deren Söhne, die Markgrafen Hermann VI. und Rudolf I. von Baden[19]. Offensichtlich bestand von Anfang an eine enge Beziehung zwischen dem Kloster und dem markgräflichen Haus beziehungsweise eigentlich der Hauptlinie der Markgrafen von Baden. Denn die markgräfliche Seitenlinie, die sich seit 1190 mit Markgraf Heinrich I. abzutrennen begann und die ab 1239 nach ihrem breisgauischen Herrschaftszentrum »von Hachberg« benannt wurde[20], besaß ihre eigene

---

16 Vgl. HASELIER (wie Anm. 13), S. 271; STENZEL (wie Anm. 12), S. 98; SCHWARZMAIER, Baden (wie Anm. 1), S. 181 und den Beitrag SCHWARZMAIERS im vorliegenden Band sowie die Beiträge von H.-M. MAURER und Th. ZOTZ.
17 Gemeint sind hier zum einen die Ehe Graf Ulrichs I. von Württemberg (nach 1220–1265) mit Markgraf Hermanns V. Tochter Mechthild († nach 1258) und zum anderen die Eheverbindung zwischen Graf Eberhard I. (1265/1279–1325), dem Erlauchten, und Irmengard († nach 1320), einer Tochter Markgraf Rudolfs I. Siehe RMB 1, Nr. 414, Nr. 438, Nr. 665. Vgl. STENZEL (wie Anm. 12), S. 95f. Anm. 6, S. 98; FISCHER (wie Anm. 6), S. 2; HASELIER (wie Anm. 13), S. 269f.; SCHWARZMAIER, Baden (wie Anm. 1), S. 181, 185 (ebd., S. 185 wird anstelle des Markgrafen Hesso irrtümlich dessen Sohn Rudolf Hesso als Bruder des 1291 verstorbenen Markgrafen Hermann VII. bezeichnet). Anders als die übrigen Hermann V. zugeschriebenen Stadtgründungen blieb Besigheim noch lange in markgräflicher Hand. Siehe dazu unten S. 177f. Zu Stuttgart und zu den Auseinandersetzungen um die Burg Reichenberg siehe RÜCKERT (wie Anm. 1).
18 Siehe RMB 1, Nr. 384, Nr. 386, Nr. 387, Nr. 390, Nr. 391, Nr. 395, Nr. 396, Nr. 447 und dazu SCHWARZMAIER, Lichtenthal (wie Anm. 8), bes. S. 24–27; SCHINDELE (wie Anm. 6), S. 25–30; FISCHER (wie Anm. 6), S. 2.
19 Als Mitstifter Irmgards steht vor allem Markgraf Rudolf I. im Blickfeld der Forschung. Vgl. SCHWARZMAIER, Baden (wie Anm. 1), S. 181; LdMA 1 (1980), Sp. 1338. Dabei bestand in Lichtenthal ein gemeinsames Anniversar für Markgraf Hermann V., für Irmgard und auch für Hermann VI. Siehe F. J. MONE, Quellensammlung zur badischen Landesgeschichte 1, Karlsruhe 1848, S. 194 und RMB 1, Nr. 448. Während Rudolf I. seine letzte Ruhestätte in Lichtenthal fand, wurde sein zum Herzog von Österreich avancierter Bruder in Klosterneuburg beigesetzt. Siehe RMB 1, Nr. 410, Nr. 573.
20 Siehe dazu RMB 1, Nr. h 15 und SCHWARZMAIER, Baden (wie Anm. 1), S. 178; St. UHL, Hochburg, in: PARAVICINI/HIRSCHBIEGEL/WETTLAUFER (wie Anm. 2), Bd. 2, S. 273f. Vgl. auch W. RÖSENER, Die Rolle der Grundherrschaft im Prozeß der Territorialisierung. Die Markgrafschaft Hachberg als Beispiel, in: Schau-ins-Land 98 (1979), S. 5–30.

Grablege im Zisterzienserkloster Tennenbach und spielte daher bei der Einrichtung des neuen Hausklosters der markgräflichen Hauptlinie in Lichtenthal keine Rolle mehr.

Nachdem die Witwe Markgraf Hermanns V. den Leichnam ihres zunächst in Backnang beigesetzten Gemahls 1248 nach Lichtenthal hatte umbetten lassen, entwickelte sich daraus in der Folgezeit eine Begräbnistradition, die von den Markgrafen über 150 Jahre hinweg fortgeführt wurde[21]. Außer Irmgard von der Pfalz trat aber vor allem ihr Sohn Rudolf als zweiter und gewissermaßen eigentlicher Gründer der markgräflichen Hausgrablege in Lichtenthal hervor. Denn Rudolf stiftete dort kurz vor seinem Tod jene Kapelle, die von der markgräflichen Familie bis ins 15. Jahrhundert hinein als Grablege genutzt wurde[22]. Sollte der auf einem Chorfenster der Lichtenthaler Klosterkirche zusammen mit seiner Gemahlin abgebildete »Markgraf Rudolf der Alte« tatsächlich mit dem Markgrafen Rudolf I. von Baden gleichzusetzen sein[23], so wäre dies als weiteres Indiz für die Bedeutung, die ihm als Stifter in Lichtenthal zukam, zu werten.

Die Wahl des Klosterstandorts in der Nähe des namengebenden Traditionsortes Baden darf zumindest in der Rückschau als ausgesprochen zukunftsweisende Entscheidung gewertet werden; denn der Herrschaftsschwerpunkt der Markgrafen von Baden verschob sich seit der Zeit Markgraf Rudolfs I. zunehmend vom mittleren Neckar an den Oberrhein und somit in das Kerngebiet des späteren Territorialstaates der badischen Markgrafschaft, während am mittleren Neckar die Grafen von Württemberg in die ehemals markgräflichen Positionen einrückten. In diesem Zusammenhang erhielt offenbar der markgräfliche Stammsitz in Baden unter Markgraf Rudolf I. ein größeres Gewicht als häufiger belegter Aufenthalts- und herrschaftlicher Zentralort. Nicht zuletzt ist wohl auch die Stadtwerdung der Siedlung Baden in diese Zeit zu datieren[24]. Zudem wird eine

---

21 Der letzte regierende Markgraf von Baden, der in Lichtenthal beigesetzt wurde, war der 1372 verstorbene Rudolf VI., wohingegen seine beiden Söhne, Rudolf VII. und Bernhard I., bereits in der Baden-Badener Stiftskirche ihre letzte Ruhestätte fanden. Drei der Kinder Bernhards I. wurden 1402 und 1424 noch in Lichtenthal beigesetzt. Siehe RMB 1, Nr. 1295, Nr. 1518, Nr. 4378; SCHWARZMAIER, Lichtenthal (wie Anm. 8), bes. S. 23, 27. Zur Umbettung Hermanns V. siehe K. SCHMID, Vom Werdegang des badischen Markgrafengeschlechtes, in: ZGO 139 (1991), S. 45–77, hier S. 53–55.

22 RMB 1, Nr. 570; SCHWARZMAIER, Lichtenthal (wie Anm. 8), S. 26. Vgl. dazu auch E. LACROIX/ P. HIRSCHFELD/H. NIESTER (Hgg.), Die Kunstdenkmäler der Stadt Baden-Baden, Karlsruhe 1942, S. 427f.

23 Eine zweite Scheibe stellt einen namentlich nicht näher bezeichneten Markgrafen von Baden dar, den die Forschung als Rudolf II. identifizieren wollte. Die Fenster sollen als Dank für die badischen Stifter von einer Lichtenthaler Äbtissin um 1310 in Straßburg in Auftrag gegeben worden sein. Siehe Tafel 39 und dazu H. SIEBENMORGEN (Hg.), »Für Baden gerettet«. Erwerbungen des Badischen Landesmuseums 1995 aus den Sammlungen der Markgrafen und Großherzöge von Baden, Karlsruhe 1996, S. 120f.; R. BECKSMANN, Die mittelalterlichen Glasmalereien in Baden und der Pfalz ohne Freiburg i. Br. (Corpus Vitrearum Medii Aevi, Deutschland II: Baden und Pfalz, Teil 1), Berlin 1979, S. 3–9; KRIMM, Herrschaft (wie Anm. 1), S. 76.

24 1256 werden in einer Urkunde Markgraf Rudolfs I. *cives* in Baden erwähnt und 1288 erscheint erstmals die Bezeichnung *stat*. RMB 1, Nr. 428, Nr. 576. Zur Stadtwerdung und zur Bedeutung als Herrschaftssitz vgl. K. ANDERMANN, Baden-Baden, in: PARAVICINI/HIRSCHBIEGEL/WETTLAUFER (wie Anm. 2), Bd. 2, S. 28–30, hier S. 29; DERS., Baden-Badens Weg zur Residenz, in: ZGO 144 (1996), S 259–269, hier S. 260f.; STENZEL (wie Anm. 12), S. 89, 100f.; M. RUMPF, Itinerar und Aufenthaltshäufigkeit der Markgrafen von Baden (Verona) 1050–1453. Studien zu ihrer Residenzbildung, Masch. Staatsexamensarbeit im Fach Geschichte, Heidelberg 1988, S. 63 (mit Itinerarkarte zu Hermann VI. und Rudolf I.); HASELIER (wie Anm. 13), S. 274.

erste Ausbauphase der Burg Hohenbaden mit Rudolf I. und seinen direkten Nachfolgern in Verbindung gebracht[25]. Tritt Baden zuvor eigentlich nur als Zubenennungsort der Markgrafen hervor, so scheinen sich unter Markgraf Rudolf I. erstmals gewisse Residenzfunktionen anzudeuten. Von einer eigentlichen Residenz kann für die damalige Zeit zwar sicher noch keine Rede sein[26], doch läßt sich im Zuge der Verlagerung der »Residenz« der toten Markgrafen in die neue Lichtenthaler Grablege zumindest eine eindeutige Aufwertung des benachbarten Baden als eines seither besonders ausgezeichneten Herrschaftszentrums feststellen[27].

Für die weitere Herrschaftsbildung der Markgrafen im oberrheinischen Kerngebiet der späteren Markgrafschaft Baden kommt dem Wirken Markgraf Rudolfs I., der über vierzig Jahre lang herrschte, eine entscheidende Bedeutung zu. Denn am Ende der Stauferzeit und in den Jahren des sogenannten Interregnums konnte er sich zahlreiche ehemals staufische Positionen im Uf- und Pfinzgau sichern und avancierte dort auf diese Weise »zum eigentlichen Erben der Staufer«.[28] Zu Rudolfs Erwerbungen gehörten außer den Grafschaftsrechten im Uf- und Pfinzgau die Reichsburg und Zollstätte Mühlburg sowie Orte in der südlichen Lußhardt. Dazu kamen insbesondere noch die in diesem Raum ansässigen Stauferministerialen und der Hauptteil des dort gelegenen rechtsrheinischen Besitzes des elsässischen Klosters Weißenburg als Lehen. Vor allem die Verfügung über Klostervogteien spielte neben dem Erwerb und der Gründung von Burgen und Städten eine wesentliche Rolle bei der Herrschaftsbildung der Markgrafen von Baden[29]. So war es für Markgraf Rudolf I. etwa von größter Wichtigkeit, die Vogtei über das Kloster und die Herrschaft über die Stadt Selz zu behaupten, von wo aus er mit einer Zollstelle die Rheinschiffahrt kontrollieren konnte[30]. Es gelang ihm schließlich, seine Herrschaft am Westrand des Nordschwarzwaldes zu verdichten, wo er im Umfeld der ererbten markgräflichen Stützpunkte in Baden, Ettlingen, Durlach und Pforzheim einen neuen Herrschaftsschwerpunkt aufbaute. Dazu mußte er die Zugewinne aus ehemals staufischem

25 ANDERMANN, Baden-Baden (wie Anm. 24), S. 30; R. G. HAEBLER, Geschichte der Stadt und des Kurortes Baden-Baden, Baden-Baden 1957, Bd. 1, S. 51f.
26 Anders RUMPF (wie Anm. 24), S. 180f.
27 Als Aufenthaltsort eines Markgrafen wird Baden unter Rudolf I. überhaupt erstmals faßbar, wobei es als Ausstellungsort von Urkunden zwar an erster Stelle, aber nur knapp vor Mühlburg und den anderen Herrschaftssitzen Grötzingen, Yburg, Besigheim und Eberstein rangiert. Die letzten Monate seines Lebens verbrachte Rudolf I. offenbar nicht in Baden, sondern auf der Burg Eberstein. Vgl. RUMPF (wie Anm. 24) und dazu ANDERMANN, Baden-Baden (wie Anm. 24), S. 29; DERS., Baden-Badens Weg (wie Anm. 24), S. 261. Es zeugt wohl von einer engeren Verbindung zwischen der Stadt Baden und dem markgräflichen Hof, daß der 1288 genannte Beichtvater Rudolfs I. zugleich Leutpriester in Baden war. RMB 1, Nr. 569, Nr. 570, Nr. 572; KRIEG, Baden (wie Anm. 2), S. 749; HAEBLER (wie Anm. 25), S. 52. Schon seit Anfang des 13. Jahrhunderts ist in Baden auch ein markgräflicher Vogt bezeugt. RMB 1, Nr. 150; TRITSCHELLER (wie Anm. 4), S. 70; O. HERKERT, Landesherrliches Beamtentum in der Markgrafschaft Baden, Phil. Diss. Freiburg i. Br. 1910, S. 79.
28 FISCHER (wie Anm. 6), S. 2. Siehe auch zum Folgenden ebd.; RÖSENER, Ministerialität (wie Anm. 4), S. 46–48; SCHÄFER (wie Anm. 12), S. 216–229.
29 So gingen mit dem Untergang der Staufer auch etwa Güter der Klöster Hirsau und Klosterreichenbach in markgräfliche Hand über. RÖSENER, Ministerialität (wie Anm. 4), S. 46; SCHÄFER (wie Anm. 12), S. 227.
30 SCHWARZMAIER, Baden (wie Anm. 1), S. 184. Die Stadt Selz mußten die Markgrafen 1281 jedoch dem Straßburger Bischof übergeben, um sie von diesem als Lehen zurückzuerhalten. RMB 1, Nr. 531. Vgl. dazu auch MERKEL (wie Anm. 4), S. 35–38.

Besitz jedoch erst noch gegenüber König Rudolf von Habsburg verteidigen, der im Zuge seiner Revindikationspolitik massiv gegen den Markgrafen vorging. So soll Rudolf von Habsburg 1273 die stark befestigten Burgen und Städte Mühlburg, Durlach und Grötzingen erobert haben[31]. Letztlich aber einigte sich der Habsburger dann doch mit Rudolf von Baden, so daß der Markgraf seine Erwerbungen erfolgreich behaupten konnte[32].

Trotz der unbestreitbaren Erfolge Markgraf Rudolfs I. im Bereich der Herrschaftsbildung erscheint sein Bild in der Wahrnehmung der Forschung wohl vor allem dadurch etwas verschattet, daß sich der Horizont seines politischen Handelns im Unterschied zum weiteren Wirkungskreis seines Vaters und der älteren Hermanne, die als staufische Parteigänger vor allem am Herrscherhof tätig waren[33], und nicht zuletzt auch seines zum Herzog von Österreich aufgestiegenen Bruders Hermann[34] auf das räumliche Umfeld der markgräflichen Besitzungen im deutschen Südwesten verengte. Die Herrschaft Rudolfs I. wird daher eher als Beginn einer von politischer Kleinkrämerei und von Besitzaufsplitterung gekennzeichneten Periode wahrgenommen, die nicht mehr dem einstigen, fürstlichen Niveau der Markgrafen von Baden entsprach, und weniger als tatsächlich grundlegende Aufbauphase für die weitere markgräfliche Herrschaftsbildung im späten Mittelalter und darüber hinaus. Zum Wirken Rudolfs I. von Baden innerhalb seines Herrschaftsbereichs ist etwa daran zu erinnern, daß unter ihm nicht nur die markgräfliche Dienst- und Lehnsmannschaft wesentlich vergrößert wurde, sondern auch »die ersten Grundzüge einer badischen Ämter- und Verwaltungsorganisation erkennbar«[35] werden. Dies betrifft den Ausbau der Lokalverwaltung und die Einrichtung von Vogteibezirken oder Ämtern, deren Zentrum gewöhnlich eine Burg oder Stadt bildete, von der aus die umliegenden Dörfer und Besitzungen direkt durch Vögte beziehungsweise Amtleute und Schultheißen verwaltet wurden.

Was die Erwerbungen Rudolfs anbelangt, die wesentlich zum Ausbau der markgräflichen Herrschaft beitrugen, ist noch auf die langfristig wohl bedeutendste hinzuweisen[36].

---

31 RMB 1, Nr. 492.
32 In der Folgezeit finden sich Rudolf I. von Baden und seine Söhne Rudolf II. und Hermann VII. häufiger in der Umgebung des Königs. Rudolf II. von Baden vermählte sich sogar mit einer Nichte König Rudolfs, einer Tochter Ottos von Ochsenstein. Vgl. dazu SCHWARZMAIER, Baden (wie Anm. 1), S. 184f. (ebd., S. 184 wird der Herr von Ochsenstein fälschlicherweise als Herzog bezeichnet); TRITSCHELLER (wie Anm. 4), S. 38–42.
33 Bis 1237 treten die Markgrafen von Baden ganz überwiegend und teilweise fast ausschließlich in Herrscherurkunden als Zeugen oder Intervenienten in Erscheinung.
34 Nachdem Rudolf I. und Hermann VI. zunächst gemeinsam die Herrschaft ausgeübt hatten, fand letzterer seit seiner Vermählung mit der Nichte des letzten Babenberger Herzogs Mitte 1248 weitab von den markgräflichen Besitzungen am Oberrhein ein neues Aktionsfeld als Herzog von Österreich und Steier. Siehe dazu SCHWARZMAIER, Baden (wie Anm. 1), S. 181; K. LECHNER, Die Babenberger. Markgrafen und Herzoge von Österreich (976–1246) (Veröffentlichungen des Instituts für österreichische Geschichtsforschung 23), Wien/Köln/Weimar ⁶1996, S. 302–304.
35 RÖSENER, Ministerialität (wie Anm. 4), S. 49. Unter Rudolf I. von Baden sind markgräfliche Vögte in Baden, Durlach, Mühlburg, Remchingen und Besigheim nachweisbar. Schultheißen standen in Pforzheim, Ettlingen, Backnang und den übrigen Städten an der Spitze der Lokalverwaltung. Vgl. ebd. und HERKERT (wie Anm. 27), S. 78f., 82.
36 Vgl. dazu schon R. FESTER, Markgraf Bernhard I. und die Anfänge des badischen Territorialstaates (Badische Neujahrsblätter 6), Karlsruhe 1896, S. 7, wonach Rudolf I. unter den Vorgängern Markgraf Bernhards I. von Baden schon deswegen als weitaus bedeutendster hervorzuheben sei,

Ein zukunftsweisender Erfolg war die Übernahme der im unmittelbaren räumlichen Umfeld des markgräflichen Stammsitzes Baden gelegenen Burg Alt-Eberstein. Die Stammburg der Grafen von Eberstein fiel nämlich 1283 zur einen Hälfte über Rudolfs Ehe mit Kunigunde von Eberstein und zur anderen Hälfte durch Kauf in die Hände der Markgrafen. Hiermit leitete Rudolf I. »den allmählichen Ausverkauf der Herrschaft Eberstein zugunsten der Badener ein«[37], dem gut hundert Jahre später (1387) der Aufkauf der halben Ebersteiner Grafschaft folgen sollte[38]. Die sukzessive Verdrängung der Ebersteiner ist umso bemerkenswerter, als diese im Kerngebiet der späteren Markgrafschaft Baden ursprünglich die weitaus stärkere Position innehatten[39]. In einem Punkt aber waren ihnen die Markgrafen von Baden von Anfang an überlegen: Der Markgrafentitel verschaffte den Badenern zumindest potentiell einen Rangvorsprung gegenüber ihren nur gräflichen Konkurrenten, wobei die Markgrafenwürde die Grundlage für eine fürstliche Rangstellung bot, die zwar keineswegs immer zur Geltung gebracht werden konnte, aber wohl zumindest als Anspruch erhalten blieb[40].

Vor diesem Hintergrund sind einige Zeugnisse zum fürstlichen Selbstverständnis beziehungsweise zur fürstlichen Rangposition Markgraf Rudolfs I., die m. E. bislang nicht gebührend gewürdigt wurden, von besonderem Interesse. Zunächst führte Rudolf I. von Baden als letzter seiner Familie noch den Titel Markgraf von Verona[41], womit er den

---

weil er es verstanden habe, in die Ebersteiner Besitzungen eine »Bresche zu legen«. Daneben wäre etwa noch die Erwerbung der Herrschaft Liebenzell im Jahr 1273 zu erwähnen. Siehe dazu TRITSCHELLER (wie Anm. 4), S. 48.
37 SCHWARZMAIER, Baden (wie Anm. 1), S. 181. Siehe dazu RMB 1, Nr. 542, Nr. 543 und auch RMB 1, Nr. 529. Vgl. auch zum Folgenden K. ANDERMANN, Die Markgrafen von Baden und der Adel im südlichen Ufgau und im nördlichen Ortenau, in: ZGO 151 (2003), S. 93–118, bes. S. 99f.; SCHÄFER (wie Anm. 12), S. 243f. Bei TRITSCHELLER (wie Anm. 4), S. 47 ist in bezug auf den Verkauf fälschlicherweise nur vom vierten Teil die Rede, weil Tritscheller hier offenbar dem fehlerhaften Druck Schöpflins gefolgt ist.
38 Siehe unten S. 182.
39 Das betont zu Recht ANDERMANN, Markgrafen (wie Anm. 37), hier S. 95–100.
40 Vgl. auch W. SCHÖNTAG, Das Reitersiegel als Rechtssymbol und Darstellung ritterlichen Selbstverständnisses. Fahnenlanze, Banner und Schwert auf Reitersiegeln des 12. und 13. Jahrhunderts vor allem südwestdeutscher Adelsfamilien, in: K. KRIMM/H. JOHN (Hgg.), Bild und Geschichte. Studien zur politischen Ikonographie. FS für Hansmartin Schwarzmaier zum fünfundsechzigsten Geburtstag (Veröffentlichung der Kommission für geschichtliche Landeskunde Baden-Württemberg), Sigmaringen 1997, S. 79–124, hier S. 114.
41 Diese Selbstbezeichnung findet sich in der Intitulatio der auf den 13. April 1277 datierten Urkunde Rudolfs I., die mit einem Porträtsiegel des Markgrafen versehen ist (siehe dazu unten S. 173), vor allem aber in der Umschrift der anderen Siegel Rudolfs I., die vor und nach dem erwähnten Porträtsiegel in Gebrauch waren. Siehe zu den entsprechenden Urkunden (5. Januar 1250, 2. Dezember 1253, 1276, 23. Juni 1286) RMB 1, Nr. 408 (= WUB 4, Nr. 1146, S. 212); Codex diplomaticus Salemitanus, hg. von F. VON WEECH, Karlsruhe 1883, Bd. 1, S. 321; RMB 1, Nr. 500 (= WUB 7, Nr. 2547, S. 409); RMB 1, Nr. 554; F. VON WEECH, Siegel und Urkunden aus dem Großherzoglich Badischen Generallandesarchiv zu Karlsruhe, 1. Serie, Frankfurt a. M. 1883, Tafel 3, Nr. 6, Nr. 7. Zu den markgräflichen Siegeln vgl. E. GÖNNER, Reitersiegel in Südwestdeutschland, in: W. SCHMIERER/G. CORDES/R. KIESS/G. TADDEY (Hgg.), Aus südwestdeutscher Geschichte. FS für Hans-Martin Maurer. Dem Archivar und Historiker zum 65. Geburtstag, Stuttgart 1994, S. 151–167, hier S. 160 und auch SCHÖNTAG (wie Anm. 40), S. 102, 114–116. Ebd., S. 115f. ist jedoch davon die Rede, daß nach der Hinrichtung Friedrichs, des Sohnes Markgraf Hermanns VI., in Neapel (1268) als Folge des Prozes-

Anspruch auf jene Würde aufrecht erhielt, von der sich ursprünglich der fürstliche Rang seines Hauses ableitete. Rudolf I. nimmt auch insofern eine Sonderstellung ein, als er der erste und zugleich für lange Zeit der letzte Markgraf von Baden war, von dem wir wissen, daß er zu Lebzeiten mitunter explizit als Fürst bezeichnet worden ist[42]. So wird ihm beispielsweise in zwei original überlieferten Urkunden der *princeps*-Titel zuerkannt. Zum einen wird in der auf Markgraf Rudolfs Bitte vorgenommenen Stadtrechtsverleihung für den markgräflichen Ort Steinbach, die König Richard 1258 vornahm, der Petent als *illustris vir Rodolfus marchio de Baden dilectus princeps et consanguineus noster* angesprochen[43]. Zum anderen findet sich die Anrede *illustris princeps* noch in einer weiteren, 1260 ausgestellten Urkunde, die einen Vergleich Markgraf Rudolfs mit dem Kloster Gottesau zum Inhalt hat[44]. Als äußerst bemerkenswert erscheint eine Nachricht der Chronik des Wimpfener Säkularkanonikerstifts St. Peter über Markgraf Rudolf[45]. Im Rahmen der dor-

---

ses bereits unter Markgraf Rudolf I. (bei SCHWARZMAIER, Baden, wie Anm. 1, S. 182 versehentlich als Bruder Friedrichs bezeichnet) eine »Umformulierung der Siegellegende« erfolgt sei, welche die Tatsache widerspiegeln würde, daß die Markgrafen nach 1268 ihren Anspruch auf Verona hätten aufgeben müssen und damit auch ihre reichsfürstliche Rangstellung verloren hätten. Nach Ausweis der oben angeführten urkundliche Zeugnisse läßt sich dies zumindest an den Siegelumschriften für die Zeit Rudolfs I. nicht festmachen, da hier – ebenso wie in der Intitulatio der Urkunde von 1277, auf deren Siegel die Umschrift nicht mehr erkennbar ist – offensichtlich bis in die letzten Jahre Rudolfs der Veroneser Markgrafentitel beibehalten wurde und dann erst unter dessen Söhnen verschwand.
42 Davor wird der Fürstentitel 1245 bereits einmal dem verstorbenen Vater Rudolfs, Hermann V., in einer Urkunde beigelegt. Siehe J. D. SCHOEPFLIN, Historia Zaringo-Badensis 5, Karlsruhe 1765, Nr. 117, S. 209. Erst seit der offiziellen Anerkennung des reichsfürstlichen Ranges der Markgrafen von Baden durch Kaiser Karl IV. im Jahr 1362 führten die Markgrafen regelmäßig den Fürstentitel. Vgl. dazu KRIEG, Markgrafen (wie Anm. 2), S. 61 Anm. 38.
43 RMB 1, Nr. 437. Bei TRITSCHELLER (wie Anm. 4), S. 31 findet sich zur Bezeichnung Rudolfs als *princeps* nur ein Hinweis auf diese Urkunde, wobei dieses Zeugnis allzu schnell als bloße Ausnahme abgetan wird. Die in der Urkunde angesprochene verwandtschaftliche Beziehung zu König Richard ergab sich über Mathilde von England, die Gemahlin Heinrichs des Löwen, da Richard ein Neffe Mathildes, Markgraf Rudolf aber über seine Mutter Irmgard von der Pfalz deren Urenkel war. Rudolfs Mutter entstammte der welfisch-staufischen Eheverbindung zwischen dem Pfalzgrafen Heinrich, der ein Sohn Heinrichs des Löwen war, und der Stauferin Agnes, der Tochter des staufischen Pfalzgrafen Konrad. Daß Rudolf I. eine Schwester namens Mathilde hatte, bezeugt überdies, daß man sich in der markgräflichen Familie der Verwandtschaft mit dem englischen Königshaus offenbar durchaus bewußt war. Vgl. D. SCHWENNICKE, Europäische Stammtafeln, Neue Folge 1,2, Frankfurt a. M. 1999, Tafel 266.
44 RMB 1, Nr. 450. Dabei ging es um die beiderseitige Anerkennung eines Schiedsspruchs im Streit um die Rechte an dem Dorf Neureut. Das Kloster hatte hier ein Dorf auf der Mark des Dorfes Eggenstein errichtet, wo der Markgraf die Ortsherrschaft innehatte. Abgesehen von diesen vereinzelten urkundlichen Bezeugungen des *princeps*-Titels ist darauf hinzuweisen, daß sich Markgraf Rudolf selbst in Urkunden üblicherweise als *dei gratia marchio de Baden* bezeichnete. Die Dei-gratia-Formel wird auch noch von seinen Nachkommen bis 14. Jahrhundert hinein unregelmäßig verwendet, scheint dann weitgehend zurückzutreten, bevor sich die Situation ab 1362 (wieder) ändert. Die in Anm. 1 angekündigte Studie wird eine nähere Untersuchung der Titulatur der Markgrafen von Baden bieten.
45 Der Berichtszeitraum des von Burkhard von Hall verfaßten ersten Teils der Chronik reicht bis zum Jahr 1289. Der Chronist trat nach 1278 in das Wimpfener Stift ein, wurde 1296 Dekan und verstarb am 4. August 1300. Vgl. LdMA 2 (1983), Sp. 1104; F. J. MONE, Quellensammlung zur badischen Landesgeschichte 3, Karlsruhe 1863, S. 1f.

tigen Darstellung der Auseinandersetzung zwischen Rudolf von Habsburg und Ottokar von Böhmen wird der Markgraf von Baden ausdrücklich als *quasi dux* gekennzeichnet[46]. Dem Wimpfener Chronisten zufolge nahm Markgraf Rudolf I. damals unter den Adligen im Südwesten des Reichs, die in Opposition zu Rudolf von Habsburg standen, offenbar eine führende Stellung »quasi-herzoglichen« Charakters ein. Darüber hinaus preist etwa auch der Sangspruchdichter Meister Boppe den Markgrafen Rudolf als würdigen und edlen Fürsten, wobei die Markgrafen für ihn Fürsten »von Baden« und zugleich »von Bern (= Verona)«[47] waren. Der zeitgenössische Dichter wandte sich an Rudolf I. und einen Sohn des Markgrafen offensichtlich in der Hoffnung, hier einen Mäzen gewinnen zu können. Abgesehen von der erneuten Akzentuierung der Bezugnahme auf die Mark Verona im Zusammenhang mit dem Fürstenrang der Markgrafen liefert dieses literarische Zeugnis auch einen zumindest indirekten Hinweis für das höfische Leben im Umfeld der Markgrafen von Baden während des 13. Jahrhunderts, worüber ansonsten leider nichts Näheres überliefert ist.

Im Hinblick auf das Hofpersonal läßt sich in der Zeit Rudolf I. jeweils eine auffällige Häufung von Belegen für markgräfliche Notare und eine Konzentration der Bezeugungen von Inhabern der klassischen Hofämter feststellen, wohingegen unter Rudolfs Nachfolgern vergleichbare Zeugnisse zu den Hofamtsträgern fehlen und erst wieder am Ende des 14. Jahrhunderts neu einsetzen[48]. Immerhin faßt man am Hof Markgraf Rudolfs I. die Inhaber von dreien der vier klassischen Hofämter, die auf eine Hofhaltung fürstlichen Anspruchs hinzudeuten scheinen[49]. Dabei wird in den Jahren von 1285 bis 1297 auch

---

46   Siehe J. F. BÖHMER, Fontes rerum Germanicarum 2, Stuttgart 1845, S. 473 und vgl. RMB 1, Nr. 501. Zu den in der späten Stauferzeit faßbaren Ambitionen der Grafen von Württemberg in bezug auf das Herzogtum Schwaben vgl. D. MERTENS, Württemberg, in: HbBW (wie Anm. 1), S. 1–163, hier S. 16f. und im vorliegenden Band RÜCKERT (wie Anm. 1).
47   U. MÜLLER (Hg.), Politische Lyrik des deutschen Mittelalters 1, Göppingen 1972, S. 92: [...] *daz klage ich dem vürsten wert, der ere gert, von Baden und ouch von Berne dem alten unt dem jungen.* [...] *unt der edel vürste von Baden.* Zu Meister Boppe siehe LdMA 2 (1983), Sp. 445.
48   Zu den Notaren und den Inhabern der vier klassischen Hofämter (Mundschenk, Truchseß, Kämmerer, Marschall), die zum Teil schon unter Hermann V. faßbar sind, vgl. KRIEG, Baden (wie Anm. 2), S. 749f.; RÖSENER, Minsterialität (wie Anm. 4), S. 52; FESTER, Bernhard I. (wie Anm. 36), S. 8 und HERKERT (wie Anm. 27), S. 10–31, 32–34. Nach ebd., S. 33 wäre unter Rudolf I. bereits eine »landesherrliche Kanzlei« eingerichtet worden, was für diese Zeit sicher noch nicht anzunehmen ist.
49   Für das unter Rudolf I. nicht bezeugte vierte Hofamt des Mundschenks gibt es lediglich frühere Belege aus der Zeit Markgraf Hermanns V. Zur Bedeutung der klassischen vier Hofämter, die im 12. und noch im 13. Jahrhundert, soweit sie alle vorhanden waren, als Kennzeichen einer fürstlichen Hofhaltung gewertet werden können, siehe LdMA 5 (1991), Sp. 67f. und vor allem W. RÖSENER, Hofämter an mittelalterlichen Fürstenhöfen, in: DA 45 (1989), S. 485–550, bes. S. 548f. Vergleicht man die Belege für die Hofhaltung und insbesondere die vier klassischen Hofämter bei den Markgrafen von Baden und bei den Grafen von Württemberg, so scheint sich zumindest in dieser Hinsicht für das 13. Jahrhundert noch ein deutliches Übergewicht auf markgräflicher Seite anzudeuten. Denn am württembergischen Hof setzen entsprechende Zeugnisse überhaupt erst Mitte des 13. Jahrhunderts ein, wobei dort nur Truchsessen und Marschälle zu fassen sind, wohingegen Mundschenk und Kämmerer fehlen. Das seit dem 13. Jahrhundert vordringende neue Amt des Hofmeisters ist dann jedoch bei den Grafen von Württemberg sehr viel früher als bei den Markgrafen belegt, so daß hier wohl eine Umkehrung der bisherigen Gewichtsverteilung in bezug auf die Qualität der beiden Hofhaltungen erkennbar wird. Siehe D. MERTENS, Die württembergischen Höfe in den Krisen von Dynastie und Land im 15. und frühen 16. Jahrhundert, in: ZOTZ (Hg.), Fürstenhöfe (wie Anm. 2),

mehrmals ein Marschall Konrad von Besigheim genannt[50]. Dieser fungierte beispielsweise 1296 als Bürge der Söhne Markgraf Rudolfs sowie nicht zuletzt auch als Beauftragter der Witwe und der Erben des 1293 verstorbenen Markgrafen Hesso von Baden[51]. Konrad von Besigheim entstammte einem badischen Ministerialengeschlecht, das im 13. Jahrhundert mehrere markgräfliche Vögte in Besigheim stellte, welche die dortige Burg als Dienstlehen erhielten[52].

Schließlich ist noch auf eine auffällige Besonderheit in der herrscherlichen Selbstdarstellung Markgraf Rudolfs I. von Baden hinzuweisen, die ihn erneut von seinen Vorgängern und Nachfolgern unterscheidet. Es handelt sich um ein außergewöhnliches Siegel des Markgrafen, das an einer Urkunde aus dem Jahr 1277 angebracht worden ist. Das auf den ersten Blick nicht besonders ansehnlich anmutende Siegelbild zeigt die porträtartige Darstellung eines Kopfes im Profil[53]. Abgesehen von diesem einzigartigen Stück sind von den Markgrafen von Baden bis ins 14. Jahrhundert nur Reitersiegel und danach Siegel mit der Abbildung des badischen Wappenschildes bekannt[54]. Rudolfs I. gänzlich aus dem Rahmen fallendes Siegelbild in Form des sogenannten Münzprofils könnte dabei von antikisierenden Siegeln beeinflußt sein, wie sie während des 13. Jahrhunderts in Italien und Frankreich nach dem Vorbild antiker Gemmen und Gemmensiegel auftraten[55]. Zum andern hat man auch an staufische Herrscherdarstellungen, wie sie sich etwa auf Münzen finden, als Vorbilder gedacht[56]. Ohne hier eine gesicherte Herleitung angeben zu können, ist doch in jedem Fall davon auszugehen, daß das Siegel Markgraf Rudolfs mit dem porträtartigen Kopfbild ein besonders anspruchsvolles herrscherliches Selbstverständnisses zum Ausdruck bringen sollte.

S. 85–113, hier S. 86; S. LORENZ, Württemberg, in: PARAVICINI/HIRSCHBIEGEL/WETTLAUFER (wie Anm. 2), S. 909–915, hier 911.
50 RMB 1, Nr. 551, Nr. 574, Nr. 608, Nr. 633, Nr. 642, Nr. 643.
51 RMB 1, Nr. 633, Nr. 643. HERKERT (wie Anm. 27), S. 12 folgend wird dagegen bei TRITSCHELLER (wie Anm. 4), S. 68 fälschlicherweise behauptet, das Marschallamt sei bei den Markgrafen von Baden erst seit dem 15. Jahrhundert nachzuweisen.
52 Vgl. RÖSENER, Ministerialität (wie Anm. 4), S. 55.
53 Siehe Abb. 1 S. 185. Vgl. WEECH, Siegel (wie Anm. 41), Tafel 3, Nr. 4 und S. 2; KRIMM, Herrschaft (wie Anm. 1), S. 51. Vgl. auch F. J. MONE, Urkundenarchiv des Klosters Lichtenthal vom 13. bis 14. Jahrhundert, in: ZGO 7, 1856, S. 195–228, hier S. 210f.
54 Vgl. VON WEECH, Siegel (wie Anm. 41), Tafel 3–13. In Bayern erscheint anstelle der Reitersiegel schon unter den Teilherzögen Ludwig II. (1229/1253–1294) und Heinrich XIII. (1235/53–1290) ein Haus- und Landeswappen im Siegel. W. STÖRMER, Landesherren als »Ritter« und Turniergenossen im Mittelalter. Zur Selbstdarstellung und politischen Propaganda in Reitersiegeln, in: K. ACKERMANN/A. SCHMID/W. VOLKER (Hgg.), Bayern. Vom Stamm zum Staat. FS für Andreas Kraus zum 80. Geburtstag, Bd. 1, München 2002, S. 113–134, hier S. 130.
55 Vgl. Die Zeit der Staufer, Geschichte – Kunst – Kultur, Katalog der Ausstellung 1, Stuttgart 1977, Nr. 99, S. 67.
56 KRIMM, Herrschaft (wie Anm. 1), S. 51. Vgl. etwa die Herrscherbilder auf Augustalen Friedrichs II. in: Die Zeit der Staufer (wie Anm. 55), S. 671–673, Nr. 855, Nr. 856 mit ebd., Bd. 2, Abb. 633 und 633a. Anders als im Falle des Siegels Markgraf Rudolfs von Baden sind die in Form antiker Gemmen gestalteten Siegel des Marschalls Heinrich von Pappenheim und des Reichskämmerers Kuno von Münzenberg, die jeweils die Darstellung eines Herrscherkopfes mit Stirnbinde beziehungsweise Lorbeerkranz aufweisen, offenbar als Zeichen der Bindung der beiden Hofamtsträger an den König zu deuten. Vgl. Die Zeit der Staufer (wie Anm. 55), Nr. 83, S. 55f. mit ebd. 2, Abb. 34.

Als Fazit zur Herrschaftsbildung der Markgrafen im 13. Jahrhundert läßt sich in leichter Zuspitzung festhalten, daß Markgraf Hermann V. von der schon unter seinen Vorfahren üblichen Staufernähe, Rudolf I. dagegen vor allem vom Untergang der Staufer profitierte[57]. Gerade das Erlöschen der staufischen Dynastie bot im deutschen Südwesten noch einmal die günstige Gelegenheit zu einer einschneidenden Veränderung der Machtverhältnisse und zu Gebietserweiterungen größeren Ausmaßes. Diese Gelegenheit genutzt, die Zugewinne erfolgreich verteidigt und für die Herrschaftsbildung im Kerngebiet der späteren Markgrafschaft die Basis geschaffen zu haben, erscheint als die besondere Leistung Markgraf Rudolfs I. von Baden, der dabei offensichtlich auch den Anspruch auf seine fürstliche Rangstellung aufrecht zu erhalten wußte. Daher sollte er neben seinem Vater etwas stärker in den Vordergrund gerückt werden, obwohl oder vielleicht gerade weil sich der Horizont seines politischen Handelns auf ein räumlich begrenztes Operationsgebiet konzentrierte.

2. Die Zeit der Erbteilungen (nach dem Tod Rudolfs I. bis 1361)

Mit dem Tod Rudolfs I. im Jahr 1288 begann eine Phase der wiederholten Erbteilungen im markgräflichen Haus Baden, die eine spürbare Einengung der politischen Handlungsspielräume der einzelnen Markgrafen zur Folge hatten. Sozial rangierten die Markgrafen von Baden damals offensichtlich unterhalb des fürstlichen Niveaus. Bedingt durch ihre in verschiedenen Teilungen aufgesplitterten, relativ bescheidenen Herrschaftsgrundlagen bewegten sie sich eher auf hochadliger Ebene, was vor allem an den Heiratsverbindungen abzulesen ist, die fast ausnahmslos mit gräflichen Familien eingegangen wurden[58]. Die in der Zeit Rudolfs I. erstmals faßbar werdende Schwerpunktverlagerung vom mittleren Neckar an den Oberrhein und die damit einhergehende Intensivierung der Herrschaftsbildung im Kerngebiet des späteren badischen Territorialstaats fanden aber auch unter seinen Nachfolgern ihre Fortsetzung. Der Verlust Backnangs, das vor 1304 an Württemberg fiel[59], besiegelte diese Verschiebung des markgräflichen Herrschaftszentrums.

Nach dem Tod Rudolfs I. wurde sein Erbe wiederholt unter den Nachfolgern geteilt. Die dem vorliegenden Beitrag beigefügte Stammtafel, die für das ausgehende 13. und das 14. Jahrhundert abgesehen von zwei weiblichen Markgräfinnen und einem wohl unmündig verstorbenen Markgrafen[60] lediglich diese »regierenden« Angehörigen des Hauses

---

57   In dieser Hinsicht bietet sich der Vergleich Markgraf Rudolfs I. mit Graf Ulrich I. von Württemberg an. Vgl. RÜCKERT (wie Anm. 1).
58   Heiratspartner fand man auf gräflicher Ebene, aber auch darunter. So ergaben sich seit der Zeit Rudolfs I. von Baden etwa Verbindungen zu den Grafen von Eberstein, Württemberg, Zollern, Truhendingen, Straßberg, Wertheim, Vaihingen, Öttingen, Mömpelgard, Thierstein, Sponheim, Leiningen, Lützelstein und auch zu den Herren von Ochsenstein, Lichtenberg, Klingen und Bolanden. Zum Konnubium als Gradmesser für den sozialen Rang der Markgrafen von Baden vgl. auch KRIMM, (wie Anm. 1), S. 65–67; KRIEG, Hochzeit (wie Anm. 5).
59   Siehe HASELIER (wie Anm. 13), S. 269f.; STENZEL (wie Anm. 12), S. 98; SCHWARZMAIER, Baden (wie Anm. 1), S. 185.
60   Gemeint ist der im Jahr 1296 zweimal erwähnte gleichnamige Sohn Hermanns VII. Vgl. RMB 1, Nr. 633, Nr. 635.

Stammtafelausschnitt zu den Markgrafen von Baden

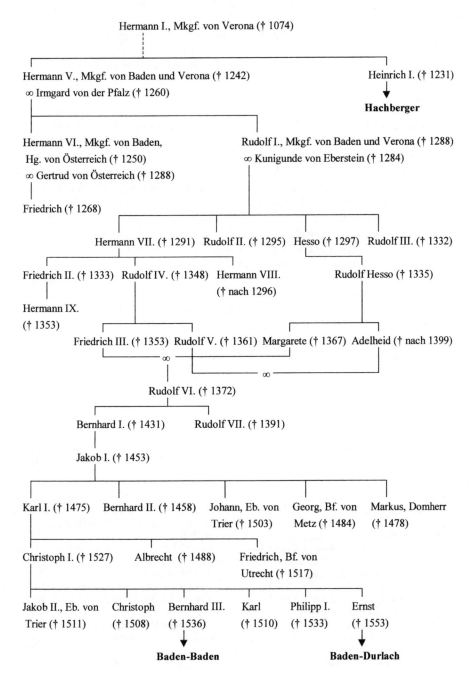

Baden verzeichnet, läßt bereits die Unübersichtlichkeit erahnen, die das Gesamtbild der markgräflichen Geschichte in dieser Zeit bestimmt, indem damals gleichzeitig mehrere Markgrafen von Baden ihre jeweiligen Herrschaftsrechte wahrnahmen. Von den vier Söhnen Rudolfs I. traten noch im Jahr 1288 zunächst Hermann VII. († 1291) und Rudolf II. († 1295) mit einer ersten Erbteilung hervor[61]. Neben dem dritten Sohn Hesso († 1297), der ebenso wie sein Bruder Rudolf II. nur eine geringe urkundlich faßbare Aktivität entfaltete, ist vor allem die politische Wirksamkeit des jüngsten Bruders Rudolf III. († 1332) besser bezeugt[62].

Wichtig für die Intensivierung der markgräflichen Herrschaftsbildung am Oberrhein war etwa der Aufkauf der Stadt Stollhofen und der nahegelegenen Dörfer Söllingen und Hügelsheim, die Rudolf III. im Jahr 1309 erwarb[63]. Außerdem vergrößerte er das ihm zugefallene Erbteil, indem er 1328 seinem Neffen Markgraf Friedrich II. († 1333) die Städte Kuppenheim und Steinbach mit der Yburg und dem Dorf Sinzheim abkaufte[64]. Eine günstige Gelegenheit zur Bereicherung bot die Krise des Königtums, das durch die Doppelwahl Ludwigs des Bayern und Friedrichs des Schönen geschwächt wurde[65]. Denn im langjährigen Streit um den Thron suchte die wittelsbachische ebenso wie auch die habsburgische Seite Parteigänger für die eigene Sache zu gewinnen. Aus dieser Situation ließen sich durch eine geschickte Politik handfeste Vorteile ziehen. So stand Markgraf Rudolf III. von Baden zunächst treu zu den Habsburgern und erhielt für dieses Engagement die Landvogtei in der Ortenau (1326)[66]. Hierzu ist anzumerken, daß die Markgrafen von Baden stets ein besonderes Interesse daran hatten, in der unmittelbar südlich an das Kerngebiet ihrer Herrschaft anschließenden Ortenau, in der zahlreiche ihrer Lehnsleute ansässig waren, größeren Einfluß zu gewinnen[67]. Als sich Rudolf III. 1330 dann schließlich Ludwig dem Bayern zuwandte, verpfändete ihm dieser für die erhofften Dienste unter anderem die Stadt Selz[68]. Auch in diesem Fall handelte es sich wieder um eine Erwerbung,

---

61 RMB 1, Nr. 576.
62 Zu Rudolf III. von Baden vgl. etwa MERKEL (wie Anm. 4), S. 62–79, 82–85; F. VON WEECH, Badische Geschichte, Karlsruhe 1890, S. 29f.
63 RMB 1, Nr. 682. Noch im selben Jahr teilen die Markgrafen Friedrich II. und Rudolf IV. († 1348) das Erbe ihres Vaters, des 1291 verstorbenen Markgrafen Hermann VII., wobei als Mitsiegler neben Heinrich von Eberstein auch Rudolf III. von Baden beteiligt ist. RMB 1, Nr. 684.
64 RMB 1, Nr. 840, Nr. 841.
65 Siehe dazu M. SCHAAB, Spätmittelalter (1250–1500), in: HbBW, 1. Bd.: Allgemeine Geschichte, 2. Teil: Vom Spätmittelalter bis zum Ende des Alten Reiches, hg. von M. SCHAAB/H. SCHWARZMAIER in Verbindung mit G. TADDEY (Veröffentlichungen der Kommission für geschichtliche Landeskunde in Baden-Württemberg), Stuttgart 2000, S. 1–143, hier S. 56–60. Vgl. zu den Habsburgern jetzt auch A. SAUTER, Fürstliche Herrschaftsrepräsentation. Die Habsburger im 14. Jahrhundert, Ostfildern 2003. Zum Verhalten der Grafen von Württemberg vgl. RÜCKERT (wie Anm. 1).
66 Siehe Urkundenbuch der Stadt Straßburg, hg. von W. WIEGAND, Straßburg 1886, Bd. 2, Nr. 467, S. 414; RMB 1, Nr. 816. Vgl. dazu MERKEL (wie Anm. 4), S. 76. Nach FESTER, Bernhard I. (wie Anm. 36), S. 11 mit Anm. 27 hatte Herzog Leopold von Österreich den Markgrafen Rudolf III. 1325 auch schon zu seinem Unterlandvogt im Elsaß berufen.
67 Tatsächlich zeitigten ihre Bemühungen in dieser Hinsicht aber letztlich nur kurzfristige Erfolge. Siehe dazu unten S. 178 und zu den Beziehungen der Markgrafen von Baden zum Ortenauer Adel KRIEG, Markgrafen (wie Anm. 2), S. 67–80.
68 RMB 1, Nr. 862. Siehe dazu auch MERKEL (wie Anm. 4), S. 69–73, 76, 84f. und oben S. 168.

die bestens geeignet erscheinen mußte, um die Verdichtung der markgräflichen Herrschaft am Oberrhein voranzutreiben.

Es kennzeichnet die komplizierten Herrschaftsverhältnisse, die sich aus den Erbteilungen innerhalb des markgräflichen Hauses ergaben, daß in den letzten Jahren Rudolfs III. zugleich noch insgesamt vier weitere Markgrafen von Baden als Herrschaftsträger in Erscheinung traten. Außer Rudolf III. waren dies seine Neffen Rudolf Hesso († 1335), Rudolf IV. († 1348) und Friedrich II. mit seinem Sohn Hermann IX. († 1353). Da sie in enger Nachbarschaft zueinander über die ihnen zugefallenen Teile der markgräflichen Besitzungen herrschten, fällt es umso mehr auf, daß es zwischen ihnen offenbar zu keinen größeren Konflikten kam[69], sondern es ihnen offenbar gelang, grundsätzlich solidarisch und im Sinne des gemeinsamen (Haus-)Interesses zu handeln. Im Rahmen des vorliegenden Beitrags muß es genügen, dies anhand weniger Beispiele zu verdeutlichen[70].

Vom Zusammenwirken bei kriegerischen Unternehmungen zeugt etwa das Verhalten Markgraf Rudolfs III. von Baden bei einer Auseinandersetzung seines gleichnamigen Neffen, Rudolf IV. von Baden, mit dem Straßburger Bischof im Jahr 1329. Damals fand Markgraf Rudolf IV. die Unterstützung seines Onkels, der seinem Neffen den Durchzug durch sein Gebiet gestattete. Damit nahm es Rudolf III. in Kauf, sich ebenfalls die Feindschaft des Straßburger Bischofs zuzuziehen, der daraufhin die Besitzungen Rudolfs III. verheerte[71]. Auch in anderer Hinsicht galt diese Solidarität unter den Angehörigen des markgräflichen Hauses. So erwirkte Rudolf III. im Jahr vor seinem Tod von Kaiser Ludwig das Einverständnis dafür, alle seine Reichslehen seinem anderen Neffen, dem Markgrafen Rudolf Hesso von Baden, übertragen zu dürfen. Die Reichslehen wurden daraufhin beiden Markgrafen zu gemeinschaftlichem Besitz verliehen[72]. Nach dem söhnelosen Tod Rudolfs III. ging sein Erbe wohl zum großen Teil an Rudolf Hesso, nach dessen Tod (1335) sich Rudolf IV. wiederum die Reichslehen Rudolf Hessos zu sichern wußte[73]. Die markgräflichen Herrschaften und Besitzungen fielen somit immer wieder an die übrigen noch lebenden Markgrafen von Baden und blieben auf diese Weise dem Haus Baden erhalten.

Schon vierzehn Tage nach dem Tod Rudolfs III. waren die Markgrafen Friedrich II., Rudolf IV. und Hermann IX. als Mitsiegler Rudolf Hessos beteiligt, als dieser der Stadt Eppingen, die er von Rudolf III. geerbt hatte, seinen Schirm zusicherte[74]. Knapp einen

---

69 Vgl. etwa auch MERKEL (wie Anm. 4), S. 77.
70 Eine ausführlichere Behandlung dieser zentralen Problematik wird die vom Verf. geplanten Studie bieten.
71 Siehe dazu VON WEECH, Geschichte (wie Anm. 62), S. 30 und MERKEL (wie Anm. 4), S. 82.
72 RMB 1, Nr. 877.
73 Siehe MERKEL (wie Anm. 4), S. 85 und RMB 1, Nr. 943. Nach VON WEECH, Geschichte (wie Anm. 62), S. 30 wäre das Erbe Rudolf Hessos an die Markgrafen Friedrich II. und Rudolf IV. gefallen, wovon ersterer aber schon 1333 und damit vor Rudolf Hesso verstorben war. Siehe RMB 1, Nr. 906, Nr. 941. Die wohl 1325 über die Heirat der Gräfin Johanna von Mömpelgard von Rudolf Hesso gewonnenen Herrschaften Belfort und Héricourt gingen dagegen bis Ende des 14. Jahrhunderts wieder verloren. FISCHER (wie Anm. 6), S. 2.
74 RMB 1, Nr. 885. Eppingen erscheint 1347 als Pfandschaft bei der Pfalz, 1348 wieder bei den Markgrafen und 1367 erneut bei der Pfalz, der es dann 1462 endgültig zufiel. HASELIER (wie Anm. 13), S. 277f.

Monat später vereinten sich die markgräflichen Brüder beziehungsweise Vettern zu gegenseitiger Hilfe und friedlichem Austrag von Streitigkeiten untereinander mit zwei Herren von Lichtenberg[75]. Und ein Jahr später gelobten Rudolf IV., Friedrich II. und dessen Sohn Hermann IX. ihrem Verwandten Rudolf Hesso, ihm gegen jedermann beizustehen, der Ansprüche auf das von Rudolf III. herrührende Erbe erheben sollte[76]. Diese Beispiele bieten konkrete Zeugnisse dafür, wie die Markgrafen von Baden immer wieder zu solidarischem Handeln zusammenfanden, und zwar vor allem dann, wenn es, wie insbesondere im Erbfall, um die Sicherung wichtiger Besitzungen und Herrschaftsrechte ihres Hauses ging. Gerade in der Zeit der größten Besitzaufsplitterung verbanden sich die Herrschaftsträger des Hauses Baden zum Beispiel auch zu schiedsrichterlicher Tätigkeit, zur gemeinsamen Vergabe von Rechten, zu gegenseitiger Bürgschaft oder zur gemeinschaftlichen Haftung für von ihren Dienern verursachte Schäden[77].

Allem Anschein nach funktionierte die Zusammenarbeit der Markgrafen von Baden trotz der beständigen Auf- und Umverteilungen ihrer Erbgüter recht gut. Auch unterschiedliche Parteinahmen im Konflikt zwischen Wittelsbachern und Habsburgern in der Zeit Ludwigs des Bayern sprengten keineswegs das Prinzip der dynastischen Solidarität. Dies zeigt sich etwa unter Markgraf Rudolf IV., der dank seines Parteiwechsels auf die Seite Ludwigs des Bayern 1334 die Reichslandvogtei in der Ortenau gewann, die bis 1351 in markgräflicher Hand blieb[78]. Zuvor war Rudolf IV. im Gegensatz zu seinem Bruder Friedrich II. längere Zeit ein treuer Parteigänger der Habsburger gewesen[79]. 1330 hatte sich Rudolf IV. von Baden noch zum Kampf gegen Ludwig den Bayern und dessen Verbündete verpflichtet, wobei er nur Graf Ulrich III. von Württemberg († 1344) und seine Verwandten aus dem markgräflichen Haus ausnahm[80]. Namentlich genannt wurden hier Rudolfs Bruder Markgraf Friedrich II. von Baden, der damals bereits seit acht Jahren auf der Seite Ludwigs des Bayern stand, außerdem Rudolfs gleichnamiger Onkel Markgraf Rudolf III. und sein Vetter Markgraf Rudolf Hesso. Gerade in der Beziehung Markgraf Rudolfs III. zu seinen Neffen Rudolf IV. und Friedrich II. wird sichtbar, wie Erbschaftssachen und andere wichtige Angelegenheiten, die nicht nur das Interesse eines einzelnen Markgrafen berührten, regelmäßig gemeinsam entschieden wurden. Außerdem wurden bei Bündnisverträgen, die einer der Markgrafen mit Dritten abschloß, meistens die anderen Markgrafen ausgenommen[81]. Offensichtlich nahmen die Markgrafen von Baden in besonderer Weise Rücksicht aufeinander, weil sie sich als nahe Verwandte gegenseitig eng

---

75 RMB 1, Nr. 886. Außer Hanemann und Ludwig von Lichtenberg waren von seiten der Markgrafen Friedrich II., Rudolf IV., Rudolf Hesso sowie ein nur hier genannter gleichnamiger Sohn des Markgrafen Friedrich II. beteiligt.
76 Dafür überließ Rudolf Hesso seinen Verwandten um 6000 Pfund Heller Yburg und die zugehörigen Güter. RMB 1, Nr. 901.
77 Zum solidarischen Handeln der Markgrafen von Baden im Sinne des Hausinteresses vgl. etwa von Weech, Geschichte (wie Anm. 62), S. 34 und künftig die in Anm. 1 angekündigte Untersuchung.
78 Siehe RMB 1, Nr. 930, Nr. 1087, Nr. 1089, Nr. 1090, Nr. 1092 und vgl. Merkel (wie Anm. 4), S. 86f.; Fester, Bernhard I. (wie Anm. 36), S. 11 Anm. 29.
79 Friedrich II. von Baden wechselte bereits 1322 auf die Seite Ludwigs des Bayern. Merkel (wie Anm. 4), S. 75–77.
80 Siehe auch zum Folgenden RMB 1, Nr. 855.
81 Vgl. zum Beispiel auch RMB 1, Nr. 773; Merkel (wie Anm. 4), S. 77.

verpflichtet waren und ihr Handeln darüber hinaus wohl an einem alle verbindenden Hausbewußtsein ausrichteten, das aber nicht explizit bezeugt, sondern nur aus ihrem Verhalten zu erschließen ist.

Bestimmte Verhaltensweisen lassen erkennen, daß allem Anschein nach auch ganz bewußt Maßnahmen ergriffen wurden, um den negativen Folgen einer zu großen Ausweitung des Kreises der Erbberechtigten gegenzusteuern. So fällt etwa auf, daß die drei Töchter Markgraf Friedrichs II. allesamt den Schleier nahmen[82]. Anscheinend durfte nur Friedrichs II. Sohn Hermann IX. heiraten. Als letzterer verstarb, ohne einen männlichen Erben zu hinterlassen[83], zeichnete sich um die Mitte des 14. Jahrhunderts bereits eine recht drastische Verknappung des »personellen Reservoirs« im Haus Baden ab. Zudem ist in dieser Zeit auch noch eine äußerst bemerkenswerte Vereinigung verschiedener Familienzweige zu beobachten. Denn die beiden Söhne Rudolfs IV., die Markgrafen Friedrich III. († 1353) und Rudolf V. († 1361) heirateten (vor 1345)[84] die zwei Erbtöchter des Markgrafen Rudolf Hesso. Es handelt sich hierbei um ein besonders markantes Beispiel für das Bemühen, die Erbgüter des markgräflichen Hauses auch nach wiederholten Teilungen wieder zusammenzuführen.

Der erbenlose Tod Rudolfs V. ermöglichte schließlich 1361 die Vereinigung der gesamten markgräflich-badischen Herrschaften und Besitzungen in der Hand Markgraf Rudolfs VI. († 1372)[85]. Vorbereitet wurde dieses Ereignis durch einen fünf Jahre zuvor abgeschlossenen Erbvertrag zwischen letzterem und seinem Onkel Rudolf V.[86] Im selben Jahr hatte Rudolf V. auch die Versorgung der Gemahlin seines Neffen geregelt. Der Gemahlin Rudolfs VI., Mechtild von Sponheim, wurde damals neben den Pforzheimer Mühlen Besigheim als Wittum zugewiesen[87]. Als Witwenausstattung hatte Besigheim

---

82 Siehe von WEECH, Geschichte (wie Anm. 62), S. 31; SCHWENNICKE (wie Anm. 43), Tafel 266.
83 Hermann IX. soll zwei Söhne mit den Namen Friedrich und Rudolf gehabt haben, die aber, soweit dies zutrifft, bereits vor dem Vater verstorben sein dürften. Sie sind in der Stammtafel auf S. 175 nicht aufgenommen. Nur Gamans und Sachs erwähnen sie. Vgl. RMB 1, Nr. 1041 und S. 548 (s. v. »gräfin Mechtild v. Vaihingen« – »angebliche söhne M. Friedrich u. Rudolf«), wo der in der Forschung üblicherweise als Hermann IX. gezählte Markgraf als Hermann VIII. bezeichnet wird, und J. Ch. SACHS, Einleitung in die Geschichte der Marggravschaft und des marggrävlichen altfürstlichen Hauses Baden 2, Karlsruhe 1767, S. 125.
84 RMB 1, Nr. 1012, Nr. 1013.
85 Noch am Vortag des Todes Rudolfs V. hatte Rudolf VI. den Zusammenhalt des markgräflichen Erbbesitzes abgesichert, indem er im Vorfeld der Heirat seiner Schwester dafür sorgte, daß diese ebenso wie ihr künftiger Gemahl und ihre Erben auf alle Ansprüche an Herrschaft und Land zu Baden verzichteten. RMB 1, Nr. 1165, Nr. 1166. Zum Erbverzicht bei Töchtern vgl. K.-H. SPIESS, Familie und Verwandtschaft im deutschen Hochadel des Spätmittelalters. 13. bis Anfang des 16. Jahrhunderts (Vierteljahrschrift für Sozial- und Wirtschaftsgeschichte, Beihefte 111), Stuttgart 1993, S. 327–343.
86 Nach dem Erbvertrag sollte beim Tod eines Markgrafen der andere dessen Land, Leute und Herrschaften übernehmen. Beide sicherten sich außerdem ein befristetes Vorkaufsrecht zu und bestimmten ein Schiedsgericht für den Fall, daß sich zwischen ihnen Zwietracht ergeben sollte. RMB 1, Nr. 1131. Vgl. H. SCHWARZMAIER, »Von der fürsten tailung«. Die Entstehung der Unteilbarkeit fürstlicher Territorien und die badischen Teilungen des 15. und 16. Jahrhunderts, in: Blätter für deutsche Landesgeschichte 126 (1990), S. 161–183, hier S. 170f.
87 RMB 1, Nr. 1124 und vgl. dazu auch RMB 1, Nr. 1030. Im Regest RMB 1, Nr. 1124 ist die Rede von der Morgengabe, wobei es sich hier aber eigentlich um die Widerlegung, also die zentrale Gabe der Mannesseite, handelt. Siehe dazu SPIESS (wie Anm. 85), S. 131–144.

schon einmal nach dem Tod des Markgrafen Rudolf Hesso von Baden gedient. Dessen Gemahlin, Johanna von Mömpelgard, öffnete 1340 Burg und Stadt Besigheim dem Grafen Ulrich III. von Württemberg, der Besigheim gegen jedermann zu schirmen versprach und dabei lediglich Markgraf Rudolf IV. von Baden ausnahm, falls Johanna diesen von Besigheim aus bekriegen oder schädigen sollte[88]. Es handelte sich hier zwar nicht um eine gewissermaßen feindliche Übernahme Besigheims von seiten des Württembergers, doch brachte ihm die Öffnung und die Übernahme des Schutzes von Burg und Stadt in jedem Fall eine zumindest zeitweise Ausdehnung seines Einflusses ein. Die Rolle des Grafen von Württemberg als des Schirmers dieses Witwengutes blieb ein kurzfristiges Zwischenspiel, denn nach dem Tod der Witwe Rudolf Hessos im Jahr 1349 treten die Markgrafen Friedrich III. und Rudolf V. von Baden wieder als Herren Besigheims in Erscheinung[89].

Überblickt man von hier aus noch einmal die Phase der verwirrenden Erbteilungen, so erscheint es alles andere als selbstverständlich, daß am Ende die Kernbesitzungen des markgräflichen Hauses am Oberrhein über den ganzen Zeitraum hinweg nicht nur erhalten blieben, sondern sogar noch arrondiert werden konnten. Verloren gingen vor allem Besitzungen, die nicht zum Kerngebiet des markgräflichen Einflußbereichs gehörten. Es läßt sich damit eine Konzentration der Herrschaftsbildung auf einen zusammenhängenden Raum konstatieren, die durchaus als erfolgreich einzuschätzen ist. Möglich war dies nur, weil es der markgräflichen Familie den Fährnissen zahlreicher Erbteilungen zum Trotz gelang, im Sinne des Hausinteresses solidarisch zusammenzuwirken. Der wesentliche Punkt war dabei keineswegs das Bestreben, Teilungen zu verhindern[90]; nicht die Vorstellung der Unteilbarkeit des Landes, sondern vielmehr die Einheit des markgräflichen Hauses, die sich immer wieder in der alltäglichen Zusammenarbeit seiner Mitglieder bewähren mußte, bildete die entscheidende Voraussetzung für den langfristigen Erfolg der Herrschaftsbildung.

---

88 RMB 1, Nr. 986. Schon im Jahr 1312 hatte Graf Eberhard I. von Württemberg Zuflucht in Besigheim beim Neffen seiner Gemahlin Irmengard von Baden, dem Markgrafen Rudolf Hesso von Baden, gefunden. RMB 1, Nr. 700. Siehe dazu auch RÜCKERT (wie Anm. 1).
89 Nach Johannas Tod bestätigten die beiden Markgrafen 1349 den Bürgern von Besigheim alle Gewohnheiten und Rechte. RMB 1, Nr. 1068. Nach der zeitweisen Verpfändung an den Pfalzgrafen (1463) und der Eroberung durch Herzog Ulrich von Württemberg (1504) konnte Markgraf Philipp die Stadt 1529 wieder einlösen, die dann erst 1595 an Württemberg verkauft wurde. Vgl. STENZEL (wie Anm. 12), S. 98; HASELIER (wie Anm. 13), S. 270–272 und zur weiteren Entwicklung vor allem die Beiträge von Thomas Fritz, Hermann Ehmer, Volker Himmelein und Franz Brendle im vorliegenden Band.
90 Siehe dazu KRIMM, Herrschaft (wie Anm. 1), S. 55–59 und die grundlegende Untersuchung zur Rationalität der Teilungspraxis und zu dem zugrundeliegenden Zielkonflikt SPIESS (wie Anm. 85), bes. S. 199–397. Vgl. auch etwa J. ROGGE, Zur Praxis, Legitimation und Repräsentation hochadeliger Herrschaft im mitteldeutschen Raum. Ergebnisse und Perspektiven, in: DERS./U. SCHIRMER (Hgg.), Hochadelige Herrschaft im mitteldeutschen Raum (1200 bis 1600). Formen – Legitimation – Repräsentation (Quellen und Forschungen zur sächsischen Geschichte 23), Stuttgart 2003, S. 465–506. Nach ebd., S. 474f. zielte die dynastische Vernunft bei den Grafen am Harz ebenfalls »nicht auf Unteilbarkeit oder zumindest auf das Senioratsprinzip, sondern auf Erbeinungen, mit denen im Falle des Aussterbens einer Linie der Anfall von deren Besitz an eine andere oder die anderen Linien gesichert werden sollte.« Ebd., S. 479 wird betont, daß sich das Gemeinschaftsbewußtsein nicht auf ein Territorium, sondern auf die Teilhabe an Herrschaftsrechten bezog, weshalb »Teilungs- und Erbverträge an sich kein Problem« waren: »Entscheidend war allerdings, daß den einzelnen Linien keine Rechte entfremdet wurden, …«.

3. Konsolidierung und Aufbruch im späten 14. Jahrhundert

Als Ausgangspunkt für den enormen politischen Bedeutungszuwachs und den Aufschwung, den das markgräfliche Haus und die Markgrafschaft Baden seit der zweiten Hälfte des 14. Jahrhunderts und im 15. Jahrhundert erlebten, darf das Jahr 1361 gelten. Wie bereits erwähnt wurde, fielen damals die gesamten markgräflichen Besitzungen und Rechte Rudolf VI. als dem einzigen noch lebenden Markgrafen von Baden zu[91]. Schon im darauffolgenden Jahr wurden in einer Urkunde Kaiser Karls IV. (1346–1378) die markgräflichen Kerngebiete zwischen Graben und Schwarzach als ein Land und überdies als ein vom Reich verliehenes Fürstentum bezeichnet[92]. Nachdem dieser Herrschaftskomplex nun zusammen mit den zugehörigen Wildbännen, Forsten, Geleit-, Münz- und Gerichtsrechten[93] vom Reichsoberhaupt erstmals explizit als Fürstentum anerkannt worden war, wurden die Markgrafen von Baden fortan regelmäßig als Reichsfürsten tituliert[94]. Damit setzte ein Aufstieg des Hauses Baden ein, der im 15. Jahrhundert dazu führte, daß die Markgrafen endlich auch in ihrem Konnubium Anschluß an den Fürstenstand gewannen[95], wohingegen die Grafen von Württemberg in dieser Hinsicht schon während des 14. Jahrhunderts unter Eberhard II. († 1392) fürstliches Niveau erreicht und damit die Markgrafen von Baden überholt hatten[96]. Von der bedeutenden Machtstellung, die den Markgrafen von Baden im 15. Jahrhundert zuwuchs, zeugt insbesondere auch die Tatsache, daß es ihnen damals erstmalig gelang, in den Reichsepiskopat einzudringen und mehrere Söhne mit hohen geistlichen Würden auszustatten[97].

Die innere und äußere Konsolidierung der markgräflichen Territorialherrschaft verbindet sich vor allem mit dem Wirken Markgraf Bernhards I. (1379–1431) und Markgraf Christophs I. (1475–1515). Während im vorliegenden Beitrag auf die Regierung Christophs nicht näher eingegangen werden kann, soll die Entwicklung zur Zeit Markgraf Bernhards I. zumindest in Umrissen skizziert werden[98]. Bernhard wurde schon in der älteren

---

91   RMB 1, Nr. 1169. Markgraf Rudolf VI. von Baden erwarb 1366 den Ortenauer Besitz der Grafen von Freiburg (RMB 1, Nr. 1238) und erhielt 1370 von den Herzögen Leopold und Albrecht von Österreich die Landvogtei und Hauptmannschaft im Breisgau übertragen (RMB 1, Nr. 1267). Seit dem Attentat der Grafen von Eberstein in Wildbad (1367) stand Rudolf VI. als Unterstützer der Ebersteiner in der nachfolgenden, langjährigen Fehde auf der Seite der Gegner der Grafen von Württemberg. Vgl. dazu von Weech, Geschichte (wie Anm. 62), S. 39f. und im vorliegenden Band Rückert (wie Anm. 1).
92   RMB 1, Nr. 1174. Zur Bedeutung und zu den Umständen der Anerkennung des fürstlichen Ranges der Markgrafen von Baden durch Kaiser Karl IV. siehe Krieg, Markgrafen (wie Anm. 2), S. 60–62.
93   1387 erhielt Markgraf Bernhard I. das *ius de non evocando* (RMB 1, Nr. 1416), das er nach dem Tod seines Bruders Rudolf VII. am 14. Januar 1391 (anders Schwarzmaier, Baden, wie Anm. 1, S. 191) auf die gesamte Markgrafschaft übertrug. Siehe Schwarzmaier, Baden (wie Anm. 1), S. 189; Fester, Bernhard I. (wie Anm. 36), S. 16.
94   Vgl. Krieg, Markgrafen (wie Anm. 2), S. 61 Anm. 38.
95   Siehe Krieg, Hochzeit (wie Anm. 5), S. 40f.; Krimm, Herrschaft (wie Anm. 1), S. 66.
96   Vgl. Rückert (wie Anm. 1).
97   Siehe dazu K. Krimm, Baden und Habsburg um die Mitte des 15. Jahrhunderts. Fürstlicher Dienst und Reichsgewalt im späten Mittelalter (Veröffentlichungen der Kommission für geschichtliche Landeskunde in Baden-Württemberg, Reihe B, 89), Stuttgart 1976, bes. S. 194–197 und Krieg, Markgrafen (wie Anm. 2), S. 54 (mit weiterer Literatur).
98   Der nachfolgende knappe Ausblick ins 15. Jahrhundert überschreitet bereits den für den vorliegenden Beitrag vorgegebenen Zeitrahmen. Zu Markgraf Christoph I. siehe K. Krimm, Markgraf

Forschung als eigentlicher Begründer des badischen Territorialstaats angesehen[99]. Auch Hansmartin Schwarzmaier unterstreicht in seinem einschlägigen Artikel im Handbuch der baden-württembergischen Geschichte noch einmal, daß es gerechtfertigt sei, Bernhard an den Beginn der »Badischen Geschichte« zu stellen[100].

Es kennzeichnet die gestärkte Machtposition Bernhards I., daß es ihm gelungen ist, aus dem Windschatten seines übermächtigen kurpfälzischen Nachbarn zu treten. Die enge Anlehnung an den Luxemburger König Sigmund, der nach Ruprecht von der Pfalz die Königswürde erlangte, verschaffte Markgraf Bernhard dabei offenbar die Geldmittel, die er für seine expansive Territorialpolitik benötigte[101]. Hatte Bernhards Bruder Rudolf VII. († 1391) 1387 die halbe Grafschaft Eberstein und die Vogtei über das Kloster Frauenalb erworben[102], so konnte der seit 1391 allein regierende Bernhard I. weitere wichtige Zugewinne erzielen. Seine bedeutendste Erwerbung war der Aufkauf der Herrschaft Hachberg mit der Landvogtei im Breisgau im Jahr 1415, wodurch er der markgräflichen Hauptlinie das Erbe der älteren der beiden Hachberger Seitenlinien sicherte[103].

Gegenüber den Grafen von Württemberg markierte Markgraf Bernhard im Dauerstreit um die Herrenalber Klostervogtei[104] selbstbewußt seinen Herrschaftsanspruch, indem er sich im Kloster Herrenalb ein beeindruckendes Grabdenkmal errichten ließ[105]. Es handelt sich dabei um ein Kenotaph, denn tatsächlich fand Bernhard I. in der (Baden-) Badener Pfarrkirche seine letzte Ruhestätte und damit ebendort, wo auch schon sein Bruder beigesetzt worden war. Dies bedeutete einen Bruch mit der Tradition des markgräflichen Hauses, dem seit Mitte des 13. Jahrhunderts das Kloster Lichtenthal als Grablege

---

Christoph I. von Baden, in: R. RINKER/W. SETZLER (Hgg.), Die Geschichte Baden-Württembergs, Stuttgart 1986, S. 102–114; SCHWARZMAIER, Baden (wie Anm. 1), S. 204–211 (mit weiterer Literatur).
99 Vgl. in erster Linie die Arbeit von FESTER, Bernhard I. (wie Anm. 36).
100 SCHWARZMAIER, Baden (wie Anm. 1), S. 189. Ebd., S. 193 wird Bernhard geradezu als »der Schöpfer, vielleicht der Organisator des neuen badischen Staats« bezeichnet. Zur Konsolidierung des markgräflichen Territoriums unter Bernhard I. vgl. ebd., S. 187–196; MERKEL (wie Anm. 4), S. 107–180; FESTER, Bernhard I. (wie Anm. 36), passim; VON WEECH, Geschichte (wie Anm. 62), S. 45–60.
101 Vgl. SCHWARZMAIER, Baden (wie Anm. 1), S. 193; VON WEECH, Geschichte (wie Anm. 62), S. 53–55.
102 RMB 1, Nr. 1420, Nrr. 1424–1429. Vgl. ANDERMANN, Markgrafen (wie Anm. 37), S. 100; SCHWARZMAIER, Baden (wie Anm. 1), S. 190.
103 RMB 1, Nr. h 567, Nr. 2876. Siehe dazu R. FESTER, Die Erwerbung der Herrschaften Hachberg und Höhingen durch Markgraf Bernhard I. von Baden, in: ZGO 49 (1895), S. 650–667; DERS., Bernhard I. (wie Anm. 36), S. 91–94. Daneben wären an weiteren Erwerbungen Bernhards I. insbesondere noch die Herrschaften Beinheim (1402/04) und Altensteig (um 1398) sowie die Vogteien der Klöster Reichenbach (1399) und Schwarzach (1422) zu erwähnen. Vgl. FISCHER (wie Anm. 6), S. 2f.
104 Die Vogtei über das Kloster Herrenalb hatte um 1289 Markgraf Hermann VII. von Baden übernommen. Vgl. SCHWARZMAIER, Baden (wie Anm. 1), S. 184; H. PFLÜGER, Schutzverhältnisse und Landesherrschaft der Reichsabtei Herrenalb von ihrer Gründung im Jahre 1149 bis zum Verlust ihrer Reichsunmittelbarkeit im Jahre 1497 (bzw. 1535) (Veröffentlichungen der Kommission für geschichtliche Landeskunde in Baden-Württemberg, Reihe B, Forschungen 4), Stuttgart 1958, S. 67–83 und auch RÜCKERT (wie Anm. 1).
105 Zur Geschichte Herrenalbs vgl. P. RÜCKERT/H. SCHWARZMAIER (Hgg.), 850 Jahre Kloster Herrenalb. Auf Spurensuche nach den Zisterziensern (Oberrheinische Studien 19), Stuttgart 2001. Siehe ebd., Tafel 9 und Tafel 10 mit Abbildungen des Kenotaphs Markgraf Bernhards I.

gedient hatte. Die Pfarrkirche plante Markgraf Bernhard aufgrund eines offensichtlich gestiegenen Repräsentationsbedürfnisses zur Stiftskirche zu erheben und so eine fürstlichen Ansprüchen genügende Grablege inmitten seiner Residenzstadt Baden einzurichten. Die Einrichtung des Badener Kollegiatstifts verzögerte sich jedoch nach dem Tod Bernhards noch bis um die Mitte des 15. Jahrhunderts[106]. Trotzdem tritt der Residenzcharakter der Stadt Baden unter Markgraf Bernhard bereits in aller Deutlichkeit hervor.

Das markgräfliche Itinerar gibt angesichts der signifikanten Häufigkeit der Herrscheraufenthalte schon seit der Zeit Rudolfs VI. die herausgehobene Rolle Badens als markgräflicher Hauptresidenz klar zu erkennen[107]. Unter Bernhard verstärkte sich die Bedeutung Badens auch als Zentrale der markgräflichen Verwaltung[108]. In bezug auf die Verwaltungsorganisation trat Bernhard in gewisser Weise die Nachfolge Markgraf Rudolfs I. an, indem er die von Rudolf I. begründete Vogtei- beziehungsweise Ämterverfassung weiter ausbaute[109]. Erstmals sind in der Zeit Bernhards auch Ansätze zur Ausbildung einer zumindest kanzleiähnlichen Behörde erkennbar[110]. Als wichtiger »Teil der Maßnahmen zur Organisation der inneren Verwaltung und des Besitzes der Markgrafschaft«[111] darf dabei das von Bernhard Theil herausgegebene älteste Lehnbuch der Markgrafen von Baden aus dem Jahr 1381 gelten. Es bezeugt nicht nur den Abschluß der Entwicklung hin zu einem »einheitlichen Stand der Lehnsleute der Markgrafen«[112], sondern es stellt gewissermaßen eine erste Bestandsaufnahme der markgräflichen Herrschaft dar, bevor Markgraf Bernhard sich anschickte, den bestimmenden kurpfälzischen Einfluß abzuschütteln. Das Bemühen um eine straffere Verwaltung der markgräflichen Einkünfte dokumentiert das erste badische Urbar, das Bernhard I. 1404 anlegen ließ[113].

Die Konsolidierung der markgräflichen Herrschaft, ein neues Repräsentationsbedürfnis und zugleich das zunehmende Gewicht Badens als Hauptresidenz spiegelt besonders eindrucksvoll der großzügige Ausbau der Burg Hohenbaden wider. Markgraf Bernhard

---

106 ANDERMANN, Baden-Baden (wie Anm. 24), S. 29; DERS., Baden-Badens Weg (wie Anm. 24), S. 261f.
107 RUMPF (wie Anm. 24), S. 105–146 (mit Itinerarkarten).
108 Vgl. KRIEG, Baden (wie Anm. 2), S. 750.
109 Erst wieder in der Zeit Bernhards I. werden häufiger Vögte beziehungsweise Amtmänner genannt, wobei damals schon insgesamt 13 Ämter faßbar sind: Altensteig, Baden, Besigheim, Durlach, Ettlingen, Liebenzell, Mühlburg, Neu-Eberstein, Pforzheim, Stafford, Stein, Stollhofen und Yburg. Siehe HERKERT (wie Anm. 27), S. 79f.
110 HERKERT (wie Anm. 27), S. 34–37. Unter Markgraf Bernhard I. wird ein Oberschreiber (seit 1421) und Protonotar (seit 1424) erwähnt, bei dem es sich bereits um einen Laien handelte. 1449 ist dann erstmals der Kanzlertitel belegt, der sich im Lauf des 15. Jahrhunderts schließlich als Bezeichnung für den Vorsteher der markgräflichen Schreiber durchsetzte.
111 B. THEIL, Das älteste Lehnbuch der Markgrafen von Baden (1381). Edition und Untersuchung. Ein Beitrag zur Geschichte des Lehnswesens im Spätmittelalter (Veröffentlichungen der Kommission für geschichtliche Landeskunde in Baden-Württemberg, Reihe A 25), Stuttgart 1974, S. 41.
112 RÖSENER, Ministerialität (wie Anm. 4), S. 86; THEIL (wie Anm. 111), S. 179–215. Für die als Lehnsträger und Diener den Markgrafen von Baden verbundenen Adelsfamilien der interterritorialen Schütterzonen des deutschen Südwestens waren dabei mehrfache Lehnsbindungen an verschiedene Herren und Dienstbeziehungen zu mehreren benachbarten Fürstenhöfen typisch. Vgl. KRIEG, Markgrafen (wie Anm. 2), bes. S. 67–80 und KRIMM, Baden (wie Anm. 97), S. 32–44, 62–65.
113 Diesem ersten Urbar folgte 1414 ein weiteres. Vgl. RMB 1, Nr. 2188; HERKERT (wie Anm. 27), S. 35.

erweiterte den angestammten Herrschaftssitz seines Geschlechts durch die Errichtung eines gotischen Palas zu einem repräsentativen Residenzschloß neuer Prägung[114], das nun den angemessenen Rahmen für eine Hofhaltung fürstlicher Qualität bot, die auch in personeller Hinsicht eine Ausweitung erfuhr. So faßt man an Bernhards Hof nicht nur zum ersten Mal einen markgräflichen Leibarzt und einen Spielmann (1404)[115], sondern es tritt nun gewissermaßen anstelle der mittlerweile verschwundenen klassischen vier Hofämter das Hofmeisteramt in Erscheinung, das seither regelmäßig von Adligen bekleidet wurde[116]. Zusammen mit den Vögten von Baden und Pforzheim, die eine herausgehobene Stellung unter den markgräflichen Vögten und Amtleuten einnahmen, finden sich die markgräflichen Hofmeister in Urkunden stets an erster Stelle und sie hatten auch etwa den Vorsitz im Lehns- und Hofgericht inne.

Nach den wenigen, hier nur skizzenhaft angedeuteten Fortschritten im Blick auf die Entwicklung der Markgrafschaft hin zum neuzeitlichen Territorialstaat soll abschließend noch einmal ein sozusagen »altertümliches« Element der markgräflichen Herrschaft hervorgehoben werden, das bereits bei der Darstellung der Zeit der Erbteilungen besonders akzentuiert wurde. Denn gerade im 15. Jahrhundert läßt sich die am Interesse des herrscherlichen Hauses orientierte Zusammenarbeit aller seiner Mitglieder sehr gut beobachten. Wenn Markgraf Jakob I. von Baden (1431–1453) in seinem Testament von 1453 die Söhne zu *bruderlicher warer eynickeit, truw und liebe* zu verpflichten suchte, und zwar *zu uffgang und merunge des namens, stammes und fürstenthums Baden*[117], so blieb dies keineswegs nur ein frommer Wunsch des besorgten Vaters. Denn die Solidarität im Sinne des Hausinteresses bewährte sich bei Jakobs Söhnen in einer Weise, wie es sich wohl auch der Vater kaum hatte vorstellen können. Entgegen einem ersten Hausvertrag von 1380, der höchstens eine Zweiteilung der Markgrafschaft zugelassen hatte[118], sah Jakobs Testament die Aufteilung der Markgrafschaft unter dreien seiner insgesamt fünf legitimen Söhne vor. Doch die zu Haupterben bestimmten Markgrafen Karl I. (1453–1475), Bernhard II. (1453–1458) und Georg, der 1461 den Metzer Bischofsstuhl erlangte (1461–1484), einigten sich nach dem Tod des Vaters darauf, dem erstgenannten die Herrschaft über die Markgrafschaft zu überlassen[119]. Das bedeutete aber nicht, daß Karls Brüder sich aus der Politik zurückzogen. Statt dessen entwickelte sich eine kluge Aufgabenverteilung, indem sie an anderen Fürstenhöfen im Interesse ihres Hauses wirkten[120]. Ebenso verhiel-

---

114 Zum Ausbau Hohenbadens siehe ANDERMANN, Baden-Baden (wie Anm. 24), S. 30; DERS., Baden-Badens Weg (wie Anm. 24), S. 261.
115 Unter Bernhards Nachfolgern Jakob I. († 1453) und Karl I. († 1475) sind die markgräflichen Spielleute bereits häufiger bezeugt, wobei es sich vor allem um Pfeifer und Trompeter handelte. Vgl. KRIEG, Baden, Markgrafen von (wie Anm. 3), S. 750.
116 Erstmals ist das Hofmeisteramt 1381 unter Rudolf VII. und dann seit 1387 unter Bernhard I. urkundlich belegt. Siehe auch zum Folgenden KRIEG, Baden (wie Anm. 2), S. 750; DERS., Markgrafen (wie Anm. 2), S. 70f.; HERKERT (wie Anm. 27), S. 17.
117 Siehe RMB 3, Nr. 7496; SCHWARZMAIER, »Von der fürsten tailung« (wie Anm. 86), S. 173.
118 Vgl. KRIMM, Herrschaft (wie Anm. 1), S. 57; SCHWARZMAIER, Baden (wie Anm. 1), S. 188; DERS., »Von der fürsten tailung« (wie Anm. 86), S. 171f.
119 Die Übertragung der Herrschaft an Karl war dabei zunächst jeweils zeitlich befristet. Vgl. KRIEG, Markgrafen (wie Anm. 3), S. 81f.; SCHWARZMAIER, Baden (wie Anm. 1), S. 200.
120 Siehe dazu KRIMM, Baden (wie Anm. 97), S. 69–73. Auch Markgraf Albrecht, ein Sohn Karls I., überließ 1475 die Regierung für sechs Jahre seinem älteren Bruder Christoph, bevor er dann 1482 die

ten sich auch die in den geistlichen Stand getretenen Markgrafen, die als geistliche Würdenträger Karriere machten[121].

Die Solidarität unter den Angehörigen des markgräflichen Hauses bewährte sich insbesondere in der Krise. Die Katastrophe der Niederlage Markgraf Karls I. von Baden in der Schlacht bei Seckenheim (1462) wurde nicht zuletzt dank der solidarischen Zusammenarbeit im markgräflichen Haus Baden bewältigt. Während der eigentlich regierende Markgraf Karl sich in pfälzischer Gefangenschaft befand und damit ausfiel, übernahm sein Bruder Markus († 1478) die Regierungsgeschäfte und bemühte sich gemeinsam mit den übrigen Familienmitgliedern um Karls Entlassung aus der Haft[122]. Die enormen finanziellen Belastungen, welche die Niederlage nach sich zog, erzwangen geradezu ein solidarisches Verhalten. So verzichtete ein Sohn Markgraf Karls mit Rücksicht auf die Verschuldung der Markgrafschaft auf das ihm rechtmäßig zustehende Erbteil[123].

Besonders eindringlich spiegelt sich das erfolgreiche Zusammenwirken der Söhne Markgraf Jakobs I. in den Fenstern der Öhringer Stiftskirche wider, die allem Anschein nach anläßlich des 1464 abgeschlossenen Friedensvertrages mit dem Sieger von Seckenheim, dem pfälzischen Kurfürsten Friedrich dem Siegreichen, gestiftet wurden[124]. Neben Markgraf Karl I. sind dort alle seine damals noch lebenden Brüder mit Stifterbildern vertreten, nämlich Erzbischof Johann II. von Trier (1465–1503), Bischof Georg von Metz und Markgraf Markus, der mehrere Domherrenpfründen innehatte, sich aber als Bischof von Lüttich nicht durchsetzen konnte[125]. Sinnfällig scheint die bildliche Versammlung des markgräflichen Hauses in den Öhringer Fensterstiftungen zu bezeugen, wie die Markgrafen von Baden gemeinsam die Folgen der Seckenheimer Niederlage trugen und hierbei im Sinne des Hausinteresses zusammenarbeiteten.

Diese dynastische Solidarität geriet jedoch unter den Söhnen Markgraf Christophs I. in die Krise. Da der Pfälzer Kurfürst Christophs Sohn Philipp (1515–1533) nur unter der Bedingung als Schwiegersohn akzeptieren wollte, daß dieser die ungeteilte Markgrafschaft erbte[126], sah sich Markgraf Christoph gezwungen, eine erneute Herrschaftsteilung unter seinen zahlreichen Söhnen zu verhindern. Eine entsprechende Erbregelung konnte er aber nicht durchsetzen, weil sich Philipps Brüder dagegen zur Wehr setzten. Eine Gesamtstaatsidee, die eine erneute Landesteilung nicht zugelassen hätte, bestimmte

---

hachbergischen Besitzungen übernahm. 1488 fand er in den Niederlanden bei den Kämpfen zur Befreiung Maximilians den Tod. KRIMM, Christoph (wie Anm. 98), hier S. 105f.

121 Siehe etwa KRIEG, Markgrafen (wie Anm. 2), S. 81–83 und vor allem KRIMM, Baden (wie Anm. 97), bes. S. 99–115, 194–197, 199 (s. v. Baden, Markgrafen: Markus), 201 (s. v. Metz, B. Georg), 203 (s. v. Trier, Erzb. Johann II.; Utrecht, B. Friedrich).

122 Vgl. zum Beispiel RMB 4, Nr. 8932, Nr. 8934, Nr. 8965 und KRIEG, Markgrafen (wie Anm. 2), S. 81f.; KRIMM, Herrschaft (wie Anm. 1), S. 165–185.

123 KRIMM, Baden (wie Anm. 97), S. 179.

124 R. BECKSMANN, Die mittelalterlichen Glasmalereien in Schwaben von 1350 bis 1530 ohne Ulm (Corpus Vitrearum Medii Aevi, Deutschland I: Schwaben, Teil 2), Berlin 1986, S. 138–157. Siehe dazu ausführlicher im vorliegenden Band K. KRIMM, Gemeinschaftsstiftungen der Markgrafen von Baden und der Grafen von Württemberg im Spätmittelalter.

125 Vgl. KRIMM, Baden (wie Anm. 97), S. 194–197.

126 Siehe dazu KRIMM, Herrschaft (wie Anm. 1), S. 67 und insbesondere DERS., Christoph (wie Anm. 98), bes. S. 102f., 112f.

damals offensichtlich weder das Handeln Markgraf Christophs noch das seiner Söhne[127]. Das eigentliche Problem bestand für die Markgrafen nicht in der Teilung der Markgrafschaft. Im Falle der Erbstreitigkeiten unter den Söhnen Christophs I. war es vielmehr gerade der Versuch, eine Teilung auszuschließen, der Auseinandersetzungen heraufbeschwor, die eine ernste Gefährdung des fürstlichen Hauses und damit auch des Landes bewirkten. Entscheidend war demnach der dynastische Konsens und das solidarische Zusammenwirken im Gesamtinteresse des fürstlichen Hauses, das »die wichtigste Klammer« war, welche die Markgrafschaft verband[128]. Wenn aber die Einheit des Hauses zerbrach, wie es unter den Söhnen Markgraf Christophs I. geschah, so hatte dies vor dem Hintergrund einer nur relativ schmalen territorialen Basis schnell fatale Folgen. Dies läßt sich an der weiteren Entwicklung ablesen, da die Erbauseinandersetzungen zu Beginn des 16. Jahrhunderts in die langandauernde Spaltung des Hauses Baden in die Linien Baden-Baden und Baden-Durlach mündeten. Verschärft durch den konfessionellen Gegensatz entstanden zwei miteinander konkurrierende Herrschaften, die beide zwar ihren fürstlichen Rang bewahrten, aber einzeln jeweils zu klein und zu schwach waren, um noch eine bedeutendere Rolle spielen zu können.

Zwei Jahre vor dem Vollzug der – wenn man so will – »Vernunftheirat« des Jahres 1952 hat Karl Siegfried Bader durchaus zu Recht auf die enge, inhaltliche Beziehung zwischen der badischen und württembergischen Geschichte hingewiesen. Bader zufolge müsse sich »wenn man die geschichtliche Entwicklung der südwestdeutschen Territorialstaaten von der Gesamtschau der deutschen Staatengeschichte aus betrachtet, […] an die Darstellung der Geschichte Württembergs geradezu wesensnotwendig das badische Gegenstück anschließen«[129]. Daß Baden hier als »Gegenstück« zu Württemberg nur die zweite Position einnimmt, deutet auf das unterschiedliche Gewicht der beiden Herrschaften in der Neuzeit hin. Die Überlegenheit Württembergs scheint sich jedoch schon im Jahr 1495 besonders sinnfällig in der Rangerhöhung Graf Eberhards im Bart zu spiegeln, mit der das formal gräfliche, aber schon längere Zeit fürstengleich agierende Haus Württemberg die Herzogswürde errang und damit den badischen Nachbarn auch in dieser Sicht hinter sich ließ[130]. Bezeichnend und zugleich vernichtend mutet das Urteil Meinrad Schaabs über die badische Markgrafschaft des 18. Jahrhunderts an, die »erst seit der Wiedervereinigung von 1771 überhaupt unter den größeren Territorien erwähnenswert«[131] sei, sich zuvor aber mit

---

127 Entsprechend betont KRIMM, Herrschaft (wie Anm. 1), S. 55 zu Recht, daß es die Gesamtstaatsidee auch im 16. Jahrhundert noch nicht gab. So wurde in der Linie Baden-Durlach 1584 sogar noch einmal eine Dreiteilung der Herrschaft vorgenommen. Vgl. SCHWARZMAIER, Baden (wie Anm. 1), S. 223f.
128 KRIMM, Herrschaft (wie Anm. 1), S. 62. Krimm betont auch noch für die Zeit der Linientrennung bis zur Besetzung der katholischen Lande durch die evangelische Linie im Jahr 1594 die Stärke des dynastischen Bandes, das die Teile weiterhin zusammengehalten habe. Ebd., S. 57, 75. Auf die zentrale Bedeutung der Dynastie als Klammer verweist auch M. SCHAAB, Grundzüge und Besonderheiten der südwestdeutschen Territorialentwicklung, in: Bausteine zur geschichtlichen Landeskunde von Baden-Württemberg, hg. von der Kommission für geschichtliche Landeskunde in Baden-Württemberg anläßlich ihres 25jährigen Bestehens, Stuttgart 1979, S. 129–155, hier S. 145.
129 K. S. BADER, Der deutsche Südwesten in seiner territorialstaatlichen Entwicklung, Stuttgart 1950 (ND Sigmaringen 1978), S. 105f.
130 Vgl. zur Herzogserhebung des Jahres 1495 MERTENS, Württemberg (wie Anm. 46), S. 64–66.
131 SCHAAB, Grundzüge (wie Anm. 128), S. 129.

den drei anderen fürstlichen Herrschaften des deutschen Südwestens, also Württemberg, Kurpfalz und Vorderösterreich, nicht habe vergleichen können. Eine von der neuzeitlichen Position Badens geprägte Perspektive verstellt jedoch, wie deutlich geworden ist, den Blick auf eine adäquate Beurteilung der markgräflichen Herrschaftsbildung während des Mittelalters; denn die weitere Entwicklung seit der Linientrennung des 16. Jahrhunderts war von den hochmittelalterlichen Voraussetzungen aus betrachtet, wenn man die Situation der Markgrafen von Baden mit derjenigen der Grafen von Württemberg vergleicht, ganz sicher alles andere als zwangsläufig. Vielmehr scheinen gerade unter Markgraf Rudolf I. und dann erneut insbesondere seit dem Aufbruch im 14. Jahrhundert bis in die Zeit Christophs I. immer wieder die sich jeweils eröffnenden Handlungsspielräume durchaus konsequent und erfolgreich genutzt worden zu sein.

Abb. 1   Siegel des Markgrafen Rudolf I. von Baden an einer Urkunde von 1277 (GLA Karlsruhe 35/207).

Dynastie – Hof – Territorium
Zur Herrschaftsbildung der Grafen von Württemberg im späteren Mittelalter

VON PETER RÜCKERT

Einführung

Die stark miteinander verzahnte Herrschaftsbildung der Grafen von Württemberg und der Markgrafen von Baden dominierte die politische Entwicklung im späteren Mittelalter gerade am mittleren Neckar. Die württembergische Perspektive dieser Entwicklung soll im folgenden anhand zentraler Problemkreise erörtert werden, zunächst um im Vergleich mit der badischen Territorienbildung die markanten Schnittstellen zu schärfen und die Besonderheiten des württembergisch-badischen Verhältnisses zu profilieren[1]. Diese Problemkreise ergeben sich zunächst aus dem gediegenen Stand der Forschung, der für beide Herrschaften vergleichbar ergiebig ist[2] und aktuelle Fragestellungen landes- und dynastiegeschichtlicher Forschung für den deutschen Südwesten formulieren läßt[3].

---

1 Vgl. dazu den Beitrag von Heinz KRIEG in diesem Band. Die beiden Beiträge wurden bei der Tagung in Besigheim am 11. Oktober 2003 synchronoptisch anhand von drei chronologischen Querschnitten präsentiert, die auch den folgenden Text strukturieren. Der Vortragstext wurde im wesentlichen, erweitert um den wissenschaftlichen Apparat, beibehalten. Zu den historischen Anfängen der Beziehungen zwischen Baden und Württemberg vgl. H. SCHWARZMAIER, Baden und Württemberg. Von den Anfängen zweier Familien und ihrer Herrschaft in Nachbarschaft und Konkurrenz, in: Aus südwestdeutscher Geschichte. Festschrift für Hans-Martin Maurer, hg. von W. SCHMIERER u. a., Stuttgart 1994, S. 15–24.
2 Vgl. dazu die grundlegenden Beiträge von H. SCHWARZMAIER zu Baden und von D. MERTENS zu Württemberg im HbBW Bd. 2: Die Territorien im Alten Reich, hg. von M. SCHAAB und H. SCHWARZMAIER, Stuttgart 1995, S. 1–163 (MERTENS, Württemberg) und S. 164–246 (SCHWARZMAIER, Baden). Daneben bietet die neuere Regestensammlung von P. J. SCHULER, Regesten zur Herrschaft der Grafen von Württemberg 1325–1378 (Quellen und Forschungen auf dem Gebiet der Geschichte, NF Heft 8), Paderborn u. a. 1998, eine einschlägige, wenn auch teilweise fehlerhafte Zusammenstellung der Quellen (künftig: SCHULER). Weiterhin grundlegend für die württembergische Überlieferung unseres Untersuchungszeitraums bleibt die mittlerweile auch im Internet (http://www.landesarchiv-bw.de/hstas.htm) verbessert publizierte Kurzregestensammlung der »Württembergischen Regesten« (1301–1500) (künftig: WR). Vgl. dazu zuletzt: P. RÜCKERT, Die »Württembergischen Regesten« als Online-Publikation. Digitale Perspektiven einer flexiblen Erschließung, in: Archivisches Arbeiten im Umbruch, hg. von N. HOFMANN und S. MOLITOR, Stuttgart 2004, S. 45–52.
3 Die sich aus dem Verhältnis von Dynastie und Territorium bei der Entwicklung der Territorialherrschaft ergebende Spannung hat bereits Peter Moraw grundlegend erfaßt und als zentralen Pro-

Im Mittelpunkt stehen die Instrumente der Territorienbildung in einer politischen »Achsenzeit«, der Periode etwa zwischen 1250 und 1400, als sich mit dem Ende der staufischen Herrschaft die politische Konsistenz gerade im deutschen Südwesten grundlegend und nachhaltig formierte. Hier bildeten Dynastie und Hof der Grafen von Württemberg den Nukleus ihrer Herrschaft, der mit Hilfe biographischer Profile zu skizzieren ist[4]. Damit verbunden sind Fragen nach Repräsentation und Memorialkultur, sozialem Prestige und politischer Autorität. Die Wirksamkeit der Herrschaft im Raum, die politischen und organisatorischen Instrumente zur flächenhaften Herrschaftsbildung sollen daneben verfolgt und erörtert werden.

Aufgrund dynastiegeschichtlicher Zäsuren bieten sich für unsere Darstellung drei chronologisch angelegte Längsschnitte an, welche die Herrschaftsbildung Württembergs im späteren Mittelalter in folgende Phasen unterteilen lassen:

1. sind die territorialpolitischen Grundlagen der Herrschaft Württemberg am Ende der Stauferzeit (um 1250) und die Inwertsetzung des staufischen Erbes im späteren 13. Jahrhundert zu erörtern. Den 2. Längsschnitt dominieren die territorialpolitischen »Krisen« im deutschen Südwesten und ihre Bewältigung im frühen 14. Jahrhundert. Die 3. Phase kennzeichnen die Konsolidierung und den herrschaftlichen Aufbruch Württembergs im späten 14. Jahrhundert.

Die territorialpolitischen Grundlagen der württembergischen Herrschaftsbildung

Die Herrschaftsbildung der Grafen von Württemberg gewinnt ihre Konturen erst mit dem Ende der Staufer. In der Periode von Graf Ulrich I. († 1265) bis Graf Eberhard dem Milden († 1417) »wurde die Herrschaft Württemberg in eben dem Grundriss festgelegt, den sie bis gegen Ende des Alten Reiches behalten hat«, so formulierte vor kurzem Dieter Mertens, dem wir die einschlägigen Überblicksdarstellungen zur Geschichte der Grafschaft Württemberg verdanken[5]. Mit dem Ende der Staufer konnte sie sich in dem

---

blembereich herrschaftsgeschichtlicher Forschung formuliert. Vgl. P. MORAW, Die Entfaltung der deutschen Territorien im 14. und 15. Jahrhundert, in: Aus landesherrlichen Kanzleien im Spätmittelalter. Referate zum VI. Internationalen Kongreß für Diplomatik, München 1983, Teilband 1, hg. von G. SILAGI (Münchener Beiträge zur Mediävistik und Renaissance-Forschung 35), München 1984, S. 61–108, wieder abgedruckt in: P. MORAW, Über König und Reich. Aufsätze zur deutschen Verfassungsgeschichte des späten Mittelalters, S. 89–126; hier vor allem S. 118ff.
4 Vgl. dazu zuletzt die einschlägigen Beiträge in: Höfe und Residenzen im spätmittelalterlichen Reich. Ein dynastisch-topographisches Handbuch. 2 Teilbände, hg. von W. PARAVICINI u. a. (Residenzenforschung 15.1), Ostfildern 2003, darin besonders S. LORENZ, Württemberg, Bd. 1, S. 225–234, sowie DERS., Württemberg (mit Mömpelgard), Bd. 2, S. 909–915, sowie O. AUGE, Stuttgart, Bd. 2, S. 568–571, S. LORENZ, Tübingen, Bd. 2, S. 592–595, R. DEIGENDESCH, Urach, Bd. 2, S. 600–604. Demnächst siehe auch die Publikation der Vortragsreihe »Der württembergische Hof im 15. Jahrhundert«, hg. von P. RÜCKERT (im Druck), hier besonders O. AUGE, Kongruenz und Konkurrenz. Württembergs Residenzen im Spätmittelalter. Des weiteren vgl. die biographischen Darstellungen in: Das Haus Württemberg. Ein biographisches Lexikon, hg. von S. LORENZ, D. MERTENS und V. PRESS, Stuttgart 1997.
5 D. MERTENS, Von Graf Ulrich I. dem Stifter bis zu Graf Eberhard III. dem Milden (Mitte 13. Jahrhundert bis 1417), in: Das Haus Württemberg (wie Anm. 4), S. 13–20, hier. S. 13.

Großraum um ihre namengebende Burg Wirtemberg, dem heutigen Rotenberg nahe bei Stuttgart, entfalten.

Beginnen wir mit dem Verhältnis zu den Staufern, das jedenfalls unter Friedrich Barbarossa noch unproblematisch war; im Gegenteil: die frühen Württemberger waren von dem Stauferkaiser auch durch Ämtervergabe an der Herrschaft am mittleren Neckar beteiligt worden. Doch spätestens gegen die staufische Territorialpolitik Friedrichs II. gingen die Württemberger in Opposition und drängten zur Ablösung der Stauferherrschaft in Schwaben: Nachdem Papst Innozenz IV. und das Konzil von Lyon Friedrich 1245 für abgesetzt erklärt hatten, traten die beiden Vettern Ulrich von Württemberg und Hartmann von Grüningen an der Spitze der schwäbischen Adelsopposition hervor. Als Sprecher dieser *barones Sueviae* reiste Ulrich damals zum Papst. Im August 1246 verließen Ulrich und Hartmann vor der Schlacht zwischen König Konrad IV. und dem Gegenkönig Heinrich Raspe bei Frankfurt das staufische Heer mit zwei Dritteln seiner Krieger, so dass Konrad abziehen musste und seinen Anspruch auf das Herzogtum Schwaben verlor[6].

Dieser bereits von den Zeitgenossen als »historische Wendung« eingestufte Abfall des Württembergers zeigt zum einen die aus seiner Machtfülle gewonnene Stärke und gleichzeitig seine herrschaftspolitischen Ambitionen, wohl nicht zuletzt auf das Herzogtum Schwaben. Schließlich sollten die beiden Vettern von der päpstlichen Partei neben einer kräftigen Geldsumme auch jeweils die Hälfte des schwäbischen Herzogtums erhalten.

Während die staufischen Anhänger von päpstlicher Bestechung sprachen, schätzten die Parteigänger der Gegenseite die hervorragende Stellung Graf Ulrichs innerhalb des schwäbischen Adels »aufgrund seiner Verwandten, seiner Ritter und seiner militärischen Macht«[7]. Von Ulrichs Rittern wissen wir nicht allzu viel und seine militärische Macht können wir nur erschließen. Seine Verwandtschaftskreise aber führen uns tatsächlich in die Spitzenetage des alten schwäbischen Adels: Die Grafen von Fürstenberg, von Dillingen, von Finstingen, von Kirchberg, von Veringen und auch die Pfalzgrafen von Tübingen zählten darunter, um nur die prominentesten Familien zu nennen.

Wenn wir die herrschaftliche Machtbasis Graf Ulrichs genauer betrachten, dann erkennen wir ihren territorialen Schwerpunkt um Neckar und Rems, der mit den neuen Städten Leonberg, Stuttgart, Waiblingen und Schorndorf gerade seine maßgeblichen Konturen gewann[8]. Hauptsitz des gräflichen Hofes war noch immer die namengebende Stammburg Wirtemberg, aber vor allem das nahe Stuttgart bot bereits jetzt gediegene Alternativen. Der Ort war wohl erst durch die Heirat Ulrichs mit Mechthild von Baden kurz vor 1250 an die Herrschaft Württemberg gelangt[9]. Mechthild war die Schwester des mächtigen Markgrafen Rudolf I. und Tochter Hermanns V., der Stuttgart – wie etwa Besigheim oder

---

6 Ebd., S. 14.
7 Ebd., S. 22.
8 Vgl. dazu Die territoriale Entwicklung von Württemberg bis 1796, einschließlich der linksrheinischen Besitzungen (mit Beiwort von Elmar BLESSING) im HABW, hg. von der Kommission für geschichtliche Landeskunde in Baden-Württemberg, Karte VI,2, Stuttgart 1971–1988. Daneben siehe auch S. LORENZ, Waiblingen – Ort der Könige und Kaiser, Waiblingen 2000, S. 121ff., sowie unten Abb. 5.
9 Vgl. H. DECKER-HAUFF, Geschichte der Stadt Stuttgart, Bd. 1: Von der Frühzeit bis zur Reformation, Stuttgart 1966, hier v. a. S. 137ff.

Backnang – vielleicht schon befestigt und zur Stadt erhoben hatte[10]. Stuttgart besaß bei seinem Übergang an Württemberg jedenfalls bereits städtische Qualität und offenbar auch eine repräsentative Burg, wie die aktuellen archäologischen Befunde im Alten Schloss nachweisen[11]. Der badische Einfluss in Stuttgart wird im übrigen auch noch einige Zeit später deutlich, als Markgraf Rudolf und dessen Mutter Irmengard 1259 eine Urkunde Ulrichs und Mechthilds mitbesiegelten, welche Weinbergsbesitz des Klosters Pfullingen in Stuttgart von Steuern befreite[12]. Die Markgrafen erscheinen hier also noch immer als Obereigentümer zumindest dieser Stuttgarter Weinberge.

Die badische Heirat Ulrichs zielte in ihrem territorialpolitischen Movens zweifellos auf den mittleren Neckarraum, was gegenüber der früheren Orientierung auf das östliche Schwaben eine neue räumliche Dimension anzeigt. Diese wurde jetzt, wie gesagt, mit dem Abgang der Staufer eröffnet, und auch im repräsentativen Sinne genutzt: Es ging dem Württemberger sicher darum, die aus seiner Machtfülle heraus demonstrierte rechtmäßige Nachfolge der Staufer auch durch die Übernahme der staufischen »Zentralorte« zu repräsentieren: vor allem das staufische Hauskloster Lorch und die Stammburg auf dem Hohenstaufen stehen dafür[13]. Die Klostervogtei über Lorch und der Hohenstaufen mitsamt den zugehörigen Ministerialen waren spätestens seit 1251 in der Hand Ulrichs, während sein Vetter Hartmann Stadt und Burg Markgröningen als Reichslehen übernahm[14]. Weitere bedeutende Erwerbungen während des Interregnums kamen hinzu, wobei besonders das Uracher Erbe um die Grafschaften Urach und Achalm eine nachhaltige Rolle für die Expansionspolitik des Württembergers spielte. Dazu erhielt er noch das herzogliche Marschallamt für Schwaben und die Vogtei über Ulm.

Die konsequente Ausnutzung des Machtvakuums an der Reichsspitze zeichnet den Aktionismus des Württembergers sicher besonders aus und macht ihn darin etwa mit dem Markgrafen Rudolf von Baden vergleichbar. Auch über die neuen Instrumente herrschaftlicher Territorialpolitik scheint Ulrich I. effektiv verfügt zu haben: Städtebildung und Ausbau repräsentativer Residenzen, damit einhergehend organisatorische Durchdringung der räumlichen Herrschaft und Verdichtung des Territoriums unter Übernahme und Fortführung alter Herrschaftszentren in Form von Burgen sind hier zumindest in den angeführten Ansätzen zu erkennen[15].

---

10 Vgl. dazu die Beiträge von Heinz KRIEG und Hans-Martin MAURER in diesem Band.
11 Vgl. die eindrucksvollen neuen archäologischen Befunde im Alten Schloss und in der Stiftskirche in Stuttgart bei H. SCHÄFER, Archäologische Untersuchungen in der Stiftskirche in Stuttgart, in: Archäologische Ausgrabungen in Baden-Württemberg 2000 (2001), S. 171–175; DERS., Befunde aus der archäologischen »Wüste«: Die Stiftskirche und das Alte Schloss in Stuttgart, in: Denkmalpflege in Baden-Württemberg 31 (2002), S. 249–258, und DERS./U. GROSS, Stuttgart, Altes Schloss. Befunde aus dem Untergeschoss der Dürnitz, in: Archäologische Ausgrabungen in Baden-Württemberg 2001 (2002), S. 235–239. Daneben siehe jetzt ausführlicher O. AUGE, 775 Jahre »Stutkarcen«, in: ZWLG 64 (2005), S. 11–42; hier vor allem S. 14ff., sowie DERS., Stuttgart (wie Anm. 4).
12 WUB 5, Nr. 1519, S. 286f. Vgl. dazu DECKER-HAUFF (wie Anm. 9), S. 139.
13 Vgl. dazu jetzt die einschlägigen Beiträge in: 900 Jahre Kloster Lorch. Eine staufische Gründung vom Aufbruch zur Reform, hg. von F. HEINZER, R. KRETZSCHMAR und P. RÜCKERT, Stuttgart 2004, darin vor allem: H.-M. MAURER, Zu den Anfängen Lorchs als staufisches Hauskloster, S. 1–28.
14 MERTENS, Württemberg (wie Anm. 2), S. 18.
15 Vgl. allgemein dazu den Forschungsüberblick bei S. LORENZ, Staufische Stadtgründungen in Südwestdeutschland. Aktuelle Aspekte, Tendenzen und Perspektiven in der Stadtgeschichtsfor-

Wesentliche Weichenstellungen gingen mit der Inwertsetzung des »staufischen Erbes« auch hinsichtlich der dynastischen Formierung des Hauses Württemberg einher: Es kam damals zur Verselbständigung der beiden Linien um Ulrich von Württemberg und Hartmann von Grüningen gleichsam als Ergebnis und Erfolg ihrer gemeinsamen offensiven Territorialpolitik. Den deutlichsten Ausdruck sollte diese Verselbständigung in der Pflege unterschiedlicher Grablegen finden: Während Ulrich Beutelsbach als Stift und Grablege seiner Familie einrichtete, machten die Grüninger das Zisterzienserinnenkloster Heiligkreuztal zu ihrem geistlichen Mittelpunkt. Doch obwohl sich Ulrichs Aktionsraum immer deutlicher im Unterland profilierte und Hartmann eine dezidiert oberschwäbische Politik betrieb, sollte das gemeinsame dynastische Bewußtsein – wie es etwa im gemeinsam zugelegten, veringischen Wappen (mit den Hirschstangen) zum Ausdruck kommt[16] – zunächst eine verlässliche politische Konstante bleiben.

Noch vor seinem Tod 1265 wurde die Herrschaft Ulrichs von Württemberg bemerkenswerterweise durchaus schon flächenhaft verstanden: *Per omnes terminos domini[i] nostri* beschreibt ein Urkundentext von 1262 seinen Herrschaftsbereich[17]. Seine Herrschaftsgebiete umfaßten neben den Allodien, Kirchen- und Reichslehen, Pfandschaften und Klostervogteien besonders große Teile des ehemaligen staufischen Territoriums. Gerade dieses »staufische Erbe« bedingte eine Legitimation vom Reich und damit eine territorialpolitische und dynastische Offensive, um das kurzfristig Erreichte zunächst einmal zu sichern. Oder anders formuliert: Eine schwäbische Herzogsgewalt nach den Staufern sollte es ohne Württemberg nicht mehr geben.

Ulrich I. scheint seinen Aktionsspielraum genau daraufhin ausgerichtet zu haben. Seine dynastischen Ambitionen sind auch mit seinem Konnubium unmittelbar in Verbindung zu bringen: Nach dem Tod seiner badischen Frau Mechthild schloss Ulrich um 1260 eine weitere, noch prominentere Ehe mit Agnes, der ältesten Tochter des schlesischen Fürsten Boleslaw II. Sie stammte aus dem berühmten polnischen Königsgeschlecht der Piasten, ein Urgroßvater war der böhmische König Ottokar II., eine Urgroßmutter die hl. Hedwig. Mit dieser Heirat demonstrierte Ulrich nachdrücklich seinen Anspruch auf einen Fürstenrang; man kann hierin seinen herrschaftlichen Aufstieg gleichsam personifiziert greifen.

Agnes starb bereits zwei Wochen nach Ulrichs Tod im März 1265. Beide wurden zunächst im Stift Beutelsbach begraben und erhielten schon bald die berühmte Doppeltumba, die noch immer in der Stuttgarter Stiftskirche zu sehen ist (Abb. 1). Hier wird Agnes – entsprechend ihrem höheren Geburtsstand – zuerst genannt als *filia ducis Polonie*. Auch trägt sie das Kirchenmodell in ihren Händen, obwohl sicher Ulrich der wesentliche Förderer des Beutelsbacher Stiftes war.

Oliver Auge hat jetzt zeigen können, daß Graf Ulrich, mit dem späteren Beinamen »der Stifter«, wohl gerade in den Jahren des staufischen Niedergangs und des Überwech-

---

schung, in: Staufische Stadtgründungen am Oberrhein, hg. von E. REINHARD und P. RÜCKERT (Oberrheinische Studien 15), Sigmaringen 1998, S. 235–272, daneben auch G. WEIN, Die mittelalterlichen Burgen im Gebiet der Stadt Stuttgart, v. a. Bd. 1: Die Burgen im Stuttgarter Tal (Veröffentlichungen des Archivs der Stadt Stuttgart 20), Stuttgart 1967.
16 Vgl. dazu auch unten Abb. 3.
17 WUB 6, Nr. 1639, S. 39f.

Abb. 1 Grabmal Graf Ulrichs des Stifters und seiner zweiten Gemahlin Agnes (beide gestorben 1265) in der Stuttgarter Stiftskirche.

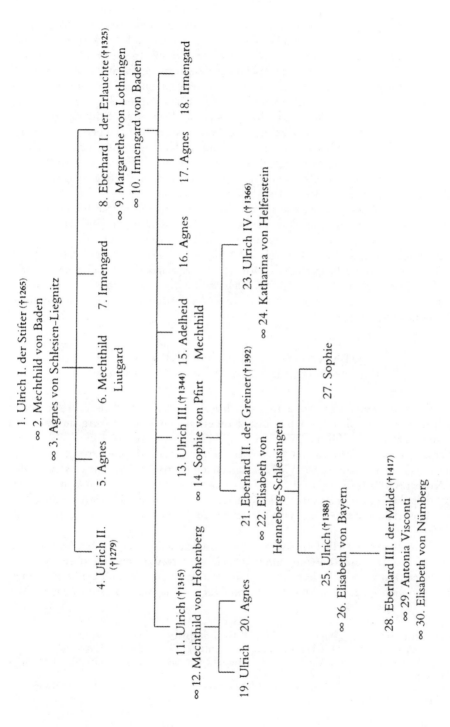

Abb. 2   Das Haus Württemberg im 13. und 14. Jahrhundert.

selns ins päpstliche Lager kurz vor 1250 die Stiftsgründung in Beutelsbach vollzog[18]. Beutelsbach als alter Stammsitz der Familie, in der Nähe der neueren Burg Wirtemberg gelegen, sicherte nicht nur den räumlichen Kontakt von Herrschaftssitz und Grablege und damit den Aufbau eines anspruchsvollen Herrschaftszentrums, das Stift diente natürlich zunächst der liturgischen Memoria und sollte mit seinem Personal ein bedeutendes Reservoir für Kirche und herrschaftliche Verwaltung darstellen. Neben der angesprochenen raumgreifenden Territorialpolitik Ulrichs, wie sie vor allem in der Städtebildung zum Ausdruck kommt, war damit der zeitgemäße Nukleus der württembergischen Herrschaftsrepräsentation gestaltet, der – auch im geistlichen Sinne – ergänzt wurde durch die Übernahme prominenter Klostervogteien wie etwa in Lorch[19]. Eigene Klostergründungen, soviel sei bereits an dieser Stelle vorweggenommen, haben die Grafen von Württemberg in dem uns interessierenden Zeitraum hingegen keine initiiert.

Bleiben wir noch kurz bei Ulrichs Familie: Mit seiner badischen Frau Mechthild hatte er einen gleichnamigen Sohn Ulrich II., der beim Tod des Vaters minderjährig an die Herrschaft kam. Er verstarb bereits 1279, so daß sein Halbbruder Eberhard, später »der Erlauchte« genannt, der Sohn Ulrichs mit Agnes von Schlesien, anschließend alleine regierte. Das dynastische Programm der Württemberger wurde damit auch nominell profiliert: Die Namen des Stiefbrüderpaares Ulrich und Eberhard wurden in den Nachfolgegenerationen wiederholt und sollten bis zum Ende des Spätmittelalters die württembergischen Leitnamen bilden.

Die territorialpolitischen »Krisen« im deutschen Südwesten und ihre Bewältigung

Die heftigen Auseinandersetzungen, die sich im ausgehenden 13. und beginnenden 14. Jahrhundert vor allem zwischen dem Königtum und Württemberg im mittleren Neckarraum abspielten, führten Württemberg »in die schwerste Krise seiner politischen Existenz während des Mittelalters«[20] – ein vielzitiertes Diktum, das die Besonderheit jener Phase nachdrücklich beschreibt. Wie äußerte sich diese Krise, die wir zunächst als politische Krise aus württembergischer Sicht begreifen wollen; wie ist die württembergische Territorialpolitik gerade gegenüber dem Königtum und damit im südwestdeutschen Rahmen zu bewerten, und worin lagen die herrschaftlichen und dynastischen Instrumente zu ihrer Bewältigung?

Nach der herrschaftliche Expansion mit der Aneignung des staufischen Kernbesitzes unter Ulrich I. stand die Konfrontation mit einem wiedererstarkten Königtum von vornherein zu erwarten. Als sich dieses dann mit Rudolf von Habsburg (1273–1291) profilierte, war – ähnlich wie bei den Markgrafen von Baden – eine Auseinandersetzung um den

---

18 O. Auge, Stiftsbiographien. Die Kleriker des Stuttgarter Heilig-Kreuz-Stifts (1250–1552) (Schriften zur südwestdeutschen Landeskunde 38), Leinfelden-Echterdingen 2002, S. 50f.
19 Vgl. dazu W. Runschke, Kloster Lorch – Spuren einer mittelalterlichen Grundherrschaft, in: 900 Jahre Kloster Lorch (wie Anm. 13), S. 36f.
20 D. Stievermann, Landesherrschaft und Klosterwesen im spätmittelalterlichen Württemberg, Sigmaringen 1989, S. 81.

entfremdeten Reichsbesitz vorprogrammiert[21]. Diese wurde auch von württembergischer Seite mit entschiedener Härte geführt; Eberhard der Erlauchte und seine lange Regierungsperiode stehen dafür.

Bereits mit der Königswahl Rudolfs bildete die Revindikationspolitik, die Rückforderung des Reichsguts, dessen zentrales politisches Programm[22]. Diese Forderungen betrafen vor allem die Herrschaftsbildungen des Adels in Franken und Schwaben, wo Rudolf nun in Anknüpfung an die staufische Reichsgüterorganisation Reichslandvogteien einrichtete. Hierfür setzte er ihm eng verbundene Dynasten ein, worunter sein Schwager Albrecht von Hohenberg zum bedeutendsten Gegner der Württemberger wurde[23]. Die Burg Achalm mit Reutlingen wurde zum Zentrum seiner Landvogtei Niederschwaben; seit 1286 hatte Albrecht dann auch die Landfriedensgewalt an Stelle des Königs inne. Die Offensive des Habsburgers war schnell erfolgreich: Die zwischenzeitlich württembergischen Vogteien über die Klöster Lorch und Adelberg sowie das Stift Denkendorf zog Rudolf wieder in seine Verfügung. Das schwäbisch-herzogliche Marschallamt war mit dem Tod des letzten Staufers Konradin 1268 ohnehin obsolet geworden, und auch die Ulmer Reichsvogtei wurde wieder eingezogen.

Die politische Zielrichtung des Habsburgers war bald deutlich zu erkennen: Mit der Revindikation für das Reich betrieb er eine Hauspolitik, die auf eine Wiedererrichtung des Herzogtums Schwaben in habsburgischer Hand ausgerichtet war und damit das württembergische »Trauma« quasi neu belebte. 1285 begann eine heftige militärische Auseinandersetzung, die sich über mehrere Jahre hinzog und 1287 mit einem Sühnevertrag endete, der Eberhard als Landfriedensbrecher zur Übergabe etlicher Burgen und empfindlichen Schadenszahlungen zwang[24]. Immerhin hatte der Württemberger seine Herrschaft und ihre Reichsunmittelbarkeit zunächst einmal behauptet. Doch waren viele seiner Burgen, gerade um das aufblühende Stuttgart, gebrochen und dazu auch noch der symbolträchtige Hohenstaufen in der Hand des Habsburgers[25] – angesichts der habsburgischen Übermacht und ihrer Verbündeten, vor allem der erstarkten Reichsstädte, tatsächlich eine ernste Krisensituation für die württembergische Herrschaft.

Der Tod Rudolfs von Habsburg 1291 sollte dann längerfristig das politische Blatt wenden: Aus der Krise Württembergs wurde eine Krisenzeit des Königtums. Bereits anhand der Regierungsdaten der maßgeblichen Protagonisten wird die Tendenz zugunsten Württembergs deutlich: Eberhard I. sollte 46 Jahre regieren, sein Enkel Eberhard II. dann sogar 48 Jahre. Er erlebte vier Thronwechsel und sechs Könige auf dem deutschen Königsthron mit, von welchen keiner die Krone an einen Sohn weitergeben konnte[26]. Eberhards lange

---

21 Vgl. zuletzt dazu: K.-F. KRIEGER, Rudolf von Habsburg, Darmstadt 2003, sowie den Beitrag von Heinz KRIEG in diesem Band.
22 MERTENS, Württemberg (wie Anm. 2), S. 24.
23 Vgl. dazu zuletzt die einschlägigen Beiträge in: Graf Albrecht II. und die Grafschaft Hohenberg, hg. von B. RÜTH und A. ZEKORN, Tübingen 2001. Zu berücksichtigen ist in diesem Zusammenhang, daß Stuttgart damals nicht als Allod der Württemberger, sondern als Reichslehen galt! Vgl. dazu AUGE (wie Anm. 11), S. 15.
24 WUB 9, Nr. 3670, S. 157ff.
25 Dazu WEIN (wie Anm. 15), S. 10f., 17f. Des weiteren ist hierfür noch immer grundlegend: K. WELLER, Die Grafschaft Wirtemberg und das Reich bis zum Ende des 14. Jahrhunderts, Teil 1, in: WVjh 38 (1932), S. 113–163.
26 MERTENS, Von Graf Ulrich I. dem Stifter (wie Anm. 5), S. 15.

Regierung aber garantierte Kontinuität in der Auseinandersetzung mit dem Reich. Seine Politik war daran ausgerichtet, die Schwäche der Reichsgewalt für seine eigene Territorienbildung zu nutzen.

Als das habsburgische Herrschaftssystem in Schwaben mit dem Tod Rudolfs von Habsburg in sich zusammenfiel, stieg das Prestige des Württembergers sogleich wieder an: die Klöster Lorch und Adelberg übertrugen ihm ihre Schirmvogtei, der bislang übermächtige Albrecht von Hohenberg wurde bekriegt und anschließend dynastisch – d. h. durch die Verheiratung der Kinder – verpflichtet. Der Württemberger war wieder Primus im nördlichen Schwaben[27].

Bleiben wir noch kurz bei der Dynastie. Auch Eberhard I. führte zwei Ehen wie sein Vater: Zunächst eine ständisch ambitionierte mit Margarethe, der Tochter des Herzogs von Lothringen, dann eine eher territorialpolitisch orientierte mit Irmengard, der Tochter Markgraf Rudolfs I. von Baden. Rudolf war, wie bereits erwähnt, ebenso von den Revindikationen des Habsburgers betroffen und setzte sich ebenso militärisch zur Wehr[28]. Die badisch-württembergische Koalition hielt also nicht nur eine weitere Generation, sondern sie wurde auch dynastisch gefestigt: Eberhards Stiefmutter Mechthild stammte ja bereits aus dem badischen Haus, und Irmengard war ihre Nichte. Daß mit dieser neuerlichen dynastischen Verbindung auch die Ansprüche des Württembergers auf das bereits übernommene badische Erbe im mittleren Neckarraum bestätigt werden sollten, ist anzunehmen[29]. Jedenfalls werden konkrete Ambitionen der Markgrafen hier jetzt nicht mehr greifbar. Im Gegenteil: Die so einvernehmlich scheinende Aufteilung des staufischen Erbes zwischen den Häusern Baden und Württemberg fand ihre Fortsetzung in der gemeinsamen Opposition gegen Rudolf von Habsburg, auch wenn gemeinsame militärische Aktionen kaum erkennbar sind.

Deutlich wird die territorialpolitische Abstimmung in der räumlichen Orientierung: Die bereits von Mechthild ins Haus Württemberg eingebrachten Besitzungen am mittleren Neckar wurden über das Heiratsgut von Irmengard wesentlich erweitert: Die Städte Beilstein und Backnang mit der bedeutenden Stiftsvogtei sowie die benachbarte Burg Reichenberg gehörten dazu[30]. Ein repräsentativer Erwerb, immerhin war Backnang die alte Familiengrablege der Badener, und auf Reichenberg saß eine bedeutende Dienstmannschaft, die nun in die württembergische Klientel übergehen sollte. Und auch die unfern gelegene Stadt Marbach ging 1302 an die hier bereits zuvor begüterten Württemberger über und sollte bald den Mittelpunkt eines Amtes bilden[31]. Marbach war zuvor ebenfalls im badischen Besitz gewesen und als Heiratsgut um 1255 zunächst an Herzog Ludwig

---

27 Vgl. zu Lorch: RUNSCHKE (wie Anm. 19), S. 37f.; zu Adelberg: LORENZ, Waiblingen (wie Anm. 8), S. 124.
28 Vgl. den Beitrag von Heinz KRIEG in diesem Band.
29 Dazu DECKER-HAUFF (wie Anm. 9), S. 174.
30 WUB 9, Nr. 5043, S. 73ff. Dazu SCHWARZMAIER, Baden (wie Anm. 2), S. 185 sowie im Überblick: G. FRITZ, Die Markgrafen von Baden und der mittlere Neckarraum, in: ZWLG 50 (1991), S. 51–66.
31 Vgl. dazu zuletzt: H.- U. SCHÄFER, Die Geschichte Marbachs von den Anfängen bis zum Jahre 1302, in: Geschichte der Stadt Marbach am Neckar, Bd. 1, hg. von A. GÜHRING u. a., Marbach 2002, S. 37–144, hier vor allem S. 119ff., sowie P. SAUER, Marbach im Mittelalter und zu Beginn der frühen Neuzeit, ebd., S. 145–230, hier vor allem S. 145ff.

von Teck gelangt, der die Stadt mit umliegenden Gütern dann für eine stolze Summe an Graf Eberhard verkaufte[32].

Die württembergischen Arrondierungen um Neckar und Murr waren also mit Hilfe bzw. zu Lasten Badens weiter erfolgreich. In dieselben Jahre um 1300 führen jetzt auch die neuen archäologischen Befunde im Stuttgarter Schloss, die einen beeindruckenden Neubau mit Ringmauer über der alten badischen Anlage belegen[33]. Diese neue Burg inmitten der wiederbefestigten Stadt und in unmittelbarer Nachbarschaft zu einer repräsentativen Kirche, welche bereits seit badischer Zeit die frühstädtische Topographie besonders profilierte, sollte nun zum neuen Herrschaftssitz werden[34]. Die Burg Wirtemberg, ohnehin wohl stark beschädigt in der Fehde mit den Habsburgern, wurde zugunsten der gediegeneren Residenz vernachlässigt und bald aufgegeben. Konsequenterweise folgte damals auch die Verlegung des Stiftes Beutelsbach mit der Grablege der Dynastie an die Stuttgarter Stiftskirche, so dass hier nun bald alle Funktions- und Repräsentationsbereiche des württembergischen Hofes vereinigt waren[35].

Die württembergische Herrschaftsbildung gedieh in jenen Jahren um 1300 vortrefflich, vor allem weil Eberhard mit seiner Unterstützung für den neuen König Albrecht, den Sohn Rudolfs von Habsburg (1298–1308), wiederum Zugriff auf das Reichsgut erhielt. Er übernahm jetzt die Reichslandvogtei Niederschwaben und bald auch wieder die Klostervogtei über Lorch[36]. Dazu bestätigte Albrecht auch die neuen württembergischen Besitzungen um Backnang und Reichenberg, die Eberhard von den Markgrafen erhalten hatte[37]. Es wird eine regelrechte territorialpolitische Raumplanung des Württembergers greifbar, zunächst in Abstimmung mit König Albrecht, der die habsburgische Hausmacht im deutschen Südwesten natürlich ebenfalls stärken wollte. Die Verlierer dieses machtpolitischen »Selektionsprozesses« werden bald sichtbar: die Herzöge von Teck und die Pfalzgrafen von Tübingen waren seine prominentesten Opfer[38].

Freilich war auch unter Albrecht der politische Gegensatz zwischen Habsburg und Württemberg virulent. Als der König 1307 Eberhard die Reichslandvogtei über Niederschwaben wieder entzog, drohte der Konflikt erneut zu eskalieren[39]. Im nördlichen Schwarzwald schien die Kollision damals vorprogrammiert: Während Albrecht 1307 die Burg Neuenbürg für das Reich sicherte, kaufte Eberhard fast zeitgleich eine Hälfte von Burg und Stadt Calw. Der Württemberger griff damit weit in den Schwarzwald aus, wo bislang vor allem habsburgische und badische Machtansprüche zusammengetroffen

32 Die Verkaufsurkunde von 1302 siehe unter WR 10642.
33 Vgl. die Publikationen von SCHÄFER (wie Anm. 11).
34 Vgl. den alten Forschungsstand bei DECKER-HAUFF (wie Anm. 9). Ausführlicher dazu jetzt AUGE, 775 Jahre »Stutkarcen« (wie Anm. 11), S. 17ff. sowie die zusammenfassenden Ausführungen im Ausstellungskatalog »Heiliger Raum. Stiftskirche, St. Leonhard und Hospitalkirche im Mittelalter«, bearb. von Ch. MACK, B. NEIDIGER und H. SCHÄFER, Stuttgart 2004.
35 Vgl. AUGE, Stiftsbiographien (wie Anm. 18), S. 57ff.
36 WR 611 (nach HStAS H 51 U 186). Vgl. dazu MERTENS, Württemberg (wie Anm. 2), S. 28.
37 WR 6488 (nach HStAS H 51 U 185).
38 Vgl. zu den Pfalzgrafen von Tübingen: S. LORENZ, Staufer, Tübinger und andere Herrschaftsträger im Schönbuch, in: Von Schwaben nach Jerusalem. Facetten staufischer Geschichte, hg. von S. LORENZ und U. SCHMIDT, Sigmaringen 1995, S. 285–320.
39 Vgl. P. RÜCKERT, Neuenbürg – Burg, Stadt und Amt im Mittelalter, in: Der Nordschwarzwald. Von der Wildnis zur Wachstumsregion, hg. von S. LORENZ, Filderstadt 2001, S. 74–82; hier: S. 76.

waren. Fast zeitgleich geriet er durch den Kauf der Grafschaft Asperg 1308 in deutlichen Konflikt mit den Markgrafen, die hier eigene Ambitionen zu verteidigen dachten[40] – erneut eine ernstzunehmende Krisensituation, die mit dem Tod König Albrechts aber noch in demselben Jahr wieder entspannt wurde.

Allerdings entspannte sich die politische Lage nur für kurze Zeit, denn die Krise Württembergs spitzte sich unter dem neuen König Heinrich VII. dramatisch zu: Als die Konflikte um das Reichsgut auch auf einem Hoftag 1309 durch die Verweigerung Eberhards nicht gelöst werden konnten, wurde dieser in die Reichsacht gelegt und bekriegt. Es bildete sich damals eine große Koalition der Reichsstädte mit dem schwäbischen Hochadel, der unter der württembergischen Herrschaftbildung gelitten hatte. Ihr Kriegsziel war die völlige Auflösung der Herrschaft Württemberg zugunsten des Königtums und des beteiligten Adels[41]. Zwischen 1310 und 1312 fielen die meisten württembergischen Burgen und Städte, darunter auch Stuttgart und Backnang. Eberhard war zeitweilig sogar darauf angewiesen, dass ihn sein badischer Schwager Rudolf Hesso in Besigheim hauste[42]. Die badisch-württembergische Koalition funktionierte also – als einzige in dieser Notlage – noch immer.

Und wieder war es der Tod des Widersachers, jetzt eben Heinrichs VII. 1313, der Eberhards Probleme löste und damit die angesprochene »schwerste Krise seiner politischen Existenz«[43]. Das durch Thronvakanz und Doppelwahl bis 1322 geschwächte Königtum bot dem Württemberger anschließend genügend Spielraum zur Erholung. Er konnte seine frühere herrschaftspolitische Position sogar zu Lasten der Reichsstädte noch ausbauen und auch durch seinen Ausgriff in den Schwarzwald mit der Erwerbung Neuenbürgs noch abrunden[44]. Hier ließ der Württemberger anschließend eine neue Stadt zu Füßen der Burg an der Enz anlegen. Der Ort wurde systematisch zum Verwaltungsmittelpunkt der umliegenden württembergischen Besitzungen ausgebaut und nun auch von hier aus die Formierung eines Amtes betrieben, wie dies die damalige württembergische Ämterorganisation um die Burgen und Landstädte als Verwaltungszentren auszeichnete.

Die enge Verbindung zur Reichsgewalt, als deren Repräsentant Eberhard der Erlauchte damals zunächst (bis 1323) im Gefolge Friedrichs von Habsburg galt[45], fand auch symbolkräftigen Ausdruck, etwa in seinem Siegelbild: Das von 1317 bis 1321 nachweisbare Reitersiegel zeigt den gewappneten Grafen mit Schwert und Schild. Das württembergische Wappen schmückt Schild und Pferdedecken, im Siegelfeld hinter dem Reiter ist der Adlerschild des Reiches zu sehen, deutlicher Hinweis auf sein damaliges Amt als Reichsvogt[46] (Abb. 3). Eberhard stand auf dem Höhepunkt seiner Macht.

---

40   WR 6481; vgl. dazu zuletzt: P. Sauer, Der Hohenasperg: Fürstensitz – Höhenburg – Bollwerk der Landesverteidigung, Leinfelden-Echterdingen 2004, S. 27. Bereits 1304 hatte König Albrecht dem Württemberger den Besitz der von Graf Ulrich von Asperg übernommenen Güter bestätigt. Vgl. WR 6488 (nach HStAS H 51 U 185).
41   Mertens, Württemberg (wie Anm. 2), S. 31.
42   Ebd., S. 32. Vgl. dazu die ausführliche Darstellung in der Ratschronik des Sebastian Küng aus dem 16. Jahrhundert bei I. K. Sommer (Bearb.), Die Chronik des Stuttgarter Ratsherrn Sebastian Küng. Edition und Kommentar (Veröffentlichungen des Archivs der Stadt Stuttgart 24), Stuttgart 1971.
43   Siehe oben S. XX.
44   Rückert, Neuenbürg (wie Anm. 39), S. 78; Blessing, Beiwort (wie Anm. 8), S. 1.
45   Mertens, Württemberg (wie Anm. 2), S. 33f.
46   Vgl. ausführlicher dazu: E. Gönner, Reitersiegel in Südwestdeutschland, in: Aus südwestdeutscher Geschichte (wie Anm. 1), S. 151–167; hier: Abbildung S. 155 und Text S. 164. Es handelt sich dabei

Abb. 3   Reitersiegel Graf Eberhards des Erlauchten, nachweisbar 1317–1321.

In diese Jahre, die etwa das letzte Lebensjahrzehnt Eberhards des Erlauchten umreissen, wird auch die Entstehung des Versromans »Herzog Friedrich von Schwaben« gesetzt, der »offenkundig Elemente enthält, die sich auf den Herzog Friedrich II. von Schwaben, den Vater Barbarossas beziehen«[47]. Bemerkenswert ist, daß nun – fast 200 Jahre nach dem Tod des Herzogs – dessen Geschichte mit der Geschichte der württembergischen Grafen verknüpft wird. Damit kommt auch auf literarischer Ebene zum Ausdruck, was wir als politische Maxime württembergischer Herrschaftspolitik bereits kennengelernt haben: Der Anspruch auf das Erbe des schwäbischen Herzogtums und damit die Führungsposition in Schwaben in legitimer Nachfolge der Staufer.

Werfen wir von hier aus wiederum einen Blick nach Baden: Waren bereits mit dem Erwerb der Grafschaft Asperg und dem württembergischen Ausgriff auf Neuenbürg badische Herrschaftsambitionen zurückgewiesen worden, so wird bald eine deutliche Distanzierung der beiden bisherigen Partner augenfällig: Zahlreiche Chronisten berichten ausführlich von der heftigen Belagerung der Burg Reichenberg durch Graf Eberhard, die sein Schwager, Markgraf Rudolf III. von Baden, abwehren konnte, so dass die Burg zunächst im badischen Besitz verblieb[48]. Reichenberg sollte eigentlich ja mit dem Heiratsgut Irmengards von Baden, der Schwester Rudolfs, zunächst pfandweise an die Herr-

---

im übrigen um das erste nachweisbare Reitersiegel eines württembergischen Grafen. Das ältere Siegel Eberhards des Erlauchten hatte nur den württembergischen Schild mit den drei Hirschstangen gezeigt.
47   H. Schwarzmaier, Hadwig und Ernst II. Schwäbische Herzogsbilder zwischen Geschichtsforschung, Legende und Dichtung, in: Frühmittelalterliche Studien 36 (= Festschrift für Hagen Keller), Berlin/New York 2002, S. 285–315; hier: S. 308. Vgl. daneben Ders., Pater imperatoris. Herzog Friedrich II. von Schwaben, der gescheiterte König, in: Mediaevalia Augiensia. Forschungen zur Geschichte des Mittelalters, hg. von J. Petersohn (Vorträge und Forschungen 54), Stuttgart 2001, S. 247–284, darin Exkurs S. 285f.
48   RMB Nr. 799, S. 80; Schuler Nr. 2. Ausführlich dazu auch Sebastian Küng (wie Anm. 42), S. 65.

schaft Württemberg übergegangen sein, wurde aber von diesem offenbar streitig gemacht und war 1325 wieder badisch besetzt[49].

Nach Eberhards Tod 1325 wurde der innere Landesausbau von seinem bereits zuvor mitregierenden Sohn Ulrich III. nahtlos fortgesetzt: Er besetzte seine Feste (*municio*) Neuenbürg mit einem Vogt und war von hieraus in der Lage, die 1338 neugewonnenen Vogteirechte über die benachbarte Zisterze Herrenalb offensiv wahrzunehmen. Dies war auch nötig, denn Kaiser Ludwig der Bayer hatte den Klosterschutz damals von den Markgrafen von Baden auf den Württemberger als Inhaber der zuständigen Reichslandvogtei übertragen[50]. Die Folge war ein über fast zwei Jahrhunderte geführter Dauerstreit um die Herrenalber Vogtei zwischen Baden und Württemberg, der das gegenseitige Verhältnis stark belasten sollte[51]. Die Übernahme weiterer wichtiger Schirmvogteien, so über Hirsau, Bebenhausen oder Denkendorf, schloß sich bald an[52]. Diese sollten nun als wichtige Bausteine für das württembergische Territorium instrumentalisiert werden; wir kommen darauf zurück.

Ulrichs zielstrebige Erwerbspolitik beeindruckt darüber hinaus: die Herrschaften Vaihingen a. d. Enz und Tübingen sind nur als prominenteste Neueinkäufe zu nennen[53]. Von der verarmten Nebenlinie Grüningen-Landau übernahm Ulrich deren Lehenhof. Und besonders prestigeträchtig galt das vom Kaiser übertragene Markgröningen als erbliches Reichssturmfahnlehen – eine Rangerhöhung, die später auch Eingang in die württembergische Heraldik finden sollte[54], gleichwohl aber nicht verfassungsrechtlich instrumentalisiert werden konnte: Ein Aufstieg in den Reichsfürstenstand war damit zunächst nicht verbunden, so dass diese Belehnung auch keine konkrete Bedeutung für das württembergische Herrschaftsgefüge besaß[55].

---

49 Zu dieser Vorgeschichte bietet die einschlägige Überlieferung: WUB 9, Nr. 5043, S. 73ff. sowie RMB Nr. 643, S. 63. Vgl. dazu auch DECKER-HAUFF (wie Anm. 9), S. 196. Wie lange der Reichenberg anschließend noch in badischem Besitz verblieb, lässt sich nicht genauer belegen. Eine aktive Rolle in der württembergischen Territorialpolitik wird jedenfalls erst ab dem 15. Jahrhundert deutlich. Um die Mitte des 14. Jahrhunderts erscheint die Burg zunächst als württembergisches Lehen in der Hand der Sturmfeder von Oppenweiler (vgl. SCHULER Nr. 1015).
50 SCHULER Nr. 151 (nach HStAS H 51 U 403). Vgl. dazu zuletzt K. ANDERMANN, Herrenalb, in: Württembergisches Klosterbuch. Klöster, Stifte und Ordensgemeinschaften von den Anfängen bis in die Gegenwart, hg. von W. ZIMMERMANN und N. PRIESCHING, Ostfildern 2003, S. 272–275.
51 Vgl. dazu die weiteren einschlägigen Beiträge in: 850 Jahre Kloster Herrenalb. Auf Spurensuche nach den Zisterziensern, hg. von P. RÜCKERT und H. SCHWARZMAIER (Oberrheinische Studien19), Stuttgart 2001.
52 Vgl. dazu die Karte im HABW (wie Anm. 8); zu Bebenhausen vor allem Schuler Nr. 211 (nach HStAS A 474 U 2075); zu Denkendorf SCHULER Nr. 203.
53 Belege bei SCHULER Nr. 206f. Dazu W. SCHÖNTAG, Ulrich III., in: Das Haus Württemberg (wie Anm. 4), S. 29f.
54 Zu Markgröningen vgl. SCHULER Nr. 128 (nach HStAS H 51 U 382); zur württembergischen Heraldik vgl. zuletzt P. SCHÖN, Wappen – Siegel – Territorium: Die Entwicklung des württembergischen Wappens bis 1495, in: 1495: Württemberg wird Herzogtum. Dokumente aus dem Hauptstaatsarchiv Stuttgart zu einem epochalen Ereignis, bearb. von S. MOLITOR, Stuttgart 1995, S. 45–52.
55 Vgl. dazu jetzt ausführlich: M. MILLER, Mit Brief und Revers: das Lehenswesen Württembergs im Spätmittelalter. Quellen, Funktion, Topographie (Schriften zur südwestdeutschen Landeskunde 52), Leinfelden-Echterdingen 2004, hier v. a. S. 86.

Vor allem aber werden nun die weitreichenden Ambitionen des Württembergers in seinem überregionalen Engagement jenseits des Rheins deutlich: Wies bereits die Ehe seines Vaters mit Margarethe von Lothringen auf diese räumliche Orientierung voraus, so wurde die Verbindung nach Westen durch die Ehe Ulrichs mit Sophie, Gräfin von Pfirt, sowohl dynastisch als auch territorialpolitisch gestärkt: Im Elsaß erwarb Ulrich 1334 die Herrschaften um Horburg und Reichenweier[56] und versah zeitweilig auch die elsässische Landvogtei im Auftrag Ludwigs des Bayern, zu dessen wesentlichen Stützen er gehörte. Württemberg schien bei seinem Tod 1344 über die gesicherte Vormachtstellung im nördlichen Schwaben hinaus durchaus zu einer großräumigen Territorialpolitik in der Lage.

Wenn wir an dieser Stelle wiederum nach dem Instrumentarium fragen, das aus der Krisenbewältigung zum Aufstieg der Herrschaft Württemberg im frühen 14. Jahrhundert führte, so sei mit dem konsequenten Ausnutzen machtpolitischer Chancen zunächst auf individuelle Stärken, gerade Eberhards I. und Ulrichs III. von Württemberg, verwiesen. Die systematische Erwerbs- und Arrondierungspolitik setzte sich fort; besonders der Ausbau Stuttgarts zur repräsentativen Residenzstadt und der ländlichen Verwaltungszentren steht stellvertretend für die Formierung einer flächendeckenden Herrschaft, die mittels der neuerworbenen Klostervogteien ein nachhaltiges herrschaftliches Potential bereithielt.

Vor allem die überlegene Finanzkraft der Württemberger gab diesem Aktionsradius seine Möglichkeiten: Hatte bereits Eberhard I. seine Dispositionsfähigkeit politisch geschickt ausgenutzt, so wurden unter Ulrich III. besonders die verstärkten Zoll- und Geleitsrechte durch eine effiziente Verwaltung in Wert gesetzt und ihre beträchtlichen Einkünfte zum Ausbau des Territoriums eingebracht. Voraussetzung dafür waren nach wie vor aber die eigene herrschaftliche Potenz und die vom Reich übernommene Rechtsstellung in der Landvogtei, die in Verbindung mit der verwandtschaftlichen Vernetzung die machtpolitischen Einflussmöglichkeiten vorgab.

Konsolidierung und Aufbruch der Herrschaft Württemberg

Wenn wir das frühe 14. Jahrhundert im Zeichen der politischen Krise Württembergs und der größeren Krise des Königtums angesprochen haben, so erscheint dieser Begriff im großen, über das Politische hinausgehenden Maßstab bekanntlich erst für das spätere 14. Jahrhundert gerechtfertigt: Die Pest als Auslöser eines großen Sterbens, das ab 1348 nach Meldungen der Zeitgenossen auch im deutschen Südwesten etwa ein Viertel bis ein Drittel der Bevölkerung in zyklenartigen Seuchenzügen hinwegraffte, hatte maßgebliche Auswirkungen auf die großräumigen wirtschaftlichen und herrschaftspolitischen Entwicklungen[57].

In Württemberg hatten 1344 die Brüder Eberhard II. und Ulrich IV. eine wohlgeordnete und ambitionierte Herrschaft übernommen. Sie übernahmen auch gemeinsam die

---

56 Schuler Nr. 113.
57 Grundlegend dazu: F. Graus, Pest – Geisler – Judenmorde: das 14. Jahrhundert als Krisenzeit, Göttingen 1987. Daneben siehe zuletzt auch für Württemberg: M. Vasold, Die Ausbreitung des Schwarzen Todes in Deutschland nach 1348, in: Historische Zeitschrift 277 (2003), S. 281–308.

Landvogtei Niederschwaben und sicherten damit ihre Vormachtstellung in Schwaben mit kaiserlicher Unterstützung[58]. Nach dem Einbruch der Pest versuchten die Grafen vor allem der gesteigerten Mobilität der Bevölkerung zu begegnen, d. h. ihre restlichen Untertanen im Lande zu halten, die Wirtschaft zu beleben und die Verwaltung zu intensivieren[59]: Ab 1350 wurden die ersten landesherrlichen Urbare entsprechend der Ämterstruktur des Territoriums systematisch angelegt, daneben auch Einwohnerlisten, Lehens- und Steuerverzeichnisse[60]. Wenn wir bislang auch die demographischen Folgen der Pestzüge für Württemberg kaum konkret abschätzen können, so scheint der herrschaftliche Kurs zumindest wirtschaftlich angeschlagen zu haben, denn die württembergische Liquidität blieb zunächst erhalten und ermöglichte eine anhaltende Erwerbspolitik[61].

Bleiben wir aber noch kurz bei den beiden Grafen: Bemerkenswerterweise trat mit Eberhard II. und Ulrich IV. erstmals überhaupt in der württembergischen Territorialgeschichte der Fall ein, daß zwei volljährige Brüder die Herrschaft erbten. Eine Teilung, worauf der jüngere Ulrich drängte, stand nun auch hier bevor und führte bald zu regelrechten Kämpfen zwischen den Brüdern und einer Klage vor dem Kaiser. Schließlich mußte Ulrich nachgeben. Er wurde mit der alten Burg Wirtemberg und der Stadt Marbach abgespeist, während Eberhard acht Städte bzw. Burgen blieben, darunter Stuttgart. Mit dem Tod Ulrichs 1366 blieb das Teilungsproblem Episode, und Eberhard konnte anschließend seine Regierung alleine gestalten.

In dem am 4. Dezember 1361 von Kaiser Karl IV. bestätigten »Unteilbarkeitsvertrag« zwischen den Brüdern vom Tag zuvor erscheint im übrigen erstmals die Bezeichnung »Grafschaft Württemberg« in der Überlieferung, die wir als nominellen Ausdruck für einen Stand der Territorialisierung nehmen wollen, der die Herrschaftsrechte der württembergischen Grafen nun als räumlichen Komplex begreifen und dynastisch verwerten ließ[62]. Die Grafen werden hier explizit als alleinige Gerichtsherren ihrer Leute sowie der adeligen Klientel bestätigt; sie selbst sollten ihren Gerichtsstand ausschließlich vor dem Kaiser haben[63].

Nach wie vor kam der Politik des Königtums also die entscheidende Rolle für die Herrschaftsbildung der Grafen von Württemberg zu. Als die verbleibende Opposition gegen die Württemberger hatten sich die miteinander verbündeten königlichen Städte immer stärker formiert. Auf die Klage der Städte gegen die Grafen als Friedensbrecher hin war 1360 ein weiterer Reichskrieg gefolgt, der die Württemberger schnell zum Einlenken

---

58 SCHULER Nr. 268 (nach HStAS H 51 U 447).
59 Grundlegend dazu: H.-M. MAURER, Masseneide gegen Abwanderung im 14. Jahrhundert. Quellen zur territorialen Rechts- und Bevölkerungsgeschichte, in: ZWLG 39 (1980), S. 30–99. Daneben siehe zu Mobilität und Leibherrschaft auch Ch. KEITEL, Herrschaft über Land und Leute: Leibherrschaft und Territorialisierung in Württemberg 1246–1593 (Schriften zur südwestdeutschen Landeskunde 28), Leinfelden-Echterdingen 2000; hier: S. 163ff.
60 K. O. MÜLLER (Bearb.), Altwürttembergische Urbare aus der Zeit Graf Eberhards des Greiners (1344–1392) (Württembergische Geschichtsquellen 23), Stuttgart/Berlin 1934. Vgl. daneben auch die Lehensverzeichnisse nachgewiesen bei SCHULER Nr. 224–264, 609–663, 681–691 und spätere. Dazu jetzt umfassend: MILLER (wie Anm. 55), hier v. a. S. 156ff.
61 BLESSING (wie Anm. 44), S. 2.
62 SCHULER Nr. 775, 776 (nach HStAS H 51 U 664, 665).
63 Vgl. dazu auch SCHULER Nr. 777, 778, sowie MERTENS, Württemberg (wie Anm. 2), S. 39.

zwang und die Trennung von Reichs- und Hausgut zur Folge hatte[64]. Landvogtei und Klostervogteien wurden von der Herrschaft Württemberg getrennt; sicher ein schwerer Rückschlag für die jahrzehntelangen Bemühungen um deren Vereinnahmung. Andererseits wurden damit die rechtlichen und räumlichen Konturen der Grafschaft verdeutlicht und ihre Bindung an Kaiser und Reich lehensrechtlich verstärkt.

Blicken wir in dieser für Württemberg ernüchternden Situation nochmals auf die zeitgleichen familiären Bindungen und die im Konnubium zum Vorschein tretenden dynastischen Ansprüche: die Heiraten der Würtemberger erscheinen seit Eberhard II. noch ehrgeiziger als vorher. Er selbst ehelichte mit Elisabeth von Henneberg-Schleusingen (1342) die Tochter eines »gefürsteten« Grafen, seinen Sohn Ulrich verheiratete er 1362 mit Elisabeth, der Tochter Kaiser Ludwigs des Bayern[65], seine Tochter Sophie im Jahr zuvor mit Herzog Johann von Lothringen[66], an dessen Statt Eberhard zeitweilig als Statthalter im Herzogtum Lothringen amtierte[67]: Der bereits vorgezeichnete Aktionsradius der Württemberger jenseits des Rheins – bildlich gesprochen: über Baden hinweg[68] – blieb also eine dynastische und territorialpolitische Konstante und wies bereits auf weiteren Aktionismus voraus.

Eberhards Sohn Ulrich trat nach dem Tode seines gleichnamigen Onkels 1366 an dessen Stelle und unterstützte die Regierung seines Vaters. Bekannt und literarisch verarbeitet ist der Überfall auf das Wildbad, wo die beiden Württemberger mit ihren Familien 1367 bei einer Badekur nur knapp einem Anschlag entkamen[69]. Dieses Attentat der Grafen von Eberstein, die von Pfalzgraf Ruprecht und Markgraf Rudolf von Baden unterstützt wurden, nutzten die Württemberger zu einem Rachefeldzug, der sogar die Unterstützung des Kaisers und der Reichsstädte fand[70]. Burg Neueberstein fiel indes nicht, und die Fehde und damit die Auseinandersetzungen mit der Pfalz und Baden zogen sich noch jahrzehntelang hin[71].

Die Gewogenheit Karls IV. blieb Graf Eberhard allerdings wegen dessen Unterstützung für die Königswahl seines Sohnes Wenzel gewiss, und so erhielt der Württemberger damals zahlreiche Privilegien, die ihn seinem politischen Ziel, der Vereinnahmung der Reichsstädte, wesentlich näherbrachten. Bald wurde er wieder als Landvogt Niederschwabens eingesetzt und erhielt sogar die generelle Ermächtigung zur Auslösung der

---

64 Vgl. SCHULER Nr. 726, 758, 759.
65 Vgl. SCHULER Nr. 813.
66 Vgl. die Eheabrede von 1353 bei SCHULER Nr. 451, 452.
67 Vgl. SCHULER Nr. 475; daneben M. MÜLLER, Eberhard II. der Greiner, in: Das Haus Württemberg (wie Anm. 4), S. 33–36; hier: S. 33.
68 Vgl. dazu auch die Ausführungen von Heinz KRIEG in diesem Band, die das Scheitern der entsprechenden badischen Ambitionen erkennen lassen.
69 SCHULER Nr. 1113–1116, 1169; daneben die hier unter falschem Datum eingeordnete Nr. 1000. Zum Überfall im Wildbad vgl. ausführlich H. EHMER, Der Gleißende Wolf von Wunnenstein. Herkunft, Karriere und Nachleben eines spätmittelalterlichen Adeligen (Forschungen aus Württembergisch Franken 38), Sigmaringen 1991, S. 100ff., sowie MERTENS, Württemberg (wie Anm. 2), S. 40.
70 Vgl. Ch. F. VON STÄLIN, Wirtembergische Geschichte, Bd. 3, Stuttgart 1856, S. 300ff.
71 Vgl. zu den weiteren Auseinandersetzungen etwa die Klage Markgraf Rudolfs von Baden vor dem Straßburger Rat 1370 (dazu das fehlerhafte Regest bei SCHULER Nr. 1228) sowie die im September desselben Jahres vor dem Kaiser erfolgte Schlichtung (vgl. SCHULER Nr. 1232f. nach HStAS H 51 U 766, U 767).

vom Reich verpfändeten städtischen Ämter⁷². Ab 1376 führten der Kaiser und Eberhard gemeinsam einen Reichskrieg gegen die Städte, die Wenzel ihre Huldigung verweigerten⁷³ – eine noch kurz zuvor kaum für möglich gehaltene Konstellation. Mit der vernichtenden Niederlage 1377 vor Reutlingen war diese obsolet⁷⁴. Die Württemberger verloren anschließend ihre Landvogtei an das Haus Österreich, das nun endgültig zum großen Konkurrenten um die Vormachtstellung im deutschen Südwesten avancierte.

Die Reihe der militärischen Auseinandersetzungen zwischen Graf Eberhard und den Reichsstädten wurde schließlich 1388 mit der Schlacht bei Döffingen zwar zugunsten Württembergs entschieden. Die Städte sollten auch nicht mehr die Kraft zu einer gemeinsamen militärischen Offensive aufbringen. Trotzdem hatte der Kampf Eberhards nicht den gewünschten Erfolg: Die Städte konnten ihre Unabhängigkeit behaupten, und er verlor seinen Sohn Ulrich in jener Schlacht bei Döffingen, die ihm den entscheidenden Sieg schenkte – auch dies ein legendärer Stoff, der Eberhard den »Greiner« bereits in zeitgenössischen Gedichten und später in Balladen von Schiller und Uhland lebendig gehalten hat⁷⁵.

Hinterfragen wir die äußeren Formen der erfolgreichen Herrschaftsbildung Württembergs unter der prägnanten Regierung Eberhards II. in Hinblick auf ihr inneres Profil, so erkennen wir neben dem systematischen inneren Landesausbau mit dem Aufbau von Verwaltungszentren auch die verstärkte Einbindung geistlicher Institutionen über die Klostervogtei. Als Beispiel gilt hier Stift Backnang, wo Eberhard eine Auseinandersetzung zwischen Stiftspropst und Kapitel 1366 dafür nutzte, mit dem von ihm geforderten vogteilichen Schiedsspruch die regelmäßige Rechnungslegung des Stifts an sich zu binden⁷⁶. Der Propst *sol uns gevolgig sein ane widerrede* läßt Eberhard seine Urkunde formulieren und schafft damit gleichsam ein Modell für das württembergische »Kirchenregiment«, das in der Folgezeit den herrschaftlichen Einfluss auf die bevogteten Klöster und Stifte immer stärker ausdehnen sollte⁷⁷.

Im übrigen weist das Itinerar Eberhards II. eine deutliche Konzentrierung seiner Aufenthalte im mittleren Neckarraum nach, was die Intensivierung seiner Regierungstätigkeit bereits anzeigt⁷⁸. Dieser verstärkte Druck der Herrschaft und ihrer Verwaltung auf die eigenen Untertanen war durch die angesprochene demographische und wirtschaftliche

---

72 Vgl. SCHULER Nr. 1431f. Dazu MERTENS, Württemberg (wie Anm. 2), S. 41.
73 Vgl. SCHULER Nr. 1435, 1439.
74 Vgl. ebd. Nr. 1456.
75 Vgl. STÄLIN, Zwei Gedichte des 14. Jahrhunderts zur Geschichte der Grafen von Württemberg, in: WVjh 6 (1883), S. 1–6, sowie MÜLLER, Eberhard II. der Greiner (wie Anm. 67), S. 36. Siehe dazu auch Tafel 40.
76 SCHULER Nr. 1073 nach WR 6509. Vgl. dazu auch G. FRITZ, Das regulierte Augustiner-Chorherrenstift Backnang vom frühen 12. Jahrhundert bis zu seiner Umwandlung in ein Säkularstift 1477, in: Württembergische Stiftskirchen. Insbesondere das Stift St. Pancratius in Backnang. Beiträge der Backnanger Tagung vom 19. Mai 2001, hg. von G. FRITZ, Backnang 2003, S. 21–54; hier: S. 40.
77 Vgl. C. KOTTMANN, Die Grundherrschaft des Stifts Backnang, in: Württembergische Stiftskirchen (wie Anm. 76), S. 87–142; hier: S. 90, sowie allgemein dazu STIEVERMANN (wie Anm. 20).
78 Vgl. ausführlicher dazu S. LORENZ, Württemberg (wie Anm. 4), S. 228, sowie demnächst DERS., Von der Reiseherrschaft zur Residenz. Das Haus Württemberg im Spätmittelalter, in: Der württembergische Hof (wie Anm. 4).

Krise des späteren 14. Jahrhunderts und die damit verbundene Mobilität der Bevölkerung mit veranlaßt: Der Rückgang der Bevölkerung, die Abnahme der wirtschaftlich genutzten Fläche, das damit einhergehende Absinken der herrschaftlichen Einnahmen und vor allem die Abwanderung der Landbevölkerung in die Städte traf besonders die Grund- und Territorialherren. Als konsequente Gegenmaßnahmen verlangten zunächst Eberhard II. 1382 und dann auch sein Enkel Eberhard III. 1396 von den Untertanen ihres Territoriums die Ablegung von Eiden gegen Abwanderung[79] – ein deutlicher Nachweis für die herrschaftliche und verwaltungstechnische Potenz sowie die Möglichkeiten einer starken zentralen Steuerung zur Verschärfung der Leibeigenschaft bereits im 14. Jahrhundert!

Während der Regierungszeit der beiden Grafen Eberhard im ausgehenden 14. und beginnenden 15. Jahrhundert konsolidierte sich die Herrschaft Württemberg im Innern grundlegend und fand durch ein Netzwerk ausgedehnter Verträge eine effektive Absicherung, wobei gerade das Lehenswesen eine immer wichtigere Bindungsfunktion erhielt[80]. Durch die immer stärkere Integration des Lehensadels waren die Grafen von Württemberg bald in der Lage, Lehensherrschaft und Landesherrschaft über weite Teile ihres Lehensbesitzes in Übereinstimmung zu bringen[81]. Wichtig war jedenfalls die nachhaltige Befriedung Württembergs nach der Beendigung der militärischen Auseinandersetzungen mit den Reichsstädten, so daß sich die herrschaftliche Verwaltung in Stuttgart als der Zentrale und den Amtsstädten als Lokalzentren immer effizienter zur Durchsetzung und Nutzung der Hoheitsrechte und Regalien einbringen konnte[82]. Die zentrale Bedeutung Stuttgarts als Residenz für den württembergischen Hof, aber auch im wirtschaftlichen Sinne, weist die Steuerleistung der württembergischen Städte bereits im frühen 14. Jahrhundert nach[83]. Dabei spielte die Übertragung des Münzregals durch Karl IV. im Januar 1374 über die wirtschaftliche Bedeutung hinaus sicher auch für das Herrschaftsprestige der Grafen eine besondere Rolle[84]. Die Konzentration der Herrscheraufenthalte nahm von Ulrich III. über Eberhard II. zu Eberhard III. beständig zu – der Übergang der Reiseherrschaft zur festen Residenz ist hiermit bereits angezeigt.

Die Kenntnisse um den württembergischen Hof im 14. Jahrhundert bleiben freilich noch immer ein Desiderat der Forschung, und so kann hier hinsichtlich des herrschaftlichen Personals nur der knappe Hinweis auf die sporadisch belegten Hofämter folgen, die Räte, Vögte und Hofmeister, die meist aus der Ministerialität stammten. Als wichtigstes Organ der Landesverwaltung entwickelte sich seit Eberhard III. der Rat zu einer festen Institution[85]. Ein berühmtes Tafelbild aus der Mitte des 15. Jahrhunderts zeigt den Landesherrn zwischen den Bischöfen von Augsburg und Konstanz in einer Ratssitzung und

---

79 Vgl. dazu wiederum MAURER, Masseneide (wie Anm. 59).
80 Vgl. jetzt dazu MILLER (wie Anm. 55), S. 156ff.
81 Ebd., S. 158ff.
82 Vgl. LORENZ, Württemberg (wie Anm. 4), S. 229.
83 DERS., Württemberg (mit Mömpelgard) (wie Anm. 4), S. 910.
84 Vgl. SCHULER Nr. 1352 (nach HStAS H 51 U 805). Dazu vgl. auch U. KLEIN und A. RAFF, Die württembergischen Münzen von 1374–1693. Ein Typen-, Varianten- und Probenkatalog (Süddeutsche Münzkataloge 4), Stuttgart 1992, S. 9ff.
85 Zu Eberhard III. vgl. demnächst die Arbeit von Ch. FLORIAN, Graf Eberhard III. von Württemberg (im Druck).

vermittelt damit zumindest einen ersten zeitnahen, wenn auch natürlich idealisierten Eindruck seines Regierungsgeschäfts[86] (Tafel 36).

Im überregionalen Vergleich mit anderen Territorialherrschaften im deutschen Südwesten profiliert die frühe räumliche Geschlossenheit des württembergischen Territoriums, bedingt vor allem durch die geschickte Erwerbspolitik der vorgestellten Grafen ihre Herrschaftsbildung im besonderen. Dazu kommt der systematisch angegangene Verwaltungsausbau, der damals ebenso richtungsweisend für andere Dynastien galt[87] und die Grafschaft Württemberg als vorbildhaftes Territorialmodell ansprechen läßt. Die Ämterstruktur der württembergischen Herrschaft wird um 1400 – ausgehend von den obrigkeitlichen Rechten – umfassend greifbar und zeitigt mit ihren Zentralorten, Burgen und Städten, die räumliche Potenz und flächenhafte Verdichtung des württembergischen Territoriums gerade am mittleren und oberen Neckar, um Enz, Rems und Fils (Abb. 4).

Schließen wir mit einem letzten Blick auf die Dynastie: Eberhard III. ging 1380 eine finanziell und dynastisch überaus lukrative Eheverbindung mit Antonia Visconti, einer Tochter des mächtigen Mailänder Adelshauses ein, das damals gerade seinen gesellschaftlichen Aufstieg mit Heiraten in den süddeutschen Hochadel verfolgte[88]. Eberhards zweite Frau Elisabeth, Tochter des zollerischen Burggrafen von Nürnberg und Enkelin Kaiser Karls IV., gehörte zu einem der prominentesten deutschen Fürstengeschlechter und steht für die ambitionierte Nähe der Württemberger zum Reichsfürstenstand. Unser Kreis der erfolgreichen Heiratspolitik der Württemberger schließt sich mit dem »Coup de Montbéliard«, dem 1397 von Eberhard III. geschlossenen Heiratsvertrag für seinen minderjährigen Sohn Eberhard IV. mit Henriette, der vielumworbenen Erbin der reichen Grafschaft Montbéliard/Mömpelgard an der burgundischen Pforte[89]. Mit diesem Mömpelgarder Erbe tat sich endgültig und auf Dauer das Tor nach Lothringen und Burgund, in die hochangesehene französische Adelsgesellschaft auf, das dem Haus Württemberg bis zum Ende des Alten Reiches einen weiten Aktionsradius und ein hohes politisches, kulturelles und dynastisches Ansehen sichern sollte, ganz abgesehen von der »dynastischen Reserve«, die diese Mömpelgarder Linie in der Folgezeit noch des öfteren zu bieten hatte. Das 15. Jahrhundert sollte freilich zunächst durch die Landesteilung unter den Söhnen der Henriette, Ludwig und Ulrich, von einer inneren Krisensituation geprägt sein, die schließlich mit der Herzogserhebung Eberhards im Bart 1495 glanzvoll überwunden werden konnte.

---

[86] Vgl. dazu zuletzt ausführlicher: D. MERTENS, Die württembergischen Höfe in den Krisen von Dynastie und Land im 15. und frühen 16. Jahrhundert, in: Fürstenhöfe und ihre Außenwelt, hg. von T. ZOTZ (Identitäten und Alteritäten 16), Würzburg 2004, S. 85–113; hier S. 109ff.

[87] Vgl. ausführlich dazu W. RÖSENER, Grundherrschaften des Hochadels in Südwestdeutschland im Spätmittelalter, in: Die Grundherrschaft im späten Mittelalter, Bd. 2, hg. von H. PATZE (Vorträge und Forschungen 27), Sigmaringen 1983, S. 87–176; hier vor allem S. 126, 147.

[88] Vgl. dazu demnächst den Ausstellungskatalog »Antonia Visconti († 1405) – Ein Schatz im Hause Württemberg«, bearb. von P. RÜCKERT, Stuttgart 2005.

[89] Vgl. dazu die einschlägigen Beiträge in: Württemberg und Mömpelgard. 600 Jahre Begegnung, hg. von S. LORENZ und P. RÜCKERT (Schriften zur südwestdeutschen Landeskunde 26), Leinfelden-Echterdingen 1999.

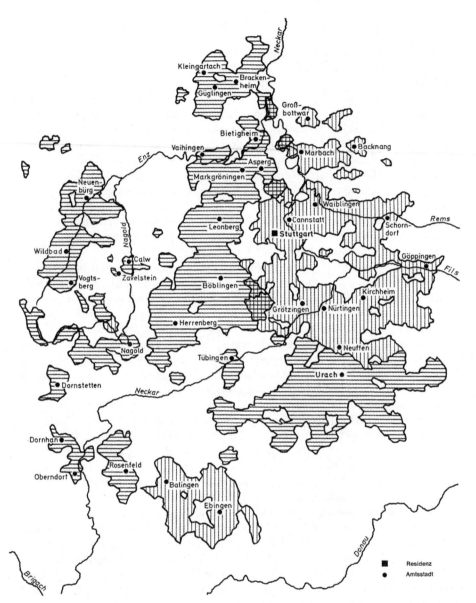

Abb. 4 Die Grafschaft Württemberg um 1400 (überarbeitet nach einer Vorlage von E. Blessing im HABW; schraffiert: die württembergische Landesteilung von 1442)

Fazit

Im Überblick über die württembergische Herrschaftsbildung während der eineinhalb Jahrhunderte zwischen 1250 und 1400 erscheint die Formulierung einer – trotz temporärer Rückschläge – beeindruckenden Erfolgsgeschichte angemessen: Die um 1400 greifbaren äußeren Konturen des württembergischen Territoriums und seiner inneren Organisation, daneben des württembergischen Hofes mit der Hauptresidenz in Stuttgart, bestechen durch ihre Geschlossenheit und Funktionalität einerseits, die zentrale Potenz und repräsentative Ausstrahlung andererseits. Die beschriebene »Achsenzeit« wird aus der herrschaftspolitischen Perspektive Württembergs gekennzeichnet durch den Übergang von der alten Burgenherrschaft des Hochmittelalters, ausgehend von der Stammburg Württemberg und dem geistigen Zentrum in Beutelsbach, zur zeitgemäßen »verdichteten« Territorialherrschaft um die zentrale städtische Residenz in Stuttgart mit dem repräsentativen Konnex von Schloss und Stiftskirche als weltlichem und geistlichen Zentrum, Herrschaftssitz und Grablege der Dynastie als dem integrativen Ort von herrschaftlicher Repräsentation und Memorialkultur.

Eine bedeutende »Hofkultur« ist uns hier freilich nur sporadisch begegnet[90]: Die literarische Bedeutung des »Herzog Friedrich von Schwaben« zeigt im frühen 14. Jahrhundert immerhin ebenso deutliche Bezüge zur württembergischen Dynastie bzw. ihrem Hof, wie etwa die Reimdichtung um die Schlacht bei Döffingen von 1388. Von literarischem oder weiter gefaßtem künstlerischen Mäzenatentum ist jedoch kaum zu sprechen; dieses begegnet in Württemberg erst ab dem späteren 15. Jahrhundert. Gleiches gilt für Musik, Architektur und bildende Kunst, wo die württembergische Tradition vor allem in den aus romanischen Fürstenhäusern stammenden Gräfinnen Antonia Visconti und Henriette von Mömpelgard maßgebliche Anregerinnen gefunden haben will[91].

Die württembergische Dynastie war für den Untersuchungszeitraum geprägt von ambitionierten und erfolgreichen Grafengestalten und bildete den rezenten Nukleus einer Herrschaft, deren Entwicklung außergewöhnlich stark biographisch profiliert ist. Hinter der expandierenden territorialpolitischen Genese stand eine geradlinige Dynastiegeschichte, die ohne wesentliche Brüche und Ausfälle verlief. Ihr soziales Prestige und ihre politische Autorität waren im deutschen Südwesten sicher bereits am Ende der Stauferzeit beachtlich. Die erfolgreiche und großräumige Territorialpolitik der württembergischen Grafen sicherte den Aufstieg zur Landesherrschaft und deren Anerkennung dann so nachhaltig, daß bis um 1400 die ambitionierte Nähe des Hauses Württemberg zum Reichsfürstenstand deutlich wird. Ein Jahrhundert später sollte mit der Erhebung zum Herzogtum im Jahr 1495 diese maßgebliche herrschaftspolitische Prämisse ihren formellen Abschluß finden: Der damalige Aufstieg in den Reichsfürstenstand steht gleichzeitig für die Anerkennung Württembergs in der legitimen Nachfolge des mit den Staufern untergegangenen Herzogtums Schwaben.

---

90 Vgl. dazu den einschlägigen Überblick zu »Bildungswesen, Literatur und Kunst« bei M. Schaab, Spätmittelalter (1250–1500), in: HbBW Bd. 1, Teil 2: Vom Spätmittelalter bis zum Ende des Alten Reiches, hg. von M. Schaab und H. Schwarzmaier, Stuttgart 2000, S. 108–132.
91 Vgl. H. Decker-Hauff, Frauen im Hause Württemberg, hg. von W. Setzler u. a., Leinfelden-Echterdingen 1997, hier besonders S. 21–39.

Die gelungene Inwertsetzung des staufischen Erbes unter maßgeblicher Instrumentalisierung staufischer »Zentralorte« für die eigene Machtentfaltung, die eigenständige, stets am eigenen Herrschaftsgewinn orientierte Politik gegenüber dem Königtum und die konsequente Übernahme der badischen Herrschaftskomplexe am mittleren Neckar bildeten die Basis der württembergischen Erfolgsbilanz. Die Markgrafen von Baden zogen sich fast völlig aus ihrem früheren Herrschaftsbereich zurück und überließen den Württembergern dessen politische Aufwertung, wofür vor allem der Aufstieg Stuttgarts zur zentralen Residenz stehen mag. Das gegenseitige Verhältnis war zunächst durch ein enges dynastisches und politisches Miteinander, ab dem frühen 14. Jahrhundert dann durch Konkurrenz und Gegeneinander geprägt. Dominierten noch im 13. Jahrhundert sicher die von der Markgrafenwürde abgeleiteten fürstlichen Ansprüche der Badener gegenüber dem gräflich-württembergischen Prestige, so nivellierten sich die Standesverhältnisse bald: Erfolgreicher in Hinblick auf die Bildung eines räumlich weitgehend geschlossenen Territoriums, die zeitgleiche äußere Expansion und die innere Verdichtung der Herrschaft, waren damals sicher die Württemberger. Sie nutzen die gerade von den Markgrafen gebotenen Möglichkeiten auch zu deren Nachteil aus. Um 1400 hatte die erfolgreiche württembergische Herrschaftsbildung das alte markgräflich-badische Prestige im deutschen Südwesten überholt, wie gerade das dynastische Profil des Hauses bezeugt. Erst mit den dynastischen Krisen des 15. Jahrhunderts im Umfeld der württembergischen Landesteilung sollte die herrschaftliche Bedeutung Württembergs auch gegenüber dem badischen Nachbarn kurzfristig zurückfallen, aber damit ist bereits ein neuer Abschnitt in der südwestdeutschen Geschichte und dem badisch-württembergischen Verhältnis erreicht.

Der Besigheimer Altar und die
spätgotische Kunst am mittleren Neckar

VON VOLKER HIMMELEIN

Daß im Jahre 1153, also vor nunmehr 750 Jahren, Besigheim an das Haus Baden gekommen ist, legt es nicht unbedingt nahe, sich in diesem Zusammenhang auch mit einem Kunstwerk zu beschäftigen, das fast 400 Jahre später entstanden ist. Und in der Tat läßt sich nur recht mühsam eine Verbindung zwischen dem zu memorierenden Ereignis und dem geschnitzten Altarretabel in der Besigheimer Stadtkirche herstellen.

Aber ein solches Jubiläum kann ja ein Anlass sein, sich auch mit der späteren Geschichte der Stadt zu beschäftigen, mit dem, was ihre Besonderheit und ihren Stolz ausmacht. Und dazu gehört zweifellos der »Besigheimer Hochaltar«, das wohl bedeutendste Kunstdenkmal, das Besigheim besitzt und einer der großen spätgotischen Schnitzaltäre im Lande.

Nun sind Kunstdenkmäler nicht nur Denkmäler der Kunst, sondern, wenigstens in den Zeiten, in denen Kunstwerke nicht nur um der Kunst willen hergestellt wurden, auch Denkmäler der Geschichte. Sie leisten einen wesentlichen Beitrag zu unsere Kenntnis der Vergangenheit, weil sie uns erlauben, uns ein »Bild« von ihr zu machen, und weil sie einen bestimmten Zweck erfüllten, weil es einen Anlass und einen Auftraggeber und einen Urheber gab und weil für ihre Entstehung häufig politische Zustände und Ereignisse die Ursachen sind. Und wie wir sehen werden, ist auch der Besigheimer Hochaltar in einer Zeit entstanden, in der die Stadt mehrfach den Besitzer wechselte, ohne daß man freilich genau beschreiben könnte, ob und wie dieser Besitzwechsel mit der Entstehung des Hochaltars zusammenhängt.

Der Besitz von Besigheim am Einfluß der Enz in den Neckar hätte für die Markgrafen, zumal nach dem Erwerb von Durlach und Ettlingen, von Pforzheim und Lauffen, von Sinsheim und Eppingen im frühen 13. Jahrhundert, ein wichtiges Bindeglied zwischen ihren Besitzungen um Backnang und am Oberrhein bilden können. Aber auch nach dem sich der Mittelpunkt ihres Territoriums an den Oberrhein verschoben hatte und der Besitz um Backnang längst verloren gegangen war, haben die Markgrafen bis ins sechzehnte Jahrhundert an den Resten ihres Besitzes am mittleren Neckar mit Besigheim als Hauptort festgehalten.

Im Jahre 1463 war Markgraf Karl allerdings gezwungen gewesen, Besigheim und andere Besitzungen am Nordrand der Markgrafschaft wenigstens vorübergehend an die Kurpfalz abzutreten. Denn in dem Kriege, den der badische Markgraf zusammen mit seinem Bruder, dem Bischof Georg von Metz und mit dem Grafen Ulrich dem Vielgeliebten von

Württemberg gegen die Pfalz geführt hatte, waren die verbündeten Fürsten von dem Kurfürsten Friedrich (der deshalb in der pfälzischen Geschichtsschreibung »Friedrich der Siegreiche«, in der württembergischen aber der »böse Pfälzer Fritz« genannt wird!), in der Schlacht von Seckenheim am 30. Juni 1462 geschlagen und gefangengenommen und erst nach längerer Haft im Heidelberger Schloss gegen die Zahlung hoher Summen im Jahre 1463 wieder freigelassen worden. Da weder der württembergische Graf noch der badische Markgraf das geforderte Lösegeld von 100 000 Gulden aufbringen konnten, mußten beide beträchtliche Teile ihrer an die Pfalz angrenzenden Territorien an den Pfalzgrafen abtreten, verpfänden oder von der Pfalz zu Lehen nehmen[1]. So verpfändete Graf Ulrich damals unter anderem Bottwar und Waiblingen und machte Marbach zum pfälzischen Lehen, während der Markgraf dem Pfalzgrafen Pforzheim zu Lehen auftragen mußte, auf seine Ansprüche auf Eppingen und Heidelsheim verzichtete und neben anderen Besitzungen auch Besigheim dem Pfalzgrafen pfandweise überlassen mußte. Die Absicht des Pfalzgrafen, sein Herrschaftsgebiet neckaraufwärts auszudehnen, eine Tendenz, die sich schon im Erwerb der Grafschaft Löwenstein 1441 und der Weinsbergischen Besitzungen im Jahre 1450 zu erkennen gegeben hatte, wird hier deutlich sichtbar.

Der Pfalzgraf war also Stadtherr in dem vorher badischen Besigheim, als vierzig Jahre später im Landshuter Erbfolgekrieg 1504 der damals gerade 17jährige Herzog Ulrich von Württemberg mit Unterstützung des Kaisers dem Kurfürsten Philipp dem Aufrichtigen von der Pfalz nicht nur die Schutzvogtei über das Kloster Maulbronn, das die Pfalzgrafen stark befestigt hatten, sondern auch die Grafschaft Löwenstein, Weinsberg, Neuenstadt, Gochsheim und auch Besigheim abnehmen und seinem Land einverleiben konnte.

Allerdings dauerte auch die württembergische Herrschaft nicht lange, denn schon im Jahre 1519 wurde Herzog Ulrich aus seinem Lande vertrieben, und als der Schwäbische Bund das eroberte Württemberg an das Haus Österreich verkaufte, wurde auch Besigheim für einige Jahre österreichisch. Da Besigheim aber 1463 nur pfandweise von den badischen Markgrafen abgetreten worden war, konnten sie die Stadt 1529 wieder einlösen und Besigheim wurde wieder badisch bis zum endgültigen Verkauf an Württemberg im Jahre 1595.

In dieser Zeit mehrfachen Besitzwechsels muß der Hochaltar entstanden sein, ohne daß man sagen könnte, wer bestimmenden Einfluß auf sein Entstehen nahm. Aber wenn die Stadt auch nur von 1504 bis 1519 württembergisch war, so hat diese württembergische Zwischenherrschaft in Besigheim doch immerhin eine Spur hinterlassen. Denn am Gewölbe des Chors der Stadtkirche sind, auf Fahnen verteilt, die Elemente des württembergischen Wappens gemalt, die württembergischen Hirschstangen, die Rauten aus dem Wappen der Herzöge von Teck, (deren Herzogstitel auf die zu Herzögen erhobenen Grafen von Württemberg übertragen worden war), die Fische von Mömpelgard und die Reichssturmfahne (Tafel 21). Daß hier auch der Palmbaum erscheint, den man üblicherweise mit Herzog Eberhard im Bart verbindet, überrascht zunächst. Aber offenbar hat auch Herzog Ulrich in seiner Frühzeit das Emblem des Palmbaums benützt, wie ein bei Alberti abgebildetes Siegel des Herzogs beweist. Und die Reste von Buchstaben auf dem

---

[1] Zu diesen Vorgängen vgl. auch die Beiträge von Peter Rückert und Thomas Fritz (Württemberg) und Heinz Krieg (Baden) in diesem Band.

Spruchband lassen sich schlecht zu einem »Attempto« ergänzen, allenfalls könnte man, freilich nur als Teil eines längeren Textes, ein »stat in animo«, die Devise des jungen Ulrich aus der nur fragmentarisch erhaltenen Inschrift herauslesen.

Daß man auch mit den Mitteln der Kunst »Besitz ergriffen« und die eigene Herrschaft dokumentiert und legitimiert hat, ist nicht ungewöhnlich. Wappen und andere Hoheitssymbole der Vorbesitzer wurden (und werden noch heute!) bei Herrschaftswechseln zumeist beseitigt und durch Zeichen des neuen Besitzers oder Machthabers ersetzt. Und auch Herzog Ulrich scheint Wert darauf gelegt zu haben, mit seinem Wappen in den neu erworbenen Besitzungen präsent zu sei, denn auch in dem nahegelegenen Maulbronn, das ebenfalls im Jahre 1504 von Württemberg erobert worden war, wurden bei einer Neuausmalung von Räumen des Klosters Zeichen der neuen Herrschaft angebracht. So bemalte man 1517 die Gewölbezwickel des Herrenrefektoriums (und nach den wenigen erhaltenen Resten zu urteilen, auch das Gewölbe des »Paradieses«) auf eine recht lockere Art mit heraldischen Elementen. Man erkennt das Hirschhorn, die Fische von Mömpelgard, das Hifthorn von Urach und andere Teile des württembergischen Wappens als Elemente der Dekoration, so daß auf eine eher spielerische Weise die Präsenz des württembergischen Herzogs in diesem Kloster sichtbar gemacht wird[2]. Es ist nicht uninteressant, daß man diese Deckenbilder ebenso wie die Deckenbilder in Besigheim zeitweise Jörg Ratgeb hat zuschreiben wollen, obwohl wahrscheinlich weder die einen noch die anderen etwas mit ihm zu tun haben. Aber es ist nicht ausgeschlossen, daß die Fresken in Maulbronn und in Besigheim von demselben Künstler gemalt worden sind. In der bevorzugten Verwendung der Rötelzeichnung und im zart gefiederten Rankenwerk der mehr gezeichneten als gemalten Dekoration ist eine gewisse Verwandtschaft nicht zu verkennen.

In Maulbronn hat man übrigens auch unter ein älteres Bild der Madonna an der Stirnwand des Parlatoriums demonstrativ das württembergische Wappen gesetzt, dessen zeitliche Einordnung freilich nicht mehr eindeutig zu bestimmen ist[3].

---

2 Die Annahme, der dort ebenfalls erscheinende Kopf eines jungen Mannes sei ein Bildnis des jungen Herzogs Ulrich, ist zwar verlockend, aber eher unwahrscheinlich. Ein solches »Portrait« wäre keineswegs als »offizielles« Staatsportrait zu verstehen, sondern allenfalls aus einer Laune des Malers heraus entstanden, was allerdings zum lockeren und fast spielerischen Charakter der Dekoration ganz gut passen würde. Der Restaurator, der die Malereien 1935 freilegte, wollte übrigens in dem Kopf ein Selbstbildnis des Malers Jörg Ratgeb erkennen (P. R. ANSTETT, Kloster Maulbronn, Amtlicher Führer 1985)
3 J. WILHELM, Die Wandmalereien in der Kirche und in der Klausur des Klosters Maulbronn, in: Maulbronn. Zur 850 jährigen Geschichte des Zisterzienserklosters, hg. Vom Landesdenkmalamt Baden-Württemberg (Forschungen und Berichte der Bau- und Kunstdenkmalpflege in Baden-Württemberg 7), Stuttgart 1997, S. 452f. hat mit Recht auf den schlechten und durch Restaurierungen verunklärten Zustand des Wappens hingewiesen. Deshalb ist auch nur schwer nachzuprüfen, ob Klunzinger 1856 an dieser Stelle tatsächlich nicht nur das württembergische Wappen und eine Palme, sondern auch den Wahlspruch »Attempto« gesehen hat, oder ob er eine nicht mehr eindeutig lesbare Inschrift zu dem vertrauten »Attempto« ergänzt hat. Die Oberamtsbeschreibung, die den Palmbaum ebenfalls erwähnt, zitiert nämlich die deutsche Version der Devise des Herzogs Ulrich (»ich habs im Sinn«). Im heutigen Zustand sind allerdings keinerlei Spuren eines Palmbaums oder einer Devise zu sehen. Dagegen glaubt man zwischen den beiden Helmen von Württemberg und Teck Spuren eines dritten Helms mit dem mömpelgardischen Fischweib zu erkennen, das freilich erst unter Herzog Friedrich I., also zu Ende des 16. Jhs., »offiziell« unter die Helmzierden des württembergischen Wappens aufgenommen wurde, was darauf hinweisen könnte, daß das Wappen erst zu

Interessant und wichtig in unserem Zusammenhang ist das württembergische Wappen am Chorgewölbe der Besigheimer Stadtkirche aber vor allem deshalb, weil es darauf hindeutet, daß in der badischen Stadt Besigheim, deren Pfandbesitz von der Pfalz an Württemberg übergegangen war, in den wenigen Jahren der württembergischen Stadtherrschaft offenbar auch an der künstlerischen Ausstattung der Stadtkirche gearbeitet worden ist. Und der Gedanke liegt nahe, auch den Plan zur Aufstellung eines neuen Hochaltars in diesem Zusammenhang zu sehen, dessen Retabel nach allgemeiner Ansicht »um 1520« entstanden sein soll. Daß »um 1520« Besigheim, als Teil des neuerworbenen Herzogtums Württemberg unter österreichischer Herrschaft stand, muß in diesem Zusammenhang festgehalten werden.

Vieles an diesem Altarretabel ist überraschend und verwunderlich. So muß zunächst überraschen, daß der Altar überhaupt noch hier steht, daß sich mitten im protestantischen Umland ein Flügelaltar dieser Größe in einer protestantischen Kirche erhalten hat. Allerdings gilt es, sich klar zu machen, daß die Entfernung der »ärgerlichen« Bilder, vor allem auf dem Lande, nicht überall mit der gleichen Rigorosität vorgenommen wurde. So sind zum Beispiel die meisten mittelalterlichen Retabel, die das Württembergische Landesmuseum besitzt, erst im 19. Jahrhundert aus zumeist evangelischen Dorfkirchen in das Museum gelangt, und manchen Altären mag es so ergangen sein, wie dem berühmten Altar des Tilman Riemenschneider in der Creglinger Herrgottskirche, den man in der Reformationszeit einfach zugeklappt hat und vergaß. Im Lauf der Jahrhunderte völlig unter aufgehängten Totenkränzen verschwunden, wurde er in der als Friedhofskapelle benutzten Kirche erst im Jahre 1832 wieder geöffnet und »entdeckt«.

In Besigheim verdankt der Altar sein Überleben sicher auch dem Umstand, daß der Chor durch einen Lettner vom Schiff getrennt war, der wie eine eingebaute Tribüne oder Empore wirkte und den Altar weitgehend verdeckte. Und als man im Jahre 1599 auch noch nach protestantischem Brauch die Orgel im Chor aufgestellt hatte, war der Altar den Blicken völlig entzogen und hat niemanden gestört. Außerdem scheint das Retabel in geschlossenem Zustand immer ganz undekoriert gewesen zu sein[4] und also kein »Ärgernis« erregt zu haben. Vielleicht hat aber auch das Stift in Baden-Baden, dem die Pfarrkirche von Besigheim im Jahre 1453 inkorporiert worden war[5], und das hier bis 1806 eine Pflege unterhielt, also auch noch in nachreformatorischer und württembergischer Zeit Besitz und Einfluß in Besigheim hatte, seine schützende Hand über das Retabel gehalten.

Offenbar ist es auch den Franzosen nicht aufgefallen, von denen berichtet wird, sie hätten im Jahre 1693 das ganze Holzwerk in der Kirche als Brennholz verwendet. Und

---

Beginn des 17. Jahrhunderts in die heutige Form gebracht worden ist, etwa im Zusammenhang mit der von Wilhelm wahrscheinlich gemachten Erneuerung der Ausmalung des Refektoriums im Jahre 1609. Allerdings erscheint dort der mömpelgardische Helm als Einzelelement auch schon in der Ausmalung von 1511.

4 Ob das allerdings beabsichtigt und immer so war, ist beim Besigheimer Altar ebenso unklar wie bei dem Altar in Winnenden, bei dem das Vorhandensein eines »Schreinwächters« darauf hinweist, daß auch der geschlossene Altar wahrgenommen werden sollte. Dasselbe gilt für die Frage einer ursprünglich vorhandenen oder ursprünglich beabsichtigten farbigen Fassung der beiden Altäre. Vgl. W. DEUTSCH, Ein Esslinger Bildhauer der Spätgotik und seine Schule, in: Esslinger Studien 18 (1979), S. 44 und S. 55.

5 Vgl. hierzu auch den Beitrag von Hermann EHMER in diesem Band.

wenn der Altar heute noch vorhanden ist, dann verdanken wir das auch der gründlichen Restaurierung und »Wiederherstellung« unter der Leitung von Heinrich Dolmetsch durch den Bildhauer Kieser in den Jahren 1887 bis 1889 und schließlich, das sei am Rande angemerkt, auch der soliden Befestigung Besigheims durch die badischen Markgrafen im 12. Jahrhundert[6]. Denn der Waldhornturm hat nicht nur dem Grafen Eberhard von Württemberg im 14. Jahrhundert eine sichere Zuflucht geboten, als er sich vor seinen Feinden verstecken mußte, sondern auch dem Altar, dessen Figuren im zweiten Weltkrieg dort unbeschädigt den Krieg überstanden haben.

Merkwürdig ist auch, daß über einen Altar dieser Größe und Bedeutung so wenig bekannt ist, daß keine Urkunde, keine Inschrift, kein Stifterwappen und keine Signatur verraten, wann er entstanden ist, wer ihn bestellt und bezahlt hat und wer ihn geschnitzt hat. So kann nur eine genaue Betrachtung näheren Aufschluss über die Entstehungszeit und über die Zusammenhänge in denen er zu sehen ist, Aufschluss geben.

Die erste ausführlichere Beschreibung des Altars in der Beschreibung des Oberamts Besigheim[7] aus dem Jahre 1853 liest sich folgendermaßen: »Von dem Langhaus führt ein spitzbogischer Triumphbogen in das mit einem Kreuzgewölbe versehene Chor; in demselben steht ein 42 Fuß hoher, mit geschlossener Thüren 13 Fuß und mit geöffneten 23 Fuß breiter Flügelaltar von ausgezeichneter Bildschnitzerarbeit. Das Mittelbild stellt lebensgroß in Holz geschnitzt die heilige Catharina dar, hinter ihr steht der Nachrichter, der Heiligen zur Seite eine Königsfigur, vorne zwei Geistliche, ihr das Evangelium vorhaltend. In den Vertiefungen der beiden Seitenfelder, gleichfalls lebensgroß, links der Evangelist Johannes, rechts Johannes der Täufer; diese Gruppe umgibt eine freistehende Wand von schönem Laubwerk, darüber sind der heilige Martinus seinen Mantel vertheilend und der heilige Georg, ferner ein Mann mit einem Stab, (St. Nikolaus ?) und eine weibliche Gestalt mit einem Handkörbchen angebracht. Über dem Gesimse dieser Hauptdarstellung erhebt sich unter einem Baldachin Christus als Weltrichter, umgeben von vier Engeln mit den Marterwerkzeugen, ihm zur Seite kniende Statuen, rechts: Maria, links Johannes der Täufer; zu den Füßen des Herrn und in der Mitte zwischen den zwei Halbfiguren des Königs David und der heiligen Caecilie, flehen die armen Seelen als kleine nackte Gestalten zu ihm empor. Über dem obersten Baldachin erhebt sich eine kleine Madonna mit dem Jesuskind. Unter dem Gesims, welches der mittlere Hauptgruppe zur Basis dient, stehen in den Nischen ebenfalls noch zwei Halbfiguren, von welcher eine ganz verstümmelt ist, die andere weibliche Gestalt zwei Kinder auf den Armen hält. Die Flügelthüren in Relief zeigen links einen englischen Gruß und die Anbetung der Weisen, rechts die Geburt Christi und die Flucht nach Egypten. Der Altar ist Eigenthum der Gemeinde Besigheim«. Soweit die Oberamtsbeschreibung. Freilich stimmt diese Beschreibung nicht mehr in allen Teilen mit dem heutigen Zustand des Altars überein. Denn in den Jahren 1887 bis 1889 wurde der Altar im Zuge der Restaurierung der Kirche durch den Oberbaurat Heinrich Dolmetsch gründlich »instandgesetzt«, und auch später noch, so in den Jahren 1920, 1955 und zuletzt 1966, wurde der Altar mehrfach restauriert oder gereinigt. Vor allem bei

---

6   Vgl. hierzu Hans-Martin MAURER in diesem Band.
7   Beschreibung des Oberamts Besigheim, hg. vom kgl. statistisch-topographischen Bureau, Stuttgart 1853, S. 99.

der Restaurierung im 19. Jahrhundert wurden viele abgebrochene Ornamentteile, Nasen und Hände ersetzt, und Figuren umgesetzt. So stehen der König David und »die heilige Caecilie« (die heute als Bathseba, die Frau des Königs David gedeutet wird) nicht mehr oben auf dem Altar, sondern sind an ihren ursprünglichen Standort unten in der Predella zurückgekehrt, wo sie die Halbfigur der Anna Selbdritt einrahmen (Tafeln 22–26). Und in den beiden Nischen unter der Hauptgruppe haben die Halbfiguren eines Königs und einer Königin Platz gefunden, die als Salomo und die Königin von Saba gedeutet werden, so daß hier auf die königliche Abkunft des Jesuskindes verwiesen wird. Auch andere Figuren haben neue Namen bekommen: Der Heilige mit Stab wurde als der Pestheilige Rochus identifiziert, und »die weibliche Gestalt mit einem Handkörbchen« ist natürlich die hl. Dorothea, so daß zusammen mit den Heiligen Georg und Martin in den vier Rundöffnungen vier vielverehrte Heilige und Nothelfer versammelt sind.

Am wichtigsten aber ist die Neubestimmung der Mittelgruppe, in der man damals eine Darstellung des Martyriums der hl. Katharina erkennen wollte. Sie wurde von Marie Schütte 1907 als eine Wunderszene aus dem Leben des hl. Cyriakus erkannt[8].

Dieser heilige Märtyrer, dessen Gedenktag am 8. August gefeiert wird und der ebenfalls zu den 14 Nothelfern zählt, war angeblich von Papst Marcellus zum Diakon geweiht worden und wohl zu Beginn des 4. Jahrhunderts in der Christenverfolgung unter Kaiser Maximian zu Tode gekommen. Die bekannteste Wundergeschichte, die von ihm erzählt wird, berichtet, daß er einen bösen Geist, von dem Artemia, die Tochter des Kaisers Diokletian, besessen war, ausgetrieben habe. Diese Legende ist hier dargestellt. Links steht der Heilige, zusammen mit einem Begleiter. Legitimiert durch das heilige Buch, das er demonstrativ in der Linken hält, hat er die Rechte beschwörend erhoben und treibt den bösen Geist aus, der in die vor ihm kniende Kaisertochter gefahren war (aber merkwürdigerweise nicht »leibhaftig« dargestellt wird). Der bärtige Kaiser wohnt staunend dem Vorgang bei, zusammen mit drei Höflingen, unter denen vor allem der modisch gekleidete, sehr würdige ältere Mann im Vordergrund auffällt, in dem man auch schon das »versteckte« Portrait eines badischen Markgrafen hat erkennen wollen[9]. Tatsächlich spielt diese Figur, als Gegenstück zu dem Heiligen in der Komposition der Gruppe eine größere Rolle als selbst der Kaiser. Offenbar hat man deshalb in dieser martialischen Gestalt den »Nachrichter« gesehen, der im Begriffe ist oder sich darauf vorbereitet, der heiligen Katharina das Haupt abzuschlagen. Es ist aber eher Apronianus gemeint, ein Ratgeber des Kaisers Diokletian, der durch die Predigt des Cyriakus zum Christentum bekehrt worden war und deshalb als Zeuge der Wunderheilung beiwohnt. Auch trägt er ja kein Schwert, sondern eine Schriftrolle (die freilich erst 1887 durch den Bildhauer Kieser hinzugefügt wurde[10]).

Die Heilung der Artemia ist selten in dieser Ausführlichkeit dargestellt worden. In den meisten Fällen beschränkt sich die Darstellung darauf, daß die Königstochter wie ein

---

8 M. Schütte, Der schwäbische Schnitzaltar, Straßburg 1907, S. 144.
9 Der allerdings in der Entstehungszeit des Altars gar nicht »zuständig« gewesen sein dürfte! Übrigens könnte auch der hinter diesem Höfling sichtbare Kopf ein solches »verstecktes Portrait« sein.
10 ebenso wie seine linke Hand, die ursprünglich dem Johannes Ev. gehört haben dürfte und einen Kelch gehalten hat. Johannes erhielt damals die neue linke Hand mit dem Buch. Vgl. J. Wolf, Christoph von Urach, Diss. Freiburg 1971, S. 286.

Attribut in kleinerer Gestalt zu Füßen des Heiligen erscheint, wie man es etwa von dem Flügel des Heller-Altars von Matthias Grünewald, vom Talheimer Altar im Württembergischen Landesmuseum oder auch vom Bönnigheimer Hochaltar her kennt.

Wenn man früher meinte, in der dargestellten Szene sei das Martyrium der heiligen Katharina dargestellt, dann vermutlich nicht nur deshalb, weil man in der knienden Frauengestalt in der Bildmitte die Hauptfigur des Szene erkennen wollte, sondern auch, weil bei der Weihe der Kirche im Jahre 1383 als Patrone der Kirche die volkstümlichen Heiligen Martin, Nikolaus und Katharina genannt werden, während von dem nicht ganz so populären heiligen Cyriakus erst später die Rede ist[11]. Wenn aber der heilige Cyriakus der ursprüngliche Patron der Kirche gewesen sein sollte, wofür einiges spricht, dann könnte seine Verehrung in Besigheim wie auch in anderen Kirchen der Region, im Zusammenhang mit dem salischen Besitz in Besigheim und mit der Schenkung des Hofes Besigheim an das Kloster Erstein durch die Kaiserin Agnes im 11. Jahrhundert gesehen werden[12]. Denn die Gebeine des hl. Cyriakus lagen seit 847 im Kollegiatstift St. Cyriakus in Neuhausen bei Worms, und auch die Abtei Altdorf im Elsass besaß Reliquien des Heiligen, der besonders am Mittel- und Oberrhein verehrt wurde.

Das Besigheimer Altarretabel wurde von Marie Schuette[13], die als erste auch die Cyriakusszene richtig gedeutet hat, dem Bildhauer Christoph zugeschrieben, der zeitweise in Urach lebte und arbeitete und unter dem Namen »Christoph von Urach« in die Kunstgeschichte eingegangen ist. Diese Zuschreibung wurde allgemein akzeptiert, und der Altar gilt seitdem unbestritten als Werk dieses Bildhauers und wird in die Zeit »um 1520« datiert.

Freilich hat Christoph sicher nicht alle Teile des Altars selbst geschnitzt. Jürgen Wolf, der sich zuletzt gründlich mit dem Altar beschäftigt hat[14], will nur die Mittelgruppe und die Büsten der beiden Könige als weitgehend eigenhändige Arbeiten gelten lassen. Die beiden Johannesfiguren, durch die er sich mit Recht an die entsprechenden Figuren im Blaubeurener Hochaltar erinnert fühlt, weist er einem Mitarbeiter zu, und auch in den Figuren des Weltgerichts im Gespränge erkennt er die Hand eines älteren, stärker der Uracher Tradition verhafteten Mitarbeiters. Und die Flügelreliefs und die übrigen Büsten werden verschiedenen Mitarbeitern zugewiesen.

Allerdings ist »Christoph von Urach« nur ein Name. Die Person, die sich dahinter verbirgt, bleibt merkwürdig unscharf. Seinen Familienname kennen wir nicht und daß er ein gebürtiger Uracher war, kann man nur vermuten. Ebenso wenig kennen wir seinen Lehrmeister, seine Biographie oder irgendwelche Ereignisse aus seinem Leben. Das wenige, was wir über ihn wissen, ist vor allem dem Umstand zu verdanken, daß er seine Werke häufig datiert und signiert hat. So teilt der Künstler auf dem Taufstein in der Stiftskirche in

---

11   A. SEILER, Studien zu den Anfängen der Pfarrei- und Landdekanatsorganisation in den rechtsrheinischen Archidiakonaten des Bistums Speyer, Stuttgart 1959, geht von Cyriakus aus und schreibt zu Besigheim (S. 230): »Cyriacus 1484, und zitiert Freiburger Diözesanarchiv 11, S. 196 Nr. 176. Dort Eintrag 1484 April 7 als Pfarrkirche S. Cyriak in Besigheim sowie Altar S. Katharina. Bei SEILER auch die Aufzählung der Cyriacuskirchen.
12   Zur Cyriakus-Verehrung vgl. ausführlich den Beitrag von Sönke LORENZ in diesem Band.
13   SCHÜTTE, Der schwäbische Schnitzaltar (wie Anm. 8), S. 143ff.
14   WOLF, Christoph von Urach (wie Anm. 10), S. 34–40.

Urach, selbstbewusst mit, dieser sei EXTRVCTVM ANO VIRGINEI PARTVS 1518 PRIDIE KALENDAS MAIAS PER ME CHRISTOPHORUM STATVARIUM ET CIVEM VRACHSEM, also am 30. April des Jahres 1518 durch einen Christophorus fertiggestellt worden, der Bildhauer und Bürger in Urach war. Und an der Gruppe mit dem Martyrium des hl. Veit in Ehingen an der Donau liest man, daß sie *1519 am 12. Tag Februarii zu Urach durch Stoffel* gemacht worden sei. Urkundlich wird Christoph, ebenfalls nur mit seinem Vornamen, in Urach lediglich dreimal genannt, nämlich 1516 und 1523 als Bildhauer in den Uracher Musterungslisten und 1525 auch als Hausbesitzer. In der Uracher Musterungsliste aus dem Jahre 1528 kommt Christoph nicht mehr vor. Er war also möglicherweise damals schon weggezogen.

Das ist nicht viel, und die Zuschreibung des Besigheimer Retabels an Christoph von Urach kann sich daher ausschließlich auf den Vergleich mit den signierten und datierten Arbeiten in Urach und in Ehingen stützen.

Der Taufstein in Urach ist ein sehr sorgfältig durchgebildetes Steinbildwerk, geschmückt mit acht Halbfiguren von Königen und Propheten aus dem Alten Testament, deren symbolische Bedeutung durch beigefügte Inschriften erläutert wird[15] (Tafeln 27–29). Es sind die Propheten Jesaja und Jeremia dargestellt, die auf die reinigende Wirkung der Buße verweisen, David (mit Bezug auf Psalm 51, Vers 4) und Salomo, die königlichen Vorfahren Christi, Moses und Josua (der eine als der, dem sich Gott in brennenden Dornbusch geoffenbart hat, der andere als derjenige, unter dessen Führung das Volk Gottes ins gelobte Land zurückkehrte), sowie, als Präfigurationen Christi, der Erzvater Joseph als jugendlicher Hirte[16] und der Prophet Jona, der ins Wasser geworfen, vom Walfisch verschlungen und wieder ausgespien wurde und mit dem zur Hölle gefahrenen und wieder auferstandenen Christus in Parallele gesetzt wird. Dieses so sonst nicht nachweisbare Programm mag auf die Brüder vom Gemeinsamen Leben zurückgehen, für deren Stiftskirche der Taufstein bestimmt war.

Haben wir Christoph in diesem ersten bekannten Werk als Steinbildhauer kennen gelernt (als den ihn auch seine späteren Werke ausweisen), so beweist die ein Jahr später entstandene Gruppe in Ehingen, daß Christoph auch als Holzbildhauer gearbeitet hat. Dargestellt ist dort der hl Veit in dem Kessel, in dem er auf Anordnung des Kaisers Diokletian gesotten werden sollte, zwischen zwei Schergen und dem Kaiser. Die Gruppe war wohl für die Stadtpfarrkirche St. Blasius in Ehingen bestimmt, in der seit den 14. Jahrhundert ein Altar des hl. Veit nachgewiesen ist. Allerdings ist ungewiss, ob die kleine Gruppe das Mittelstück eines kleinen Altars war oder aus der Predella eines größeren Altars stammt[17].

---

15   Zur Ikonografie des Taufsteins vgl. WOLF, Christoph von Urach (wie Anm. 10), S. 16–23.
16   Die linke Hand und das Szepter sind ergänzt (WOLF, wie Anm. 10, S. 277). Joseph hat also möglicherweise ursprünglich einen Hirtenstab gehalten oder die Hand auf die Brust gelegt. Da nur Joseph frontal und als junger Mann in modischer Kleidung wiedergegeben ist und die signierende Inschrift so angeordnet ist, genau über ihm der Name des Bildhauers erscheint, könnte man an ein verstecktes Selbstbildnis des Meisters denken, was gut zu der selbstbewussten Inschrift passen würde.
17   Vgl. WOLF (wie Anm. 10), S. 27.

Es ist vor allem die Ähnlichkeiten der Köpfe, etwa des Kaisers im Ehinger Relief mit dem des Kaisers in Besigheim (die übrigens nach den Legenden auch dieselbe Person, nämlich den Kaiser Diokletian, darstellen sollen) oder des Josua am Uracher Taufstein mit dem des Königs in der Predella des Besigheimer Altars, die auf denselben Künstler verweisen.

Trotz dieser schmalen Basis sind die stilistischen Merkmale seiner Arbeiten so charakteristisch, daß man dem Bildhauer noch einige weitere Holzbildwerke zuschreiben konnte. Das sind neben dem Besigheimer Hochaltar zum einen die Halbfiguren eines Königs und eines Bärtigen mit Hut und Rosenkranz in den Händen, die aus der Kapelle des Marchtaler Hofs in Reutlingen stammen sollen und sich heute im Dominikanermuseum in Rottweil befinden. Auch bei ihnen ist es die Ähnlichkeit der Köpfe, die eine Zuschreibung an die Werkstatt des Urachers rechtfertigt. Und aus demselben Grund glaubt man auch einen Teil der Büstenreliefs am Chorgestühl der Stiftskirche in Herrenberg als Arbeiten des Christoph von Urach ansprechen zu können. Zwar hat, inschriftlich bezeugt, Heinrich Schickhart im Jahre 1517 DIS WERCK USGEMACHT, aber das muß nicht unbedingt bedeuten, daß er auch den figürlichen Schmuck selbst ausgeführt hat, ja es wäre nicht ungewöhnlich, wenn sich der stets als Schreiner bezeichnete Heinrich Schickhardt für den figürlichen Schmuck seines Gestühls der Mitarbeit einer Bildhauerwerkstatt bedient hätte. Und wenn in Herrenberg die Uracher Werkstatt des Meisters Christoph herangezogen wurde, dann könnte das seinen Grund darin gehabt haben, daß die Brüder vom Gemeinsamen Leben, die damals noch, ebenso wie die Stiftskirche in Urach, auch die Herrenberger Stiftskirche innehatten, den Auftrag vermittelt haben.

Von den zahlreichen Reliefs an der Rückwand und den Wangen des Dorsals und an den Pultfronten sind es vor allem die Büsten Christi, der Apostel und Propheten am Dorsale, die an Christoph von Urach denken lassen (Tafel 30). Wieder sind es vor allem die Gesichter mit den kräftigen Backenknochen, die Struktur der Haare und Bärte, aber auch die Fältelung der Gewänder, vor allem an den Ärmeln, die auf Christoph verweisen. Die übrigen Reliefs scheinen Werkstattarbeiten zu sein.

Aus diesen gesicherten und zugeschriebenen Arbeiten ergibt sich das Bild einer vielbeschäftigten Werkstatt, die in rascher Folge von Urach aus größere Aufträge in Herrenberg (vor 1517), in Urach selbst (1518), in Ehingen an der Donau (1519) und »um 1520« in Besigheim abgewickelt hätte.

Aber nach 1525 wird Christoph, wie schon erwähnt, in Urach nicht mehr genannt, scheint also weggezogen zu sein. Ursache mögen die unruhigen Zeiten im Herzogtum nach der Vertreibung des Herzogs Ulrich gewesen sein, der Bauernkrieg oder die beginnende Reformation. Erst nach einer Pause von mehr als 10 Jahren sind wieder signierte Arbeiten von seiner Hand nachweisbar. Allerdings nun nicht mehr in Württemberg, sondern am Oberrhein, also in Vorderösterreich und in Baden, und zuletzt in Wertheim am Main. Und es sind auch keine kirchlichen Bildwerke mehr, sondern ausschließlich Grabsteine für Angehörige des Adels. Es ist ganz charakteristisch, daß in der Reformationszeit, als keine Retabel mehr gebaut und gebraucht wurden und sich die Bildhauer nach neuen Beschäftigungsfeldern umsehen mussten, Christoph sich, wie andere Bildhauer auch, auf die Herstellung von Grabmälern verlegt hat, die das steigende Repräsentations- und Selbstdarstellungsbedürfnis der Fürsten und adeligen Herren befriedigten, die nach immer aufwendigeren und prächtigeren Grabmälern verlangten. So entstand 1537 das

Wandgrabmal für den 1533 gestorbenen Markgrafen Philipp von Baden in der Stiftskirche in Baden-Baden, danach das figürliche Grabmal des 1538 gestorbenen Ritters Georg von Bach, das heute außen am Chor der Stadtkirche in Offenburg aufgestellt ist (Tafel 31), und 1543 das Denkmal für den Grafen Michael II. von Wertheim in Wertheim, zugleich das letzte signierte Werk Christophs, über dessen weitere Lebensschicksale nichts bekannt ist.

Diese Grabmäler sind nun ganz in den »modernen« Formen der Renaissance gehalten, und wenn sie nicht signiert wären, würde man sie wohl kaum mit den früheren Arbeiten Christophs in Verbindung bringen. Auch ist die Liegefigur des Markgrafen in Baden-Baden nicht gerade ein Meisterstück, und das Wertheimer Grabmal zeigt neben einer langen Inschrift nur heraldische Zier. Nur das Grabmal des Georg von Bach in Offenburg, auf dem uns der fast freiplastisch wiedergegebene junge Ritter lebhaft bewegt entgegentritt, eignet sich für stilistische Vergleiche[18].

Trotzdem hat man, von diesen Arbeiten seiner »zweiten« Schaffenszeit ausgehend, Christoph von Urach eine ganze Reihe weiterer Grabmäler zugeschrieben, ja zeitweise galten nahezu alle ritterlichen Grabsteine des frühen 16. Jahrhunderts im württembergischen Neckargebiet als Arbeiten Christophs und seiner »Schule«[19]. Nur wenige dieser Zuschreibungen haben einer kritischen Überprüfung standgehalten.

So erinnert das Grabmal des Hans-Bernhard von Gärtringen, der im Jahre 1519 gestorben ist, entfernt an das Grabmal in Offenburg, das allerdings zwanzig Jahre später entstanden ist[20]. Es mag sein, daß die Tätigkeit Christophs am Herrenberger Chorgestühl seiner Werkstatt den Auftrag in der nahegelegenen Gärtringer Pfarrkirche verschafft hat.

Zustimmung haben auch die Zuschreibungen von Hans Rott[21] gefunden. Er weist Christoph von Urach die drei Grabmäler für die Familie des Wolf von Hürnheim in Kenzingen zu[22], die wohl nach dem Tod der Ehefrau (gest. 1522), aber noch vor dem Tod des

---

18 Die »Halsberge« der Rüstung des Ritters ist später abgearbeitet worden, was bei der Beurteilung der Figur zu berücksichtigen ist (WOLF, wie Anm. 10). Hingewiesen sei auf die Ähnlichkeit der Ritterfigur des Georg von Bach, nicht nur in den Details der Rüstung sondern auch in Haltung und Standmotiv, mit dem vor 1532 entstandenen Brunnenritter in Bad Wildbad, der vermutlich den Erzherzog Ferdinand als Stifter des Brunnens und damaligen Landesherrn in Württemberg darstellen soll (K. GREINER, Das Wildbad, Böblingen 1952, S. 23), und dessen Zuschreibung an Christoph von Urach hier zur Diskussion gestellt werden soll (soweit das der Zustand der Figur, die heute auf dem Brunnen durch eine Kopie ersetzt ist, gestattet).
19 So z. Bsp. die Grabmäler der Herren v. Wöllwarth in Lorch, des Wilhelm v. Neipperg in Schwaigern (L. BÖHLING, Die spätgotische Plastik im Württembergischen Neckargebiet, Reutlingen, 1932, S. 167) oder eines Grafen von Löwenstein in Löwenstein (BÖHLING S. 168)
20 WOLF (wie Anm. 10), S. 78–82. Allerdings mag man sich dieses Grabmal, ebenso wenig wie die an gleicher Stelle Christoph v. Urach zugeschriebenen Uracher Konsolen von 1520 (die allerdings wegen der pausbäckigen Gesichter sehr wahrscheinlich von dem gleichen Künstler stammen) ungern als Arbeiten desselben Künstlers vorstellen, der ungefähr gleichzeitig die Figuren des Besigheimer Hochaltars schuf und wird eher an den weiteren Umkreis der Werkstatt denken.
21 H. ROTT, Kunst und Künstler am Baden-Durlacher Hof, Karlsruhe 1917, S. 10–15.
22 Deren Zuweisung an die Werkstatt des Urachers dadurch eine, über die stilistische Verwandtschaft hinausgehende, gewisse Plausibilität gewinnt, der Ritter Wolf von Hürnheim, der 1515 die Herrschaft Kürnberg-Kenzingen pfandweise erworben hatte, württembergischer Marschall, und nach der Vertreibung des Herzogs Ulrich von Württemberg Mitglied des von Österreich eingesetzten Regimentsrates war, und als solcher durchaus Beziehungen zu Christoph von Urach gehabt haben könnte (WOLF, wie Anm. 10, S. 116).

Ritters selbst, der erst 1533 gestorben ist[23], entstanden sind, sowie die Tumba des Markgrafen Ernst von Baden in der Stiftskirche in Pforzheim, in der Rott »die Krönung des Lebenswerks« des Meisters sah. Der Markgraf starb zwar erst im Jahre 1553, ist aber zusammen mit seiner zweiten Gemahlin Ursula von Rosenfeld dargestellt, die im Jahre 1538 starb. Da Markgraf Ernst noch ein drittes Mal geheiratet hat, darf man annehmen, daß er das Doppelgrabmal gleich nach dem Tod seiner zweiten Frau anfertigen ließ. Da sich aus dem Jahre 1538 auch eine Inschrifttafel aus Pforzheim erhalten hat, die ebenfalls Christoph von Urach zugewiesen wird, hat Hans Rott, freilich ohne Beleg, angenommen, der Bildhauer habe nach seiner Tätigkeit in Besigheim seinen Wohnsitz in Pforzheim genommen und sei in die Dienste des Markgrafen von Baden getreten[24].

Wenn allerdings der Bildhauer Christoph, der nachweisich noch 1525 im württembergischen Urach ansässig war, »um 1520« für die Mitarbeit am Besigheimer Hochaltar herangezogen wurde, kann seine dortige Tätigkeit zwar als Indiz dafür betrachtet werden, daß der Altar während der württembergischen »Zwischenherrschaft« entstanden ist, aber nicht ohne weiteres als Bindeglied zu seiner späteren Tätigkeit im Umfeld der badischen Markgrafen in Anspruch genommen werden.

Aber damit sind wir wieder beim Besigheimer Hochaltar angekommen, der ja nicht nur aus den Figuren besteht, sondern der auch als Ganzes, als »Gesamtkunstwerk« wahrgenommen werden will. Und ob dieses »Gesamtkunstwerk« aus der Werkstatt Christophs hervorgegangen ist, wissen wir nicht. Denn abgesehen davon, daß kein zweites Retabel aus der Werkstatt des Urachers bekannt ist, das uns erlauben würde, »Eigenheiten« seiner Altäre wieder zu erkennen, ist es einigermaßen erstaunlich, daß unser Altar, der immerhin als eines der Hauptwerke Christophs gelten müsste – entgegen der Gewohnheit des Künstlers –, weder signiert noch datiert ist[25]. Das könnte darauf hinweisen, daß der Auftrag für den Altar gar nicht an ihn gegangen ist, sondern der »Statuarius« nur die figürlichen Teile des Altars geschaffen hat und die Architektur und die dekorativen Teile von einem »Kistler« aus der Region hergestellt worden sind[26].

Darauf deutet auch hin, daß sich im württembergischen Neckargebiet eine ganze Reihe von Altären erhalten hat, deren Aufbau charakteristische Ähnlichkeiten mit dem Besigheimer Hochaltar aufweist.

Das gilt zum Beispiel gleich für das prominenteste Beispiel eines spätgotischen Retabels in der Region, den Hochaltar von 1498 in der Heilbronner Kiliankirche, einen holzsichtigen Altaraufbau von etwa gleicher Größe wie der Besigheimer Altar, (dessen Proportionen allerdings etwas schlanker sind), ebenfalls mit reliefierten, zweizonigen Flügeln und unbearbeiteten Außenseiten. Über einer aus drei Nischen bestehenden Predella mit den als Halbfiguren wiedergegebenen vier Kirchenvätern und einer Erbärmdegruppe stehen im Schrein in kapellenartigen Nischen fünf vollplastische, etwa lebensgroße Figuren: die Madonna, zwischen dem als Papst dargestellten Hl. Petrus und dem Bischof Kilian als Kirchenpatron und

---

23 Dessen Todesdaten auf dem Grabstein nachgetragen sind.
24 Allerdings nimmt ROTT an, Besigheim sei zur Zeit der Entstehung des Altars »ein zu Baden-Durlach gehöriges Landstädtchen« gewesen, was es aber erst nach 1529 wieder geworden ist!
25 BÖHLING (wie Anm. 19), Anm. 265 meint allerdings, »das ganze Werk mache einen unfertigen Eindruck« und will damit das Fehlen einer Signatur erklären.
26 Zumal sich von ihm sonst keine dekorativen Arbeiten erhalten haben und das dekorative Beiwerk seiner Grabmäler zumeist Mitarbeitern zugeschrieben wird, die auf solche Arbeiten spezialisiert waren.

den (etwas kleineren) Archidiakonen Laurentius und Stephanus. Hervorzuheben ist, wie differenziert Sockel und Baldachine gestaltet und zur Mitte hin behutsam erhöht sind, und daß in einer zweiten Zone unter eigenen Baldachinen die kleinen Figuren der Gefährten des hl. Kilian, Kolonat und Totnan erscheinen, sowie, maßstäblich größer, die Büsten zweier weiblicher Heiliger, wie sie später ganz ähnlich in Besigheim erscheinen werden.

Über das Leben des Hans Seyfer, des Meisters des Heilbronner Altars, wissen wir nicht viel. Familiäre Beziehungen verbinden ihn mit Sinsheim, mit Heidelberg, Straßburg und Esslingen, seine Werkstatt hatte er, so wird vermutet, zunächst in Heidelberg, später in Heilbronn, wo er 1502 das Bürgerrecht erwarb. Hauptwerke sind, neben dem Heilbronner Hochaltar von 1498, die Kreuzigungsgruppe in Stuttgart aus dem Jahre 1501 und der Ölberg in Speyer, dessen Hauptfiguren bei seinem Tod im Jahre 1509 fertiggestellt waren. »Seine Ausbildung soll er bei (seinem Verwandten) Conrad Sifer, oder auch bei Hans Bilger in Worms erhalten haben«[27]. Diesem wird der 1483 aufgestellte Hochaltar in Lorch am Mittelrhein zugeschrieben, an dem das auffallende Motiv der Büsten in der Sockel- und Baldachinzone offenbar zuerst vorkommt[28], und nach Worms verweist auch die vermutete Mitarbeit von Hans Seyfer an dem um 1488 entstandenen Grablegungsrelief im Wormser Dom, das aber auch Straßburger Einflüsse erkennen lässt[29].

Nimmt man hinzu, daß beim Heilbronner Altar auch ulmische Einflüsse erkennbar sind und der Stuttgarter Kruzifixus nicht ohne die Kenntnis von Nicolaus Gerhaerts Gekreuzigtem aus dem Jahre 1467 in Baden-Baden denkbar ist, dann wird eindrucksvoll deutlich, wie weitgespannt und vielfältig die persönlichen und künstlerischen Beziehungen eines Künstlers in der Zeit um 1500 gewesen sein können.

Auch das in räumlicher und zeitlicher Nähe zum Besigheimer Hochaltar entstandene Retabel des Hochaltars in der Schlosskirche in Winnenden, das man *Anno domini MDXX von Neuem ufgericht*[30] hat, zeigt eine ganze Reihe von Besonderheiten, die es mit dem Besigheimer Altar verwandt erscheinen lassen (Tafel 32–33). Die am meisten ins Auge fallende Gemeinsamkeit ist, daß auch dieser Altar holzsichtig, also mit Ausnahme der Augensterne und der Lippen unbemalt geblieben ist, und daß auch hier die Flügel szenische Reliefs aufweisen und die Flügelaußenseiten gänzlich ungeschmückt geblieben sind. Ähnlich wie in Besigheim setzt sich der Schrein aus drei kapellenartigen Nischen zusammen, die durch mehr pflanzlich als architektonisch geprägtes Schleierwerk zusammengefaßt werden. Dargestellt ist in der Mittelnische, ähnlich wie in Besigheim durch einen Sockel angehoben, der thronende Hl. Jakobus, der zwei Pilger segnet. Im Sockel hat die Halbfigur des segnenden Christus ihren Platz gefunden. Seitlich stehen je zwei Heilige, Paulus und Jodokus auf der einen, Petrus und Wendelin auf der anderen Seite[31]. Auf den

---

27 K. Halbauer, Hans Seyfer: Familie – Freunde – Kollegen, in: Hans Seyfer, Bildhauer an Neckar und Rhein um 1500, hg. von A. Pfeiffer und K. Halbauer, Heilbronn 2002, S. 23–35, hier S. 27ff.
28 J. Tripps, ebd. S. 54.
29 K. Halbauer (wie Anm. 27), S. 29f.
30 Nach einer Inschrift des 16. Jahrhunderts, die auch berichtet, der Altar sei 1540 abgebrochen und 1549 wieder aufgestellt worden. Vgl. W. Deutsch (wie Anm. 4), S. 40.
31 Wobei der Hinweis von Deutsch zu beachten ist, daß Petrus und Paulus später ausgetauscht wurden, so daß sich heute alle Heiligen der Mitte zuwenden, während sie ursprünglich paarweise einander zugewandt waren: Deutsch (wie Anm. 4), S. 43.

Tafel 21
Stadtkirche Besigheim, Württembergisches Wappen im Chorgewölbe

Tafel 22
Stadtkirche Besigheim, Hochaltar (Gesamtansicht)

Tafel 23
Stadtkirche Besigheim, Hochaltar (Ausschnitt)

Tafel 24
Stadtkirche Besigheim,
Hochaltar (Ausschnitte)

Tafel 25
Stadtkirche Besigheim,
Hochaltar (Ausschnitte)

Tafel 26
Stadtkirche Besigheim,
Hochaltar (Ausschnitte)

Tafel 27
Stiftskirche Urach, Taufstein von Christoph von Urach, 1519 (Gesamtansicht)

Tafel 28
Stiftskirche Urach, Taufstein von Christoph von Urach, 1519 (Ausschnitt)

Tafel 29
Stiftskirche Urach, Taufstein von Christoph von Urach, 1519 (Ausschnitt)

Tafel 30
Stiftskirche Herrenberg, Chorgestühl, 1517 (Ausschnitt)

Tafel 31
Stadtkirche Offenburg, Grabstein des Ritters Jörg von Bach († 1538)

Tafel 32
Schlosskirche Winnenden, Hochaltar, 1520 (Gesamtansicht)

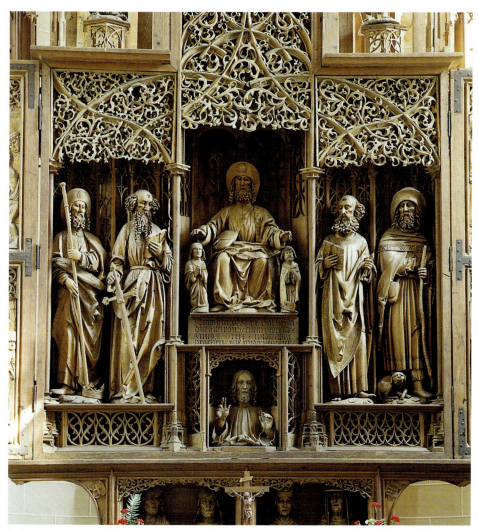

Tafel 33
Schlosskirche Winnenden, Hochaltar, 1520 (Ausschnitt)

Tafel 34
Kupferstich des Fronaltars im Straßburger Münster von Isaac Brunn, 1617

Tafel 35
Stadtkirche Bönnigheim, Hochaltar

Tafel 36
Ratssitzung Graf Eberhards des Milden (1392–1417), Kopie eines Originals aus der Mitte des 15. Jahrhunderts

Flügeln sind als Flachreliefs insgesamt acht Szenen aus dem Leben des Titelheiligen dargestellt, im Auszug die Anbetung der Hl. drei Könige zwischen Christophorus und einem nicht näher bestimmbaren Heiligen, darüber der Schmerzensmann. In der Predella erscheinen die vier lateinischen Kirchenväter.

Auch dieses Altarwerk wurde schon dem Meister Christoph von Urach zugeschrieben[32]. Aber da es durchaus üblich war, daß der Unternehmer, bei dem ein Altar in Auftrag gegeben wurde, wechselnde Maler und Bildhauer als Mitarbeiter heranzog, müssen Übereinstimmungen in der Anlage und Komposition von Altären eben nicht notwendigerweise auch auf denselben ausführenden Künstler hindeuten, zumal wenn sich die Gemeinsamkeiten wie hier weniger auf den Figurenstil als auf die Altarform beziehen. Und so hat denn auch Wolfgang Deutsch in einer gründlichen Untersuchung[33] wahrscheinlich gemacht, daß der Bildschnitzer des Winnender Altars Jörg Töber war, ein Bildhauer aus Hagenau, der am Oberrhein gelernt und in Esslingen geheiratet hat, wo er seit 1487 nachweisbar ist und 1494 das Bürgerrecht erhält. Dort habe er vor und nach 1500 die steinernen Apostelfiguren in der Frauenkirche gefertigt, war aber offenbar auch als Bildschnitzer tätig, denn 1493 wird er vom Rat der Stadt 1493 für die Herstellung eines Altarretabels nach Nürtingen und ein Jahr später an die Herren von Liebenstein nach Ottmarsheim, (ganz in der Nähe von Besigheim und Winnenden!) empfohlen. Im Jahre 1505 stand er offenbar im Dienst des Markgrafen Christoph von Baden, und 1507 gab er sein Esslinger Bürgerrecht auf, da er die Absicht habe, *sich mit seiner wonung anderswohin zu tun und sein narung zu suchen*[34].

Über seine weiteren Lebensschicksale ist nichts bekannt, aber Deutsch stellt mit stilistischen Argumenten ein umfangreiches Oeuvre zusammen, das den Gedanken nahe legt, Töber habe den Sitz seiner Werkstatt nach Stuttgart oder in die Nähe von Stuttgart verlegt. Er schreibt ihm Steinskulpturen in Stuttgart und Marbach zu, den Grabstein des Schweikart von Gundelfingen in Neufra an der Donau und eben den Winnender Hochaltar. Darüber hinaus weist er Werkstattgenossen und Schülern des Esslinger Meisters zahlreiche Grabsteine und Steinbildwerke in Stuttgart, Heilbronn und Schwaigern, in Denkendorf, Großsachsenheim und Geisingen, aber auch die hölzernen Ölberggruppen in Bönnigheim und Murrhardt und die Kreuzgruppe in Schwieberdingen zu[35].

---

32 So z. Bsp. A. SCHAHL in: Kunstbrevier Neckarschwaben, Stuttgart 1966, S. 171; A. SCHAHL, Die Frühwerke des Christoph von Urach, in: Das Münster 12 (1959), S. 167–174.
33 W. DEUTSCH, Ein Esslinger Bildhauer (wie Anm. 4), S. 29–162. Seine Biografie läßt zwar die aus stilistischen Gründen erschlossene Urheberschaft des älteren Töber am Winnender Altar als möglich erscheinen, setzt aber voraus, daß zwei Bildhauer des Namens Jörg Töber Beziehungen nach Hagenau hatten, daß der aus Hagenau stammende Esslinger einen Sohn hatte, der 1504 Organist in Hagenau, dann Kanoniker in Ettlingen und seit 1511 Organist in Esslingen war und 1519 gestorben ist, während ein jüngerer Jörg Töber, der aber nicht der Sohn des älteren war, 1502/03 als in Hagenau tätiger Steinmetzmeister genannt wird und 1519 das Straßburger Bürgerrecht erwarb und einen Sohn Jakob hatte, der ebenfalls Organist war, sowie eine Tochter Apollonia. Die nicht eindeutig bestimmbaren verwandtschaftlichen Beziehungen zwischen den beiden Bildhauern Töber müssen aber immerhin so eng gewesen sein, daß die gebürtige Esslingerin Apollonia, die, wohl als Witwe, vor 1529 ihr Haus in Esslingen aufgab, zu ihren Verwandten nach Straßburg ziehen konnte.
34 H. ROTT, Quellen und Forschungen zur südwestdeutschen und schweizerischen Kunstgeschichte im XV. und XVI. Jahrhundert, Bd. II (Alt-Schwaben und die Reichsstädte), Stuttgart 1934, S. 267f.
35 Fast ebenso viele Arbeiten, (und zum Teil dieselben!), wie A. SCHAHL für Christoph von Urach in Anspruch genommen hatte!

Wenn ich so ausführlich auf die Biographie und das von Deutsch zusammengestellte Werk von Jörg Töber eingegangen bin, dann deshalb, weil sie ganz ähnlich wie bei Hans Seyfer und bei Christoph von Urach die engen Beziehungen zwischen Neckarschwaben und dem Oberrheingebiet erkennen lassen. Und so nimmt es nicht wunder, wenn der formale Aufbau der Altäre in Winnenden und Besigheim sein gemeinsames Vorbild in einem Altarwerk zu haben scheint, das der Bildhauer Nikolaus Hagenauer, von 1493 bis 1526 als Straßburger Bürger nachgewiesen, im Jahre 1501 für den Fronaltar des Straßburger Münsters geliefert hat[36]. Das Aussehen dieses heute verlorenen Altaraufsatzes ist zwar nur durch einen Kupferstich von Isaac Brunn Jahre aus dem 1617 bekannt, aber dieser lässt doch deutlich die Zusammenhänge erkennen (Tafel 34).

Auch dieser Altar scheint holzsichtig gewesen zu sein[37], besaß Flügel mit szenischen Reliefs und eine »angehobene« Mittelgruppe mit der szenischen Darstellung der Anbetung durch die Hl. drei Könige[38]. Ähnlich wie in Winnenden sind seitlich in kapellenartigen Nischen vier Heilige, gesprächsweise einander zugewandt, dargestellt, und, ähnlich wie in Besigheim, erscheinen Büsten im Sockel der Mittelgruppe und in den Öffnungen des offenbar ganz pflanzlich gestalteten Schleierwerks, insgesamt acht an der Zahl. Die Beweinungsgruppe in der Predella hat sich als einziger gesicherter Überrest des Altars in Straßburg erhalten.

Aus dem Stich weiß man, daß Nikolaus Hagenauer diesen Altar signiert hat, aber archivalisch ist überliefert, daß 1501 seine Brüder Veit (der 1486 als Schreiner bezeichnet wird und zusammen mit seinen Brüdern die Herstellung einer *tafel in dem stift zu zabern in verdinge angenommen* hatte) und Paul als *operarii et confectores tabulae summi altaris*, also als Mitarbeiter am Hochaltar, den Empfang einer Zahlung für den Altar quittierten, was darauf hindeutet, daß es sich um eine Art Familienunternehmen gehandelt hat, in dem Nikolaus, so möchte man aus der Signatur, und daraus, daß er stets als *factor imaginum* oder als Bildhauer bezeichnet wird, der künstlerische Leiter gewesen ist[39].

Dieser Altar muß eine starke Wirkung ausgestrahlt haben, denn es finden sich im süddeutschen Raum eine ganze Reihe von weiteren Altären, die in ihrer Anlage das Straßburger Vorbild erkennen lassen. Dabei gilt es sich klar zu machen, daß solche »Anleihen« nicht so sehr auf einen Mangel an eigener Erfindungs- und Schöpferkraft zurückgehen, sondern daß es bei der massenhaften Herstellung von geschnitzten Altaraufsätzen nicht so sehr auf Originalität und Neuartigkeit ankam, als auf die möglichst perfekte Reproduktion von Vorbildern und die virtuose Wiederholung und Verbesserung von vorgefundenen Beispielen.

So gibt es zum Beispiel in Oberndorf, in der Nähe von Rottenburg, einen Altar, dessen Aufbau ganz deutlich das Vorbild des Straßburger Fronaltars verrät. Er ist wie dieser als

---

36 K. HALBAUER, Hans Seyfer (wie Anm. 27), S. 173, Kat. Nr. 20.
37 Die Auswahl der Szenen aus dem Marienleben auf den Flügeln, die mit der Heimsuchung beginnen, lässt allerdings vermuten, daß hier, wie auch andernorts, die Außenseite der Altarflügel mit einer Darstellung der Verkündigung bemalt war.
38 Deshalb wurde dann auf den Flügelreliefs die Beschneidung statt der eigentlich zu erwartenden Anbetungsszene gewählt.
39 H. ROTT, Quellen und Forschungen (wie Anmn. 34), Band III (Der Oberrhein), Quellen I, (Baden-Pfalz-Elsaß), Stuttgart 1936, S. 261f.

dreiteiliger Kapellenschrein gegliedert, die Mittelgruppe zeigt wie in Straßburg eine Gruppendarstellung, hier die Krönung der Maria, herausgehoben durch einen mit Halbfiguren besetzten Sockel, und wie in Straßburg (und auch in Winnenden) stehen sich in den seitlichen Kapellen je zwei Heilige paarweise gegenüber. Ja sogar der dreieckige Vorsprung von Sockel und Baldachin über der Mittelgruppe, der in Straßburg wegen der von hinten gesehenen Figur des anbetenden Königs vor der Madonna nötig gewesen war, wurde von dem Straßburger Vorbild übernommen[40].

Damit ist allerdings noch nichts über die künstlerische Herkunft und die Datierung des Altars gesagt. Er soll ursprünglich die Jahreszahl 1503 gezeigt haben, könnte aber auch etwas später entstanden sein[41]. Und Böhling[42] hat mit Recht darauf verwiesen, daß die Übernahme der Altarform und auch der Gewandfigurationen, etwa aus der Schongauergrafik, eine eher äußerliche und handwerkliche sei. Neben oberrheinischen Einflüssen glaubt sie auch schwäbische und fränkische Elemente aus dem Umkreis der Riemenschneiderwerkstatt zu erkennen.

Und sie schreibt der Werkstatt einige weitere Figuren in der Region, also aus dem vorderösterreichisch-württembergischen Gebiet am oberen Neckar zu. Dort findet sich, aus der abgebrochenen Johanneskirche in Horb stammend, in der dortigen Spitalkirche ein weiterer Altar, der um 1520, zwar in einer anderen Werkstatt, aber wohl ebenfalls am oberen Neckar, entstanden ist und einmal mehr zeigt, wie erfolgreich und beliebt dieser Altartyp gewesen sein muß. Auch er zeigt eine Marienkrönung und Heilige in kapellenartigen Nischen und besitzt reliefierte Flügel.

Aber auch aus der näheren Umgebung von Besigheim seien noch zwei Altäre genannt, die darauf verweisen, wie sich in dieser Region verschiedene Einflüsse überschneiden.

Da ist zum einen der Altar in Ellhofen bei Heilbronn, der wohl etwas älter ist als der Besigheimer Altar und vermutlich in einer Heilbronner Werkstatt entstanden ist. Hier ist in den Schrein ein zweimal getreppter Sockel eingestellt, auf dem fünf Figuren sich zu einer Gruppe der Anbetung der Hl. Drei Könige, ergänzt um eine Statue der hl. Katharina[43], zusammenfügen. Die Flügelinnenseiten sind wie in Straßburg, Heilbronn und Besigheim mit Reliefs geschmückt[44], die Außenseiten, wie das ganze Retabel, farbig gefasst. Die Prophetenbüste im gestaffelten Podest unter der Madonna, die drei Könige im Schrein, erinnern an das Straßburger Vorbild, die Tendenz, die Figuren, trotz der szenischen Darstellung, als Einzelfiguren zu behandeln, die Erbärmdegruppe in der Predella, verweisen auf das Vorbild des Heilbronner Hochaltars von Hans Seyfer. Der Stil der Figuren ist ganz unterschiedlich: während die Madonna noch das Vorbild von Hans Seyfer erkennen lässt, erinnert die hl. Genoveva an Ulmer Vorbilder. Die Köpfe der Erbärmdegruppe in der Predella lassen an Vorbilder aus dem Riemenschneidcrumkreis denken, während die

---

40 Die Ähnlichkeiten gehen also wesentlich weiter als E. KLUCKERT (in: Schwäbische Heimat 1978, Heft 1, S. 32 –41) einräumt, was aber nichts über eine Beteiligung aussagt.
41 W. DEUTSCH (wie Anm. 4), S. 59, Anm. 52a.
42 L. BÖHLING, Die spätgotische Plastik (wie Anm. 19), S. 214ff.
43 die allerdings ursprünglich die hl. Genoveva, die Titelheilige der Ellhofener Kirche, dargestellt haben könnte.
44 hier: Verkündigung und Heimsuchung, Christgeburt und Beschneidung.

Figuren im Gesprenge, ein hl. Christophorus und zwei hl. Jungfrauen, wohl von einem jüngeren Mitarbeiter stammen.

Und schließlich ist der Hochaltar in Bönnigheim zu nennen, über den wenig bekannt ist und dessen Qualitäten wegen seiner Neubemalung aus dem Jahre 1897 nur schwer zu beurteilen sind (Tafel 35). Er hat mit dem Besigheimer Altar gemeinsam, daß er sein »Überleben« in einer protestantischen Kirche dem Umstand verdankt, daß er durch Lettner und Orgel den Blicken entzogen war und erst 1897 »wiederentdeckt« wurde. Außerdem ist auch die Bönnigheimer Kirche dem heiligen Cyriakus geweiht

Auch hier ist im Schrein die Anbetung der Könige dargestellt, aber nun in der Weise, daß die Mittelgruppe mit der thronenden Madonna und zwei knienden Königen durch einen gestaffelten Unterbau hervorgehoben wird, in dem zwischen zwei Prophetenbüsten der hl. Cyriakus thront und ganz wie in Besigheim, mit beschwörender Geste die vor ihm kniende Kaisertochter Artemia von ihrem Dämon befreit. In den seitlichen Nischen steht rechts der sehr elegante Mohrenkönig und, aus Gründen der Symmetrie, zur Linken der Nährvater Joseph. Der getreppte Sockel findet seine Entsprechung im dreistufigen oberen Abschluss des Schreins. Entsprechend der recht eigenwilligen Aufteilung des Schreins, die aber gleichwohl ihre oberrheinischen Vorbilder noch erkennen läßt, sind auch die Flügelreliefs gegliedert. Den Standfiguren entsprechen die Reliefs mit dem hl. Wolfgang links und der Schlüsselübergabe an Petrus rechts, weiter außen erscheinen über den Bildern der knienden Stiftern, die leider nicht zu identifizieren sind, Anna Selbdritt und der Erzengel Michael. In der Predella ist das Abendmahl dargestellt. Auch hier waren verschiedene Künstler am Werk, von denen der Schnitzer des Mohrenkönigs und des hl. Joseph der begabteste gewesen sein dürfte. Weitere Arbeiten dieser Werkstatt sind allerdings nicht bekannt geworden und die Datierung ist ebenfalls umstritten. Trotz seines altertümlichen Stils wird auch dieser Altar von Wolfgang Deutsch in Abhängigkeit vom Straßburger Fronaltar gesehen und eine Entstehung erst im frühen 16. Jahrhundert angenommen[45].

In diese Reihe fügt sich als eines der prominentesten Beispiele auch der Besigheimer Hochaltar ein. Wesentliche Merkmale und Besonderheiten hat er mit dem Straßburger Vorbild gemeinsam: die Mehrfigurengruppe im Altarschrein, die in der Höhe gestaffelten Sockel, die kapellenartige Figurennischen, die Flügelreliefs und die Büsten im Sockel und in den Öffnungen der Laubwand sind ohne das Straßburger Vorbild nicht denkbar. Schwierig zu deuten ist allerdings das gehäufte Vorkommen dieser Formen gerade im mittleren Neckargebiet. Der Überblick hat gezeigt, daß es hier eine ganze Reihe von Retabeln gibt, deren Aufbau sie deutlich von den sonst in Süddeutschland dominierenden Ulmer Altären unterscheidet, in deren Schreinen zumeist drei oder fünf Figuren nebeneinander stehen. Nimmt der Heilbronner Hochaltar noch eine gewissermaßen vermittelnde Stellung zwischen den schwäbischen Altären des 15. Jahrhunderts und den oberrheinisch beeinflußten Retabeln des frühen 16. Jahrhunderts ein, so muß der Straßburger Fronaltar als Hauptaltar einer bedeutenden Kunstmetropole eine besondere Vorbildfunk-

---

45 Deutsch (wie Anm. 4), S. 58, Anm. 50. Denkbar wäre aber auch, daß es ein älteres Vorbild am Oberrhein gab, denn Deutsch selbst führt die Einführung des aus den Niederlanden stammenden Kapellenmotivs am Oberrhein auf Nicolaus Gerhaert zurück, und frühere Beispiele für die Verwendung von Büsten und gestaffelten Podesten in Altären gibt es ja auch schon früher.

tion gehabt haben. Allerdings, ist es nicht so, daß das Straßburger Vorbild einmal »eingeführt« und dann in der Region nachgeahmt worden wäre. Denn, darauf hat Wolfgang Deutsch mit Recht hingewiesen[46]: Jeder der besprochenen Altäre übernimmt einzelne, nicht immer dieselben Straßburger Elemente in wechselnder Kombination, was darauf hindeutet, daß die Künstler den Altar aus eigener Anschauung kannten und sich der Elemente bedienten, die ihnen für die Verwendung in ihren eigenen Arbeiten brauchbar erschienen. Und wenn dem Besigheimer Altar in diesem Zusammenhang eine besondere Rolle zufällt, dann mag das seinen Grund nicht nur in der Biographie seines Schöpfers Christoph von Urach haben, dessen Kunst Einflüsse aus Schwaben, Franken, vom Oberrhein und der Rheinpfalz vereinigt, sondern er illustriert auch die Situation von Besigheim im Spannungsfeld zwischen Württemberg und Baden, die ja auch Kunstlandschaften in Neckarschwaben und am Oberrhein konstituierten und prägten.

46 DEUTSCH (wie Anm. 4), S. 58.

Gemeinschaftsstiftungen der Markgrafen von Baden und der Grafen von Württemberg im Spätmittelalter

VON KONRAD KRIMM

Der langsame Rückzug der Markgrafen aus dem mittleren Neckarraum, der dauerhafte württembergische Positionsgewinn, wiederholte Eskalation nachbarlicher Spänne – das vertraute Bild der badisch-württembergischen Konkurrenz gilt für das Spätmittelalter wie für andere Zeiten auch. Neben Konfliktkonstanten gehören hierher freilich auch verbindende Elemente: seit der Mitte des 15. Jahrhunderts die gemeinsamen Interessen der Markgrafen und vor allem der Stuttgarter Grafenlinie als kaiserliche Klientel, mehrere Heiraten, nicht zuletzt die konfessionelle Orientierung der Baden-Durlacher Linie an Württemberg. Die Beiträge von Heinz Krieg und Peter Rückert in diesem Band zeichnen den politischen Spielraum der beiden Dynastien in Konflikt wie Kooperation mustergültig nach. Der Blick soll sich im Folgenden verengen auf gemeinsame fromme Stiftungen in Tiefenbronn und Öhringen, auf Verbindendes also. Die Bilder von Altären und Stifterscheiben können diesen einen Aspekt nachbarschaftlicher Beziehungen – andere nicht – illustrieren.

Bilder als Illustrationen zu gebrauchen und als Quellen zu vernachlässigen, sollte sich allerdings längst erledigt haben[1]. Dabei beginnen mit jeder Interpretation aber auch deren Probleme. Sich bei der Tiefenbronner Kirchenausstattung auch nur auf Datierungsfragen einzulassen, bedeutet, mehr Fragen stellen als Antworten geben zu können. Es war das unbestreitbare Verdienst von Gerhard Piccard, hier eine Fülle urkundlichen Materials aufgespürt zu haben, und auch wenn er in dessen Verknüpfung auf Abwege geriet, blieben doch in seiner Untersuchung ernstzunehmende Fragen genug[2]. Der Verfasser gesteht, die-

---

1 Mit welcher Blindheit man geschlagen sein kann, wenn man etwa Stifterscheiben als willkommene Porträts, nicht aber im Entstehungszusammenhang betrachtet, hat der Verf. zu spüren bekommen, vgl. die Abbildungen der Öhringer Stifterscheiben bei K. KRIMM, Baden und Habsburg im 15. Jahrhundert. Fürstlicher Dienst und Reichsgewalt im späten Mittelalter (Veröffentlichungen der Kommission für geschichtliche Landeskunde Baden-Württemberg B 89), Stuttgart 1976, dazu R. BECKSMANN, Die mittelalterlichen Glasmalereien in Schwaben von 1350 bis 1530 ohne Ulm (Corpus vitrearum medii aevi 1.2), Berlin 1986, S. 139.
2 Vgl. G. PICCARD, Der Magdalenenaltar des »Lukas Moser« in Tiefenbronn, Wiesbaden 1969. Piccard meinte u. a., für den Magdalenenaltar einen Weg von Vezelay über Hirsau nach Tiefenbronn annehmen zu können, und reklamierte auch den Tiefenbronner Hochaltar von Schüchlin als einen verschollenen Allerheiligenaltar von 1487 für Kloster Hirsau; erst im Bauernkrieg sei der Altar nach Tiefenbronn in Sicherheit gebracht worden (a. a. O., S. 157). Weder Piccards Zweifel an der Altarin-

ses Knäuel schwieriger Quellenbefunde sehr lange unentschlossen betrachtet zu haben. Erst die Entdeckung des verloren geglaubten Archivs der Tiefenbronner Ortsherren, der Familie von Gemmingen-Steinegg, gab den Anstoß zu einem neuerlichen Versuch[3].

Vor der Beschäftigung mit den Bildwerken selbst sollen aber einige methodische Schwierigkeiten der Deutung zumindest genannt sein. Das Gewicht von Werkdatierungen etwa: Selbst wenn wir das Glück haben (wie im Fall des Tiefenbronner Altars von Hans Schüchlin) von einer Werkinschrift mit dem Datum 1469 ausgehen zu können, und selbst wenn dieses Datum unverfälscht sein sollte (was wegen Übermalungen nicht sicher ist), sind damit wohl die Fertigstellung des Werks, nicht aber die Bearbeitungsdauer und schon gar nicht die Auftragszeit bekannt. Analogieschlüsse aus den seltenen belegten Entstehungsdaten von Altären sind zwar nicht unzulässig und so dürfen wir von mehreren Jahren ausgehen, die in Tiefenbronn zwischen Auftrag und Vollendung liegen konnten[4] – aber sicher ist das nicht. Bei einem Altar ohne sichtbaren Bezug zum Auftraggeber mag das genaue Entstehungsjahr letztlich auch nicht so entscheidend sein. Bei Stifterbildern und -zeichen ist das aber anders: Sie stellen das »zeitlose« Werk für uns in einen zeitlichen Bezug, den wir zu erklären haben und bei dem der Verlauf von wenigen Jahren in der Welt der Stifter völlig veränderte Konstellationen bedeuten kann.

Den Stiftungszusammenhang bei undatierten Werken plausibel zu machen, zwingt freilich zu noch größerer Vorsicht; die Zeitspannen der möglichen Entstehung sind zu groß, um mehr als vage Zuordnungsversuche zu erlauben. Konnte Rüdiger Becksmann für die Öhringer Chorverglasung immerhin das Jahr 1464 stil- und baugeschichtlich und auch im politischen Kontext wahrscheinlich machen, so ist seine Datierung der Tiefenbronner Stifterscheiben in das Jahr 1370, das Jahr eines »ewigen Friedens« zwischen Baden und Württemberg, zwar sicher stilkritisch abgestützt, aber im politischen Kontext wohl doch nur eine – wenn auch bestechende – Möglichkeit[5]. Wir stehen nicht an, die Datierungsvorschläge des Corpus vitrearum medii aevi oder der Deutschen Inschriften zu akzeptieren; sie sollen für alles Folgende Grundlage sein. Aber es sind erschlossene, keine belegten Daten.

Auf unserem Weg liegt noch ein weiterer Stolperstein. Wir vermuten im Tiefenbronner Hauptaltar eine Gemeinschaftsstiftung, weil er vier Wappen und dabei an hervorgehobener Stelle die der württembergischen und der badischen Dynasten zeigt. Aber sind Wappen an Altären auch immer Zeichen eines Stifterwillens? Das ist nicht zwingend; sie »kön-

---

schrift von 1469 noch seine Zuschreibung des ungeklärten »Hirsauer« Wappens am Hochaltar an Abt Blasius von Hirsau (1484–1503) wurden von der Forschung übernommen. Literatur zur Auseinandersetzung mit Piccard – die jedoch nur kunsthistorisch geführt wurde – bei R. NEUMÜLLERS-KLAUSER (Bearb.), Die Inschriften des Enzkreises bis 1650 (Die deutschen Inschriften 22), München 1983, S. 36 Anm. 3.
3 Vgl. K. KRIMM, Wiederentdeckung eines verschollenen Archivs, in: Der Archivar 56 (2003) S. 38.
4 Vgl. allgemein G. WEILANDT, Verträge mit Künstlern und finanzielle Abwicklung von Aufträgen, in: Meisterwerke massenhaft. Die Bildhauerwerkstatt des Nikolaus Weckmann und die Malerei in Ulm um 1500, Stuttgart 1993, S. 311–315.
5 Vgl. R. BECKSMANN, Die mittelalterlichen Glasmalereien in Baden und der Pfalz (Corpus vitrearum medii aevi 2.1), Berlin 1979, S. 232. PICCARD setzte die Fensterstiftung an das Ende der Schlegler-Kriege (1396–1404), vgl. a. a. O. (wie Anm. 2), S. 61f., allerdings ohne über das stilistische Instrumentarium der kunsthistorischen Forschung zu verfügen.

nen sich auch auf die Lehens- bzw. Zehntherrschaft und das Kirchenpatronat beziehen[6]«. Die Ortsherrschaft von Gemmingen hätte nach dieser Lesart neben ihrem eigenen Wappen das des Klosters Hirsau als Kirchenpatron, das der Markgrafen als Lehnsherren und das der Grafen von Württemberg als Patronen des Klosters Hirsau anbringen lassen[7]; Württemberg besaß keine eigenen Rechte an Tiefenbronn. Die Wappen wären Zeichen von Herrschaft, ohne daß ihre Träger deswegen auch Mitstifter sein müßten.

Dieser eigentlich appellative Bezug der Wappen läßt sich an einer fast gleichzeitig entstandenen Wappengruppe noch verständlicher machen. Unter der großen, steinernen Herrenalber Kreuzigung von 1464[8] assistieren heraldisch rechts die Wappen von Württemberg und Pfalz, links die von Baden und Eberstein den Doppeladler des Reichs. Noch niemand kam deswegen auf die Idee, neben dem Auftraggeber, dem Herrenalber Abt Johannes von Udenheim, auch die anderen Gewalten als Mitstifter der imposanten Figurengruppe anzunehmen. Der Abt wird damit wohl am wichtigsten Klostereingang, am Nordtor, die Herrschafts- und Schutzverhältnisse seines Klosters gezeigt haben wollen: das Reich – noch war das Kloster reichsunmittelbar, erst 1497 erzwang Württemberg die Entfernung aus der Reichsmatrikel –, die Vögte Württemberg und Pfalz und die Stifterfamilie Eberstein. Die Markgrafen passen nicht recht in diese Reihe, denn sie hatten die Vogtei schon 1338 an Württemberg verloren. Trotzdem war die Verbindung eng, einige Klosterorte standen unter badischer Oberhoheit und Baden besaß mit Eberstein zusammen Wildbannrechte; zudem hatte Markgraf Karl wenige Jahre zuvor Abt Johannes bei der Kurie zu den Pontifikalien verholfen und so mochte eine historisierende »Rückbesinnung« auf alte Beziehungen – wie sie in Zisterzen in der zweiten Hälfte des 15. Jahrhunderts zu finden ist[9] – einhergehen mit aktuellen Verpflichtungen. Vielleicht lag dieses appellative Zusammenfassen der weltlichen Schutzmächte zu einem Zeitpunkt besonders nahe, an dem diese Mächte sich in einem zermürbenden Reichskrieg bekämpften, mühsam nach Frieden suchten und es der Klientel in jedem Fall schwer machten, es mit keiner Seite zu verderben[10].

Gerade bei Wappen von Landesherren läßt sich also oft auch ein politischer Impuls für ihre Platzierung hinzudenken. Die Wappen zeigen wirkliche und gewünschte Herrschaft. Daß darüber der Anlaß, das fromme Werk, nicht vergessen werden darf, versteht sich; die

---

6   NEUMÜLLERS-KLAUSER (wie Anm. 2), S. 58.
7   Vgl. ebda. Anm. 5.
8   Vgl. zum Folgenden H. PFLÜGER, Schutzverhältnisse und Landesherrschaft der Reichsabtei Herrenalb von ihrer Gründung im Jahr 1149 bis zum Verlust ihrer Reichsunmittelbarkeit im Jahr 1497 (bzw. 1535) (Veröffentlichungen der Kommission für geschichtliche Landeskunde Baden-Württemberg B 4), Stuttgart 1958, S. 67ff und S. 125f.; Die Kunstdenkmäler Badens Bd. 12,1, Karlsruhe 1963, S. 287f; C. SEILACHER, Herrenalb. Ein verschwundenes Zisterzienserkloster, Herrenalb ³1977, S. 41f.; M. KOHLER, Die Bauten und die Ausstattung des Klosters Herrenalb, Heidelberg 1994, S. 363; R. NEUMÜLLERS-KLAUSER, Stifter – Schirmer – Mönche. Mittelalterliche Inschriften in Kloster Herrenalb, in: P. RÜCKERT/H. SCHWARZMAIER (Hgg.), Kloster Herrenalb. Auf der Spurensuche nach den Zisterziensern (Oberrheinische Studien 19), Stuttgart 2001, S. 61–74.
9   NEUMÜLLERS-KLAUSER, a. a. O., S. 70.
10 Vgl. allgemein Th. FRITZ, Ulrich der Vielgeliebte (1441–1480). Ein Württemberger im Herbst des Mittelalters (Schriften zur südwestdeutschen Landeskunde 25), Leinfelden-Echterdingen 1999, S. 267ff. mit älterer Literatur.

Wappen sowohl am Tiefenbronner Altar wie an der Herrenalber Kreuzigung sind ja zuallererst doch Memorialzeichen, nahe den Heiligen und für den Betrachter Aufforderung zur Fürbitte. Unsere Ausgangsfrage war aber, ob sich damit auch ein Stifterwille verbindet, ob die Markgrafen von Baden und die Grafen von Württemberg damit selbst ihre Präsenz – sei es nun politisch oder religiös – zeigen wollten, oder ob dies nur der Wille des Ortsherren, in Tiefenbronn also der Gemmingen war. In Tiefenbronn legen die älteren badischen und württembergischen Stifterscheiben nahe, daß es sich auch bei dem jüngeren Hochaltar um eine Wiederholung, eine wirklich gemeinschaftliche Stiftung handelt. Die Herleitung des württembergischen Wappens aus der württembergischen Vogtei über Kloster Hirsau wirkt demgegenüber als ein doch etwas weiter Umweg[11]. Aber bewiesen ist diese Deutung deswegen nicht. Konsequent zu Ende gedacht, müßte dann auch der doppelstöckige Tiefenbronner Sakristeianbau von 1463 eine fürstliche Mitstiftung sein, denn die Gewölbekonsolen tragen das gemmingensche und das württembergische (und vielleicht auch das badische oder hirsauische?) Wappen[12]. Und warum auch nicht? Warum sollte die Ortsherrschaft an dieser »unsichtbaren« Stelle ihrer Grablege die Embleme anderer Gewalten anbringen, wenn diese nicht zum Bau beigetragen hätten? Über die Entstehungszeit des Anbaus wird noch zu reden sein. Wenden wir uns nach so viel Vorfragen aber endlich den Stiftungen selbst zu.

Die Tiefenbronner Stifterscheiben und die Familie von Stein zu Steinegg

Die Stifterscheiben in den Tiefenbronner Chorfenstern sitzen nicht mehr an ihrer ursprünglichen Stelle[13]. Zu den beiden Figuren in der untersten Reihe des Südostfensters gehören die Wappen oben im Nordostfenster; erst sie bezeichnen die Knienden als Graf von Württemberg und Markgraf von Baden. An der Kleidung sind die Stifter nicht zu erkennen. Auch der rote Mantel und die Goldfarbe von Gürtel, Dolchgriff, Schwert und Kniekachel des Markgrafen dürften kaum auf die badischen Wappenfarben zu beziehen

---

11 Diese Lesart hätte etwas mehr für sich, wenn der Tiefenbronner Hauptaltar nicht im Auftrag der Ortsherrschaft von Gemmingen, sondern des Klosters Hirsau als Kirchenpatron entstanden wäre. H. ROTT schloß aus dem Patronat auf die Baupflicht des Klosters (Die Kirche zu Tiefenbronn bei Pforzheim und ihre Kunstwerke, in: Badische Heimat 12, 1925, S. 105), während PICCARD bereits für den Kirchenneubau des späten 14. Jahrhunderts die damaligen Ortsherren von Stein in Anspruch nahm (wie Anm. 2, S. 64; dazu BECKSMANN, Baden und Pfalz (wie Anm. 5), S. 232). Vor allem von der Gesamtausstattung der Kirche her und ihrer Funktion als adliger Grablege ist Piccards Deutung wohl vorzuziehen.
12 Die südwestliche Eckkonsole ist durch den großen Sakristeischrank von 1464 verstellt, die nordwestliche leer. Zum Sakristeibau vgl. Kunstdenkmäler Badens 9, 7, Karlsruhe 1938, S. 211 und NEUMÜLLERS-KLAUSER (wie Anm. 2), S. 55f. Die »württembergische Baupflicht« bei H. ROTT, Die Kirche zu Tiefenbronn bei Pforzheim, Augsburg 1929, S. 8 ist nirgends belegt.
13 Zum Folgenden grundlegend BECKSMANN, Baden und Pfalz (wie Anm. 5), S. 232ff. samt Tafeln. Die Unterscheidung zwischen originalen und nachgearbeiteten Scheiben (z. B. stammt das badische Wappen von der Firma Geiges) spielt für unseren Zusammenhang keine Rolle. Abb. u. a. auch bei H. MAURER u. a. (Hgg.), Geschichte Württembergs in Bildern 1083–1918, Stuttgart 1992, S. 46 und H. SCHWARZMAIER u. a. (Hgg.), Geschichte Badens in Bildern 1100–1918, Stuttgart 1993, S. 78, bei letzterem aber seitenverkehrt.

sein, da eine Entsprechung beim württembergischen Pendant fehlt; die eindeutige, rotgoldene Gewandfarbe der beiden Lichtentaler Markgrafen-Scheiben zeigt, wie ein solches heraldisches Signal auszusehen hätte[14]. Auffällig ist, daß der Württemberger einen Hut trägt, der Badener barhäuptig ist. Ob die Differenzierung den Regeln der Bildvariation entspricht oder einem inhaltlichen ikonographischen Programm, ist schwer zu entscheiden. Beide Personen sind durch ihre Waffen bis hin zu den metallenen Handschuhen als Herrschaftsstand erkennbar, beide sind in der Gebetshaltung vereint und knien vor der Gottesmutter. Becksmann konnte überzeugend nachweisen, daß alle Scheiben der drei Chorfenster, die der Stifter wie die des Marienlebens, ursprünglich im Achsenfenster vereinigt waren. Die knienden Stifter, ihre Wappen und Helmzier, die Gottesmutter und darüber der über drei Fensterbahnen gelegte Marientod bildeten in der Gesamtkomposition eine so starke Einheit als Gegenstück zu den oberen Szenen, daß Becksmann wegen der ungewöhnlichen mariologischen Programmverkürzung sogar einen besonderen Stifterwillen für diese Gruppierung für möglich hält. Für die Bedeutung der Marienverehrung zur Zeit der Fensterstiftung braucht es keine weiteren Belege; für die badische Seite mag allein der Hinweis auf die Marienfrömmigkeit im Hauskloster, der Zisterze Lichtental, genügen. In Lichtental fand wenig später Markgraf Rudolf VI. (gest. 1372), mit dem wir den Tiefenbronner Stifter zu identifizieren haben, auch seine Grablege.

Die zentrale Achsenposition hob allerdings ein ganz wesentliches Moment in den Stifterscheiben noch stärker als heute hervor: ihre Anordnung nämlich. Die Scheiben lassen keinen Zweifel an der Rangfolge der Stifter. Der Württemberger – um 1370 wäre es Graf Eberhard der Greiner – kniet zur Rechten der Gottesmutter, nach den Regeln des Zeremoniells auf der vornehmeren Seite. Sein Vorrang ist so eindeutig, daß er bisher auch nie eigens erwähnt wurde: Was völlig offen liegt, nimmt man gewöhnlich nicht mehr wahr. Aber ist dieser Vorrang wirklich selbstverständlich? Wie erwähnt, besaß Württemberg in Tiefenbronn keine eigenen Rechte. Es konnte also seinen Platz nicht etwa als »Hausherr« beanspruchen, wie es wohl das Wappen der Grafen von Eberstein am Nordportal der Gernsbacher Liebfrauenkirche im Vorrang vor dem Wappen des badischen Kondominatsherrn wenig später zur Geltung brachte[15]. Als die Herren von Gemmingen im späten 18. Jahrhundert ihre Landsässigkeit in der Markgrafschaft bestreiten wollten, konnten sie als einzigen Beweis ihrer angeblichen Zugehörigkeit zu Württemberg eine Urkunde von 1432 vorlegen, bei der ein Tiefenbronner Kirchenpfleger eine Schuldzahlung in »Währung der Herrschaft Württemberg« verspricht[16] – das war dann doch wenig überzeugend. Die württembergische Präeminenz ließ sich also nicht auf die Ortsherrschaft beziehen. Sie galt aber auch nicht nach der Rangordnung des Reiches. Erst mit der Verleihung der Herzogs-

---

14 Vgl. Tafel 39.
15 Vgl. Kunstdenkmäler 12,1 (wie Anm. 8), S. 156, Abb. 90. Vgl. auch die sehr zeit- und stilnahe Stifterscheibe in der Liebfrauenkirche und die Annahme eines verlorenen Gegenstücks (BECKSMANN, Baden und Pfalz, wie Anm. 5, S. 47). Becksmann läßt offen, ob der abgebildete Stifter ein Graf von Eberstein oder ein Markgraf von Baden ist, da die Zuordnung der allein erhaltenen ebersteinischen Wappenscheibe unsicher ist. Bei einer Doppelstiftung nahm das erhaltene Stifterbild auf jeden Fall den heraldisch rechten Platz ein. In Analogie zur Position der Portalwappen wird man aber wohl von der Darstellung des Ebersteiners ausgehen können.
16 Generallandesarchiv Karlsruhe (künftig: GLA), 126/96, Beil. b.

würde von 1495 wurden die württembergischen Grafen zu Reichsfürsten. Dagegen hatte Kaiser Karl IV. 1362 Markgraf Rudolf das Fürstentum der Markgrafschaft endgültig bestätigt. Gewiß rangierten die Markgrafen damit erst »am unteren Rand des Reichsfürstenstandes«[17], aber eben doch diesseits der Grenze; das war in der Zeit davor noch anders gewesen. Was sich »urkundlich« aber so schön fixieren läßt, kommt deswegen mit der politischen Wirklichkeit noch längst nicht zur Deckung. Die Tiefenbronner Scheiben öffnen uns gewissermaßen ein Fenster in die sehr viel komplizierteren Abläufe des Spätmittelalters, in eine Zeit der langsamen Etablierung eines hoch gesteckten Anspruchs der Markgrafen. Der fürstliche Rang mußte sich nicht decken mit dessen Anerkennung und der Rang bedeutete auch keinen statischen Besitz. Erst eine Vielzahl von Komponenten, nicht zuletzt die Heiraten, bestätigten die erworbene Stellung. Auf der anderen Seite war der fürstengleiche Rang der Grafen von Württemberg nicht nur ihnen selbst, sondern auch den anderen Reichsständen und dem Kaiser kaum zweifelhaft[18]. Einzig in diesem Zusammenhang ließe sich darüber nachdenken, ob die Barhäuptigkeit der Markgrafenfigur vielleicht doch mehr zu bedeuten hat als nur eine Demutsgeste des Betenden oder eine Spielart in der Darstellung. Aber die Tiefenbronner Scheiben thematisieren einen Fürstenrang ihrer Stifter ikonographisch nicht. Sie werden sich erst dann weiter erschließen, wenn wir nach dem Ort und nach dem Zeitpunkt der Stiftung fragen.

Die Herrschaft der Tiefenbronner Ortsherren, der Stein von Steinegg, gehörte zu jener politischen Schütterzone im nördlichen Schwarzwald, die aus dem Erbe der Grafen von Calw und Vaihingen zurückgeblieben war. Die Nachbarn, Württemberg, Baden, Eberstein und auch Pfalz drangen hier mit wechselndem Erfolg ein. Daß es dabei weniger um dramatische Höhepunkte wie den Überfall im Wildbad von 1367 ging als um die langsamzähe Addition von Einzelrechten, um den Gewinn und Verlust kleinster Positionen, hat Wilhelm Hofmann nachdrücklich beschrieben[19]. Am Ende dieses langen Prozesses hatte sich die Grenze der badischen und der württembergischen Landesherrschaft verfestigt, meist zum Vorteil der württembergischen Seite. Zu Beginn konnten sich aber auch Vakuen bilden, Zonen niederadliger Selbständigkeit. Die Herrschaft um Steinegg scheint zunächst ein solches Vakuum gewesen zu sein. In der großen und oft schwer differenzierbaren Familie der Stein von Cannstatt löste sich die Linie in Steinegg und Heimsheim offenbar im 14. Jahrhundert aus der württembergischen Klientel, obwohl beides württembergische Lehen waren[20]. Ihre Verbindung zu den Markgrafen wird aber erst 1380

---

17 H. KRIEG, Die Markgrafen von Baden und ihr Hof zwischen fürstlicher und niederadliger Außenwelt im 15. Jahrhundert, in: Th. ZOTZ (Hg.), Fürstenhöfe und ihre Außenwelt (Identitäten und Alteritäten 6), Würzburg 2004, S. 63, vgl. allgemein ebda. S. 60ff. und den Beitrag von KRIEG in diesem Band.
18 Vgl. allg. MAURER, Württemberg (wie Anm. 13), S. 20ff.
19 Adel und Landesherren im nördlichen Schwarzwald 1350–1530 (Darstellungen aus der württembergischen Geschichte 40), Stuttgart 1954, S. 18ff.
20 Vgl. allgemein H. EHMER, Der gleißende Wolf von Wunnenstein (Forschungen aus Württembergisch-Franken 38), Schwäbisch Hall 1991, S. 66ff. Das württembergische Lehen bleibt allerdings nebelhaft. Reste daraus könnten sich in den württembergischen Wildbannrechten im Hagenschieß erhalten haben, um die im 15. Jahrhundert mehrfach verhandelt wurde, vgl. Württembergische Regesten Band 1 (künftig: WR), Stuttgart 1916, Nr. 774 und 10443. Statt der WR wird im Folgenden der Bestand A 602 im Hauptstaatsarchiv Stuttgart (künftig: HStAS) genannt, wenn der Quellenbefund über den Regestentext hinausgeht.

sicher faßbar; am 30. Juli trat Wolf von Stein d. J. mit Schloß Steinegg und der Stadt Heimsheim gegen ein Dienstgeld von 100 Gulden in den Dienst des Pfalzgrafen Ruprecht und der Markgrafen Bernhard und Rudolf, also in ein gegen Württemberg gerichtetes Bündnis[21]. 10 Jahre zuvor, als Kaiser Karl IV. den erwähnten Frieden zwischen Württemberg und Baden vermittelte, bleibt die Beteiligung der Stein von Steinegg für uns noch unklar; auch die Verwicklung des berühmten Verwandten, des Gleißenden Wolfs von Wunnenstein, in die württembergisch-ebersteinische Fehde und den Wildbader Überfall auf Eberhard den Greiner läßt hier keinen Rückschluß zu. Nach dem Wortlaut des kaiserlichen Friedensschlusses vom 17. September 1370 hatte ein Wolf von Stein Markgraf Rudolf VI. nach der Entlassung aus der Gefangenschaft ein Geldlehen aufzutragen. Wenn wir ihn nach Steinegg verorten dürften (der Leitname Wolf würde es erlauben, wenn er nicht auch in den anderen Linien vorkäme[22]), gehörte diese Linie hier noch zu den Gegnern des Markgrafen. Geschäftsbeziehungen, wie sie später noch oft vorkommen sollten, hatte es aber auch schon eine Generation vorher zwischen einem Wolf von Stein als Kreditgeber und den Markgrafen gegeben[23] und ohne ähnliche Kontakte wäre eine badische Fensterstiftung in Tiefenbronn um 1370 kaum vorstellbar.

So wie es sich bei den Auseinandersetzungen im Grenzbereich der württembergischen und badischen Interessen oft um örtliche Stellvertreterkämpfe handelte, scheinen die Territorialherren mit Tiefenbronn und der Ortsherrschaft von Stein einen niederadligen »Stellvertreter-Ort« gefunden zu haben, an dem eine gemeinsame Memorialstiftung – vielleicht als Sühnezeichen? – möglich war. Daß die württembergische Seite dabei mit dem Gewicht der älteren Patronage auftrat, könnte die Anordnung der Stifterscheiben belegen. Den Wechsel der von Stein in die badische Klientel verhinderte diese Bindung aber nicht; der Aufstieg der Familie am markgräflichen Hof führte bis zum Hofmeisteramt[24]. Und auch der Friede von 1370 blieb Episode in dem anhaltenden Konflikt um die Vorherrschaft im nördlichen Schwarzwald. Schon die Schlegler-Kriege vom Ende des 14. Jahrhunderts lassen sich wieder als Stellvertreterkämpfe, als Fortsetzung des Wildbader Überfalls interpretieren, und die von Stein setzten sich als »Könige« des Adelsbundes und als Herren in Heimsheim jetzt eindeutig gegen Württemberg zur Wehr. Auch in diesen Kriegen, die mit verdeckter badischer Unterstützung und auch z. T. mit der Protektion König Wenzels geführt wurden, gab es Zäsuren, Niederlagen und Friedensschlüsse, bei denen sich gemeinsame Sühneleistungen denken lassen. Ohne die Datierung der Tiefenbronner Scheiben auf 1370 deswegen in Frage stellen zu wollen, sollten wir die Stiftung als Station in einem lang anhaltenden Konflikt verstehen, bei dem es nicht nur um die Profilierung der größeren Territorialherren ging, sondern gerade auch um die Präsenz dieser Territo-

---

21 A. Koch/J. Wille (Bearb.), Regesten der Pfalzgrafen am Rhein 1, Innsbruck 1894, Nr. 4351, dazu 4379.
22 Vgl. als eindrucksvolles Beispiel der Namenshäufung in nächster Nähe die Steinsche Fehdeliste gegen Nürnberg vom November 1372, K. Ruser, Die Urkunden und Akten der oberdeutschen Städtebünde, Bd. 2,2, Göttingen 1988, Nr. 1287, S. 1261 (statt des rätselhaften *Cawstatt* ist natürlich Cannstatt zu lesen).
23 Vgl. 1339 April 27, R. Fester, Regesten der Markgrafen von Baden 1 (künftig: RMB), Innsbruck 1900, Nr. 979.
24 Vgl. 1429 März 28, RMB 4175.

rialherrschaften mitten in niederadligem Besitz. In Tiefenbronn fanden sich beide Dynasten zu einer frommen Stiftung zusammen, aber damit »zeigten« sie sich hier auch. Man ist geneigt zu fragen, wie denn der Niederadel, um dessen Gebiet und Anhängerschaft es ja auch ging, sich seinerseits »zeige« – ob auch er den Herrschaftszeichen des Hochadels in der Tiefenbronner Kirche etwas entgegenzusetzen hatte. Eine Antwort könnte in der Tiefenbronner Wappenwand zu suchen sein.

Die große, doppelte Wappenreihe an der Langschiff-Nordwand hat immer wieder Rätsel aufgegeben[25]. Sie wurde 1891 so gründlich »verrestauriert«, daß die Originalfassung und vor allem die Entstehungszeit nicht mehr erkennbar sind. Fortgeführt von den Gemmingen bis ins 16. Jahrhundert, scheinen die identifizierbaren Namen zum großen Teil aus den ersten Jahrzehnten des 15. Jahrhunderts zu stammen; Piccard spricht von »einer ganz sinnlosen Aufreihung aller Steinschen Familienmitglieder aus dem Zeitraum 1400–1440«[26]. Damit versteht er die Wappen als eine Art erweiterter Genealogie, in die sich freilich fast der ganze Adel der Region einzureihen hätte. Da eine solche gemalte Genealogie aber nicht nur wegen der Aufnahme gleichzeitig Lebender und der *obiit*-Zusätze, sondern auch aus typologischen Gründen ausscheidet, haben wir uns nach Vergleichsmöglichkeiten umzusehen. Die Wappenreihen in Maulbronn und in der Wimpfener Dominikanerkirche werden mit den Wohltätern der Klöster in Verbindung gebracht. Die Kapelle in Tiefenbronn war keine Klosterkirche. Sie besaß allerdings ein Gnadenbild der Muttergottes, das weiten Zulauf hatte; wohl deswegen wurde die Kapelle 1455 zu einer mit Altarpfründen gut ausgestatteten Pfarrkirche erhoben. Ausgehend von dieser Marienverehrung, ließe sich die Gruppierung der Wappen um ein großes Marienfresko so im Sinn einer Bruderschaft deuten, wie sie in Heimsheim 1429 als Annenbruderschaft unter der Führung der von Stein zu Steinegg entstand[27]; Ausstellernamen der Stiftungsurkunde, Konrad, Itel Wolf und Jakob von Stein, erscheinen auch in der Tiefenbronner Reihe. In Tiefenbronn selbst ist eine Marienbruderschaft erst seit 1470 in Urkunden greifbar. Diese Bruderschaften waren allerdings nicht ständisch abgeschlossen, so daß sie als »Schlüssel« zum Verstehen des niederadligen Wappenfrieses nur bedingt passen.

Eine Adelsgruppe, die sich mit ihren Wappen zeigte, die sich offenbar ergänzte und deren Todesfälle an den Namen vermerkt wurden, finden wir aber an der Wappenwand der Turniergesellschaft zum Esel in der Heidelberger Heiliggeistkirche; auch hier stehen die Wappenträger unter dem Schutz der Madonna und auch hier sollen sie über die religiöse Memoria hinaus an hervorgehobener Stelle als Gruppe »gesehen« werden[28]. Wir besitzen aus der Region des nördlichen Schwarzwalds seit dem Ende der Schlegler-Kriege keine Zeugnisse mehr für eine Gruppierung des Niederadels und wollen auch keine Strukturen konstruieren, die aus den gut belegten Ordnungen der beiden Eselsgesell-

---

25 Vgl. PICCARD (wie Anm. 2), S. 62ff. und NEUMÜLLERS-KLAUSER (wie Anm. 2), S. 104f.
26 a. a. O. S. 63.
27 Vgl. WR 10528, dazu PICCARD (wie Anm. 2), S. 45 und 69.
28 Vgl. allgemein A. RANFT, Adelsgesellschaften. Gruppenbildung und Genossenschaft im spätmittelalterlichen Reich (Kieler historische Studien 38), Sigmaringen 1994, S. 112ff., H. KRUSE/ W. PARAVICINI/A. RANFT, Ritterorden und Adelsgesellschaften im spätmittelalterlichen Deutschland. Ein systematisches Verzeichnis (Kieler Werkstücke D 1), Frankfurt 1991, S. 129ff.; H. DRÖS, Heidelberger Wappenbuch (Buchreihe der Stadt Heidelberg 2), Heidelberg 1991, S. 45ff.

schaften abgeleitet wären. Das Besondere an der Tiefenbronner Kirche ist aber nicht eigentlich ihre reiche Ausstattung an Altären, wie es die Ortsliteratur stets hervorhebt – in dieser Hinsicht ist sie eher ein konfessioneller Glücksfall, der zeigt, wie spätmittelalterliche Kirchen ausgesehen haben könnten, die weder von Reformation noch von Gegenreformation erfaßt wurden. Das wirklich Besondere an Tiefenbronn ist vielmehr die Konzentration von Herrschaftszeichen in einer Dorfkirche. Zwei große, konkurrierende Dynastien und fast der ganze regionale, vasallitische Adel, der z. T. beiden Seiten verpflichtet war, sind hier vertreten. Die Kirche ist ein Mittelpunkt der Memoria, ein Ort des Ausgleichs mitten in einem umstrittenen Grenzgebiet. In dieser Mittelstellung zwischen den Territorien besaßen auch die Tiefenbronner Ortsherren besondere Bedeutung. Nach den von Stein waren es im 15. Jahrhundert die von Gemmingen, die als Schlüsselfamilie des regionalen Adels gelten dürfen.

Die Familie von Gemmingen und der Tiefenbronner Hochaltar

Schon vor ihrem Eintritt in die Steinegger Herrschaft scheint die Familie von ihrem Stammsitz Gemmingen aus in der Lage gewesen zu sein, eine Mittlerfunktion zwischen Württemberg und Baden zu übernehmen; das Gewicht der Familie in der pfälzischen Klientel wird dabei keine kleine Rolle gespielt haben[29]. 1404, nach den Schlegler-Kriegen, bestellte König Ruprecht Dieter von Gemmingen in einem Schiedsverfahren zum »Gemeiner«, zum Schlichter zwischen den Räten Bernhards von Baden und Eberhards von Württemberg[30]. Wenig später, 1407, erscheint Dieter von Gemmingen als Teilhaber an der Burg Steinegg; wie bei den meisten Niederadelssitzen wurde auch hier immer wieder geteilt, vererbt oder anteilig verkauft. Seine »große Partie« machte Dieter allerdings mit dem Erbe seiner Frau Anna von Selbach. Deren Vater hatte sich durch den Verkauf der Thermalquellen in Baden-Baden an die Markgrafen einen ganzen Korb badischer Lehengüter eingehandelt. Dieter von Gemmingen und sein gleichnamiger Sohn – sie zählen als V. und VI. – scheinen damit ungemein geschäftstüchtig umgegangen zu sein. Der Tausch gegen das Lehen von Schloß und Tal Dillweißenstein 1443 war nur Durchgangsstation einer langen Erwerbsgeschichte; Reinhard von Gemmingen hat sie in seiner Familienchronik mit den Worten zusammengefaßt: *Dieter [VI.] hat all sein Lebtag mit Gütern sehr gefuggert, verkauft und erkauft, bis er endlich die Güter Tiefenbronn, Steinegg, Heimsheim und Mühlhausen zusammengebracht*[31]. Etwas verkürzt ließe sich also das ganze gemmingensche »Biet« südöstlich von Pforzheim aus dem Besitz der Baden-Badener Goldgrube herleiten.

Die Verwurzelung in Steinegg scheint dabei ebenfalls durch Heirat und Erbgang beschleunigt worden zu sein. Als Dieter V. starb, heiratete seine Witwe in die Familie von Stein, und da ihr Sohn Dieter VI. dann das Leibgeding seines Stiefvaters zahlte, wird er

---

29 Vgl. allgemein C. W. STOCKER, Chronik der Familie von Gemmingen und ihrer Besitzungen, 3 Bde., Heidelberg 1868–1880.
30 1404 Juni 4, RMB 2172.
31 zit. nach STOCKER (wie Anm. 28), Bd. 3, Die Linie von Gemmingen-Hagenschieß, Heilbronn 1880, S. 14.

dafür wohl auch weitere Anteile am Steinschen Besitz übernommen haben[32]. Die Einzelheiten dieser Erfolgsgeschichte – zu der auch Rückschläge gehörten, denn Graf Ludwig von Württemberg-Urach scheint gegen diese Konzentration in Steinegg auch gewaltsam, durch das »Brechen« der Burg, interveniert zu haben[33] – brauchen uns hier nicht zu interessieren. Für unseren Zusammenhang ist aber entscheidend, daß sich Dieter von Gemmingen offenbar bemühte, die Markgrafen von Baden immer stärker in diese Erwerbspolitik einzubinden und sich damit Rückhalt gegen Württemberg zu verschaffen. Daß auch die Markgrafen hier ihr Interesse sahen, ist nicht zu bezweifeln. Ob sie zur Hilfestellung aber auch in der Lage waren, ist eine andere Frage; bei den vielen Konflikten waren die württembergischen Grafen vielleicht einmal bereit, eine badische Neutralität anzuerkennen, wollten aber jede auch nur passive Hilfe für Dieter von Gemmingen ausgeschlossen wissen[34]. Dieter trat trotzdem nach und nach seine Rechte an Steinegg wie an Heimsheim an die Markgrafen ab. Als badische Lehen nahm er sie wieder entgegen; die Markgrafen rückten damit aber in höchst strittige Positionen nach. Wie ernst dies für die Markgrafen werden konnte, sollte die Eßlinger Krise zeigen, bei der aus einem an sich unbedeutenden Gewaltakt Dieters von Gemmingen an württembergischen Untertanen der Streit so eskalierte, daß Baden im Ergebnis die Schutzvogtei über Eßlingen an Württemberg verlor und der Rückzug der Markgrafen aus dem Neckarraum besiegelt war.

Zu dieser Zeit – wir sind in den Jahren 1467–1469 angelangt, der Entstehungszeit des Hochaltars in Tiefenbronn – hatte Dieter von Gemmingen den Höhepunkt seiner Karriere am badischen Hof bereits erreicht. Sein Aufstieg innerhalb der Räte-Hierarchie ist gut belegt, 1461 rangierte er sogar vor den Inhabern der Hofämter[35]. Bei der militärischen Katastrophe von 1462 war er im Heer der Markgrafen und Graf Ulrichs von Württemberg; wir wüßten gerne, inwiefern er sich während der schweren Haft im Heidelberger Schloß *nicht gebührlich* gegen Graf Ulrich betrug und damit wohl dessen persönliche Feindschaft auslöste[36]. 1464 wird Dieter erstmals als badischer Hofmeister genannt, mehrfach führte er in dieser schwierigen Zeit badische Gesandtschaften an. Wenn er nun, im Mai 1469, einige *württembergische Buben,* Geleitsknechte, gefangen setzte, tat er das also nicht als irgendein fehdelustiger Junker, sondern als einer der wichtigsten badischen Diener. Der streitige Anlaß fiel dabei als Funken in einen schon länger schwelenden Wirtschaftskrieg um den Eßlinger Zoll; von dessen Einkünften profitierten zum größeren Teil die Markgrafen und Dieter spielte dabei als deren Vertreter gegenüber der Stadt eine exponierte Rolle[37]. Für die Grafen von Württemberg bedeutete die vom Kaiser 1454 verliehene Vogtei der Markgrafen über Eßlingen längst ein Ärgernis. Sie waren zur Konfrontation

---

32 Vgl. die Erbteilung zwischen den Brüdern Konrad und Hans von Gemmingen und Dieter, dem Sohn ihres verstorbenen Bruders Dieter, bei der Dieter u. a. die Rechte an Steinegg und Heimsheim erhielt, GLA 69 Gemmingen-Gemmingen, Urkunden, 1425 November 12.
33 Vgl. 1456 Mai 18, WR 2605.
34 Vgl. die Fehde Dieters von Gemmingen mit Graf Eitelfritz von Zollern als württembergischem Vasallen 1438, RMB 5651, 5661, 5665f., 5673. An der Schlichtung war auch Kloster Hirsau beteiligt.
35 Vgl. RMB 8550, dazu 6728, 8496 u. a., zum Folgenden 8694, 9174, 9488, 9492, 9563.
36 nach FRITZ (wie Anm. 10), S. 324 Anm. 118.
37 Vgl. ebda. S. 318ff. Die Rolle Dieters wird nach den Eßlinger Quellen sehr anschaulich bei A. DIEHL, Des Nikolaus von Wyhl Abgang von Eßlingen, in: Württembergische Vierteljahreshefte für Landesgeschichte NF 19 (1910), S. 418–427. Zum Gewicht seiner Person vgl. auch HStAS, A 602

Tafel 37
Schloß Eberstein, Herrenalber Kreuzigung, Wappensockel

Tafel 38
Schloß Eberstein, Herrenalber Kreuzigung, Helmzier Württemberg, Pfalz, Baden und Eberstein

Tafel 39
Lichtenthaler Memorialscheiben des Markgrafen Rudolf I. von Baden, seiner Frau Kunigunde von Eberstein und ihres Sohnes Rudolf II.

Tafel 40
Tiefenbronn, Pfarrkirche, Stifterscheiben Württemberg und Baden

Tafel 41
Gernsbach, Liebfrauenkriche, Südportal, Wappen Eberstein und Baden

Tafel 42
Tiefenbronn, Pfarrkirche, Wappenfries der nördlichen Langhauswand

Tafel 43
Tiefenbronn, Pfarrkirche, Hochaltar von Hans Schüchlin

Tafel 44
Tiefenbronn, Pfarrkirche, Hochaltar, Wappen Württemberg und Baden

Tafel 45
Öhringen, Stiftskirche, Stifterscheiben Markgraf Johann von Baden, Erzbischof von Trier, und Markgraf Karl von Baden

Tafel 46
Öhringen, Stiftskirche, Stifterscheiben Markgraf Georg von Baden, Bischof von Metz, und Domherr Markus von Baden

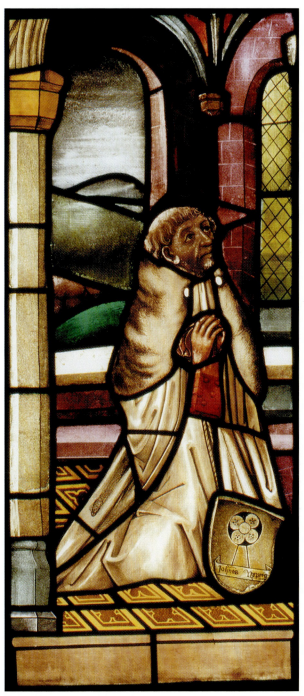

Tafel 47
Öhringen, Stiftskirche, Stifterscheibe Johannes Neipperger

Tafel 48
Öhringen, Stiftskirche, Stifterscheiben eines unbekannten Abts und Johannes Gemmingers

mit Baden bereit und hielten sich zugleich schadlos an Dieter von Gemmingen; Heimsheim wurde wieder einmal gewaltsam eingenommen. Der Konflikt drohte aber auszuufern. Die Grafen suchten sich als Verbündete die bayerischen Wittelsbacher, während die Markgrafen konkrete Hilfsverträge mit Herzog Sigmund von Österreich, dem Herrn der österreichischen Vorlande, und dem Adel des Georgenschilds eingingen. Als Markgraf Albrecht von Brandenburg im Auftrag des Kaisers den ärgerlichen »Hauskrach« in der kaiserlichen Klientel zu schlichten versuchte, brachte er Ende Juli 1469 zwar Abreden zwischen Württemberg und Baden und zwischen Württemberg und Dieter von Gemmingen zustande, aber wirksam wurden sie vorerst nicht. Auch die Vorladung der Parteien vor Kaiser Friedrich III. selbst verhallte. Erst im Oktober 1469 erzwang Pfalzgraf Friedrich I. eine Einigung, offenbar mit spektakulärem militärischem Aufgebot und mit solch bindenden rechtssymbolischen Handlungen – die beiden württembergischen Grafen und Markgraf Karl hatten im Kloster Maulbronn ihre Hände in die seinen zu legen – daß Widerspruch oder Verzögerung nicht möglich waren. Einmal mehr konnte der pfälzische Kurfürst seine königsgleiche Stellung im Südwesten offen demonstrieren. An der pfälzischen Hegemonie war seit 1462 nicht mehr zu rütteln gewesen; der Pfalzgraf konnte seit seinem Sieg von Seckenheim verbieten, daß sich Baden und Württemberg etwa durch einen Heiratsvertrag zu nahe kamen, und er konnte jetzt zugunsten Württembergs Eßlingen dazu zwingen, den strittigen Zoll wieder aufzuheben. Wenig später mußte Markgraf Karl auch hinnehmen, daß er sich die Vogtei über die Reichsstadt mit den Grafen Ulrich und Eberhard zu teilen hatte.

Der Konflikt um Dieter von Gemmingen und die Stadt Eßlingen war im Sommer 1469 eskaliert, im Oktober beendet. Wir haben ihn etwas näher betrachtet, um das Datum am Tiefenbronner Hochaltar besser einordnen zu können. Es läge nahe, auch diesen Altar und den Akt der gemeinsamen Stiftung mit dem Friedensschluß, also wiederum mit dem Ende eines der vielen badisch-württembergischen Grenzkonflikte zu verbinden. Indessen: Es geht nicht. Die rückseitige Meisterinschrift von Hans Schüchlin lautet: *Anno domi(ni) CCCCLX / X [= V] iiii jare ward dißi daffel vffgesetz un(d) gantz vßgema[lt v]ff sant steffans tag des / bapst un(d) ist / gemacht ze vlm vo(n) hannße(n) schüchlin mälern*[38]. Das Retabel wurde demnach am 2. August 1469 fertig – in Ulm? Oder nicht doch eher in Tiefenbronn? Dann wäre Schüchlin mit dem Transport der Altarteile zwar mitten in die heiße Phase der Kriegsrüstungen geraten, aber eine Montage in Ulm, nicht am Bestimmungsort, entspräche nicht der Regel. Leichter ließe sich die Aufstellung in Tiefenbronn freilich mit dem Oktoberdatum, dem Friedensschluß, verknüpfen. In die politische Szenerie des Spätjahrs 1469 würde auch durchaus passen, daß die Wappen am

---

Nr. 4727, hier z. B. die Klage des Grafen Eberhard von Württemberg über *sin gemut so hitzig,* 1469 September 2.
38 nach NEUMÜLLERS-KLAUSER (wie Anm. 2) S. 58. D. GRÄFIN VON PFEIL, Die Stellung Hans Schüchlins in der Ulmer Malerei, in: Meisterwerke (wie Anm. 4), S. 160 ergänzt *vszgema*[cht]; so gelesen, wird die Annahme G. WIELANDTS gestützt, dass sich das Datum nur auf den allgemein üblichen Zusammenbau des Altars am Bestimmungsort beziehen kann (Künstlerinschriften auf Ulmer Retabeln, ebda., S. 322). Die Jahreszahl ist durch Übermalung verunklart (*X* statt *V*), der Text jedoch original und die Datierung durch das Datum der Vorderseite gesichert. Zum Altar selbst, v. a. zur Mitwirkung von Hans Multscher, vgl. GRÄFIN VON PFEIL a. a. O.

Hochaltar, an der Oberkante des Schreins, wieder die Rangfolge der Stifterfenster aufnehmen: Das württembergische Wappen sitzt heraldisch rechts, das baden-sponheimische links, und daß der badische Schrägbalken auch noch verkehrt gezeigt wird, macht die Herkunft aus einer schwäbischen Werkstatt noch deutlicher. Aber wie das Datum der Inschrift auch immer zu verstehen ist: Der Auftrag zum Altar muß wesentlich früher erfolgt sein; in die Vorgeschichte des Eßlinger Konflikts von 1469 paßt er keinesfalls. Da es über einen Zeitraum von wahrscheinlich mehreren Jahren müßig ist, nach einem »passenden« Datum zu suchen, sollen uns im Folgenden noch einmal die Beziehungen Dieters von Gemmingen zu Baden und Württemberg beschäftigen – jetzt aber nicht unter dem Langzeitaspekt der umstrittenen Grenzlage, sondern mit der Frage nach dem Geschäftsgebaren eines Niederadligen mit vielfachen Beziehungen.

Von Dieters besonderer Begabung im Handel mit Gütern und Rechten war schon die Rede. Bei aller Unklarheit spätmittelalterlicher Pfandgeschäfte nach ihrer realen Wirkung und Dauer scheint Dieter dabei einige Kontingenz gelungen zu sein. Verschrieb ihm Markgraf Jakob 1449 Huchenfeld noch auf Lebenszeit, so räsonnierten Dieters Söhne noch 1490 über die Verpfändung des badischen Teils von Heimsheim an ihren Vater von 1455, daß man nach so langer Zeit wohl keine Auslösung mehr befürchten müsse und sich dagegen auch juristisch wehren könne[39]. Dieters große Kredite an Württemberg und Baden, mit denen wir uns gleich befassen, blieben meist über Jahrzehnte, z. T. bis weit ins 16. Jahrhundert eine nutzbare Einnahmequelle, sei es in Zinsen und Diensten, sei es in einträglichen Jagdrechten, sei es auch im Eintreiben der Schulden bei Bürgen oder im Weiterverkauf der Pfandbriefe[40]. Dieters Erfolge hingen dabei z. T. direkt mit der militärischen und wirtschaftlichen Katastrophe von 1462 zusammen. Er war zwar selbst in Haft; Pfalzgraf Friedrich ließ die gefangene Klientel Markgraf Karls von Baden und Graf Ulrichs von Württemberg aber im Ganzen eher glimpflich abziehen. Seine Rache konzentrierte sich auf die beiden kaiserlichen Hauptleute selbst, und allein das Lösegeld, das er für die Freilassung forderte, zwang die Badener und Württemberger zu hektischen Kreditaufnahmen. Neben städtischen und geistlichen Geldgebern war dazu offenbar auch die adlige Klientel in der Lage. Dieter von Gemmingen verlieh an Markgraf Karl 10 000 Gulden; das war zwar nur ein Bruchteil des badischen Gesamtverlustes, aber Dieter brachte damit alleine genau die Hälfte des Lösegeldes auf, das Karl für sich und sein ganzes Gefolge 1463 zu zahlen hatte[41]! Obwohl wir den Zeitpunkt des Kredits nicht kennen bzw. nur über eine Rückzahlung an Dieter von 6000 Gulden im Jahr 1469 davon wissen, ist die badische Verschuldung in dieser Höhe kaum anders als mit dem Geldbedarf von 1463 zu erklären. Wir sollten aber die Summen vor allem als Meßgrößen verstehen, um den finanziellen Spielraum Dieters einschätzen zu können. Und der war noch größer: Graf Ulrich von Würt-

---

39 Vgl. RMB 7022f; GLA 410/8 pag. 107.
40 Vgl. dazu vor allem das Geschäftsbuch Dieters mit den Schuldbriefen von 1464 und den anschließenden Musterbriefen an Schuldner oder einer Weitergabe an die Calwer Salve-Bruderschaft, GLA 410/8. Die Schuldurkunde für Graf Eberhard war noch 1518 gültig, als die Gemmingen sie bei der Stadt Weil hinterlegten (pag. 19ff). Zum Wildbann-Handel mit Württemberg vgl. vor allem HStAS A 602 Nr. 10443.
41 Vgl. KRIMM, Baden und Habsburg (wie Anm. 1), S. 174. Zum Folgenden vgl. RMB 9767. Zur Verschuldung der Markgrafen bei Dieter von Gemmingen vor 1462 vgl. 1461 Januar 26, RMB 8551.

temberg nahm im Januar 1464 bei Dieter einen Kredit von mindestens 3500 Gulden auf[42], Graf Eberhard von der Uracher Linie folgte im April mit 3000 Gulden. Für diese Kredite hatte Graf Ulrich 3 Städte als Mitschuldner und 2 hochadlige und 8 niederadlige Bürgen, Graf Eberhard eine noch höhere Zahl zu stellen. Als die Verträge 1473/74 erneuert wurden, ließ Dieter auch das Aufgebot an Bürgen noch einmal aufstocken[43]; das Verfahren war zwar üblich, aber mit der Qualität und der Zahl der Bürgen reizte Dieter die Situation sicher nach oben aus.

Spätestens seit 1464 waren also die Badener wie die Württemberger hoch an Dieter von Gemmingen verschuldet. Es war zugleich die Wendezeit nach der Erschütterung von 1462, die Zeit der großen Verluste an Kurpfalz, der mühsam ausgehandelten Vermittlungsverträge mit dem Kaiser, dem Papst und den rheinischen Erzbischöfen, die Zeit des langsamen Neubeginns. In diese Zeit fiel die badisch-württembergische Stiftung der Öhringer Kirchenfenster als ein Zeugnis der Bereitschaft zum frommen Werk, wohl auch ein Zeugnis des Danks und der Buße und vielleicht die Folge eines Gelübdes. Es ist gut denkbar, daß beide Dynastien sich wie in Öhringen auch in Tiefenbronn zusammenfanden, um sich der Hilfe der Heiligen an einem Ort zu versichern, dessen Herrn sie beide zu Dank stark verpflichtet waren. 1463 erhielt die Kirche ihren Sakristeianbau; von seinen Wappen war schon die Rede. Wenn der Auftrag für einen neuen Hochaltar in die Jahre nach 1464 datiert werden könnte, dann wäre die zeitliche Brücke zu dessen Fertigstellung 1469 nicht allzu lange.

Die Öhringer Stifterscheiben

Der Kontext der Öhringer Stiftung ist uns nun schon bekannt. Durch die zumindest schriftliche Aussöhnung des Pfalzgrafen mit Kaiser und Papst bei einem feierlichen Akt in Öhringen im Frühjahr 1464 hatten die Markgrafen von Baden und Graf Ulrich von Württemberg »in letzter Minute« ihre Verpflichtungen gegenüber dem Pfälzer Kurfürsten erfüllt und waren einer zusätzlichen Finanzkatastrophe entkommen. Von dem Öhringer Abkommen profitierte vor allem Graf Ulrich, der nun 40 000 Gulden weniger an Kurpfalz zu zahlen hatte. Die Häuser Baden und Württemberg standen sich aber in Öhringen wohl nicht als Konkurrenten gegenüber, sondern fanden als Erschütterte gemeinsam mit dem Vermittler, Graf Kraft V. von Hohenlohe, zu einer großen Fensterstiftung zusammen. Ähnlich wie in Tiefenbronn erschweren allerdings auch in Öhringen Scheibenverluste und -versetzungen den Nachweis des Originalzustands[44]. Das gilt vor allem für die württembergische Seite: Für die Grafenscheiben selbst gibt es keinerlei Quellen. Jedoch verweisen die erhaltenen Teile auf eine Gesamtkomposition, die dem Markgrafenfenster gegenüber weitgehend entsprach, und auch der Anlaß der Stiftung läßt einen anderen Mitstifter als Württemberg kaum zu. Ebenfalls z. T. hypothetisch, aber für unsere Fragestel-

---

42 Vgl. 1464 Januar 13, GLA 410/8 pag. 57–65. Eine Woche zuvor hatte Graf Ulrich aber die Stadt Kirchheim um Bürgschaft gegenüber Dieter von Gemmingen bei 4.650 Gulden gebeten, vgl. WR 9938.
43 Vgl. HStAS A 602 Nr. 10443 # 2, 3 und 6; GLA 410/8 pag. 35–45.
44 Vgl. zum Folgenden allgemein BECKSMANN, Schwaben (wie Anm. 1), S. 138–151.

lung umso wichtiger ist die Verteilung der Stifterbilder auf die drei Fenster im Chorhaupt. Dem hohenlohischen Stifterpaar war mit Sicherheit das Achsenfenster vorbehalten, die badischen Scheiben waren vermutlich im Nordostfenster, die württembergischen im Südostfenster zu sehen; dies hat Becksmann nach Fenstermaßen und Scheibenbeschnitt wahrscheinlich gemacht. Hier im »neutralen« Öhringen, an der Residenz einer den Markgrafen besonders verbundenen Familie, stellten sich die Rangverhältnisse also anders dar als in Tiefenbronn – die Rangordnung des Reichs wurde hier eingehalten, die Markgrafen besetzten als Reichsfürsten den ihnen zustehenden Platz. Auch für die vier abgebildeten markgräflichen Brüder galt die Anciennität, sodaß Markgraf Karl nach seinem älteren Bruder, Erzbischof Johann von Trier, zu sehen ist und nicht etwa als weltlicher Fürst in der Reihung hinter die jüngeren geistlichen Brüder Georg, Bischof von Metz, und Markus, Domherr zu Straßburg und Köln, zu treten hatte, wie dies bei Geschwisterreihen auf Stifterbildern ja durchaus möglich war[45].

Die Domherrentracht des Markgrafen Markus, des badischen Regenten während der Gefangenschaft seiner Brüder Karl und Georg, erlaubt dabei wohl die Datierung des Scheibenauftrags vor das Frühjahr 1465, vor das Abenteuer seiner Lütticher Bischofswahl. Damit rücken die Fenster im Chorhaupt der Stiftskirche zeitlich nahezu zusammen mit der Entstehung der beiden westlicheren Fenster auf der Nord- und Südseite des Chors. Als deren Stifter sind zwei Öhringer Chorherren, ein noch unbekannter Abt und die Schwester eines der Chorherren abgebildet. Die Ikonographie dieser Scheiben, vor allem die Darstellung der Öhringer Krypta, verweist auf Altar- und Reliquienstiftungen der Jahre 1463 und 1464, die mit den beiden Chorherren verbunden sind. Becksmann schreibt die gesamte Chorverglasung einer Speyerer Werkstatt zu und nimmt eine Entstehung »innerhalb weniger Jahre« an[46]. Auch wenn er dabei stilistisch zwei Hände nachweist und einen »älteren« Meister (Hohenlohe- und Chorherrenfenster) von einem »jüngeren« (Baden und Württemberg) unterscheidet, setzt dies wohl nicht zwingend ein Nacheinander der Entstehung voraus bzw. schließt die Gleichzeitigkeit der Entwürfe nicht aus; die auffällige Konzentration der Bezugsdaten vor allem auf das Jahr 1464 läßt vielmehr die Frage zu, ob nicht auch bei verschiedenen Anlässen – dem Friedensvertrag der Fürsten und den Stiftungen in die Krypta – ein gemeinsames ikonographisches Element in der Öhringer Chorverglasung zu finden sein könnte. Dazu haben wir uns die Personen der Chorherrenfenster etwas näher anzusehen.

Der Stifter des ursprünglich vielleicht nördlichen Fensters ist als einziger namentlich genannt: *Joh(a)n(n)es Nyperg* steht auf dem Schriftband eines Wappenschilds vor dem Knienden. Das Übereinander von Wappenfigur – »in Silber ein schwarzer Kreis mit stilisierter vierblättriger Blüte[47]« – und »daran hängend[em]« Textband wirkt befremdlich,

---

45 Vgl. z. B. die Baldungsche Votivtafel Markgraf Christophs von Baden in der Karlsruher Kunsthalle.
46 BECKSMANN, Schwaben (wie Anm. 1), S. 146. Becksmann hält dabei die Ausführung der Markgrafenscheiben noch bis 1467, zur Weihe des Hochaltars, für denkbar. Die Domherrentracht des Markgrafen Markus wäre so spät allerdings ein gewisser Anachronismus, auch wenn Markus den Lütticher Bischofssitz letztlich nicht halten konnte. Literatur zu dieser Episode bei BECKSMANN a. a. O., S. 150 Anm. 44.
47 ebda. S. 148.

denn trotz der rahmenden Schildform will dies nicht recht in die heraldische Regelwelt passen. Eher wird es sich um ein Notariatssignet handeln; dessen traditioneller Struktur von Schriftsockel und darüber aufgebautem individuellem graphischen Zeichen entspricht die Wappenfigur nach Form und Tinktur genau. Das Signet bezeichnet seinen Träger als einen Geistlichen mit juristischer Ausbildung. Vielleicht dürfen wir ihn mit *Johannes de Nyperg* gleichsetzen, der 1426/27 in den Matrikeln der Heidelberger Universität erscheint[48]. Als Öhringer »Gruftherr« ist Johannes Neipperger seit 1463 belegt; in die Krypta stiftete er einen 1464 genannten Altar. Seine Schwester, die verwitwete Anna Stofer, urkundete in dieser Zeit stets gemeinsam mit ihm. Ebenfalls mit dem Kult in der Krypta scheint der Abt oder Bischof des ehemals vielleicht südlichen Fensters verbunden, der trotz seines Wappens noch nicht identifiziert ist. Dagegen ist der Mitstifter durch seine Devise als Johannes Gemminger nachweisbar. Zu seinen Stiftungen für die Öhringer Krypta im Jahr 1464 gehören Reliquien, die er vom Abt des Klosters St. Matthias in Trier erhalten hatte. Ob dies der unbekannte geistliche Mitstifter des Fensters ist, muß offen bleiben; offen bleiben muß auch, ob bei dieser Reliquienschenkung von Trier nach Öhringen der Trierer Erzbischof, Markgraf Johann von Baden, oder Graf Georg von Hohenlohe als Trierer Domherr eine vermittelnde Rolle spielten[49]. Aber auch ohne solche direkten Verbindungen zwischen den Stiftern der dynastischen Fenster und denen der Chorherrenfenster standen beide Personenkreise durchaus in Beziehung zueinander. Die Namen Neipperger und Gemminger deuten mit einiger Wahrscheinlichkeit auf adlige Herkunft; vermutlich handelte es sich um Bastarde der von Neipperg und von Gemmingen, die zwar nicht die Familienwappen führen durften, aber als Geistliche doch standesgemäß versorgt worden waren. Im Öhringer Stiftskapitel vertraten sie Leitfamilien des Kraichgauer Adels. Die Hierarchie der Stifter und ihrer Fenster im Öhringer Chor entspricht dabei typologisch der üblichen Rangfolge; eine vergleichbare soziale Abstufung zwischen hochadligen Patronen und niederadliger Klientel hat sich auch in den Fenstern der Langenburger Stadtpfarrkirche oder der Tübinger Stiftskirche erhalten (in der übrigens auch der illegitime Ludwig Württemberger durch eine Memorialscheibe vertreten ist[50]). Die Familien von Neipperg und von Gemmingen zählten dabei nicht nur zu den wichtigsten Familien, die sich um die höfischen Residenzen der Region zwischen Rhein, Neckar und Schwarzwald gruppierten, sondern erlebten auch gerade deswegen in der aktuellen politischen Situation der 1460er Jahre die besondere Problematik ihrer vielfachen Bindung an verschiedene Höfe. Die Loyalitätskonflikte gegenüber den Lehens- und Dienstherren gingen im Reichskrieg von 1462 durch fast jede der Familien. Die Neipperg und Gemmingen bildeten dabei keine Ausnahme, und auch wenn wir die beiden Öhringer Chorherren keinen bestimmten Linien zuordnen können, stehen sie mit ihren Namen doch stellvertretend für die niederadlige Klientel, die auf die Aussöhnung der fürstlichen Patrone ebenso angewiesen war wie diese selbst. Der interterritoriale – oder interdynastische[51] –

---

48 Vgl. ebda. S. 148f., dazu G. TOEPKE, Die Matrikel der Universität Heidelberg von 1386 bis 1662, Bd. 1, Heidelberg 1884, S. 173.
49 Vgl. zu diesem ganzen Fragenbündel BECKSMANN a. a. O. S. 147f., der zu weit gehende Konjekturen der älteren Literatur zurückweist.
50 Vgl. ebda., S. 108ff und 257ff.
51 Vgl. KRIEG, Markgrafen (wie Anm. 17), passim.

Adel war vom Funktionieren der komplizierten Beziehungsgeflechte abhängig. Das galt freilich ebenso für die hochadligen Territorialherren, für die die Klientel ja gerade einen wesentlichen Teil ihrer Herrschaft ausmachte. So könnte die gemeinsame Öhringer Chorfensterstiftung der Grafen von Hohenlohe, der Markgrafen von Baden, der Grafen von Württemberg und der Öhringer Chorherren sich also im Einzelnen auf verschiedene Anlässe beziehen, als Ganzes aber wie in Tiefenbronn die Erschütterung einer politischen Umbruchszeit wiederspiegeln. Die Betroffenen fanden sich zur Stiftung von Fenstern, von Altären, von Reliquien zusammen, um den Heiligen für Rettung zu danken, um ihren Schutz zu bitten und die gedenkende Fürbitte im Gottesdienst in Gang zu setzen.

***

Die Beiträge dieses Bandes nähern sich von vielen Seiten der territorialen Herausbildung der Markgrafschaft Baden und der Grafschaft Württemberg. Man kann dabei die Herrschaftsmittelpunkte beschreiben oder die langsame Verfestigung von Grenzen, die Positionierung der Dynastien im spätmittelalterlichen Reich oder die Rolle, die das Königtum für die Entwicklung der Landeshoheit spielte. Für die Markgrafen von Baden war dabei das Klientelverhältnis zum Königtum besonders wichtig, wichtiger wohl als für Württemberg. Für beide Dynastien stand aber der Besitz einer jeweils eigenen Klientel ebenso im Zentrum des politischen Bemühens. Das Szenario für die Stiftungen in Tiefenbronn und in Öhringen, mit denen wir uns befaßt haben, war geprägt durch eben diese beiden Klientelbindungen nach oben und unten. Immer wieder ging es dabei um Konflikte, um Stellvertreterkriege und deren Beendigung. In der Abwehr des königsgleichen Hegemonialanspruchs des wittelsbachischen Kurfürsten von der Pfalz bestärkte der habsburgische Kaiser seine regionale hochadlige Klientel; der katastrophale Ausgang des Reichskriegs gegen Kurpfalz fand seinen Reflex in den badischen und württembergischen Gemeinschaftsstiftungen von Öhringen und wohl auch von Tiefenbronn. Um die Bindung der niederadligen Klientel an die badische oder württembergische Seite war es schon zuvor in Tiefenbronn gegangen, auch hier sollten Strellvertreterfehden zeichenhaft ihr Ende finden, und in Tiefenbronn wie wohl auch in Öhringen war die Klientel mit ihren Stiftungen ebenso präsent wie die hochadligen Patrone.

Vieles mußte in diesem Gesamtbild hypothetisch bleiben, vieles auch vereinfacht oder verkürzt. So kam in Tiefenbronn die Rolle des Klosters Hirsau kaum zur Sprache und undifferenziert war auch meist von den Grafen von Württemberg die Rede, obwohl sich die Uracher und die Stuttgarter Linie in ihrer Politik gegenüber Dieter von Gemmingen durchaus hätten unterscheiden lassen. Wesentlich schien aber für Tiefenbronn wie auch für Öhringen, daß sich spätmittelalterliche Herrschaft über Beziehungen zwischen Personen und Personengruppen herausbildete. Als Indizien dafür können wir auch Gemeinschaftsstiftungen verstehen. Es ist nur ein Aspekt frommer Stiftungen, aber es ist nicht der unwichtigste.

Der mittlere Neckarraum als politisches Spannungsfeld im 15. Jahrhundert

VON THOMAS FRITZ

Die Geschichte des mittleren Neckarraums im 15. Jahrhundert wurde im Wesentlichen durch die Konkurrenz zwischen der Kurpfalz und der Grafschaft Württemberg bestimmt. Der dritte Mitspieler war die Markgrafschaft Baden. Sie konnte dank ihres Rückhalts an den vorderösterreichischen Habsburgern sowie dem Reichsoberhaupt zwar gelegentlich ebenfalls in diesem Raum politisch aktiv werden, mehr als eine Nebenrolle nahm sie jedoch selten ein[1].

Es würde sicher den Umfang dieses Beitrags sprengen, wollte man Abfolge und Kontext der Ereignisse hier detailliert ausbreiten[2]. Daher soll versucht werden, die Rahmenbedingungen dieser Konkurrenzsituation anhand einiger Fallbeispiele aufzuzeigen. Dabei wird deutlich, dass die Konflikte und Bündnisse in hohem Maße durch politische Kraftfelder auf anderen Ebenen überlagert und beeinflusst wurden und nicht losgelöst von den Bedingungen der Reichsverfassung betrachtet werden können[3].

---

1   Grundsätzlich zur Frage der Stellung Schwabens im Reich zwischen Habsburg, Württemberg und Bayern siehe V. PRESS, Schwaben zwischen Bayern, Österreich und dem Reich 1486–1805, in: P. FRIED (Hg.), Probleme der Integration Ostschwabens in den bayerischen Staat. Bayern und Wittelsbach in Ostschwaben. Referate und Beiträge der Tagung auf der Reisensburg am 21./22. März 1980. Mit Berichten aus der landesgeschichtlichen Forschung in Augsburg (Augsburger Beiträge zur Landesgeschichte Bayerisch-Schwabens, 2), Sigmaringen 1982, S. 17–78, hier S. 19f.; sehr instruktiv auch R. STAUBER, Herzog Georg von Bayern-Landshut und seine Reichspolitik. Möglichkeiten und Grenzen reichsfürstlicher Politik im wittelsbachisch-habsburgischen Spannungsfeld zwischen 1470 und 1505. Kallmünz 1993 (Münchener Historische Studien, Abteilung Bayerische Geschichte 15), S. 1–9.
2   Einen Überblick über die wesentlichen Entwicklungen und Akteure gibt V. PRESS, Die territoriale Welt Südwestdeutschlands 1450–1650, in: Badisches Landesmuseum Karlsruhe (Hg.) Die Renaissance im deutschen Südwesten, Karlsruhe 1986 (Ausstellungskatalog 1), S. 17–61.
3   P. MORAW, Landesgeschichte und Regionalgeschichte im 14. Jahrhundert, in: Jahrbuch für westdeutsche Landesgeschichte 3 (1977), S. 175–191, bes. S. 191.

1. Unterschiedliche Ausgangsbedingungen:
Kurpfalz, Württemberg und Baden am Beginn des 15. Jahrhunderts

1.1 Kurpfalz

Die historischen Karten von der Kurpfalz bieten auf den ersten Blick ein wirres, um nicht zu sagen wenig eindrucksvolles Bild. Zersplittert, verstreut und kleinräumig erscheint sie geradezu als Sinnbild mittelalterlicher Ineffizienz. Allerdings wurde erst in der Frühen Neuzeit sichtbar, dass die Zukunft dem geschlossenen Flächenstaat gehören sollte. Die Kurpfalz hingegen – vor allem in ihren rheinischen Besitzungen – folgte dem älteren Modell der hegemonialen Dominanz – abgesichert durch Öffnungen, Schirmverträge, Lehenshoheiten[4]. D. h. die tatsächliche Reichweite der kurpfälzischen Macht war sehr viel größer und vor allem kompakter als es die Landkarte suggeriert[5].

Ein weiteres Merkmal der Kurpfalz war ihre herausgehobene Stellung in der Reichsverfassung, die ihr eine quasi überfürstliche Position zwischen Kurfürsten und König einräumte. In der Tat ist die Liste der Vorrechte der pfälzischen Wittelsbacher lang: Das Richteramt über den König, das Richteramt anstelle des Königs, das Reichsvikariat um nur einige der wichtigsten zu nennen[6]. Die vielen Reichsämter bedingten in besonderer Weise eine Verwobenheit und Abhängigkeit des Kurfürsten von der Pfalz mit dem Reich und dem König. Dies wird besonders in der großen Zahl von Reichspfandschaften deutlich, welche die Kurpfalz besaß und die einen nicht geringen Teil ihres territorialen Bestands ausmachte, wie z. B. die elsässische Landvogtei[7]. Aus dieser rechtlichen Sonderstellung leitete die kurpfälzische Linie der Wittelsbacher ein Vorrecht auf die höchste Würde im Reich, die Königskrone ab. Zu Beginn des 15. Jahrhunderts gelang es Kurfürst Ruprecht diesen Anspruch umzusetzen.

Allerdings zeigte sich gerade im Königtum Ruprechts, dass Anspruch und Wirklichkeit bedenklich auseinander klafften. Die Ressourcen der Kurpfalz erwiesen sich als zu limitiert, um den politischen Ansprüchen der Kurfürsten die entsprechende Basis zu liefern. Nachbarn, die zugleich immer auch Konkurrenten waren, wussten dies geschickt zu nutzen. Wie etwa Württemberg, das 1405 mit Hilfe des Marbacher Bundes die realpolitische Macht der Territorien der institutionellen Macht des Königs mit Erfolg entgegensetzte[8]. Es zeigte sich aber in den Jahren nach dem Verlust der Königswürde unter den Pfalzgrafen Ludwig dem Bärtigen bis zu Philipp dem Aufrichtigen, dass die Kurpfalz sich

---

4 P. MORAW, Die kurfürstliche Politik der Pfalzgrafschaft im Spätmittelalter, vornehmlich im späten 14. und frühen 15. Jahrhundert, in: Jahrbuch für westdeutsche Landesgeschichte 9 (1983), S. 75–97, bes. S. 79f.
5 L. PETRY, Das politische Kräftespiel im pfälzischen Raum vom Interregnum bis zur französischen Revolution. Anliegen und Ansätze der heutigen Forschung, in: Rheinische Vierteljahresblätter 20 (1955), S. 80–111, bes. S. 99ff.
6 MORAW (wie Anm. 4), S. 82f.
7 G. LANDWEHR, Die Bedeutung der Reichs- und Territorialpfandschaften für den Aufbau des kurpfälzischen Territoriums, in: Mitteilungen des historischen Vereins der Pfalz, Bd. 66, 1968. S. 155–196, hier S. 155ff.; M. SCHAAB, Geschichte der Kurpfalz, Bd. 1, Stuttgart 1988, S. 104–109.
8 C. F. STÄLIN, Wirtembergische Geschichte, Bd. 3., Stuttgart 1856, S. 385f.; H. ANGERMEIER, Königtum und Landfriede im deutschen Spätmittelalter, München 1966, S. 331–340.

rasch wieder zu regenerieren vermochte, sobald sie ihre Ressourcen auf ihren politisch-militärischen Nahbereich konzentrierte und diese zum Zwecke der territorialen Arrondierung und Expansion einsetzte[9]. Insbesondere Pfalzgraf Friedrich der Siegreiche führte mit seinen Erfolgen gegen Baden und Württemberg vor, welche Übermacht die Kurpfalz regional zu entwickeln vermochte, wenn sie ihre Kräfte auf die herkömmliche Territorialpolitik des späten Mittelalters konzentrierte.

1.2 Württemberg

Der wichtigste Gegenspieler der Kurpfalz im Kampf um die Vormacht am mittleren Neckar war die größte regionale Territorialmacht in Schwaben, die Grafschaft Württemberg. Sie war aus bescheidenen Anfängen vor allem durch eine geschickte Kauf- und Heiratspolitik auf Kosten der Standesgenossen, durch gezielte Einbindung des niederen Adels in Lehns- und Dienstverhältnisse und die konsequente Ausnutzung des Schirm- und Vogteiwesens über die zahlreichen Klöster der Region zu größerer Bedeutung aufgestiegen[10]. Zu Beginn des 15. Jahrhunderts hatten die Grafen fast ganz Nordschwaben ihrer Herrschaft entweder einverleibt oder unterworfen. Es war ihnen gelungen, wenn auch in viel kleinerem Maßstab als der Kurpfalz, ein eigenes Hegemonialsystem aufzubauen, das besonders nach Süden in die habsburgische Interessensphäre hineinreichte und zahlreiche Herren und Grafen einschloß wie etwa die Werdenberger, Hohenzollern, Helfensteiner, zahlreiche kirchliche Stiftungen umfaßte sowie im stattlichen Lehnshof den niederen Adel der Region versammelte[11]. Im 15. Jahrhundert hatten die Grafen damit genügend Eigengewicht erlangt, um eine eigenständige Politik auch in Richtung des ständisch und territorial noch stark zerklüfteten Ost- und Südschwabens verfolgen zu können[12]. Dieser Prozeß war jedoch gegen Ende des 14. Jahrhunderts allmählich zum Erliegen gekommen. Ebenso wie die Habsburger zielten die Württemberger in der Folgezeit immer stärker darauf ab, das »interterritoriale System« des Landes zu Schwaben aufzulösen und die Herren, aber auch die Reichsstädte dem eigenen Herrschaftsbereich einzugliedern[13].

Ein besonderes Problem stellte für die Württemberger seit Beginn des 15. Jahrhunderts das Verhältnis zur pfälzischen Linie des Hauses Wittelsbach dar[14]. Während sich zwischen den Vorposten der bayerischen Wittelsbacher und der vorderösterreichischen Habsburger

---

9 Zum Problem der räumlichen Entfernung für die Herrschaftspraxis im Mittelalter vgl. MORAW (wie Anm. 3), S. 182f.
10 Vgl. D. MERTENS, Württemberg, in: Handbuch der baden-württembergischen Geschichte 2 (1995), S. 1–163, hier S. 83–94.
11 Th. FRITZ, Ulrich der Vielgeliebte (1441–1480). Ein Württemberger im Herbst des Mittelalters – zur Geschichte der württembergischen Politik im Spannungsfeld zwischen Hausmacht, Region und Reich (Schriften zur südwestdeutschen Landeskunde; 25), Leinfelden-Echterdingen 1999, hier S. 121–174.
12 H.-G. HOFACKER, Die schwäbische Herzogswürde, in: ZWLG 47 (1988), S. 71–148, hier S. 79; PRESS (wie Anm. 1), S. 19f.
13 HOFACKER, ebd.
14 U. MÜLLER, Die politischen Beziehungen zwischen der Kurpfalz und der Grafschaft Wirtemberg im 15. Jahrhundert (Bibliothek der südwestdeutschen Geschichte B 1), Diss. Tübingen 1970, S. 7f.

im südlichen und östlichen Schwaben noch zahlreiche mindermächtige Reichsstände als Puffer befanden, hatten die Kurpfälzer mit dem Erwerb der Grafschaft Löwenstein 1440/41 eine nahezu geschlossene Grenze mit Württemberg erreicht, die sich vom Kraichgau bis zum Schwäbischen Wald erstreckte[15]. Vor allem im Zabergäu und Kraichgau überschnitten sich württembergische und pfälzische Interessen. Eine weitere territoriale Expansion für diese beiden Mächte war damit nur noch auf Kosten des anderen möglich.

1.3 Markgrafschaft Baden

Gänzlich anders stellte sich die Position Badens am mittleren Neckar zu Beginn des 15. Jahrhunderts dar. Die Markgrafschaft hatte dank der Protektion des Königtums im 12. und 13. Jahrhundert einen raschen glanzvollen Aufstieg erlebt[16]. Der Bogen des badischen Machtbereichs spannte sich vom Oberrhein mit den Zentren Baden und Mühlburg über den Nordschwarzwald und Kraichgau bis zum mittleren Neckar, wo Backnang und Besigheim die territorialen Herzstücke bildeten. Der Untergang der Staufer hatte jedoch im Südwesten einen rücksichtslosen Konkurrenzkampf zur Folge, den die Markgrafen nur durch eine konsequente Konzentration ihrer Kräfte auf die oberrheinische Position bestehen konnten. Der Preis war die weitgehende Aufgabe der übrigen Besitzungen im Kraichgau und am mittleren Neckar. Im Laufe des 14. Jahrhunderts gelang den Markgrafen zwar eine allmähliche Konsolidierung ihres Territorialbesitzes. Trotzdem war ihre Machtbasis am mittleren Neckar und den Nebenflüssen Murr und Enz so geschwunden, dass sie kaum noch Chancen zu haben schienen, gegen die kurpfälzische und württembergische Konkurrenz zu bestehen[17]. Gleichwohl hatten die Markgrafen aus ihrer hochmittelalterlichen Glanzzeit mit der Königsnähe und dem Klientelverhältnis zu den mächtigen Habsburgern ein Unterpfand gerettet, das sich im 15. Jahrhundert als wirkungsvolle politische Waffe erweisen sollte[18].

Die enge Verbindung mit den Habsburgern, die in der Doppelorientierung an Vorderösterreich und dem Kaiser zum Ausdruck kam, war für die Markgrafen allerdings auch ambivalent. So waren die Bündnisse mit den vorderösterreichischen Herzögen Albrecht und Sigmund nie gleichseitig, sondern die Markgrafen traten als Räte oder in anderen

---

15 MÜLLER (wie Anm. 14), S. 16–27; G. FRITZ, Die Geschichte der Grafschaft Löwenstein und der Grafen von Löwenstein-Habsburg vom späten 13. bis zur Mitte des 15. Jahrhunderts, Sigmaringen 1986, S. 79f.; DERS., Die Grafschaft Löwenstein im Spätmittelalter im Kräftespiel zwischen Württemberg, Pfalz und Baden, in: Beiträge zur Landeskunde 1987 (Beilage zum Staatsanzeiger für Baden-Württemberg 5), S. 1–7, hier S. 5f.
16 H. SCHWARZMAIER, Baden, in: HbBW 2 (1995), S. 164–246, hier S. 174–182.
17 Vgl. HABW Karte VI, 1–1a sowie den Kommentar von J. FISCHER: Territorialentwicklung Badens bis 1796, S. f.; ferner W. RÖSENER, Ministerialität, Vasallität und niederadelige Ritterschaft im Herrschaftsbereich der Markgrafen von Baden vom 11. bis zum 14. Jahrhundert, in: J. FLECKENSTEIN (Hg.), Herrschaft und Stand. Untersuchungen zur Sozialgeschichte im 13. Jahrhundert (Veröffentlichungen des Max-Planck-Instituts für Geschichte 51), Göttingen 1977 (2. Aufl. 1979), S. 40–91, hier S. 49.
18 K. KRIMM, Baden und Habsburg um die Mitte des 15. Jahrhunderts. Fürstlicher Dienst und Reichsgewalt im späten Mittelalter, Stuttgart 1976, bes. S. 27–30; K. S. BADER, Der deutsche Südwesten in seiner territorialstaatlichen Entwicklung, Stuttgart 1950, S. 109.

untergeordneten Rollen auf. Natürlich profitierten die Badener auch in erheblichem Maße von der habsburgischen Protektion, wenn man etwa an die Bischofsstühle in Trier und Metz für Mitglieder der markgräflichen Familie denkt. Sie bedeutete aber auch Abhängigkeit. Besonders prekär wurde die Lage für die Markgrafen, als die Kurpfalz unter Pfalzgraf Friedrich einen zunehmenden Konfrontationskurs gegen Kaiser Friedrich III. auf der reichspolitischen Ebene und einen hegemonialen Expansionskurs auf der regionalen Ebene am Oberrhein verfolgte – in beiden Fällen wurde Baden dadurch zum natürlichen Gegner der Kurpfalz. Als sich in dieser Situation aufgrund innerhabsburgischer Konflikte auch noch ein Zweckbündnis zwischen der Pfalz und Vorderösterreich ergab, wurde die badische Position unhaltbar[19]. Die Niederlage von Seckenheim 1462 und die folgenden, durch die Kurpfalz erzwungenen Gebietsabtretungen waren direkte Folge der habsburgisch-kaiserlichen Schwäche in dieser Zeit.

1.4 Die territoriale Entwicklung der Kurpfalz und Württembergs im mittleren Neckarraum

Die offene Feindschaft, die sich Mitte des 15. Jahrhunderts zwischen Pfalzgraf Friedrich und Graf Ulrich von Württemberg-Stuttgart entspann, hatte zahlreiche Ursachen. Die ins Auge fallenden Konflikte drehten sich um den Verlauf eines württembergischen Landgrabens in den Löwensteiner Bergen und den Schirm über Kloster Murrhardt. Ferner war man über die Zahlung der Mitgift für Graf Ulrichs Frau Margarethe, der Witwe Pfalzgraf Ludwigs IV., aus den pfälzischen Rheinzöllen sowie dem Amt Möckmühl in Streit geraten[20].

Weniger augenfällig war dagegen der Prozess der territorialen Verdichtung, welcher seit dem 14. Jahrhundert die Einflussräume der Pfalz und Württembergs immer näher hatte aufeinander rücken lassen[21]. In der ersten Hälfte des 14. Jahrhunderts war es der Kurpfalz gelungen, im Kraichgau Fuß zu fassen, während Württemberg zur gleichen Zeit große Teile des Zabergäus erwerben konnte.

Südwestlich von diesem Raum hatten sich weitere Interessenüberschneidungen ergeben, die mit der Fernstraße zwischen Bruchsal und Ulm zusammenhingen. Wichtige Punkte auf der Straße zwischen mittlerem Neckar und Kraichgau bildeten die Städte Bretten und Vaihingen sowie dazwischen das Gebiet des Klosters Maulbronn. Württemberg hatte Vaihingen 1364 von den gleichnamigen Grafen geerbt, wohingegen die Kurpfalz die Vogtei über Maulbronn 1372 übertragen bekommen hatte. In Bretten dagegen hatten die Pfälzer zwar die Gerichtsherrschaft erringen können, aber auch die Grafen von Württemberg erwarben dort umfangreiche kirchliche Patronatsrechte.

Im östlich anschließenden Zabergäu hatte, wie bereits erwähnt, Württemberg im Verlauf des 14. Jahrhunderts fast alle Herrschaftsobjekte an sich gezogen. Die Pfalz war dort

---

19 SCHWARZMAIER (wie Anm. 16), S. 198 f; W. BAUM, Die Habsburger in den Vorlanden 1386–1486. Krise und Höhepunkt der habsburgischen Machtstellung in Schwaben am Ausgang des Mittelalters, Wien/Köln/Weimar 1993, S. 265–366.
20 FRITZ (wie Anm. 11), S. 140–150.
21 MÜLLER (wie Anm. 14), S. 19–27.

offensichtlich zu spät gekommen und hatte lediglich das Öffnungsrecht zu Bönnigheim erwerben können.

Anders sah die Sache auf der östlichen Neckarseite aus. Dort war Württemberg im 14. Jahrhundert durch den Erwerb von Beilstein, Burg Lichtenberg mit einigen Dörfern und der Vogtei über Kloster Oberstenfeld sowie einem Teil der Stadt Lauffen bereits Ende des 14. Jahrhunderts fast bis vor die Tore Heilbronns vorgestoßen. Den weiteren Ausgriff nach Norden verhinderten allerdings bis ins 15. Jahrhundert hinein die besagte Reichsstadt sowie die östlich anschließenden Besitzungen der Herren von Weinsberg, der Grafen von Löwenstein-Habsburg sowie der Schenken von Limburg.

In der ersten Hälfte des 15. Jahrhunderts begannen indessen die Weinsberger und Löwensteiner jene typischen Auflösungserscheinungen zu zeigen, denen im vorigen Jahrhundert bereits so viele ihrer Standesgenossen zum Opfer gefallen waren: sie gerieten in dieser Zeit in massive Zahlungsschwierigkeiten, die innerhalb weniger Jahrzehnte zum völligen Ausverkauf des territorialen Besitzstandes führten. Bezeichnenderweise konnte diesmal jedoch nicht Württemberg die Gewinne aus dem Niedergang ziehen, sondern die Herrschaften waren größtenteils an die Pfalz gefallen.

Besonders spektakulär war die Reichsstadt Weinsberg durch den Handstreich einiger Adliger im Jahre 1440 an die Pfalz gekommen[22]. Die Kurfürsten hatten allerdings schon früher Einfluss sowohl auf die Herrschaft Weinsberg, als auch auf die gleichnamige Stadt genommen. Bereits 1411 hatte sich die Reichsstadt unter pfälzischen Schirm begeben und nur ein Jahr später hatten die Herren von Weinsberg, deren ausgedehnte Besitzungen um die Stadt herum gelegen waren, die halbe Burg Weinsberg und ihre Rechte in der Stadt sowie einige Dörfer an die Pfalz verkauft. Danach waren weitere Verkäufe gefolgt, bis zwischen 1448 und 1449 die Pfalzgrafen den Rest vollends an sich ziehen konnten[23].

Der Übergang der Herrschaft Löwenstein an die Kurpfalz hatte sich bereits etwas früher abgezeichnet, verlief aber ansonsten weitgehend synchron mit dem Erwerb Weinsbergs[24]. 1377 wurde Kurfürst Ruprecht das Öffnungsrecht in den Burgen und Städten der Grafschaft eingeräumt. Bereits fünf Jahre später wurde die Hälfte der Grafschaft an die Pfalz verpfändet. Danach folgte eine Phase der politischen Abhängigkeit der Grafen von Löwenstein, die in pfälzischen, aber auch württembergischen und badischen Dienstverhältnissen ihren Ausdruck fand. Als das Aussterben der Dynastie absehbar wurde, verkaufte Graf Heinrich von Löwenstein schließlich 1442 die Herrschaft an die Kurpfalz.

Durch den Erwerb der Herrschaften Weinsberg mit Neuenstadt und Löwenstein, zu denen etwa zur gleichen Zeit noch das benachbarte Amt Möckmühl von den Herren von Hohenlohe gekommen war, hatten es die Pfälzer Kurfürsten nicht nur geschafft ihr Territorium erheblich nach Süden zu erweitern, sondern auch eine Landbrücke herzustellen, die tief in den mittleren Neckarraum hineinreichte – ein Raum, den Württemberg bis dato als seine Einflusssphäre betrachten konnte, nachdem man die badische Konkurrenz Ende des 14. Jahrhunderts bis auf Besigheim zurückgedrängt hatte. Besonders auffällig ist

---

22 H. BLEZINGER, Der Schwäbische Städtebund in den Jahren 1438–1445 mit einem Überblick über seine Entwicklung seit 1389 (Darstellungen aus der württembergischen Geschichte/Württembergische Kommission für Landesgeschichte 39), Stuttgart 1954, S. 63f.
23 MÜLLER (wie Anm. 14), S. 24f.
24 FRITZ, Geschichte (wie Anm. 15), S. 19–41; DERS., Grafen (wie Anm. 15), S. 2f.

dabei, dass der Grundstein für den pfälzischen Einbruch zwar Ende des 14. Jahrhunderts gelegt, seine Durchführung aber erst im zweiten Drittel des 15. Jahrhunderts gelungen war. Der Zusammenhang zwischen dieser Entwicklung und dem zunehmenden Einfluß der Kurpfalz im Hause Württemberg in diesem Zeitraum ist mit Händen zu greifen.

2. Der mittlere Neckarraum im 15. Jahrhundert

Im folgenden sollen drei politische Konstellationen vorgestellt werden, die als exemplarisch für das Mit- und Gegeneinander von Kurpfalz, Württemberg und Baden in dieser Zeit gelten können.

2.1 Das Kurpfälzische Protektorat über Württemberg
während der Zeit der Vormundschaftsregierung (1419–1426)

Die erste Konstellation ergab sich während der Zeit der württembergischen Vormundschaftsregierung zwischen 1419 und 1426. Diese Periode war durch den frühen Tod Graf Eberhards IV. von Württemberg ausgelöst worden. Er hinterließ zwei unmündige Söhne, Ludwig und Ulrich, für die eine Vormundschaftsregierung unter Führung ihrer Mutter Henriette aus dem Hause Montbéliard/Mömpelgard eingerichtet wurde[25]. Trotz der zumindest im Inneren reibungslos verlaufenen Einrichtung der Vormundschaftsregierung litt diese Regierung der Stellvertreter von Anfang an, doch an einem gewissen Autoritätsdefizit. Eine Schwäche, die den meisten Statthalter- oder Vormundschaftsregierungen jener Zeit eignete. So konnten zwar gleich zu Beginn 1419 die Ansprüche des nächsten Agnaten der jungen Grafen, Herzog Karls von Lothringen, auf Teilhabe an der Regentschaft abgewehrt werden[26]. Aber der Streit darüber bewies, dass die vormundschaftliche Regierung labil war. In dieser kritischen Situation war es eine der ersten politischen Maßnahmen der Gräfin Henriette, eine Eheverbindung zwischen ihrem älteren Sohn Ludwig und der Tochter Kurfürst Ludwigs III. (des Bärtigen) von der Pfalz, Mechthild, anzubahnen[27]. Ihre Intention dürfte in erster Linie gewesen sein, den Grundstein für ein Schutzverhältnis zu legen und damit der Vormundschaftsregierung politische Rückendeckung zu verschaffen[28].

Es scheint, dass sich der pfälzische Kurfürst durch seine diversen diplomatischen Unterstützungen für die Herrschaft Württemberg, die bereits in die Zeit Eberhards IV. zurückreichten, ein gewisses Vertrauen erworben hatte. Es lag also nahe, ihn zu bitten, zu

---

25 B. BREYVOGEL, Die Rolle Henriettes von Mömpelgard in der württembergischen Geschichte und Geschichtsschreibung, in: S. LORENZ und P. RÜCKERT (Hgg.), Württemberg und Mömpelgard – 600 Jahre Begegnung. Beiträge zur wissenschaftlichen Tagung vom 17. bis 19. September 1997 im Hauptstaatsarchiv Stuttgart (Schriften zur südwestdeutschen Landeskunde; 26), Leinfelden-Echterdingen 1999, S. 47–75, hier S. 52ff.; ferner: W. OHR und E. KOBER (Bearb.), Württembergische Landtagsakten 1498–1515 (Württembergische Landtagsakten I,1), Stuttgart 1913, S. XV.
26 BREYVOGEL (wie Anm. 25), S. 52.
27 Vgl. G. RAFF, Hie gut Wirtemberg allewege, Bd. 1, Stuttgart 1988, S. 275.
28 BREYVOGEL (wie Anm. 25), S. 53–57.

der Neuregelung der Vormundschaft seine Autorität durch eine Garantie derselben zu leihen. Im weiteren Verlauf siegelte er bis 1426 wichtigere Verträge mit und stabilisierte so die politische Position Württembergs bis zur Volljährigkeit Graf Ludwigs I. Auch während zweier größerer Fehden, in die Württemberg während der Vormundschaftszeit verwickelt wurde, ist der Einfluss des Kurfürsten stets greifbar. Die erste dieser Fehden, die sogenannte Sulzer Fehde führte Württemberg von 1420 bis 1423 gegen die Herren von Geroldseck[29]. In ihrem Verlauf versuchte Württemberg den geroldseckischen Pfandbesitz Sulz am Neckar einzunehmen. Zwar konnten sie die Stadt tatsächlich 1420 erobern. Jedoch führten die Geroldsecker von der gleichnamigen Burg aus weiter Fehde gegen die Württemberger, unterstützt von deren territorialen Konkurrenten, dem Markgrafen von Baden und Pfalzgraf Otto aus der Kurpfälzischen Seitenlinie Pfalz-Mosbach.

Kurfürst Ludwig III. war in diesen Streit von Anfang an als Vermittler involviert[30]. Es ist seinem Einfluss zu verdanken, dass der schließlich 1423 vermittelte Friedensvertrag den württembergischen Forderungen weit entgegenkam: Er beließ zwar das eigentliche Streitobjekt, Burg und Stadt Sulz, formal den Geroldseckern, Württemberg wurde aber das Öffnungsrecht und ein Viertel an der Stadt zugesprochen[31].

Die zweite der genannten beiden Fehden hing direkt mit der ersten zusammen. Es handelte sich um eine Auseinandersetzung Württembergs mit einem ehemaligen Diener Graf Eberhards IV., Graf Friedrich von Zollern, genannt Öttinger. Im Zuge der militärischen Auseinandersetzungen belagerten württembergische Truppen gemeinsam mit einigen Reichsstädten den Hohenzollern, welcher 1423 eingenommen und geschleift wurde[32].

Auffällig ist die stärkere Zurückhaltung, die der Kurfürst von der Pfalz in diesem Konflikt übte, im Vergleich mit seinem Engagement während der zeitweilig parallel verlaufenden Sulzer Fehde. Erst als die Belagerung des Hohenzollern sich dem Ende zuneigte, bot er seine Vermittlung an. Bemerkenswerterweise tat er dies genau in dem Moment, als sich auch Baden und Pfalz-Mosbach in den Konflikt einmischen wollten – letztere natürlich zuungunsten der Grafen von Württemberg. Es scheint also, dass immer dann, wenn diese beiden Fürsten in Streitigkeiten im Schwäbischen in einer Art und Weise einzugreifen drohten, die geeignet war ihre Machtposition dort auszubauen – was nur auf Kosten der Württemberger geschehen konnte –, sich der Kurfürst als Vermittler einschaltete. Die Begründung für dieses Verhalten wird man in der Räson Kurfürst Ludwigs III. sehen müssen, eine Expansion Badens und Mosbachs in den schwäbischen Raum nach Möglichkeit zu blockieren, um sie an einem weiteren Machtgewinn zu hindern[33]. Denn ein solcher hätte seine eigene Position am unteren Neckar und im Oberrheingebiet gegenüber diesen beiden Herrschaften geschwächt. Diese Interessensphären aber hatten für die Kurpfalz zu

---

29 C. F. SATTLER, Geschichte des Herzogthums Würtenberg unter der Regierung der Graven, 2. Aufl. Tübingen 1773–1777, Bd. 2, S. 84–89; J. U. STEINHOFER, Neue Wirtenbergische Chronik, Bd. 2, 1746, S. 698–703, 711ff., 717f.; STÄLIN (wie Anm. 8), S. 420f.
30 SATTLER (wie Anm. 29), S. 85; HStAS A 169 U 18.
31 SATTLER (wie Anm. 29), S. 88f.; STEINHOFER (wie Anm. 29), S. 717f.
32 BREYVOGEL, (wie Anm. 25), S. 58ff.
33 Vgl. G. WÜST, Pfalz-Mosbach (1410–1499). Geschichte einer pfälzischen Seitenlinie des 15. Jahrhunderts unter besonderer Berücksichtigung der Territorialpolitik, Diss. Heidelberg 1976, S. 83ff.

dieser Zeit eindeutigen Vorrang, so dass dem Kurfürsten eine württembergische Hegemonialstellung in Nordschwaben akzeptabler erscheinen mochte als die badische oder mosbachische Konkurrenz vor der eigenen Tür. Dementsprechend stärkte Ludwig den Württembergern nach Möglichkeit den Rücken.

Die kurpfälzische Unterstützung hatte aber auch ihre Kehrseite. Das bisher stets aggressive, auf territorialen Expansionskurs gerichtete Württemberg wurde in seiner reichs- und territorialpolitischen Bewegungsfreiheit zunehmend eingeschränkt und geriet immer mehr in ein klientelähnliches Verhältnis zur Kurpfalz. So musste Württemberg 1423 der Kurpfalz militärische Hilfe gegen Markgraf Bernhard von Baden in einem oberrheinischen Konflikt leisten[34]. Der Markgraf erlitt angesichts der gegnerischen Übermacht eine Niederlage und wurde gezwungen, die strategisch wichtige Burg Mühlburg dem Pfalzgrafen zu Lehen aufzutragen und sein Dienstmann zu werden[35]. Während die Kurpfalz demnach einen wichtigen Erfolg aus dieser Auseinandersetzung ziehen konnte, blieb Württemberg lediglich die Dankbarkeit des Kurfürsten als Entlohnung. Umgekehrt setzten die Württemberger Kurfürst Ludwig beim Erwerb der Herrschaften Löwenstein, Weinsberg und der Reichsstadt Weinsberg keinerlei Widerstand entgegen – auch als die Kurpfalz von den Herren von Hohenlohe das Amt Möckmühl erwarb, rührte sich in Stuttgart keine Hand, um dies zu verhindern –, obwohl, wie oben dargelegt, diese Herrschaftskomplexe vitale württembergische Interessen berührten.

Man kann somit für diese Phase die Schlussfolgerung ziehen, dass es die Pfalzgrafen unter Ausnützung einer dynastischen Schwächephase ihrer regionalen Gegenspieler geschafft hatten, ihre Position im mittleren Neckarraum massiv auszubauen.

2.2 Die 1450er Jahre – Die Zeit der kurpfälzischen Überlegenheit

Eine andere Episode fällt in die 1450er Jahre, als in Württemberg-Urach nach dem Tod Ludwigs I. eine weitere Vormundschaftsregierung, diesmal für dessen minderjährige Söhne eingerichtet wurde[36]. Dieses Ereignis fiel mit dem Ende des letzten Städtekriegs im Jahre 1450 zusammen. Der Ausgang dieses ständisch geprägten Konflikts markierte eine entscheidende Wende in den südwestdeutschen Verhältnissen[37]. Die Reichsstädte, die bis dahin den Fürsten beim Eindringen in die schwäbische Kernzone und deren Hegemonialisierung den stärksten Widerstand entgegengesetzt hatten, waren als korporative politische Macht geschwächt worden. Die neue Zeit war gekennzeichnet durch einen bald einsetzenden, verschärften territorialen Wettbewerb der schwäbisch-oberrheinischen

---

34 SATTLER (wie Anm. 29), S. 92 u. 94; STÄLIN (wie Anm. 8), S. 426; erwähnt bei MÜLLER (wie Anm. 14), S. 11.
35 Württembergische Regesten (künftig: WR) von 1301–1500, hg. vom Kgl. Haus- und Staatsarchiv Stuttgart, 3 Bde., Stuttgart 1916–40, Nr. 4703 (entspricht dem Bestand A 602 im Hauptstaatsarchiv Stuttgart (HStAS)); Regesten der Markgrafen von Baden und Hachberg 1050–1515 (künftig: RMB), 4 Bde., bearb. von R. FEESTER (Bd. 1), H. WITTE (Bd. 2,3) und A. KRIEGER (Bd. 4), Innsbruck 1900–1915, Bd. 1, Nr. 3717; SATTLER (wie Anm. 29), S. 94; STEINHOFER (wie Anm. 29), S. 729f.; STÄLIN (wie Anm. 8), S. 427.
36 STÄLIN (wie Anm. 8), S. 499; STEINHOFER (wie Anm. 29), S. 930.
37 FRITZ (wie Anm. 11), S. 92–120.

Randmächte Österreich, Bayern und vor allem der Kurpfalz mit den beiden regionalen Vormächten Baden und Württemberg.

Die durch die kurpfälzische Feindschaft und die Teilung in zwei Linien geschwächte Stellung des Hauses Württemberg rief bald weitere Konkurrenten auf den Plan, wie etwa Herzog Albrecht von Vorderösterreich[38]. Jetzt sahen auch die Markgrafen von Baden die Chance gekommen, die für sie außerordentlich günstige Situation zu nutzen und ihre ehemalige Position am mittleren Neckar zu restaurieren. Als Hebel diente ihnen dabei die vom Kaiser übertragene Schirmvogtei über die Reichsstadt Esslingen mit deren Hilfe sie eine strategische Schlüsselstellung am Neckar, mitten im Herzen der Grafschaft, aufzubauen versuchten[39].

Unter dem so von allen Seiten einsetzenden Druck der Widersacher begann das württembergische Hegemonialsystem im nördlichen Schwaben in den 1450er Jahren zu kollabieren. Nacheinander vermochten sich Herren, Grafen und Städte der württembergischen Oberhoheit zu entziehen, wie etwa die Geroldsecker, Helfensteiner, Hohenzollern oder eben auch die Reichsstadt Esslingen[40]. Andere regional bedeutsame Kräfte, wie die Werdenberger, gingen sogar zum Gegenangriff über und bedrohten den württembergischen Territorialbestand direkt – die Herrschaften Sigmaringen und Veringen gingen damals endgültig verloren[41]. Sogar lehnsabhängige Niederadlige wie die Herren von Urbach, die selbst kleine Territorialherren waren, probten den Aufstand und lieferten der Herrschaft Württemberg jahrelange Fehden[42].

In dieser Situation war eine Annäherung an die Politik Markgraf Albrechts von Brandenburg, die für eine dezidiert antiwittelsbachische und königstreue Haltung stand, eine schiere Notwendigkeit, wollte man nicht das politische Primärziel, eine unabhängige Stellung in Nordschwaben, vollends aufgeben. Die Anlehnung an die brandenburgische Politik bedingte aber auch eine entschiedene Parteinahme für das Reichsoberhaupt. Und genau hier war der Punkt erreicht, der Württemberg und Baden trotz ihrer territorialen Konkurrenzsituation im Nordschwarzwald und am Neckar wieder zusammenführen sollte.

Im Reich waren zu dieser Zeit durch den machtpolitischen Gegensatz zwischen den Wittelsbachern einerseits und dem Kaiser und den Fürsten des Mergentheimer Bundes andererseits zwei Bündnissysteme entstanden, die sich drohend gegenüberstanden[43]. Nach ersten militärischen Auseinandersetzungen im Jahre 1460 wurde 1461 vom Kaiser

---

38 Fritz (wie Anm. 11), S. 129–134.
39 StadtA Esslingen, Bestand Reichsstadt, Fasz. 409, o. Nr.; StAL, B 169 U 602 u. 603. Regestiert in: RMB 4, 7832 u. 7833; W. Bernhardt (Bearb.), Eßlingen und Württemberg. Ausstellung des Stadtarchivs Esslingen vom 12. Dezember 1980 bis 15. Februar 1981 im Schwörhaus am Marktplatz, Esslingen 1980, S. 44 Nr. 80. Vgl. auch: K. Pfaff, Geschichte der Reichsstadt Esslingen, Esslingen 1852, S. 92f.; Krimm (wie Anm. 18), S. 73 u. 191ff.; F. Meinzer, Markgraf Karl I. von Baden, Diss. Freiburg i. Br. 1927, S. 9.
40 Fritz (wie Anm. 11), S. 154–159.
41 Sattler (wie Anm. 29), S. 227.
42 Haupstaatsarchiv Stuttgart (Hg.), Regesten zur Geschichte der Herren von Urbach, bearb. v. R. Uhland (Veröffentlichungen der Staatlichen Archivverwaltung Baden-Württemberg, 5), Stuttgart 1958, Nr. 354, 357–359, 363, 364, 367, 368, 375, 381, 382; Sattler (wie Anm. 29), S. 216–220.
43 Fritz (wie Anm. 11), S. 188–258.

der Reichskrieg gegen Herzog Ludwig von Bayern-Landshut ausgerufen. Der Krieg dehnte sich durch die Eigendynamik der beiden Machtblöcke auch auf Schwaben und die Rheinlande aus. Markgraf Karl von Baden und Graf Ulrich von Württemberg übernahmen zusammen mit Markgraf Albrecht Achilles die Reichshauptmannschaft gegen den Wittelsbacher – das heißt, sie führten die Reichsstände, die treu zum Kaiser standen, gegen die Wittelsbacher in den Krieg. Nach wechselvollen Kämpfen unternahmen der Badener und der Württemberger Ende Juni 1462 einen Streifzug in pfälzisches Gebiet, der zur Schlacht von Seckenheim führte. Die Fürsten erlitten eine katastrophale Niederlage und gerieten in pfälzische Gefangenschaft, aus der sie erst ein Jahr später nach Gebietsabtretungen und immensen Lösegeldzahlungen freikamen[44].

Man kann für diese Phase konstatieren, dass es die Kurpfalz in den 1450er und 1460er Jahren geschafft hatte, ihren Machtbereich noch einmal nach Süden auszudehnen. Dies war auf Kosten Badens, mehr noch aber auf Kosten Württembergs geschehen. Jedoch führten die kurpfälzischen Erfolge zu einer wachsenden Solidarisierung ihrer Gegner. Zwar konnten Württemberg und Baden vorerst keinen offenen Widerstand mehr leisten, aber sie begannen ein diplomatisches Netzwerk zwischen den schwäbischen Reichsständen zu spinnen. Sie wurden darin vom Kaiser politisch unterstützt und abgesichert, da auch Friedrich III. die Dominanz der Kurpfalz in Schwaben und am Mittelrhein zunehmend zum Ärgernis wurde[45].

2.3 Nach der Niederlage von 1462 – Ausgleich und Absteckung der Interessensphären am Beispiel des Streits um den Esslinger Zoll

Eine dritte Episode, die als charakteristisch für die Verhältnisse der drei Protagonisten in ihrem Ringen um die Herrschaft im mittleren Neckarraum gelten kann, schließt geradewegs an die genannte reichspolitische Konfrontation an[46].

Trotz der badisch-württembergischen Waffenbrüderschaft im Reichskrieg gegen die Kurpfalz brachen die alten Gegensätze nach 1462 noch einmal aus. Es zeigte sich, dass die Kurpfalz nach Bestätigung ihrer Kriegserwerbungen, zu denen u. a. das badische Besigheim und die Lehensauftragung von Bretten gehört hatten, vorläufig saturiert war. Das kurpfälzische Primärinteresse, die Arrondierung seines Hegemonialsystems zwischen Rhein und Neckar, war erreicht und durch langfristig bindende Friedensbedingungen für die Zukunft gesichert.

In dieser Situation erlaubte Kaiser Friedrich III. 1467 der Reichsstadt Esslingen einen neuen Zoll an der Neckarbrücke aufzurichten[47]. Der Ertrag sollte in vier Viertel geteilt werden, wobei der Kaiser sich ein Viertel vorbehielt und der Reichsstadt und ihrem Schirmherrn, Markgraf Karl von Baden, die restlichen drei Viertel überließ. Begründet

---

44 C. Roder, Die Schlacht von Seckenheim in der Pfälzer Fehde von 1462–1463, Villingen 1877; H. Probst, Seckenheim. Geschichte eines Kurpfälzer Dorfes, Mannheim 1981, S. 379–403.
45 Moraw (wie Anm. 4), S. 95f.; Press, (wie Anm. 2), S. 18f.; Hofacker (wie Anm. 12), S. 83f.
46 Zum folgenden vgl. Fritz (wie Anm. 11), S. 318–330.
47 StAL, B 169, U 438; regest. bei: J. Chmel, Regesta chronologico-diplomatica Friderici IV., imperatoris III., Romanorum regis, Wien 1838, ND Hildesheim 1932, Nr. 5185; RMB 4, 9536.

wurde das Privileg mit dem Hinweis auf deren zahlreiche Verdienste um das Reich und die Schäden, die sie in diesem Dienst empfangen hätten.

Die Württemberger fassten den Zoll als eine gezielte Attacke der Markgrafen gegen ihre jahrzehntelangen Bemühungen auf, die Esslinger ihrer Oberhoheit zu unterwerfen[48]. Sie hatten zwar unter dem Eindruck der ungünstigen politischen Verhältnisse der 1450er Jahre den badischen Schirm über die Reichsstadt akzeptieren müssen. Nun aber waren sie zum Widerstand entschlossen. Die Grafen starteten sofort diplomatische Aktivitäten, um Unterstützung für einen eventuellen Konflikt mit Baden und Esslingen zu sammeln. In der Tat hatten sie sich um die Unterstützung der fürstlichen Vormächte im südlichen Deutschland nicht nur intensiv bemüht, sondern sie auch erlangt, wie die Gegenseite im Sommer 1469 mit schmerzlicher Überraschung feststellen musste. Am sichersten konnten die Württemberger dabei überraschenderweise auf die Wittelsbacher zählen. Während sich Graf Ulrich von Württemberg-Stuttgart die Unterstützung seines Schwagers Herzog Ludwigs von Bayern-Landshut gesichert hatte[49], hatte Graf Eberhard im Bart von der Uracher Linie des Hauses mit seinem Onkel Pfalzgraf Friedrich, mit dem er persönlich auf gutem Fuße stand, 1467 einen Nichtangriffsvertrag geschlossen[50]. Sie verstanden sich im Frühjahr 1469 sogar dazu, just als sich die Krise zwischen Baden und Württemberg immer deutlicher abzeichnete, zusammen mit der Reichsstadt Heilbronn und überraschenderweise auch mit dem alten Widersacher Pfalzgraf Friedrichs, Graf Ulrich von Württemberg-Stuttgart, einen Handelsvertrag abzuschließen[51]. Die Partner vereinbarten darin die Flößbarmachung der Murr und die gemeinsame fiskalische Nutzung dieser Transporttätigkeit. Dieser Vertrag war ein deutliches Anzeichen, dass sich Württemberg und Kurpfalz über die Aufteilung ihrer Interessensphären am mittleren Neckar zumindest vorläufig einig geworden waren.

Auf der anderen Seite sahen sich Esslingen und Markgraf Karl weitgehend isoliert: Karl hatte an zahlreiche Fürsten und Städte geschrieben und sie um Unterstützung für die Esslinger gebeten. Außer Bischof Rudolf von Würzburg erklärte sich jedoch niemand bereit, zugunsten der Reichsstadt und des Markgrafen Stellung gegen Württemberg zu beziehen, und selbst der Bischof bot lediglich seine Vermittlung an[52]. Sogar der vorderösterreichische Herzog – inzwischen handelte es sich um Herzog Siegmund – konnte seinem badischen Verbündeten nicht helfen, da er zu dieser Zeit wieder einmal unter dem Druck der Eidgenossen stand. Als schließlich wegen des Zollstreits und noch anderer Differenzen ein direkter Zusammenstoß zwischen Baden und Württemberg drohte, schaltete sich der Kaiser in den Konflikt ein und befahl Markgraf Albrecht von Brandenburg, sich der Sache anzunehmen[53].

---

48 FRITZ (wie Anm. 11), S. 109–120.
49 BayHStA München, Pfalz-Neuburg Urk., Nr. 140: 2. Juli 1469 und Pfalz-Neuburg Kopb. Nr. 25, fol. 134r; StAL, B 169, Bü. 24; HStA Stuttgart, A 602, WR 5138 (dort mit falschem Bezug auf Graf Eberhard V.): 6. August 1469.
50 WR 5135.
51 WR 3749.
52 StAL B 169, Bü. 24, Schreiben vom 5. Juni 1469.
53 StAL B 69, Bü. 26b, Schreiben vom 1. Juli 1469.

Die von diesem vorgeschlagenen Eckpunkte für einen langfristigen Interessenausgleich zwischen Baden und Württemberg enthielten einige zukunftweisende Elemente, insbesondere der Vorschlag, dass beide Seiten in Zukunft *kain Stat Comun oder Closter In schirm neme noch in eynung mit In kum oder yemands der den anndern widerwertig sey [...] nemlich der von Baden hiedishalb des Swartzwaldes vnd die von wirtemberg do jenseyt*[54]. Das hieß mit anderen Worten, der Schwarzwaldhauptkamm sollte als Grenze der württembergisch-badischen Interessensphäre festgelegt werden.

Markgraf Albrechts Vermittlungsbemühungen blieben indes ohne Erfolg. Pfalzgraf Friedrich musste sogar mit militärischem Eingreifen drohen, um einen direkten militärischen Zusammenstoß 1469 verhindern[55]. Die Württemberger hatten seinem Eingreifen immerhin die Suspendierung des Esslinger Zolls zu verdanken. Zu einer gegenseitigen Anerkennung der Einflusszonen mochten sich die Streithähne allerdings nicht verstehen. Erst Jahre später, 1473, wurde mit den Verträgen von Trier[56] und Weil der Stadt[57] eine Kompromisslösung gefunden, die hinsichtlich des Esslinger Zolls den Status quo ante bestätigte und die Württemberger in den kaiserlichen Schutzauftrag für Esslingen mit aufnahm.

Diese Konstellation zeigt, wie Württemberg seine Position am Neckar allmählich wieder zu stabilisieren begann. Sie taten dies mit ähnlichen Methoden wie die Kurpfalz, indem sie geringere Herrschaftsträgern wie die Reichsstadt Esslingen ihrem Hegemonialsystem einzugliedern begannen. Dass sie dabei sogar noch Schützenhilfe aus Heidelberg erhielten, mutet fast ironisch an. Es hat den Eindruck, dass Pfalzgraf Friedrich am Ende seiner Regierungszeit zu spüren begann, dass für die Kurpfalz die Feindschaft mit fast allen Nachbarterritorien auf Dauer nicht durchzuhalten war. Zu einer grundsätzlichen Korrektur der Politik der hegemonialen Dominanz konnte man sich in Heidelberg dennoch nicht durchringen. Dies sollte sich als Hypothek für die Zukunft erweisen und führte neben anderen Gründen zu der katastrophalen Niederlage der Kurpfalz im Bayerischen Erbfolgekrieg im Jahre 1504.

3. Die politischen Verhältnisse am Ende des Jahrhunderts

Betrachtet man die drei Vorkommnisse aus dem kurpfälzisch-württembergisch-badischen Dreiecksverhältnis in der Zusammenschau, lassen sich einige grundsätzliche Veränderungen in den politischen Rahmenbedingungen erkennen.

---

54   WR 4723.
55   Über das pfälzische Heer berichtet der Straßburger Ratsherr Claus Ingolt: RMB 4, 9971. – Zu dem Tag von Bretten vgl. auch: SATTLER (wie Anm. 29), S. 83f.; MEINZER (wie Anm. 39), S. 32; F. ERNST, Eberhard im Bart. Die Politik eines deutschen Landesherren am Ende des Mittelalters, Stuttgart 1933, S. 154.
56   HStA Stuttgart, A 141, U 20; StAL, B 169, U 156; StadtA Esslingen, Bestand Reichsstadt, Fasz. 344 Nr. 8a; StadtA Esslingen, Bestand Reichsstadt, U 2516: 31. Dezember 1472, Trier; regest. in: Eßlingen und Württemberg (wie Anm. 39), Nr. 54, S. 26; RMB 4, 10360. – Vgl. auch: PFAFF (wie Anm. 39), S. 354.
57   StadtA Esslingen, Bestand Reichsstadt, U 2519; StAL, B 169, U 157; regest. in: RMB 4, 10360; Eßlingen und Württemberg (wie Anm. 39), Nr. 81, S. 44f.

Für Württemberg ging mit dem Weiler Vertrag 1473 ein langgehegter politischer Wunsch in Erfüllung. Denn es war allen Beteiligten klar, daß der württembergische Schirm über die stolze Reichsstadt die Anerkennung der württembergischen Suprematie am mittleren Neckar bedeutete. Mochte auch Esslingen noch eine Weile an Baden Rückhalt finden, die württembergische Hegemonialstellung von Tübingen bis Lauffen war mit diesem Vertrag eindeutig bestätigt worden. Aber auch für die Markgrafen von Baden hatte der Weiler Vertrag weitreichende Bedeutung. Denn die geteilte Schirmherrschaft hatte politisch keine Zukunft mehr, und das Abkommen leitete somit letztlich die endgültige Abdrängung Badens aus dem Gebiet östlich des Schwarzwalds ein, nachdem man 1463 den letzten bedeutenden territorialen Besitz in diesem Raum, Besigheim, an die Kurpfalz hatte verpfänden müssen. Damit war genau das Wirklichkeit geworden, was die scharfsinnige brandenburgische Diplomatie bereits 1469 erkannt hatte: Die mittelalterlichen Verhältnisse, gekennzeichnet durch territoriale Gemengelage und polyzentrisch verteilte Macht, neigten sich auch im Südwesten dem Ende zu. Natürlich hatte der Prozess der Schwerpunktbildung und der Abgrenzung von Interessensphären schon länger eingesetzt – wie man eben am Beispiel Württembergs sehen kann. Allein dieser Prozess war in der königsnahen Landschaft Schwaben bei weitem noch nicht so weit vorangeschritten wie etwa im benachbarten Bayern. Dank des konservierenden Einflusses des Königtums war er in Schwaben noch in vollem Gange[58]. Die Schwäche des Reichsoberhaupts wie der Reichsverfassung überhaupt zeitigte am mittleren Neckar im 15. Jahrhundert jene charakteristische Erosion der Reichsverfassung, die in einer beschleunigten horizontalen und vertikalen Konzentration der Reichsstände ihren Ausdruck fand. Das Ergebnis am Ende des Jahrhunderts war dennoch ambivalent. Einerseits brachte diese Entwicklung die Durchsetzung der Fürsten als dominierenden Reichsstand hervor, andererseits wurden die mindermächtigen Reichsstände – vor allem dank des konservierenden Einflusses des Königtums – doch nicht völlig von der politischen Bühne verdrängt. Dazu waren sie in Schwaben in ihrer Gesamtheit noch zu zahlreich und zu mächtig – insbesondere als es ihnen am Ende des Jahrhunderts gelang, sich im Schwäbischen Bund zusammenzuschließen[59]. Damit war plötzlich ein neuer eigenständiger Machtfaktor in Schwaben entstanden, der sich – eng mit dem Königtum verbündet – weiteren Hegemonialisierungsversuchen durch die Fürsten mit Erfolg entgegenstemmte.

Die beiden gegenläufigen Tendenzen begannen sich am Ende des Jahrhunderts allmählich gegenseitig zu neutralisieren. Das Ergebnis war eine zunehmende Institutionalisierung und Verrechtlichung des Reiches, die den politischen Status quo zementierte. Allerdings transzendierten auch weiterhin die Fürsten insbesondere die königsfähigen Dynastien der Wittelsbacher, der Habsburger und der Hohenzollern die Verfassung durch ihre immense Hausmacht und die Ausnützung traditioneller Sonderstellungen und

---

58 MORAW (wie Anm. 3), S. 185. Das Phänomen der geringen territorialen Dynamik einiger Landschaften im Reich betraf vor allem die ehemaligen staufischen Königslande.
59 Hierzu seit Neuem H. CARL, Der Schwäbische Bund 1488–1534. Landfrieden und Genossenschaft im Übergang vom Spätmittelalter zur Reformation (Schriften zur südwestdeutschen Landeskunde, 24), Leinfelden-Echterdingen, 2000, bes. S. 501–511; vgl. auch HOFACKER (wie Anm. 12), S. 109–114.

-rechte wie z. B. Kurfürstenwürde, Reichsvikariat, Fürstentitel und Königskronen außerhalb des Reichsgebiets, etc.

Aber auch für sie galten verschärfte Spielregeln wie nur kurze Zeit später der Zusammenbruch der Kurpfalz während des Bayerischen Erbfolgekriegs 1504 zeigte[60]. Damals wurde auch deutlich, dass das mittelalterliche Konzept der Großmachtbildung über hegemoniale Bündnissysteme überholt war. Das kurpfälzische System brach damals genauso zusammen wie in den 1450er Jahren das viel kleinere württembergische.

Aus dieser Warte muss das Schicksal der Stadt Besigheim, die zwischen 1463 und 1595 allein fünfmal den Besitzer wechselte, eher untypisch erscheinen. Mit Blick auf die Machtverschiebungen am mittleren Neckar im 15. Jahrhundert erkennt man jedoch, dass das wechselhafte Schicksal Besigheims aus seiner besonderen, historisch gewachsenen Situation heraus durchaus erklärbar ist: Als Überrest einer ehemaligen badischen Machtstellung war die Stadt im 15. Jahrhundert genau in die Grenzlage zwischen der kurpfälzischen und württembergischen Einflusszone geraten[61]. So war aus dem Vorposten schließlich ein Außenposten badischer Macht geworden, der in dieser Zeit verschärfter Konkurrenz zwangsläufig zur politischen Verhandlungsmasse werden musste. Dass es den Badenern noch einmal gelang, den Besitz zurückzuerlangen, beweist den langen Arm des Erzhauses Österreich und die Wirksamkeit des in der Reichsverfassung angelegten Legalitätsprinzips. Dass die Badener Besigheim zu guter Letzt aber doch an Württemberg abtraten, zeigt, welchem Prinzip die Zukunft gehörte.

60 S. v. RIEZLER, Geschichte Baierns III, Gotha 1889 [ND 1964], S. 594ff.; L. F. HEYD, Ulrich – Herzog zu Württemberg. Ein Beitrag zur Geschichte Württembergs und des deutschen Reichs im Zeitalter der Reformation, Bd. 1 Tübingen 1841, S. 95ff.; H. WIESFLECKER, Kaiser Maximilian I. Das Reich, Österreich und Europa an der Wende zur Neuzeit, München 1971, 1975, 1986., Bd. 3, S. 164ff.; PRESS (wie Anm. 1), S. 23ff.; DERS., Vorderösterreich in der habsburgischen Reichspolitik des späten Mittelalters und der frühen Neuzeit, in: Vorderösterreich in der frühen Neuzeit, Sigmaringen 1989, S. 1–41, hier S. 11; R. SEYBOTH, Die Markgrafentümer Ansbach und Kulmbach unter der Regierung Markgraf Friedrichs des Älteren (1486–1515), Göttingen 1985, S. 272ff.; STAUBER (wie Anm. 1), S. 753ff.
61 Vgl. Th. FRITZ, Besigheim im Mittelalter. Die Zeit der ersten badischen Herrschaft bis zur Verpfändung an die Kurpfalz (1153–1463), in: Geschichte der Stadt Besigheim. Von der Vorgeschichte bis zur Gegenwart, Besigheim 2003, S. 27–54, hier S. 42–51.

Besigheim und der mittlere Neckarraum zwischen Kurpfalz, Württemberg und Baden im Konfessionellen Zeitalter

VON FRANZ BRENDLE

1. Grundprobleme der Konfessionalisierung

Im Jahre 1595 konnte Herzog Friedrich von Württemberg die badischen Ämter Besigheim und Mundelsheim erwerben. Er kam damit dem Pfälzer Kurfürsten zuvor, dem diese Orte ebenfalls zum Kauf angeboten worden waren. Der Gewinn Besigheims bedeutete für den württembergischen Herzog nicht nur einen wichtigen Prestigegewinn gegenüber den territorialpolitischen Konkurrenten, sondern stand auch für eine erfolgreiche Arrondierungspolitik Württembergs im mittleren Neckarraum. Die Ansprüche des mächtigen Nachbarn, der Kurpfalz, waren damit erfolgreich abgewehrt, die unter Druck stehende badische Markgrafschaft endgültig auf ihre oberrheinischen Besitzungen zurückgedrängt worden. Insofern markiert der Übergang Besigheims auch einen gewissen Abschluß des Konkurrenzkampfes zwischen der Kurpfalz, Württemberg und Baden, der seit dem späten Mittelalter zu vielfältigen Auseinandersetzungen gerade in diesem Gebiet geführt hatte. Die Einbindung Besigheims in das württembergische Territorium stellt darüber hinaus auch einen Markstein für den Erfolg des Luthertums in dieser umkämpften Einflußzone dar. Im Zeitalter der Konfessionalisierung bedeutete diese Anbindung eine Verfestigung der lutherischen Ausrichtung dieses Raums vor allem in Hinblick auf die expansive Politik der calvinistischen Kurpfalz.

Anknüpfend an die Forschungen des Tübinger Reformationshistorikers Ernst Walter Zeeden, der in den 1950er und 1960er Jahren mit dem Begriff der Konfessionsbildung auf die parallelen Vorgänge bei der Ausbildung der drei großen Bekenntniskirchen im Reich hinwies[1], hat sich in den beiden letzten Jahrzehnten ein vieldiskutierter, aber auch fruchtbarer Forschungsstrang in der frühneuzeitlichen Geschichte etabliert: das Konzept der Konfessionalisierung. Gegen die ältere Sicht von Reformation und Gegenreformation als aufeinanderfolgende Prozesse hat die neuere Forschung eine gänzlich andere Sicht entwickelt, nämlich daß aus der spätmittelalterlichen gemeinsamen europäischen Christenheit durch die Reformation und ihre Folgen im 16. Jahrhundert etwas völlig Neues ent-

---

1 E. W. ZEEDEN, Gegenreformation, Darmstadt 1973; DERS., Konfessionsbildung. Studien zur Reformation, Gegenreformation und katholischen Reform, Stuttgart 1985.

standen sei: drei neue, im gegenseitigen Kampf entwickelte und schließlich durch spezifische Lehrgebäude und Lebenshaltungen festgefügte Konfessionen, die parallel und in strukturell gleichartiger Weise die jeweilige Gesellschaft in ihren Territorien mit der spezifischen Lehre und Disziplin um- und ausformten, oft gewaltsam, aber mit moderner Zielsetzung und Entwicklung[2].

Konfessionalisierung meint in der Definition von Heinz Schilling einen gesellschaftsgeschichtlich fundamentalen Wandlungsvorgang, der kirchlich-religiöse und mentalitätsmäßig-kulturelle Veränderungen ebenso einschließt wie staatlich-politische und soziale[3]. Konfessionalisierung bedeutet danach also nicht nur die Entstehung der neuzeitlichen Konfessionskirchen als Institutionen, sondern meint einen gesellschaftlichen Fundamentalvorgang, der in meist gleichlaufender, bisweilen auch gegenläufiger Verzahnung mit der Herausbildung des frühmodernen Staates und der Formierung einer neuzeitlich disziplinierten Untertanengesellschaft das öffentliche und private Leben in Europa tiefgreifend umpflügte.

Wurde Konfessionalisierung zunächst stark auf die Jahrzehnte zwischen Augsburger Religionsfrieden und Dreißigjährigem Krieg, gleichsam als ein Gegenbegriff zum älteren Terminus der Gegenreformation verwandt, so wurden bald auch die Vorgänge bei der Einführung und Durchführung der Reformation in die Betrachtungen einbezogen. Konfessionalisierungsbestrebungen waren, und das haben vor allem die sieben Bände zu den Territorien des Reichs im Zeitalter der Reformation und Konfessionalisierung von Anton Schindling und Walter Ziegler gezeigt, schon vor 1555 auszumachen[4]. Gegen eine Überbetonung des Konfessionalisierungskonzepts hat sich in jüngster Zeit Anton Schindling ausgesprochen, der die Grenzen von Konfessionalisierbarkeit in den Territorien aufgezeigt, auf territoriale Niemandsländer und räumliche und inhaltliche Einschränkungen des Paradigmas hingewiesen hat[5]. Die Reichweite und der Fragehorizont der Konfessionalisierung seien am jeweils historisch konkreten Ort zu bestimmen.

Im Falle Besigheims ist dies das heterogene Spannungsfeld zwischen der calvinistischen Kurpfalz, dem lutherischen Württemberg und den geteilten badischen Markgrafschaften im mittleren Neckarraum. Die politische und konfessionelle Entwicklung dieser Territorien im Konfessionellen Zeitalter muß deshalb zum Ausgangspunkt der Betrachtungen gemacht werden.

---

2 H. SCHILLING (Hg.), Die reformierte Konfessionalisierung in Deutschland – Das Problem der »zweiten Reformation«, Wissenschaftliches Symposion des Vereins für Reformationsgeschichte 1985, Gütersloh 1986; H.-Ch. RUBLACK (Hg.), Die lutherische Konfessionalisierung in Deutschland, Wissenschaftliches Symposion des Vereins für Reformationsgeschichte 1988, Gütersloh 1992; W. REINHARD/H. SCHILLING (Hgg.), Die katholische Konfessionalisierung, Wissenschaftliches Symposion der Gesellschaft zur Herausgabe des Corpus Catholicorum und des Vereins für Reformationsgeschichte 1993, Münster 1995; P. FRIESS/R. KIESSLING, Konfessionalisierung und Region, Konstanz 1999.
3 H. SCHILLING, Die Konfessionalisierung im Reich. Religiöser und gesellschaftlicher Wandel in Deutschland zwischen 1555 und 1620, in: Historische Zeitschrift 246 (1988), S. 1–45.
4 A. SCHINDLING/W. ZIEGLER (Hgg.), Die Territorien des Reichs im Zeitalter der Reformation und Konfessionalisierung. Land und Konfession 1500–1650, 7 Bde., 1.–3. Aufl. Münster 1989/97.
5 A. SCHINDLING, Konfessionalisierung und Grenzen von Konfessionalisierbarkeit, in: DERS./ZIEGLER (Hgg.), Die Territorien des Reichs (wie Anm. 4), Bd. 7, S. 9–44.

2. Am Rande des Religionsfriedens: die Kurpfalz

Die Kurpfalz war zu Beginn des 16. Jahrhunderts trotz des Rückschlags im Landshuter Erbfolgekrieg zur beherrschenden Vormacht am Rhein aufgestiegen[6]. Unter Kurfürst Friedrich II. hatte die Pfalz lange Zeit eine schwankende Position in der Religionsfrage eingenommen[7]. Dies war zum einen Ausdruck einer traditionellen Pfälzer Toleranz, zum andern einer Rücksichtnahme auf den Kaiser, der die herausragende Position der Kurpfalz im Reichsgefüge garantierte. Diese religionspolitische Zurückhaltung endete mit dem Regierungsantritt von Kurfürst Ottheinrich, der seit 1556 entschlossen eine obrigkeitliche Reformation in den pfälzischen Territorien durchführte[8]. Doch schon unter Ottheinrich begann der Zuzug von Theologen der verschiedensten evangelischen Richtungen in die Kurpfalz, die dann unter seinen Nachfolgern zu den scharfen konfessionellen Auseinandersetzungen führten[9].

Unter seinem Nachfolger Friedrich III. wurde der Heidelberger Hof zu einem Zentrum der oberdeutschen und philippistischen Theologie. Mit dem Heidelberger Katechismus vollzog der Pfälzer Kurfürst 1563 dann endgültig den Schritt hin zum Calvinismus[10]. Die Pfälzer Kirchenordnung wurde vorbildhaft für das reformierte, calvinistische Kirchenwesen im Reich[11]. Freilich trieb die reichsrechtliche Problematik des reformierten Bekenntnisses, das durch den Augsburger Religionsfrieden nicht gedeckt war, die Pfälzer Politik zunehmend in die Isolation, auch im protestantischen Lager. Mit Hilfe Württembergs versuchte Kaiser Maximilian II. auf dem Augsburger Reichstag 1566 die Kurpfalz

---

6   V. PRESS, Bayerns wittelsbachische Gegenspieler – Die Heidelberger Kurfürsten 1505–1685, in: H. GLASER (Hg.), Um Glauben und Reich. Kurfürst Maximilian I. Beiträge zur Bayerischen Geschichte und Kunst 1573–1657, Katalog zur Ausstellung Wittelsbach und Bayern, Bd. II/1, München/Zürich 1980, S. 24–39; M. SCHAAB, Kurpfalz, in: HbBW, Bd. 2: Die Territorien im Alten Reich, Stuttgart 1995, S. 247–333; A. GUGAU, Der »Bairisch Krieg«. Der Landshuter Erbfolgekrieg von 1504/1505 und die Oberpfalz, in: T. APPL u. a. (Hgg.), Philipp der Streitbare. Ein Fürst der Frühen Neuzeit, Regensburg 2003, S. 31–45.
7   A. P. LUTTENBERGER, Glaubenseinheit und Reichsfriede. Konzeptionen und Wege konfessionsneutraler Reichspolitik 1530–1552 (Kurpfalz, Jülich, Kurbrandenburg), Göttingen 1982.
8   B. KURZE, Kurfürst Ott Heinrich. Politik und Religion in der Pfalz 1556–1559, Gütersloh 1956; W. HENSS, Zwischen Orthodoxie und Irenik. Zur Eigenart der Reformation in der rheinischen Kurpfalz unter den Kurfürsten Ottheinrich und Friedrich III., in: ZGO 93 (1984), S. 153–212; Pfalzgraf Ottheinrich. Politik, Kunst und Wissenschaft im 16. Jahrhundert, hg. von der Stadt Neuburg an der Donau, Regensburg 2002.
9   F. H. SCHUBERT, Ludwig Camerarius 1573–1651. Eine Biographie, Kallmünz 1955; V. PRESS, Calvinismus und Territorialstaat. Regierung und Zentralbehörden der Kurpfalz 1559 bis 1619, Stuttgart 1970; M. SCHAAB, Geschichte der Kurpfalz, Bd. 2: Neuzeit, Stuttgart 1992; DERS. (Hg.), Territorialstaat und Calvinismus, Stuttgart 1993; A. SCHINDLING/W. ZIEGLER, Kurpfalz, Rheinische Pfalz und Oberpfalz, in: DIES., Die Territorien des Reichs (wie Anm. 4), Bd. 5, S. 8–49; E. WOLGAST, Reformierte Konfession und Politik im 16. Jahrhundert. Studien zur Geschichte der Kurpfalz im Reformationszeitalter, Heidelberg 1998.
10   W. HOLLWEG, Neue Untersuchungen zur Geschichte des Heidelberger Katechismus, Neukirchen 1961; W. HENSS, Der Heidelberger Katechismus im konfessionspolitischen Kräftespiel seiner Frühzeit. Historisch-bibliographische Einführung der ersten vollständigen deutschen Fassung, der sogenannten 3. Auflage von 1563 und der dazugehörigen lateinischen Fassung, Zürich 1983.
11   P. MÜNCH, Zucht und Ordnung. Reformierte Kirchenverfassungen im 16. und 17. Jahrhundert (Nassau-Dillenburg, Kurpfalz, Hessen-Kassel), Stuttgart 1978.

aus dem Religionsfrieden auszuschließen – ein Vorhaben, das schließlich an der Unterstützung des lutherischen Kurfürsten von Sachsen für seinen bedrängten Standesgenossen scheiterte[12].

Die Pfälzer Reformation unter Kurfürst Friedrich zeichnete sich durch eine rücksichtslose Schärfe gegenüber der alten Kirche aus. Zu ihren Eigenheiten zählten in schroffer Ablehnung der alten Kirche eine rücksichtslose Aufhebung der Klöster, Bilderstürme in den Kirchen und – vor allem durch die Einführung des Kirchenrats – eine Neuordnung des Kirchenwesens in calvinistischem Sinne[13]. Mit dieser Hinwendung zur reformierten Kirche öffnete sich die Kurpfalz gleichzeitig den geistigen und politischen Kräften des westeuropäischen Protestantismus[14]. Zahlreiche calvinistische Gelehrte, die aus Frankreich und Italien vertrieben wurden, fanden Zuflucht am Heidelberger Hof, den lutherische Professoren verlassen mußten[15]. Aus dem württembergischen Mömpelgard an der burgundischen Pforte kam Daniel Toussain, der die dortige strikte Durchsetzung des lutherischen Bekenntnisses gegenüber allen Einflüssen der Schweizer Reformation nicht hinnehmen wollte und nun zu einem der führenden Theologen in der Kurpfalz wurde[16]. Niederländische Glaubensflüchtlinge schließlich wurden seit 1562 in den aufgehobenen Klöstern Frankenthal und Schönau angesiedelt[17]. Aus den Mitteln der aufgehobenen Klöster der Oberpfalz konnte 1566 in Amberg ein Pädagogium zur Ausbreitung des Calvinismus errichtet werden[18].

---

12 W. HOLLWEG, Der Augsburger Reichstag von 1566 und seine Bedeutung für die Entstehung der Reformierten Kirche und ihres Bekenntnisses, Neukirchen 1964; M. RUDERSDORF, Maximilian II. (1564–1576), in: A. SCHINDLING/W. ZIEGLER (Hgg.), Die Kaiser der Neuzeit 1519–1918. Heiliges Römisches Reich, Österreich, Deutschland, München 1990, S. 79–97; F. EDELMAYER/A. KOHLER (Hgg.), Kaiser Maximilian II. Kultur und Politik im 16. Jahrhundert, Wien/München 1992; M. LANZINNER, Friedenssicherung und politische Einheit des Reiches unter Kaiser Maximilian II. (1564–1576), Göttingen 1993; A. EDEL, Der Kaiser und Kurpfalz. Eine Studie zu den Grundelementen politischen Handelns bei Maximilian II. (1564–1576), Göttingen 1997.
13 G. A. BENRATH, Die Eigenart der Pfälzischen Reformation und die Vorgeschichte des Heidelberger Katechismus, in: Heidelberger Jahrbücher 1963, S. 13–32; Th. KARST, Pfälzische Klöster im Zeitalter der Reformation, in: Mitteilungen des Historischen Vereins der Pfalz 62 (1964), S. 36–58; M. SCHAAB, Pfälzische Klöster vor und nach der Reformation, in: Blätter für deutsche Landesgeschichte 109 (1973), S. 253–258; DERS., Territorialstaat und Kirchengut bis zum Dreißigjährigen Krieg. Die Sonderentwicklung in der Kurpfalz im Vergleich mit Baden und Württemberg, in: ZGO 138 (1990), S. 241–258; K. ACKERMANN, »Die Heimsuchung ist uns zu geschwind und schwer«. Die Klöster der »oberen Pfalz« am Vorabend ihrer ersten Säkularisation 1556, in: E. J. GREIPL (Hg.), Aus Bayerns Geschichte, Festschrift für Andreas Kraus zum 70. Geburtstag, St. Ottilien 1992, S. 245–258.
14 P. KRÜGER, Die Beziehungen der Rheinischen Pfalz zu Westeuropa. Die auswärtigen Beziehungen des Pfalzgrafen Johann Casimir 1576–82, München 1964.
15 G. A. BENRATH, Zacharias Ursinus (1534–1583), in: Blätter für pfälzische Kirchengeschichte und religiöse Volkskunde 37/38 (1970/71), S. 202–215; B. VOGLER, Die Rolle der pfälzischen Kurfürsten in den französischen Religionskriegen (1559–1592), in: Ebd., S. 235–266.
16 F. W. CUNO, Daniel Tossanus der Ältere. Professor der Theologie und Pastor (1541–1602), 2 Bde., Amsterdam 1898.
17 G. BIUNDO, Geschichte der niederländisch-reformierten Gemeinde Frankenthal 1562–1689, in: Blätter für pfälzische Kirchengeschichte und religiöse Volkskunde 29 (1962), S. 53–73; M. SCHAAB, Die Zisterzienserabtei Schönau im Odenwald, Heidelberg 1963.
18 V. PRESS, Das evangelische Amberg zwischen Reformation und Gegenreformation, in: Amberg 1034–1984. Aus tausend Jahren Stadtgeschichte, hg. von der Generaldirektion der Staatlichen Archi-

Doch waren der reformierten Konfessionalisierung Grenzen gesetzt. So verweigerte die lutherische Oberpfalz unter ihrem Statthalter, dem Kurprinzen Ludwig, beharrlich die Annahme des calvinistischen Bekenntnisses[19]. Verschiedene Strömungen innerhalb der Pfälzer Landeskirche führten das Territorium in schwere Konfessionskonflikte. Die Auseinandersetzungen zwischen strengen Calvinisten, die 1570 eine Kirchenzuchtordnung nach Genfer Vorbild durchgesetzt hatten, humanistisch ausgerichteten Zwinglianern und Antitrinitariern ließen sich kaum noch beilegen. Beim Tod Kurfürst Friedrichs 1576 war die Kurpfalz von heftigen theologischen Kontroversen erschüttert, reichsrechtlich stand sie am politischen Abgrund.

Unter Ludwig VI. vollzog die Kurpfalz einen erneuten Konfessionswechsel mit der Restitution des lutherischen Bekenntnisses. Anhänger des Calvinismus wurden entlassen, lutherische Theologen und Prediger an den Heidelberger Hof gezogen und eine neue Kirchenordnung im Sinne eines strengen Luthertums erlassen, wenngleich der Kurfürst selbst durchaus Sympathien für philippistische Traditionen bekundete. Dennoch vollzog er, wenn auch zögerlich, den Beitritt zu Konkordienformel und Konkordienbuch. Umfangreiche ordnungspolitische Maßnahmen – die Hofordnung von 1577, die Polizeiordnung von 1578, die große Landesordnung von 1582 – sollten Ludwigs Kurs einer lutherischen Erneuerung absichern[20]. Doch blieb diese Restauration durch den frühen Tod Kurfürst Ludwigs nur Episode.

Seine Nachfolger Johann Casimir und Friedrich IV. kehrten zur calvinistischen Konfessionalisierungspolitik der Kurpfalz zurück. Die Heidelberger Universität entwickelte sich wieder zu einer calvinistischen Hochschule, die reformierten Kirchenordnungen wurden wiederhergestellt und die protestantische Westeuropapolitik erneut aufgenommen[21]. Nachdem Johann Casimir zunächst auf einen pragmatischen Ausgleich mit den Lutheranern bedacht war, kehrte er im Reich sehr schnell zu einer harten Konfrontationspolitik zurück, die sich um die politische Zusammenfassung aller protestantischen Reichsstände mit einer scharfen antihabsburgischen Zielrichtung unter der Führung der Kurpfalz bemühte. Kursachsen und Württemberg dagegen verbanden ihr striktes Bekenntnis zum Luthertum mit einer kaisertreuen Reichspolitik. Unter diesen Auspizien schien die Einheit des Protestantismus im Reich mehr denn je gefährdet. Die Kurpfalz mit

---

ve Bayerns, Amberg 1984, S. 329–348; DERS., Amberg. Historisches Portrait einer Hauptstadt, in: Verhandlungen des Historischen Vereins für Oberpfalz und Regensburg 127 (1987), S. 7–34.
19 V. PRESS, Die Grundlagen der kurpfälzischen Herrschaft in der Oberpfalz 1499–1621, in: Verhandlungen des Historischen Vereins für Oberpfalz und Regensburg 117 (1977), S. 31–67; DERS., Die evangelische Oberpfalz zwischen Land und Herrschaft. Bestimmende Faktoren der Konfessionsentwicklung 1520–1621, in: Das evangelische Amberg im 16. Jahrhundert, Amberg 1983, S. 6–28; K. ACKERMANN, Die Oberpfalz. Grundzüge ihrer geschichtlichen Entwicklung, München 1987; V. PRESS, Fürst und Landstände in der frühneuzeitlichen Oberpfalz (1488–1628, 1707–1715), in: F. SEIBT (Hg.), Gesellschaftsgeschichte, Festschrift für Karl Bosl zum 80. Geburtstag, Bd. 1, München 1988, S. 439–457.
20 B.-R. KERN, Das Pfälzer Landrecht und die Landesordnung von 1582, in: Zeitschrift für Rechtsgeschichte, Germ. Abt. 100 (1983), S. 274–283.
21 E. WOLGAST, Die Universität Heidelberg 1386–1986, Berlin/Heidelberg 1986; V. PRESS, Hof, Staat und Territorium. Die Universität Heidelberg in der Kurpfalz 1386–1802, in: Die Geschichte der Universität Heidelberg, Heidelberg 1986, S. 45–68.

ihrem unverkennbaren Führungsanspruch im protestantischen Lager, ihrer hochambitionierten Ansiedlungspolitik und ihrer expansiven calvinistischen Ausrichtung mußte als mächtigste Territorialmacht im Südwesten ernstgenommen werden. Dies galt im besonderen Maße für das Herzogtum Württemberg, das sich in dieser Zeit zum führenden lutherischen Landesstaat entwickelt hatte.

3. Der lutherische Landesstaat: Württemberg

Die Konsolidierung und Reformfähigkeit des deutschen Luthertums wäre nicht denkbar gewesen ohne den bedeutenden Beitrag Württembergs, seiner Landeskirche und der Landesuniversität in Tübingen[22]. Vom Mutterland der Reformation, Kursachsen, mit seiner Universität Wittenberg, hatte sich das Zentrum der lutherischen Erneuerung nach 1555 in den deutschen Südwesten, nach Stuttgart und Tübingen, verlagert. Die Initiative zur Führung und Gestaltung war das Ergebnis einer konsequenten Politik, die den inneren Landesausbau und die Organisation der Landeskirche programmatisch förderte. An der Spitze dieser Entwicklung stand der Landesfürst, Herzog Christoph, der die erfolgreichen Ansätze seines Vaters Ulrich fortführte und das Fundament für den neuzeitlichen württembergischen Fürstenstaat legte.

Dabei war die Lage für den Herzog angesichts der reichs- und territorialpolitischen Voraussetzungen alles andere als günstig. Bei seiner Restitution hatte Herzog Ulrich im Frieden von Kaaden 1534 in die Rückstufung des württembergischen Territoriums in ein Afterlehen des Hauses Österreich einwilligen müssen[23]. Nach der Niederlage im Schmalkaldischen Krieg strengte König Ferdinand gegen Herzog Ulrich einen Felonieprozeß wegen Lehensuntreue an, den er nach dem Tod Ulrichs auf den Sohn ausdehnte[24]. Erst im Passauer Vertrag konnte Herzog Christoph unter Vermittlung Bayerns gegen eine finanzielle Entgeltung den Prozeß beenden[25]. Der Augsburger Religionsfrieden, zu dessen

---

[22] V. PRESS, Die Herzöge von Württemberg, der Kaiser und das Reich, in: R. UHLAND (Hg.), 900 Jahre Haus Württemberg. Leben und Leistung für Land und Volk, 3. Aufl. Stuttgart 1985, S. 412–433; H. EHMER, Württemberg, in: SCHINDLING/ZIEGLER, Die Territorien des Reichs (wie Anm. 4), Bd. 5, S. 168–192; D. MERTENS, Württemberg, in: HbBW, Bd. 2, S. 1–163.
[23] Zu Herzog Ulrich vgl. L. F. HEYD, Ulrich, Herzog zu Württemberg. Ein Beitrag zur Geschichte Württembergs und des deutschen Reiches im Zeitalter der Reformation, 3 Bde., Tübingen 1841/44; V. PRESS, Herzog Ulrich (1498–1550), in: UHLAND, 900 Jahre Haus Württemberg (wie Anm. 22), S. 110–135; F. BRENDLE, Dynastie, Reich und Reformation. Die württembergischen Herzöge Ulrich und Christoph, die Habsburger und Frankreich, Stuttgart 1998; DERS., Herzog Ulrich – ein verkannter Reformationsfürst?, in: S. HERMLE (Hg.), Reformationsgeschichte Württembergs in Porträts, Holzgerlingen 1999, S. 199–225; DERS., Ulrich, Hzg. v. Württemberg (1498–1550), in: LThK 10 (2001), Sp. 359–360.
[24] Zu Herzog Christoph vgl. H.-M. MAURER, Herzog Christoph (1550–1568), in: UHLAND, 900 Jahre Haus Württemberg (wie Anm. 22), S. 136–162; F. BRENDLE, Christoph, in: S. LORENZ u. a. (Hgg.), Das Haus Württemberg. Ein biographisches Lexikon, Stuttgart 1997, S. 108–111; DERS., Dynastie, Reich und Reformation (wie Anm. 23); E. FRITZ, Herzog Christoph von Württemberg, in: HERMLE, Reformationsgeschichte in Porträts (wie Anm. 23), S. 227–253.
[25] B. SICKEN, Der Heidelberger Verein (1553–1556). Zugleich ein Beitrag zur Reichspolitik Herzog Christophs von Württemberg in den ersten Jahren seiner Regierung, in: ZWLG 32 (1973/74),

Verfechtern Christoph zählte, verstärkte die evangelische Tendenz, den Status quo im Reich zu wahren und den Friedenszustand zu verteidigen[26]. Der reichsrechtliche Kompromiß von 1555 bedeutete eine wichtige Rechtsgarantie für die lutherischen Obrigkeiten, die nun aufgrund des Jus reformandi den Konfessionalisierungsprozeß in ihren Territorien vorantreiben konnten.

Herzog Christoph nutzte die Friedensjahre im Reich zur Verfestigung seiner territorialen Herrschaft und zur Neuordnung des evangelischen Kirchenwesens bei gleichzeitiger Rücksichtnahme auf Kaiser und Reich, die ihm mit Hinblick auf die Afterlehensschaft die politische Klugheit zu raten schien[27]. Der herzogliche Rat und Stuttgarter Stiftspropst Johannes Brenz stand ihm dabei loyal und kompetent zur Seite[28]. Die von Brenz geschriebene Confessio Virtembergica von 1551 bildete zusammen mit dem Augsburger Bekenntnis die dogmatische Grundlage der württembergischen Kirche[29].

Mit einer Reihe von Ordnungsmaßnahmen erfaßte Brenz systematisch alle Bereiche kirchlicher Existenz[30]. Vorbildhaft für andere Territorien wurde die neu ausgearbeitete Verwaltung und Organisation des Kirchenwesens[31]. Der Kirchenrat wurde als erste kirchliche Zentralbehörde im protestantischen Deutschland eingerichtet. Er stand an der Spitze der kirchlichen Organisation in geistlichen wie in weltlichen Fragen. Theologen beaufsichtigten Predigt und Seelsorge, Verwaltungsbeamte kümmerten sich um Wirtschaft und Finanzen. Über die Generalsuperintendenten als Mittelinstanz hielt der Kirchenrat Kontakt zu den einzelnen Pfarreien.

Rücksichtsvoller als sein Vater ging Herzog Christoph mit dem eingezogenen Kirchengut um. Es wurde der landesherrlichen Finanzverwaltung entzogen und als eigener

---

S. 320–435; D. HEIL, Die Reichspolitik Bayerns unter der Regierung Herzog Albrechts V. (1550–1579), Göttingen 1998.
26 H. TÜCHLE, Der Augsburger Religionsfriede. Neue Ordnung oder Kampfpause, in: Zeitschrift des historischen Vereins für Schwaben 61 (1955), S. 323–340; G. PFEIFFER, Augsburger Religionsfriede, in: TRE 4 (1979), S. 639–645; A. GOTTHARD, Der Augsburger Religionsfrieden, Münster 2004.
27 V. PRESS, Herzog Christoph von Württemberg (1550–1568) als Reichsfürst, in: Wolfgang SCHMIERER u. a. (Hgg.), Aus südwestdeutscher Geschichte, Festschrift für Hans-Martin Maurer, Stuttgart 1994, S. 367–382.
28 Zu Johannes Brenz vgl. M. BRECHT, Johannes Brenz. Neugestalter von Kirche, Staat und Gesellschaft, Stuttgart 1971; H.-M. MAURER/K. ULSHÖFER, Johannes Brenz und die Reformation in Württemberg, Stuttgart/Aalen 1974; M. BRECHT, Brenz, Johannes, in: TRE 7 (1981), S. 170–181; DERS., Johannes Brenz, in: M. GRESCHAT (Hg.), Gestalten der Kirchengeschichte, Bd. 6, Stuttgart 1981, S. 103–117; I. FEHLE (Hg.), Johannes Brenz 1499–1570. Prediger – Reformator – Politiker, Begleitbuch zur Ausstellung in Schwäbisch Hall und Stuttgart 1999, Schwäbisch Hall 1999; H. EHMER, Johannes Brenz – Ein Lebensbild zum 500. Geburtstag, in: Schwäbische Heimat 49 (1999), S. 56–65, 156–163; M. BRECHT, Johannes Brenz: Stiftspropst, Prediger, Reformator Württembergs und Rat Herzog Christophs, in: HERMLE, Reformationsgeschichte in Porträts (wie Anm. 23), S. 321–344.
29 E. BIZER (Hg.), Confessio Virtembergica. Das württembergische Bekenntnis von 1551, Stuttgart 1952; M. BRECHT/H. EHMER (Hgg.), Confessio Virtembergica. Das Württembergische Bekenntnis von 1552, Holzgerlingen 1999.
30 M. BRECHT, Kirchenordnung und Kirchenzucht in Württemberg vom 16. bis zum 18. Jahrhundert, Stuttgart 1967.
31 M. BRECHT/H. EHMER, Südwestdeutsche Reformationsgeschichte. Zur Einführung der Reformation im Herzogtum Württemberg 1534, Stuttgart 1984.

Vermögensfond für kirchliche und soziale Aufgaben dem Kirchenrat unterstellt. Der Besitz der 1547 rekatholisierten Klöster wurde dagegen der landesherrlichen Verwaltung unterstellt, eine 1556 erlassene Klosterordnung stellte das klösterliche Leben auf die Grundlage des evangelischen Bekenntnisses[32]. Die Einrichtung von 13 Klosterschulen mit humanistischen Bildungsidealen diente der Ausbildung des theologischen Nachwuchses[33]. Als neue Ausbildungsstätten für künftige Pfarrer und Theologen blieben sie dem geistlichen Zweck erhalten, gleichzeitig bedeuteten sie ein weiteres wichtiges Stück Verdichtung für das territoriale Bildungssystem[34]. Nach erfolgreichem Schulbesuch kamen die Absolventen an das Tübinger Stift, um an der Universität Theologie zu studieren und anschließend eine Pfarrstelle zu versorgen[35]. Die große überregionale Bedeutung der Tübinger Universität im Konfessionellen Zeitalter wäre ohne den Erfolg der auf Effizienz und Uniformität ausgerichteten Schulreformen kaum denkbar gewesen. In den Dörfern wurden neue Volksschulen, in den Amtsstädten Partikular- oder Lateinschulen errichtet, die über die Pädagogien in Stuttgart und Tübingen den Eingang zum Studium an der Landesuniversität öffneten[36]. Alle diese Maßnahmen wurden zusammengefaßt in der von Herzog Christoph 1559 erlassenen Großen Kirchenordnung – Höhepunkt eines imponierenden Gesetzgebungswerks[37].

Die Tübinger Universität war institutionell eingebettet in das herzogliche Schul- und Bildungssystem, dessen organisatorische und geistige Spitze die Theologische Fakultät bildete[38]. Von ihrer Ausstrahlungskraft über Württemberg hinaus profitierte die Universität insgesamt. Angesichts der Bedeutung, welche die konfessionelle Problematik im Reich zunehmend beanspruchte, und vor dem Hintergrund der innerterritorialen Konsolidierung trachtete Herzog Christoph danach, seine Tübinger Theologenfakultät strukturell und personell zu modernisieren[39]. In der Universitätsordnung von 1561 wurden die

---

32 H.-M. MAURER, Herzog Christoph als Landesherr, in: Blätter für württembergische Kirchengeschichte 68/69 (1968/69), S. 112–138.
33 G. LANG, Geschichte der württembergischen Klosterschulen von ihrer Stiftung bis zu ihrer endgültigen Verwandlung in Evangelisch-theologische Seminare, Stuttgart 1938; H. EHMER, Valentin Vannius und die Reformation in Württemberg, Stuttgart 1976.
34 M. BRECHT, Herkunft und Ausbildung der protestantischen Geistlichen des Herzogtums Württemberg im 16. Jahrhundert, in: Zeitschrift für Kirchengeschichte 80 (1969), S. 163–175; H. EHMER, Bildungsideale des 16. Jahrhunderts und die Bildungspolitik von Herzog Christoph von Württemberg, in: Blätter für württembergische Kirchengeschichte 77 (1977), S. 5–24; DERS., Der Humanismus an den evangelischen Klosterschulen in Württemberg, in: W. REINHARD (Hg.), Humanismus im Bildungswesen des 15. und 16. Jahrhunderts, Weinheim 1984, S. 121–133.
35 M. LEUBE, Die Geschichte des Tübinger Stifts im 16. und 17. Jahrhundert, Stuttgart 1921; J. HAHN/H. MAYER, Das Evangelische Stift in Tübingen. Geschichte und Gegenwart – zwischen Weltgeist und Frömmigkeit, Stuttgart 1985.
36 E. SCHMID, Geschichte des Volksschulwesens in Altwürttemberg, Stuttgart 1927; E. LEWIS PARDOE, Education, Economics, and Orthodoxy: Lutheran Schools in Württemberg, 1556–1617, in: Archiv für Reformationsgeschichte 91 (2000), S. 285–315.
37 J. RAUSCHER, Zur Entstehung der großen württembergischen Kirchenordnung des Jahres 1559, in: Festschrift Karl Müller, Tübingen 1922, S. 171–177.
38 R. L. HARRISON, The Reformation of the University of Tübingen 1534–1555, Ann Arbor Michigan 1975; F. BRENDLE, Tübingen, Universität, in: LThK 10 (2001), Sp. 285–287.
39 M. BRECHT (Hg.), Theologen und Theologie an der Universität Tübingen. Beiträge zur Geschichte der Evangelisch-Theologischen Fakultät, Tübingen 1977.

Professuren der Theologischen Fakultät eng mit den kirchlichen Ämtern an der Tübinger Stiftskirche verknüpft. Herzog Christoph selbst behielt sich einen großen Einfluss auf die Besetzung der Stellen vor und konnte daher durch eine gezielte Berufungspolitik das lutherische Bekenntnis auch personell absichern.

Württemberg nahm in dieser Zeit den Rang eines lutherischen Musterlandes ein, an dem sich andere Territorien orientierten, so z. B. Hessen-Marburg unter Landgraf Ludwig IV., Christophs Schwiegersohn, der prägende Jugendjahre am Stuttgarter Hof verbracht hatte[40]. Tübinger Theologen vermittelten jeweils in maßgebenden Stellen die württembergische Theologie im lutherischen Deutschland und bildeten auf diese Weise ein wichtiges Bindeglied für die protestantischen Kirchen. Mit Jakob Andreae, Jakob Heerbrand, Dietrich Schnepf und dem jungen Johannes Brenz fand sich 1562 in Tübingen eine Professorengruppe zusammen, die in dieser Konstellation fast ein Vierteljahrhundert lang mit bemerkenswertem Erfolg in der Fakultät wirkte[41]. Dies war nicht nur die große Zeit des Tübinger Luthertums, sondern auch die Phase, in der anderswo im Reich die evangelische Sache in eine schwere Krise geraten war. Unter diesem Druck forcierte Jakob Andreae, ohne große Rücksicht auf die verwandten reformierten Kirchen zu nehmen, den Einigungsprozess im evangelischen Deutschland, der 1577 in die Konkordienformel und 1580 in das lutherische Konkordienbuch einmündete[42].

Für Württemberg, das man damals auch das »lutherische Spanien« nannte, war es vor allem die Auseinandersetzung mit der Kurpfalz, die sich an der Wende zum 17. Jahrhundert anschickte, ihren Führungsanspruch im deutschen Protestantismus geltend zu machen, diesmal jedoch unter calvinistischen Vorzeichen. Dies sollte sich auch beim Übergang Besigheims an Württemberg zeigen. Hatte Herzog Ludwig[43] die Politik seines Vaters fortgeführt, die unter dem Vorzeichen einer Reichsloyalität nach außen und Sicherung des lutherischen Staates nach innen stand, so änderte sich dies unter seinem Nachfolger Herzog Friedrich. Mit ihm kam der Vertreter einer neuen Fürstengeneration an die Macht, der weniger die Absicherung des Religionsfriedens als vielmehr die konfessionelle Auseinandersetzung am Herzen lag[44].

---

40 M. RUDERSDORF, Ludwig IV. Landgraf von Hessen-Marburg, 1537–1604. Landesteilung und Luthertum in Hessen, Mainz 1991.
41 H. GÜRSCHING, Jakob Andreae und seine Zeit, in: Blätter für württembergische Kirchengeschichte 54 (1954), S. 132–156; R. MÜLLER-STREISAND, Theologie und Kirchenpolitik bei Jakob Andreä bis zum Jahr 1568, in: Blätter für württembergische Kirchengeschichte 60/61 (1960/61), S. 224–395; M. BRECHT, Andreae, Jakob (1528–1590), in: TRE 2 (1978), S. 672–680; S. RAEDER, Jakob Andreae. Ein Leben für Reformation und Eintracht im Glauben, in: Theologische Beiträge 21 (1990), S. 244–263.
42 J. CH. EBEL, Jacob Andreae (1528–1590) als Verfasser der Konkordienformel, in: Zeitschrift für Kirchengeschichte 89 (1978), S. 78–119; DERS., Wort und Geist bei den Verfassern der Konkordienformel. Eine historisch-systematische Untersuchung, München 1981.
43 M. RUDERSDORF, Herzog Ludwig (1568–1593), in: UHLAND, 900 Jahre Haus Württemberg (wie Anm. 22), S. 163–173.
44 M. RUDERSDORF, Die Generation der lutherischen Landesväter im Reich. Bausteine zu einer Typologie des deutschen Reformationsfürsten, in: SCHINDLING/ZIEGLER, Die Territorien des Reichs (wie Anm. 4), Bd. 7, S. 137–170.

4. Das geteilte Territorium: die badischen Markgrafschaften

Die badischen Markgrafschaften gingen im Zeitalter der Reformation politisch wie konfessionell getrennte Wege[45]. Seit der Landesteilung 1535 in die Linien Baden-Baden und Baden-Durlach spiegelte sich die Religionsproblematik im Reich auch bei den badischen Markgrafen wider. Es waren vor allem die Herzöge von Bayern, die in Baden-Baden ihren Einfluß geltend machten und die Position der alten Kirche stärkten[46]. Hatte Markgraf Philibert zumindest stillschweigend die evangelische Predigt im Land geduldet, wenngleich er nie formal zur Reformation übergegangen war, so änderte sich dies mit dem Regierungsantritt Philipps II. 1577[47]. Von den Jesuiten in Ingolstadt erzogen, betrieb er systematisch die Rekatholisierung des Landes[48]. Philipp zeigte sich als ein entschiedener Verfechter des Katholizismus, der in Baden-Baden einen Geistlichen Rat nach bayerischem Vorbild installierte und ein Priesterseminar einrichtete[49]. Allerdings begann schon zu seiner Zeit die folgenreiche Verschuldung des Territoriums, die unter seinem Nachfolger Eduard Fortunat desaströse Züge annahm. In dieser Situation trat die Baden-Durlacher Linie auf den Plan, die mit dem Bankrott auch den Verlust für das Gesamthaus befürchtete, der so nicht hingenommen werden sollte.

In Baden-Durlach hatte sich die Reformation seit den 1550er Jahren unter Markgraf Karl II. weitgehend durchgesetzt[50]. Der Markgraf konnte sich dabei auf seinen Schwager, Herzog Christoph von Württemberg, verlassen, der ihn in seinen Reformationsbemühungen tatkräftig unterstützte. Unter dem Einfluß des nach Baden entsandten Jakob Andreae setzte sich die württembergische Ausrichtung zunächst durch, wenngleich die nach dem Stuttgarter Vorbild verfaßte badische Kirchenordnung von 1556 auch eine bemerkenswerte konfessionelle Offenheit aufwies, die durch die Tätigkeit oberdeutscher Theologen noch gestärkt wurde[51]. Die Kirchenvisitation von 1556 – unter Mitwirkung des württembergischen Theologen Jakob Heerbrand –, die Säkularisation der Klöster – zum Teil gegen heftigen Widerstand, vor allem der Nonnen –, die Ausrichtung der Pfarreraus-

---

45 V. Press, Baden und badische Kondominate, in: Schindling/Ziegler, Die Territorien des Reichs (wie Anm. 4), Bd. 5, S. 124–166; H. Schwarzmaier, Baden, in: HbBW, Bd. 2, S. 164–246.
46 K. F. Reinking, Die Vormundschaften der Herzöge von Bayern in der Markgrafschaft Baden-Baden im 16. Jahrhundert. Eine Studie zur Geschichte der Gegenreformation, Berlin 1935.
47 C. F. Lederle, Zur Geschichte der Reformation und Gegenreformation in der Markgrafschaft Baden-Baden vom Tode Philiberts bis zum Ende der kirchlichen Bewegungen (1569–1635), in: Freiburger Diözesan-Archiv 45 (1917), S. 367–450; H. Bartmann, Die Kirchenpolitik der Markgrafen von Baden-Baden im Zeitalter der Glaubenskämpfe (1535–1622), Freiburg i. Br. 1961.
48 L. Pfleger, Aus der Studienzeit des Markgrafen Philipp II. von Baden-Baden, in: ZGO 57 (1903), S. 696–704.
49 H. Steigelmann, Der Geistliche Rat zu Baden-Baden und seine Protokolle von 1577 bis 1584, Stuttgart 1962.
50 E. W. Zeeden, Kleine Reformationsgeschichte von Baden-Durlach und Kurpfalz. Ein kurzgefaßter Überblick über den Beginn der Reformation und die Geschicke der katholischen Kirche in der Markgrafschaft Baden-Durlach und der Kurpfalz, Karlsruhe 1956; F. Merkel, Geschichte des evangelischen Bekenntnisses in Baden von der Reformation bis zur Union, Karlsruhe 1960; H. Ehmer, Martin Luther und der Oberrhein, in: ZGO 132 (1984), S. 135–152.
51 K. Maier, Die Anfänge der Polizei- und Landesgesetzgebung in der Markgrafschaft Baden, Pfaffenweiler 1984.

bildung nach Tübingen – aber auch nach Basel –, sowie die Durchsetzung des Religionsbannes gegenüber allen habsburgischen Ansprüchen markierten das Ende der alten Kirche in Baden-Durlach[52]. Mit der Zustimmung zur Konkordienformel und der Ablehnung der »Calvinisierung« der Kurpfalz lehnte sich die Markgrafschaft reichspolitisch an die entschieden lutherischen Stände an.

Dennoch wirkte das oberdeutsche Erbe mit seinen synodalen Elementen weiter, unter Markgraf Ernst Friedrich kam es schließlich zum Durchbruch[53]. Die Prediger Johann Pistorius und Georg Hanfeld machten ihren maßgeblichen Einfluss auf den jungen Markgrafen geltend, um das reformierte Bekenntnis auch in Baden-Durlach durchzusetzen[54]. Die Errichtung des Durlacher Gymnasiums erfolgte bereits im Geiste des Straßburger Schulreformers Johann Sturm[55]. Die Verbindlichkeit des Luthertums für die Lehrer der zukünftigen Pfarrer wurde aufgegeben, wenngleich der des Calvinismus verdächtigte Pistorius nicht zu halten war. Johann Pistorius vollzog in der Folgezeit jedoch eine spektakuläre konfessionelle Kehrtwendung, näherte sich dem Katholizismus an und begab sich an den Hof in Hachberg. Hier residierte seit der baden-durlachischen Landesteilung von 1584 der lutherisch erzogene, jüngere Bruder Ernst Friedrichs, Jakob III. Nach einem Religionsgespräch und nach dem Übertritt seines Hofpredigers Johann Zehender konvertierte auch Jakob III. 1590 unter dem Einfluß von Pistorius zum Katholizismus[56]. Doch starb Jakob III. bereits wenige Monate später, bevor er den Glaubenswechsel in seinem Territorium durchsetzen konnte. Entschlossen übernahm Ernst Friedrich in dieser Situation die Vormundschaft für die unmündigen Kinder Jakobs, widerrief alle Verfügungen Jakobs, verwies Pistorius und Zehender des Landes und übernahm selbst die Regierung.

Doch wiesen die Ansprüche Ernst Friedrichs über Baden-Durlach hinaus. Angesichts der prekären finanziellen Lage seines Vetters Eduard Fortunat in Baden-Baden sah er die Interessen des Gesamthauses aufs höchste gefährdet. Daneben dürften aber auch konfessionelle Beweggründe eine Rolle gespielt haben, als er sich zum Eingreifen im katholischen Landesteil entschloß. Die Nachricht, daß der überschuldete Eduard Fortunat den

---

52 K. Schäfer, Landesvisitationen in der badischen Markgrafschaft, in: Alemannisches Jahrbuch 1960, S. 158–202; F. Brendle, Säkularisationen in der Frühen Neuzeit, in: R. Decot (Hg.), Säkularisation der Reichskirche 1803. Aspekte des kirchlichen Umbruchs, Mainz 2002, S. 33–55.
53 W. Baumann, Ernst Friedrich von Baden-Durlach. Die Bedeutung der Religion für Leben und Politik eines süddeutschen Fürsten im Zeitalter der Gegenreformation, Stuttgart 1962.
54 J. B. Hablitzel, Johannes Pistorius. Seine Stellung zur Ubiquitätslehre, in: Historisches Jahrbuch 24 (1903), S. 755–762; H.-J. Günther, Die Reformation und ihre Kinder dargestellt an: Vater und Sohn Johannes Pistorius Niddanus. Eine Doppelbiographie, J. Pistorius d. Ä. (1502–1583) und J. Pistorius d. J. (1546–1608), Nidda 1994.
55 K. F. Vierordt, Geschichte der im Jahr 1586 zu Durlach eröffneten und 1724 nach Karlsruhe verpflanzten Mittelschule, Karlsruhe 1859; A. Schindling, Humanistische Hochschule und freie Reichsstadt. Gymnasium und Akademie in Straßburg 1538–1621, Wiesbaden 1977.
56 E. Schnell, Zur Geschichte der Conversion des Markgrafen Jacob III. von Baden, in: Freiburger Diözesan-Archiv 4 (1869), S. 89–122; F. v. Weech, Zur Geschichte des Markgrafen Jakob III. von Baden und Hachberg, in: ZGO 46 (1892), S. 656–700; R. Maere, Die im Auftrage Herzog Wilhelms V. von Bayern nach der Conversion Jacobs III. von Baden an Msgr. Innocenzo Malvasia erlassene Instruction, in: Römische Quartalschrift 14 (1900), S. 269–280; O. Scheib, Das Religionsgespräch als Instrument der gegenreformatorischen Wirksamkeit des Konstanzer Generalvikars Johannes Pistorius (1546–1608), in: Freiburger Diözesan-Archiv 100 (1980), S. 277–288.

baden-badischen Landesteil dem Hause Fugger überlassen wollte, ließ Markgraf Ernst Friedrich zur Tat schreiten. Am 1. Dezember 1594 besetzte er die Gebiete Baden-Badens, um eine Veräußerung durch den regierungsunfähigen Eduard Fortunat zu verhindern.

Im Land selbst regte sich dagegen kaum Widerstand, wenngleich die Besetzung eine Provokation für die katholischen Stände im Reich bedeutete. Der Widerstand Kaiser Rudolfs II., der Bayern zum Administrator ernannte, blieb wirkungslos, ein deutliches Zeichen kaiserlicher Schwäche[57]. Dennoch hielt es der Markgraf für geraten, Rückhalt bei der evangelischen Bewegungspartei im Reich zu suchen. Aufgrund seiner Hinwendung zum reformierten Bekenntnis schien dafür die Kurpfalz der geeignete und naheliegendste Partner. Umgekehrt verstärkte die oberbadische Okkupation seine Sympathien für den Calvinismus. Die Folge war eine verstärkte Berufung reformierter Geistlicher und Amtsträger.

Doch sollte sich sehr schnell zeigen, daß Markgraf Ernst Friedrich seine politischen, vor allem aber finanziellen Möglichkeiten stark überschätzt hatte. Durch die Übernahme der Besitzungen des Vetters verschuldete er sich selbst so stark, daß er anderweitig nach einem Ausweg suchen mußte. In dieser Situation boten sich die badischen Ämter am mittleren Neckar, Besigheim und Mundelsheim, als gewinnbringende Veräußerungsobjekte an, da sie ohne direkte Verbindung zum Stammterritorium als Exklaven im württembergischen Gebiet lagen. Neben dem Herzogtum Württemberg kam als Käufer dafür nur die Kurpfalz in Frage, die ja auch konfessionspolitisch auf der Linie des badischen Markgrafen lag. Beiden Interessenten, der Kurpfalz und Württemberg, lag zu Beginn des Jahres 1595 das Angebot Ernst Friedrichs vor. So eröffnete der Herrschaftswechsel in Besigheim und Mundelsheim nicht nur eine territorialpolitische, sondern auch eine konfessionspolitische Weichenstellung für den mittleren Neckarraum. Daß an der Spitze des Herzogtums Württemberg mit Herzog Friedrich ein ambitionierter Reichsfürst stand, ließ die Entscheidung nicht einfacher erscheinen.

5. Herzog Friedrich von Württemberg

Herzog Friedrich war 1593 nach dem kinderlosen Tod Herzog Ludwigs an die Regierung gekommen[58]. Der neue Herzog stand den Regierungsgeschäften nicht unerfahren gegenüber. Im Gegenteil, er hatte sich bereits seit 1581 als regierender Graf in den »Pays de Montbéliard« und den anderen linksrheinischen Besitzungen einen Namen gemacht[59].

57 R. J. W. EVANS, Rudolf II. Ohnmacht und Einsamkeit, Wien u. a. 1985; K. VOCELKA, Rudolf II. und seine Zeit, Wien u. a. 1982; V. PRESS, Rudolf II. (1576–1612), in: SCHINDLING/ZIEGLER, Kaiser der Neuzeit (wie Anm. 12), S. 99–111.
58 R. UHLAND, Herzog Friedrich I. (1593–1608), in: DERS., 900 Jahre Haus Württemberg (wie Anm. 22), S. 174–182; H.-G. HOFACKER, … ›sonderliche hohe Künste und vortreffliche Geheimnis‹. Alchemie am Hof Herzog Friedrichs I. von Württemberg 1593 bis 1608, Stuttgart 1993; D. STIEVERMANN, Friedrich I., in: LORENZ u. a., Das Haus Württemberg (wie Anm. 24), S. 138–142; P. SAUER, Herzog Friedrich I. von Württemberg 1557–1608. Ungestümer Reformer und weltgewandter Autokrat, München 2003.
59 J. KRINNINGER-BABEL, Friedrich I. von Württemberg als Regent der Grafschaft Mömpelgard (1581–1593) – Forschungsstand und Perspektiven, in: S. LORENZ/P. RÜCKERT (Hgg.), Württemberg und Mömpelgard. 600 Jahre Begegnung, Leinfelden-Echterdingen 1999, S. 251–284.

Die linksrheinischen Besitzungen des Herzogtums Württemberg, die Grafschaft Mömpelgard an der Burgundischen Pforte und die elsässischen Herrschaften Horburg und Reichenweier, hatten eine Sonderstellung inne. Die weit verstreuten Gebiete im Elsaß und an der Burgundischen Pforte gehörten nach unterschiedlichen Rechtstiteln zum Herzogtum Württemberg[60]. Seit dem 14. Jahrhundert hatten die Württemberger die Grafschaft Horburg und die Herrschaft Reichenweier im Elsaß als Allodialbesitz inne. Als Besitzer dieser Herrschaften gehörte Württemberg zu den oberelsässischen Ständen. Das flächenmäßig größte Gebiet stellte die Grafschaft Mömpelgard mit der gleichnamigen Hauptstadt dar. Als Grafen von Mömpelgard besaßen die württembergischen Herzöge zeitweise eine zweite Virilstimme auf dem Reichstag[61]. Die überwiegend ländlich geprägte Herrschaft zählte etwa fünfzig Ortschaften und ging seit Rudolf von Habsburg vom Reich zu Lehen. Dazu kamen Granges, Clerval und Passavant als Lehen der Freigrafschaft Burgund. Granges schloß im Westen unmittelbar an das Territorium der Grafschaft Mömpelgard an, südwestlich davon befanden sich Clerval und Passavant ohne territoriale Verbindung zu der Grafschaft. Als Seigneurs dieser Herrschaften gehörten die württembergischen Herzöge zu den ersten adeligen Ständen der Freigrafschaft Burgund, die sich seit 1492 in der Hand der Habsburger befand. Die kirchliche Jurisdiktion über diese Gebiete beanspruchte der Erzbischof von Besançon[62]. 1506 konnte Herzog Ulrich schließlich noch die Herrschaft Blamont, ein Allodialgut südlich der Grafschaft Mömpelgard, erwerben.

Die Reformation hatte unter Pierre Toussain in Mömpelgard und Matthias Erb in Horburg und Reichenweier ein stark schweizerisches Gepräge angenommen[63]. Die Ver-

---

60 W. Grube, 400 Jahre Haus Württemberg in Mömpelgard, in: Uhland, 900 Jahre Haus Württemberg (wie Anm. 22), S. 438–458; D. Stievermann, Hauptland und Nebenland. Aspekte eines Phänomens im dynastischen Zeitalter, dargestellt am Beispiel Württemberg und Mömpelgard, in: Lorenz/Rückert, Württemberg und Mömpelgard (wie Anm. 59), S. 145–168; F. Brendle, Les enclaves territoriales et confessionelles du duché de Wurtemberg: Montbéliard, Horbourg et Riquewihr, in: P. Delsalle/A. Ferrer (Hgg.), Les enclaves territoriales aux Temps Modernes (XIVe–XVIIIe siècles). Colloque international de Besançon 4 et 5 octobre 1999, Besançon 2000, S. 419–430.
61 H. Carl, »Ein rechtes anomalum« – Die umstrittene reichsrechtliche Stellung Mömpelgards, in: Lorenz/Rückert, Württemberg und Mömpelgard (wie Anm. 59), S. 347–364.
62 R. Babel, Freigrafschaft Burgund/Franche-Comté, Freie Reichsstadt Besançon, in: Schindling/Ziegler, Die Territorien des Reichs (wie Anm. 4), Bd. 6, S. 198–223; F. Brendle, Reformation und konfessionelles Zeitalter, in: M. Erbe (Hg.), Das Elsass. Historische Landschaft im Wandel der Zeiten, Stuttgart 2002, S. 61–84.
63 T. W. Röhrich, Matthias Erb. Reformator von Reichenweyer, in: Ders., Mitteilungen aus der Geschichte der evangelischen Kirche des Elsasses, Bd. 3, Straßburg/Paris 1855, S. 275–295; H. Rocholl, Matthias Erb, ein elsässischer Glaubenszeuge aus der Reformationszeit. Beiträge zur Landes- und Volkskunde von Elsass-Lothringen, Heft 26, Straßburg 1900; J. Viénot, Histoire de la Réforme dans le pays de Montbéliard depuis les origins jusqu'à la mort de Pierre Toussain, 2 Bde., Montbéliard 1900; J. Adam, Evangelische Kirchengeschichte der elsässischen Territorien bis zur französischen Revolution, Straßburg 1928; J.-M. Debard, Réforme luthérienne, in: Mémoires de la Société pour l'histoire du droit et des institutions des anciens pays bourguignons, comtois et romands 1978, S. 31–50; F. Brendle, Die »Einführung« der Reformation in Mömpelgard, Horburg und Reichenweier zwischen Landesherrn, Theologen und Untertanen, in: Lorenz/Rückert, Württemberg und Mömpelgard (wie Anm. 59), S. 145–168; J.-M. Debard, Die Reformation und die Organisation der evangelisch-lutherischen Kirche in Mömpelgard, in: Lorenz/Rückert, Württem-

suche Herzog Christophs, nach 1542 die württembergische Kirchenordnung in ihrer dezidiert lutherischen Ausrichtung durchzusetzen, waren am Widerstand der zwinglianischen Theologen gescheitert. Gerade die Unterstützung Herzog Ulrichs erlaubte den mömpelgardischen Prädikanten, an ihren Vorstellungen festzuhalten. Erst in den 1560er Jahren konnte sich hier das Luthertum weitgehend etablieren, auch wenn sich Schweizer Einflüsse noch lange halten sollten.

Friedrichs Herrschaft in Mömpelgard ließ freilich so manchen in Württemberg, besonders aber die Landstände, mit Sorgen in die Zukunft blicken. Im frankophonen Mömpelgard hatte den Grafen die noch immer schwebende Religionsfrage beschäftigt, die sich durch den ständigen Zuzug von Glaubensflüchtlingen aus Frankreich noch schwieriger gestaltete[64]. Die reformierte Linie ergab sich nicht kampflos, und als das Mömpelgarder Kolloquium, an dem sich im März 1586 Theodor Beza aus Genf sowie Jakob Andreae und Lukas Osiander aus Württemberg beteiligten, mit einem Eklat endete, ließ Friedrich im Dezember 1586 die »Confession de Montbéliard« verkünden, die das Abendmahl der reformierten Lehre verwarf[65]. Als der Rat der Stadt, der die Verständigung mit den Hugenotten suchte, Widerstand leistete, entschied Friedrich die Angelegenheit im Mai 1587 durch einen von militärischen Pressionen begleiteten Staatsstreich: Der Rat wurde verhaftet und aufgelöst, die Bürgerschaft gezwungen, dem Grafen den Treueid zu schwören, das Mömpelgarder Bekenntnis anzunehmen und in einem »Accord aimable« die weitergehenden gräflichen Forderungen auf eine Mitwirkung am Stadtregiment anzuerkennen.

So waren die Landstände Württembergs gewarnt, als der neue Herzog in Stuttgart das Regiment übernahm, und sie beobachteten argwöhnisch seine Pläne und Vorhaben. Als sie die Gültigkeit der gegenüber der erloschenen Linie abgegebenen Finanzzusagen in Frage stellten, konterte der Herzog, indem er die Anerkennung der Landesgesetze einschließlich des Tübinger Vertrags bis 1595 hinauszögerte[66]. Während die Landschaft am territorialen Status quo des Herzogtums festhielt, strebte Friedrich eine Vergrößerung seines Landes an, um dadurch seinen politischen Handlungsspielraum im Reich zu erweitern. So betrieb er ganz in der württembergischen Tradition des Spätmittelalters eine konsequente Territorialpolitik, die alle sich nutzenden Chancen ergriff, notfalls nicht mit, sondern auch gegen die württembergische Landschaft, was zu schweren Konflikten führte[67].

---

berg und Mömpelgard (wie Anm. 59), S. 121–144; F. BRENDLE, Erb (Erbe), Matthias, in: RGG 2 (1999), Sp. 1384–1385.
64 P. CROISSANT, Frédéric-Fontaine. Le pays du refuge, Belfort 1988; J.-M. DEBARD, Tolérance et intolérance. Les réfugiés Huguenots dans la principauté de Montbéliard au temps de Frédéric, in: Bulletin et Mémoires de la Société d'Émulation de Montbéliard 84 (1988), S. 45–158.
65 H. TRIBOUT DE MOREMBERT, La confession de foi de Montbéliard (1586), in: Revue d'Histoire Ecclésiastique de Louvain 65 (1970), S. 5–29; J.-M. DEBARD, Le colloque de Montbéliard de 1586, causes et consequences, in: Bulletin et Mémoires de la Société d'Émulation de Montbéliard 82 (1986), S. 161–204; J. RAITT, The Colloquy of Montbéliard. Religion and Politics in the Sixteenth Century, New York 1993.
66 A. E. ADAM, Herzog Friedrich I. und die Landschaft, in: Württembergische Vierteljahrshefte für Landesgeschichte 1916, S. 210–219; W. GRUBE, Der Stuttgarter Landtag 1457–1957. Von den Landständen zum demokratischen Parlament, Stuttgart 1957, S. 251–273.
67 B. WUNDER, Frankreich, Württemberg und der Schwäbische Kreis während der Auseinandersetzungen über die Reunionen 1679–1697, Stuttgart 1971.

Während seiner gesamten Regierungszeit bewahrten die Landstände ein Gefühl des Mißtrauens und der Fremdheit gegenüber Friedrich, dessen von frühabsolutistischen Vorstellungen geprägte Regierungspraxis sie ablehnten[68]. Der Herzog seinerseits reagierte auf Forderungen der Landstände zumeist schroff, oft mit ungewohnter Schärfe und schreckte auch vor Gewalt nicht zurück. Er verletzte das Selbstergänzungsrecht der Ausschüsse, benutzte die Amtleute zur Vertretung seiner Interessen im Landtag, ließ den Landschaftsadvokaten verhaften, setzte widersprechende Prälaten ab, reduzierte die Zahl der Klosterschulen von zehn auf fünf, wandelte das Tübinger Collegium Illustre gegen den Willen der Landschaft in eine Adelsschule um, hob den freien Zug auf und fällte Rechtsurteile ohne ordentliches Gerichtsverfahren. Im Tübinger Vertrag, auf dessen Einhaltung die Stände immer wieder pochten, sah er ein besonderes Hindernis für seine politischen Ziele, und deshalb ging er daran, all jene Bestimmungen des Vertrags zu eliminieren, die seine landesherrlichen Kompetenzen einschränkten. In einer Art Staatsstreich enthob er 1607 die Mitglieder der landständischen Ausschüsse ihrer Ämter und Posten und zwang die eingeschüchterte Ständeversammlung zur Annahme eines nach seinen Vorstellungen modifizierten »Tübinger Vertrags«.

Seinen politischen Handlungsspielraum sah er aber nicht nur durch die Stände eingeengt, sondern auch durch den Kaadener Vertrag[69]. Bereits Herzog Ludwig hatte versucht, diese Fessel abzustreifen. Aber erst Friedrich gelang es nach langen und zähen Verhandlungen mit Kaiser Rudolf II. 1599 im Prager Vertrag, die Afterlehensschaft abzuschütteln. Gegen Zahlung von 400 000 Gulden wurde sie in eine Anwartschaft Österreichs umgewandelt für die Fälle des Absterbens des württembergischen Mannesstammes oder einer von den Reichsständen gebilligten Depossedierung. Fortan sollte der Herzog von Württemberg wieder vom Kaiser mit dem Herzogtum belehnt werden – und nicht mehr vom Erzherzog von Österreich.

Verhandlungen über die Ablösung der Afterlehensschaft liefen bereits seit Beginn der 1590er Jahre. Dem Herzog wie der Landschaft war dabei von Anfang an klar, daß der Kaiser, der aufgrund des langen Türkenkrieges selber in Schwierigkeiten steckte, einer solchen Ablösung nur gegen ein großes finanzielles Entgegenkommen zustimmen werde[70]. Die württembergische Finanzlage bot daher ein düsteres Bild, wenn die Schuldenlast aus

---

68 H. LEHMANN, Die württembergischen Landstände im 17. und 18. Jahrhundert, in: G. DIETRICH (Hg.), Ständische Vertretungen in Europa im 17. und 18. Jahrhundert, Göttingen 1969, S. 183–207; J. A. VANN, Württemberg auf dem Weg zum modernen Staat 1593–1793, Stuttgart 1986.
69 Zum Kaadener Vertrag und seinen Folgen vgl. O. WINCKELMANN, Über die Bedeutung der Verträge von Kadan und Wien (1534–1535) für die deutschen Protestanten, in: Zeitschrift für Kirchengeschichte 11 (1890), S. 212–252; V. PRESS, Ein Epochenjahr der württembergischen Geschichte. Restitution und Reformation 1534, in: ZWLG 47 (1988), S. 203–234; BRENDLE, Dynastie, Reich und Reformation (wie Anm. 23), S. 165ff.
70 H. GMELIN, Ein Briefwechsel des Freiherrn Hans Heinrich von Merspurg mit Herzog Friedrich I. über den Türkenkrieg 1595, in: Württembergische Vierteljahrshefte für Landesgeschichte 1899, S. 422–424; W. SCHULZE, Reich und Türkengefahr im späten 16. Jahrhundert, München 1978; J. P. NIEDERKORN, Die europäischen Mächte und der »Lange Türkenkrieg« Kaiser Rudolfs II. (1593–1606), Wien 1993; F. BRENDLE, Habsburg, Ungarn und das Reich im 16. Jahrhundert, in: W. KÜHLMANN/A. SCHINDLING (Hgg.), Deutschland und Ungarn in ihren Bildungs- und Wissenschaftsbeziehungen während der Renaissance, Stuttgart 2004, S. 1–25.

der Zeit Herzog Ludwigs mitberücksichtigt wird. Die Landschaft sah sich deshalb auch genötigt, die Dynamik des jungen Landesherrn im Bezug auf seine Hofhaltung und seine hochfliegenden politischen Pläne einzudämmen. Das fürstliche Selbstbewußtsein Herzog Friedrichs prallte in unverminderter Schärfe auf die vorsichtige Haltung der württembergische Landstände.

6. Der Erwerb Besigheims durch Herzog Friedrich

So fühlte sich die Landschaft einmal mehr überrumpelt, als Friedrich die Landtagsausschüsse am 10. März 1595 nach Kirchheim unter Teck einberief und ihnen mitteilte, daß ihm Markgraf Ernst Friedrich von Baden die beiden Ämter Besigheim und Mundelsheim, die als Exklaven im württembergischen Territorium lagen, mit den Dörfern Hessigheim, Walheim sowie halb Löchgau zum Kauf angeboten habe[71]. Ein Angebot, das der machtbewusste Herzog selbstverständlich zu realisieren trachtete.

In seiner Proposition an die Landtagsausschüsse führte Friedrich an, *daß solche beede ämpter disem herzogtumb gleichsamb im herzen gelegen und [daß] durch einen bestendigen kauf die mannschaft desselben gesterkt, auch den zwischen beeden fürstl. häusern Württ. und Baden, auch beeden stetten Biettigkheim und Bessigkheim und andern selbiger enden gewesenen nachparlichen spennen und irrungen abgeholfen, desgleichen der beeden clöster Hyrsau und Denkhendorff järliche einkommen zue Hessigheim und Walheim umb ain guttes gebessert werden könnt*[72]. Über 384 000 Gulden hatte Friedrich auch bereits einen Vertrag mit den markgräflichen Räten abgeschlossen. Er forderte deshalb die Landtagsausschüsse auf, die entsprechende Summe zu übernehmen, um die günstige Gelegenheit nicht zu versäumen, *damit solche beede disem herzogtumb so wohl gelegene ämpter (da sie demselben, sonderlich aber dem Asperg nicht gelegner sein köndten), ... nicht aus den handen gelassen werden mögen, weil sonsten zu besorgen, ... daß man hernacher so pald nimmermehr darzue kommen und hierdurch eben diejenige occasion verabsaumpt würde, darnach man seid der bei könnigischer regierung mit Bessigkheim fürgangner widerlosung bis anhero vilfaltig getrachtet, darzue aber nüemalen gelangen könden*[73].

Herzog Friedrich spielte damit auf den mehrmaligen Herrschaftswechsel in Besigheim zu Beginn des 16. Jahrhunderts an. Von 1463 bis 1504 hatte die Stadt als Pfand unter kurpfälzischer Herrschaft gestanden[74]. Im bayerischen Erbfolgekrieg zog Herzog Ulrich von Württemberg mit dem Kaiser gegen die Kurpfalz – die Niederlage der Pfälzer brachte Ulrich erhebliche territoriale Gewinne ein, darunter auch Stadt und Amt Besigheim[75]. Mit

---

71   Württembergische Landtagsakten unter Herzog Friedrich, Bd. 1: 1593–1598, bearb. von A. E. ADAM, Stuttgart 1910, S. 252ff.
72   Ebd., S. 252f.
73   Ebd., S. 253f.
74   F. BREINING, Alt-Besigheim in guten und bösen Tagen. Denkwürdigkeiten einer württembergischen Kleinstadt, 2. Aufl. Besigheim 1925; A. GÜHRING, Besigheimer Vögte in der frühen Neuzeit, Besigheimer Geschichtsblätter 22 (2002).
75   R. STAUBER, Herzog Georg von Bayern-Landshut und seine Reichspolitik. Möglichkeiten und Grenzen reichsfürstlicher Politik im wittelsbachisch-habsburgischen Spannungsfeld zwischen 1470 und 1505, Kallmünz 1993.

der Vertreibung Herzog Ulrichs 1519 durch den Schwäbischen Bund und der Übergabe des Herzogtums an Karl V. kam Besigheim unter habsburgische Herrschaft[76]. Die Politik der habsburgischen Regierung zur Konsolidierung des Landes und seiner Finanzen führte zum Verkauf unter anderem von Besigheim, das 1529 an den Markgrafen Philipp von Baden kam[77].

Herzog Friedrich führte nun die als Unrecht empfundene Veräußerung Besigheims in den Zeiten der habsburgischen Regierung in Württemberg an, um ein gemeinsames Verantwortungsgefühl von Fürst und Ständen für das Land zu beschwören. Zugleich erinnerte er die Landschaft an ihre ureigenste Aufgabe, für die Unteilbarkeit des Territoriums zu sorgen. Wenn der Kauf unter diesen günstigen Umständen durchgeführt würde, dann könnte man *solche beede ämpter Besigheim und Mundelsheim diesem herzogtumb ... incorporieren, damit sie umb sovil weniger von demselben künftiglich abgesöndert ... werden mögen*[78].

Dem Herzog war allerdings klar, daß angesichts der enormen finanziellen Belastung die Landschaft ein solches Vorhaben nicht vorbehaltlos unterstützen würde. Um seine Pläne dennoch durchzusetzen, baute er eine durchaus realistische Drohkulisse auf: *Und da Irn fg. dise beede ämpter nicht eingehändiget werden sollten, so würde [der] marggrafe dieselben anderwerts verkaufen (da nicht zu zweifeln, daß uf solchen fall sfg. der churfl. Pfalz vor andern käuflich antragen) zu grosser beschwernus und unruch Württembergs*[79].

Vor den bereits geschilderten, besonders konfessionellen Auseinandersetzungen mit der Kurpfalz, wäre ein Fußfassen der Pfälzer am mittleren Neckar in der Tat einer schwerwiegenden Bedrohung gleichgekommen. Die Ausschüsse hielten den Erwerb Besigheims und Mundelsheim denn auch für *ein sehr nuzlich werk*, verwiesen aber auch auf die Belastungen durch die Türkenhilfe und die Ablösung der Afterlehensschaft[80]. Alles zusammen würde die Kosten in eine beinahe unerschwingliche Höhe treiben. Dennoch wollten sie *anizo für uns selbsten uf gutte mittel ... bedacht sein, dardurch verhoffentlich Efg. unser gegen Deroselben habende gehorsame und geneigtwillige affection würklich verspüren kondten*[81]. Sie bestritten jedoch zu Recht ihre Zuständigkeit für Geldbewilligungen und verwiesen die Angelegenheit – sehr zum Unwillen Friedrichs – auf einen allgemeinen Landtag nach Stuttgart. Trotz mehrmaligem Ansuchen des Herzogs verharrten die Ausschüsse auf ihrem Standpunkt. Auch der Hinweis des Landesherrn, daß *die sach keinen verzug erleiden mag*, konnte die Landschaftsvertreter nicht umstimmen[82]. Sie erklärten sich im Hinblick auf dieses *gemeinnüzige werk* lediglich bereit, einem allgemeinen Land-

---

76 BRENDLE, Dynastie, Reich und Reformation (wie Anm. 23), S. 57ff.; H. CARL, Der Schwäbische Bund 1488–1534. Landfrieden und Genossenschaft im Übergang vom Spätmittelalter zur Reformation, Leinfelden-Echterdingen 2000.
77 H. PUCHTA, Die habsburgische Herrschaft in Württemberg 1520–1534, München 1967; F. BRENDLE, Württemberg unter habsburgischer Herrschaft, in: M. FUCHS/A. KOHLER (Hgg.), Kaiser Ferdinand I. Aspekte eines Herrscherlebens, Münster 2003, S. 177–190.
78 Württembergische Landtagsakten unter Herzog Friedrich (wie Anm. 71), Bd. 1, S. 254.
79 Ebd.
80 Ebd., S. 258.
81 Ebd., S. 259.
82 Ebd., S. 261.

tag *mit bestem unserm fleiss und notturftiger gnugsamer erinnerung fürzutragen und diese sach also bei inen zu befürdern, daß verhoffenlich Efg. unsere u. treuherzige affection in werk gn. spüren und befinden werden*[83].

Herzog Friedrich mußte schließlich einwilligen und einen Landtag ausschreiben, wenngleich er jetzt den Druck erhöhte. Den Landtagsvertretern ließ Herzog Friedrich am 28. April in der Proposition mitteilen, *nachdem aber die sach mit vorgedachtem kauf kein längern stillstand leiden kann, ... daß bei iziger zusamenkunft dieser punct von aller ersten fürgenommen und abgehandelt werden solle*[84]. Er ließ ihnen gleichzeitig seine Zuversicht vortragen, daß sie nach den bereits mit den Ausschüssen getätigten Verhandlungen erkennen würden, *mit was vätterlicher gn. sorgfältigkeit ifg. ihr des gemeinen vatterlands und dero geliebten posterität nutzen und wolfahrt angelegen sein lassen und daß durch vermehrung dises löbl. herzogtumbs desselben hochheit, würdin, ehren und reputation erhalten, auch neben der reinen allein seligmachenden religion fortgepflanzt werde, sie werden u. geneigt sein, ifg. ... beizuspringen*[85].

In Besigheim hatte Markgraf Karl II. 1565 die Reformation eingeführt[86]. Der Hinweis Herzog Friedrichs auf die Gefährdung des lutherischen Bekenntnisses konnte von den Landständen in vielerlei Hinsicht als Drohung verstanden werden. Die reformierten Tendenzen in Baden-Durlach und die drohende Herrschaftsübernahme der calvinistischen Kurpfalz standen dabei an erster Stelle. Doch hatte Friedrich dabei sicher auch die katholischen Restaurationstendenzen im Blick, die kurze Zeit vorher am Hofe Jakobs III. in Hachberg an den Tag getreten waren. Maßgeblich verantwortlich war dafür der Hofprediger Johann Zehender gewesen, der aus Besigheim stammte[87].

Für die Bewilligung der Kaufsumme forderte der Landtag im Gegenzug die Abstellung einer großen Liste von Gravamina, vor allem die Rücknahme der Verringerung der Klosterschulen und die Verleihung eines eigenen Siegels, das besonders im Hinblick auf die anstehenden Afterlehensverhandlungen zur Legitimation der Landschaft als notwendig erachtet wurde[88]. Geschickt nahmen die Stände die Argumentation des Herzogs auf, indem sie die Verbesserung des Bildungswesens zur Befestigung der Konfession anmahnten. Das neue Collegium in Tübingen müsse *ins werk gerichtet werden*, Mißstände an der Universität Tübingen, *sonderlich bei der juristenfacultet, daß sie wegen der herrschaft vilfaltigen geschäften in irem lesen gar saumselig und farlessig* sei, abgestellt werden[89].

Die Verhandlungen zogen sich über mehrere Tage hin und waren von einer Verhärtung beider Positionen gekennzeichnet, wenngleich die Landschaft in großen Teilen Verständnis für die territorialen Expansionswünsche des Landesherrn aufbrachte. Der Herzog

---

83 Ebd., S. 262.
84 Ebd., S. 283.
85 Ebd.
86 H.-J. GÜNTHER, Johannes Zehender – (J. Decumanus) (1564–1613) ein vergessener Besigheimer? Einblicke in die ereignisreiche Zeit von Reformation und Gegenreformation im südwestdeutschen Raum, Besigheimer Geschichtsblätter 16 (1995).
87 H. STEIGELMANN, Die Religionsgespräche zu Baden-Baden und Emmendingen 1589 und 1590. Begegnungen mit ekklesiologischen Phänomenen, Karlsruhe 1970.
88 Württembergische Landtagsakten unter Herzog Friedrich (wie Anm. 71), Bd. 1, S. 284ff.
89 Ebd., S. 288.

betonte auch, daß er mit dieser Politik ganz in der Tradition seiner Vorgänger stehe. Gegenseitige Drohungen bestimmten den Verlauf der Auseinandersetzung. Herzog Friedrich kommentierte den schleppenden Fortgang der Verhandlungen mit der bissigen Bemerkung, es würde *das geschrei bei den benachbarten* hervorgerufen, *als ob man alle monnat im herzogtumb Württ. LT. halten müsse*[90]. Auf der Gegenseite klagte Dr. Eberhard Bidembach, der Prälat von Bebenhausen, *er sei nun über die 34 jahr beim Usschutz und weren in solcher zeit zu unterschiedl. malen ungleiche resolutionen erfolgt, deren hett er sich aber nicht hochgeachtet; aber weil anitzo dergleichen scharpfe decrete und resolutiones gleich im eingang der regierung, darzu bei dem ersten LT. fürfielen, hett er nit vil lust weder zum Usschutz noch praelatur*[91].

Als die Landschaft in dieser angespannten Lage auch noch verlangte, die 1583 nur für Herzog Ludwig und seine leiblichen Nachkommen bewilligte Schuldenübernahme von 600 000 Gulden rückgängig zu machen, drohte Herzog Friedrich mit der Auflösung des Landtags[92]. Ohne die wesentlichen Verhandlungsziele erreicht zu haben – die Landschaft mußte die 1583 bewilligte Schuldenlast doch wieder übernehmen –, mußten die Landtagsvertreter schließlich einlenken. Der Landtagsabschied vom 17. Mai ist denn auch in erster Linie ein Dokument des landesfürstlichen Durchsetzungsvermögens Herzog Friedrichs[93]. Für den Kauf der Ämter Besigheim und Mundelsheim bewilligte der Landtag einen Betrag von 120 000 Gulden sowie eine Anleihe von 80 000 Gulden. Damit war der Weg frei für die Erwerbung der beiden badischen Ämter. Die neuen Besitzungen wurden der Landschaft inkorporiert und sollten demgemäß Sitz und Stimme auf dem Landtag haben. Dagegen verpflichtete sich der Herzog hinsichtlich des landschaftlichen Beschwerdekatalogs lediglich auf die unverbindliche Zusage, *daß alles in bessern stand gericht, und worinnen des Kl. und Gr. Ausschutz bericht und bedenken zu haben von nöten sein wird, solches ... erfordert und in guete acht genommen werde*[94].

Für die Geschichte Besigheims markiert das Jahr 1595 ohne Zweifel eine entscheidende Zäsur. Der endgültige Übergang an das Herzogtum Württemberg band das ehemals badische Amt politisch eng in den württembergischen Territorialkomplex ein. Aber auch die konfessionelle Ausrichtung Besigheims wurde nun durch den lutherischen Landesstaat und seine Kirchenorganisation garantiert. Die Stadt blieb Amtssitz, gehörte aber kirchlich bis 1813 zum Dekanat Bietigheim. Mit Besigheim kamen 1595 auch Walheim, Hessigheim und die Hälfte Löchgaus an Württemberg. Diese Orte bildeten zusammen das kleine württembergische Amt Besigheim, das erst im 19. Jahrhundert wesentlich vergrößert wurde.

90 Ebd., S. 305.
91 Ebd., S. 320.
92 Ebd., S. 343.
93 Ebd., S. 355ff.
94 Ebd., S. 356f.

8. Für Württemberg »ein sehr nuzlich werk«?

Der Erwerb Besigheims ist nur ein Mosaikstein in der umfangreichen Territorialpolitik Herzog Friedrichs I. von Württemberg, die noch einmal eine größere Rolle des Herzogtums in der Reichspolitik beanspruchen sollte. Friedrich hat das württembergische Territorium tatkräftig nach Westen ausgebaut. Dabei war er sogar bereit, Militär einzusetzen, wie die Okkupation des Hirsauer Prioratsklosters Reichenbach an der Murg 1595 – mit anschließender Zwangsevangelisierung – belegt[95]. Das Territorium des unter badischem Schirm stehenden Klosters schloß sich fast nahtlos an das württembergische Amt Dornstetten an und erweiterte so die territoriale Basis des Herzogtums im Nordschwarzwald. Dem gleichen Ziel diente der Erwerb von Altensteig und Liebenzell, zweier badischer Ämter, die Markgraf Ernst Friedrich ebenfalls in einer prekären Situation verkaufen mußte (1596/1603). Im Straßburger Domkapitelstreit erreichte Friedrich die pfandweise Abtretung des Straßburger Amtes Oberkirch 1600, das im Osten an Württemberg grenzte. Ob der Herzog mit diesen Erwerbungen allerdings eine Landbrücke ins Elsaß zu den linksrheinischen Besitzungen schaffen wollte, muß dahingestellt bleiben. Die engen Beziehungen nach Mömpelgard aus seiner dortigen Regentschaftszeit und die Gründung Freudenstadts würden sich jedenfalls gut in dieses Bild fügen[96].

Für den mittleren Neckarraum bedeutete der Übergang Besigheims und die expansive Territorialpolitik Herzog Friedrichs die endgültige Etablierung und Konsolidierung der württembergischen Herrschaft, die Ansprüche der Kurpfalz konnten erfolgreich abgewehrt, die Markgrafen von Baden endgültig aus diesem Raum verdrängt werden. Der mittlere Neckarraum wurde und blieb zu großen Teilen württembergisch und lutherisch.

Auch wenn im Fall von Besigheim Württemberg seine Position gegenüber der Kurpfalz noch einmal erfolgreich halten konnte, so ging die Entwicklung doch in eine andere Richtung. Der Pfälzer Kurfürst wurde am beginnenden 17. Jahrhundert zur unbestrittenen Führungskraft in der Union und im deutschen Protestantismus. Unter dem Amberger Statthalter Fürst Christian von Anhalt betrieb die Kurpfalz eine strikt antihabsburgische, auf konfessionelle Konfrontation angelegte Politik[97]. Die irenischer ausgerichteten Kräfte von Kursachsen und vor allem Württemberg unter Johann Friedrich büßten an Einfluss ein[98]. So mag der Erwerb Besigheims noch einmal ein Aufleuchten jener Führungsposition markieren, wie sie Württemberg im Konfessionellen Zeitalter im protestantischen Deutschland gespielt hatte.

---

95 G. HERTEL, »Das Deutsche Reich, daß Gott erbarm...«. Als Herzog Friedrich von Württemberg das Kloster Reichenbach »evangelisch machte«, in: Freudenstädter Beiträge 6 (1987), S. 72–78.
96 H. ROMMEL, Zur Gründung Freudenstadts, in: Freudenstädter Beiträge 6 (1987), S. 1–12; Planstadt. Kurstadt. Freudenstadt. Chronik einer Tourismusstadt, hg. vom Stadtarchiv Freudenstadt, Karlsruhe 1999.
97 V. PRESS, Fürst Christian von Anhalt-Bernburg, Statthalter der Oberpfalz, Haupt der evangelischen Bewegungspartei vor dem Dreissigjährigen Krieg (1568–1630), bearb. von F. BRENDLE und A. SCHINDLING, in: K. ACKERMANN/A. SCHMID (Hgg.), Staat und Verwaltung in Bayern, Festschrift für Wilhelm Volkert zum 75. Geburtstag, München 2003, S. 193–216.
98 A. GOTTHARD, Konfession und Staatsräson. Die Außenpolitik Württembergs unter Herzog Johann Friedrich (1608–1628), Stuttgart 1992; F. MÜLLER, Kursachsen und der Böhmische Aufstand 1618–1622, Münster 1997.

Die Kirchenpatronate von Besigheim und Großingersheim

Zeugnisse badischer Präsenz im mittleren Neckarraum

VON HERMANN EHMER

Die badischen Ämter Besigheim und Mundelsheim gingen 1595 durch Kauf an Württemberg über[1]. Dies war nun keineswegs das Ende der jahrhundertelangen badischen Präsenz am mittleren Neckar, denn es blieben noch Rechte übrig, die in diesem Raum auch weiterhin von Baden ausgeübt wurden. Es handelte sich dabei um eine Anzahl von Kirchenpatronaten, mit denen allgemeine kirchliche Rechte und Einkünfte, aber auch entsprechende Lasten verbunden waren. Diese Patronate waren deshalb nicht verkauft worden, weil sie nicht dem Markgrafen unmittelbar gehörten, sondern dem Kollegiatstift Baden-Baden. Insgesamt besaß das Stift Baden-Baden im Herzogtum Württemberg die Patronate von Mönsheim bei Leonberg, Deufringen bei Böblingen, Gechingen bei Calw sowie in dem Besigheim benachbarten Großingersheim[2]. Der jeweilige Markgraf, in dessen Territorium Baden-Baden lag, hatte die Vogtei über das Stift inne. Es ist deshalb berechtigt, von einer Fortdauer der badischen Präsenz am mittleren Neckar über das Jahr 1595 hinaus zu sprechen, die bis zum Ende des Alten Reichs anhielt. Es soll deshalb hier von Besigheim und Großingersheim die Rede sein, davon, in welcher Weise diese Rechte einer badischen kirchlichen Institution im benachbarten Württemberg ausgeübt worden sind, wobei dieses Verhältnis seine besondere Note dadurch bekommt, daß es sich um eine katholische Institution handelte, die kirchliche Rechte im evangelischen Württemberg ausübte.

Im Landeskirchlichen Archiv Stuttgart befindet sich eine Besigheim betreffende Akte[3], die sich durch die noch erhaltene Obereckheftung als badische Provenienz zu erkennen gibt. Das erste Stück dieser Akte ist eine Abschrift der Urkunde Kaiser Friedrichs I. vom

1 Für den Druck erweiterte und mit Nachweisen versehene Fassung des Vortrags »Kirchenpatronate als Zeugnisse badischer Präsenz im mittleren Neckarraum« bei der Tagung der Arbeitsgemeinschaft für geschichtliche Landeskunde am Oberrhein, des Württembergischen Geschichts- und Altertumsverein und des Geschichtsvereins Besigheim »Das Land am mittleren Neckar zwischen Baden und Württemberg. Zur 850-Jahr-Feier der Ersterwähnung von Besigheim«, Besigheim, 10.–12. Oktober 2003.
2 Verschiedene Zusammenstellungen der Patronatspfarreien Auswärtiger in Württemberg aus dem 18. Jahrhundert nach den im Konsistorium vorliegenden Akten finden sich im Landeskirchlichen Archiv Stuttgart (= LKA) A 26, 916, 3. Eine Liste von 1743 gibt die vier Pfarreien Großingersheim, Gechingen, Mönsheim und Deufringen an.
3 LKA A 29, 416, 3.

12. Juli 1153, eben der Urkunde, der Besigheim seine Erstnennung vor 850 Jahren verdankt[4]. Der Schrift nach zu schließen, handelt es sich bei dieser Urkundenkopie um eine Arbeit des ausgehenden 17. Jahrhunderts. Der Rückvermerk bezeichnet die Barbarossa-Urkunde als *Documentum antiquissimum et praestantissimum de curte Bessigheimb* ... Weiter heißt es hier: *Diese Copia ist aus dem Originali abgeschrieben*, eine Bemerkung, die nicht nur Archivare aufhorchen lassen muß[5]. Es ist auch völlig unzweifelhaft, daß dem Abschreiber die Ausfertigung dieser Urkunde vorgelegen hat, denn er hat etwa das Chrismon und die literae elongatae der ersten Zeile sorgfältig nachgeahmt. Die Provenienz der genannten Akte ist das Stift Baden-Baden, die Kaiserurkunde muß also von großer Bedeutung für das Stift gewesen sein, denn der Rückvermerk fährt fort: ... *kirchensatz, zehenden, gülten, hoff- und widumbgüetter etc., so das stifft in der stiffts fundation erhalten*. Das letzte Stück dieses Faszikels stammt aus dem Jahre 1791 und ist eine Mitteilung des Schaffners in Besigheim an das Stift Baden-Baden vom Ableben des Besigheimer Pfarrers Johann Georg Weißer[6]. In einem Aktenfaszikel haben wir hier somit eine Dokumentation von sechs Jahrhunderten badischer Präsenz am mittleren Neckar, denn die kirchlichen Rechte überdauerten den Verkauf der Ämter Besigheim und Mundelsheim im Jahre 1595, weil diese Stiftungsgut des Stifts Baden-Baden waren, das diesem bei seiner Gründung 1453 durch Markgraf Jakob I. vermacht worden war.

Schon Markgraf Bernhard I. hatte den Plan gehabt, die Pfarrkirche zu St. Peter und Paul in Baden-Baden in ein Stift umzuwandeln[7]. Aber erst sein Sohn und Nachfolger Jakob konnte dieses Vorhaben verwirklichen, wenn dies auch bis zur tatsächlichen Gründung 1453 einige Jahre in Anspruch nahm. Die Stiftsherrenpfründen wurden durch die mit päpstlicher Zustimmung inkorporierten Pfarreien Besigheim, Mönsheim, Kappelwindeck, Gochsheim, Bühl, Elchesheim, Remchingen, Söllingen und Gechingen dotiert[8]. Die

---

4   WUB 2, Stuttgart 1858, Nr. 345, S. 76f.
5   Die Urkunde wird wohl Bestandteil des Baden-Badischen Archivs gewesen sein, das seit dem Feldzug Turennes am Oberrhein 1678 für ein halbes Jahrhundert ein unruhiges Wanderleben führte; vgl. Gesamtübersicht der Bestände des Generallandesarchivs Karlsruhe, bearb. von M. KREBS (Veröffentlichungen der Staatlichen Archivverwaltung Baden-Württemberg 1), Stuttgart 1954, S. 10.
6   Johann Georg Weißer (*1707), Pfarrer in Besigheim seit 1760, starb daselbst am 29.4.1791. (Diese Personalien, wie auch die aller anderen hier erwähnten Pfarrer, sind entnommen den im LKA befindlichen Vorarbeiten zum Pfarrerbuch Herzogtum Württemberg. Es wird deshalb künftig nicht mehr eigens darauf verwiesen.)
7   Die Geschichte des Stifts Baden-Baden ist noch nicht eingehend bearbeitet worden. Die neuesten, wenn auch kurzen Darstellungen der Geschichte des Stifts bietet K. ANDERMANN, Geschichte der Stadt Baden-Baden. In: Der Stadtkreis Baden-Baden (Kreisbeschreibungen des Landes Baden-Württemberg), Sigmaringen 1995, S. 104–138, hier S. 121–123; DERS., Die Urkunden des Kollegiatstifts Baden(-Baden) im Erzbischöflichen Archiv Freiburg. In: Freiburger Diözesan-Archiv 117 (1997), hier S. 5–10. Andermann weist in der zuletzt genannten Arbeit Quellen und Literatur zur Geschichte des Stifts Baden-Baden nach, weshalb hier auf eine entsprechende Aufzählung verzichtet werden soll. – Bei dem von Andermann in Regestform veröffentlichten Urkundenbestand handelt es sich um Angelegenheiten der Wirtschaftsverwaltung, wie Schuldverschreibungen und dergleichen. Einen Überblick über den wirtschaftlichen Aktionsradius des Stifts Baden-Baden aufgrund dieser Überlieferung bietet die Karte bei Andermann, Geschichte der Stadt Baden-Baden, S. 122. Für die vorliegende Arbeit ist dieser Bestand demnach nicht einschlägig.
8   Regesten der Markgrafen von Baden und Hachberg 1050–1515, bearb. von R. FESTER, H. WITTE und A. KRIEGER, Bd. 1–4, Innsbruck 1892–1915 (RMB), hier Bd. 3, Nr. 7494.

beiden Pfarreien Besigheim und Mönsheim waren 1478 vakant geworden, so daß aus deren Einkünften eine weitere Pfründe errichtet werden konnte.

Die Geschichte des Stifts im Reformationsjahrhundert widerspiegelt selbstverständlich die Entwicklungen in der Markgrafschaft[9]. Zunächst ist auch in Baden, vor allem wohl in der Stadt Baden-Baden, eine rege evangelische Bewegung zu verzeichnen, die von den regierenden Markgrafen geduldet, wenn nicht gar begünstigt wurde. Die Zahl der Stiftsherren nahm ab, Markgraf Philipp I. (1516–1533) ordnete 1525 an, daß nur noch dem Evangelium gemäß gepredigt und die Psalmen in deutscher Sprache gesungen werden sollten. Unter kaiserlichem Einfluß wandte sich der Markgraf dann ab 1528 gegen die reformatorischen Bestrebungen, doch gelang es nicht mehr, das Stift in den alten Stand zu setzen, zumal viele der Kanoniker verheiratet waren. Unter der bayerischen Vormundschaft für Markgraf Philipp II. (1569–1588) wurde energischer vorgegangen, die evangelischen Prediger entfernt, der katholische Gottesdienst wieder eingerichtet, doch konnte das Stift nicht mehr gänzlich wiederhergestellt werden. Die »Oberbadische Okkupation«, die Besitznahme des baden-badenschen Landesteil durch den evangelischen Markgrafen Ernst Friedrich von Baden-Durlach (1584–1604) begünstigte wieder die evangelischen Bestrebungen in Baden-Baden, doch konnte mit Rücksicht auf Habsburg keine Reformation durchgeführt werden. Erst nach der Schlacht von Wimpfen 1622, mit der die Oberbadische Okkupation endete, und der Niederlage der Schweden bei Nördlingen 1634 konnte die konfessionelle Situation in Baden-Baden im Sinne der Gegenreformation bereinigt und das Stift auf Dauer, jedoch mit vermindertem Personalstand, wiederhergestellt werden.

Zunächst soll hier auf Besigheim geblickt werden, dessen Pfarrei dem Stift Baden-Baden bei seiner Gründung inkorporiert worden war. Die Quellen beginnen hier freilich etwas spät, so daß die Frage, die hier zunächst interessiert, nämlich wie sich die Reformation auf die Inkorporation ausgewirkt hat, zurückgestellt werden muß. Auf den ersten Blick sind die Aussagen der Akten recht mannigfaltig und werfen interessante Blicke auf die Zeitläufte und vor allem auf die Lasten, die mit den Rechten des Stifts verbunden waren. So war 1689 kein Wein gewachsen und das Stift selber infolge der Zerstörung von Baden-Baden durch die Franzosen im Orléansschen Krieg am 24. August 1688 um sämtliche Vorräte, die Kirche und sonstige Gebäude gekommen[10]. Das Stift mußte also der württembergischen Geistlichen Verwaltung in Besigheim die dieser jährlich zu liefernden 14 Eimer Wein[11] schuldig bleiben und um Stundung bis auf den künftigen Herbst bitten. Dieselbe Lage trat 1709 ein, doch dieses Mal bot das Stift einen Ersatz in Geld an, bat jedoch um einen möglichst niedrigen Ansatz.

---

9 Vgl. dazu: V. PRESS, Baden und badische Kondominate. In: A. SCHINDLING, W. ZIEGLER (Hg.), Die Territorien des Reichs im Zeitalter der Reformation und Konfessionalisierung. Land und Konfession 1500–1650, Bd. 5: Der Südwesten, Münster 1993, S. 124–166. Zum Stift Baden-Baden vgl. ANDERMANN (wie Anm. 7).
10 Zur Zerstörung von Baden-Baden 1689 vgl. ANDERMANN, Geschichte der Stadt (wie Anm. 7) S. 107.
11 Ein württembergischer Eimer Wein mißt rund 300 Liter.

1716 berichtete der baden-badensche Verwalter in Gemmrigheim, daß der Pfarrer in Besigheim Reparaturen am Pfarrhaus[12] verlange. Auch in den folgenden Jahren sind es immer wieder Bausachen, die zur Sprache kommen. 1747 zog ein neuer Pfarrer in Besigheim auf, der sich bitter beschwerte, das Pfarrhaus in Besigheim sei das schlechteste aller Amtshäuser am Ort und überhaupt die schlechteste Pfarrwohnung in ganz Württemberg[13]. Der Grund für den Mißstand war, daß sich der Vorgänger[14] wegen seines hohen Alters jegliches Bauwesen verbeten hatte, weil er die damit verbundene Belästigung nicht auf sich nehmen wollte. Der neu angetretene Pfarrer Müller zog hierauf in eine Mietwohnung und war dann des Lobes voll, als das Pfarrerhaus schließlich fertig war. Er rühmte die *bequeme und daurhafte Pfarrwohnung*, doch hatte es bis zum Frühjahr 1754, also sieben Jahre gedauert, bis es endlich nach zahlreichen Querelen mit Architekten, Admodiateur und Entrepreneurs – also Bauunternehmern – so weit war. Schließlich, im Jahre 1755, gab es wieder einmal Probleme mit der Qualität des Besoldungsweins, den das Stift Baden-Baden der württembergischen Geistlichen Verwaltung, die den Pfarrern die Besoldung lieferte, zu stellen hatte.

Akten über die Pfarrbesetzung in Besigheim liegen seit 1635[15] vor. Diese lassen jedoch keine Mitwirkung des Stifts Baden-Baden erkennen, dessen Einkünfte hier somit nur mit Lasten verbunden waren. Dagegen scheint jedoch die Mitteilung des Besigheimer Schaffners aus dem Jahre 1791 zu sprechen, der seine Notifikation vom Tod des Pfarrers Weißer daselbst mit der Mitteilung an die Stiftsherren verband, *daß ehemalen dem hochwürdigen Collegiat-Stift Baaden das Nominations-Recht zur hiesigen Stadt-Pfarrei zugestanden seyn solle*. Dieses merkwürdige Schreiben, mit dem sich der Beamte offensichtlich seiner Dienstherrschaft empfehlen wollte, trägt allerdings den in Baden-Baden angebrachten Vermerk: *Die Pfarrey Beßigheim hat das hiesige Stift nicht mehr zu vergeben, und zwar aus Ursach, daß solche just zur Zeit, als das Stifts-Capitul wegen Kriegs-Troublen im vorigen Seculo abwesend ware, erlediget, und hernach vom damaligen Herzog als Landes-*

---

12 Dieses Pfarrhaus wird wohl erstmals erwähnt in einer Urkunde vom 13. Dezember 1608, als Propst und Kapitel des Stifts Baden-Baden das alte Pfarrhaus zu Besigheim gegen das neu erbaute Haus des Joachim Daniel von Reitzenstein daselbst vertauschen; HStAS, A 319G U 1. Vgl. auch die Beschreibung im Besigheimer Lagerbuch des Stifts Baden-Baden 1721/23, HStAS, H 220/4: *Eine Pfarrbehaußung, Scheuren undt Keller under einem Dach oben in der Statt auf der Enzseiten, zwischen der Allmandgaßen und H. Stattschreibers Ludwig Reinhardt Fulda Hoff und Scheuren, stoßt vornen wieder auff die Gaßen und hinden H. Pfarrers zu Gemmerigheim M. Joh. Georg Schmiden seel. Erben Scheuren.* Hier findet sich auch die Bemerkung, daß der oben genannte Tausch 1594 – also noch in badischer Zeit – stattgefunden habe, die obrigkeitliche Ratifikation jedoch erst 1608.
13 Es handelte sich um Johann Karl Christian Müller (1695–1760), der einen nicht gewöhnlichen Berufsweg hinter sich hatte, aus dem sich möglicherweise auch ein gewisses Anspruchsdenken erklärt. Er war nämlich seit 1727 Ephorus der neubegründeten Ritterschule in Esslingen gewesen, seit 1732 Rektor des Gymnasiums in Worms, bevor er 1747 nach Besigheim kam, wo er 1760 starb. Vermutlich weil er keine Kinder hinterließ stiftete Müller als sein Vermächtnis das Müller'sche Stipendium in Besigheim für Theologiestudierende; F. F. FABER, Die Württembergischen Familienstiftungen, Heft 15: LXII. Die Müller'sche Stiftung in Besigheim, Stuttgart 1856. Akten über das Müllersche Stipendium 1772–1777 und 1779–1781 befinden sich im HStAS, A 319L Bü 55, 56.
14 Dies war Johann Christoph Schmid von Schmidsfelden (1669–1754), ein gebürtiger Besigheimer, der seit 1721 am Ort als Pfarrer wirkte, 1747 aber emeritiert wurde und in Vaihingen/Enz verstarb.
15 LKA A 29, 416, 2.

Fürsten verliehen und das jus collaturae seu patronatus dem Stift, ohnerachtet vor sich habender Incorporation, und daß solches den Pfarrer besolden und ihme bauen muß, ferner nicht belassen worden.

Was ist mit dieser Bemerkung gemeint, die doch eine ganz bestimmte Auffassung von einem geschichtlichen Vorgang ausdrückt? Könnte es sich bei den *Kriegs-Troublen* um den Orléansschen Krieg handeln oder ist an den Dreißigjährigen Krieg gedacht? Jedenfalls scheint man im Stift Baden-Baden der Überzeugung gewesen zu sein, daß das Pfarrbesetzungsrecht infolge kriegerischer Vorgänge eine Zeitlang nicht ausgeübt werden konnte und der Herzog von Württemberg daraufhin dieses Recht an sich genommen und dem Stift die dazugehörigen Lasten gelassen habe. Ein solcher Vorgang wäre im 17. Jahrhundert sicher nicht unwidersprochen geblieben, er findet allerdings in den Quellen auch keine Bestätigung.

Nach Abschluß der Kaufsverhandlungen über die Ämter Besigheim und Mundelsheim waren im April 1595 zwei Herren des württembergischen Konsistoriums, der Stuttgarter Stiftsprediger Lukas Osiander[16] und der Kirchenratsdirektor Balthasar Eisengrein[17], beauftragt worden, die betreffenden Pfarreien zu visitieren. Allerdings waren zu der Zeit die gekauften Ämter noch nicht formell an Württemberg übergeben worden und hatten weder Beamte noch Untertanen dem neuen Herrn gehuldigt. Es war den beiden Visitatoren deshalb klar, daß man damit von württembergischer Seite etwas zu weit ging, weil erst der volle Besitz des landesherrlichen Kirchenregiments zur Visitation berechtigte. Gleichwohl gelang es den beiden, ihren Auftrag mit der nötigen Diskretion durchzuführen, was dadurch erleichtert wurde, daß weder Ober- noch Untervogt am Ort waren. Die Untersuchungen vor Ort, über die die beiden Visitatoren berichteten[18], hatten sich allerdings auf die Kirchendiener konzentriert, und vor allem darauf, wie diese zur Konkordienformel standen. Über die Rechtsverhältnisse der einzelnen kirchlichen Stellen verlautet in dem Bericht nichts, aus ihm ist somit auch nichts über das Nominationsrecht des Stifts Baden-Baden an der Besigheimer Pfarrstelle zu entnehmen.

Im württembergischen Kompetenzbuch von 1680[19], das aus Berichten der örtlichen Verwaltung über die Einkünfte jeder einzelnen kirchlichen Stelle im Herzogtum besteht, ist unter der Pfarrei Besigheim lediglich zu lesen: *Eine Behausung mit 2 Stuben, so das Stüfft Baden in esse zuerhalten schuldig.* Das ist alles. Ein ursprünglich dem Stift Baden-Baden aufgrund der Inkorporation zustehendes Pfarrbesetzungsrecht muß diesem also

---

16 Lukas Osiander (1534–1604), Sohn des Nürnberger Reformators Andreas Osiander, war 1569–1594 Hofprediger, dann von Herzog Friedrich auf die Stiftspredigerstelle versetzt und somit zugleich Mitglied des Konsistoriums, 1596–1598 Abt von Alpirsbach, dann wegen Auseinandersetzungen mit dem Herzog im Exil in Esslingen, 1603 bis zu seinem Tod ohne Amt wieder in Stuttgart; H. EHMER, Art. Osiander, Lukas, in: Biographisch-Bibliographisches Kirchenlexikon, Bd. VI (1993) Sp. 1299–1304.
17 Balthasar Eisengrein (1547–1611) war 1588–1598 Kirchenratsdirektor; W. BERNHARDT, Die Zentralbehörden des Herzogtums Württemberg und ihre Beamten 1520–1629 (Veröffentlichungen der Kommission für geschichtliche Landeskunde in Baden-Württemberg B 70) S. 249f.
18 LKA A 29, 416, 6; vgl. Repertorium der Kirchenvisitationsakten aus dem 16. und 17. Jahrhundert in Archiven der Bundesrepublik Deutschland. Hg. E. W. ZEEDEN u. a. (Spätmittelalter und Frühe Neuzeit) Bd. 2,II, Stuttgart 1987, Württ 53, S. 272f.
19 LKA A 12 Nr. 57.

spätestens durch die Reformation abhanden gekommen sein, wenn auch darüber mangels Quellen keine weiteren Aussagen gemacht werden können. Die Reformation in Besigheim wurde – wie auch sonst im baden-durlachschen Landesteil – 1556 durchgeführt[20]. Zweifellos war damit auch eine Neuordnung des Kirchenguts und der kirchlichen Rechte verbunden. Auf diesem Weg war mit ziemlicher Sicherheit das Besigheimer Pfarrbesetzungsrecht an den Landesherrn gegangen – unter welchen Umständen wird noch zu klären sein. Jedenfalls war das Pfarrbesetzungsrecht in Besigheim durch den Kauf im Jahre 1595 an den Herzog von Württemberg gekommen, denn in württembergischer Zeit ist von einem solchen Recht des Stifts Baden-Baden in Besigheim nicht mehr die Rede[21].

Von den Kirchenpatronaten, die das Stift Baden-Baden in Württemberg besaß, gehörten die von Mönsheim und Gechingen zur Gründungsausstattung des Stifts. Deufringen war ursprünglich ein Filial von Gechingen, wo erst in nachreformatorischer Zeit eine Pfarrei errichtet wurde. In Deufringen gab es jedoch eine Kapelle, deren Frühmesse 1473 von Markgraf Karl von Baden an das Stift Baden-Baden vertauscht worden war[22]. Die Frühmesse bildete zweifellos die Gründungsausstattung der Pfarrei, die somit dem Patronat des Stifts Baden-Baden unterstand. Von diesen hier genannten Patronaten des Stifts im Herzogtum Württemberg gehört lediglich noch das von Großingersheim in den Rahmen der vorliegenden Arbeit und soll deshalb noch näher untersucht werden.

Großingersheim war ein alter badischer Besitz, der jedoch als Lehen an Adlige, insbesondere die Herren von Urbach, ausgegeben war[23]. Über die Kurpfalz kam Großingersheim 1504 an Württemberg. In Großingersheim hatte das Stift Baden-Baden aus der Hand der Markgrafen[24] namhafte kirchliche Rechte erhalten, die bereits im württembergischen Kompetenzbuch von 1559[25] angegeben werden: *Der stifft zu Baden hait den kirchensatz daselbsten und ainen pfarherrn alhin zunominieren unnd zu presentieren ...*[26] Ferner kam dem Stift als Kollator auch die Baupflicht am Pfarrhaus zu[27].

---

20 Vgl. dazu PRESS (wie Anm. 9); zur Lokalgeschichte der Reformation: G. HOFFMANN, Reformation im Bezirk Besigheim. In: Blätter für württembergische Kirchengeschichte 38 (1934), S. 133–204, hier S. 174.
21 Die Angabe von G. HOFFMANN, Kirchenheilige in Württemberg (Darstellungen aus der württembergischen Geschichte 23), Stuttgart 1932, S. 48, wonach die Markgrafen von Baden das Patronat der Besigheimer Pfarrstelle inne haben, und die so auch in die Landesbeschreibung (LBW Bd. III, Stuttgart 1978, S. 380) übernommen worden ist, kann also nur für Zeit vor 1453 gelten.
22 RMB Bd. 4, Nr. 10437; vgl. HOFFMANN, Kirchenheilige, S. 58; Landesbeschreibung (wie Anm. 21) S. 81.
23 B. THEIL, Das älteste Lehnbuch der Markgrafen von Baden (1381). Edition und Untersuchungen. Ein Beitrag zur Geschichte des Lehnswesens im Spätmittelalter (Veröffentlichungen der Kommission für geschichtliche Landeskunde in Baden-Württemberg A 25), Stuttgart 1974, S. 128–130.
24 HOFFMANN, Kirchenheilige, S. 49.
25 LKA A 12 Bd. 54.
26 Ausführlicher im Besigheimer Lagerbuch des Stifts Baden-Baden 1721/23, HStAS, H 220/4 zu Großingersheim: *Daselbsten hat das Collegiatstifft ratione der Pfarr, welche in die Superintendenz Biethigheim gehörig, wie erst gemeldet, das Ius Patronatus vel Collaturae, nemblich bey vacierender und lediger Pfarrstelle eine anderweithe Person auf gebührendes Ansuchen dem Hochfrstl. Consistorio in Württemberg zue nominiren und zu presentiren, dargegen auch die Salarirung solchen Pfarrers und Erhaltung des Pfarrhauses und Zuegehördt daselbst zue bestreiten.*
27 Auch bei diesem Pfarrhaus war laut Lagerbuch (wie Anm. 26) ein Tausch veranstaltet worden, da am 25. Juli 1607 Endris Waller, Bürger zu Brackenheim, und seine Frau Sara, Witwe des

Es stellt sich nun die Frage, weshalb das Patronat über die Besigheimer Kirche bei der Gründung des Stifts Baden-Baden genannt wird, das über die Großingersheimer Kirche aber nicht, während doch nachreformatorisch über entsprechende Rechte des Stifts in Besigheim nichts mehr verlautet, das Stift aber solche in Großingersheim tatsächlich ausübte. Die Lösung dieses Rätsels liegt darin, daß die städtische Gründung Besigheim ursprünglich zum Pfarrsprengel von Großingersheim gehörte[28]. Wann die kirchenrechtliche Abtrennung von Besigheim von der Mutterkirche in Großingersheim erfolgte, ist nicht bekannt. Doch noch vor diesem Rechtsakt dürfte sich die Benennung dieses Kirchspiels von Großingersheim auf Besigheim verschoben haben, so daß bei der Inkorporation der Besigheimer Kirche in die Baden-Badener Stiftskirche die Mutterkirche in Großingersheim inbegriffen war. Ein Beleg dafür ist ein Lagerbucheintrag von 1465, wonach dem Kirchherrn zu Besigheim die Zehntgerechtigkeit in Ingersheim zustand[29]. Dieser Zehnte ist also mit dem Pfarrbesetzungsrecht in Großingersheim durch die Inkorporation der Besigheimer Pfarrkirche an das Stift Baden-Baden gegangen. Weil die Großingersheimer Rechte als Zubehör jener in Besigheim erschienen, werden sie in den Quellen über die Gründung des Stifts Baden-Baden nicht genannt.

Zu Großingersheim gehörten ursprünglich als Filialen neben Besigheim auch Kleiningersheim und Geisingen. Auf Betreiben der Herren von Stammheim wurde Geisingen 1505 von Großingersheim losgelöst und zu einer eigenen Pfarrei erhoben[30]. Hierzu erteilten Propst, Dekan und Kapitel des Stifts zu Baden-Baden ihre Zustimmung, wobei ihnen der große und der kleine Zehnten zu Geisingen verblieb, sie hatten dafür aber auch dem Pfarrer seine Naturalbesoldung zu reichen. Das Besetzungsrecht der neugeschaffenen Pfarrei Geisingen scheint den Herren von Stammheim gehört zu haben, denn nach ihrem Aussterben 1588 wird bei der 1590 von Württemberg durchgeführten Visitation aktenkundig, daß die Geisinger Pfarrei schon einige Zeit von den Stammheimern aufgehoben und der Ort vom Pfarrer von Heutingsheim versehen wurde. Hierbei und auch bei den Verhandlungen wegen des Übergangs des Stammheimer Erbes an die Schertlin von Burtenbach ist von einem Pfarrbesetzungsrecht des Stifts Baden-Baden in Geisingen nicht die Rede[31]. Gleichwohl wird aus alledem deutlich, daß mit der Pfarrei Besigheim, die zum Gründungsgut des Stifts Baden-Baden gehörte, eigentlich die Urpfarrei Großingersheim gemeint ist.

---

† M. Theodor Schuler, Pfarrers zu Großingersheim, die bisherige Pfarrbehausung mit Scheuer und Hofraite unter der neuen Kelter in Großingersheim mit den dazugehörigen Weingärten gegen ihre eigene Behausung, Scheuer, Keller und Hofraite mit Zubehör eintauschten, wobei die Lastenbefreiung vom alten auf das neue Pfarrhaus überging. Die herzogliche Ratifikation dieses Tauschs erfolgte am 13. Oktober 1607.

28 G. Bossert, Die Urpfarreien Württembergs. In: Blätter für württembergische Kirchengeschichte 1 (1886)–7 (1892), hier 1 (1886) S. 50.

29 HStAS, H 220/1 Besigheimer Lagerbuch des Stifts Baden. Darin eingebunden ein Schmalfolioheft: *Erneuerung des zehenden zu Ingersheim 1465 ... der gueter halb die in die zehenden daselbst einem kirchherrn zu Bessigheim zu stehen.* Vgl. dazu R. Stein, Geschichte der Ortschaften Groß- und Kleiningersheim, Stuttgart 1903, S. 185.

30 Nach Stein, Geschichte (wie Anm. 29), S. 188f.

31 LKA A 26, 940. Das hier befindliche Visitationsprotokoll ist bei Zeeden (wie Anm. 18) nicht verzeichnet.

Die reformatorischen Veränderungen, die in Besigheim vorgenommen wurden, müssen also im Zusammenhang mit Großingersheim gesehen werden. Diese stellen sich demnach so dar, daß das Pfarrbesetzungsrecht in Besigheim an den Landesherrn ging, dem Stift Baden-Baden aber jenes in Großingersheim verblieb, zusammen mit den zweifellos einträglichen Zehnteinkünften daselbst. Insgesamt muß also das Stift Baden-Baden bei diesen Veränderungen ohne Verluste geblieben sein, denn in den wechselvollen Zeiten zwischen Reformation und Dreißigjährigem Krieg hätten sich zweifellos Gelegenheiten gefunden, solche Verluste wieder rückgängig zu machen.

Die Verbindung von Besigheim und Großingersheim wird dadurch belegt, daß Besitz und Einkünfte des Stifts Baden-Baden in unserem Raum nach Ausweis der stiftischen Lagerbücher[32] sich auf das Gebiet der Urpfarrei Großingersheim konzentrieren, nämlich Groß- und Kleiningersheim, Besigheim und Geisingen. Zu dessen Verwaltung unterhielt das Stift in Besigheim, wo sich auch Scheuer und Keller des Stifts befanden, eine Schaffnerei, eine eigene Verwaltungsstelle, die in dem Zeitraum, für den noch Rechnungen[33] erhalten sind, in der Regel von württembergischen Beamten im Nebenamt versehen wurde. Eine Zeitlang war dies der württembergische Keller in Gemmrigheim, weshalb zeitweise auch vom Stiftsschaffner in Gemmrigheim die Rede sein kann.

Die Durchsicht der vorhandenen Rechnungen[34] ergibt einen Eindruck von der wirtschaftlichen Basis der badischen Präsenz am mittleren Neckar. Hier wurde in guten und wohl auch in mittelmäßigen Jahren nach Abzug der Ausgaben ein Überschuß erwirtschaftet, der nach Baden-Baden abgeführt werden konnte. Das Rechnungsjahr 1629/30, das in die Krisenzeit des Dreißigjährigen Krieges fällt, kann leider nicht als repräsentativ angesehen werden. Doch wurden damals immerhin 1142 fl. eingenommen, desgleichen 266 Scheffel Dinkel, 162 Scheffel Hafer und 50 Eimer Wein. Davon gingen die festen Verpflichtungen für die Pfarrbesoldungen in Besigheim und Großingersheim ab, die über die Jahrhunderte gleich blieben und vor allem in Naturalien bestanden, an Wein insgesamt 14 Eimer. Anhand der Rechnungen aus der ersten Hälfte des 18. Jahrhunderts werden die starken Schwankungen der Erträge deutlich, zunächst beim Getreide, besonders aber beim Wein. Beim Weinbau scheint zwar ein Rückgang gegenüber der Zeit vor dem Dreißigjährigen Krieg eingetreten zu sein, andererseits waren immer noch Spitzenergebnisse möglich, wie 1742/43 mit 125 Eimer. So scheint der Weinbau denn erst in der zweiten Hälfte des 18. Jahrhundert merklich nachgelassen zu haben, so daß gelegentlich Wein zugekauft werden mußte, um den Besoldungsverpflichtungen nachkommen zu können.

Bemerkenswert ist, daß man in den vierziger Jahren des 18. Jahrhunderts auch in einer so übersichtlichen Verwaltung den Weg der Admodiation (Verpachtung) beschritt, der – von Frankreich ausgehend – offenbar als besonders effektiv gepriesen worden ist. Der erste Admodiator Johann Christoph Landauer von Besigheim, hatte 1746–1748 die stiftischen Einkünfte für jährlich 1000 fl. gepachtet. Es scheint damit nicht wenige Schwierig-

---

32 HStA H 220.
33 Solche Rechnungen liegen vor im Staatsarchiv Ludwigsburg (= StAL) B 368 Bü 1*–22* und umfassen die Rechnungsjahre 1629/30, 1700/02–1783/86 (mit Lücken) und 1805/06.
34 Die folgenden Darlegungen geben lediglich den Eindruck bei der kursorischen Durchsicht der Rechnungen wieder, sie müßten durch eine genauere Analyse, die hier nicht zu leisten ist, überprüft werden.

keiten gegeben zu haben, denn einmal sah sich Pfarrer Weysser von Großingersheim gezwungen, das dem Admodiator zustehende Getreide in Geisingen mit Arrest zu belegen, um seine Besoldung sicherzustellen, worüber sich der Admodiator wieder in Baden-Baden beschwerte. Der Pächter scheint im übrigen auch nicht auf seine Kosten gekommen zu sein, da der zweite Admodiator Konrad Adam Speidel für jährlich 900 fl. abgeschlossen hatte, aber schon 1749 wegen Ausfalls der Weinernte mit beredten Klagen um einen Nachlaß bat, der offenbar auch für Fehljahre ausbedungen war[35]. Nach diesen Erfahrungen, die zweifellos für alle Beteiligten unerfreulich gewesen sind, kehrte man, wie die Rechnungen zeigen, zur alten Praxis zurück, Speidel war dann bis 1805/06 als Stiftsschaffner tätig.

Zu den reformatorischen Veränderungen in Großingersheim[36], die – im Unterschied zu Besigheim – bereits seit 1534 von Württemberg als Inhaber der Landesherrschaft vorgenommen wurden, gehört auch die Umwandlung von fünf zur Pfarrei gehörigen Kaplaneipfründen[37], an denen freilich verschiedene Rechtsträger beteiligt waren, in die Stelle eines Diakonus. Diese Stelle bestand bis 1591 in Großingersheim, bis sie zur Pfarrei des benachbarten Kleiningersheim umgewandelt wurde. Der Diakonus wurde stets vom Herzog eingesetzt, die Stelle erweist sich damit als eine reformatorische Schöpfung.

Schule und Mesnerei in Großingersheim wurden, laut des Kompetenzbuches von 1559, durch ein und dieselbe Person versehen, die jedoch, wie eigens betont wird, nicht auch noch den Bütteldienst versah[38]. Über diese Ämter heißt es im Kompetenzbuch: ... *die haben der stifft zu Baden und schuldthaiß und gericht zu Ingersheim zuverleihen.* Das bedeutet also, daß die hergebrachten kirchlichen Ämter in Großingersheim durch das Stift Baden-Baden vergeben wurden. Wie wurde dies seit der Reformation gehandhabt[39]?

Der erste nachreformatorische Pfarrerwechsel fand in Großingersheim erst spät statt, nämlich 1587, als der damalige Pfarrer[40] nach 39jähriger Amtszeit am Ort auf das Altenteil gehen wollte und deshalb seinen Sohn Theodor Schuler für die damit freiwerdende Stelle

---

35 Die von den Admodiatoren vorgelegten Rechnungen sind anders aufgebaut, sie dienen vor allem dem Nachweis der geleisteten Verpflichtungen. Ein Vergleich des Ertrags mit den anderen Jahren ist also für diesen Zeitraum nicht möglich.
36 HOFFMANN, Reformation (wie Anm. 20), S. 163–167.
37 Zur Pfarrei Großingersheim gehörten ursprünglich sechs Kaplaneien, wovon die in Geisingen 1505 zur Pfarrei erhoben worden war; STEIN, Geschichte (wie Anm. 29), S. 185–188.
38 LKA A 12 Bd. 54. Die Betonung des Umstands, daß der Mesner-Schulmeister nicht auch noch Büttel war, bezieht sich auf die Bestimmung der Großen Württembergischen Kirchenordnung von 1559, es sollten *die Büttel unnd Schützendienst/ an denen orten/ da sie der Meßnerey bißher angehangen/ wa solche Meßnerey und Schülen/ zůsamen gestossen/ fürohin darvon abgesündert sein. Wa aber die Gemeinden/ Büttel oder Veldtschützen bedörffen/ mögen sie auff des gemeinen Fleckens kosten/ sondere Personen darzů erhalten;* Summarischer und einfältiger Begriff/ wie es mit der Lehre und Ceremonien in den Kirchen unsers Fürstenthumbs/ auch derselben Kirchen anhangenden Sachen und Verrichtungen/ bisher geübt unnd gebraucht/ auch fürohin mit verleihung Göttlicher gnaden gehalten und volzogen werden solle, Tübingen 1559, ND Stuttgart 1968, Bl. 194a–b.
39 Das folgende nach den Akten des württembergischen Konsistoriums, LKA A 29, 1681.
40 Es handelt sich hier um Leonhard Schuler von Crailsheim (geb. um 1522), der noch in Wittenberg bei Luther studiert hatte, als Famulus von Brenz 1540/41 auf dem Wormser Religionsgespräch gewesen war, zunächst Schulmeister, dann Diakonus in Bietigheim war, infolge des Interims 1548 seines Amtes enthoben wurde, aber bereits im selben Jahr Katechist, 1551 Pfarrer in Großingersheim wurde. Vgl. dazu G. HOFFMANN, Reformation im Bezirk Besigheim (wie Anm. 20), hier S. 167.

empfahl. Dies geschah durch ein Schreiben, das wohl vom Stuttgarter Konsistorium im Namen von Herzog Ludwig an das Stift Baden-Baden gerichtet wurde. In diesem Schreiben werden allerhand Kautelen gebraucht, da vorgestellt wird, daß die Zurruhesetzung oder Verleibdingung des seitherigen Pfarrers erfolgt sei, *ohngeacht die collatur euch zustendig*. In gleicher Weise sei die Einsetzung des Sohnes[41] in das dadurch freigewordene Amt erfolgt, *doch euch an eurer lehenschafft und gerechtsame ohnnachteilig und unvorgrifflich*. Das Stift wird daher gebeten, seinen örtlichen Pfleger zu veranlassen, dem neuen Pfarrer seine Kompetenz zu reichen. Folglich erging ein entsprechendes Dekret von Propst, Dekan und Kapitel zu Baden-Baden an den Schaffner zu Besigheim[42]. Dessen Wortlaut hielt die Fiktion aufrecht, daß hier das Stift handle, das dem neuen Pfarrer die Pfarrei *mit verkündigung göttlichs worts, raichung der hailigen sacramenten, und anderen pfarrlichen rechten und dienstbarkhaiten zuversehen bevolhen und zugestelt* hat. Daß dies eine Fiktion war, wird an der evangelischen Terminologie des Dekrets deutlich, das sich in seinem Wortlaut an das Augsburger Bekenntnis von 1530[43] hält. Darüber hinaus hatte der Pfarrer aber auch dem Stift Handtreue zu geloben. Erst danach sollte der Pfleger ihn zu der Pfarrei kommen lassen und ihm die Gefälle ausfolgen.

Es handelte sich also hier formal um die Einsetzung eines Pfarrers in den hergebrachten Formen, doch wird deutlich, daß tatsächlich der Landesherr bestimmte und das Stift Baden-Baden lediglich zustimmte. Dies konnte so lange gut gehen, wie sich beide Teile an die Formen hielten. Es ist deshalb möglich, daß diese Verteilung der Gewichte bei der Pfarrbesetzung in Großingersheim schon vorreformatorisch bestand. Jedenfalls wurde dasselbe Verfahren auch bei der folgenden Pfarrbesetzung beobachtet, als auf Theodor Schuler[44] 1603 Israel Stehelin folgte, der jedoch nur zwei Jahre am Ort war und hier offenbar, wenn man seine seitherige Laufbahn betrachtet[45], nur eine Vertretungsfunktion wahrnahm.

Als 1605 wieder eine Pfarrbesetzung anstand, ging die Initiative immer noch von Württemberg aus. Man sandte den seitherigen Pfarrer von Bonlanden, Christoph Thumm nach Großingersheim, um dort eine Probepredigt zu halten. Schultheiß und Gericht daselbst gaben daraufhin dem zuständigen Superintendenten zu erkennen, *das sie bey gedachtem M. Thummen sonders donum zuo Predigen verspühren* und somit seine Versetzung nach Großingersheim dankbar annehmen würden. Inzwischen hatte es auf der badischen Seite eine Änderung gegeben, und zwar infolge der »Oberbadischen Okkupati-

---

41 Theodor Schuler (1559–1603) war 1582–1583 Diakonus in Pfullingen, 1583–1585 in Cannstatt, 1585–1587 Pfarrer in Hedelfingen, seit 1587 Pfarrer in Großingersheim bis zu seinem Tod 1603.
42 In der Akte in Abschrift erhalten.
43 Nach Art. VII des Augsburger Bekenntnisses ist Kirche *die Versammlung aller Glaubigen, bei welchen das Evangelium rein gepredigt und die heiligen Sakrament lauts des Evangelii gereicht werden;* Die Bekenntnisschriften der evangelisch-lutherischen Kirche, 5. Aufl., Göttingen 1963, S. 61.
44 Aus Theodor Schulers Amtszeit stammt das erste (erhaltene) Visitationsprotokoll von 1601, HStAS, A 281 Bü 100. Dieses enthält nichts über die Rechtsverhältnisse der Pfarrei. Hingegen findet sich hier eine Angabe zur Größe der Gemeinde, die 650 Kommunikanten und 340 Kinder zählte.
45 Stehelin war 1577–1579 Präzeptor in Blaubeuren, in Königsbronn 1579–1581, in Böblingen 1587–1588, Diakonus in Pfullingen 1588–1591, Pfarrer in Ölbronn 1591–1596, in Aurich 1596–1599, in Wart 1599–1601, in Hoheneck 1601–1603, in Großingersheim 1603–1605, zuletzt in Bonlanden 1605 bis zu seinem Tod 1613.

on«, der Besetzung von Baden-Baden durch Baden-Durlach. Markgraf Georg Friedrich von Baden (1604–1622) schrieb deshalb auf die Mitteilung von der Berufung Thumms nach Großingersheim an Herzog Friedrich von Württemberg (1593–1608), man möge künftig nicht mehr beim Stift, sondern bei ihm selber um die Konfirmation eines Großingersheimer Pfarrers nachsuchen. Inzwischen hatte also der Markgraf die Rechte des Stifts, das wohl noch formal weiterbestand, an sich genommen.

Pfarrer Thumm bat bereits 1609 wegen hohen Alters um seine Zurruhesetzung mit einem Leibgeding und zugleich darum, seinen Sohn Johann Gottfried an seine Stelle zu setzen. Beides wurde gewährt. Es stand also wieder eine Pfarrbesetzung in Großingersheim an. Nach der Einsetzung des neuen Pfarrers ging ein Schreiben an den Markgrafen in Durlach, mit dem dieser Vorgang angezeigt wurde, *doch E[uer] L[iebden] an dero solcher enden habenden jura patronatus wegen deß Stiffts Baden in alle weg ohnpraeiudirirlich und unnachtheilig*. Die Antwort des Markgrafen Georg Friedrich erfolgte umgehend, er teilte mit, daß er den neuen Pfarrer wegen seines *alda habenden juris patronatus et conferendi hiemit gnedig confirmieren* wolle.

Johann Gottfried Thumm verstarb am 30. März 1623, der Ort mußte über die Osterfeiertage durch einen Vikar aus dem Tübinger Stift kirchlich versehen werden, danach mußten die benachbarten Pfarrer aushelfen. Inzwischen war aber Markgraf Georg Friedrich in der Schlacht von Wimpfen am 6. März 1622 gefallen, die Okkupation des badenbadischen Landesteils war damit hinfällig geworden. Man scheint daher in Württemberg nicht im Klaren darüber gewesen zu sein, wie man nun verfahren sollte. Als Bewerber trat Andreas Thumm, der jüngere Bruder des verstorbenen Pfarrers auf, auch der Diakonus von Besigheim bewarb sich um die Stelle. Der Stiftsschaffner in Besigheim wollte wissen, wie er sich *wegen noch schwebender striti ggkheit gegen herrn marggraven zu Durlach* in diesem Fall zu verhalten habe, da inzwischen auch das der Witwe zustehende Gnadenquartal auslief. Schließlich langte aus Baden-Baden das von Markgraf Wilhelm am 1. Juni 1623 ausgefertigte Präsentationspatent für Andreas Thumm ein. Der neue Großingersheimer Pfarrer hatte diesen Schein *durch underthönig supplicirn* erlangt und konnte nun ins Amt eingesetzt werden.

Nicht nur in Großingersheim, sondern auch andernorts, wo ebenfalls nicht ganz einfache Rechtsverhältnisse vorlagen, ist eine gewisse Tendenz zur Erblichkeit des Pfarramts festzustellen, ganz im Gegensatz zu der sonst üblichen Praxis des württembergischen Konsistoriums, solche Erbfolgen zu verhindern, um dadurch einer künftigen Beeinträchtigung der Entscheidungsfreiheit zuvorzukommen. In solchen Fällen wie in Großingersheim dürften sich die Beteiligten jedoch einen problemlosen Übergang und die Erhaltung des status quo versprochen haben, wenn das Amt vom Vater auf den Sohn überging. In Großingersheim hatten somit zwischen 1548 und 1603 die beiden Schuler, Vater und Sohn, als Pfarrer amtiert, zwischen 1605 und 1632 waren es dann gar ein Vater und seine beiden Söhne, nämlich Gottfried Thumm[46], sowie Johann Gottfried[47] und dessen Bruder Andreas Thumm[48].

---

46 Gottfried Thumm (1546-nach 1609), in Großingersheim 1605–1609, verzichtete zugunsten seines Sohnes gegen ein Leibgeding auf das Pfarramt.
47 Dr. Johann Gottfried Thumm (1572–1623), in Großingersheim von 1609 bis zu seinem Tode.
48 Andreas Thumm (1593–1634), folgte 1623 seinem Bruder im Großingersheimer Pfarramt nach.

Der letzte dieser drei Großingersheimer Pfarrer aus der Familie Thumm wurde ein Disziplinarfall. Er hatte verschiedene Geld- und Maklergeschäfte betrieben, die seines Amtes unwürdig waren, und ihn nicht zuletzt viel von seiner Gemeinde fernhielten. Thumm sollte deswegen 1632 aus dem Amt entfernt werden. Die Sachlage war aber alles andere als einfach, denn das Herzogtum Württemberg befand sich gerade in einer schwierigen politischen Lage, die durch das wechselhafte Kriegsglück jener Jahre gekennzeichnet war. Das Restitutionsedikt von 1629[49] hatte Württemberg in eine tiefgreifende Krise gestürzt, aus der es zunächst durch den Siegeszug Gustav Adolfs nach Süddeutschland errettet worden war. Die Lage war jetzt genau umgekehrt wie zuvor, die evangelischen Fürsten und Herren erhielten großzügige »schwedische Donationen« und man konnte hoffen, auch noch durch Säkularisationen solche Verhältnisse, wie sie in Besigheim und Großingersheim bestanden, zu bereinigen[50]. Das Konsistorium erklärte sich daher bereit, den zu entlassenden Pfarrrer Thumm vorerst noch im Amt zu belassen, bis der Herzogadministrator *neben andern Catholischen Gefällen, auch dises Stiffts im Land habende Intraden und Einckhommen (warvon den Kürchen- und Schuldienern ihre Besoldungen geraicht werden) occupieren und einziehen* würde. Wenn dies erfolgt sei, müßte man wegen der Nomination eines Großingersheimer Pfarrers nicht mehr auf die Stiftsherren Rücksicht nehmen.

Inzwischen setzte sich die Gemeinde Großingersheim wiederholt für Pfarrer Andreas Thumm ein, wenn man auch zugeben mußte, daß man in den zurückliegenden Visitationen über das häufige Verreisen des Pfarrers geklagt hatte. Auch Thumm reichte mehrfach Bittschriften ein, wobei er nicht versäumte, auf die Verdienste seines *lieben Bruoders D. Theodori seligen* zu verweisen. Andreas Thumm war nämlich der Bruder von Theodor Thumm (1586–1630)[51], der als Tübinger Professor einer der bedeutendsten Polemiker der lutherischen Orthodoxie gewesen war. Gleichwohl wurde Andreas Thumm Ende 1632 entlassen, bat aber noch weiterhin um Gnade, nun auch unter Hinweis auf die Verdienste seines *Urehni,* der als Schultheiß in Wolfschlugen ein treuer Anhänger von Herzog Ulrich gewesen war und diesem auf seiner Flucht Unterschlupf gewährt haben soll. Das Konsistorium blieb aber fest und legte dem Herzogadministrator auf dessen Nachfrage nochmals das Thummsche Sündenregister vor, so daß es bei der Entlassung blieb. Inzwischen wurde der Diakonus von Bietigheim, Georg Friedrich Vitus[52], zum Pfarrer in Großingersheim ernannt, wobei es unklar bleibt, ob und inwiefern die Baden-Badener

---

49 Vgl. dazu M. Frisch, Das Restitutionsedikt Kaiser Ferdinands II. vom 6. März 1629. Eine rechtsgeschichtliche Untersuchung (Ius ecclesiasticum 44) Tübingen 1993.
50 Vgl. dazu P. Stälin, Schwedische [und kaiserliche] Schenkungen in Bezug auf Teile des heutigen Königreichs Württemberg und an Angehörige zu demselben gehöriger Familien während des dreißigjährigen Krieges. In: Württembergische Vierteljahrshefte für Landesgeschichte 3 (1894) S. 411–455; 6 (1897) S. 309–384; 9 (1900) 94–97. – Eine Übergabe der Besitzungen des Stifts Baden-Baden an Württemberg ist jedoch hier nicht erwähnt.
51 Vgl. zu ihm: H. Ehmer, Art. Thumm, Theodor, in: Biographisch-Bibliographisches Kirchenlexikon, Bd. XI (1996), Sp. 1527–1530.
52 Georg Friedrich Veit (Vitus) (1588–1660), Klosterpräzeptor in Bebenhausen 1619–1621, Diakonus in Bietigheim 1621, Pfarrer in Grossingersheim 1634–1637, in Rielingshausen 1637–1638, Diakonus in Neuffen 1638, Pfarrer in Bempflingen 1639, Diakonus in Lahr 1640–1643, Pfarrer in Wittlingen/Baden 1645, in Teningen/Baden 1648–1651, in Münster am Neckar 1653–†.

Stiftsherren an dieser Neubesetzung des Großingersheimer Pfarramtes beteiligt worden sind. Andreas Thumm wurde im folgenden Jahr ein Opfer des kaiserlichen Einfalls nach der Nördlinger Schlacht 1634. In Besigheim, wohin er als Geisel verschleppt worden war, wurde er von den feindlichen Soldaten umgebracht.

Georg Friedrich Vitus, der Andreas Thumm auf der Großingersheimer Pfarrstelle abgelöst hatte, wurde 1637 nach Rielingshausen versetzt. Sein Nachfolger wurde – nach halbjähriger Vakanz – der Pfarrer von Kleiningersheim. Dieser Johann Jakob Lang[53], ein ehemaliger Feldprediger, der dieses Amtes offenbar müde geworden war, hatte 1636 die Pfarrei Kleiningersheim erhalten, worauf er beim Stift auch noch um die Großingersheimer Stelle nachsuchte und diese auch erhielt. Propst, Dekan und Kapitel des Stifts Baden-Baden ernannten Lang kraft ihres althergebrachten Patronatsrechts auf diese Stelle. Das Stuttgarter Konsistorium, das damals – während des Exils Herzog Eberhards III. (1633–1674) – der kaiserlichen Regierung unterstand, erklärte sich mit dieser, von Baden-Baden aus kurzerhand vorgenommenen Stellenbesetzung einverstanden, mit der Maßgabe, daß Lang bis auf weiteres beide Stellen, nämlich Klein- und Großingersheim versehen sollte.

Damit war, wie es auch der Rechtslage entsprach, die Initiative zur Besetzung der Großingersheimer Pfarrstelle an das Stift Baden-Baden gegangen. Die vorhergegangenen Stellenbesetzungen, die Württemberg vorgenommen hatte, waren gewissermaßen im Wege der Ersatzvornahme erfolgt, wobei man jedoch stets – ausgenommen vielleicht bei der Nachfolge von Andreas Thumm 1632/33 – die Form beachtete, so daß den Rechten des Stifts kein Eintrag geschah. In der Folgezeit wandten sich die Bewerber um das Großingersheimer Pfarramt stets nach Baden-Baden. Das Stift seinerseits sah stets darauf, daß es eine »persona idonea« auf die Stelle ernannte, einen Mann, der auch sonst im Herzogtum Württemberg eine Pfarrstelle hätte bekleiden können.

Pfarrer Johann Jakob Lang versah die beiden Stellen nur wenige Jahre, er verstarb 1639 in Bietigheim. Vermutlich hatte er sich dorthin zurückgezogen, weil es auf den Dörfern immer noch zu unsicher war. Damit stand also die nächste Besetzung der Großingersheimer Pfarrstelle an. Seit 1634/35 herrschte großer Pfarrermangel, so daß das Konsistorium nicht mehr alle Stellen besetzen konnte. Jakob Haag[54], Pfarrer in Löchgau, hatte darum gebeten, ihm seinen Sohn Johann Georg Haag[55] als Diakonus beizuordnen, weil er sich, durch vielerlei Kriegserlebnisse zermürbt, nicht mehr imstande sah, sein Pfarramt zu versehen. Das Konsistorium prüfte den jungen Haag, befand ihn *mediocris* und ermahnte ihn *zu mehrerm Fleiß*, stellte ihm aber in Aussicht, ihm die Großingersheimer Pfarrstelle zu übertragen, wenn er vom Stift Baden-Baden *ein ordenliche Nomination zu solcher Pfarr außbringen könde*. Dieses Mal gab es Probleme auf badischer Seite, die Stiftsherren waren nicht *bey der Stell*. Deshalb erteilte der Hofkaplan des Markgrafen Wilhelm von Baden-Baden (1622–1669), Alexander Rab, als Kustos des Stifts die Nomination für den Bewerber Johann Georg Haag. Diese Ernennung wurde vom Stuttgarter Konsistorium – nun wieder unter herzoglicher Regierung – wegen Formfehlern zurückgewiesen. Haag gelang

---

53 Johann Jakob Lang (1603–1639), seit 1632 Feldprediger bei Oberst Johann Michael Raw.
54 Jakob Haag (1577–1649) war Diakonus in Mundelsheim 1606–1609, Pfarrer in Zaisenhausen 1609–1622, dann in Löchgau 1623–†.
55 Johann Georg Haag (auch Hagen) (1612–1683) war in Großingersheim auf seiner ersten Stelle und versah zeitweilig (1639–1665) auch Kleiningersheim.

es aber dann doch noch, die formrichtige Nomination und Präsentation zu erwirken und konnte so durch Württemberg konfirmiert werden. Er hat dann die Großingersheimer Stelle fast ein halbes Jahrhundert, bis zu seinem Tod 1683 versehen.

Johann Georg Haag bat seit 1677 mehrfach darum, ihn mit einem Leibgeding zur Ruhe zu setzen, da er seinen Ruhestand in seinem eigenen Haus in Besigheim zu verbringen gedachte, und ihm seinen Sohn Jakobinus[56] nachfolgen zu lassen. Haag wies darauf hin, daß er die Stelle anfänglich zehn Jahre lang ohne Besoldung versehen und dabei sein Vermögen eingebüßt habe. Wenn ihm sein Sohn im Amt nachfolgte, würden diesem die Besoldungsausstände beim Stift Baden-Baden zustatten kommen. Diese Gesuche hatten keinen Erfolg, es wird jedoch nicht klar, weshalb. Wegen seiner schlechten Gesundheit mußte sich Haag dauernd durch Vikare in seinem Amt vertreten lassen und starb schließlich am 27. Juni 1683. Das Konsistorium gestattete hierauf seinem Sohn Jakobinus, sich beim Stift Baden-Baden um die Nomination um die Pfarrei Großingersheim zu bewerben.

Das vom Stift Baden-Baden am 18. Juli 1683 ausgestellte Nominationspatent lautete aber auf Lorenz Schlotterbeck[57], Pfarrer in Deufringen, einer anderen Baden-Badener Patronatspfarrei in Württemberg. Ganz offensichtlich war es Schlotterbeck gelungen, sich dem Stift so zu empfehlen, daß es ihn dem jungen Haag vorzog. Bei dieser Stellenbesetzung ist es deutlich, daß die Initiative beim Stift lag. Das entsprechende Dekret redet von Kollatur, Nomination und Präsentation. Aus unbekannten Gründen zog Schlotterbeck aber nicht in Großingersheim auf, sondern blieb zunächst in Deufringen, das er dann 1695 mit dem ritterschaftlichen Gondelsheim vertauschte. Großingersheim wurde inzwischen von Vikaren versehen, die vom württembergischen Konsistorium ernannt wurden.

Nach dem Verzicht Schlotterbecks mußte ein neues Besetzungsverfahren eingeleitet werden. Die Tatsache, daß dies ohne weiteres möglich war, zeigt, daß sich dieses inzwischen eingespielt hatte. Am 16. September 1683 wurde vom Stift Baden-Baden der seitherige Pfarrer von Dagersheim Friedrich Moritz Hartmann[58] *auff beschehen gebührendes ansuchen undt bitten* zum neuen Pfarrer von Großingersheim ernannt. Gegen Hartmann gab es einige Jahre später Klagen, so daß sich seine Gemeinde mit einer Art Ehrenerklärung für ihn einsetzte. Bei dem französischen Einfall in Württemberg im Sommer 1693, im Verlauf des Orléansschen Krieges, brannte das Großingersheimer Pfarrhaus ab. Pfarrer Hartmann wurde daher aufgetragen, bis auf weiteres die vakante Pfarrei Tamm zugleich mit Großingersheim zu versehen und in Tamm Wohnung zu nehmen. Diesen Doppeldienst versah Hartmann aber nur kurze Zeit, da er am 13. Januar 1694 in Tamm verstarb.

Der Ort mußte daher wieder – wie im Dreißigjährigen Krieg – von Kleiningersheim aus versehen werden. Das Stuttgarter Konsistorium bat 1701 den Herzog, beim Stift Baden-Baden doch darauf zu dringen, daß das Großingersheimer Pfarrhaus endlich hergestellt würde. Dies müsse dem Stift um so eher möglich sein, als es doch seither die Besol-

---

56 Jakobinus Haag (1648–1684), starb als Pfarrer in Kirchenkirnberg.
57 Johann Lorenz Schlotterbeck (1643–1707), Pfarrer in Deufringen 1663–1695, in Gondelsheim 1695–†, versah 1699–1704 zugleich Diedelsheim; Baden-Württembergisches Pfarrerbuch, Bd. I,1, bearb. von M.– A. CRAMER, Karlsruhe 1988, Nr. 3118, S. 750f.
58 Moritz Friedrich Hartmann (1649–1694), Pfarrer in Dagersheim 1674–1683, in Großingersheim 1683–1693, in Tamm 1693–†.

dung für einen Großingersheimer Pfarrer eingespart, aber die Einkünfte eingezogen und den die Pfarrei versehenden Kleiningersheimer Pfarrer mit einer jährlichen Entschädigung abgefunden habe. Das Konsistorium forderte den Kleiningersheimer Pfarrer Johann Georg Engel[59] auf, die Nomination auf die Großingersheimer Stelle durch das Stift Baden-Baden beizubringen. Dies hatte Engel allerdings schon mehrfach vergeblich getan, schon nach dem Tod von Pfarrer Hartmann. Nun aber konnte die Stelle endlich mit Engel besetzt werden, dem am 30. April 1701 vom Stift Baden-Baden die Pfarrei Großingersheim übertragen worden war.

Mit der Stellenbesetzung 1701 setzen übrigens auch die erhaltenen Akten des Stifts Baden-Baden ein, die am Anfang des 19. Jahrhundert von Baden an Württemberg extradiert wurden und seitdem neben den in diesem Betreff beim württembergischen Konsistorium erwachsenen Akten im demselben Archiv verwahrt werden[60]. Die beiden Überlieferungen ergeben für die Folgezeit ein plastisches Bild der Sache.

Neu war bei der Stellenbesetzung 1701, daß das Stift versuchte, den Pfarrer durch eine Art Diensteid an sich zu binden. Dieser ist offensichtlich eine Weiterentwicklung der Handtreue, von der 1587 die Rede ist. Die Formulierungen des Diensteids zeigen, worauf es dem Stift ankam. Der Pfarrer sollte nicht nur dem Stift Baden-Baden als Kollator der Pfarrstelle treu und hold sein und das Pfarrhaus in gutem Stand halten, sondern auch jeden Zehntbetrug, von dem er Kenntnis erhielt, dem Verwalter des Stifts melden. Dieses fiskalische Anliegen scheint das wichtigere gewesen zu sein, denn erst an vierter Stelle erscheint die Verpflichtung, daß sich der Pfarrer *nach innhalt deß Münsterischen Friedensschlußes auff der Cantzell undt sonsten von allem schmähen wider die Catholische Religion enthalten* solle. Neben diesem Verzicht auf konfessionelle Polemik sollte sich der Pfarrer fünftens verpflichten, in Fehljahren mit weniger Naturalbezügen zufrieden zu sein. Dieser letztere Punkt scheint bei dem Stellenbewerber doch Bedenken erregt zu haben, da die Pfarrer gewohnt waren, Naturalbezüge in gleichbleibenden Quanten zu erhalten, außer in schweren und allgemeinen Notzeiten, wie im Dreißigjährigen oder in dem nur wenige Jahre zurückliegenden Orléansschen Krieg. Der Pfarrer hat daher das Verpflichtungsformular dem Stuttgarter Konsistorium vorgelegt, von dem der Vermerk stammt: *Ist zu hart und gefährlich*. Gleichwohl half man sich damit aus dieser Schwierigkeit, indem man dem Pfarrer den Hinweis gab, daß von dieser Klausel nichts im Nominationspatent enthalten sei, so daß die Sache auf sich beruhen könne.

Johann Georg Engel, seit 1701 Pfarrer in Großingersheim, starb schon 1705. Auf seine Stelle wurde am 15. Juni 1705 ein *Stipendiarius* Römer[61] ernannt. Dieser Christoph Eberhard Römer hatte im Frühjahr 1703 das Examen abgelegt und war also nach verhältnismäßig kurzem Vikariat in ein ständiges Amt gekommen. Dies war möglich bei einer Stelle wie der Großingersheimer, die von einem auswärtigen Patron vergeben wurde.

---

59 Johann Georg Engel (1649–1705), Pfarrer in Kleiningersheim 1679–1701, versah zugleich Großingersheim 1693–1701, Pfarrer in Großingershein 1701– †.
60 LKA A 29, 1680, 1–2. – Genau genommen beginnen die Akten mit einem Herbstregister 1689 von Kleiningersheim, das die bereits erwähnte, schlechte Weinernte jenes Jahres belegt. Demnach waren dort lediglich 7 Imi 6 Maß Wein (etwa 140 Liter) als Zehnten angefallen, die der Pfarrer als seine Besoldung an sich nahm. An Kosten waren dafür 1 fl. 31 kr. aufgelaufen.
61 Christoph Eberhard Römer (1680–1731), Pfarrer in Großingersheim 1705–1731.

Der Diensteid, auf den Pfarrer Engel 1701 verpflichtet worden war, mag einerseits auf eine stärkere Verschriftlichung des Gewohnheitsrechts zurückzuführen sein, andererseits wohl auch auf die seit dem Rijswijker Frieden von 1697 und den darauffolgenden Religionsstreitigkeiten in der Kurpfalz merklich kühler werdenden Beziehungen zwischen den Konfessionen im Reich. Diese Beziehungen waren selbstverständlich immer Machtfragen. So hätte sich das Stift Baden-Baden keine Versäumnisse hinsichtlich seiner Pflichten gegenüber den von ihm abhängenden evangelischen Kirchendiener schuldig machen dürfen, ohne Gefahr zu laufen, deswegen selbst in Schwierigkeiten zu kommen. In dieser Weise ist wohl ein Schreiben des Besigheimer Pfarrers Johann Christoph Schmid und des Großingersheimer Pfarrers Christoph Eberhard Römer zu erklären, in dem diese dem Stift Baden-Baden bescheinigen, *so wohl ratione domiciliorum utrinque, als auch ratione salarii ... biß daher noch allezeit durchauß satisfaits gewesen* zu sein. Es mag sein, daß man sich in Baden-Baden diese Bescheinigung für alle Fälle ausstellen ließ, denn in der württembergischen Überlieferung findet sich nichts, das darauf schließen ließe, daß es hier einmal Schwierigkeiten gegeben hätte.

Jedenfalls blieben beide Stelleninhaber, Schmid und Römer, bis zu ihrem Tod auf ihren Stellen. Römer in Großingersheim starb schon 1731. Mindestens ein halbes Dutzend Bewerber meldeten sich daraufhin teils schriftlich, teils persönlich, aber alle mit Empfehlungen von hohen und höchsten Gönnern in Baden-Baden, so daß man im Stift in größte Schwierigkeiten kam, *quia omnes currunt et recommendantur, sed unus accipit bravium*[62]. Derjenige, der dieses Mal den Siegespreis errang, war Christoph Ludwig Mögling[63], bisher Pfarrer von Deufringen, dem das Stift am 10. Mai 1731 die Pfarrstelle übertrug. Die Deufringer Pfarrstelle unterstand – wie bereits bemerkt – ebenfalls dem Patronat des Stifts Baden-Baden. Andererseits wird aus dem Schriftwechsel deutlich, daß sich das Stift Mögling gegenüber mündlich und schriftlich verpflichtet hatte, ihm gegebenenfalls die Pfarrei Großingersheim oder eine andere noch bessere Stiftspfarrei zu übertragen. Mit der Ernennung Möglings nach Großingersheim wollte man darüber hinaus die 200jährigen Verdienste der Familie Mögling um das Stift Baden-Baden belohnen. Dies führte das Stift in einem Schreiben an den Herzog von Württemberg an, der seinerseits einen anderen Bewerber unterstützt hatte, der somit nicht zum Zuge kam. Immerhin hatte das Stift diesem die Deufringer Stelle angeboten, die ihm aber nicht zusagte, weil ihm die dortige Besoldung zu gering war.

Leider wird nicht gesagt, welcher Art die Verdienste der Familie Mögling um das Stift waren. Die Mögling waren eine württembergische Gelehrtenfamilie, die vor allem Ärzte und Juristen hervorgebracht hat[64]. Man wird also ihre Verdienste auf diesen Gebieten suchen müssen[65]. Jedenfalls kommen mit dieser Aussage interessante Loyalitäten ans

---

62 Anspielung auf 1. Kor. 9, 24.
63 Christoph Ludwig Mögling (1702–1777) war 1731–1743 Pfarrer in Großingersheim, ließ sich dann aber nach Rudersberg versetzen, wo er bis zu seinem Tod blieb.
64 Vgl. Allgemeine Deutsche Biographie, Bd. 22 (1885) S. 47; Neue Deutsche Biographie, Bd. 17 (1994) S. 613f.
65 Die kursorische Durchsicht der Möglingschen Genealogie bei FABER (wie Anm. 13) Heft 7: XXV. Die Bocer'sche Stiftung in Tübingen, Stuttgart 1853, weist unter § 103 immerhin einen Johann Ulrich Mögling (1656–1729) nach, der 1686–1691 Stadtschreiber in Besigheim, 1692–1696 Keller in

Licht. Verstärkt wird dieser Eindruck noch dadurch, daß der Stiftsschaffner in Besigheim, Johann Burkhard Mögling (1703–1758), ein Bruder des Pfarrers Mögling in Großingersheim war. Der Vater der beiden, der 1729 verstorbene Johann Ulrich Mögling, war zuletzt Rentkammerexpeditionsrat und Landschreibereiverwalter in Ludwigsburg gewesen. In diesem Amt folgte ihm sein Sohn Johann Wolfgang (1704–1765) nach, ein jüngerer Bruder des Großingersheimer Pfarrers.

Christop Ludwig Mögling, der am 10. Mai 1731 in Baden-Baden persönlich *in pleno capitulo* erschienen war, unterschrieb die ihm vom Stift vorgelegten Verpflichtungspunkte anscheinend ohne weiteres, auch diejenigen hinsichtlich der Fehljahre. Immerhin ging es hier vor allem um sechs Eimer (= 18 hl) Wein, die ja, wenn man richtig damit umzugehen wußte, einen nicht zu unterschätzenden Geldwert darstellten.

Mit der Witwe des am 7. März 1731 verstorbenen Pfarrers Römer gab es jedoch noch beträchtliche Schwierigkeiten zwischen Ludwigsburg und Baden-Baden. Sie hatte das Gesuch gestellt, ihr über das ihr zustehende Gnadenquartal hinaus die Besoldung noch ein halbes Jahr lang, bis Martini, zu reichen. Bei diesem Gesuch war sie von ihrem Bruder, dem Besigheimer Pfarrer Johann Christoph Schmid unterstützt worden, der darauf hinwies, daß dies in ähnlich gelagerten Fällen auch schon genehmigt worden war. Das Konsistorium hatte daraufhin die Besoldungsnachfolge nur bis Jakobi genehmigt und der Amtsnachfolger Mögling war auch auf diesen Termin in Großingersheim eingetreten. Auf das nochmalige Gesuch der Witwe Römer wurde ihr – zumal sie darauf verweisen konnte, daß dies schon zwei ihrer Vorgängerinnen genehmigt worden war – schließlich die halbjährige Besoldungsnachfolge zugestanden, jedoch nicht von der Großingersheimer Besoldung, sondern von der Deufringer. Dort sollte nämlich der Nachfolger Möglings erst auf Martini aufziehen. Der ganze Handel hatte aber beträchtliche Schreibereien und auch einige Mißstimmung erzeugt, weil man sich in Baden-Baden offensichtlich übergangen fühlte. Die Witwe hatte sich mit diesem Tausch einverstanden erklärt. Nach dem Vorbild der Witwe im Evangelium (Luk. 18, 2–5) ließ sie nicht locker, sie bat schließlich auch noch um Ersatz der von ihr für die Haltung eines Vikars in Deufringen verauslagten Kosten, nachdem die dortige Pfarrei offensichtlich durch einen Nachbarpfarrer versehen worden war.

Beim nächsten Wechsel auf der Großingersheimer Pfarrstelle, der deswegen veranlaßt wurde, weil Mögling auf eine andere Stelle ging, bewarben sich nicht weniger als sechs Pfarrer und Vikare beim Konsistorium um die Genehmigung, sich in Baden-Baden um die Großingersheimer Pfarrstelle bewerben zu dürfen. Ihnen allen wurde gestattet, sich nach Baden-Baden zu wenden. Einen uneinholbaren Vorsprung unter diesen sechsen hatte jedoch Gallus Jakob Weysser[66], dessen Vater, Amtskeller in Heimsheim, schon zwei Jahre zuvor durch die Herzoginwitwe Maria Augusta von Thurn und Taxis (1706–1756), der Mutter Herzog Karl Eugens, von Baden-Baden die Zusage erhalten hatte, seinen Sohn bei einer künftigen Vakanz mit einer Pfarrei zu bedenken. Die Stiftsherren waren zuvorkommend genug, die Herzoginwitwe von der freiwerdenden Pfarrei Großingersheim zu

---

Gemmrigheim, 1696–1699 Vogt in Besigheim war. Zumindest er dürfte in diesen Stellungen Gelegenheit gehabt haben, dem Stift Baden-Baden behilflich zu sein.
66 Gallus Jakob Weysser (1719–1777).

benachrichtigen, so daß ihr Protegé sich das Nominationsdekret in Baden-Baden abholen konnte.

In diesem Dekret ist allerdings von Großingersheim die Rede als *der dem Stift inkorporierten Pfarrei*. Das war nun gewiß eine neue Formulierung, wurde aber nicht beanstandet. Bei dieser Gelegenheit gab es jedoch für den neu ins Amt eingeführten Pfarrer ein böses Erwachen. Er mußte, als er nach seiner *Anstandspredigt* mit seinem Vater das Pfarrhaus etwas eingehender in Augenschein nahm, nicht geringe Baumängel feststellen, die er umgehend nach Baden-Baden berichtete, damit von dort aus veranlaßt würde, daß Abhilfe geschaffen werde. Es scheint so gewesen zu sein, daß der Vater Johann Heinrich Weysser, der als Verwaltungsbeamter etwas mehr als der studierte Sohn vom Bauwesen verstand, sich das Pfarrhaus vorher nicht genauer angesehen hatte. Immerhin ließ sich Pfarrer Weysser dies eine Lehre sein, zumal er ja in seiner Amtsverpflichtung gegenüber dem Stift versprochen hatte, die Gebäude gut zu beaufsichtigen. Noch 1765 gab er einen genauen Bericht über die damals festzustellenden Baumängel von Pfarrhaus und Kirche, damit die Reparatur veranlaßt werden konnte.

Nach 33jähriger Dienstzeit in Großingersheim als seiner ersten Pfarrstelle, hatte Weysser sich 1777 um die Pfarrei Aldingen beworben. Bevor darüber entschieden worden war, hatte ihn *indessen der HERR über Leben und Tod befördert*, wie der Dekan von Bietigheim berichtete, da Weysser nach kurzer Krankheit am 22. Februar 1777 verstarb. Hierauf bat Karl Ferdinand Mittler, Vikar in Illingen, um die Genehmigung, sich beim *Dom-Stift* Baden-Baden um die freigewordene Stelle bewerben zu dürfen. Trotz dieser terminologischen Schwierigkeit erhielt er die Nomination, da er mit seinem zukünftigen Schwager nach Baden-Baden kam[67]. Dieser empfahl den Bewerber als zukünftigen Tochtermann des verstorbenen Pfarrers, womit auch hier wieder der Gesichtspunkt der Vererbung zur Geltung kam. Zehn Jahre vor seinem Tod hatte Pfarrer Weysser in Baden-Baden um ein Expektanzdekret auf die Großingersheimer Pfarrstelle für eines seiner Kinder – männlichen oder weiblichen Geschlechts – gebeten und dies auch erhalten.

Bemerkenswert ist, daß man im Stift Baden-Baden von Großingersheim als der dem Stift inkorporierten Pfarrei sprach und – kirchenrechtlich korrekt – von dem verstorbenen Pfarrer Weysser als dem *Pfarr-Vicarius*. In dem seinem Nachfolger ausgestellten Nominationsdekret umging man allerdings diese Terminologie. Es ist nur die Rede davon, daß dem Stift das Patronat dieser Stelle zustehe. Im übrigen hob man darauf ab, daß der Nachfolger eine Tochter seines Vorgängers heiraten wolle. Damit war das 1767 für Pfarrer Weysser ausgestellte Expektanzdekret gemeint, dessen Tochter nun also ihrem zukünftigen Mann eine Pfarrstelle in die Ehe brachte. Gewiß war damit auch vorausgesetzt, daß sich Mittler der Witwe seines Vorgängers, seiner künftigen Schwiegermutter, und deren übrigen neun hinterlassenen Kindern annehmen würde. Dies könnte ein Nachklang des Ärgers sein, der seinerzeit mit der Versorgung der Pfarrwitwe Römer entstanden war. Dessen ungeachtet behagte dem Konsistorium die Form der Nomination nicht. Man nahm Anstoß daran, daß auf die Heiratsabsichten Mittlers abgehoben wurde, des-

---

67 Karl Ferdinand Mittler (1751–1810) heiratete unmittelbar nach seinem Amtsantritt 1777 Cordula Friderica Barbara Weysser, Tochter des verstorbenen Großingersheimer Pfarrers Gallus Jakob Weysser.

gleichen auf die von seinem Vorgänger hinterlassene *Wittwe mit 10 lebenden Kindern*. Man ließ Mittler deshalb eine Abschrift des Nominationsdekrets für seinen Vorgänger zukommen, damit er dafür sorgen konnte, daß ihm – diesem Vorgang folgend – in Baden-Baden ein formrichtiges Dekret ausgestellt wurde. Mittler unterschrieb übrigens auch – wie seine Vorgänger – die Verpflichtungspunkte, die jedoch in seinem Fall die seither übliche Gleitklausel bei der Besoldung nicht mehr enthielten.

Noch 1801 ließ sich Pfarrer Mittler ein Expektanzdekret erteilen, mit dem ihm in Aussicht gestellt wurde, seine Nachkommen, und zwar nicht nur männlichen, sondern auch weiblichen Geschlechts, bei einem künftigen Stellenwechsel zu bedenken. Als ein Jahr später der württembergische Kandidat Christian Nast[68] in Plochingen um ein Expektanzdekret auf die Großingersheimer Pfarrei nachsuchte, gab es darüber eine Diskussion im Stiftskapitel. Diese ist deswegen aktenkundig geworden, weil sie im Umlaufverfahren geführt wurde. Sie zeigt, daß man im Stift Baden-Baden zu dieser Zeit in dem Bewußtsein lebte, daß es mit diesen Verhältnissen zu Ende ging. Der Kanonikus Werk, dem eine Reihe von Mitgliedern des Stiftskapitels beistimmte, meinte gleichwohl, daß man Gnaden austeilen sollte, solange man könne. In Anbetracht des bereits Pfarrer Mittler erteilten Expektanzdekrets wurde für Nast am 3. September 1802 ein solches ausgestellt, das ihm die nächste in den herzoglich württembergischen Landen freiwerdende Pfarrei zusprach. Doch sollte dieses Expektanzdekret nicht für Großingersheim gelten, da das Stift schon anderweitig darüber verfügt hatte. Zu diesem Zeitpunkt hatten sich aber die Großmächte Frankreich und Rußland bereits über die territoriale Neugestaltung des Reichs geeinigt, die mit dem Reichsdeputationshauptschluß auch dem Stift Baden-Baden sein Ende bereitete.

Der Reichsdeputationshauptschluß überzeugte Pfarrer Mittler von Großingersheim offenbar davon, daß sein Expektanzdekret, das er im Jahr zuvor noch gegen den Vikar Nast verteidigt hatte, jetzt nichts mehr wert war. Er ließ sich deshalb 1803 auf die Pfarrei Bitzfeld versetzen. Nun meldete sich der Vikarius M. Heyd von Stuttgart[69] und bat um die Erlaubnis und ein Attest, um sich – jetzt beim kurfürstlich badischen Kirchenrat – um die Stelle bewerben zu dürfen. Er erhielt sie auch prompt. Das Nominationsdekret erging im Namen des Kurfürsten Karl Friedrich von Baden – jedoch mit einer Art salvatorischer Klausel, nämlich der Berufung auf den Reichsdeputationshauptschluß[70].

Die badischen Kirchenpatronate in Württemberg wurden nach Säkularisation und Mediatisierung von Baden an Württemberg abgetreten[71]. Dieser Vorgang war unter anderem ein Gegenstand der Ausgleichsverhandlungen zwischen den beiden Ländern gewesen, die 1806–1810 gepflogen wurden. Bereits am 16. Juli 1807 kam es zu einer grundsätzlichen Übereinkunft, die Patronatsrechte auszutauschen, vorbehaltlich des Eigentums an Gütern, Zehnten und Gefällen. Konkret ging es um die badischen Patronate in Gechingen bei Calw, Mönsheim, Deufringen und Großingersheim, sowie die badischen Pflegen Besigheim, Mönsheim und Gechingen, die bereits durch Vertrag vom 1. November 1806

---

68 Johann Christian Nast (1771–1814) war 1794–1804 Vikar bei seinem Vater in Plochingen, wurde 1805 Pfarrer in Lampoldshausen, wo er bis zu seinem Tod verblieb.
69 Es handelte sich um August Friedrich Heyd (1776–1824), Pfarrer in Großingersheim 1803–1824, in Mössingen 1824.
70 LKA A 29, 1680, 2.
71 LKA A 26, 916, 3.

an Württemberg gefallen waren. Damit waren die badischen Rechte, die bei dem Verkauf von 1595 noch zurückgeblieben waren, an Württemberg gegangen. Die badische Präsenz am mittleren Neckar war endgültig zu Ende.

Sind diese Kirchenpatronate nur als in die Neuzeit hineinreichende Relikte der mittelalterlichen badischen Präsenz am mittleren Neckar zu betrachten? Gewiß konnten sie sich halten, weil sie seinerzeit zum Stift Baden-Baden gestiftet worden waren. Damit war auch die Absicht der Stifter erreicht, solche Rechte, die vom Mittelpunkt ihrer Herrschaft einigermaßen abgelegen waren, einer ihrer Vogtei unterstehenden kirchlichen Institution zu übergeben und so zu sichern. Damit waren sie zwar ihrer unmittelbaren Verfügung entzogen, waren aber nicht mehr einem anderweitigen Zugriff ausgesetzt.

Es handelt sich in der Tat um mehr als um Relikte, die beim Anbruch einer neuen Zeit mit vielen anderen, auf alten Rechten beruhenden Eigentümlichkeiten abgeschafft wurden. Diese Rechtsverhältnisse sind lehrreiche Exempel der auf personalen Bezügen beruhenden Herrschaft im Alten Reich, sie zeigen am konkreten Beispiel, wie man trotz der Konfessionsverschiedenheit einen modus vivendi fand. Noch mehr: es ist zu beobachten, wie es gelegentlich auch gelang, die konfessionellen Schranken zu überwinden! Nicht nur, weil der Propst von Baden-Baden nicht selten in Besigheim und Gemmrigheim weilte, und weil der Neckarwein auf den Tisch der Baden-Badener Stiftsherren kam. Umgekehrt kamen die Großingersheimer und die anderen Patronatspfarrer auch nach Baden-Baden, und zwar nicht nur, um sich vorzustellen. Vielmehr hatte sich zuletzt sogar ein gesellschaftlicher Verkehr des Stifts mit seinen evangelischen Patronatspfarrern entwickelt, der von einer nicht zu verkennenden Herzlichkeit war.

In seinem Dankschreiben vom 7. Dezember 1767 für das erhaltene Expektanzdekret stellte Pfarrer Weysser in Aussicht, alsbald nach Weihnachten nach Baden-Baden kommen zu wollen, um seinen Dank dafür persönlich abzustatten. Pfarrer Mittler war – möglicherweise mit den anderen evangelischen Patronatspfarrern – im September 1800 bei der Amtseinführung des neuen Propstes in Baden-Baden und gedachte in seinem Dankschreiben, dem er die Bitte um die Ausstellung des mündlich zugesicherten Expektanzdekrets anschloß, in überschwenglichen Worten für die *herablassende grose Leutseligkeit*, mit der man ihn bei dieser Gelegenheit aufgenommen und behandelt hatte.

Schlussbemerkungen*

VON DIETER MERTENS

Ausgangspunkt der Tagung war die Urkunde von 1153, die Basis des Jubiläums, also der Beginn der badischen Zugehörigkeit Besigheims. Und diese Zugehörigkeit ist bis an ihr Ende verfolgt worden, bis zu ihrem Erlöschen in den letzten Herrschaftsrechten, die uns Herr Ehmer vorgestellt hat. Dies also ist der Rahmen vom Beginn der Zugehörigkeit zu Baden bis zum Ende, man könnte fast sagen, wenn man es von den Urkunden her sieht, bis zu der Inschrift von 1581 an der Brücke, die noch das badische Wappen trägt, dann aber sehr bald eine württembergische Brücke geworden ist. Die Tagung hat viele neue Forschungen vorgestellt, hat große Bögen geschlagen, wie Sie gerade im Vortrag von Herrn Krimm gehört haben, auch interessante methodische Probleme aufgeworfen, die gerade dann interessant wurden, wenn Historiker sich der Kunstdenkmäler bedienen, und umgekehrt natürlich auch, wenn Kunsthistoriker die vorhandenen Kunstwerke historisch einordnen. Das alles, so glaube ich, war weiterführend und überaus bedenkenswert, auch für alle, die dies nicht von vornherein nachvollziehen konnten.

Die Gliederung der Tagung ist in dem Programm sehr anschaulich dargestellt, ich rufe es in Erinnerung. Zunächst ging es um die staufischen Grundlagen und den Weg von der Burg zur Stadt, d. h. also von den allgemeinen geschichtlichen Zusammenhängen zu Besigheim selbst. Dann wurde, etwas weiter ausgreifend, der mittlere Neckarraum unter herrschaftlichen Gesichtspunkten ins Visier genommen und danach das kunstgeschichtliche Terrain abgeschritten. Und schließlich wurde die kirchliche Seite behandelt, wobei sich heute morgen ganz besonders deutlich herausgestellt hat, dass die kirchliche Seite immer auch ganz massiv eine politische ist. Die Tagung hatte zwei zeitliche Schwerpunkte. Einmal ging es um das Hochmittelalter, die Stauferzeit, man könnte die beiden Urkunden, die hauptsächlich diskutiert wurden, die Königsurkunde von 1153 und die Kaiserurkunde von 1231 sozusagen als Merkposten für diesen zeitlichen Schwerpunkt im

---

* Der nachfolgende Beitrag stand am Schluß der Besigheimer Tagung (12.10.2003) als Zusammenfassung der Vorträge und Einleitung in die Schlußdiskussion. Diese wird in diesem Band nicht wiedergegeben. Es ging in ihr um zahlreiche Einzelfragen, deren Beantwortung dem hektographierten Protokoll der Tagung zu entnehmen ist (Protokoll 425 der Arbeitsgemeinschaft für geschichtliche Landeskunde am Oberrhein). Doch auch in der Gesamtthematik – vgl. die Einleitung zu diesem Band – blieben viele Fragen offen und es zeigte sich, daß die Diskussion weitergehen müsse, nicht nur in Besigheim. Die Redaktion hat sich daher dazu entschlossen, die abschließende Zusammenfassung in diesen Band aufzunehmen, gerade weil in ihr die Fragen aufgeworfen und formuliert werden, die auch in Zukunft wieder aufgegriffen werden. In diesem Sinne mag sie als »Einleitung zur Diskussion« verstanden werden.   Die Red.

Hochmittelalter nehmen und gleichzeitig die Tatsache, dass es sich um eine Königs- und eine Kaiserurkunde handelt, für die Königsnähe, das unmittelbare Mitspielen des Königs in dieser Zeit werten. Den zweiten zeitlichen Schwerpunkt bildete das Spätmittelalter und der Beginn der frühen Neuzeit mit den territorialen Kräften, die aus dem Untergang der Staufer Nutzen gezogen haben, und nun – jedenfalls bis zum Königtum Karls IV. – ganz massiv, danach teilweise die Könige zu Gegnern hatten. Es ging also nicht um die Mitwirkung oder unmittelbare Einwirkung des Königs wie in der Stauferzeit, sondern um die Gegnerschaft. Herr Weinfurter hatte zur ersten Periode gesagt, sie sei ein Ausleseprozess, der sich etwa von 1050 bis 1250 hinziehe, von der Formierungsphase der Adelsgeschlechter, als sie die Höhenburgen bauten, nach denen sie sich benannten, bis hin zum massiven Herrschaftsaufbau des Adels, für Baden gesprochen unter Markgraf Hermann V. Wer diesen Prozess nicht überlebte, sagte Herr Weinfurter, der schied aus.

Über die zweite Periode kann man indes ebensogut sagen, dass in ihr ein Ausleseprozess stattfand. Die Gewinner und Verlierer wurden genannt, die Gewinner waren gewiss Baden und Württemberg, aber Herr Krieg und Herr Rückert haben auch die Verlierer genannt, zum Teil beiläufig, zum Teil explizit: Die Grafen von Vaihingen und Eberstein, die Herzöge von Teck, die Pfalzgrafen von Tübingen. Man könnte auch die großen Klöster nennen, die den werdenden Territorien zunehmend eingefügt wurden. Wichtig ist sicher auch, um sich den Unterschied dieser Perioden vor Augen zu führen, der Hinweis von Herrn Weinfurter auf den Stilwandel der Politik, als er erklärte, dass im 13. Jahrhundert Lorsch, eines der ganz großen, besitzreichen Klöster des frühen Mittelalters, im 13. Jahrhundert regelrecht tranchiert und zerlegt wurde. Diese zweite Periode des Ausleseprozesses – man könnte genau so gut vom Verherrschaftlichungsprozess sprechen, wie Herr Weinfurter es für das Hochmittelalter tat – kommt in der zweiten Hälfte des 14. Jahrhunderts unter den luxemburgischen Königen, deutlich schon unter Kaiser Karl IV., dadurch zur Ruhe, dass die Gewinne, die Baden und Württemberg im Interregnum gemacht haben, nicht mehr in Frage gestellt, dass die begonnenen Territorialbildungen vielmehr anerkannt werden und die Beziehungen der politischen Kräfte im Reich deutlicher fixiert oder gar formalisiert werden. Die Königswahl wird geregelt, und die Zahl der königsfähigen Familien reduziert sich auf zwei Häuser. Daneben haben wir die Rechtsgestalt der Kurfürstentümer, welche die übrigen Fürstentümer unter sich lassen und in die Nähe der nichtfürstlichen Grafen und Herren verweisen. Deren Rechtsbereiche werden fixiert, der Wandel vom Hoftag zum Reichstag findet statt, Reichsmatrikeln werden angelegt, kurzum, der Wandel von der von Peter Moraw so genannten offenen Verfassung, in der ein rascher Auf- und Abstieg und vieles andere möglich war, zur zunehmend formalisierten Verdichtung der politischen Beziehungen zeichnet sich ab, womit aber keine Stagnation gemeint ist. Ein Fürst im 11. und 12. Jahrhundert – die Frage des Fürstenranges wurde immer wieder angesprochen – ist sicherlich etwas anderes als ein Fürst im Spätmittelalter, weil das Adelsgefüge ein anderes ist und vor allem auch, weil die Kurfürsten als höchste Rangstufe entstehen. Aber auch die Geschlechter selber ändern ihre Vorstellungen von ihrem Platz im Adelsgefüge.

Das betrifft m. E. die Württemberger wie auch die Markgrafen von Baden, die ihre Verwandtschaft mit den Herzögen von Schwaben, auf die im Hochmittelalter so viel Wert zu legen ist, und ihre Verwandtschaft mit den Zähringern als deren Seitenlinie, ja insgesamt ihre Verwurzelung im Herzogsgeschlecht aus karolingischem Blut – ich erinnere an den Vortrag von Herrn Zotz – und damit ihren hohen Rang vergessen. Der spätmittelalterliche Anspruch der Badener auf fürstlichem Rang gründet sich nicht auf die Kenntnis ihrer Herkunft. Dass Verona im 11. Jahrhundert eine Markgrafschaft des Kärntner Herzogtums war, weiß man im 15. Jahrhundert nicht mehr. Da zählen die Badener als Nachfahren jener aufmüpfigen italienischen Adligen, die Konrad II. in großer Zahl strafweise nach Deutschland verpflanzt habe, um in Italien wieder Ruhe einkehren zu lassen, mit dem unerwünschten Effekt, dass dann in Deutschland so viel Unruhe unter den Fürsten eingetreten sei. Die Adelsgeschlechter ändern selber ihre Vorstellung von ihrem Platz im Adelsgefüge. Auch darin unterscheiden sich die hochmittelalterliche und die spätmittelalterliche Periode deutlich voneinander. Herr Weinfurter und Herr Zotz haben komplementär aus staufischer und aus badischer Perspektive den historischen Kontext der Besigheim Urkunde von 1153 entfaltet, die ungewöhnlicherweise Königsgut in Adelshand gibt, und haben die nicht minder ungewöhnliche Konstellation ausgeleuchtet, die den staufischen König, den badischen Markgrafen, das Frauenstift Erstein, seinen Dagsburger Vogt und betroffene und benachbarte Herren vom Umkreis des mittleren Neckars zusammengeführt hat. Herr Weinfurter war überzeugt, dass diese Schenkung Teil eines politischen Programms des frisch gewählten Stauferkönigs war. Er hat sozusagen die Stimmung, aus der heraus Otto von Freising seine Gesta Friderici schreibt, wiedergegeben als das Programm Barbarossas. Hingegen hat Herr Zotz aus der Herrschaftsentwicklung der Badener am mittleren Neckar einerseits, am Oberrhein andererseits geschlossen, dass die Initiative für den Akt von 1153 vom Badener ausging. Beides muss kein logischer Widerspruch sein, doch eine unterschiedliche politische Gewichtung bleibt gleichwohl bestehen. Herr Schwarzmaier hakte in die Diskussion ein und wies auf andere Deutungsmöglichkeiten hin: die Schenkung Friedrichs von 1153 als eine Erfüllung von Absprachen zu begreifen, die im Vorfeld seiner Königswahl getroffen wurden. Will König Friedrich einen Gefolgsmann, einen Mitwirkenden für die Durchführung seines Herrschaftsprogramms gewinnen, oder will er einen Angehörigen des mit dem König konkurrierenden Adels in seine Politik einbinden? Diese Frage ist angesichts der offenen Feindschaft zwischen dem Königtum und dem alten Adel nicht allzu viel später, zur Zeit König Heinrichs (VII.), des Sohnes Kaiser Friedrichs II., von Interesse. Denn es stellt sich die Frage, wann und in welchen Situationen die Kooperation des Adels mit dem Königtum zur offenen Konkurrenz und regelrechten Feindschaft übergeht. In dem von Herrn Weinfurter eingangs seines Referats zitierten Verherrschaftlichungsprozess ist die Konkurrenz zwischen Adel und Königtum angelegt. Diese strukturelle Konkurrenz ist gerade aus landesgeschichtlicher Perspektive virulent, wenn Adel und Königtum ihre Position im selben Raum und auch weitgehend mit den selben Mitteln ausbauen. Man könnte die Frage stellen, ob es jetzt für den Historiker eher eine Temperamentsache oder eine Erfahrung aus dem Umgang mit dem Stoff ist, ob er mehr die Kooperationssuche bzw. die Kooperationspraxis betont oder die Frage nach den strukturellen und den offenen Konflikten unterstreicht.

Die Referate von Herrn Maurer und Herrn Schwarzmaier haben Besigheim selber, seine Topographie, seine Bauten und Türme insbesondere, dann aber auch die genannten Ämter und Amtsträger und ihre Familien betrachtet. Eindrucksvoll ist die Größe der Pläne für den herrschaftlichen Ausbau Besigheims, ebenso eindrucksvoll die Qualität der Anlage, soweit sie realisiert wurde. Dies ist ein Zeugnis für den weiten Horizont des Erbauers Markgraf Hermanns V. und für seinen Ranganspruch. Beide Referate haben auch die Politik Markgraf Hermanns V. am mittleren Neckar insgesamt analysiert. Die Leistung und Absichten dieses Markgrafen beim Landesausbau wurden herausgearbeitet, ich erinnere nur an Reichenberg, an die Tauschgeschäfte mit Backnang, den Ausbau Besigheims als Burg und Stadt, um ein paar Stichworte zu nennen, vor allem aber an den vehementen Konflikt mit König Heinrich (VII.), in dem der junge König und die Ministerialität gegen den alten hohen Adel stehen, der zumindest teilweise noch glaubt, dass Kaiser Friedrich auf seiner Seite sei. Die Zeit Markgraf Hermanns V. stellt, und das wurde in den beiden Referaten und zuvor auch schon bei Herrn Zotz mit unterschiedlichen Perspektiven deutlich, einen Höhe- und Wendepunkt der badischen Herrschaft am mittleren Neckar dar. Der territoriale Zugewinn aus dem Ausgleich zwischen Kaiser Friedrich II. und Hermann, die Entschädigung für die entgangenen Ansprüche an die Pfalz stärkte die oberrheinische Position der Badener sehr und gab ihnen mit Pforzheim einen Dreh- und Angelpunkt ihrer doppelpoligen Herrschaft zwischen Backnang und Baden-Baden in die Hand. Eine Verlagerung des Herrschaftsschwerpunktes an den Oberrhein wird seither möglich und seit dem Krieg mit König Heinrich (VII). um den Landesausbau am mittleren Neckar auch ratsam. Beide Referenten haben gezeigt, wie der Burgenausbau und die Stadtwerdung Besigheims unter plötzlich veränderten Bedingungen stattfanden. Die Stadtwerdung Besigheims wies nicht mehr in eine Residenzenzukunft, doch herrschaftlich dominiert blieb sie gleichwohl, erkennbar an der Kombination militärischer und städtischer Aufgaben der badischen Amtsträger in Besigheim. Die Badener haben, sagte Herr Schwarzmaier, erst spät ihre Städte privilegiert.

Zu der späteren Zeit der badischen Stadt hatten wir kein auf Besigheim bezogenes Referat. Ein solches hätte vielleicht den imposanten Rathausbau erklären oder über die Stifter des Schnitzaltars spekulieren können. Die zweite Phase des territorialgeschichtlichen Ausleseprozesses von den nachstaufischen Jahrzehnten bis zur luxemburgischen Zeit haben als badisch-württembergisches Duett Herr Krieg und Herr Rückert vorgestellt. In dieser Periode, die sich wiederum dreifach unterteilen lässt, wie gezeigt wurde, fand die Verdrängung oder der Rückzug Badens aus den Herrschaftspositionen des mittleren Neckarraumes statt. Positiv gewendet, handelt es sich um die Gründerjahrzehnte des Territorialstaates, in denen die Konzentration des Herrschaftsausbaues in zusammenhängende Räume als Vorteil galt, weil dies die Stabilisierungs- und Modernisierungschancen der Herrschaft verbesserte. Territorien wie das Hochstift Mainz haben so etwas nicht gekonnt, seine Besitzungen lagen diagonal durchs Reich verteilt, und so hat Mainz keine räumliche Konzentration erlangen können. Insofern ist der Rückzug Badens aus dem Neckarraum, der ja von badischer Seite aus noch nicht total ist, durchaus auch mit einer Raison versehen, und das würde sich sicherlich in den einzelnen Aktionen gerade der spätstaufischen und frühhabsburgischen Zeit gut zeigen lassen. Ich nenne aus dem Doppelreferat von Herrn Krieg und Herrn Rückert keine Fakten, sondern nur einige Faktoren dieser Umschichtung des Herrschaftsaufbaues. Es ist das Ende der Staufer, das den Zugriff auf Besitz und Rechte der von den Staufern kombinierten Haus-, Herzogs- und Königsgüter ermöglichte, sodann das Ausnutzen der Krisen des nachstaufischen Königtums, am konsequentesten durch Württemberg. Weiterhin ist das Umschichten von Besitz und Rechten durch Heiratsabmachungen zwischen Baden und Württemberg und von diesen mit den jeweiligen Nachbarn zu nennen. Und schließlich geht es um das Erben und Kaufen von Herrschaftstiteln, denn dies spielt ja in der Regel ineinander; auf jeden

Fall spielt der Kauf eine sehr große Rolle und ist gewiss der bedeutendste Faktor für den gezielten territorialen Zuerwerb, nicht etwa der Krieg.

Die Herrschaftskonzentration kann man, wie hier eben geschehen, auf den Raum beziehen. Man kann jedoch auch vom Herrscherhaus her blicken, und dann kommen noch ein paar andere Faktoren in den Blick, der Erwerb nämlich von dem, was jetzt in Relation zur Konzentration des Besitzes als Außenposition anzusprechen wäre, etwa um weitere Familienmitglieder, jüngere Söhne zu versorgen und dynastische Reservepositionen aufzubauen. Baden und Württemberg handeln dabei unterschiedlich. Es wurde zurecht unterstrichen, dass Baden über die geistlichen Söhne, deren einer sogar ein geistliches Kurfürstentum erhielt – in Trier –, einen wesentlichen Anteil an der Reichskirche in Metz, Utrecht und Trier und damit an höchsten fürstlichen Positionen erlangte, was aber, strukturell bedingt, temporär blieb, weil es sich um Wahlämter handelte. Württemberg verfuhr anders, erwarb 1344 Horburg und 1396 Mömpelgard, so dass es mit diesen Grafschaften zwar im gräflichen Rang verblieb, aber damit etwas in Händen behielt, das es sozusagen als einen Außen- und Reserveposten des Hauses generationenlang innehaben kann. Der andere Faktor, der wiederum von der Hauspolitik her gesehen wichtig ist, sind die Teilungen. Für Baden hat Herr Krieg ein sehr positives Bild gezeigt, dank der Teilungen sozusagen »Friede den Palästen« diagnostiziert. Für Württemberg war dieser Faktor insgesamt weniger wichtig. Als er im 15. Jahrhundert zu einem Problem wurde, konnte es bereits nach gut 40 Jahren überwunden werden.

Die Zeit des 15. und 16. Jahrhunderts ist uns in den Referaten von Herrn Fritz, Herrn Krimm und Herrn Brendle vorgestellt worden. Es wurde uns eine wiederum veränderte Situation vorgestellt. Einerseits konkurrieren Baden und Württemberg als Rivalen immer weniger am mittleren Neckar, immer mehr und ganz massiv hingegen im Nordschwarzwald. Andererseits aber entstehen, gleichsam im Gegenzug, gemeinsame Interessen und erwächst der gemeinsame Feind. Als Mitspieler tauchen jetzt, und gerade in unserem Raum, die Kurpfalz und auch die Habsburger auf, während, wie Herr Fritz herausgearbeitet hat, die kleineren Mächte zerrieben werden, so dass die größeren direkt aufeinander prallen. Um diese neue Konstellation zu verstehen, ist es sinnvoll, einen Blick auf die Entstehung des pfälzischen Kurfürstentums zu werfen, das der Pfalz einen uneinholbaren Vorsprung vor den Badenern und Württembergern verschaffte. Um das Stichwort aus der Heidelberger Ausstellung vom »Griff nach der Krone« hier einzubringen, lässt sich zusammenzufassend sagen, dass jetzt durch die Kurwürde der Pfalz und die Ambitionen der pfälzischen Wittelsbacher als königsfähige Familie, auf der Reichsebene mitzuspielen, es ihnen ermöglicht wurde, wie Herr Fritz herausgestellt hat, auch Konflikte zu provozieren, die sich in der Region auswirkten, die aber eigentlich nicht von der Region ausgingen, sondern von der Reichsebene aus. Pfalz und Habsburg sind die königsfähigen Mitspieler im Südwesten des Reichs, Baden und Württemberg solidarisieren sich gegen die Pfalz, deren Expansionsbestrebungen im einzelnen dargestellt worden sind. Diese Zeit und ihre politische Konstellation haben auch in dem Vortrag von Herrn Krimm eine ganz wesentliche Rolle gespielt, freilich unter einem ganz anderen Aspekt.

Während Herr Fritz sozusagen die Welt der Region am Draht der Reichsebene dargestellt hat, hat Herr Krimm, anhand von Zeugnissen der politischen Ikonographie, das Zusammengehen und Aufeinanderangewiesensein von Landesherren, Landesfürsten und dem Adel, der nicht zur Landesherrschaft gelangt ist, herausgestellt, vor allem bei den

Gemmingen. Das scheint mir eine sehr wichtige Ergänzung zu sein. Die Zeugnisse, die Herr Krimm uns vorgestellt hat, rufen noch einmal die Bedeutung der Ereignisse von 1462 ins Gedächtnis, die offenbar eine große mentale, politische und auch bildungsgeschichtliche Bedeutung gehabt haben. Die mentale Bedeutung liegt sicherlich darin, dass Kurfürst Friedrich »der Siegreiche« die Fürsten, die er gefangengenommen hat, in einer Weise behandelt hat, wie sonst eigentlich nur der Sultan seine christlichen fürstlichen Gefangenen behandelte, also ohne jegliche Solidarität der Fürsten untereinander. Wenn man bedenkt, wie sich Karl V. 1527 bei Pavia, als er Franz I. von Frankreich geschlagen hat, verhält, wird der Unterschied deutlich. Zum Schrecken seines Kanzlers Gattinara, der zur Unterwerfung drängte, ist Karl V. vom Pferd abgestiegen und hat Franz I. umarmt. Das war die Solidarität der Könige, und entsprechend war auch eine Solidarität der Fürsten zu erwarten. Gerade die aber hat Friedrich, »der böse Fritz«, nicht walten lassen, und so ist einerseits der »Griff nach der Krone« und andererseits eben diese Verweigerung fürstlicher Solidarität etwas, was die sich untereinander solidarisierenden Badener und Württemberger massiv getroffen hat. Eben war in der Diskussion die Frage nach der Rolle der Universität Tübingen und das Fehlen einer Universität für Baden-Durlach aufgetaucht. Auch der Umstand, dass Baden keine Universität hat, geht auf 1462 zurück. Baden hatte für Pforzheim bereits 1459 ein päpstliches Privileg erlangt, die Pfarrkirche war schon zur Stiftskirche erweitert worden, aber dann wurden die weiteren Vorbereitungen der Universitätsgründung gestoppt – eine der Bedingungen Friedrichs des Siegreichen 1462 –, und in Pforzheim entstand eben keine Universität. Aus all diesen Gründen ist dieser Einschnitt von 1462 sehr tief. Man bemerkt die Bedeutung des Jahres 1462 wieder beim bayerischen Erbfolgekrieg von 1504, einem großräumigen, wiederum vom Reich herkommenden Konflikt zwischen den beiden königsfähigen Familien Habsburg und Wittelsbach, der sich in der Region am mittlerer Neckar darin äußerte, dass Württemberg auf Seiten des Habsburgers Eroberungen macht und das zurückerobert, was es an Friedrich den Siegreichen verloren hat. Die Darstellung Herzog Ulrichs als lockigen Feuerkopf, die Herr Himmelein gezeigt hat, stellt den jungen Ulrich dar sozusagen als »Ulrich den Siegreichen«. Die Rückgewinnungen, die Ulrich 1504 gelangen, spielten bei der Etablierung der frisch angetretenen Herrschaft des vorzeitig für mündig erklärten Herzogs eine sehr große Rolle.

Herr Brendle hat gezeigt, wie sich dieser Erfolg Herzog Ulrichs, des »nicht ganz so Vielgeliebten«, bei Friedrich I. fortsetzt und wie jetzt die Territorialpolitik auch wieder mit Raumargumenten versehen wird. Diese sind zum Teil neu, denn die Landbrücke zum Elsaß war bis dahin eigentlich kein Argument gewesen, mit dem man im Raum hätte Politik machen können. Der Gegensatz zur Kurpfalz bleibt ebenfalls, er verfestigt sich, auch konfessionell, wie wir gehört haben.

So haben wir also einen so weiten Bogen gespannt, dass wir fast zwei verschiedene Mittelalter, das Hochmittelalter und das relativ deutlich gewordene andersartige Mittelalter samt dem 16. Jahrhundert kennengelernt haben, und haben Besigheim darin verortet.

Abkürzungsverzeichnis

BLB	Badische Landesbibliothek
DA	Deutsches Archiv für Erforschung des Mittelalters
FDA	Freiburger Diözesanarchiv
fl.	Florin (Gulden)
fol.	Folio
GLAK	Generallandesarchiv Karlsruhe
h	Heller
HABW	Historischer Atlas von Baden-Württemberg (mit Kartennummer)
HbBW	Handbuch der baden-württembergischen Geschichte (mit Bandzahl)
Hg., hg., hgg.	Herausgeber, herausgegeben
HStAS	Hauptstaatsarchiv Stuttgart
Jh.	Jahrhundert
LdMA	Lexikon des Mittelalters
LKA	Landeskirchliches Archiv
Lkr.	Landkreis
MGH	Monumenta Germaniae Historica
– DD F I	Diplomata Friedrichs I. (mit Urkundennummer)
– DD H IV	Diplomata Heinrichs IV. (mit Urkundennummer)
– DD Ko III	Diplomata Konrads III. (mit Urkundennummer)
MIÖG	Mitteilungen des Instituts für österreichische Geschichtsforschung
ND	Neudruck
RMB	Regesten der Markgrafen von Baden
ß	Schilling
WLB	Württembergische Landesbibliothek
WUB	Wirtembergisches Urkundenbuch
ZGO	Zeitschrift für die Geschichte des Oberrheins
ZRG, germ. Abt.	Zeitschrift für Rechtsgeschichte, germanistische Abteilung
ZWLG	Zeitschrift für württembergische Landesgeschichte

Register der Orts- und Personennamen

BEARBEITET VON SUSANNE LANG, M.A.

Sämtliche Personen aus der Zeit der »Einnamigkeit«, ferner Kaiser, Könige, Fürsten (Herzöge), Bischöfe und Äbte sowie die Frauen des Adels sind unter ihren Vornamen aufgeführt, die adeligen Personen aus der darauffolgenden Zeit nach dem Stammsitz ihrer Familie (Herrschaftssitz), alle anderen Personen sind unter ihren Familiennamen zu finden.

Aalen, Ostalbkreis 14
Aargau 95
Abbach (Bad Abbach), Lkr. Kelheim, Burg 136–140, Tafel 20
Achalm, abgeg. Burg bei Reutlingen, Lkr. Reutlingen 159, 197
– Grafen von 93, 192
Adalbero, Bischof von Augsburg 48
Adalbert, aleman. Graf 33
Adalbert, Graf im Murrgau 23, 55, 63
Adalbert, ostfränk. Graf (mehrere) 56, 63
Adalbert, Graf im Radenzgau 56
Adalbert, Graf, Lehensträger von Kloster Lorsch 58
Adalbert, Bruder des Otto de Glasehusen, Zeuge 56, 60
Adalbold, Schenker an Kloster Neuhausen 41, 44
Adalhard, Graf, Stifter von Oberstenfeld 60f.
Adalhart, Graf im Rangau (mehrere) 61
Adelberg, Kloster, Lkr. Göppingen 197f.
Adelheid, Kaiserin 86, 89
Adelheid von Baden, Gemahlin des Markgrafen Rudolf V. von Baden 175
Adelheid von Metz, Mutter Kaiser Konrads II. 59
Adelheid von Turin, Gemahlin Herzog Hermanns IV. von Schwaben 77
Adelheid, Gemahlin Graf Heinrichs I. von Tübingen 69
Adelheid, Tochter des Grafen Eberhard I. von Württemberg 195
Adelloldus, Diakon und Notar 47

Adelsheim, Neckar-Odenwald-Kreis 31
Adeltrud, Gräfin 61
Ado, Schenker an Neuhausen 45
Affalterbach, Lkr. Ludwigsburg 55
Agilolfinger, Herzöge der Bayern 17
Agnes, Kaiserin 36, 47, 73–76, 89, 219
Agnes von Loon, Gemahlin des Herzogs Otto I. von Bayern 136
Agnes von Saarbrücken, Gemahlin des Herzogs Friedrich II. von Schwaben 106
Agnes von Schlesien-Liegnitz, Gemahlin des Grafen Ulrich I. von Württemberg 193–196
Agnes, Gemahlin des Herzogs Friedrich I. von Schwaben 77
Agnes, Gemahlin des Herzogs Otto II. von Bayern 91, 127
Agnes, Gemahlin des Pfalzgrafen Heinrich 90, 171
Agnes, Gemahlin des Grafen Egino IV. von Urach 92
Agnes, Tochter des Grafen Eberhard I. von Württemberg 195
Agnes, Tochter des Grafen Ulrich I. von Württemberg 195
Agnes, Tochter des Grafen Ulrich von Württemberg († 1315) 195
Alaholfinger, Adelsgeschlecht (Alaholf) 20, 49
Albert, Marschall von Helfenberg 141
Albgau 76
Albrecht, dt. König 199f.
Albrecht Achilles, Markgraf von Brandenburg, Kurfürst 241, 256–259

Albuin, Graf im Rangau 56
Aldingen am Neckar, Remseck am Neckar, Lkr.
    Ludwigsburg 50, 300
Aldingen, Lkr. Tuttlingen 50
Alemannen, Alemannien, Herzogtum 12, 14–
    22, 26–28, 30, 33, 36f.
–, Herzöge s. auch Alaholfinger
Alspirsbach, Lkr. Freudenstadt, Kloster 287
–, Abt s. Lukas Osiander
Altböllinger Hof, Neckargartach, Stkr.
    Heilbronn 41, 44, 52
Altdorf = Altorf, Dep. Bas-Rhin 43, 219
Altenburg, Lkr. Altenburger Land, Königspfalz
    133–135
Altensteig, Lkr. Calw 182f. , 282
Altenwied, Neustadt-Wied, Burg 132
Altwinnenden = Bürg, Winnenden, Rems-
    Murr-Kreis, Burg 113–115, 132, 158
Alzenach, Ulrich von, Schenker an St. Peter
    88
Alzey, Lkr. Alzey-Worms 103
Amberg, Pädagogium 266
Ambringen = Ober– und Unterambringen,
    Ehrenkirchen, Lkr. Breisgau-
    Hochschwarzwald 87f.
–, Hermann, Hugo, Karl von 87f.
Amorbach, Lkr. Miltenberg, Kloster 47
Andreae, Jakob, Professor der Theologie
    271f., 276
Anhalt, Fürst Christian, Amberger Statthalter
    282
Anna von Selbach, Gemahlin des Dieter von
    Gemmingen 239
Anna, Gemahlin des Grafen Ulrich von
    Kyburg 92
Anno II., Erzbischof von Köln 43
Anno, Bischof von Worms 52
Anselm, Vogt von Straßburg 95
Antiochia 90
Antonia Visconti, Gemahlin des Grafen
    Eberhard III. von Württemberg 195, 208,
    210
Apollonia, Tochter des Jörg Töber d. J. 225
Apronianus, Ratgeber Kaiser Diokletians 218
Arnold, Erzbischof von Mainz 102
Arnold, Graf von Bretten und Lauffen 70
Arnoldus, Ritter 70
Arnsburg, Lich-Arnsburg, Lkr. Gießen 133
Arnulf von Kärnten, Kaiser 7, 29, 48, 51f.
Artemia, Tochter des Kaisers Diokletian
    (Legende) 218, 228
Aschheim, abgeg. bei Kirchhausen, Stkr.
    Heilbronn 52
Aspach, Rems-Murr-Kreis 23, 55

Asperg, Lkr. Ludwigsburg 26, 51, 67, 200,
    209, 278
–, Grafen von 199, 201
–, Graf Ulrich 199
Auerbach, Elztal, Neckar-Odenwald-Kreis
    45
Augsburg, Bistum und Bischöfe 13f., 37,
    207
–, Bischof s. auch Adalbero
–, Reichstag 265
–, Augsburger Bekenntnis 269, 292
–, Augsburger Religionsfrieden 264f., 268
Aurich, Vaihingen an der Enz, Lkr.
    Ludwigsburg 70, 292

Babenberger, Markgrafen und Herzöge von
    Österreich 49, 78, 169
–, Adalbert, Adalhard, Heinrich, Brüder 49
Babstadt, Bad Rappenau, Lkr. Heilbronn 52
Bach, Jörg von, Ritter 222, Tafel 31
Bacharach, Lkr. Mainz-Bingen 103, 107
Bachenau, Gundelsheim, Lkr. Heilbronn 26
Backnang, Rems-Murr-Kreis 38, 58, 84, 87,
    89f., 127, 140, 146f., 149, 152, 155, 158–160,
    165f., 169, 174, 192, 198–200, 209, 213, 250,
    306
–, s. auch Judith
–, Stift St. Pankratius (Pfarrkirche) 62, 84–86,
    88, 93, 122, 128, 141, 148f., 158–160, 166,
    206
–, Grablege der Markgrafen von Baden 141,
    155, 198
–, Nekrolog 75, 84, 86
Bad Friedrichshall, Lkr. Heilbronn 13
Baden 164, 186, 205, 221
Baden-Baden, Stadt 82f., 93, 147, 155, 160,
    167–169, 183f. 224, 239, 250, 273, 285, 298
–, Burg Hohenbaden (Altes Schloß) 83–85,
    89, 159, 168f., 183
–, Kollegiatsstift, Pfarrkirche St.Peter und Paul
    82, 167, 182f., 222, 283–302
Baden, Markgrafen von 45, 58, 72, 75, 77–80,
    83–93, 95f., 126, 129, 147, 149, 152–155,
    158–160, 163–187, 189, 196, 198f., 201f.,
    205, 211, 213f., 217f., 223, 231–237, 239–
    244, 246f., 249–251, 253f., 256–261, 263f.,
    272, 278, 282f., 285, 288, 297, 301, 303–308
–, Herrschaft (Besitzkarte) 162
–, Albrecht, Markgraf 175, 184
–, Bernhard I. 164, 167, 169, 175, 181–184,
    237, 239, 284
–, Bernhard II. 175, 184
–, Bernhard III. 175
–, Christoph I. 164, 175, 181, 184–187, 244

–, Christoph, Sohn Christoph I.   175
–, Ernst   175, 223
–, Friedrich, Sohn Hermann III.   90
–, Friedrich, Bruder Hermann V.   126
–, Friedrich, Sohn Hermann VI.   170, 175
–, Friedrich, Sohn Hermann IX.   179
–, Friedrich II.   175–179
–, Friedrich III.   175, 179
–, Georg   s. Bischof von Metz
–, Heinrich, Sohn Hermann III.   90
–, Hermann I., Markgraf von Verona   58, 62, 75–87, 89, 92, 164, 175
–, Hermann II.   80, 82–87, 127
–, Hermann III.   73–75, 86–90, 92, 95, 102, 109, 127
–, Hermann IV.   86, 90, 125, 127
–, Hermann V., Markgraf von Verona   75, 85, 89–92, 120–122, 125–137, 139–142, 148f., 155f., 158–160, 165–167, 171f., 174f., 191, 304–306
–, Hermann VI., Herzog von Österreich   129f., 166, 169f., 175
–, Hermann VII.   166, 169, 174–176, 182
–, Hermann VIII.   175
–, Hermann IX.   175, 177–179
–, Hesso   66, 173, 175f.
–, Jakob I.   175, 184f., 242, 284
–, Karl I.   175, 184f., 213, 233, 241f., 244, 257f., 288, Tafel 45
–, Karl, Sohn Christoph I.   175
–, Markus, Domherr   175, 185, 244, Tafel 46
–, Philipp I.   175, 180, 185, 222, 279, 285
–, Rudolf I.   89, 129, 150, 164–176, 183, 187, 191f., 198
–, Rudolf II.   167, 169, 175f.,
–, Rudolf III.   175–178, 201
–, Rudolf IV.   175–180
–, Rudolf V.   175, 179f.
–, Rudolf VI.   167, 175, 179, 181, 183, 205, 235–237
–, Rudolf VII.   167, 175, 181f., 184
–, Rudolf, Sohn Hermann IX.   179
–, Rudolf Hesso   166, 175, 177–180, 200
–, s. auch Friedrich, Bischof von Utrecht, Georg, Bischof von Metz, Jakob, Erzbischof von Trier, Johann, Erzbischof von Trier, Adelheid von Baden, Margarete von Baden, Judith von Backnang
Baden-Baden, Markgrafen von   186, 272, 274, 293
–, Eduard Fortunat   272–274
–, Philibert   272
–, Philipp II.   272, 285
–, Wilhelm   293, 295

Baden-Durlach, Markgrafen von   186, 223, 231, 272f., 280, 293, 308
–, Ernst Friedrich   273f., 278, 282, 285
–, Georg Friedrich   293
–, Jakob III.   273, 280
–, Karl II.   272, 280
–, Karl Friedrich (Kurfürst und Großherzog)   301
Baden-Hachberg, Markgrafen von   88, 92, 156, 175, 182, 273, 280
–, Heinrich I.   88, 92, 126, 166, 175
–, Heinrich II.   139
Badenachgau   56
Balduin I., König von Jerusalem   151
Balingen, Zollernalbkreis   209
Bargen, Helmstadt-Bargen, Rhein-Neckar-Kreis   26
Basel   13, 37, 273
–, Bischöfe   s. auch Burkhard
Baso, Siedlungsgründer von Besigheim   22
Bayern   17, 30, 22, 28, 34, 36, 98
Bayern, Markgrafen und Herzöge von   129f., 173, 247, 256, 268, 272, 274
–, Arnulf, Herzog   49
–, Liutpold, Herzog   49
–, Herzogshaus   s. auch Agilolfinger, Wittelsbach
–, Bayerischer Erbfolgekrieg   259, 261, 308
Bayern-Landshut, Herzog Ludwig von   257f.
Beata-Landolt-Sippe   20
Beatrix, Gemahlin Adalberos von Eppenstein   68
Bebenhausen, Tübingen, Lkr. Tübingen, Kloster   202, 294
–, Propst   s. Bidenbach, Eberhard
Beihingen am Neckar, Freiberg am Neckar, Lkr. Ludwigsburg   23–26, 44, 47, 55
Beilstein, Lkr. Heilbronn   90, 113, 149, 158, 165f., 198, 252
–, Herren von   90
Beinheim b.Selz, Dep. Bas-Rhin   155, 182
Belfort, Herrschaft   177
Bempflingen, Lkr. Esslingen   294
Benningen am Neckar, Lkr. Ludwigsburg   13, 24–26, 31, 47, 55
Bensheim, Lkr. Bergstraße   108
Bernhar, Bischof von Worms   41f.
Bernold von St. Blasien, Chronist   81
Bertha, Äbtissin von Erstein   73
Bertha, Gemahlin des Markgrafen Hermann III. von Baden   90
Berthold I.–V., Herzöge von Zähringen   s. Zähringen
Berthold, Graf (Alaholfinger)   50

Berthold (Bezelin von Villingen), Graf 76
Berthold von Limburg 84
Berthold von Reichenau, Chronist 77, 81, 84
Berthold, Herzog von Schwaben, Sohn Rudolfs von Rheinfelden 81
Berthold, Schultheiß, Zeuge 153
Bertholde 75, 80f., 83
Besançon, Dep. Doubs, Erzbischof 275
Besigheim, Lkr. Ludwigsburg 11–13, 19, 21–25, 28, 46f., 66, 69, 71, 74f., 88, 92f., 95–97, 109, 111f., 127, 141, 145–155, 160f., 166, 169, 173, 179f., 191, 200, 213–217, 219, 221, 223, 225, 227, 229, 250, 252, 257, 260f., 264, 271, 278, 280–284, 288, 294–296, 298f., 301f., Tafel 1–3, 5–12, 21–26
–, Amt 183, 263, 274, 278f., 281, 283f., 287, 303, 305f., 308
–, Burg/Türme 90, 111f., 114–117, 119–124, 126, 131, 134, 137, 139–142, 144, 150, 153, 158, 168, 180, 305f.
–, Herren von 89
–, Königshof 36, 40, 47f., 65, 72–74, 89, 95f., 145, 219, 284
–, Pfarrkirche (Pfarrei, Pfarrhaus) 36, 39, 45f., 48, 213f., 216, 219, 284–292
–, Hochaltar 213, 216–218, 220f., 223f., 226–229, Tafel 21–26
–, Steinhaus 120, 126, 140–142
Beutelsbach, Weinstadt, Rems-Murr-Kreis, Stift 193, 195f., 199, 210
–, Herren von 69
Beza, Theodor, Theologe aus Genf 276
Bidembach, Eberhard, Prälat von Bebenhausen 281
Bietigheim, Bietigheim-Bissingen, Lkr. Ludwigsburg 25, 63, 67, 112, 209, 278, 281, 288, 291, 294, 300
–, Herren von 151
Bilger, Hans, Bildhauer 224
Binau, Neckar-Odenwald-Kreis 26
Bingen am Rhein, Lkr. Mainz-Bingen, Burg 102
Bissingen, Bietigheim-Bissingen, Lkr. Ludwigsburg 67
Bitzfeld, Bretzfeld, Hohenlohekreis 301
Blamont, Dep. Doubs, Herrschaft 275
Blankenhorn, abgeg. Burg bei Eibensbach, Güglingen, Lkr. Heilbronn 123, 158
Blasius, Abt von Hirsau 232
Blaubeuren, Alb-Donau-Kreis, Kloster 292
–, Hochaltar 219
Böblingen, Lkr. Böblingen 209, 292
Böckingen, Stkr. Heilbronn 32, 59, 71

Bodman, Bodman-Ludwigshafen, Lkr. Konstanz 19
Bohemus, Albertus 132
Böhmen 34
Bolanden, Herren von 174
Boleslaw II., König von Polen 193
Boll (Bad), Lkr. Göppingen 43
Bonifatius, Hl. 21
Bonlanden auf den Fildern, Filderstadt, Lkr. Esslingen 292
Bönnigheim, Lkr. Ludwigsburg 32, 225, 252
–, Stadtkirche, Hochaltar 219, 228, Tafel 35
–, Landdekanat 26, 38f., 44f.
Boppe, Meister, Spruchdichter 172
Boppo, Zeuge der Öhringer Stiftung (mehrere, s. a. Poppo) 59f.
Botenheim, Brackenheim, Lkr. Heilbronn 71
Böttingen, Gundelsheim, Lkr. Heilbronn 26
Bottwar = Kleinbottwar, Steinheim an der Murr oder Großbottwar, Lkr. Ludwigsburg 23, 32, 45, 52, 63, 214
Brackenheim, Lkr. Heilbronn 209, 288
Brandenburg, Markgrafen von 130
–, s. Albrecht Achilles
Braunschweig 43, 78, 127
Bregenz, Vorarlberg 20
Breisgau, Grafschaft, Landvogtei 76, 88, 92, 126, 156, 181f.
Brenz, Johannes, Reformator 269, 271, 291
Brescia, Prov. Brescia, Kloster St. Giulia 32
Brettachgau 33
Bretten, Lkr. Karlsruhe 13, 24, 70, 154, 251, 257, 259
Bruchsal, Lkr. Karlsruhe 13, 18, 154, 251
–, Königshof 68
Brun, sächs. Adliger 78
Brunn, Isaac, Kupferstecher 226, Tafel 34
Bruno, Erzbischof von Trier 70f.
Bruno, Bischof von Würzburg 68
Bruno, Abt von Hirsau, Bischof von Speyer 62, 84, 87
Bruno, Dompropst in Straßburg 85
Bruno, Graf, Zeuge 70
Brunonen 78
Bubo der Blinde, Lehensträger von Lorsch 58
Büdingen, Wetteraukreis, Burg 133
Büdingen, Gerlach von 133
Bühl, Lkr. Rastatt, Pfarrei 284
Buhl, Dep. Bas-Rhin 70
Burchard I., Herzog von Schwaben 50
Burchard, Vogt von Lorsch 58
Burchard, Bruder des Otto de Glasehusen, Zeuge 56, 60
Burchard, Grafen (mehrere) 52–54

Burchard, Graf im Gartach-, Zaber- und Murrgau 53f., 63
Burchard, Graf von Komburg, Vogt von Öhringen 60
Burchard, gräfl. Amtsträger 54
Burchard, Markgraf von Rätien 49
Burckard von Ingersheim, Zeuge 62
Bürg s. Altwinnenden
Burglengenfeld, Lkr. Schwandorf, Burg 138
Burgolf, Lorscher Schenker 33
Burgund 208
–, Freigrafschaft 275
Burkhard, Bischof von Basel 82
Burkhard II., Bischof von Worms 104
Burkhard, Markgraf von Istrien 83

Calw, Lkr. Calw 56, 64, 199, 209, 242
–, Grafen von 32f., 56–58, 63–65, 70f., 236
–, Graf Adalbert 55f., 59–61
–, Adalbert, Vater der Judith von Backnang 84
–, Adalbert II. 58, 61f., 64
–, Adalbert III. 64
–, Adalbert IV., Graf von Calw-Löwenstein 62, 64f.
–, Adalbert V. 62
–, Gottfried 64, 70
Camburg/Saale 43
Cannstatt (Bad), Stadt Stuttgart 13f., 17, 40, 50, 90f., 154f., 209, 236f., 292
Chlodwig, merowingischer König 19, 46
Christoph von Urach, Bildhauer 219–223, 225f., 229, Tafel 27–29
Chur, Kt. Graubünden, Bistum und Bischöfe 37
Clerval, Dep. Doubs 275
Cluny, Dep. Saône-et-Loire, Kloster 75, 77, 79f., 82, 86, 92
Columban, Missionar 20
Comburg, Schwäbisch-Hall, Lkr. Schwäbisch-Hall, Kloster 60
Comburg-Rothenburg, Grafen von 57
Cotrone (Italien) 54
Cottenweiler, Weissach im Tal, Rems-Murr-Kreis 149
–, See 122, 148f.
Crailsheim, Lkr. Schwäbisch Hall 291
Creglingen, Main-Tauber-Kreis, Herrgottskirche 216
Crodobert, Herzog 17
Cyriakus, Hl. 39, 41–48, 218f., 228

Dagersheim, Böblingen, Lkr. Böblingen 296
Dagobert I., König 17
Dagsburg, Graf Hugo VIII. 73, 96, 305
Dallau, Elztal, Neckar-Odenwald-Kreis 45
Danketsweiler, Hasenweiler, Horgenzell, Lkr. Ravensburg, Burg 117
David, König 217f., 220
Dedda, Schenkerin von Kloster Murrhart 45
Denkendorf, Lkr. Esslingen, Kloster 197, 202, 225, 278
Detda, Gemahlin des Ado 45
Deufringen, Aidlingen, Lkr. Böblingen 283, 288, 296, 298f., 301
Diedelsheim, Bretten, Lkr. Karlsruhe 296
Dillingen, Grafen von 85, 191
Dillweißenstein, Stkr. Pforzheim, Schloß und Tal 239
Dilsberg, Neckargemünd, Rhein-Neckar-Kreis, Burg 71, 158
Dingolfing, Lkr. Dingolfing-Landau 136
Diokletian, röm. Kaiser 218, 220f.
Ditzingen, Lkr. Ludwigsburg 28, 51
Döffingen, Grafenau, Lkr. Böblingen, Schlacht bei 206, 210
Dolmetsch, Heinrich, Oberbaurat 217
Domitian, röm. Kaiser 13
Dornhan, Lkr. Rottweil 209
Dornstetten, Lkr. Freudenstadt 209, 282
Drachenfels, Königswinter, Rhein-Sieg-Kreis, Burg 117, 133
Dragebodo, Schenker an Lorsch 44
Dreieichenhain, Dreieich, Lkr. Offenbach 133
Duderstadt, Lkr. Göttingen 43
Durlach, Stadt Karlsruhe 91, 127, 147f., 153–156, 158, 160, 165, 168f., 183, 213
–, Gymnasium 273
Dürrenzimmern, Brackenheim, Lkr. Heilbronn 45, 52, 71
Dürrmenz, Mühlacker, Enzkreis 70
Duttenberg, Bad Friedrichshall, Lkr. Heilbronn 26

Eberbach, Rhein-Neckar-Kreis 38, 157
–, Burg 71, 158
Eberdingen, Swigger von 64
Eberhard, Herzog in Ostfranzien 29
Eberhard, Graf von Ingersheim, Stifter von Öhringen 59–61
Eberhard, Graf im Rangau 61
Eberhard, Graf 59, 61
Eberhard, Bischof von Bamberg 102
Eberhard von Kumbd, Gründer von Klosterkumbd 104, 107
Eberhard, Adliger bei Murrhardt 57, 60
Eberhard, Bruder des Otto de Glasehusen, Zeuge 56, 60

Ebersberg = Schloß Ebersberg, Auenwald, Rems-Murr-Kreis, Burg 114f., 133, 139
Ebersberg, Lkr. Ebersberg 43
Eberstein, Burg (Alteberstein), Ebersteinburg, Stkr. Baden-Baden 168, 170, Tafel 37 und 38
–, Grafen von 170, 174, 181f., 205, 233, 235f., 304
–, Graf Heinrich 176
–, s. Kunigunde
Ebingen, Albstadt, Zollernalbkreis 209
Ebonen, Grafen im Radenzgau 56
Egbert, Speyrer Hochstiftsvogt 62
Eger 129
Eggenstein, Eggenstein-Leopoldshafen, Lkr. Karlsruhe 171
Egino, Lehensträger des Klosters Lorsch 58
Eglosheim, Ludwigsburg, Lkr. Ludwigsburg 24–26, 47
Ehingen (Donau), Alb-Donau-Kreis, Stadtpfarrkirche 220f.
Eichstätt, Bistum 98
Einsiedeln, Kt. Schwyz, Kloster 58
Eisengrein, Balthasar, Kirchenratsdirektor 287
Eisesheim = Ober-, Untereisesheim, Lkr. Heilbronn 26, 52
Elchesheim, Elchesheim-Illingen, Lkr. Rastatt, Pfarrei 284
Elisabeth von Bayern, Gemahlin des Grafen Ulrich von Württemberg 195, 205
Elisabeth von England, Gemahlin Kaiser Friedrich II. 159
Elisabeth von Henneberg-Schleusingen, Gemahlin des Grafen Eberhard III. von Württemberg 195, 205
Elisabeth von Nürnberg, Gemahlin des Grafen Eberhard III. von Württemberg 195, 208
Elisabeth, Landgräfin von Thüringen, Hl. 135
Ellhofen, Lkr. Heilbronn, Kirche 227
Ellmendingen, Keltern, Enzkreis 50
Ellwangen (Jagst), Ostalbkreis, Kloster 48, 57
–, Äbte s. auch Adalbero, Hatto
Elsaß 17, 19, 28, 36, 44, 51, 72f., 95f., 101, 129, 176, 203, 275, 282, 308
–, Herzöge s. auch Etichonen
Elsenzgau 21, 26, 32, 66, 69f., 106
Eltingen, Leonberg, Lkr. Böblingen 14
Emmendingen, Lkr. Emmendingen, Burg 88
Engel, Johann Georg, Pfarrer in Großingersheim 297f.
Ensdorf Lkr. Amberg, Kloster 105
Enz 13, 24f., 38, 40, 52, 69, 96, 111, 154f., 160, 200, 208f., 213, 250

Enzberg, Mühlacker, Enzkreis 70
Enzgau 23–26, 28, 51f., 63, 67, 69–71
Eppenstein, Herzöge von Kärnten 79
–, Adalbero 68
–, Liutold 81
Eppingen, Lkr. Heilbronn 91, 127, 156–158, 165, 177, 213f.
Erb, Matthias, Reformator 275
Erbstetten, Burgstetten, Rems-Murr-Kreis 23, 55
Erchanger, Graf 49
Erdmannhausen, Lkr. Ludwigsburg 35, 38, 55, 63
Erembert, Bischof von Worms 42
Erfurt, Dom 43
Erich, Sohn des Rudolf, Schenker an Wiesensteig 48
Erligheim, Lkr. Ludwigsburg 32
Ernst I., Herzog von Schwaben 78
Ernst II., Herzog von Schwaben 78
Ernst, Graf im Nordgau und in Bayern 34
Erstein, Dep. Bas-Rhin, Kloster 36, 47f., 66, 73f., 89, 96, 219, 305
–, Königshof 95f.
Eschwege, Werra-Meißner-Kreis, Kloster 43
Esslingen am Neckar, Lkr. Esslingen 27, 224f., 240f., 256–260, 286f.
–, Frauenkirche 225
Etichonen, Herzöge im Elsaß 17
Ettlingen, Lkr. Karlsruhe 91, 127, 147f., 153–156, 158, 160, 165, 168f., 183, 213
Ezzo, mehrere 54, 57f.

Falkenstein, Lkr. Cham, Burg 100
–, Grafen 100
Ferdinand, König 268
Fichtenberg, Lkr. Schwäbisch Hall 35
Ficker, Julius 129f.
Finstingen, Grafen 191
Folwig, Bischof von Worms 42
Forchheim, Lkr. Emmendingen 49, 82
Franken 12, 14–16, 18f., 22, 28, 46f., 50f., 61, 102, 115, 129, 139, 196, 229
–, Herzogtum 16, 18, 28, 50
Frankenbach, Stkr. Heilbronn 32
Frankenburg, Graf Sibert von 95
Frankenthal (Pfalz), Kloster 266
Frankfurt a. M. 139, 191
–, Pfalz 36, 47, 133
–, Dominikanerkirche (Heller-Altar) 219
Frankreich 120, 131, 135, 173, 266, 276, 290, 301
Franz I., König von Frankreich 308

Frauenalb, Schielberg, Marxzell, Lkr. Karlsruhe, Kloster 182
Frauenberg, abgeg. Burg bei Feuerbach, Stadt Stuttgart 112
Frauenzimmern, Güglingen, Lkr. Heilbronn 45, 52, 71
Freiburg im Breisgau 87
–, Grafen 92, 181
Freising, Bistum 105
Freudenstadt 282
Friedrich I. Barbarossa, Kaiser 11, 71–74, 89f., 95f., 101–103, 106, 108f., 111, 126, 129, 141, 145, 147, 191, 201, 283, 305
Friedrich II., Kaiser 89, 91–93, 120, 122, 126–128, 130, 132, 147, 155–160, 173, 191, 305f.
Friedrich III., Kaiser 241, 251, 257
Friedrich der Schöne, König 176, 200
Friedrich I., Herzog von Schwaben 77, 82f.
Friedrich II., Herzog von Schwaben 101, 200f.
Friedrich IV. von Rothenburg, Herzog von Schwaben 72, 103
Friedrich, Bischof von Utrecht 175
Friolzheim, Enzkreis 14
Fronhofen, Fronreute, Lkr. Ravensburg, Burg 117
Frose, Lkr. Aschersleben-Staßfurt 43
Frutolf von Michelsberg, Chronist 76, 81
Fugger, Bankiersfamilie 274
Fulda, Kloster 30–32, 37, 41, 47, 52f., 65
–, Nekrolog 52, 54, 61
Fulda, Ludwig Reinhardt, Stadtschreiber in Besigheim 286
Fürstenberg, Grafen 191
Gabelkover, Oswald, Arzt und Geschichtsschreiber 45
Gallus, Hl. 16
Gamburg, Werbach, Main-Tauber-Kreis, Burg 117
Gartachgau 26, 33, 44; 53, 63
Gärtringen, Lkr. Böblingen, Pfarrkirche 222
Gärtringen, Hans-Bernhard von 222
Gattinara, Mercurino de, Kanzler Karls V. 308
Gebhard III., Bischof von Konstanz 78, 80f.
Gebhard, Bischof von Regensburg 59
Gebhard, Graf im Grabfeld 56
Gebhard, Graf im Lahngau 34
Gechingen, Lkr. Calw, Pfarrei 283f., 288, 301
Geisenfeld, Lkr. Pfaffenhofen a. d. Ilm, Kloster 105
Geisingen am Neckar, Freiberg am Neckar, Lkr. Ludwigsburg 13, 24–26, 47, 225, 289–291

Gelnhausen, Mainz-Kinzig-Kreis, Pfalz 133, 141, 158
Gemmingen, Lkr. Heilbronn 33, 239
–, Herren von 233–235, 238f., 242, 245, 308
–, Dieter V. und VI. 239–243, 246
–, Hans 240
–, Konrad 240
–, Reinhard 239
Gemmingen-Steinegg, Herren von 232
Gemminger, Johannes 245, Tafel 48
Gemmrigheim, Lkr. Ludwigsburg 286, 290, 299, 302
Gendach, abgeg. bei Ilsfeld, Lkr. Heilbronn 36
Genf 276
Georg, Bischof von Metz 175, 184f., 213, 244, Tafel 46
Gerberga, Gemahlin Herzog Hermanns II. von Schwaben 68, 78
Gerberga, Gemahlin König Ludwigs IV. d'Outre-Mer 68
Gerhaert, Nicolaus, Bildhauer 224, 228
Gerhard, Lehensträger von Lorsch 58
Gerlingen, Lkr. Ludwigsburg 51
Gernrode, Lkr. Eichsfeld 43
Gernsbach, Lkr. Rastatt, Liebfrauenkirche 235, Tafel 41
Gernsheim, Lkr. Groß-Gerau 14
Gero I., Markgraf 43
Gerolde 32f.
Geroldseck, Herren von 254, 256
Gertrud von Komburg, Gemahlin König Konrads III. 90
Gertrud von Österreich, Gemahlin des Markgrafen Hermann VI. von Baden 175
Gertrud, Gemahlin des rhein. Pfalzgrafen Hermann 102
Geseke, Lkr. Soest 43
Gisela, Gemahlin des Walahonen Burchard 52
Gisela, Gemahlin Kaiser Konrad II. 66, 68, 78f., 93
Glattbach = Großglattbach, Mühlacker, Enzkreis 67
Glemsgau 25, 51, 63, 67
Glismut, Mutter des Swigger von Eberdingen 64
Göbrichen, Neulingen, Enzkreis 64
Gochsheim, Kraichtal, Lkr. Karlsruhe, Pfarrei 284
–, Grafschaft 214
Godesberg, Bonn-Bad Godesberg, Burg 132
Godetank, Bischof von Speyer 44
Godetank, Graf (903) 44
Godetank, Schenker an Lorsch 44

Göldlin, Familie in Pforzheim 153
Gollachgau 56
Gondelsheim, Lkr. Karlsruhe 296
Göppingen, Lkr. Göppingen 209
Goslar, Lkr. Goslar 129, 135
Gottesaue, Stadt Karlsruhe, Kloster 171
Gottfried, alemann. Herzog 17
Gottfried, Graf im Hattengau 70
Göttingen, Lkr. Göttingen 22
Gozbert, Graf im Glemsgau 51
Gozbert, schwäb. Graf/Pfalzgraf, Laienabt der Reichenau 51
Gozwin, Graf im Grabfeld 56
Graben, Graben-Neudorf, Lkr. Karlsruhe 181
Grafschaft, Lkr. Ahrweiler 43
Granegg, Rechberg, Schwäbisch Gmünd, Ostalbkreis, Burg 139
Granges, La –, Dep. Doubs 275
Gregor V., Papst 66
Gregor IX., Papst 132
Gremmelsbach, Peter, Abt von St. Peter 87
Griesheim (Ober-Untergriesheim), Lkr. Heilbronn 26
Gronau, Oberstenfeld, Lkr. Ludwigsburg 23, 44, 47
Gröningen s. Markgröningen, Lkr. Ludwigsburg
Gröningen, Lkr. Bördekreis 43
Groningen, Lkr. Groningen, Niederlande 22
Großbottwar, Lkr. Ludwigsburg 209
Großgartach, Leingarten, Lkr. Heilbronn 71
Groß-Gerau, Lkr. Groß-Gerau 14
Großingersheim, Ingersheim, Lkr. Ludwigsburg 13, 288–294
–, Pfarrei 283, 289f., 293–302
Großsachsenheim, Sachsenheim, Lkr. Ludwigsburg 67, 225
Grötzingen, Aichtal, Lkr. Esslingen 209
Grötzingen, Stadt Karlsruhe, Burg 150, 168f.
–, Herren von 150
Grünewald, Mathias, Maler 219
Grüningen, Graf Hartmann 191–193
–, Graf Werner 62
Grüningen-Landau, Grafen von 202
Güglingen, Lkr. Heilbronn 158, 209
Gültstein, Herrenberg, Lkr. Böblingen 18, 33, 80
Gumbert, Graf im Gollach- und Badenachgau 56
Gumpert, Graf im Iffgau 56
Gundelfingen, Schweikart von 225
Gundelsheim, Lkr. Heilbronn 26
Guntbert, Adliger bei Murrhardt 57

Gunther, Bischof von Speyer 62
Günzburg, Lkr. Günzburg 14
Gunzo, alemann. Herzog 20
Gunzo, Herzog in Überlingen 16
Gunzo, Bischof von Worms 45
Gustav II. Adolf, König von Schweden 294
Guttenbach, Neckargerach, Neckar-Odenwald-Kreis 26

Haag, Jakob, Pfarrer in Löchgau 295
–, Jakobinus, Pfarrer in Kirchenkirnberg 296
–, (Hagen), Johann Georg, Pfarrer in Großingersheim 295f.
Habsburg, Grafen von, Herzöge und Erzherzöge von Österreich 176, 178, 198f., 247, 249f., 260, 275, 285, 307f.
–, Albrecht 250, 256
–, Albrecht III. 181
–, Ferdinand 222
–, Leopold I. 176
–, Leopold III. 181
–, Sigmund 241, 250, 258
–, Werner 95; s. auch Friedrich der Schöne, Rudolf von Habsburg
Hachberg = Hochburg, Emmendingen, Lkr. Emmendingen, Burg 126
–, Markgrafen s. Baden
Hacken von Hoheneck, Herren von 151
Hagenau, Bildhauerfamilie (Nikolaus, Paul, Veit) 226
Hagenau, Dep. Bas-Rhin 74, 157–159, 225
Hagen-Münzenberg, Reichsministerialen 133
Haigerloch, Grafen 85
Halberstadt, Lkr. Halberstadt 44
Hall, Burkhard von, Chronist 171
Hammerstein, Lkr. Neuwied 97
Handschuhsheim, Stkr. Heidelberg 108
Hanfeld, Georg, Prediger 273
Hartmann, Friedrich Moritz, Pfarrer in Großingersheim 296f.
Hartmut von Backnang, Schultheiß 146, 152
Haßmersheim, Neckar-Odenwald-Kreis 26
Hattengau 70
Hattingen, Enneppe-Ruhr-Kreis 22
Hatto, Erzbischof von Mainz 48, 51
Hatzenturm, Wolpertswende, Lkr. Ravensburg, Burg 117
Hausen am Gerlinger See, abgeg. bei Gerlingen, Lkr. Ludwigsburg 28
Hausen an der Zaber, Brackenheim, Lkr. Heilbronn 71
Hedelfingen, Stadt Stuttgart 292
Hedenen, fränkische Herzöge 17
Hedwig, Hl. 193

Heerbrand, Jakob, Professor der Theologie 271f.
Heidelberg 14, 104, 106f., 224, 238, 259, 265–267
–, Schloß 214, 240
–, Heiliggeistkirche 238
–, Pfarrkirche St. Peter 104, 106
–, Universität 245, 267
–, Heidelberger Katechismus 265
Heidelberg-Neuenheim, Kastell 13
Heidelsheim, Bruchsal, Lkr. Karlsruhe 214
Heidenheim an der Brenz, Lkr. Heidenheim 14
Heilbronn 14, 19, 27, 33, 38, 59, 64, 157, 224f., 252, 258
–, Kiliankirche, Hochaltar 223f., 227f.
–, Königshof 21, 34, 40, 47
Heilbronn-Böckingen, Kastell 13
Heiligenberg, Neuenheim, Stadt Heidelberg, Kloster 104, 107
Heiligkreuztal, Altheim, Lkr. Biberach, Kloster 193
Heimerdingen, Ditzingen, Lkr. Ludwigsburg 67
Heimsheim, Enzkreis 14, 237, 239–242, 299
–, Herren von 237
Heiningen, Backnang, Rems-Murr-Kreis 62, 149
Heinrich I., dt. König 50, 68
Heinrich II., Kaiser 35, 55, 57, 60f., 68, 70
Heinrich III., Kaiser 66, 74, 76f., 79
Heinrich IV., Kaiser 35, 70, 76, 79–83, 87, 97
Heinrich V., Kaiser 64, 71, 85
Heinrich VI., Kaiser 74, 147
Heinrich (VII.), König 89, 128f., 132, 141, 147, 155–160, 305f.
Heinrich VII., König, Kaiser 200
Heinrich Raspe, Gegenkönig 191
Heinrich II., König von England 131
Heinrich III., König von England 159
Heinrich XIII., Herzog von Bayern 173
Heinrich der Löwe, Herzog von Bayern und Sachsen 78, 90, 102, 126, 131, 171
Heinrich von Braunschweig d. Ä., rhein. Pfalzgraf 90f., 107, 126, 136, 156, 171
Heinrich I., Graf von Tübingen 69
Heinrich »von Worms« 59, 66, 81
Heinrich, Graf im Maulachgau 57
Heinrich, Graf im Murr- und Kochergau 57, 61
Heinrich, Graf, Bruder Udalrichs 61
Heinrich, Graf, Stifter von Oberstenfeld 60f.
Heinrich, Sohn des Grafen Arnold 70f.
Heinrich, Sohn des Udalrich »von Waibstat«, Schenker an Hirsau 63
Heinrich, Bruder Poppos, Adliger bei Murrhardt 57
Heinrich, Schultheiß, Zeuge 153
Heinrich von Avranches, Dichter 108
Heinrich von Veldeke, Dichter 135
Heinsheim, Bad Rappenau, Lkr. Heilbronn 52
Helfenberg, Auenwald, Rems-Murr-Kreis, Burg 140
Helfenberg, Herren von 89
Helfenstein, Grafen von 249, 256
–, Graf Ulrich 149
Helmarshausen, Bad Karlshafen, Lkr. Kassel, Kloster 78
Helmsheim, Bruchsal, Lkr. Karlsruhe 24
Hemmingen, Lkr. Ludwigsburg 67
Henneberg, Graf Berthold 107
–, Graf Boppo 60, 107
–, s. Irmgard, Gemahlin Konrads von Staufen
Hennegau, (Mark-)Graf von 130
Henriette von Mömpelgard, Gemahlin des Grafen Eberhard IV. von Württemberg 208, 210, 252
Heppenheim (Bergstraße) 103, 108
Herbort von Fritzlar, Dichter 135
Héricourt, Dep. Haute-Saône, Herrschaft 177
Hermann I., Herzog von Schwaben 50f.
Hermann II., Herzog von Schwaben 68, 78
Hermann IV., Herzog von Schwaben 77f.
Hermann von Stahleck, rhein. Pfalzgraf 102f.
Hermann, Graf, Stifter von Öhringen 58
Hermann, Adliger bei Murrhardt 57
Hermann der Lahme von Reichenau, Dichter und Geschichtsschreiber 50
Herrenalb (Bad), Lkr. Calw, Kloster 182, 202
–, Abt s. Johannes von Udenheim
–, Kreuzigung 233f., Tafel 37 und 38
Herrenberg, Lkr. Böblingen 209
–, Stiftskirche 221f., Tafel 30
Herrieden, Anonymus von, Geschichtsschreiber 98
Hessen 44, 97, 129
–, Landgraf Ludwig IV. 271
Hessigheim, Lkr. Ludwigsburg 24f., 32, 62, 278, 281
–, Wilhelm von, Schenker an Hirsau 62
Hesso, Stifter des Klosters Rimsingen 79
Hessonen, Grafen u.a. im Sülchgau 57f.
– Hessinus, Hesso 58
Hetenesbach, abgeg. bei Nordheim, Lkr. Heilbronn 45
Heutingsheim, Freiberg am Neckar, Lkr. Ludwigsburg 55, 289

Heyd, August Friedrich, Pfarrer in Großingersheim 301
Hildeburg, Nonne 21, 32
Hildesheim, Bischof 158
Hiltisnot, Gemahlin des Schenkers Burgolf 33
Hiltisnot, Schwester des Grafen Morlach 33
Hirsau, Calw, Lkr. Calw, Kloster 25, 32, 53, 55f. , 61–64, 70, 80, 168, 202, 231, 233f., 240, 246, 278
–, Äbte s. Blasius, Gebhard
–, Codex Hirsaugiensis 28, 62–65
Hirschlanden, Ditzingen, Lkr. Ludwigsburg 28, 51
Hochdorf am Neckar, Remseck am Neckar, Lkr. Ludwigsburg 31, 71
Hochdorf an der Enz, Eberdingen, Lkr. Ludwigsburg 25, 63
Hofen, Bönnigheim, Lkr. Ludwigsburg 24–26, 47
Hohenaltheim, Lkr. Donau-Ries 49
Hohenbeilstein, Lkr. Heilbronn 114, 117
Hohenberg = Turmberg bei Durlach, Stadt Karlsruhe 150
–, Herbrand von 150
Hohenberg, Graf Albrecht 197f.
–, Graf Burkhard III. 139
Hohenberg, Sulzbach am Kocher, Sulzbach-Laufen, Lkr. Schwäbisch Hall, Burg 150
Hoheneck, Ludwigsburg, Lkr. Ludwigsburg 90, 292
–, Burg 151
Hohenfels, Lkr. Neumarkt, Burg 138
Hohenlohe, Herren und Grafen von 158–160, 246, 252, 255
–, Georg, Domherr in Trier 245
–, Gottfried 158
–, Kraft V. 243
Hohenrod, abgeg. Burg bei Sasbachwalden, Ortenaukreis 152
Hohenstaufen, Burg bei Hohenstaufen, Göppingen, Lkr. Göppingen 93, 139, 192, 197
Hohenzollern = Burg Hohenzollern, Zimmern, Bisingen, Zollernalbkreis 254
–, Grafen s. Zollern
Höpfigheim, Steinheim an der Murr, Lkr. Ludwigsburg 47
Höpfingen, Neckar-Odenwald-Kreis 47
Horb am Neckar, Lkr. Freudenstadt 22
Horburg, Dep. Haut-Rhin, Grafschaft 203, 275, 307
Hornbach, Kloster 52
Hornberg, Neckarzimmern, Neckar-Odenwald-Kreis, Burg 71

Horrheim, Vaihingen an der Enz, Lkr. Ludwigsburg 25
Hrabanus Maurus, Erzbischof von Mainz, Dichter 41
Huchenfeld, Stkr. Pforzheim 242
Hügelsheim, Lkr. Rastatt 176
Hugo, Zeuge der Öhringer Stiftung 59
Hundersingen, Münsingen, Lkr. Reutlingen, Burg 115
Hunnenburg, abgeg. Burg bei Fornsbach, Murrhardt, Rems-Murr-Kreis 35
Hürnheim, Wolf von, Marschall 222

Illingen, Enzkreis 44, 63, 300
Ilsfeld, Lkr. Heilbronn 35
–, Albert von 150
Indersdorf, Lkr. Dachau, Kloster 105
Ingersheim, Lkr. Ludwigsburg 22, 24–26, 31, 47, 54, 62f., 149, 151, 289, 291
–, Grafschaft (Comitat) 54f., 61–63
–, Herren von 89
–, Albert, Adalbert (mehrere) 62
–, Berthold (Bertholfus), mehrere 62
–, Graf Eberhard 60
Ingolstadt 138, 272
Ingolt, Claus, Straßburger Ratsherr 259
Inguheri 22
Innozenz IV., Papst 191
Irmengard, Gemahlin des Grafen Eberhard I. von Württemberg 166, 180, 195, 198, 201
Irmengard, Tochter des Grafen Eberhard I. von Württemberg 195
Irmengard, Tochter des Grafen Ulrich I. von Württemberg 195
Irmgard von der Pfalz, Gemahlin des Markgrafen Hermann V. von Baden 85, 90f., 93, 126, 127, 131, 159, 166f., 171, 175, 192
Irmengard, Gemahlin des Pfalzgrafen Konrad von Staufen 107
Ita, Witwe des Besigheimer Schultheißen 153
Italien 53, 74, 76, 90, 100, 126, 128, 136, 147, 155f., 158, 173, 266, 305

Jagstberg, Mulfingen, Hohenlohekreis, Burg 112
–, Edelherr von 139
Jagstgau 26, 29
Jever, Lkr. Friesland 43
Johann II., Erzbischof von Trier 175, 185, 244f., Tafel 45
Johanna von Mömpelgard, Gemahlin des Markgrafen Rudolf Hesso von Baden 177, 180

Johannes, Bischof von Speyer 69f.
Johannes von Udenheim, Abt von Herrenalb 233
Judith »von Backnang«, Gemahlin des Markgrafen Hermann I. von Baden 58, 84f., 87, 93
Judith von Flandern, Gemahlin des Herzogs Welf IV. von Bayern 78
Judith, Gemahlin des Markgrafen Hermann II. von Baden 84f., 87
Judith, Gemahlin Herzog Ottos von Worms 66

Kaaden, Kada?, (Böhmen), Tschechien, Vertrag von 268, 277
Kallmünz, Lkr. Regensburg, Burg 138
Kappelwindeck, aufgeg. in Bühl, Lkr. Rastatt, Pfarrei 284
Karl der Große, Kaiser 18, 31, 33, 37, 78f.
Karl II., der Kahle, Kaiser 36
Karl IV., Kaiser 171, 181, 204, 205, 207f., 236f., 304
Karl V., Kaiser 279, 308
Karlmann, fränk. Hausmeier 21
Karlmann, Sohn König Ludwigs des Deutschen 34
Kärnten, Herzogtum 76, 79, 81f., 305
Karolinger 16–19, 28f., 36, 46, 48, 68f.
Kassel 43
Katharina von Helfenstein, Gemahlin des Grafen Ulrich IV. von Württemberg 195
Katzenstein, Lkr. Heidenheim, Burg 118
Kelheim, Lkr. Kelheim, Burg 136, 138
Kenzingen, Lkr. Emmendingen 222
Kerak, Jordanien 151
Kieser, Andreas, Kriegsrat und Kartograph 121f.
Kieser, Bildhauer 217f.
Kilian, Bischof, Hl. 223f.
Kirchberg, Grafen 191
Kirchenkirnberg, Murrhardt, Rems-Murr-Kreis 296
Kirchheim am Neckar, Lkr. Ludwigsburg 27, 32, 55, 63, 71, 209, 243
–, Königshof 35, 40
Kirchheim unter Teck, Lkr. Esslingen 26, 27, 278
Kirchheim, Stkr. Heidelberg 106
Kleingartach, Eppingen, Lkr. Heilbronn 209
Kleiningersheim, Ingersheim, Lkr. Ludwigsburg 13, 289–291, 295–297
Kleinsachsenheim, Sachsenheim, Lkr. Ludwigsburg 71
Kleve, Lkr. Kleve, Schloß, Grafen von 135

Klingen, Herren von 174
Klosterneuburg, Niederösterreich 166
Klunzinger, Karl 215
Kochergau 23, 29, 33, 57, 70
Köln 135
–, Erzbistum 98, 132, 244
–, Erzbischöfe s. auch Anno II., Sigewin
Kolonat, Gefährte des Hl. Kilian 224
Köngen, Lkr. Esslingen, Kastell 13
Königsbronn, Lkr. Heidenheim 292
Konrad I., König 29, 49–51
Konrad II., Kaiser 57, 59–61, 66, 68f., 76–78, 81, 305
Konrad III., König 72, 88, 90, 101–103
Konrad IV., König 191
Konrad, König von Burgund 68, 78
Konrad der Rote, Herzog von Lothringen 66
Konrad, Herzog von Kärnten 66, 68, 81
Konrad d. J., Herzog von Kärnten 68f.
Konrad von Staufen, rhein. Pfalzgraf 72, 90f., 95, 103–107, 109, 171
Konrad, Graf im Lobdengau, mehrere 53
Konrad, Graf in der Wingarteiba 53f.
Konrad, Adliger bei Murrhardt 57
Konrad von Besigheim, Vogt 146, 151
Konradin, König 197
Konradiner 34, 48, 50f., 53f., 66
–, Burchard 49
–, Eberhard († 902) 49
–, Eberhard, Herzog von Franken 49
–, Gebhard, Herzog von Lothringen 49, 51f.
–, Heribert, Graf 43
–, Konrad der Ä. 49, 52
–, Konrad Kurzpold, Graf im Niederlahngau 51, 53
–, Meingaud, Graf 53
–, Otto 49
–, Udo I., Graf im Rheingau und der Wetterau 51 s. auch Gebhard, Graf im Lahngau, Herzog Hermann I. von Schwaben, König Konrad I., Rudolf, Bischof von Würzburg, Udo, Bischof von Straßburg
Konstanz, Bistum und Bischöfe 16, 25, 37f., 207
–, Bischöfe s. auch Gebhard III., Salomon I.
Kornwestheim, Lkr. Ludwigsburg 50
Kräheneck (Creginecka), Graf Hugo 60
Kraichgau 11, 24f., 63, 66, 69–71, 157, 245, 250f.
Krak Schaubeck (Krak Schaubak, Shobeq), Jordanien 151
Krautheim, Hohenlohekreis, Burg 117, 139
Kühbach, Lkr. Aichach-Friedberg, Kloster 105

Kumbd (Klosterkumbd), Rhein-Hunsrück-
  Kreis   104
Küng, Sebastian, Ratsherr und Chronist   200
Kunibert, fränk. Graf   31–33
Kunigunde von Eberstein, Gemahlin des
  Markgrafen Rudolf I. von Baden   170,
  175
Kunigunde, Äbtissin von Neuburg   108
Kunigunde, Gemahlin Konrad I.   49
Kuppenheim, Lkr. Rastatt   176
Kurpfalz   107, 156
Kyburg, Graf Ulrich   92

Ladenburg, Rhein-Neckar-Kreis   13 f., 18, 53,
  104, 106
Lahngau   34
Lahr, Ortenaukreis   123, 132, 294
Lampoldshausen, Hardthausen am Kocher,
  Lkr. Heilbronn   301
Landauer, Johann Christoph, Admodiator von
  Besigheim   290
Landoldus, Lehensträger von Kloster Lorsch
  58
Landshut   136, 138
–, Landshuter Erbfolgekrieg   214, 265
Landskron, Bad Neuenahr, Burg   132, 139
Lang, Johann Jakob, Pfarrer in Großingersheim
  95
Langenburg, Lkr. Schwäbisch Hall,
  Stadtpfarrkirche   245
Laufen am Kocher, Sulzbach-Laufen, Lkr.
  Schwäbisch-Hall   35
Lauffen am Neckar, Lkr. Heilbronn   21, 27,
  34, 40, 55, 71, 91, 117, 127, 149, 156–158,
  165, 213, 252, 260
–, Grafen von   70f., 91, 106, 156
–, Graf Boppo   60
Lautern, Altlautern, Wüstenrot, Lkr.
  Heilbronn   31
Lechfeld, Graben, Lkr. Augsburg (Schlacht im
  Lechfeld)   66
Leinfelder Hof, Enzweihingen, Vaihingen an
  der Enz, Lkr. Ludwigsburg   25
Leiningen, Grafen von   174
Lendsiedel, Kirchberg an der Jagst, Lkr.
  Schwäbisch Hall   122, 148, 159
Leo III., Papst   42
Leo IX., Papst   43
Leonberg, Lkr. Böblingen   191, 209
Leutershausen an der Bergstraße, Hirschberg
  an der Bergstraße, Rhein-Neckar-Kreis
  108
Lichtenberg, Oberstenfeld, Lkr. Ludwigsburg,
  Burg   117, 123, 252

–, Herren von   174, 178
–, Hanemann   178
–, Ludwig   178
Lichtental, Stkr. Baden-Baden, Kloster   82, 85,
  152, 159, 166f., 235
–, Grablege der Markgrafen von Baden   86,
  141, 155, 168, 182, 235
–, Markgrafen-Scheiben   235, Tafel 39
Liebenstein, herzogliche Domäne,
  Neckarwestheim, Lkr. Heilbronn, Burg
  117, 119
–, Herren von   225
Liebenzell = Bad Liebenzell, Lkr. Calw (Burg
  und Herrschaft)   117, 170, 183, 282
Limburg (Limbourg), Prov. Lüttich, Belgien
  83
Limburg, abgeg. Burg bei Weilheim an der
  Teck, Lkr. Esslingen   80, 83f., 97
Limburg, Schenken von   252
Liudolf, Herzog von Schwaben   67
Liudolfinger   33
Liutgard, Schwester des Swigger von
  Eberdingen   64
Liutgart, Gemahlin Herzog Konrads des Roten
  66
Lobbes, Prov. Hainaut, Belgien   83
Lobdengau   33, 48, 53, 70, 104, 106
Loch, Nittendorf-Eichhofen, Lkr. Regensburg
  138
Löchgau, Lkr. Ludwigsburg   63, 149, 153, 278,
  281, 295
Lohrbach, Mosbach, Neckar-Odenwald-Kreis
  26
Lomersheim, Mühlacker, Enzkreis, Burg   112
Loon, Grafen von   s. Agnes
Lorch, Ostalbkreis   14
–, Kloster   93, 117, 192, 195–199, 222, 224
Lorsch, Lkr. Bergstraße, Kloster   18, 21, 30,
  32f., 36f., 42, 44, 47f., 50f., 53, 58, 64f., 103f.,
  107–109, 304
–, Äbte   s. Adalbero, Hatto, Samuel
–, Lorscher Codex (Codex Lauresheimensis)
  18, 24–27, 51, 108
Lothar I., Kaiser   47
Lothar III., Kaiser   88
Lothringen   52, 208
–, Herzöge von   198, 205
–, Herzog Johann   205
–, Herzog Karl   253
Löwenstein, Lkr. Heilbronn   64, 222, 252
–, Herren und Grafen von   214, 222, 250, 252,
  255
–, Graf Heinrich   252
Löwenstein-Habsburg, Grafen   252

Ludwig der Bayer, Kaiser 176–178, 202f., 205
Ludwig I., der Fromme, Kaiser 21, 27, 33–36
Ludwig II., der Deutsche, ostfränk. König 27, 34, 36, 42, 47f.
Ludwig III., der Jüngere, ostfränk. König 36
Ludwig IV. d'Outre-Mer, westfränk. König 68
Ludwig IV., das Kind, ostfränk. König 48f.
Ludwig I., Herzog von Bayern 127f., 136–139, 156, 158
Ludwig II., Herzog von Bayern 173
Ludwigsburg, Lkr. Ludwigsburg 299
Lüneburg, Lkr. Lüneburg 43
–, Herzog von s. Welfen
Lußhardt, Forst 68, 168
Luther, Martin, Reformator 291
Lüttich = Liège, Belgien, Bistum und Bischöfe 185, 244
Lützelstein, Grafen 174
Lyon, Dep. Rhône (Konzil) 191

Magdeburg 43
Magenheim, Herren von 45
Maienfeld 52, 66
Mainfranken 29f., 33, 36, 43, 49, 72
Mainz 13f., 30, 36, 103
–, Erzbistum und Erzbischöfe 29, 37, 99, 102, 105, 108f., 128f., 306
–, Erzbischöfe s. auch Arnold, Hatto, Hrabanus Maurus, Ruthard
Malsch, Grafen von 83
Marbach am Neckar, Lkr. Ludwigsburg 23, 35, 38, 54f., 63, 112, 198, 204, 209, 214, 225
–, Landdekanat 25, 38f., 44f.
–, Marbacher Bund 248
Marcellus, Papst 218
Marchtal (Obermarchtal), Lkr. Ulm 20
–, s. auch Alaholfinger
Margarete von Baden, Gemahlin des Markgrafen Friedrich III. von Baden 175
Margarethe von Lothringen, Gemahlin Graf Eberhards I. von Württemberg 195, 198, 203
Margarethe, Gemahlin des Grafen Ulrich V. von Württemberg 251
Maria Augusta von Thurn und Taxis, Gemahlin Herzog Karl Alexanders von Württemberg 299
Markgröningen, Lkr. Ludwigsburg 31, 160, 192, 202, 209
–, Burg 192
–, Konrad von Gröningen genannt Sumberin 153

Martin, Hl., Bischof von Tours 46, 217–219
Mathilde, Gemahlin des Königs Konrad von Burgund 68
Mathilde von England, Gemahlin Heinrichs des Löwen 131, 171
Mathilde, Gemahlin des Herzogs Konrad von Kärnten 68
Mathilde, Gemahlin Rudolfs von Rheinfelden 76
Mathilde, Schwester des Markgrafen Rudolf I. von Baden 171
Maulachgau 57, 70
Maulbronn, Enzkreis, Kloster 120, 123, 153, 214f., 238, 241, 251
Maximian, röm. Kaiser 218
Maximilian I., Kaiser 185
Maximilian II., Kaiser 265
Mechthild, Tochter des Grafen Ulrich I. von Württemberg 195
Mechthild von der Pfalz, Gemahlin des Grafen Ludwig I. von Württemberg 253
Mechthild von Hohenberg, Gemahlin des Grafen Ulrich von Württemberg 195
Mechthild, Gemahlin des Grafen Ulrich I. von Württemberg 166, 191–193, 195 f., 197f.
Mechtild von Sponheim, Gemahlin des Markgrafen Rudolf VI. von Baden 179
Megingaud, Graf 51–53
Megingaud, Graf im Lobdengau 53
Meginhard, Bischof von Würzburg 59
Meimsheim, Brackenheim, Lkr. Heilbronn 32
Mergentheim (Bad), Main-Tauber-Kreis, Grafen von 56
–, Mergentheimer Bund 256
Merowinger 16f., 19f., 28, 46
–, Könige s. auch Chlodwig, Theudebert, Theuderich, Theudowald
Merseburg (Saale), Lkr. Merseburg-Querfurt 44
Metterzimmern, Bietigheim, Bietigheim-Bissingen, Lkr. Ludwigsburg 52
Metz, Dep. Moselle, Bischöfe 251, 307
–, Bischof s. Georg
Michaelsberg, Cleebronn, Lkr. Heilbronn, Kirche 32, 44
Miltenberg, Kr. Miltenberg, Burg 115, 119
Mittler, Karl Ferdinand, Pfarrer in Großingersheim 300–302
Möckmühl, Lkr. Heilbronn, Amt 251f., 255
Mögling, württemb. Gelehrtenfamilie 298
–, Christoph Ludwig, Pfarrer in Großingersheim 298f.
–, Johann Burkhard, Stiftsschaffner in Besigheim 299

–, Johann Ulrich, Stadtschreiber und Vogt in Besigheim 298f.
–, Johann Wolfgang, Landschreibereiverwalter 299
Möglingen, Lkr. Ludwigsburg 67
Mömpelgard/Montbéliard, Dep. Doubs 266, 274–276, 282
–, Grafen von 174, 208, 214f., 253, 275, 307
–, Grafen s. auch Württemberg; Johanna und Henriette
Mönsheim, Enzkreis 67, 283–285, 288, 301
Montreal s. Krak Schaubeck
Morlach, Graf 33
Mosbach, Neckar-Odenwald-Kreis 19, 26
Mössingen, Lkr. Tübingen 301
Mousson, Dep. Meurthe-et-Moselle 43
Mühlburg, Stadt Karlsruhe 168f., 183, 255, 250
Mühlhausen, Tiefenbronn, Enzkreis 239
Müller, Johann Karl Christian, Pfarrer in Besigheim 286
Multscher, Hans, Bildhauer 241
München 136
Mundelsheim, Lkr. Ludwigsburg 22, 263, 274, 278f., 281, 283f., 287, 295
Münster, Stadt Stuttgart 294
Münzenberg, Wetteraukreis, Burg 133
Münzenberg, Kuno von, Reichskämmerer 173
Murr, Lkr. Ludwigsburg 55, 63
Murrgau 23–29, 38f., 45, 53, 55, 63, 70f., 84f., 149
Murrhardt, Rems-Murr-Kreis 13, 57, 149, 225
–, Kloster 35, 38, 45, 47, 60, 251

Nagold 154, 209
Nahegau 52, 66
Nast, Johann Christian, Pfarrer in Lampoldshausen 301
Naumburg (Hessen), Lkr. Kassel 43
Neapel 170
Neckarbischofsheim, Rhein-Neckar-Kreis 106
Neckarelz, Mosbach, Neckar-Odenwald-Kreis 26
Neckargartach, Stkr. Heilbronn 71
Neckargau 26f., 29, 63, 84
Neckargröningen, Remseck am Neckar, Lkr. Ludwigsburg 27
Neckarwestheim, Lkr. Heilbronn 71
Neckarzimmern, Neckar-Odenwald-Kreis 26
Neideck, Herren von 150
–, Engelhard 150
Neipperg, Stadt Brackenheim, Lkr. Heilbronn, Burg 113–115, 117–120, Tafel 4, 13

–, Herren von 245
–, Wilhelm 222
Neipperger, Johannes 244f., Tafel 47
Nellenburg, Grafen 93
–, Graf Eberhard von 60, 80
Neresheim, Ostalbkreis, Kloster 85
Neuburg, Ziegelhausen, Stkr. Heidelberg, Kloster 104, 107
Neu-Eberstein (Ebersteinschloß), Obertsrot, Gernsbach, Lkr. Rastatt 183
–, Burg 205
Neuenbürg, Enzkreis, Burg 199–202, 209
Neuenburg, Freyburg/Unstrut, Burgenlandkreis 134f., 138–140, Tafel 19
Neuenburg, Graf Berthold von 95
Neuenstadt am Kocher, Lkr. Heilbronn 252
–, Grafschaft 214
Neuffen, Lkr. Esslingen 159, 209, 294
–, Herren von 158–160
–, Heinrich 127f., 132
Neufra, Riedlingen, Lkr. Biberach 225
Neuhausen, aufgeg. in Worms, Kloster 36, 39, 41f., 44–47, 219
Neuleiningen, Lkr. Bad Dürkheim, Burg 132
Neureut (Baden), Stkr. Karlsruhe 171
Neustift bei Freising, Kloster 105
Niddagau 52, 66
Niederlahngau 51
Niedermünster, Kloster in Regensburg 105
Niederrhein 48f., 132, 135, 139
Niederschwaben, Landvogtei 196, 199, 204f.
Niefern, Niefern-Öschelbronn, Enzkreis 70
–, Herren von 150
–, Heinrich 150
Nordgau 34, 102
Nordheim, Lkr. Heilbronn 45
Nördlingen, Lkr. Donau-Ries 157
–, Nördlinger Schlacht 285, 295
Nürburg, Lkr. Bad Neuenahr-Ahrweiler, Burg 132
Nürnberg 157f., 237
Nürtingen, Lkr. Esslingen 209, 225
Nußdorf, Eberdingen, Lkr. Ludwigsburg 63

Oberkirch, Ortenaukreis, 282
Oberndorf am Neckar, Lkr. Rottweil 209
Oberndorf, Rottenburg am Neckar, Lkr. Tübingen, Altar 226
Oberrheingau 56
Oberrot, Lkr. Schwäbisch Hall, Burg 150
Oberstenfeld, Lkr. Ludwigsburg, Kloster 56, 60f., 252
Obrigheim, Neckar-Odenwald-Kreis 26
Ochsenstein, Herren von 174

–, Herzog Otto 169
Odenheim, Östringen, Lkr. Karlsruhe, Kloster 71
Offenau, Lkr. Heilbronn 26
Offenburg, Ortenaukreis, Stadtkirche 222, Tafel 31
Oflings, Deuchelried, Wangen im Allgäu, Lkr. Ravensburg, Burg 117
Öhringen, Hohenlohekreis 150, 231, 244
–, Kloster, Stift 59–61, 185, 243–246
–, Stifterscheiben 185, 232, 243f., 246, Tafel 45–48
Ölbronn, Ölbronn-Dürrn, Enzkreis 292
Olderich-Manfred II., Markgraf von Turin 77
Oppenweiler, Rems-Murr-Kreis, Herren von 90
–, Sturmfeder von 202
Orléans, Orléanssche Krieg 285, 287, 296f.
Ortenau 20, 76, 176, 178, 181
Osiander, Andreas, Reformator 287
Osiander, Lukas, Stiftsprediger 276, 287
Oßweil, Ludwigsburg, Lkr. Ludwigsburg, Königshof 35
Österreich, Herzöge 130, 206, 214, 222, 256, 261, 268, 277
–, s. Habsburg-Österreich
Ötisheim, Enzkreis 51, 63
Ötlingen/Teck, Kirchheim unter Teck, Lkr. Esslingen 50
Öttingen, Grafen von 174
Ottmarsheim, Besigheim, Lkr. Ludwigsburg 23, 27, 225
Otto I., der Große, Kaiser 27, 66f.
Otto II., Kaiser 53, 66
Otto III., Kaiser 43, 76
Otto IV., Kaiser 126f., 135, 147
Otto I., Herzog von Schwaben 67
Otto von Worms, Herzog von Kärnten 66, 69, 81
Otto I., Pfalzgraf, Herzog von Bayern 136
Otto II., Herzog von Bayern 91, 102, 128, 136, 156
Otto, Herzog von Lüneburg 129
Otto, mehrere Grafen 56
Otto, Graf, beigesetzt in Oberstenfeld 61
Otto, Bischof von Straßburg 86
Otto, Bischof von Freising, Chronist 78, 102, 305
Otto de Glasehusen, Zeuge 56, 60
Ottokar II., König von Böhmen 72, 193

Pappenheim, Heinrich von, Marschall 173
Paschalis II., Papst 84
Passau, Passauer Vertrag 268

Passavant, Dep. Doubs 275
Paulus, Eduard, Kunsthistoriker 111, 113, 142
Pauly, August, Philologe und Archäologe 111, 142
Pavia 308
Pfäfers, Kt. St. Gallen, Kloster 32
Pfalz, rheinische, Pfalzgrafen und Kurfürsten von 72, 91, 103, 105, 107f., 177, 187, 205, 213f., 216, 233, 236, 243, 246–261, 263–267, 271, 273f., 278–280, 282, 288, 298, 306–308
–, Friedrich I., der Siegreiche 185, 214, 241f., 249f., 258f., 308
–, Friedrich II. 265
–, Friedrich III. 265f.
–, Friedrich IV. 267
–, Johann Casimir 267
–, Ludwig III., der Bärtige 248, 253–255
–, Ludwig IV. 251
–, Ludwig VI. 267
–, Ottheinrich 265
–, Philipp der Aufrichtige 214, 248
–, Ruprecht 205, 237, 252
Pfalz-Mosbach, Pfalzgrafen von 254
–, Otto 254
Pfinzgau 67, 69, 168
Pforzheim 14, 19, 44, 91, 127, 141, 147, 153f., 156, 160, 165, 168f., 179, 183f., 213f., 223, 239, 306, 308
–, Stiftskirche 223, 308
Pfrimm (Primma) 41
Pfullingen, Lkr. Reutlingen 292
–, Kloster 192
Philipp von Schwaben, König 126, 132f., 147
Philipp Augustus, König von Frankreich 131
Piasten, Könige von Polen 193
Piper, Otto, Kunsthistoriker 114
Pippin der Mittlere, fränk. Hausmeier 46
Pippin, fränk. König 18
Pistorius, Johann, Prediger 273
Pleidelsheim, Lkr. Ludwigsburg 24, 47, 55
Plochingen, Lkr. Esslingen 301
Poppenweiler, Ludwigsburg, Lkr. Ludwigsburg 71
Poppo, mehrere (Popponen) 57, 60, 70f.
Prag, Prager Vertrag 277
Prüfening, aufgeg. in Regensburg, Kloster 137
Pyrmont, Roes, Lkr. Cochem-Zell, Burg 132

Rab, Alexander, Hofkaplan des Markgrafen Wilhelm von Baden-Baden 295
Radenzgau 56
Rangau 56, 61
Ratgeb, Jörg, Maler 215
Rätien 12, 36

–, s. auch Markgraf Burchard
Ravensburg, Lkr. Ravensburg, Burg 93
Raw, Johann Michael, Oberst 295
Regensburg 136
–, Bistum und Bischöfe 136
–, Bischof s. auch Gebhard
–, Hofkirche St. Ulrich 138
Reginbodo, königl. Vasall 51
Reginswindis, Hl. 34
Reichenau, Lkr. Konstanz, Kloster 32, 37, 48
–, Äbte s. auch Gozbert, Hatto
Reichenbach (Klosterreichenbach), Baiersbronn, Lkr. Freudenstadt, Priorat 168, 182, 282
–, Schenkungsbuch 28, 65
Reichenberg, Oppenweiler, Rems-Murr-Kreis, Burg 113f., 121–123, 125, 131, 137, 139f., 142–144, 148–150, 152, 158, 166, 198f., 201, 306, Tafel 14–18
–, Herren von 90
–, Berthold 122
–, Wolfram, Ritter 122
Reichenweiher, Dep. Haut-Rhin 203, 275
Reindelshausen, abg. b. Umkirch, Lkr. Breisgau-Hochschwarzwald 82
Reitzenstein, Joachim Daniel von 286
Remchingen, Enzkreis 169, 284
Remstalgau 70
Renningen, Lkr. Böblingen 67
Reutlingen, Lkr. Reutlingen 196, 206
–, Marchtaler Hof, Kapelle 221
Rheinau, Kt. Zürich, Kloster 51
Rheineck, Bad Breisig, Lkr. Bad Neuenahr-Ahrweiler 132f.
Richard, König von England 171
Richwara, Gemahlin Bertholds I. von Zähringen 76–80, 93
Rielingshausen, Marbach am Neckar, Lkr. Ludwigsburg 13, 24f., 55, 63, 294f.
Riemenschneider, Tilman, Bildhauer 216
Riexingen (Unter-, Oberriexingen), Lkr. Ludwigsburg 25, 51, 63
Rimsingen (Oberrimsingen), Breisach am Rhein, Lkr. Breisgau-Hochschwarzwald, Kloster 79
Rodeck, Kappelrodeck, Ortenaukreis, Burg 152
Röder von Diersburg, Herren von (von Rot, de Rode) 152f.
–, Albert, Rudeger 152
–, Konrad (de Rote) 150
Röder, Philipp Ludwig Hermann, Topograph 112, 115
Rom 40, 42f., 46

Roman Le Puy, Ritter 151
Römer, Christoph Eberhard, Pfarrer in Großingersheim 297–299
Rosenfeld, Zollernalbkreis 209
Rosswag, Vaihingen an der Enz, Lkr. Ludwigsburg 67
Rosswag, Edelfreie von 149
–, Albert 149
Rotenberg, Untertürkheim, Stkr. Stuttgart, Burg Wirtemberg 191, 195 f., 199, 204, 210
Rothenburg ob der Tauber, Lkr. Ansbach 102, 157
Rothenfels, Main-Spessart-Kreis, Burg 118f.
Rottenburg am Neckar, Lkr. Tübingen, Kastell 13
Rottweil, Lkr. Rottweil 13, 19
Rudersberg, Rems-Murr-Kreis 298
Rüdesheim, Rheingaukreis, Burg 132
Rudolf II., Kaiser 274, 277
Rudolf von Habsburg, König 169, 172, 196–199, 275
Rudolf von Rheinfelden, Herzog von Schwaben, Gegenkönig 76, 79, 81
Rudolf, Bischof von Würzburg (Konradiner) 49
Rudolf, Bischof von Würzburg 258
Rudolf, Schenker an Wiesensteig 48
Rüeggisberg, Kr. Bern, Kloster 89
Ruodbert, Graf im Rangau 61
Ruotker, Graf im Murr- und Kochergau 57
Rupert, Bruder des Otto de Glasehusen, Zeuge 56, 60
Ruprecht von der Pfalz, König 182, 239, 248
Rutesheim, Lkr. Böblingen 14
Ruthard, Erzbischof von Mainz 99

Saaleck, Bad Kösen, Lkr. Naumburg 135
Saarbrücken, Grafen von 106
–, Simon I. 106
Sachsen, Herzöge und Kurfürsten von 50, 266f., 282
Saladin, Sultan 151
Salier 51, 67–69, 78, 81
–, s. Papst Gregor V. (Bruno), s. auch Bruno, Bischof von Würzburg, Wilhelm, Bischof von Straßburg
–, s. Konrad der Rote, Herzog von Lothringen, Konrad, Herzog von Kärnten, Konrad d. J., Herzog von Kärnten, Otto von Worms, Herzog von Kärnten
–, Salomon I., Bischof von Konstanz 48
Salzburg 98
Samuel, Bischof von Worms 41f., 45, 47

Saulheim, Lkr. Alzey-Worms 31
Sausenberg, Burg bei Kandern, Lkr. Lörrach 139
Schaffhausen, Kloster Allerheiligen 93
Schafhausen, Weil der Stadt, Lkr. Böblingen 44
Schar (Scharhof), Sandhofen, Stkr. Mannheim 108
Schaubeck, Kleinbottwar, Steinheim an der Murr, Lkr. Ludwigsburg, Burg 151
–, (Schoubek) Herren von 151
–, Berthold 150
Schauenburg, Burg bei Dossenheim, Rhein-Neckar-Kreis 58
–, Bertold, Gerhard, Gottfried, Sigehard Herren von 58
Schefflenz, Neckar-Odenwald-Kreis 44
Schefflenzgau 26
Schertlin von Burtenbach, Sebastian 289
Scheyern, Lkr. Pfaffenhofen a. d. Ilm 138
Scheyern, Grafen von 98
–, Kloster 105
Schickhardt, Heinrich, Schreiner und Baumeister 219
Schiller, Friedrich, Dichter 206
Schlegler, Ritterbund 232, 237–239
Schloßböckelheim, Lkr. Bad Kreuznach 97
Schlotterbeck, Johann Lorenz, Pfarrer in Deufringen 296
Schluchtern, Leingarten, Lkr. Heilbronn 26, 71
Schmalkalden, Lkr. Schmalkalden-Meiningen (Schmalkaldischer Krieg) 268
Schmid von Schmidsfelden, Johann Christoph, Pfarrer in Besigheim 286, 298f.
Schmid, Johann Georg, Pfarrer in Gemmrigheim 286
Schnepf, Dietrich, Professor der Theologie 271
Schobelin, markgräfliche Ministerialenfamilie 150f.
–, Konrad von Besigheim, Marschall 50, 173
–, Konrad 146
–, Rugger von Ingersheim gen. Schobelin, Vogt von Besigheim 150
Schönau, Rhein-Neckar-Kreis, Kloster 104f., 107, 266
Schönburg, Lkr. Naumburg 114, 135
Schorndorf, Rems-Murr-Kreis 191, 209
Schozachgau 62f.
Schüchlin, Hans, Maler 231f., 241, Tafel 43
Schuler, Leonhard und Theodor, Pfarrer in Großingersheim 289, 291–293
Schwaben, Herzogtum 15, 24, 28, 82, 95f., 109, 115, 129, 139, 159, 191f., 196f., 200, 203f., 229, 249f., 255f., 257, 260

–, Herzöge von 16, 26, 50, 71, 76f., 83, 91, 103, 172, 191, 197, 210, 304
–, Herzöge s. auch Ernst I. und II., Friedrich II., Hermann I., II. und IV., Liutolf, Otto I., Rudolf von Rheinfelden
Schwäbisch Hall, Lkr. Schwäbisch Hall 64
Schwäbischer Bund 214, 260, 279
Schwaigern, Lkr. Heilbronn 63, 71, 222. 225
Schwarzach (Rheinmünster), Lkr. Rastatt, Kloster 181f.
Schwieberdingen, Lkr. Ludwigsburg 13, 225
Seckenheim, Stkr. Mannheim (Schlacht von) 185, 214, 241, 251, 257
Selz, Dep. Bas-Rhin 152, 155, 168, 176
–, Kloster 86f., 89, 158
Sersheim, Lkr. Ludwigsburg 25
Seyfer, Hans, Bildhauer 224, 226f.
Siegburg, Rhein-Sieg-Kreis 43
Siegfried, Adliger bei Murrhardt 57
Siegfried, Graf, Stifter von Öhringen 59
Sifer, Conrad, Bildhauer 224
Sigewin, Erzbischof von Köln 98
Siegfried, Bischof von Speyer 58
Sigibold, Adliger bei Murrhardt 57
Sigmaringen, Lkr. Sigmaringen, Herrschaft 256
Sigmund (Sigismund), Kaiser 182
Simmozheim, Lkr. Calw 67
Sindelfingen, Lkr. Böblingen 56
Sinsheim, Rhein-Neckar-Kreis 14, 91, 127, 156–158, 165, 213, 224
–, Kloster 36, 70
Sinzheim, Lkr. Rastatt 176
Söllingen, Rheinmünster, Lkr. Rastatt 176, 284
Sophie, Schwester Kaiser Ottos III. 43
Sophie, Gemahlin des Herzogs Johann von Lothringen 195, 205
Sophie von Pfirt, Gemahlin des Grafen Ulrich III. von Württemberg 195, 202
Speidel, Konrad Adam, Admodiator von Besigheim 291
Speyer 13, 36, 70, 101, 103, 154, 157, 224
–, Bistum und Bischöfe 16, 25, 28–30, 35, 37–39, 42, 44, 55, 61, 82f., 150
–, Bischöfe s. auch Bruno, Godetank, Gunther, Johannes, Siegfried
Speyergau 38, 52, 66, 69
Sponheim, Grafen von 174
–, s. Mechtild
St. Gallen, Kloster 32, 37
St. Georgen im Schwarzwald, Schwarzwald-Baar-Kreis, Kloster 58, 81
St. Guido (Stiftskirche in Speyer), Archidiakonat 38

St. Märgen, Lkr. Breisgau-Hochschwarzwald, Kloster 85
St. Peter, Lkr. Breisgau-Hochschwarzwald, Kloster 75, 84, 87f., 93
–, Abt s. Gremmelsbach, Peter
Staffort, Stutensee, Lkr. Karlsruhe, Amt 183
Stahleck, Bacharach, Lkr. Mainz-Bingen, Burg 102, 104, 106
Stammheim, Herren von 289
Stangenbach, Wüstenrot, Lkr. Heilbronn 31
Starkenburg, Heppenheim, Lkr. Bergstraße 108f.
Staufeneck, Salach, Lkr. Göppingen, Burg 139
Staufer 65, 71f., 76, 91, 93, 101, 103, 126, 160, 168, 174, 190–193, 200, 210, 250, 304, 306
–, s. auch Herzöge von Schwaben
Stehelin, Israel, Pfarrer in Großingersheim 292
Stein, Königsbach-Stein, Enzkreis 183, 237
–, Herren von 234, 236, 238f.
–, Itel, Jakob, Konrad Wolf (mehrere) 237f.
Stein, Burg, Weschnitzmündung 106
Steinbach, Stkr. Baden-Baden 171, 176
Steinegg, Neuhausen, Enzkreis 236–240
–, Burg/Schloß 237, 239f.
Steinheim an der Murr, Lkr. Ludwigsburg 24, 55, 63, 152
Stein-Heimsheim, Herren von 236
Steinsberg, Burg bei Weiler, Sinsheim, Rhein-Neckar-Kreis 113, 118
Stein-Steinegg, Herren von 236f.
Stettfeld, Ubstadt-Weiher, Lkr. Karlsruhe 14
Stockheim, Brackenheim, Lkr. Heilbronn 52
Stocksberg, Stockheim, Brackenheim, Lkr. Heilbronn, Burg 114
Stofer, Anna, Schwester des Johannes Neipperger 245
Stollhofen, Rheinmünster, Lkr. Rastatt 176, 183
Straßberg, Grafen von 174
Straßburg, Dep. Bas-Rhin 13f., 152, 167, 205, 224f.
–, Bistum und Bischöfe 37, 74, 80, 168, 177, 244
–, Bischöfe s. auch Bruno, Otto, Udo, Wilhelm
–, Domkapitel 282
–, Münster, Fronaltar 226–228, Tafel 34
Straubing 138
Sturm, Johann, Schulreformer 273
Stuttgart 14, 90, 127, 147, 149, 160, 165f., 191f., 196f., 200, 203f., 207, 209–211, 225, 268, 271, 276, 279f., 287, 301
–, Altes Schloß 192, 199, 210

–, Konsistorium 287, 292, 295–297, 300
–, Pädagogium 270
–, Stiftskirche 193f., 199, 210
Sülchen, Rottenburg am Neckar, Lkr. Tübingen 19
Sülchgau 57f.
Sulmanachgau 26
Sulz am Neckar, Lkr. Rottweil 254
Sulzbach an der Murr, Rems-Murr-Kreis 13, 35, 38, 149
Sulzbach, Billigheim, Neckar-Odenwald-Kreis 26
Sulzbach, Grafen von 102
Sülzbach, Obersulm, Lkr. Heilbronn 59
Sulzburg, Lkr. Breisgau-Hochschwarzwald, Kloster 42
Swigger, Protonotar 150

Talheim, Mössingen, Lkr. Tübingen (Talheimer Altar) 219
Tamm, Lkr. Ludwigsburg 296
Tauberbischofsheim, Main-Tauber-Kreis 32, 112
Teck, Owen, Lkr. Esslingen, Burg 84, 93
–, Herzöge von 92, 199, 214f., 304
–, Herzog Ludwig 198
Tengen, Lkr. Konstanz 112
Teningen, Lkr. Emmendingen 294
Tennenbach, Emmendingen, Lkr. Emmendingen, Kloster 88, 167
Theudebert I., merow. König 15
Theuderich I., merow. König 16
Theudowald, merow. König 15
Thierstein, Grafen von 174
Thietmar, Bischof von Merseburg, Geschichtsschreiber 54
Thumm, Familie 294
–, Andreas, Pfarrer in Großingersheim 293–295
–, Christoph, Pfarrer in Großingersheim 292f.
–, Gottfried, Pfarrer in Großingersheim 293
–, Dr. Johann Gottfried, Pfarrer in Großingersheim 293
–, Theodor, Tübinger Professor 294
Thurgau 20, 76
Thüringen, Landgrafen 36, 43, 129, 133–136, 140
–, Hermann I. 135, 138f.
–, Ludwig III. 139
–, Ludwig IV. 135
Tiefenbach, Gundelsheim, Lkr. Heilbronn 26
Tiefenbronn, Enzkreis 234, 237, 239
–, Pfarrkirche (Hochaltar, Magdalenenalatar) 231–235, 237–239–244, 246, Tafel 40, 42–44

–, Stifterscheiben   232, 234–237, 242
–, Wappenreihe   238, Tafel 42
Töber, Jörg, d. Ä., Bildhauer   225f.
Töber, Jörg, d. J., Bildhauer   225
Totnan, Gefährte des Hl. Kilian   224
Tours, Dep. Indre-et-Loire   46
Toussain, Daniel, Professor der Theologie   266
Toussain, Pierre, Reformator   275
Trajan, röm. Kaiser   13
Trier, Erzbischöfe   99, 102, 252, 259, 307
–, Erzbischöfe   s. auch Bruno, Johann II., Udo
–, Kloster St. Matthias   245
Trifels, Annweiler am Trifels, Lkr. Südliche Weinstraße, Burg   97, 113, 115, 120
Truhendingen, Grafen von   174
Tübingen, Lkr. Tübingen   202, 209, 260, 268, 273
–, Pfalzgrafen (Grafen)   191, 199, 304
–, Heinrich I., Graf   69
–, Hugo   95
–, Rudolf I.   130
–, Rudolf II.   130
–, Stiftskirche   245, 270f.
–, Universität   268, 270f., 276, 280, 308
–, Tübinger Vertrag   276f.
Turennes, Graf Henri von, frz. Marschall   284
Tuttlingen, Lkr. Tuttlingen   13

Überlingen, Bodenseekreis   16
Ubstadt, Ubstadt-Weiher, Lkr. Karlsruhe   24
Udalrich »von Waibstat«, Schenker an Hirsau   63
Udalrich, Kanzler der königlichen Kanzlei   60f.
Udo, Bischof von Straßburg   51
Udo, Erzbischof von Trier   99
Ufgau   56f., 66f., 82, 89, 168
Uhland, Ludwig, Dichter   206
Ulm   19, 68, 89, 192, 197, 228, 241, 251
Unterriexingen, Markgröningen, Lkr. Ludwigsburg   67
Urach, Lkr. Reutlingen   209, 219f., 223
–, Grafen   192, 215
–, Egino IV.   92
–, Stiftskirche   219–221, Tafel 27–29
Urbach, Herren von   256, 288
Urban II., Papst   86
Urspring, Lonsee, Alb-Donau-Kreis   14
Ursula von Rosenfeld, Gemahlin des Markgrafen Ernst von Baden   223
Utrecht, Bistum und Bischöfe von   307
–, Bischof   s. Friedrich

Vaihingen an der Enz, Lkr. Ludwigsburg   13, 26, 31, 70, 154, 202, 209, 251, 286

–, Herren und Grafen von   32, 151, 160, 174, 236, 251, 304
Veit (Vitus), Georg Friedrich, Pfarrer in Großingersheim   294f.
Veringen, abgeg. Burg bei Veringenstadt, Lkr. Sigmaringen, Herrschaft   256
–, Grafen von   191
Verona, Mark   172
Verona, Markgrafen von   s. Baden
Vespasian, röm. Kaiser   13
Vézélay, Dep. Yonne   231
Viernheim, Lkr. Bergstraße, Königshof   51
Villingen im Schwarzwald, Villingen-Schwenningen, Schwarzwald-Baar-Kreis   76
Virigunda-Wald (b. Ellwangen)   57
Visconti, Mailänder Patrizier   208
–, s. Antonia
Vlissingen, Niederlande   22
Vogtsberg (Fautsberg), abgeg. Burg b. Wildbad, Lkr. Calw   209
Vohburg, Grafen von   102
Vöhingen, abgeg. bei Schwieberdingen, Lkr. Ludwigsburg   31
Vorderösterreich   187, 221, 250f.

Wächlingen, abgeg. Ohrnberg, Öhringen, Hohenlohekreis   31
Waiblingen, Rems-Murr-Kreis   19, 49, 68, 191, 209, 214
–, Königshof   40
Waibstadt, Rhein-Neckar-Kreis   106
Walahonen   51, 53
–, Burchard, Graf im Maienfeld und im Wormsgau   52f.
–, Stephan, Graf in Lothringen   52
–, Walaho, Graf im Enzgau   51–53, 63
Waldsassengau   26, 29
Walheim, Lkr. Ludwigsburg   13, 22, 149, 278, 281
Waller, Endris, Bürger zu Brackenheim (Ehefrau Sara)   288
Wallstadt, Stkr. Mannheim   108
Walther von der Vogelweide, Dichter   135, 157
Warin, Graf im Lobdengau   33
Warin, Graf in Alemannien   33
Wart, Altensteig, Lkr. Calw   292
Wartburg, Eisenach, Lkr. Eisenach   134f.
Wartenberg, Lkr. Erding, Burg   136
Weihenstephan, Freising, Kloster   105
Weikershausen, abgeg. bei Erdmannhausen, Lkr. Ludwigsburg   55
Weil der Stadt, Lkr. Böblingen   44, 242, 259f.

Weiler an der Zaber, Pfaffenhofen, Lkr. Heilbronn 71
Weilheim an der Teck, Lkr. Esslingen, Priorat 80, 84
Weingarten, Lkr. Ravensburg, Kloster 93
Weinheim, Rhein-Neckar-Kreis 48, 108
Weinsberg, Lkr. Heilbronn 157, 252, 255
–, Herren und Grafen von 214, 252, 255
Weissach im Tal, Rems-Murr-Kreis 122
Weissenburg, Dep. Bas-Rhin, Kloster 30, 37, 41f., 51, 65–67, 91, 154, 168
–, Abt s. Bernhar, Erembert, Folwig, Hatto
Weißer, Johann Georg, Pfarrer in Besigheim 284, 286, 291
Welf IV., Herzog von Bayern 79, 81
Welf VI., Herzog von Spoleto 65
Welfen 78, 93
–, s. auch Heinrich der Löwe, Heinrich von Braunschweig, Herzog Otto von Lüneburg, Welf IV, Welf VI.
Welzheim, Rems-Murr-Kreis 13
Wenzel, dt. König und König von Böhmen 205f., 237
Werdenberg, Grafen von 249, 256
Werk, Kanonikus 301
Werner, Graf (Salier) 66
Wertheim, Main-Tauber-Kreis 32, 221f.
–, Grafen von 174
–, Graf Michael 222
Weysser, Cordula Friderica Barbara, Gemahlin des Pfarrers Karl Ferdinand Mittler 300
–, Gallus Jakob, Pfarrer in Großingersheim 291, 299f., 302
–, Johann Heinrich, Verwaltungsbeamter 300
Widegowo, Graf im Lobdengau 33
Widonen 51f.
Wien 130
Wiesbaden 13
Wiesensteig, Lkr. Göppingen, Kloster 42, 48
Wiesloch, Rhein-Neckar-Kreis 14, 18, 108
Wildbad im Schwarzwald, Lkr. Calw 181, 205, 209, 222, 236f.
Wildenberg, Burg bei Preunschen, Kirchzell, Lkr. Miltenberg 120, 123
Wilhelm, Bischof von Straßburg 66
Wimmelburg, Lkr. Mansfelder Land 43
Wimpfen (Bad), Lkr. Heilbronn 13f., 19, 103, 106, 150, 152, 155, 157–159, 171
–, Dominikanerkirche 238
–, Pfalz, Burg/Roter Turm 115, 117f., 140f., 158
–, Schlacht von Wimpfen 285, 293
Wingarteiba, Gau 26, 29, 44, 53, 70
Winnenden, Rems-Murr-Kreis, Schlosskirche, Hochaltar 216, 224–227, Tafel 32 und 33

Winterstetten, Schenk Konrad von 160
Wipo von Burgund, Chronist 78
Wirtemberg, Burg s. Rotenberg
Wittelsbach, Herzöge von Bayern 91, 98, 105, 127, 136, 140, 178, 241, 248f., 256–258, 260, 307f.
–, Herzöge s. Heinrich XIII., Ludwig I. und II., Otto I. und II.
Wittenberg, Universität 268, 291
Wittlingen, Urach, Lkr. Reutlingen 294
Wolfgang, Lehensträger von Lorsch 58
Wolfram von Eschenbach, Dichter 135
Wolfram, Lehensträger von Lorsch 58
Wolfschlugen, Lkr. Esslingen 294
Wolfsölden, Affalterbach, Lkr. Ludwigsburg 58
– Sigehard, Herr von 58
–, Gottfried, Sohn des Sigehard 58
–, s. auch Siegfried, Bischof von Speyer, Gerhard von Schauenburg
Wolfstein b. Regensburg, Burg 138
Wolfstein, Freiadlige von 138
Wollenberg, Bad Rappenau, Lkr. Heilbronn 26
Wöllwarth, Herren von 222
Wolvald, Diakon 55
Worms 36, 52, 68, 102f., 157–159, 224, 286, 291
–, Bistum und Bischöfe 29f., 37–39, 44, 52f., 55, 70, 103–107, 128
–, Bischöfe s. auch Anno, Bernhar, Erembert, Folwig, Gunzo, Samuel
–, Dom 125, 224
Wormsgau 38, 41, 52, 66
Wülfingen/Wölflingen, abgeg. bei Forchtenberg, Hohenlohekreis 31
Wunibald, Schenker an Neuhausen 45
Wunnenstein, Wolf von (»Gleißender Wolf«) 237
Würmgau 25, 61, 63, 67
Württemberg (Wirtemberg), Burg s. Rotenberg
Württemberg, Herren, Grafen und Herzöge von 69, 95, 127, 149, 160, 165–167, 172, 174, 176, 180f., 186f., 189–193, 195–199, 202–211, 214–216, 221, 231–237, 239–244, 246–261, 263–265, 267f., 270f., 274–279, 281–283, 286–289, 291–298, 301f., 304, 306–308
–, Herrschaft (Territorium) 209
Württemberg, Grafen von
–, Eberhard I., der Erlauchte 166, 180, 195–203, 217
–, Eberhard II., der Greiner 181, 195, 197, 203–207, 235, 237
–, Eberhard III., der Milde 190, 195, 207f., 239, Tafel 36

–, Eberhard IV. 208, 253f.
–, Eberhard V./Herzog Eberhard I., im Bart 186, 208, 214, 241–243, 258
–, Ludwig I. 208, 253–255
–, Ludwig II. 240
–, Ulrich I., der Stifter 166, 174, 190–196
–, Ulrich II. 195f.
–, Ulrich III. 178, 180, 195, 202f., 207
–, Ulrich IV. 195, 203f.
–, Ulrich V., der Vielgeliebte 208, 213f., 240–243, 251, 253, 257f.
–, Ulrich († 1315) 195
–, Ulrich, Sohn Eberhard II. 195, 205f.
Württemberg, Herzöge von
–, Christoph 268–272, 276
–, Eberhard III. 295
–, Friedrich 215, 263, 271, 274, 276–282, 287, 293, 308
–, Johann Friedrich 282
–, Karl Eugen 299
–, Ludwig 271, 274, 277f., 281, 292
–, Ulrich 180, 221f., 268, 275, 276, 278f., 294, 308
Württemberg, Landstände 276–281
Württemberger, Ludwig 245
Würzburg 17f., 30, 157
–, Bistum und Bischöfe 16, 21, 29f., 38, 55
–, Bischöfe s. auch Bruno, Meginhard, Rudolf

Yburg, Altstadt, Stkr. Baden-Baden, Burg 168, 176, 178, 183

Zabergau 21, 26, 32, 38f., 44, 53, 55, 63, 71
Zabern, Dep. Bas-Rhin, Stiftskirche 226
Zähringen, abgeg. Burg bei Wildtal, Gundelfingen, Lkr. Breisgau-Hochschwarzwald 82, 87, 93, 139
–, Herzöge von 77f., 83f., 87f., 91–93, 156, 304
–, Berthold I., Herzog von Kärnten 76–83, 87–89, 92–94
–, Berthold II. 76, 80–83
–, Berthold III. 87f.
–, Berthold IV. 89
–, Berthold V. 92, 156
Zaisenhausen, Mulfingen, Hohenlohekreis 295
Zavelstein, Bad Teinach-Zavelstein, Lkr. Calw 209
Zazenhausen s. Zuffenhausen
Zehender, Johann, Hofprediger 273, 280
Zeizolf 51
Zollern, Grafen von (Burggrafen von Nürnberg) 174, 208, 249, 256, 260
–, Eitelfritz 240
–, Friedrich, gen. Öttinger 254
Zuffenhausen, Stadt Stuttgart 13, 27
Zürich 82
Zwiefalten, Lkr. Reutlingen, Kloster 93
–, Nekrolog 83
Zwingelhausen (Austrenhusen), Kirchberg an der Murr, Rems-Murr-Kreis 23

Abbildungsnachweis

Badisches Landesmuseum Karlsruhe   Tafel 39
Corpus Vitrearum Medii Aevi, Freiburg i. Br.
   Tafel 40, 45–48
Hauptstaatsarchiv Stuttgart   Tafel 1a
Himmelein, Volker   Tafel 21–35
Landesamt für Denkmalpflege Sachsen-Anhalt
   Tafel 19
Maurer, Hans-Martin   Tafel 1–17, 20

Regierungspräsidium Stuttgart Ref. 25
   (Denkmalpflege)   Tafel 18
Regierungspräsidium Karlsruhe Ref. 25
   (Denkmalpflege)   Tafel 37 (Sign. 3275), 38
   (Sign. 3619), 41 (Sign. 1649), 42 (Sign. 7408),
   43 (o. Sign.), 44 (Sign. 1259)
Württembergisches Landesmuseum Stuttgart
   Tafel 36

Mitarbeiterverzeichnis

BRENDLE, Dr. Franz, Tübingen
EHMER, Dr. Hermann, Stuttgart
FRITZ, Dr. Thomas, Stuttgart
HIMMELEIN, Professor Dr. Volker, Karlsruhe
KRIEG, Dr. Heinz, Freiburg i.Br.
KRIMM, Professor Dr. Konrad, Karlsruhe
LANG, Susanne M.A., Karlsruhe
LORENZ, Professor Dr. Sönke, Tübingen
MAURER, Professor Dr. Hans-Martin, Stuttgart
MERTENS, Professor Dr. Dieter, Freiburg i.Br.
RÜCKERT, Dr. Peter, Stuttgart
SCHWARZMAIER, Professor Dr. Hansmartin, Karlsruhe
WEINFURTER, Professor Dr. Stefan, Heidelberg
ZOTZ, Professor Dr. Thomas, Freiburg i.Br.